Analysen und Dokumente
Wissenschaftliche Reihe des Bundesbeauftragten
Band 8

Analysen und Dokumente

Wissenschaftliche Reihe
des Bundesbeauftragten für die Unterlagen des Staatssicherheitsdienstes
der ehemaligen Deutschen Demokratischen Republik

Herausgegeben von der Abteilung Bildung und Forschung

Redaktion:
Siegfried Suckut, Clemens Vollnhals, Walter Süß, Roger Engelmann

Staatspartei und Staatssicherheit

Zum Verhältnis von SED und MfS

Herausgegeben von
Siegfried Suckut und Walter Süß

Ch. Links Verlag, Berlin

Die Meinungen, die in dieser Publikationsreihe geäußert werden, geben ausschließlich die Auffassungen der Autoren wieder.

Die Deutsche Bibliothek – CIP-Einheitsaufnahme

Staatspartei und Staatssicherheit : zum Verhältnis
von SED und MfS / hrsg. von Siegfried Suckut und Walter Süß. –
1. Aufl. – Berlin : Links, 1997
(Wissenschaftliche Reihe des Bundesbeauftragten für die Unterlagen des
Staatssicherheitsdienstes der Ehemaligen Deutschen Demokratischen Republik ; 8)
ISBN 3-86153-131-3
NE: Suckut, Siegfried [Hrsg.]; Deutschland /
Der Bundesbeauftragte für die Unterlagen des Staatssicherheitsdienstes
der Ehemaligen Deutschen Demokratischen Republik:
Wissenschaftliche Reihe des ...

1. Auflage 1997
© Christoph Links Verlag – LinksDruck GmbH
Zehdenicker Straße 1, 10119 Berlin, Tel.: (030) 449 00 21
Reihenentwurf: KahaneDesign, Berlin
Satz: Ch. Links Verlag
Druck- und Bindearbeiten: WB-Druck, Rieden am Forggensee

ISBN 3-86153-131-3

Inhalt

Einleitung

Staatspartei und Staatssicherheit

„Staatspartei und Staatssicherheit" war das Thema der Jahrestagung der Abteilung Bildung und Forschung beim Bundesbeauftragten für die Unterlagen des Staatssicherheitsdienstes, die im Mai 1996 im Zentrum Berlins an geschichtsträchtigem Ort stattfand, im Gebäude des ehemaligen DDR-Innenministeriums in der Mauerstraße. Die gut einhundert Teilnehmer, überwiegend Zeithistoriker aus dem In- und Ausland, informierten sich über neue Forschungsergebnisse und diskutierten unterschiedliche Forschungsansätze. Für die Wissenschaftler der Abteilung Bildung und Forschung sind diese Tagungen mit ihrem Werkstatt-Charakter eine Gelegenheit, eigene Arbeitsresultate in gebündelter Form zur Debatte zu stellen. Die meisten Referate liegen in diesem Band in überarbeiteter Form vor.

Das jeweilige Verhältnis von MfS und SED zu bestimmen, ist in den Forschungsprojekten der Abteilung eine zentrale Aufgabe, da die Partei das Rückgrat der Diktatur und Auftraggeberin des MfS war.[1] Im konkreten Einzelfall und im Detail bedarf es noch gründlicher Studien, weil zum Beispiel das Funktionieren der Diktatur auf regionaler Ebene weitgehend unerforscht ist. Das Verhältnis von Partei und Staatssicherheit auf zentraler Ebene ist in institutioneller Hinsicht – mit Ausnahme der ersten Jahre der DDR – grundsätzlich geklärt.[2] Doch wie tatsächlich kooperiert worden ist und zu welchen Differenzen es dabei zwischen Sicherheitsapparat und Parteiführung kam, ist noch ein weites Forschungsfeld, wobei diese Konflikte in späteren Jahren wahrscheinlich nie mehr die Schärfe hatten wie in der Aufbauphase der Staatssicherheit die Auseinander-

---

1 Vgl. die einschlägigen Beiträge in dem Sammelband zur ersten Tagung der Abteilung Bildung und Forschung 1994 Klaus-Dietmar Henke und Roger Engelmann (Hrsg.): Aktenlage. Die Bedeutung der Unterlagen des Staatssicherheitsdienstes für die Zeitgeschichtsforschung, Berlin 1995.
2 In dieser Beziehung ist noch immer grundlegend Karl Wilhelm Fricke: Die DDR-Staatssicherheit. Entwicklung Strukturen Aktionsfelder, Köln 1982; auf neuer Quellenbasis ders.: Das Ministerium für Staatssicherheit als Herrschaftsinstrument der SED, in: Sozialismus und Kommunismus im Wandel. Hermann Weber zum 65. Geburtstag, hrsg. von Klaus Schönhoven und Dietrich Staritz, Köln 1993, S. 399–414. Zur spezifischen Problematik der doppelten Subordination des Staatssicherheitsdienstes unter SED und sowjetische Geheimdienste vgl. den Beitrag von Roger Engelmann in diesem Band.

setzungen zwischen Ulbricht und den Ministern Zaisser (1953) und Wollweber (1957).[3]

SED und Staatsapparat waren aufs engste miteinander verwoben, der Staatsapparat der DDR war in gewisser Hinsicht sogar ein Werk der SED – und selbstverständlich der sowjetischen Besatzungsmacht. Aber dominant war die Partei und nicht der Staat, anders als in manchen Militärdiktaturen, in denen der Staat sich Parteien als Integrationsinstrumente für politische Kräfte schafft, die sonst unkontrolliert aus der Gesellschaft erwachsen könnten. In der DDR war es – wie in allen osteuropäischen Diktaturen nach dem Zweiten Weltkrieg – gerade umgekehrt: Die kommunistische Partei hat sich der Reste des alten und der Ansätze des neuen Staatsapparates bemächtigt und sie für ihre Ziele funktionalisiert.[4] Deshalb wäre es präziser, anstelle von „Staatspartei" von einem „Parteistaat" zu sprechen. Die Bezeichnung des Staates als das „Hauptinstrument der von der Arbeiterklasse geführten Werktätigen"[5] (womit selbstredend die „Partei der Arbeiterklasse" gemeint war) durch den langjährigen Leiter der Abteilung Staat und Recht im ZK der SED drückt dieses Staatsverständnis in ideologisierter Sprache aus.

Warum aber ist die sich absolut setzende Partei in ihrem instrumentellen Staatsverständnis nicht noch einen Schritt weiter gegangen und hat sich den Staat gänzlich einverleibt? Weshalb wurde die Doppelung der Diktatur in Partei und Staat nach der Machteroberung beibehalten? Ein Blick auf die Geschichte des kommunistischen Systems erhellt die Bedeutung dieser Frage.[6] Unter Stalin wäre es in der Sowjetunion der dreißiger und vierziger Jahre möglich gewesen, beide zu verschmelzen, genauer gesprochen: den Staat in der Parteibürokratie aufzusaugen. Ideologisch hätte man das als „historischen Fortschritt", als „Absterben des Staates"

---

3   Zum Forschungsstand bezüglich der Staatssicherheit generell siehe den Überblicksartikel von Roger Engelmann: Forschungen zum Staatssicherheitsdienst der DDR – Tendenzen und Ergebnisse, in: Wolfgang Krieger und Jürgen Weber (Hrsg.): Spionage für den Frieden? Nachrichtendienste in Deutschland während des Kalten Krieges, München und Landsberg 1997, S. 181–212; vgl. auch Hildegard von Zastrow: Bibliographie zum Staatssicherheitsdienst der DDR, BStU, BF informiert Nr. 15, Berlin 1996.
4   Vgl. Hugh Seton-Watson: The East-European Revolution, New York 1961; Jörg K. Hoensch: Sowjetische Osteuropapolitik 1945–1975, Düsseldorf 1977; Jens Hacker: Der Ostblock. Entstehung, Entwicklung und Struktur 1939–1980, Baden-Baden 1983.
5   Klaus Sorgenicht: Staat, Recht und Demokratie nach dem IX. Parteitag der SED, Berlin (DDR) 1976, S. 42, zitiert nach Gero Neugebauer: Partei und Staatsapparat in der DDR. Aspekte der Instrumentalisierung des Staatsapparats durch die SED. Schriften des Zentralinstituts für sozialwissenschaftliche Forschung der Freien Universität Berlin Bd. 29, Opladen 1978, S. 89.
6   Der Vergleich der DDR-Entwicklung mit der in anderen osteuropäischen Diktaturen war allerdings bereits ein Defizit der alten DDR- und Deutschland-Forschung, an dem sich trotz der Fülle neuerer Arbeiten auf diesem Feld bisher leider kaum etwas geändert hat. Vgl. Christoph Kleßmann und Martin Sabrow: Zeitgeschichte in Deutschland nach 1989, in: Aus Politik und Zeitgeschichte, Beilage zur Wochenzeitung Das Parlament, B 39/96, S. 3–14, hier 11.

deklarieren können.[7] Doch bis zum Ende wurde die staatliche Struktur im Parteiapparat dupliziert. Jedes Ministerium hatte eine übergeordnete ZK-Abteilung mit dem gleichen Tätigkeitsfeld; ähnlich war es auf der Bezirksebene.

Vielleicht bestand der „Sinn dieser allgemeinen Aufgabenverteilung", bei der die Partei die Entscheidungen fällte und der Staatsapparat sie ausführte, darin, „die Parteiherrschaft von politischer Verantwortung freizustellen".[8] Unzweifelhaft war das aus Sicht des Regimes ein kurzfristig positiver Effekt. Er hatte allerdings auf längere Sicht für die Systemstabilität fatale Folgen: ein Zustand „organisierter Verantwortungslosigkeit"[9], in dem eine strukturelle Unfähigkeit bestand, aus Fehlern zu lernen. Damit war ein grundsätzlicher Überlebensmechanismus jedes Systems außer Kraft gesetzt. Hannah Arendt, die sich die Frage nach der fortdauernden Trennung von Partei und Staat ebenfalls gestellt hat, argumentierte, die Differenz zwischen Staat und totalitärer Bewegung erlaube es, gegenüber der Weltöffentlichkeit, aber auch im eigenen Land, die „Fassade" zu wahren.[10] Das leuchtet für die Anfangsphase des Systems ein, als seine internationale Stellung noch prekär, aber nicht mehr für das sowjetische Imperium nach 1945, als die Weltmachtposition der UdSSR unangefochten war. Entscheidend dafür, daß trotzdem an der Trennung festgehalten wurde, war wohl die fortdauernde Eigenlogik gesellschaftlicher Subsysteme, die auch ihren jeweiligen Regeln folgen mußten, um funktional zu bleiben, und nicht gänzlich in der Parteirationalität aufgehen konnten. Subsysteme wie Wirtschaft, Wissenschaft, Kunst und selbst das Recht

7 Ideologisch immanent gesehen bestand das Problem gerade darin, die Fortexistenz des Staates zu rechtfertigen, der eigentlich als „Überbauphänomen" einer „Klassengesellschaft" zu gelten hatte. Zu welch eigenartigen Verrenkungen die sowjetische Staatstheorie sich deshalb genötigt sah, ist nachzulesen bei Friedrich-Christian Schroeder: Wandlungen der sowjetischen Staatstheorie, München 1979.

8 Georg Brunner: Staatsapparat und Parteiherrschaft in der DDR, in: Materialien der Enquete-Kommission „Aufarbeitung von Geschichte und Folgen der SED-Diktatur in Deutschland" (12. Wahlperiode des Deutschen Bundestages), hrsg. vom Deutschen Bundestag, Baden-Baden 1995, Bd. II, S. 989–1029, hier 1002.

9 So Rudolf Bahro unter Bezug auf einen der führenden ungarischen Dissidenten, Andras Hegedüs; bei beiden Theoretikern hat dieser Begriff deskriptiven Charakter und eine den damaligen Umständen und vor allem Hoffnungen geschuldete eigenartige Blindheit. Als die Wurzel dieses Phänomens wurde von ihnen die Verselbständigung der staatlichen Teilbürokratien betrachtet, nicht etwa die Macht der kommunistischen Parteien. Von der Partei erhofften sie sich sogar, daß sie in reformierter und demokratisierter Form zum Instrument für „die Durchsetzung der gesellschaftlichen Kontrolle", so Hegedüs, „über die Macht der Verwaltungsapparate" werden könnte. Das bedeutete gleichsam, den Teufel mit dem Beelzebub austreiben zu wollen. Vgl. Rudolf Bahro: Die Alternative. Zur Kritik des real existierenden Sozialismus, Köln/Frankfurt/M. 1977, S. 134 und *passim*; Andras Hegedüs: Zur Untersuchung von Alternativen der gesellschaftlichen Entwicklung, in: Individuum und Praxis. Positionen der „Budapester Schule", Frankfurt/M. 1975, S. 128–146.

10 Vgl. Hannah Arendt: Elemente und Ursprünge totaler Herrschaft, Bd. III: Totale Herrschaft, Frankfurt/M. u. a. 1975, S. 181f.

hatten – in welch rudimentärer Form auch immer – ihre jeweiligen Codes. Das erkennt man am deutlichsten an den Versuchen, diese Codes ganz abzuschaffen und alles der unmittelbar wirksamen Ratio der Partei zu unterwerfen: im Rußland des „Kriegskommunismus" hinsichtlich der Wirtschaft und in der Sowjetunion der frühen dreißiger Jahre in Bezug auf Wirtschaft und Wissenschaft; in der chinesischen Kulturrevolution der sechziger Jahre; und wohl am radikalsten im Kambodscha der Roten Khmer in den siebziger Jahren, wo auch Enklaven selbstbestimmten Lebens wie Ehe und Familie und selbst die Mutter-Kind-Beziehung politischen Projekten einverleibt und damit zerstört wurden.[11] Alle diese Projekte endeten im wirtschaftlichen Desaster, meist sogar in Hungersnöten, vermochten also das Überleben des Systems nicht zu garantieren.

In der sozialwissenschaftlichen Debatte über das Ende des „realen Sozialismus" in den Jahren 1989/90 wird von einer ganz anderen Perspektive ausgegangen: Das System wird nicht hinsichtlich seines historisch wirksam gewordenen Entdifferenzierungspotentials und damit von seiner Genesis her betrachtet, sondern es wird mit den hochdifferenzierten westlichen Gesellschaften verglichen. Diese Sichtweise hat, da das System in der Konkurrenz mit diesen Gesellschaften gescheitert ist, zweifellos ihre Berechtigung. Davon ausgehend besteht weitgehender Konsens, daß die strukturelle Ursache für dieses Scheitern die Entdifferenzierung gesellschaftlicher Subsysteme war[12] – eine Folge des Versuchs der Partei, alle gesellschaftlichen Teilbereiche zu steuern. Diesen politischen Anspruch kann man als totalitär bezeichnen.[13] Allerdings hat Detlef Pollack dazu ein

---

11 Vgl. Edward Hallett Carr: A History of Soviet Russia. The Bolshevik Revolution, 3 Bde., Harmondsworth 1966; Walter Süß: Die Arbeiterklasse als Maschine. Ein industrie-soziologischer Beitrag zur Sozialgeschichte des aufkommenden Stalinismus. Philosophische und soziologische Veröffentlichungen des Osteuropa-Instituts an der Freien Universität Berlin Bd. 22, Wiesbaden 1985; Barbara Barnouin und Yu Changgen: Ten Years of Turbulence: The Chinese Cultural Revolution, London u. a. 1993; Ben Kiernan: The Pol Pot Regime. Race, Power, and Genocide in Cambodia under the Khmer Rouge, 1975–79, New Haven und London 1996.

12 Am prononciertesten vertritt Sigrid Meuschel diese These; vgl. dies.: Überlegungen zu einer Herrschafts- und Gesellschaftsgeschichte der DDR, in: Geschichte und Gesellschaft, 19 (1993) 1, S. 5–14; ähnlich M. Rainer Lepsius: Die Institutionenordnung als Rahmenbedingung der Sozialgeschichte der DDR, in: Hartmut Kaelble, Jürgen Kocka und Hartmut Zwahr (Hrsg.): Sozialgeschichte der DDR, Stuttgart 1994, S. 17–30; Wolfgang Merkel: Warum brach das SED-Regime zusammen? Der „Fall" (der) DDR im Lichte der Demokratisierungstheorien, in: Ulrike Liebert und Wolfgang Merkel (Hrsg.): Die Politik zur deutschen Einheit. Probleme – Strategien – Kontroversen, Opladen 1991, S. 19–49.

13 Weniger eindeutig als die Konnotation des Adjektivs „totalitär" ist die des Substantivs „Totalitarimus". Es gibt bekanntlich eine Reihe von konkurrierenden und sich gegenseitig ausschließenden Definitionen des „Totalitarimus". Als sein Wesensmerkmal werden – um nur einige zentrale Positionen zu erwähnen – bezeichnet: der Terror (Hannah Arendt), die revolutionäre Dynamik (Richard Löwenthal), die Verwendung „moderner Technik" im Dienste einer Diktatur (Carl J. Friedrich) und die politisch gewollte Entdifferenzierung gesellschaftlicher Subsysteme (Sigrid Meuschel). Vgl. als neuerer Über-

gewichtiges Argument formuliert: „Die DDR war gerade durch die Gegenläufigkeit von funktionaler Differenzierung und politisch induzierter Homogenisierung gekennzeichnet."[14] Zwischen dem Fortbestand von funktionalen Subsystemen wie Wirtschaft, Recht und Wissenschaft und ihrer Unterordnung unter ein Primat der Politik bestand ein permanentes Spannungsverhältnis. Dieses wurde um den Preis von „Modernisierungsverzügen"[15] – also von Verlusten im nicht nur ökonomischen internationalen Wettbewerb, dem sich die sozialistischen Länder spätestens seit den siebziger Jahren nicht mehr zu entziehen vermochten – aufrechterhalten, war aber nicht aufzuheben.

Die Widersprüche der Diktatur

Von einem totalitarismustheoretischen Ansatz ausgehend, ist das Machtzentrum dieser Diktatur als „eigentümliche Mischung oligarchischer, autokratischer und bürokratischer Elemente"[16] beschrieben worden. Aus dieser Diagnose, die auf nachgeordnete Ebenen gleichermaßen zutreffen dürfte, wäre zu folgern, daß ein dem Gegenstand adäquates Verständnis der Funktionsmechanismen und der Entwicklungsphasen dieses Systems nur dann möglich ist, wenn man die Akteure und ihre jeweiligen Interessen genauer bestimmt, die Regeln, nach denen ihr Zusammenspiel ablief, herausarbeitet, die äußeren Einflüsse, denen sie ausgesetzt waren, und die internen Machtverhältnisse analysiert. Solche Fragen sind am ehesten anhand historischer Situationen zu beantworten, in denen es zu Konflikten kam. Dank des heutigen Aktenzugangs ist es jetzt mit größerer Aussicht auf valide Ergebnisse als früher möglich, Widersprüche zwischen Apparaten und Teilbürokratien zu analysieren, den regulativen Gehalt von Normengefügen wie Parteistatuten, Ministerratsgesetzen oder Verfassungen, aber auch von plakativen Selbstdarstellungen wie „Monolithismus" oder „Einheit von Partei- und Staatsführung" hinsichtlich des realen Funktionierens des Machtgefüges herauszuarbeiten, sowie der Spannung von politischer und sozialer Praxis zu den Normen des Systems nachzugehen. Das sind eminent

blick Eckhard Jesse (Hrsg.): Totalitarismus im 20. Jahrhundert. Eine Bilanz der internationalen Forschung, Bonn 1996.
14 Detlef Pollack: Religion und gesellschaftlicher Wandel. Zur Rolle der evangelischen Kirche im Prozeß des gesellschaftlichen Umbruchs in der DDR, in: Hans Joas und Martin Kohli (Hrsg.): Der Zusammenbruch der DDR. Soziologische Analysen, Frankfurt/M. 1993, S. 246–266, hier 247f.
15 Detlef Pollack: Ursachen des gesellschaftlichen Umbruchs in der DDR aus systemtheoretischer Perspektive, in: Wolf-Jürgen Grabner u. a. (Hrsg.): Leipzig im Oktober, Berlin 1990, S. 12–23, hier 15; ebenso Jürgen Kocka: Ein deutscher Sonderweg. Überlegungen zur Sozialgeschichte der DDR, in: Aus Politik und Zeitgeschichte, Beilage zur Wochenzeitung Das Parlament, 7.10.1994, B 40/94, S. 34–45.
16 Brunner: Staatsapparat, S. 1028.

interessante Fragestellungen, weil wir über das innere Funktionieren von Diktaturen im allgemeinen und von kommunistischen Diktaturen im besonderen noch zu wenig wissen. Ein unter diesem Aspekt besser abgesicherter Erkenntnisstand wäre nicht nur ein Gewinn für unser historisches Verständnis, sondern würde auch helfen, die Aktionsmöglichkeiten gegen diktatorische Zumutungen besser kalkulieren zu können. Eine Entscheidung für einen bestimmten Forschungsansatz ist mit dieser Fragestellung nicht präjudiziert. Vertreter einer totalitarismustheoretischen Position müssen (sofern sie nicht eine Identität von totalem Anspruch und Realität diktatorischer Herrschaft unterstellen) an ihrer Beantwortung ebenso interessiert sein[17] wie Sozialhistoriker, die den bewußt unbestimmten Terminus „moderne Diktatur"[18] präferieren und nach den „Grenzen der Diktatur"[19] fragen.

Die Konzentration auf Widersprüche der Diktatur ist eine heuristische Entscheidung, die keineswegs allen Beiträgen zu diesem Band zugrunde liegt, und die in Abhängigkeit vom Thema unterschiedlich hilfreich ist. Sie enthält keine Aussage über den Gegenstand außer der, die Diktatur sei zumindest nicht so reibungslos zentralistisch durchstrukturiert gewesen, daß eine Suche nach solchen Konstellationen von vornherein erkennbar vergeblich wäre. Umgekehrt liegt diesem Ansatz auch die Annahme zugrunde, daß die Großbürokratien, aus denen sich unter Leitung der Partei das politische System zusammensetzte, eigene Interessen etwa an finanziellen und personellen Ressourcen und eine spezifische Interpretation der Probleme des Gesamtsystems und ihres jeweiligen Beitrags zu deren Lösung entwickelt hätten.[20] Diese Perspektive muß natürlich kombiniert werden mit dem Blick auf das Zusammenspiel der einzelnen Teile der Diktatur im Zeichen des absoluten Machtanspruchs der Partei.

In der Geschichte der Diktatur waren die Artikulationsmöglichkeiten und Durchsetzungschancen bürokratischer Teilinteressen verschieden stark ausgeprägt, wobei ein linearer Entwicklungstrend im nachhinein nicht erkennbar ist. In den sechziger Jahren waren diese Chancen in der Sowjetunion oder der DDR wahrscheinlich größer als in den siebziger und achtziger Jahren. Andererseits bleibt auch ein in die Latenz gedrückter Konflikt um Codes und Interessen ein Konflikt. Interviews mit ehemaligen

17 Bezogen auf die UdSSR vgl. Boris Meissner und Georg Brunner (Hrsg.): Gruppeninteressen und Entscheidungsprozeß in der Sowjetunion, Köln 1975.
18 Jürgen Kocka: Die Geschichte der DDR als Forschungsproblem. Einleitung, in: ders. (Hrsg.): Historische DDR-Forschung. Aufsätze und Studien, Berlin 1993, S. 9–26, hier 24.
19 Richard Bessel und Ralph Jessen (Hrsg.): Die Grenzen der Diktatur. Staat und Gesellschaft in der DDR, Göttingen 1996.
20 In der Sowjetforschung grundlegend war in dieser Beziehung das Buch von Skilling und Griffith, dessen Rezeption freilich daran krankte, daß die Existenz bürokratisch verfaßter Partialinteressen mit den systemfremden Begriffen „Interessengruppen" und „Pluralismus der Eliten" beschrieben wurde, womit diese Gemengelage unter Hegemonie der Partei in der Tat wenig zu tun hatte. Vgl. H. Gordon Skilling und Franklyn Griffith (Hrsg.): Pressure Groups in der Sowjetunion, Wien 1974 (zuerst Princeton 1971).

Wirtschaftsfunktionären der DDR zeigen, daß das Ergebnis eine lähmende Blockade war.[21] Gerade solch latent gehaltene Konflikte, deren Artikulation auf unterer bürokratischer Ebene, spätestens bei der Kollision mit dem Parteiapparat, erstickt wurde oder versackte, sind jetzt überhaupt erst wissenschaftlicher Analyse zugänglich. Der Steuerungsanspruch der Partei war zu verschiedenen Zeiten gegenüber unterschiedlichen Subsystemen nicht immer gleich ausgeprägt. Während etwa die Wirtschaft in der Ära Honecker unter der eisernen Kuratel von Günter Mittags ZK-Abteilung stand, existierten zur gleichen Zeit im kulturellen Bereich größere Spielräume, weil der Parteiapparat (und die Staatssicherheit) zwar über eine Fülle negativer Sanktionsmöglichkeiten verfügte, es aber nicht gelungen war, nach dem Scheitern des „Bitterfelder Weges" positive Steuerungsinstrumente für künstlerische Produktivität zu entwickeln, die wirklich gegriffen hätten.

Wenn man nach Widersprüchen im Machtapparat fragt, ist jedoch – so könnte man argumentieren – das Ministerium für Staatssicherheit das schlechteste Beispiel, weil kein anderer Teil des Staatsapparates ähnlich eng mit der Partei verwoben war.[22] Unterstellt das trifft zu, wofür nicht nur die Selbstdarstellung als „Schild und Schwert der Partei" spricht, wäre allerdings die Untersuchung des Verhältnisses von SED und MfS zugleich die beste Probe auf die Hypothese, es habe Widersprüche im Machtzentrum gegeben, aus denen Wesentliches über diese Diktatur zu erfahren sei. Widersprüche aus bürokratischen Ressortinteressen und Konsens im grundsätzlichen Ziel der Sicherung der Parteidiktatur schlossen einander nicht aus. Welche Seite jeweils überwog, hing sowohl vom Stand der Institutionalisierung der Diktatur ab als auch von der konkreten historischen Konstellation.

Forschungsergebnisse

Eingeleitet wurde die Tagung mit einem Vortrag, der von vornherein verhinderte, daß sich der Blick allzu sehr auf das Herrschaftsgefüge verengte. Aus der Sicht eines Zeitzeugen wurde geschildert, wie die Allgewalt der Partei und das Gefühl steter Gegenwart des Staatssicherheitsdienstes das Leben in der DDR geprägt hatten. *Jens Reich* trug einen Text vor, den er in den achtziger Jahren zur Selbstverständigung zu Papier gebracht, in Bürgerrechtskreisen diskutiert und 1988 erstmals unter Pseudonym im

---

21 Vgl. Theo Pirker, M. Rainer Lepsius, Rainer Weinert und Hans-Hermann Hertle: Der Plan als Befehl und Fiktion. Wirtschaftsführung in der DDR. Gespräche und Analysen, Opladen 1995.
22 Darauf hat schon H. Arendt hingewiesen: „Die einzige Institution, in der Staatsmacht und Parteiapparatur zusammenzufallen scheinen [...] ist die Geheimpolizei." Arendt: Elemente, S. 182.

Westen veröffentlicht hatte. Bei diesem Essay, der hier, um eine aktuelle Vorbemerkung ergänzt, erneut abgedruckt wird, handelt es sich um seismographische Aufzeichnungen aus dem Leben eines Intellektuellen unter den Bedingungen der Diktatur.

Im ersten fachthematischen Beitrag analysiert *Norman Naimark*, der als westlicher Forscher in Moskauer Archiven Pionierarbeit geleistet hat, Motive und Ziele sowjetischer Sicherheitspolitik in Deutschland. Er verdeutlicht, welche besatzungsrechtlichen Grenzen dem Parteiwillen in den ersten Nachkriegsjahren gesetzt waren. Damals wurden Entscheidungen getroffen, die die spätere Entwicklung in der DDR wesentlich bestimmten. Die wichtigste war, der Sicherheitspolitik Vorrang einzuräumen – auch vor weiterreichenden deutschlandpolitischen Interessen der Sowjetunion. Gefördert wurden speziell jene Funktionäre in der KPD/SED, die als besonders zuverlässige Vertreter sowjetischer Sicherheitsinteressen galten. Andere, die etwa für eine auf Verständigung mit dem Westen zielende Deutschlandpolitik hätten nützlich sein können, sahen sich so schon früh ins zweite Glied gedrängt. Selbst die Arbeitsweise des späteren Ministeriums für Staatssicherheit wurde in diesen Jahren vorgeprägt: Die sowjetischen Geheimdienstoffiziere bedienten sich deutscher Zuträger und nutzten deren Informationen für die Lageberichte an die KPdSU-Spitze.

Daß die Besatzungsmacht auch noch in den fünfziger Jahren die Sicherheitspolitik der SED kontrollierte und speziell gegenüber dem Ministerium für Staatssicherheit ein Weisungs- und Vetorecht hatte, ist zunehmend in Vergessenheit geraten. *Roger Engelmann* weist nach, wie weit der Einfluß der sowjetischen „Freunde" reichte. Das Stalinsche Primat der Sicherheit prägte nicht nur die sowjetische Besatzungsherrschaft in Deutschland, es präjudizierte die Innenpolitik in der DDR. Das gilt insbesondere für die fünfziger Jahre, in denen die Sowjetunion durch „weitgehende Weisungs- und Vetorechte" direkten Einfluß auf die Tätigkeit des MfS nahm. Die Anweisungen der sowjetischen Besatzungsoffiziere standen manchmal im Widerspruch zu dem, was die SED-Spitze wollte. So blockten sie nach dem 17. Juni 1953 den Versuch der Partei ab, sich mehr direkte Einflußmöglichkeiten auf den Geheimdienst zu sichern, ihn nicht nur unter politischen, sondern auch unter fachlichen Gesichtspunkten zu kontrollieren. Entscheidungen des Zaisser-Nachfolgers Wollweber, die später von Ulbricht zum Anlaß genommen wurden, auch dessen Absetzung zu betreiben, hatten die „Freunde" befürwortet: den Ausbau der „Aufklärung" in der Bundesrepublik zulasten der Inlandsüberwachung und das speziell an seinen Stellvertreter Mielke adressierte Verbot, am Minister vorbei Informationen an die Parteiführung zu liefern. Daß letztlich doch Ulbricht als Sieger aus diesem Konflikt hervorging, dokumentiert das Schwinden des sowjetischen Einflusses in der zweiten Hälfte der fünfziger Jahre.

14

Peter Erler stellt, speziell auf die Akten des ehemaligen Zentralen Parteiarchivs der SED gestützt, die historischen Wurzeln und die Ziele der Sicherheitspolitik von KPD/SED in den Jahren vor der Gründung der DDR dar, sowie Herkunft und Rekrutierung der Leitungskader. Er vergleicht die entscheidenden Partei- und Verwaltungsinstitutionen und gewichtet insbesondere die Bedeutung der Personalpolitischen Kommission im Zentralsekretariat und der Deutschen Verwaltung des Innern.

Den Aufbau des parteiinternen Kontrollapparats in diesen Jahren untersucht *Thomas Klein*. Er geht der Frage nach, welche Sicherheitsprobleme die Parteiführung im raschen Anwachsen der SED zu einer Massenpartei sah, wo sie eine tatsächliche oder potentielle parteiinterne Opposition ausmachte und wie sie dagegen vorging. Dabei wird die oft tragische Geschichte der Aktivisten linker Splittergruppen ins Gedächtnis zurückgerufen, die die Nazizeit überlebt hatten und deren Versuche, in der SED neu zu beginnen, nun zur Warnung für alle Parteimitglieder brutal unterdrückt wurden. Im Mittelpunkt seiner Analyse des Repressionsapparates steht das Wirken der Zentralen Parteikontrollkommission, die für Disziplinierung und Gleichschaltung der Partei eine noch größere Bedeutung hatte als die Staatssicherheit.

Der Frage, welche Rolle die Parteiorganisation im MfS hatte, geht *Silke Schumann* nach und untersucht die Frühgeschichte des Ministeriums bis zum Amtsantritt Erich Mielkes als Staatssicherheitsminister. Sie arbeitet die enge Verflechtung von Partei- und geheimdienstlichen Strukturen im Ministerium und auf unterer Ebene heraus. Gerade die Frage, welche Einfluß- und Kontrollmöglichkeiten die territorialen Parteileitungen gegenüber den regionalen Diensteinheiten des MfS haben sollten, war zwischen Staatssicherheit und SED-Führung lange umstritten. Ein weiteres Problem betraf das Verhältnis von operativer und politischer Arbeit im Staatssicherheitsdienst. Wollweber hatte Anfang 1956 festgelegt, worüber in Parteiversammlungen innerhalb des Ministeriums diskutiert werden durfte und worüber nicht. Seine Anweisung kam, so Silke Schumanns Befund, „de facto einem Verbot" gleich, in Parteiversammlungen über die operative Arbeit zu reden. Letztlich definierte der Minister den internen Beratungsspielraum der Partei und wahrte so das Eigeninteresse der Institution gegenüber den Kontrollansprüchen der Partei. Was die SED-Gliederungen im MfS tatsächlich bewirkten, untersucht die Autorin anhand der disziplinarischen Überwachung, der Kaderarbeit und der politischen Schulung.

Mit einem speziellen Aspekt der Kaderpolitik im Staatssicherheitsdienst befaßt sich der Beitrag von *Jens Gieseke*. Er überprüft wiederholt aufgestellte Behauptungen, im Ministerium für Staatssicherheit seien frühere Mitglieder der NSDAP beschäftigt gewesen, zum Teil sogar in leitenden Positionen, und es gebe eine personelle Kontinuität zwischen NS-Terrororganisationen und dem DDR-Geheimdienst. Das Ergebnis seiner akribischen Recherche sei hier nicht vorweggenommen.

In den sechziger Jahren kam es um das Verhältnis Partei und Staatssicherheitsdienst erneut zu Auseinandersetzungen, die von *Siegfried Suckut* dargestellt werden. Im Verlauf der zweiten Entstalinisierungsdebatte nach dem XXII. Parteitag der KPdSU wurde die Tätigkeit des Staatssicherheitsdienstes von der Abteilung für Sicherheitsfragen im ZK der SED erstaunlich scharf kritisiert und – letztlich erfolglos – ein Umdenken im Umgang mit den Bürgern angemahnt. Die Abgrenzung der Kompetenzen zwischen Partei und Geheimdienst war zu dieser Zeit noch immer strittig. Ulbrichts Vertrauensmann Mielke vertrat gegenüber dem ZK-Apparat selbstbewußt und erfolgreich die von ihm definierten Interessen des MfS und erkannte offenbar nur die Autorität des Ersten Sekretärs der Partei vorbehaltlos an. Das Selbstverständnis des Geheimdienstes als „Generalkontrollbeauftragter" der Partei stand im Gegensatz zu dem von der SED definierten Auftrag, sich auf die Abwehr von „Feindtätigkeit" zu beschränken und die Kontrollaktivität drastisch einzuschränken. Nicht aus Illoyalität gegenüber der Partei, sondern als ihr übereifriger Erfüllungsgehilfe hatte es sich der Staatssicherheitsdienst zur Aufgabe gemacht, im Staatsapparat überall dort einzugreifen, wo – nach seiner Einschätzung – die Politik der SED nicht engagiert genug unterstützt wurde und Parteibeschlüsse unbeachtet blieben. Das war eine Entwicklung, die für die Partei nicht ungefährlich war, konnte so doch eine Art konspirativ arbeitende Nebenregierung entstehen, die sich für alles zuständig fühlte, der Kontrolle durch die Partei aber nur begrenzt zugänglich war.

Zu Beginn der sechziger Jahre reorganisierte die SED ihre Sicherheitspolitik und schuf mit dem Nationalen Verteidigungsrat ein neues zentrales Entscheidungs- und Leitungsgremium. Der Nationale Verteidigungsrat löste die „Sicherheitskommission" des Politbüros ab, durch die Staatsorgane unmittelbar der Anordnungsbefugnis eines Parteiorgans unterstellt gewesen waren; er war formell dem Staatsrat, also dem Staatsapparat, zugeordnet. *Armin Wagner* untersucht, welchen Charakter der Verteidigungsrat tatsächlich hatte, wie er zusammengesetzt war, womit er sich befaßte, und welche Bedeutung die MfS-Tätigkeit in seinen Beratungen hatte. Dank der jetzt zugänglichen Akten kann nun Genaueres über dieses Gremium ausgesagt werden, das von 1960 bis 1989 für die Leitung der „bewaffneten Organe" zuständig und dessen Wirken weithin geheimgehalten worden war.

In den Beiträgen von Karl Wilhelm Fricke und Clemens Vollnhals wird dargestellt, wie sich die SED ihres Instrumentes Staatssicherheit im Justizwesen der DDR bediente, um, etwa in Strafverfahren, ihren politischen Willen durchzusetzen. *Karl Wilhelm Fricke* rekonstruiert anhand ausgewählter Beispiele aus unterschiedlichen Perioden der DDR-Geschichte, wie das MfS Einfluß auf politische Strafverfahren nahm. Aus den Akten läßt sich in vielen Fällen exakt rekonstruieren, wie Partei und Geheimdienst kooperierten, um zu den gewünschten Ergebnissen zu gelangen. *Clemens Vollnhals* konzentriert sich in seinem Beitrag auf die Ära Honekker und untersucht die Rolle des Staatssicherheitsdienstes als strafrechtliches Untersuchungsorgan. Er analysiert die Modalitäten der Zusammenarbeit zwischen Staatsanwaltschaft und Geheimdienst und wertet Statistiken aus, die über Zahl und Gründe der eingeleiteten Verfahren Auskunft geben. Deutlich wird die dominierende Rolle, die das Ministerium in politischen Verfahren spielte, und die Willkür, mit der oft ermittelt und verurteilt wurde.

Zwei Beiträge setzen sich mit Aspekten der friedlichen Revolution im Herbst 1989 auseinander. Der Frage, wie Parteiführung und Staatssicherheitsdienst nach dem Beginn des Umbruchs taktierten, wie eng der Kontakt zwischen beiden noch war und wie sich die „Tschekisten" verhielten, als die SED ihrer „führenden Rolle" auch für überzeugte Anhänger des Regimes unübersehbar nicht mehr gerecht wurde, geht *Walter Süß* nach. Er arbeitet heraus, wie sich die Machthaber den veränderten politischen Rahmenbedingungen anzupassen versuchten, wie die traditionellen Feindbilder verblaßten, die Waffen des Geheimdienstes ihre Wirkung verloren und wie dieser vergeblich versuchte, der Lage durch den Einsatz von inoffiziellen Mitarbeitern Herr zu werden.

Hans-Hermann Hertle rekonstruiert das Ereignis, das faktisch das Ende der SED-Sicherheitspolitik einleitete: die Öffnung der Mauer am 9. November. Erst die minutiöse Untersuchung des Entscheidungsprozesses in der SED-Führung macht nachvollziehbar, wie es möglich war, daß eine Regelung offiziell verkündet wurde, die so von den Entscheidungsträgern gar nicht beabsichtigt war. Deutlich wird das Fehlen jeglicher Absprache zwischen den „Grenzorganen", insbesondere den MfS-Offizieren, und den Verantwortlichen in der Partei – ein eindrückliches Zeugnis des Zerfalls des alten Machtapparates. Letztlich entscheidend war aber auch in dieser Situation der Mut der Bürger, deren Druck auf die Grenzübergänge den Sicherheitsorganen vor Ort keine andere Wahl ließ als die Schlagbäume zu öffnen.

Die beiden letzten Beiträge befassen sich mit übergreifenden Fragestellungen. *Klaus-Dietmar Henke* vergleicht die Funktion der Geheimpolizei in beiden deutschen Diktaturen und verweist auf eine Vielzahl von Parallelen. Er prüft zudem die Validität der Befunde Hannah Arendts zum Wesen totalitärer Herrschaft für die späte DDR. Die geschichtswissenschaftliche Aufarbeitung der SED-Diktatur, so sein Fazit, bestätige die Richtigkeit der frühen Aussagen Arendts zum Charakter dieser Herrschaftsform und nicht zuletzt auch ihre Überzeugung, die menschliche „Spontaneität", die Fähigkeit zu selbständigem Denken, der Eigensinn der Menschen, führe notwendig zum Scheitern totalitärer Politikansätze.

Im Unterschied zu diesem anthropologischen Ansatz umreißt *Lutz Niethammer* in seinem abschließenden Beitrag eine Mentalitätsgeschichte der DDR. Dieser Essay, der in wesentlich erweiterter Fassung den vorliegenden Band abschließt, ist zugleich ein Entwurf zu einer historischen Soziologie des Verhältnisses von Partei und Bevölkerung. Er analysiert die Voraussetzungen der SED-Herrschaft und untersucht die politische Sozialisation der „FDJ-Generation", aus der die Leitungskader vorwiegend stammten. Gefragt wird nach den bestimmenden Komponenten des Verhältnisses von SED und Bevölkerung, nach der sozialen Prägung der Partei und den Wirkungen, die der hohe organisatorische Erfassungsgrad, das ausgeprägte Prämien- und Belohnungssystem, die lebenslange Buchführung in den Kaderakten, die unzulängliche Befriedigung der materiellen Interessen und die anfangs noch offene Grenze hatten. Diskutiert werden auch die innergesellschaftliche Funktion des Staatssicherheitsdienstes und die Gründe für seine Machtlosigkeit angesichts des massenhaften Bürgerprotests im Herbst 1989. Niethammers oft prägnante Thesen sind als Diskussionsangebot gedacht und könnten die Debatte um den Charakter der SED-Herrschaft wesentlich bereichern.

Zum Verhältnis von Herrschafts- und Gesellschaftsgeschichte

Die abschließende Podiumsdiskussion, die hier nicht dokumentiert wird und die deshalb etwas ausführlicher referiert werden soll, befaßte sich mit dem Verhältnis von Herrschafts- und Gesellschaftsgeschichte der DDR. Ist eine solche Unterscheidung, bezogen auf die „durchherrschte Gesellschaft"[23] der DDR und auf staatssozialistische Systeme im allgemeinen, überhaupt sinnvoll? In der Debatte über die Geschichte der DDR ist das – und mehr noch, wie diese Differenz zu fassen sei – durchaus strittig.[24] Nach der intensiven Diskussion vorwiegend empirischer Befunde an den Tagen zuvor schien es sinnvoll, mit Überlegungen zu übergreifenden, auch für die Bestimmung des Verhältnisses von Staatspartei und Staatssicherheit wichtigen theoretischen Fragen zu schließen. Auf dem Podium diskutierten Sigrid Meuschel (Universität Leipzig), Ralph Jessen (Freie Universität Berlin), Armin Mitter (Humboldt-Universität Berlin), Hermann Weber (Universität Mannheim) und Walter Süß (Abteilung Bildung

---

23 Vgl. Jürgen Kocka: Eine durchherrschte Gesellschaft, in: Hartmut Kaelble, Jürgen Kocka und Hartmut Zwahr (Hrsg.): Sozialgeschichte der DDR, Stuttgart 1994, S. 247–253.

24 Vgl. Sigrid Meuschel: Überlegungen zu einer Herrschafts- und Gesellschaftsgeschichte der DDR, in: Geschichte und Gesellschaft, 19 (1993) 1, S. 5–14; Ralph Jessen: Die Gesellschaft im Staatssozialismus. Probleme einer Sozialgeschichte der DDR, in: Geschichte und Gesellschaft, 21 (1995) 1, S. 96–110.

und Forschung der Behörde des Bundesbeauftragten). Die Moderation lag bei *M. Rainer Lepsius* (Wissenschaftszentrum Berlin).

Das Verhältnis von Herrschaftssystem und Sicherheitsapparaten werde, so *M. Rainer Lepsius* zu Beginn, durch die jeweilige Definition von Konformität und das sich daraus ergebende Maß abweichenden Verhaltens bestimmt: „Je höher und rigider die Konformitätsbestimmung in einem Regime ist, zum Beispiel in den uns vor Augen stehenden Regimen des Nationalsozialismus und der kommunistischen Einparteienherrschaft, um so wahrscheinlicher müßte es sein, daß abweichendes Verhalten zunimmt." Ein Herrschaftssystem, das keine Öffentlichkeit kenne und dem es an intermediären Strukturen mangele, müsse den Spielraum für abweichendes Verhalten sehr eng definieren. In einem solchen Regime gelte jede Abweichung als Opposition und jede Opposition als illoyal. Die „Rigidität der Konformitätsbestimmung" führe notwendig zu einer Ausdehnung des Repressionsapparates. „Je höher nun die Disloyalitätsunterstellung abweichenden Verhaltens ist, um so wahrscheinlicher ist die Sanktionierung dieses Verhaltens bzw. die präventive Verhinderung des Auftretens dieses Verhaltens. Das ist der Spielraum der Entwicklung des terroristischen Staatssicherheitssystems als Unterdrückungssystem und des postterroristischen Regimes, in dem die Prävention zunahm, die antizipatorische Zersetzung."

In ihrem Einleitungsstatement erläuterte *Sigrid Meuschel* in sechs Thesen, warum ihres Erachtens Gesellschaft im Sozialismus sowjetischen Typs vom Parteistaat her gedacht werden müsse. Erstens habe der „totalitäre Anspruch" des Parteistaates, „die gesamte gesellschaftliche Entwicklung in all ihren Aspekten zu planen und zu steuern", die Gesellschaft selbst verändert. Mit diesem „hypermodernen" Projekt sei zweitens eine „Abkehr von dreierlei Entwicklungssträngen der westlichen Moderne" verbunden gewesen: eine „Abkehr von den Institutionen der demokratischen Repräsentation und Partizipation, von der auf Privateigentum und Markt basierenden kapitalistischen Ökonomie, und von autonomer Kultur". Das Ausmaß der Durchsetzung des Herrschaftsanspruchs des Parteistaates und der damit verbundenen „funktionalen Entdifferenzierung" sei freilich in der Geschichte der DDR unterschiedlich gewesen: Am stärksten war sie in der Phase des „antifaschistischen Stalinismus". Auf sie folgte in den sechziger Jahren im Zuge der Reformpolitik von oben eine „partielle Redifferenzierung". In den siebziger und achtziger Jahren kam es zu einer erneuten Entdifferenzierung, der es jedoch infolge des inzwischen eingetretenen Utopieverlustes an politischer Überzeugungs- und damit Durchschlagskraft fehlte, und die zudem begleitet war von „Ansätzen zur Verrechtlichung" und einer „Re-Autonomisierung von Wissenschaft, Literatur und Kunst". Drittens sei – erklärte Sigrid Meuschel in Präzisierung ihrer pointierten Formulierung vom „Absterben der Gesellschaft"[25] im Sozialismus – „Gesellschaft als öffentlicher Raum" zerstört worden, denn es fehlte an „aggregierten sozialen und politischen Interessenstrukturen" und entsprechenden „Artikulations- und Organisationschancen". Viertens sei es zu einem hohen Maß sozialer Gleichheit im Sinne einer „Homogenisierung der Gesellschaft" gekommen. Dieser Prozeß sei durchaus auch auf Grenzen gestoßen, doch aus der Existenz „sozialstruktureller, arbeitsteiliger, professioneller usw. Differenzierungen" allein lasse sich nicht auf einen „Eigensinn des Sozialen" (Ralph Jessen) schließen. Da sich, fünftens, die Homogenisierung nur auf „Gesellschaft als öffentliche Sphäre" beziehe, während die private Sphäre erhalten bleibe, ja als „Rückzugsgebiet" sogar stärker ausgeprägt sei als in westlichen Gesellschaften. Hier lasse „die Eigensinnigkeit von Sozialem sich am ehesten, wenn auch mehr oder weniger politisch kanalisiert, aufspüren", wenngleich sie immer gefährdet sei, nicht nur durch Politik und Staatssicherheit, sondern vor allem durch „die einfache alltägliche Versuchung des Opportunismus". Aus diesen Thesen folge sechstens, daß Gesellschaftsgeschichte die „Geschichte der bewußten Gegenwehr gegen die funktionale Entdifferenzierung" (Zivilgesellschaft) sei.

In seinem Korreferat sprach sich *Armin Mitter* ebenfalls dafür aus, die Gesellschaft der DDR vom Herrschaftssystem her zu analysieren. Er widersprach jedoch der These, die DDR-Gesellschaft sei „stillgelegt" gewesen. Zwar habe eine Entdifferenzierung stattgefunden, doch gab er zu bedenken: „Andererseits haben sich aber neue Strukturen herausgebildet. Und damit entsteht auch so etwas wie Öffentlichkeit. Die Öffentlichkeit können Sie beispielsweise feststellen in den Stasiakten, in dem umfänglichen Berichtssystem. Dieses Berichtssystem war nichts anderes, als der Herrschaftsoligarchie eine Öffentlichkeit nutzbar zu machen." Mitter plädierte dafür, mit Kocka von einer „durchherrschten Gesellschaft" zu sprechen, ihre konkrete Ausprägung in unterschiedlichen historischen Entwicklungsphasen etwa entlang der Achsen Herrschaft und Disziplinierung zu untersuchen und den internationalen wie den innerdeutschen Kontext einzubeziehen. In der DDR-Gesellschaft habe es keine „autonomen Bereiche" gegeben, wohl aber hätten sich schon früh „Substrukturen" entwickelt. Auch eine Herrschaftsgeschichte, so Mitter zum methodischen Ansatz, könne sozialen Wandel erfassen. Es gebe in der DDR-Geschichte Beispiele dafür, daß aufgrund von Herrschaftsinteressen sozialer Wandel inauguriert wurde. Damit werde der „Vorwurf gegenüber der Totalitarismustheorie", sie sei zu „statisch", widerlegt.

Die DDR-Entwicklung sei losgelöst von der Geschichte der Sowjetunion

---

25 Vgl. Sigrid Meuschel: Legitimation und Parteiherrschaft. Zum Paradox von Stabilität und Revolution in der DDR 1945 – 1989, Frankfurt/M. 1992, S. 10.

nicht zu verstehen, warnte *Hermann Weber*. Das Ziel des Projekts sei ursprünglich gewesen, „eine bessere Gesellschaft" zu schaffen. Doch zu dem Zeitpunkt, als dieses System auf Deutschland übertragen wurde, hätten sich die Mittel zu diesem Zweck, „Machteroberung und Machtsicherung", längst verselbständigt und die Herrschaftsapparate seien „zum Entscheidenden überhaupt" geworden. Zu fragen sei nach den Motiven und Prägungen der Akteure, die in den kommunistischen Parteien einem enormen Konformitätsdruck ausgesetzt waren, und den Strukturen, die diese Entwicklung erst möglich gemacht haben. Bei allen Veränderungen im einzelnen seien die „Herrschaftsmechanismen, die Herrschaftsmethoden und die Strukturen", die sich in der DDR in den fünfziger Jahren herausgebildet hatten, danach im wesentlichen doch unverändert geblieben.

Wenn man einen allgemeinen Begriff der staatssozialistischen Systeme entwickeln wolle, dann dürfe man den Untersuchungsgegenstand nicht auf die vierzig Jahre DDR beschränken, da die Geschichte des Systems 1917 begann. Vor diesem breiteren Hintergrund – so die Argumentation von *Walter Süß* – werde erst sichtbar, welches Entdifferenzierungspotential dem kommunistischen System eigen war und welchen relativen (Ent-)Differenzierungsgrad etwa die DDR erreicht hat. Als Beispiel zur Verdeutlichung des historischen Wandels führte er an: In der Sowjetunion der frühen dreißiger Jahre sei tatsächlich versucht worden, wirtschaftliches Handeln vollständig durch Parteirationalität zu diktieren, was zu absurden Ergebnissen geführt habe. So brachte eine komplett aus den USA importierte Fabrik in der von der Partei dominierten sowjetischen Industrieorganisation nur zwei Prozent der früheren Produktivität. Das Ergebnis war, daß man von solchen radikalen Formen monolithischer Parteirationalität abgehen mußte. Auch wenn es danach – etwa in der chinesischen Kulturrevolution – weitere Versuche radikaler Entdifferenzierung gegeben habe, sei dieser Ansatz damit doch historisch erledigt gewesen. Danach – und damit auch in der DDR – „gab es immer nur eine blockierte, gehemmte und der Parteirationalität unterworfene Eigenrationalität der Subsysteme, aber keine wirkliche Aufhebung der Differenzierung". Das beinhalte Widersprüche, die es bei der Analyse der unterschiedlichen Phasen von DDR-Geschichte zu berücksichtigen gelte. So wie man die Entwicklung des Systems nur bei Betrachtung seiner Gesamtgeschichte angemessen interpretieren könne, so sei auch das jeweilige Verhältnis zur internationalen Umwelt mitzubedenken. Das Informationsmonopol etwa, das in der Argumentation Hannah Arendts eine wichtige Rolle spielte, gehörte vor allem in den letzten Jahrzehnten der DDR wegen der Existenz westlicher Medien zu den nicht einlösbaren Ansprüchen des Regimes – mit gravierenden Folgen für die Beherrschbarkeit des Denkens.

Den Ansatz, „die DDR-Gesellschaft als eine politisch-konstruierte Gesellschaft, als eine in gewisser Weise am grünen Tisch entworfene und durchkonstruierte Gesellschaft zu beschreiben und zu analysieren", hielt *Ralph Jessen* unter Bezug auf Sigrid Meuschel für durchaus vielversprechend. Drei Fragenkomplexe seien dabei von besonderem Interesse: Erstens, „den phantastischen Vorgang der politischen Konstruktion einer Gesellschaft" durchsichtig zu machen. Zweitens, den Konflikt zwischen diesem Projekt und der Resistenz älterer Milieus und überkommener mentaler Prägungen, auf die Niethammer hingewiesen hatte, aufzuarbeiten, und „die Mischung, die diese Reste mit dem Neuen eingehen", zu analysieren. Und drittens sei das „fundamentale Strukturproblem" zu untersuchen, „daß diese politisch konstruierte, formierte Gesellschaft den politischen Konstrukteuren wieder als neue Wirklichkeit und als selbstgeschaffener Problemkomplex entgegentritt, der die Konstrukteure überfordert." So habe die Partei, die die Arbeiterschaft zur „herrschenden Gruppe des Systems" stilisiert hatte, nach dem 17. Juni 1953 deren sozialer Befriedigung Priorität einräumen müssen und sich deshalb noch in den siebziger und achtziger Jahren zu einer Politik gezwungen gesehen, die den Staatsbankrott gefördert habe. Bezogen auf die Ausgangsfrage nach dem Verhältnis von Herrschaft und Gesellschaft bedeute das: „Der Versuch, die Gesellschaft totalitär durchzustrukturieren, provoziert Folgen, die dann auf das Regime zurückwirken und seine Handlungsmöglichkeiten begrenzen."

Nach dieser ersten Diskussionsrunde auf dem Podium wurden in der weiteren Debatte mit den anderen Tagungsteilnehmern Probleme angesprochen und Fragen aufgeworfen, die hier nur stichwortartig wiedergegeben werden können. So wurde die Charakterisierung des Staatssozialismus als „moderne" Gesellschaft bestritten, denn – so Peter Dietrich – „modern ist eine Gesellschaft, die die Vehikel und Maßstäbe ihrer Selbstwahrnehmung selbst produziert, und modern ist zweitens eine Gesellschaft, die die in den letzten dreihundert Jahren bewiesene höhere Produktivität der Freiheit auf allen Gebieten, vor allem in der Wirtschaft, nutzt und nicht zerschlägt". Diskutiert wurde ferner die Frage nach der Fruchtbarkeit des Totalitarismus-Ansatzes bei der Analyse der DDR-Geschichte. Hier sprach sich Klaus-Dietmar Henke für eine vorurteilsfreie Prüfung aus: „Was ist brauchbar und was nicht?" Wiederaufgegriffen wurde die Debatte über die Bedeutung der Ideologie: Gab es seit Ende der sechziger Jahren einen „Utopieverlust" (Sigrid Meuschel), oder war die Ideologie längst davor zur bloßen „Legitimationswissenschaft" (Hermann Weber) verkommen? Welche Bedeutung hatte in der Spätphase die Repression: War sie für die Opposition relativ kalkulierbar geworden, oder dominierte im Bewußtsein noch immer Unsicherheit, weil man fürchtete, daß das Regime zu alten Praktiken zurückkehren könnte? Gab es gar eine „Subtilisierung des Terrors"? Welches Terrain sollte die historische Analyse vorrangig sondieren? Sind es „die Grau- und Mischzonen aus öffentlich und privat, aus politisiert oder nicht politisierbar, nicht mehr politisiert usw., in denen die Eigensinnigkeit von Sozialem sich am ehesten, wenn auch mehr oder weniger politisch kanalisiert, aufspüren läßt"? (Ralph Jessen)

In seinem Schlußwort warnte *M. Rainer Lepsius* vor einer Überschätzung der endogenen Kräfte des Systems. Ohne die Sowjetunion, einschließlich ihrer Vorgeschichte seit 1917, sei DDR-Entwicklung nicht zu verstehen. Problematisch sei, zweitens, der Vergleich zwischen dem NS- und dem DDR-Regime. Er zwinge zu außerordentlicher methodischer Sorgfalt. Die zu vergleichenden Elemente müßten so ausgewählt werden, daß sie „kompatibel analysierbar" seien. In Frage kämen kleinteilige Komplexe, nicht die Regime insgesamt. Historisch handele es sich um „völlig unterschiedliche Situationen", unterschiedliche Verlaufsprozesse, Dauer und Verbrechensgehalte. Die Gegenüberstellung sollte nicht aufgegeben werden, „aber man sollte mit größter Skrupulösität fragen, was vergleiche ich womit?", um nicht der Gefahr der Ideologisierung zu erliegen. Nur wenn der Vergleich möglichst konkret ansetze, könne die NS-Forschung für die DDR-Forschung eine Hilfe sein. Der Moderator stellte schließlich den Sinn einer Unterscheidung zwischen Gesellschafts- und Herrschaftsgeschichte in Frage, weil sie zu Gegenständen hypostasiere, was in Wirklichkeit soziale Prozesse seien. Es gehe um Probleme wie etwa die Legitimität eines Herrschaftssystems oder die Produktivität in Betrieben, in denen politisch gesetzte Strukturen als verhaltensstrukturierende Rahmenbedingungen und tatsächliches Verhalten ineinandergriffen.

Insofern ist die Forschungsperspektive entscheidend, und die Fragen determinieren die Antworten. Hinsichtlich der Antworten, die bereits gefunden worden sind, waren die Einschätzungen in dieser Debatte bemerkenswert uneinheitlich. Der Position, daß das Wesentliche bekannt sei, stand die Auffassung gegenüber, die Forschung zur DDR-Geschichte stehe erst ganz am Anfang und durchlebe nun alle produktiven Krisen von vierzig Jahren NS-Geschichtsschreibung gewissermaßen simultan. Welcher Auffassung man auch immer zuneigen mag, die folgenden Beiträge belegen, daß es noch neue und interessante Antworten gibt, aber auch viele offene Fragen.

Siegfried Suckut und Walter Süß

Jens Reich

Sicherheit und Feigheit – der Käfer im Brennglas

Zur Einstimmung auf unsere Tagung hatten wir Jens Reich gebeten, seinen bekannten Essay über die Wahrnehmung der Staatssicherheit vorzutragen. Dieser Text war in den achtziger Jahren als Versuch der Selbstverständigung entstanden und 1985 erstmals im „Freitagskreis" verlesen worden, einem Diskussionszirkel von Bürgerrechtlern, die sich regelmäßig bei Eva und Jens Reich trafen. Im Jahre 1989 war er dann in der Zeitschrift „Lettre International" unter dem Pseudonym „Thomas Asperger" veröffentlicht worden. Die Reaktion auf die Lesung zeigte, daß der Text als Zeitzeugnis neue Aktualität gewonnen hat: Er vermochte – natürlich aus der Sicht eines Bürgerrechtlers – die Atmosphäre jener späten Jahre der DDR wachzurufen und auch denen, die nichts ähnliches erlebt haben, eine „Bewußtseinslage im Schatten der Stasi" beklemmend nahezubringen.

Die Herausgeber

Vorbemerkung

Dieser Vortrag ist seit Jahren das erste Mal, daß ich öffentlich über die Stasi und SED rede. Es war im Jahre 1993, als ich mir verordnete, eine Pause einzulegen und jede Meinungsäußerung abzulehnen. Ich hatte mehrere Gründe: Erstens, mir mißfiel, daß es in der Öffentlichkeit fast stets nur um Enthüllungen und Beschuldigungen einzelner Personen ging. Zweitens, ich fand, daß das MfS im Verhältnis zu den anderen politischen Institutionen der DDR zuviel Aufmerksamkeit erhielt – so als sei die DDR eine Art Diktatur der Stasi gewesen. Drittens, ich fand und finde, daß der ganze Komplex nicht als Medien-Marktgeschrei, sondern als ernsthafte, historische Untersuchung abgehandelt werden sollte. Dabei ist in Kauf zu nehmen, daß es weniger sensationell und oft eher dröge aussehen würde. Und da ich selbst weder Zeit noch Auftrag hatte, mich mit den Quellen zu beschäftigen, sondern nur aus Erinnerung und Sekundärliteratur schöpfen könnte, schien es mir zweckmäßig, zu anderen Fragen und mit mehr Kompetenz öffentlich zu urteilen.

Ich fühle mich heute nicht gerade inkompetent, bin im Gegenteil interessiert und belesen, besorge mir jeden originellen Beitrag zur Geschichte der DDR und des Ostblocks, räume auch gern ein, daß ich keinen Zeitungsartikel über die Stasi überschlage, auch nicht die, die sich mit Personenanklagen befassen. Aber es bleibt doch dabei, daß ich interessierter Beobachter, nicht selbst Beitragender bin. Allenfalls ein Zeitzeuge unter vielen.

Es scheint mir auch, daß die Hektik aus den Themen SED und MfS verschwunden ist. Wir können heute historisch über die DDR verhandeln. Sie ist auch als Spukgespenst vergangen. Die verbreitete Nostalgie ist Trotz und Protest gegen die jetzigen Zustände, soll die Herrschenden provozieren, sammelt diejenigen, die nach 1990 nicht zurechtgekommen sind. Alte Seilschaften kann ich in meiner Lebens- und Arbeitsumgebung nicht erkennen; sie mögen existieren – aber auch ihr Erfolg ist ein Ergebnis der vergangenen sechs Jahre, mit Wurzeln in die DDR zurück, aber ein neues Phänomen in neuer Umgebung.

Es ist jetzt Zeit, sine ira et studio, ohne alle Aufgeregtheit über SED und MfS und all die anderen Phänomene der DDR-Zeit zu reden. Und ein Teil dieser Untersuchung ist ihre Wahrnehmung im Bewußtsein einzelner, ist der Inhalt des kollektiven Bewußtseins. Die subjektive Widerspiegelung, wie es zu DDR-Zeiten hieß.

Wer sich an diese Aufgabe macht, wird auf erhebliche methodische Schwierigkeiten stoßen. Die Wahrnehmung heute ist verzerrt durch den gewaltigen Einfluß, den die öffentlichen Medien auf diesen Prozeß ausüben. Wir haben es mit Zerrspiegelung von Widerspiegelung zu tun. Umfragen und andere empirische Verfahren werden die Entzerrung dieser vermittelten Abbildungen nicht leisten können. Und ich selbst, der ich das quellenkritische und sozialpsychologische Arsenal nicht benutze, bin zurückgeworfen auf mein subjektives Bewußtsein.

Für die Wahrnehmung damals gilt, daß die öffentlichen Medien nur geringen Einfluß auf die Bewußtseinslage ausübten und außerdem propagandistische Widerspiegelungsaufträge hatten. Wie das Volk zu Zeiten des hochmittelalterlichen Kathedralenbaus über die Herrschaftsinstitutionen dachte, das werden wir nicht aus Thomas von Aquins „Summa theologiae" erfahren. Wie das Volk über SED und Stasi dachte, dazu gibt es keine direkten Quellen: Wir werden allenfalls indirekte Schlußfolgerungen ziehen können. Zum Beispiel, wenn das MfS beschloß, sichtbar aufzutreten, um auf Gruppenbildungen zersetzend zu wirken. Oder umgekehrt, seine Reaktion auf Verletzung der Konspiration. Oder im Falle der SED, wenn „Stimmungen und Meinungen" entgegengewirkt wurde. Direkte Bewußtseinsäußerungen werden selten oder verzerrt sein, weil ja gerade in der Manipulation des Bewußtseins (in der Spätzeit nur noch der Bewußtseinsäußerungen) die Herrschaftsausübung bestand. Erinnerung, oral history, ist trügerisch, weil der heutige Wahrnehmungsstand den erinnerten beeinflußt. So bin ich als Vortragender, als historischer Dilettant, also auf meine eigenen Wahrnehmungen verwiesen, und zwar auf ihre Äußerung oder Darstellung zur gegebenen Zeit und unter Bedingungen, die taktische Veränderungen ausschlossen. Ich selbst habe nur wenig Tagebuch geführt, aber zur DDR-Zeit und nachher regelmäßig Essays zum Vorlesen und zur Selbstverständigung im Freitagskreis geschrieben. Beim Wiederlesen wird mir klar, daß ich diese Texte heute nicht mehr aus der Erinnerung so schreiben könnte. Ich muß mich an das halten, was ich damals gesagt oder aufgeschrieben habe. Allenfalls die taktischen Beimengungen lassen sich nachträglich durch kritische Analyse herausfiltern.

SED und Stasi haben heute jeden Nimbus von bedrohlicher, einsatzbereiter Macht verloren und sind ins satirische Buffofach gewechselt. Ich nehme diesen Szenenwechsel am deutlichsten wahr, wenn ich mit Menschen diskutiere, die keine Erfahrung mit dem Phänomen haben: Bundesbürger etwa, die keine Berührung mit dem Osten hatten, oder Jugendliche, die zu jung dafür sind. Es ist leicht, komische Stories zu erzählen, aus den Akten eine konspirative Wohnungsdurchsuchung etwa zu beschreiben, die bis in alle Einzelheiten vorbereitet war und mehrere Dutzend Zuarbeiter in Hilfs- und Überwachungsfunktionen beschäftigt hielt und dann daran scheiterte, daß die 16jährige Nichte in der Nacht zu Besuch angereist war und auf das Klingelzeichen der Einbruchs- und Untersuchungstruppe hin verschlafen und nichtsahnend die Tür öffnete und die ganze Unternehmung scheitern ließ. Stasi als genasführter Tolpatsch, Partei als hohler Phrasendrescher, der Staatsfunktionär als versoffene Lachnummer, das kommt gut an, bringt ein befreites, aufgeklärtes Lachen in die historische Analyse, schneidet die Vergangenheit auf Normalgröße zurecht.

Alles gut so. Wir dürfen lediglich nicht vergessen, daß die Vergangenheit so komisch nicht war, als sie Gegenwart war. Welche subversive Energie beispielsweise dazu gehörte, ein Lied wie Wolf Biermanns entlarvend freches, satirisches „Die Stasi ist mein Eckermann!" auszudenken und dann tatsächlich laut vorzusingen.

Was ich Ihnen jetzt vortragen werde, ist ein Text zur Selbstverständigung. Er ist über viele Jahre hin entstanden, zuletzt 1988 ausformuliert und – pseudonym – im Westen veröffentlicht worden. Ich ändere kein Wort, obwohl ich heute vieles zu ändern hätte. Besonders erstaunt bin ich darüber, daß wir noch an die Möglichkeit glaubten, die Stasi zu „zivilisieren". Ich möchte dazu heute anmerken, daß das ein ordentliches Stück Illusion war, gepaart mit Hoffnung: Anders konnten wir uns eine erträgliche Gestaltung des politischen Lebens in einer Nach-Perestroika-DDR gar nicht vorstellen. Wir standen damals unter dem Eindruck, daß unter Gorbatschow Teile des KGB sich kooperationsbereit im Sinne einer Aufarbeitung von Vergangenheit und parlamentarischer Anbindung der Spionageabwehr und eines Verfassungsschutzes gaben. Die Alternative, die 1989/90 stattfand, nämlich die totale Auflösung des Ostblocks, ohne daß ein Schuß fiel, und die Freigabe der DDR zur Vereinigung, die war komplett außerhalb unserer Vorstellungskraft. Daß Geschichte derart total unerwartet und überraschend verlaufen kann, das ist mir heute Angstvorstellung ebenso wie Hoffnung.

Doch jetzt zu dem alten Text. Ich tauche ein in meinen Wahrnehmungszustand der achtziger Jahre.

Sicherheit und Feigheit – der Käfer im Brennglas[1]

„Den Sklaven tropfenweise aus sich herauspressen"
(Tschechow)

Reine Empfindung. Ich kann keine Fakten beibringen. Niemand nennt mir den Etat der Staatssicherheit oder die Anzahl regulärer und informeller Mitarbeiter, niemand zeigt mir die Aktenschränke. Zu ihren Datenbanken habe ich keinen Zugriff. Die Gebäude aber sind unübersehbar und grau, wie Kulissen: Fassaden mit Fenstern, keine Gardinen. Nur Fläche, ohne Tiefe – reine, plane Sinnesempfindung.

Wie ein kratzendes Unterhemd spüre ich die Sicherheit, ein stets vorhandenes Unbehagen, von dem man aber für kurze Zeit abgelenkt werden kann. Im Gedächtnis wird es als abstrakte Wesenheit gespeichert, als Wissen, nicht als lebendige Mißempfindung. Von Kindestagen an war immer die Sorge im Hintergrund, obwohl ich für einen gegebenen Zeitpunkt (irgendwann: damals) nur undeutlich weiß, welche Befürchtung jeweils akut war.

Es ist wie beim Grenzzoll: Man hat immer etwas zu verbergen. Stets hat man etwas geliehen, gelesen, geschrieben, gehört, gesagt, mitgeschnitten, weitergegeben, nicht gemeldet, geduldet, befördert, begründet, mißachtet, übertreten. Du bist wie ein Kind, das die Hand auf dem Rücken versteckt, wenn man es scharf ansieht. Sofort hat es Angst: Bin ich jetzt erwischt worden, will man mich bestrafen? Wofür?

Herzklopfen. Ich bin schweigende Mehrheit, stumm, hypnotisiert: wie das Kaninchen vor der Schlange. Das Herz klopft bis zum Halse, wenn die Schlange sich zu rühren anschickt, anzuschicken scheint.

Vor dem Basiliskenblick der Sicherheit bewegen wir uns betont ungezwungen, wie auf der Gartenparty beim Freund, der die riesige Dogge hat: Es besteht keine unmittelbare Gefahr, aber man hat das Tier stets im Augenwinkel. Mit schnellem Blick sucht man sich zu vergewissern, daß es nur so ins Leere starrt und uns nicht fixiert.

Bewegt sich etwas auf mich zu, Begegnung, Anruf, Gespräch, Befragung, Vorladung – so entsteht im zentralen Nervensystem ein fulminantes

1 Dem Hanser-Verlag München danken wir für die Genehmigung zum Abdruck dieses Textes.

Rückkopplungspfeifen. Im Fluge durcheilt man alle Äußerungen, Handlungen, Ereignisse, Varianten, Wahrnehmungen, Vorsichtsmaßnahmen, Kühnheiten, Gedankenlosigkeiten und kreist wie toll um ein mögliches Netz, um ein drohendes Schlageisen. Hektische Impulse aktivieren in chaotischer Abfolge die möglichen Verhaltensmuster: Verweigerung? Flucht? Verstecken? Untertauchen? Attacke? Wütendes Abstreiten? Verstocktes Schweigen? Beredte Erklärung? Demutsgebärden und beflissene Einsicht?

Ist alles vorüber, so versteht man die eigene Aufregung nicht mehr. Man erzählt es anderen, übertreibt den Vorfall (ohne den Emotionssturm verständlich machen zu können), kann Scherze treiben und verdrängt die Einzelheiten. Liest man später das Gedächtnisprotokoll, so staunt man über die vergessenen Details.

Herkunft der Angst. Das alles sieht aus wie ein Mechanismus, der im Unterbewußtsein verhakt ist. Ich kann den Auslöser zur Probe betätigen. Gewisse Seiten aus Koestlers „Sonnenfinsternis". Oder Solshenizyns „Erstem Kreis". Die Angst ist auch sofort da, wenn mir der Moskauer Freund vom Klingel- und Klopfsturm morgens um sechs Uhr erzählt, zur Zeit des Terrors. Niemand in der kommunalen Wohnung wußte, wem es gelten würde, alle waren fast besinnungslos vor Angst. „Gott sei Dank, es brennt nur!", soll jemand laut einer alten Anekdote erleichtert gerufen haben, nachdem er sich ein Herz gefaßt und die Tür geöffnet hatte.

Bei Berichten über Gestapo und Reichssicherheitshauptamt kann ich kühler bleiben. Offenbar ist meine Angst vor der Sicherheit vor allem ein Erbteil aus der Stalinzeit.

Beflissenheit. Neben der Angst siedelt die Feigheit vor der Behörde. Der Zwang zum Wohlverhalten, das kluge Ins-Schneckenhaus-Gehen. Eine Mischung aus gebückter Haltung und Totstellreflex. Dieser Drang zur Harmonie mit der Obrigkeit ist mein deutsches Erbteil, in der Kindheit eingeübt. Mit Angst vor der Sicherheit vereint, richtet das den Sklaven in meiner Seele auf. Macht aus mir den DDR-Bürger im Mauseloch.

Was ich beschreibe, ist nicht nur meine private Neurose. Wahn- und Angstvorstellungen aller Ausprägungsgrade sind uns gemeinsam und prägen das gesellschaftliche Verhalten. Jeder richtet sich auf seine Weise damit ein, zwischen öffentlicher Beflissenheitsübung und privatem Schneckenhaus.

Die wirksamsten Dienste leistet die Staatssicherheit dabei durch ihr bloßes Vorhandensein, nicht durch Aktionen. Es löst den Feinmechanismus der Selbstzensur aus, dem unser Bewußtseinsinhalt unterworfen wird, wenn er öffentlich vorgezeigt werden soll. Die Selbstzensur wirkt als ein Netz von Reflexen, das alle Äußerungen schon im Ansatz „entgiftet" und auf Konfliktvermeidung absucht. Wir bemerken solche Meidbewegungen vor allem bei den anderen, seltener bei uns selbst. Unauffällige Ausweichmuster, im Gespräch: ein Thema zielsicher beiseiteschweigen. Oder mit einem Scherzwort wie zufällig wechseln. Eine Platte auflegen, den Fernseher einschalten. Sich auf „das Wesentliche" konzentrieren. Eine These ausgewogen, nicht „überspitzt" formulieren wollen. Den Diskussionsbeitrag „nicht so emotional" gestalten. Reizworte vermeiden oder in Anführungszeichen setzen. Den Sachverhalt „in seiner Komplexität" oder (altmodischer) „dialektisch" sehen ...

Neben den Ausweichbewegungen beim Aussprechen der Meinung wird auch ihr Inhalt eingefärbt. Man balanciert auf drei rollenden Kugeln: die eigene Meinung, die Meinung, die die Freunde hören wollen, und das, was man dem gegebenenfalls lauschenden Ohr noch zumuten kann. Sagst du etwa: Wenn wir Demokratie erreichen wollen, dann müssen auch wir unser verbogen-verklemmtes Feindbild „Sicherheit und Polizei" abrüsten – sofort bist du unter Anbiederungsverdacht. Es sieht so aus, als hättest du das Gewicht auf die dritte Kugel verlagert, um das Gleichgewicht zu sichern.

Die Selbstzensur ist nicht schwer zu durchschauen, aber die Einsicht ist unbequem, und man drängt sie lieber ins Unbewußte ab. Man spricht ungern darüber; jeder weiß Bescheid und schämt sich uneingestanden. Der westliche Gast dagegen trampelt ohne Absicht mit naiven Fragen durch den Porzellanladen; er bemerkt nicht, daß ihn die Gesprächspartner, einander beäugend, mit kunstvollen Schleifen umtänzeln. Die Geübten unter uns, mit Westreiseerfahrung, sind im Rededuktus vollendet westlich; „heiße Eisen" (die freigegebenen!) werden furchtlos angefaßt: nur wir Eingeweihten registrieren, wie elegant er die Tretminen vermeidet.

Selbstzensur ist ein veredelter Kotau: demütiges Schweifwedeln des Untertanen als souveräne Taktik verkleidet.

Le Marais. Zur Jakobinerzeit nannte man uns den „Sumpf". Wir bleiben in der Mitte. Es fehlt an Courage. Man mäßigt die Wortwahl, die Handlungen. Die schroffe Aggressivität der Ausgegrenzten, der Aussteiger, der „Ausreiser" stößt ab. Durch Provokation ist nichts zu erzwingen, so sagt man sich – man ist der Schwächere. Besser im Dialog an die Vernunft appellieren. Den Bogen nicht überdehnen. Die Reform kann schließlich nur von oben kommen, das zeigt doch das sowjetische Beispiel. Mit der Brechstange kommst du nicht durch. Wenn die Perestroika kommt, dann mußt du am Platze sein, nicht abgebrannt irgendwo abseits, ausgeschlossen. Verdeckt hier Klugheit die Feigheit?

Weil du aber lau bist und weder warm noch kalt, werde ich dich ausspeien aus meinem Munde (Offb. 3,16).

Phobie. Ungefährdet sind diejenigen, die keine politischen Interessen haben. Das Westprogramm ist nicht mehr verboten, sogar erwünscht (wer die Euro-Show sieht, geht nicht zur Mahnwache!), und die Unzufriedenheit über Alltagsmängel findet im unfrohen Gemecker ausreichend Ventile.

Warum sollte die Staatssicherheit sich für das Treiben solcher Leute interessieren? Die sind vorhanden wie die Vögel im Walde, wenn man auf ihre Laute nicht achtet.

Der Schutz wirkt merkwürdigerweise nur bei wenigen. Die meisten sind dennoch vorsichtig, haben Angst. Es gibt eine Form von „Stasi-Phobie", die geradezu wahnhafte Züge annehmen kann. Dann sehe ich sie überall. In der Prenzlauer Allee gab es eine sehr merkwürdige Tankstelle mit grauen Kolonnen, ohne die gelbrote Aufschrift „Minol". Wenige Autos fuhren vor. Man konnte von der Straße nicht voll einsehen. Ein Kollege war überzeugt, daß das eine Spezialtankstelle der Sicherheit sei. Er wollte das aus bester Quelle haben, aus „hohen Parteikreisen". Ich erfuhr später, daß dort Katalytbenzin verkauft wurde ...

Stukatschi. Matthäus 18,20: Denn wo zwei oder drei versammelt sind in meinem Namen, da bin ich mitten unter ihnen ...

Man sagt, unter zehn ist immer einer. Ein Stukatsch, der Klopfer, ein altes Wort, das aus der russischen Häftlingssprache in die Literatur kam: ein Informant. Er (oder sie!) ist der materiell-immaterielle Auslösehebel der Selbstzensur. Man reagiert heute anders auf ihn, und daran kann man die Evolution des Überwachungsmechanismus ablesen. In den fünfziger Jahren verstummte man, wenn er (oder sie) dazukam. Heutzutage sagt man: Mußte die Parteiführung gerade jetzt den Ceausescu einladen?, anstelle von: Was der mit seinem Volk treibt, das ist Faschismus!

Es muß mehrere Sorten von Stukatschi geben: den mißgünstigen Denunzianten; den wohlwollenden, der seine Schafe gern hat und Gutes berichtet oder das Nachteilige mit verständnisvollen Erklärungen abschwächt; den armseligen Wichtigtuer, dem endlich jemand geduldig zuhört. Ich frage mich, wie die Sicherheit die subjektive Komponente aus den eingehenden Berichten ausfiltert. Aber vielleicht geht es ihr gar nicht um den Informationsmüll, sondern nur darum, politische Emotionen zu dämpfen durch das Bewußtsein, daß immer jemand zuhört ... Dazu wäre gar nicht einmal ein echter Stukatsch nötig, sondern nur sein Phantom, eine Vogelscheuche, deren bloße Vorstellung Wohlverhalten induziert?

Toptune. Noch ein russisches Wort: Pflastertreter. Behörden im Außeneinsatz. Früh ab halb sieben zu zweit, in die Auslage gaffend, oder die aufgeschlagene Zeitung lesend. Absurde Tätigkeit zu absurder Zeit. Warten, gähnen, Pflaster treten, bis der Staatsgast gefrühstückt hat und die Autokolonne die Protokollstrecke abwärts zum Staatsratsgebäude gerast ist. Dann schnell in den Autobus (Haltestelle: „Hier hält nur der Werkverkehr!") und zurück ins warme Büro, einen Kaffee kochen.

Vom Flughafen Schönefeld bis zum Schloß Niederschönhausen sind es 30 km; alle 30 Meter zu beiden Seiten der Straße je zwei bis drei Mann (immer Männer!): das sind 5.000 Toptune (nur die sichtbaren gerechnet!), 100 Autobusse, 2 Arbeitsstunden, 250.000 Mark Lohnkosten pro Staatsbesuchstag. An ihnen vorbei eilt unausgeschlafen und mißmutig das Arbeitsvolk, um die S-Bahn nicht zu verpassen. Glotzende Toptune und unsere Arbeitsmoral ...

Die feinen Sanktionen. Es geht nicht mehr um Existenz oder Vernichtung. Man kann nicht mehr einfach abgeholt werden und für immer verschwinden. Sie müssen Beweise zusammentragen, sosehr auch die Paragraphen aus Gummi das erleichtern. Politische Erwägungen lassen es geraten erscheinen, Kompromisse einzugehen. Beim Paragraphen 99 (landesverräterische Beziehungen) zum Beispiel wurde unlängst anstelle einer Freiheitsstrafe ein mehrmonatiger Studienaufenthalt in England verhängt, beim Erzbischof von Canterbury ...

Dafür ist das System der unterschwelligen Nadelstiche voll ausgebaut worden. „Zuführung" anstatt Untersuchungshaft. Der Zugeführte ist schon wieder frei, bevor es zu Alarm und Protesten kommen kann. Der Abend ist ihm wirksam verdorben.

Noch feiner ist die unsichtbare Wasserscheide, die den prominenten Dissidenten von seinen Sympathisanten trennt. Er ist durch seine ARD-Interviews einigermaßen geschützt, die Kleinen aber haben Angst. Eine Luke kann sich auftun: plötzlich ist die Arbeitsstelle umstrukturiert. Oder die Wohnung baupolizeilich gesperrt. Oder der Tochter die Lehrstelle abhanden gekommen. Oder Bewerbungen mißlingen auf das Rätselhafteste. Oder ein Ungarn-Visum ist abgelehnt. Eine Verwandtenreise in den Westen. Oder der Schulleiter meint es gut und rät gegen bestimmten Umgang. Der Chef bestellt dich und läßt eine freundliche Warnung einfließen. Die Promotion könnte Schaden nehmen. Für die Publikation eines Gedichtzyklus fehlt es hartnäckig am Papier. Oder ein höflicher Besuch der Sicherheit, zu Hause: „Wir wollen es doch nicht bis zu einem offenen Konflikt bringen, oder? Schon im Vorfeld kameradschaftlich vor den möglichen Folgen warnen, wir wissen, daß Sie keine bösen Absichten haben, aber es gibt nicht nur Gutwillige auf der Welt, und man kann leicht rutschen ..."

Gegenstrategien gibt es zwei. Erstens: Kopf in den Sand. Politische Abstinenz. Minuspunkte vermeiden. Zweitens: Zivilcourage. Je mehr Leute offen sprechen und handeln, desto schwieriger ist es, massenhaft Nadelstiche anzubringen. Man kann durch einen Wink der schwarzen Hand eine oder zwei Einstellungen verhindern, aber nicht Hunderte. Man kann vier Schüler relegieren, aber nicht vierundvierzig. Man kann einige einschüchtern, aber nicht alle: Es sei denn, sie sind damit einverstanden.

Alles ist Politik. Wo Freunde regelmäßig zum Tee zusammenkommen, wird ein Sicherheitsproblem entstehen. Anfangs sind es Befürchtungen von Wichtigtuern („Wir sind unterwandert – uns wird man niemals unbeaufsichtigt lassen!"). Später bemerkt man eine Observation, erfährt von Befragungen bei Nachbarn, registriert Merkwürdigkeiten am Telefonleitungsverteiler im Hof, hört von Anwerbungsversuchen bei Teilnehmern der Teerunde. Ein Spiel teils mit, teils ohne Tarnkappe. Zu Geheimnisträgern können schließlich auch die Mitglieder des Kreises werden: Wer angeworben oder von seiner Dienststelle freundschaftlich gewarnt wird, erzählt es nicht, sondern zieht sich zurück und schiebt Arbeitslast und Müdigkeit vor. Feine Geheimdialektik entsteht, wenn einer tatsächlich überlastet ist und eine Weile nicht kommen möchte. Im Umkehrschluß wird auf eine stattgehabte Verwarnung geschlossen. So ist die Sicherheit zum Mitgestalter menschlicher Beziehungen geworden.

Weitergeben? Wer befragt oder angeworben wurde, auch wenn er fest geblieben ist, hat ein Dilemma mit zwei Hörnern. Zunächst mag es befreiend sein, den Freunden zu berichten. Es schafft Gemeinschaft, und man kann sich als Held oder raffinierter Kopf fühlen. Aber dann träufelt Gift. Warum ist man ausgerechnet auf ihn (auf sie) verfallen? Hat er uns wirklich alles darüber erzählt? Dieser und jener Absatz seines Berichtes: das klang aber merkwürdig! Nach Monaten: Ob er inzwischen noch einmal dran war und diesmal schweigt?

Befragung. Freundschaftlich. Sie haben doch den besseren Detaildurchblick! Wirklich nur zur Information. Zu unserer Beruhigung, um eine Variante weghaken zu können. Wir danken für Ihre Bereitschaft. Bitte noch eins: Machen Sie keinen Gebrauch von diesem Gespräch. Es wäre uns recht unangenehm, übrigens vielleicht auch Ihnen.

Ein vorher verabredetes Gespräch („zur Sachverhaltsklärung") schwillt an vor Bedeutung. Für die dort ist es ein Befragungsfall unter vielen; wir aber bereiten uns scharfsinnig grübelnd darauf vor wie Raskolnikow auf Porphyri.

Oberflächlicher, freundlicher Sicherheitskontakt zur Information: Korrosion von Intellekt und Gewissen. Ein prickelnder Reiz zwischen Angst und schmeichelnder Bedeutsamkeit.

Witterung nehmen. Zahllose Variationen hat der Ritus der präzisen Distanzbestimmung, wenn man sich kennenlernt. Besonders langwierige Positionsspiele entstehen, wenn ein neuer Bekannter Informant sein oder (ungewollt? halbfreiwillig?) Informationen weiterleiten könnte. Er mag sogar „angesetzt" sein.

Alle Beobachtungen, jedes Gespräch, sein Verhalten – alles muß durch den Filter. Aufmerksam registriert man mögliche Indizien. Gemeinsam, als Ensemble können sie die Farbe annehmen, die den Verdacht hervorrufen und bestärken oder abschwächen und zerstreuen kann. Wen kennt er? Wer kennt ihn? Was sagt er? Wie sagte er es? Was hört man über ihn? Ist seine Adresse „normal"? Sind Meinung und berufliche Position miteinander vereinbar? Wie artikuliert er sich, welche Themen bringt er auf, bei welchen verstummt er, bei welchen redet er mit? Gibt es artfremde Ausdrücke im Wortschatz? Ist unauffällig, was er über Herkunft, Heimat, Familie, Bekannte, Kollegen, Karriere preisgibt?

Manchmal ertönt ein warnender Laut. Sagt er etwa: Ja, den kenne ich doch von früher her. Später verbessert er sich – es war ein Irrtum. Warum will er ihn nicht mehr kennen?

Warnungen dieser Art kann man speichern, bedenken, vergessen, niemals prüfen, bestätigen, entkräften. Sie bleiben, was sie bei Agatha Christie sind: seltsame Zufälle, die Miss Marple am Nachdenken halten.

Diese Phase des Filterns darf man sich nicht als finster nagendes Mißtrauen vorstellen. Es sind kaum Emotionen im Spiel. Man bewegt sich aufmerksam, wie der Jäger auf der Pirsch. Aller Umgang bleibt ungehemmt, sachlich, freundlich, mag sogar intim sein: Der Verdacht ist nicht durch Gefühle gefärbt. Man beobachtet kühl.

Die durch solche Sicherheitserwägungen erzeugte Distanz trägt bedeutend zur Nischenmentalität der Gesellschaft bei. Ein Lyriker, nur an Lyrik interessiert – und fürs Kochen. Ein Historiker: frühbürgerliche Revolution und seine Sekretärin. Der Ingenieur: sein Computer, sein Auto. Sie haben Auslesevorteile gegenüber dem, der am gesellschaftlichen Leben breiter teilhaben möchte. An Nischenbewohnern prallt die Informationsgewinnung ab.

Ausgespien. Es gibt Kaninchen, die die Schlange verschlungen, dann nach gewisser Zeit wieder ausgewürgt hat. Einige Tage Befragung oder Vernehmung. Einige Monate Untersuchungshaft. Oder Verurteilung und Strafverbüßung. Mit vielen habe ich im Laufe der Jahre gesprochen. Sie lassen sich drei Gruppen zuteilen.

Die einen schweigen. Fluchen allenfalls, was dasselbe ist.

Andere geben Bericht. Episch, in gebundener Form, sozusagen in Strophen. Wie im Heldenlied gibt es immer wiederkehrende Motive. Ein Modell ist Robert Havemanns Bericht: Die Vernehmer numeriert, Stasi 1, Stasi 2, jeder holzschnittartig typisiert: der Scharfe, der Verständnisvolle, der intellektuelle Typ. Der Berichtende souverän, klarer Punktsieg in einem harten Duell. Man würde gern das Protokoll der Gegenseite lesen.

Wieder andere, wenige, sprechen Prosa. Kurt, zum Beispiel, ganz leise, mit seiner sympathischen Variante des sächsischen Tonfalls: Ich kann gar nicht glauben, daß die alle soviel Kraft hatten. Man ist doch ein ganz erbärmlicher Wicht, völlig abhängig, armselig. Selbst wenn man es schafft, niemanden zu belasten. Die sind doch so in der Übermacht. Und haben einen völlig in der Hand ...

Gewöhnung. Bei zahlreichen Drogen läßt die Wirkung bei ständiger Gabe nach. Der Organismus paßt sich an oder stumpft ab. Nasentropfen wirken einfach nicht mehr. Vom Rauschmittel muß man immer höhere Dosen nehmen. Solche Gewöhnung gibt es auch hier. Welches Schockerlebnis, wenn man herausfindet, daß das Telefon überwacht wird oder eine Wanze vorhanden ist. Zuerst vermeidet man Gespräche oder verlagert sie nach außen. (Ob sie im Treptower Park Richtmikrofone haben?) Man will sie aushungern, keine Information anbieten. Bald beginnt man, gezielt

Spielmaterial zu senden. Oder man mimt den Braven, den Vernünftigen. Oder den Ironischen. Nach einiger Zeit setzt die Gewöhnung ein. Man verrät immer mehr, gibt immer weniger acht. Irgendwann verblaßt dann sogar die Gewißheit. Man sagt sich, daß sie einen unmöglich ständig abhören können, ständig auf Empfang sein, all den Alltagskram auswerten, zu wenig Leute, zu langweilig. War der Beweis damals eigentlich so wasserdicht? Haben sie überhaupt Batterien, die den Apparat so lange speisen?

Erst in diesem Stadium lohnt es sich für „die Organe", mit der Auswertung von abgehörten Bändern zu beginnen.

Stetiges Wachstum. In meiner Kindheit hatte das Phänomen alle Merkmale des Grauenhaften, Unberechenbaren. Auf eine unprüfbare Denunziation hin wurde ein Nachbar „abgeholt", „nach Bautzen" gebracht und nie wieder gesehen. Mein eigener Großvater wurde „angezeigt", weil ein Bewohner in derselben Straße auf sein Haus aus war, und er verschwand für immer „in Rußland". Die Kinder wurden dringend vor unbedachten Äußerungen gewarnt: Red' nichts Politisches! In harmloser Ehrlichkeit konnten sie die Eltern gefährden .

Später kam die Sicherheit auf, und es wurde stiller. In unserer Straße wohnte einer, den sie „der Geheime" nannten – er war irgendwo bei der Behörde. Dialektische Negation der vermuteten Tätigkeit durch den Spitznamen. Insgesamt aber war wenig von der Sicherheit zu spüren, weil die Partei die politische Auseinandersetzung offen führte und genügend sichtbare Vertreter zu ideologischer Aktivität mobilisieren konnte. Der Mitschüler aus der Jungen Gemeinde wurde laut ein Staatsfeind genannt, nicht nur in irgendwelchen Akten als solcher registriert. Mit einer Fahrkarte für 16,20 Mark konnte er sich für immer verabschieden.

Aus der Affäre Havemann sieht man die Bewegung von 1960 bis 1980. Am Anfang dominierten die lauten Agitpropelemente. Gegen Ende war die Grünheider Ringwallstraße ständig durch einen Mannschaftswagen abgeriegelt, und am Ortseingang auf dem Parkplatz standen vollbesetzte Limousinen. Nichts Geheimes mehr. Aber auch keine lauten Streitgespräche. Ostentative Sicherheit, schweigend.

Der Libero. Die Herrschenden und ihre Helfer halten sich heute in der ideologisch-propagandistischen Etappe. Kaum noch Losungen an den Werktoren. Im Betrieb keine Indoktrinationsversuche. Die Planerfüllung erfolgt ohne den Schellenklang tönender Phrasen. Fällt jemand in der Gewerkschaftsversammlung aus der Rolle, so wird er nicht mehr „entlarvt", sondern man vermeidet die Kollision, um nicht einen weiteren Ausreiseantrag im Betrieb zu haben. Der Einfluß aus Moskau ist ebenfalls gut abgepuffert, gefiltert. Die gut Russisch können, haben ihre Schule im Schweigenkönnen hinter sich gebracht.

Unter diesen Umständen, während die Verantwortlichen im Büro Kaffee trinken, wird die Sicherheit das Mädchen für alles. Sie beschattet den Korso, der auf der Schönhauser Allee ungenehmigt für Fahrradwege demonstriert. Sie nimmt den Umweltaktivisten ihre Bodenproben und die Filme über die Giftmüllhalde ab. Sie macht Jagd auf ein paar Unentwegte, die Proklamationen über Glasnost und Feindbildabbau hektographieren.

Die Regierenden lassen die Luke herab und sind nicht zu sprechen, also muß die Sicherheit die zahllosen Tricks der Ausbürgerungswilligen abwehren, muß Grenzen und Transitwege bis tief in den Balkan bewachen helfen und sich Gedanken über jede Reise in die Tschechoslowakei machen („Dient sie der Vorbereitung eines Grenzübertritts in die BRD?"). Einige demonstrieren mit Luxemburg-Worten und lösen DDR-weit Exerzierübungen und ein Gitterlabyrinth von Sperren und Zugängen zur Maidemonstration aus. Überall werden die „Organe", einst zur Abwehr konterrevolutionärer Anschläge gebildet, nunmehr als Ausputzer eingesetzt, um Unfähigkeit, Ungeschicklichkeit und Aussitzstrategie der politisch Zuständigen abzudecken. Die Sicherheit als Lastesel der Bürokratie. Als Schäferhund, der die Herde beisammen hält, während der Hütejunge im Grase liegt und ausschläft. Der Libero, der in rastlosem Einsatz vor dem Tor die Trägheit und Einfallslosigkeit der Feldspieler ausbügeln soll.

Chirurgische Naht. Wir sind, sagt man uns, an der Nahtstelle zwischen zwei antagonistischen Gesellschaftsformationen. Deshalb können wir uns keine liberalen Experimente erlauben. Die Naht muß steril bleiben, sonst wandern Keime ein, und es gibt einen Abszeß.

Unsere Mauer aus der Vogelperspektive: eine mühsam verheilte chirurgische Bauchnaht. Leider wird die Bauchdecke weich; Därme quellen in den Bruch hinein. Ausbürgerungswillige? Unzufriedene? Die Sicherheit: ein Bruchband am Nabel des Staates?

Transformierbar? Glasnost und Perestroika: Das KGB zeigt das Lächeln der Sphinx – und schweigt. Registriert.

Man kann die Sicherheit nicht abschaffen – allein die Ankündigung würde gigantische Widerstandsenergien mobilisieren. Es ist auch nicht eindeutig, ob ein Staatswesen ohne sie störungsstabil sein könnte.

Aber die dämonische Aura muß sich auflösen. Vielen ihrer Mitarbeiter mag es ein seelisches Stützkorset sein, einem geheimnisvoll-geheimen Orden anzugehören. Es gibt jedoch auch Anzeichen für die vorhandene Einsicht, daß der Nebelschwall die Unterscheidung von Wesentlichem und Unwesentlichem behindert. Ihr Rezept kann nur eine Professionalisierung ihrer Tätigkeit sein. Nicht berufsfremde Stellvertreterkriege an der ideologischen, juristischen, ökologischen Front, sondern die Aufklärung gesellschaftsbedrohender Handlungen (nicht von Phantomen davon).

Wer eine solche Transformation für undurchführbar hält, verzweifelt an der Reform insgesamt. Manche Erfahrungen lassen aber Hoffnung nicht völlig utopisch erscheinen.

Viel wichtiger ist jedoch unsere Verwandlung, aus einem Volk von Hasenfüßen in innerlich freie Menschen, denen nicht mehr Angst vor einer Denunziation die Zunge lähmt und die ihre Feigheit nicht von der Neinstimme bei der Wahl abhalten kann. Angst und Feigheit sind wie eingewachsene Fremdkörper in unserer kollektiven Seele: vernarbt und verkalkt, leicht schmerzhaft und unbewußt reflektorisch vor Berührung geschützt.

Es ist unsere, es ist der Kaninchen Aufgabe, die Hypnose zu lösen – dann verliert auch der Anblick der Schlange seinen maßlosen Schrecken.

Norman Naimark

Moskaus Suche nach Sicherheit und die sowjetische Besatzungszone 1945–1949

Als Stalin seinen Blick über die Welt schweifen ließ an jenem Siegestag des 9. Mai 1945, konnte man ohne weiteres annehmen, daß er guten Grund hatte, das Mißtrauen und die Geheimnistuerei der dreißiger Jahre abzulegen und sie durch ein Sicherheitsgefühl zu ersetzen – ruhig im Bewußtsein seiner persönlichen Macht und sicher in der Stärke und dem Ansehen des sowjetischen Mutterlandes. Alliiert mit England und den Vereinigten Staaten hatte die Sowjetunion das nationalsozialistische Deutschland geschlagen. Stalin war nicht nur darin erfolgreich, daß er die baltischen Staaten, Weißrußland und die westlichen Gebiete der Ukraine in das sowjetische Staatswesen zurückgewonnen hatte – Länder, die einstmals dem russischen Reich angehört hatten –, sondern auch darin, daß seine Soldaten große Abschnitte osteuropäischer Länder von der Ostsee bis zur Adria okkupierten. Er konnte der sowjetischen Bevölkerung und sich selbst versichern, daß die Länder Osteuropas nie wieder als Sprungbrett deutscher Aggression dienen würden. Hinzu kam, daß sowjetische Truppen ein Drittel Deutschlands besetzt hatten, was sicherstellte, daß beträchtliche deutsche wirtschaftliche und militärisch-technische Mittel zum Wiederaufbau der sowjetischen Heimat verwendet würden. Außerdem hatten die Sowjets mit Mut und Tapferkeit gekämpft. Von sogenannten „Volksfeinden", die sich in den dreißiger Jahren angeblich gegen Stalin und den Aufbau der sowjetischen Macht verschworen hatten, gab es kaum ein Zeichen. Millionen von Menschen in der Welt, des Krieges müde, sangen das Lob der UdSSR und ihres *vožd'*, Iosif Vissarionovič Stalin.

Doch der Sieg verminderte Stalins Unsicherheitsgefühle und Ängste vor tatsächlichen oder eingebildeten Feinden nicht – im Gegenteil, sie vertieften sich. Das Ende des Krieges und die erste Friedenszeit brachten eine Steigerung des Totalitarismus mit sich, der über Stalins Tod im Jahre 1953 hinaus anhielt. Schlimmer noch, Stalins Sicherheitsmanie war der Hauptimpuls für den Kalten Krieg (wenngleich es daneben natürlich auch noch andere Impulse gab), und dieser sich anbahnende Konflikt verschärfte wiederum seinen Verfolgungswahn. Mehr als alles andere waren es sein Unsicherheitsgefühl und sein Mißtrauen, die den sowjetischen Anspruch auf einen westlich gelegenen Prellbock aus sowjetfreundlichen Ländern in ein sowjetisches Beharren auf die Schaffung des Sowjetblocks umwandelten. In Ostdeutschland brachte Stalins Sicherheitsmanie einen kommunistischen Staat hervor, der – den meisten Darstellungen zufolge – der sowjetischen Idealvorstellung einer Lösung der deutschen Situation nicht entsprach.[1] Man kann natürlich darüber streiten, wann die Sowjets einer gesamtdeutschen Lösung den Rücken kehrten und sich zur Erhaltung des SED-Staates bekannten.[2] Doch eines ist sicher: Sowjetische Sicherheitsbedenken machten diese Entwicklung viel früher wahrscheinlich, als es das sowjetische Deutschlandprogramm allgemein geboten hätte.[3]

Das Ziel meines Beitrags ist es, diese These zu sondieren und drei konkrete Arenen des sowjetischen Sicherheitsprogramms genauer zu betrachten: 1. die Armee, 2. die Polizei und 3. die Partei.

Die Rote Armee

Wie schon viele Interpreten bemerkt haben, litt Stalin zum Ende des 2. Weltkrieges an dem, was man allgemein als „Dekabristen-Syndrom" beschreiben kann.[4] Er betrachtete sich selbst als Zar Alexander I., siegreicher Bezwinger des Eindringlings Napoleon (Hitler), bereit, Europa mit den kaiserlichen Restaurationsmächten aufzuteilen. Und wie Alexanders Thronfolger Nikolas I. machte er sich Sorgen, daß seine Offiziere, beeinflußt von den materiellen Verlockungen und progressiven Ideen Europas, nach ihrer Rückkehr gegen seine autokratische Herrschaft rebellieren würden, wie es im Dezember 1825 geschehen war. Tatsächlich rechnete Stalin schon vor Kriegsende mit solchen Schwierigkeiten im sowjetischen Militär und setzte Maßnahmen in Gang, die dessen gesellschaftlichen und politischen Einfluß einschränken sollten. Nach dem Krieg versuchte er die Popularität der Armee zu mindern, indem er die Bedeutung ihrer Leistungen schmälerte und ihre Helden herabsetzte. Insbesondere sah er die Be-

1 Vgl. beispielsweise Bernd Bonwetsch: Deutschlandpolitische Alternativen der Sowjetunion, 1949–1955, in: Deutsche Studien 24 (1986), S. 320–339, und Wilfried Loth: Ziele sowjetischer Deutschlandpolitik nach dem Zweiten Weltkrieg, in: Klaus Schönhoven und Dietrich Staritz (Hrsg.): Sozialismus und Kommunismus im Wandel: Hermann Weber zum 65. Geburtstag, Köln 1993, S. 303–324.
2 Diese Argumente sind überzeugend zusammengefaßt bei Walrab von Buttlar: Ziele und Zielkonflikte in der sowjetischen Deutschlandpolitik, 1945–1947, Stuttgart 1980, und bei Wolfgang Pfeiler: Deutschlandpolitische Optionen der Sowjetunion, Melle 1968. Für eine interessante russische post-*Perestrojka*-Sichtweise siehe A. M. Filitov: Germanskij vopros: ot raskola k ob-edineniju, Moskva 1993.
3 Vgl. meine Argumentation zu diesem Thema in: Norman M. Naimark: The Russians in Germany: A History of the Soviet Zone of Occupation, 1945–1949, Cambridge/Ma., London 1995, S. 353–398.
4 Zu Stalins Haltung am Ende des Krieges vgl. u. a. Vladislav Zubok und Constantine Pleshakov: Inside the Kremlin's Cold War: From Stalin to Khrushchev, Cambridge/Ma., London 1996; Richard Raack: Stalin's Drive to the West, 1938–1945: The Origins of the Cold War, Stanford 1995; Dmitrij Volkogonov: Triumf i tragedija: I. V. Stalin: političeskij portret, kniga 2, čast' 2, Moskva 1989; Valentin M. Berezhkov: At Stalin's Side: His Interpreter's Memoirs, New York 1995.

liebtheit von Marschall Georgij Žukov, des ersten Oberbefehlshabers der sowjetischen Militäradministration in Deutschland (SMAD), unter der russischen Bevölkerung als viel zu groß an. Dies war der Grund, weshalb Stalin ihn im Frühjahr 1946 degradierte, aus Berlin entfernte und in die niedrigere Stellung eines Kommandanten im Militärbezirk Odessa einsetzte.[5]

In der sowjetischen Besatzungszone lag die Verantwortung für die Kontrolle und Einschränkung der Anmaßungen der sowjetischen Armee bei der politischen Hauptverwaltung des Militärs (GlavPURKKA, später GlavPU), die dem Sekretariat des Zentralkomitees der Kommunistischen Partei in Moskau direkt Bericht erstattete. GlavPURKKAs Probleme in der Zone waren zahlreich: Bestechlichkeit und Zügellosigkeit unter den höheren Offizieren, Vergewaltigungen und allgemeine Trunkenheit auf seiten der Soldaten, eine ungewöhnlich hohe Anzahl von Unfällen, unbeabsichtigte Schießereien und Ertrinken, außerdem mangelhaftes politisches Training und allgemeines Miß- und Unverständnis der Okkupationsarmee für die politischen Aufgaben der Sowjets in Deutschland.[6] Die Liste der Probleme ist fast endlos. Am wichtigsten für Stalin und seine Vertreter war das Problem der Desertion von Tausenden von Soldaten, das die Rote Armee auch in Deutschland plagte. Und natürlich existierte unter der sowjetischen Führung offene Furcht vor ihren eigenen Soldaten und Zivilisten, die aus Gefangenenlagern und von Zwangsarbeit im Westen zurückkehrten. Zehntausende von ehemaligen Gefangenen wurden von SMERŠ- (Gegenspionage) und NKVD-Spezialisten verhört, ehe sie nach Hause oder auch direkt in den GULAG geschickt wurden.[7]

Doch die Deserteure waren außerhalb von Stalins Reichweite und trugen die Geheimnisse des Imperiums hinweg.[8] Es war unwichtig, daß sie meist aus persönlichen Gründen Fahnenflucht begingen, beispielsweise lieber bei ihren deutschen Freundinnen bleiben wollten als heimzufahren, nachdem sie sich an ein bequemeres Leben gewöhnt hatten und gar nicht daran dachten, in ihre Kolchosen zurückzukehren. Solch verräterisches Verhalten wurde von den Sowjets als schlimmstes Staatsverbrechen be-

---

5   Amy Knight beschreibt den interessanten Vorfall, wie Žukov absichtlich von Berija und Serov von Nachforschungen ausgeschlossen wurde, welche die Identität von Hitlers Leiche erbringen sollten. Amy Knight: Beria: Stalin's First Lieutenant, Princeton/N.J. 1993, S. 128f.
6   Vgl. Naimark: The Russians in Germany, S. 32 –41.
7   Interessante Daten zur Repatriierung sowjetischer Kriegsgefangener und Zwangsarbeiter in Deutschland sind verfügbar in der Mikrofilmsammlung des *fond 89*, der Materialien enthält, die für den Prozeß gegen die Kommunistische Partei der Sowjetunion genutzt wurden. Siehe Hoover Institution Microfilm, f. 89, op. 40, dd. 1–5, darunter besonders „Otčet o vypolnenii rešenij pravitel'stva sojuza SSR po provedeniju repatriatsij graždan SSSR i graždan inostrannyich gosudarstv perioda velikoj otečestvennoj voiny," (1946), in: ebenda, op. 40, d. 5.
8   Das Material über Deserteure wurde hauptsächlich aus dem Harvard Interview Project, Russian Research Center Archives, Cambridge/Ma. herangezogen, und aus Naimark: The Russians in Germany, S. 36ff.

trachtet. Als die Westmächte zu Anfang des Jahres 1947 davon abließen, routinemäßig fahnenflüchtige sowjetische Soldaten zurückzuschicken, versuchte das Oberkommando des sowjetischen Militärs, die Westgrenze der Zone abzusperren und Wachposten an den Übergängen aufzustellen. Zur gleichen Zeit mobilisierten die Sowjets die deutsche Grenzpolizei entlang der Demarkationslinie zwischen Ost und West, um potentielle Deserteure von ihren Plänen abzuhalten und auch um den Grenzverkehr der Deutschen zu unterbinden.

Außerdem versuchten die Sowjets, dem verruchten „reaktionären Einfluß" der Deutschen entgegenzuwirken, den sie als Grund für die Fahnenflucht ihrer Soldaten zu erkennen glaubten. Strenge Anti-Fraternisierungsregeln wurden im Frühsommer 1947 eingeführt, lange nachdem ähnliche Regeln und Befehle im Westen aufgehoben worden waren.[9] Einige der leitenden sowjetischen Offiziere protestierten gegen diese unrealistischen Vorschriften, aber vergebens. Von nun an wurde jeder Soldat, der in Gesellschaft einer deutschen Frau angetroffen wurde, strengstens bestraft und in die Heimat zurückgeschickt. Die Rhetorik in den Berichten sowjetischer Militärzeitungen über die Infiltration reaktionärer Elemente und Neonazi-Intriganten in die Armee erreichte einen bis dahin unbekannten Grad der Erregung. Zum Ende des Sommers 1947 wurde das gesamte sowjetische Personal aus zuvor gemischt deutsch-russischen Wohngegenden in streng bewachte Baracken, Lager und Siedlungen ausquartiert. In solchen Gebieten wurden die deutschen Einwohner gezwungen, ihre Häuser und Wohnungen zu räumen, und zwar oft innerhalb von wenigen Stunden. Der Aufruhr protestierender Einwohner war Anlaß zu erheblicher Beunruhigung sowohl unter der SED-Führung als auch unter den sowjetischen politischen Offizieren. Aber der Befehl, die sowjetischen Truppen von der deutschen Bevölkerung zu isolieren, kam von höchster Stelle aus Moskau. Jeglicher Kontakt zwischen dem gewöhnlichen sowjetischen Offizier und den Ostdeutschen wurde aus Sicherheitsgründen unterbunden, und so blieb es fast bis zum Ende der DDR.

---

9 Naimark: The Russians in Germany, S. 93f.

Die Polizei[10]

Milovan Djilas erinnerte sich an eine Bemerkung von Stalin während des Krieges, daß siegreiche Armeen ihr eigenes Sozialsystem in den Okkupationsbereich mitbrächten.[11] Stalin hätte hinzufügen können, daß, wohin immer die sowjetische Armee vorrückte, ihr die NKVD-Funktionäre nachfolgten, begleitet von einem brutalen System von Verhören und gerichtlicher Unterdrückung durch die Geheimpolizei. So führte Generalleutnant Ivan Serov, ein erfahrener NKVD-Offizier und stellvertretender Oberbefehlshaber für Zivilangelegenheiten in der SMAD, von Beginn der sowjetischen Okkupation in Ostdeutschland an die Geheimpolizei in der Zone als fast vollkommen unabhängiges Unternehmen. Serov war nur seinen NKVD- (von 1946 an MVD-) Vorgesetzten in Moskau gegenüber verantwortlich, und er selbst wurde 1946, schon während seiner Dienstzeit in Deutschland, zum stellvertretenden Innenminister ernannt. Seine Macht in Ostdeutschland, wo ihm seine Erfahrungen zugute kamen, die er zwischen 1939 und 1941 in den baltischen Staaten und in Ostpolen als „Sowjetisierer" gesammelt hatte, war fast ohne Grenzen.

In gewisser Hinsicht war Serovs Imperium in der sowjetischen Besatzungszone so groß und unermeßlich wie das Berijas in der Sowjetunion.[12] Hierzu gehörten die elf sogenannten „spetslager", oder Isolierungslager, die so etwas wie Miniaturformen des sowjetischen GULAG waren. In der ersten Nachkriegszeit waren diese Lager für Nazis und SS-Leute im Gebrauch, doch wurden sie bald in Gefängnisse für politische Gegner in Deutschland umgewandelt. Zu Serovs Reich gehörte auch der riesige Uranbergbau „Wismut" im Erzgebirge. Nach dem Erfolg der USA bei der Entwicklung der Atombombe im Sommer 1945 wuchs Stalins Angst vor dem Westen. Da die Hauptquelle des Urans für das beschleunigt vorangetriebene sowjetische Atombombenprojekt im deutschen Besatzungsgebiet lag und Stalin Berija sogar dessen Leitung übertragen hatte, wurde die Macht des NKVD immer unangreifbarer.[13]

10 Das Material zu diesem Abschnitt stammt hauptsächlich aus dem Kapitel „Building the East German Police State" in Naimark: The Russians in Germany, S. 353–397. Vgl. auch einige neuere Arbeiten über den Staatssicherheitdienst: Karl Wilhelm Fricke und Bernhard Marquardt: DDR Staatssicherheit: Das Phänomen des Verrats: Die Zusammenarbeit zwischen MfS und KGB, Bochum 1995; Karl Wilhelm Fricke: MfS intern: Macht, Strukturen, Auflösung der DDR-Staatssicherheit, Köln 1991.
11 Milovan Djilas: Conversations with Stalin, New York 1962, S. 114.
12 Eine Anzahl von Berichten von Serov an Berija über die Lage in Nachkriegsdeutschland sind zugänglich im Staatsarchiv in Moskau. Vgl. Gregory L. Freeze, chief ed., Archiv novejšej istorij Rossij: „Osobaja papka" I. V. Stalina: Iz materialov Sekretariat NKVD-MVD SSSR 1944–1953gg.: Katalog dokumentov, vol. I, ed. by V. A. Kozlov and S. V. Mironenko, Moskva 1994.
13 Zu Stalin, Berija und der Atombombe siehe besonders David Holloway: Stalin and the Bomb: The Soviet Union and Atomic Energy, 1939–1956, New Haven, London 1994, S. 200–216.

Serov überwachte außerdem das System der sogenannten Operations-gruppen (*opergruppy* oder auch manchmal *opersektory*), die jeder sowjeti-schen Verwaltungsabteilung in der Zone, vom örtlichen Kommandanten, der *kommandantura,* bis zum Hauptquartier des sowjetischen Militärs in Karlshorst, zugeteilt waren. Aus der Sicht der NKVD-Führung war es die Aufgabe des Geheimdienstes, die Verfolgung von „Spionen und Ablen-kungstaktikern" zu intensivieren, Agenten in die Geheimdienste der Westmächte zu schleusen und ehemalige Nazis zu überwachen. Doch zu-sätzlich gehörte es zur Verantwortung des NKVD, gleich dem monströsen Berija-Apparat in der Heimat, alle und alles im Auge zu behalten: Russen und Deutsche, angefangen mit Žukov, bis herab zum kleinen Korporal in der Kraftfahrzentrale, von der örtlichen deutschen Jugend, die sich an der Straßenecke herumtrieb, bis zu den SPD-Aktivisten in Hannover.[14] Infor-mation war für Stalin, Berija und ihre Stellvertreter in der sowjetischen Besatzungszone der Schlüssel, der den „Feind" in ihre Gewalt brachte und in der Defensive hielt.

Von Beginn der Besatzung an machten Serov und seine NKVD-Mitarbeiter ausgiebig Gebrauch von deutschen Informanten und stützten den Inhalt ihrer Depeschen nach Moskau auf diese geheimen Auskünfte. In den ersten Monaten dienten ehemalige Nazis vortrefflich zu diesem Zweck. Aber schon bald wurden fast nur die Kommunisten vor Ort vom NKVD (MVD) als Spione und Informanten eingesetzt, und sie berichteten nicht nur über die Tätigkeiten angeblicher Gegner der sowjetischen Besat-zung, sondern speziell über ihre gleichgesinnten Genossen. Wie in der Sowjetunion hatte dieses Ausspionieren zwei Funktionen: Es diente als politisches Bekenntnis zum Sowjetsystem und als Quelle wertvoller Aus-künfte.[15] Man könnte daher sogar argumentieren, daß der Ursprung des Stasi-Systems offizieller und inoffizieller „Mitarbeiter" – das ein Ausmaß erreichte, welches sogar russische Betrachter heute noch erstaunt – auf den Tag des sowjetischen Einmarsches in Deutschland zurückzuführen ist. In diesem Sinne kann man sagen, daß die Schüler ihre Lehrer übertroffen haben.

Die Sowjets waren sich von Anfang an dessen bewußt, daß sie Deutschland nicht allein regieren konnten. Sie brauchten Hilfe, und zwar nicht nur von einzelnen Deutschen, sondern auch von den deutschen Par-teien und Institutionen. Teilweise bestanden die Schwierigkeiten, die ih-nen begegneten, darin, daß ihr eigenes ziviles sowie das demobilisierte Militärpersonal dringend zum Wiederaufbau in der Heimat benötigt wurde.

---

14 Knight: Beria, S. 128.
15 Vgl. Christopher Andrew und Oleg Gordievsky: KGB: The Inside Story of Its Foreign Operations from Lenin to Gorbachev, New York 1990, S. 352–354; Uri Ra'anan and Igor Lukes: Inside the Apparat: Perspectives on the Soviet System from Former Functionaries, Lexington/Ma., Toronto 1990, S. 208–215.

Die sowjetischen Behörden beschwerten sich pausenlos über den Mangel an vertrauenswürdigem russischem Personal in der Zone, und diese Klagen mehrten sich Mitte 1947, als die Attraktivität der Arbeit im Ausland mit zunehmendem Kalten Krieg und wachsendem Mißtrauen gegen den Westen plötzlich abnahm. Zur Kontrolle der Bevölkerung und zur Infiltration der deutschen Behörden wandten sie sich mehr und mehr an die „Deutsche Verwaltung des Inneren" (DVdI) und ihren stellvertretenden Leiter, Erich Mielke.

In meinem vor kurzem erschienenen Buch komme ich unter anderem auf die Geschichte der verschiedenen Einrichtungen zu sprechen, die von den Sowjets und Mielke zur Handhabung der Geheimpolizei entwickelt wurden: Zunächst gab es das „K 5", das fünfte Dezernat der Kriminalpolizei, das schon im Sommer 1945 von dem Kommunisten Kurt Fischer in Sachsen eingerichtet wurde. Es trat schon kurz darauf mit geheimpolizeilichen Aktionen zur „Durchdringung und Durcharbeitung" der wachsenden staatlichen und provinziellen Regierungsapparate in der Zone hervor. Dann gab es die „Abteilung Nachrichten und Information" der DVdI, die von Mielke im November 1947 eingerichtet wurde, um geheime Auskünfte durch den Ausbau eines „Netzwerks von Vertrauten und Informanten" zu erlangen. Die Aufgabe der Informationsbüros in den einzelnen Ländern diente – in Mielkes unnachahmlicher Sprache – dazu, „alles zu wissen und alles Wissenswerte zu berichten"[16]. Als die DVdI im Spätsommer und Herbst des Jahres 1948 umorganisiert und gesäubert wurde, besetzte Mielke jede Polizeieinheit mit einem „Politkulturoffizier", welcher – wie die politischen Offiziere in der Roten Armee – für einen höheren Grad an Einsatzbereitschaft und politischer Wachsamkeit zu sorgen hatte. Und schließlich zentralisierte Mielke Verwaltung und Aktivität der Geheimpolizei weiter, indem er im Dezember 1948 eine neue „Hauptabteilung zum Schutz der Wirtschaft und der demokratischen Ordnung" schuf.[17] Auf diese Weise sollte das K 5 von unerwünschten Kadern wie zum Beispiel radikalen Antifaschisten (die am schwersten in Schach zu halten waren) gereinigt werden.

Diese Ämter führten, wo immer sie eingerichtet wurden, eine ganz bestimmte Art von Sicherheit ein: Es ging um die Bekämpfung innerer Feinde, das Sammeln von Informationen, das Ausfindigmachen angeblicher Saboteure und die Zerschlagung geheimen politischen Widerstandes, ob real oder erfunden. Eine zweite Art von Funktionen, welche anfangs von der Polizei in der Ostzone verrichtet wurde, war darauf gerichtet, die Streitkräfte der Zone gegen interne und externe Feinde zu sichern. Die

16 „Aufbau einer Abteilung Nachrichten und Information in der D.V.d.I.", 11.11.1947; BStU, ZA, AS 229/66, Bl. 261.
17 Vgl. Naimark: The Russians in Germany, S. 368f.

Sowjets erreichten dies, indem sie die Grenzpolizei organisierten und trainierten und indem sie zentral geleitete Polizeibereitschaftseinheiten bildeten, die in Kasernen untergebracht wurden und wie das Militär mit Panzern und Artillerie umzugehen lernten.

Einige Beobachtungen hinsichtlich dieser Organisationen muß man hervorheben.[18] Wir wissen viel zu wenig über sie: wie sie aufgebaut wurden, wie sie genau funktionierten und in welchem Maße die Sowjets an ihrer Schaffung und Funktion direkt oder indirekt beteiligt waren. Es besteht wenig Zweifel, daß sie von den Sowjets geleitet und finanziert wurden. Außerdem war Mielke offensichtlich eine Schlüsselfigur als Vertreter sowjetischer Sicherheitsinteressen im deutschen Geheimpolizeiapparat. Aber es ist noch viel Arbeit zu erledigen in den „Stasi"-Archiven und auch in den wieder zugänglichen SMAD-Sammlungen in Moskau, welche die Verbindung zwischen sowjetischer und deutscher Geheimpolizei anhand von Dokumenten belegen und klären könnten.[19] Natürlich wäre es äußerst wichtig, Zugang zu den KGB-Archiven zu haben, um die vielen unbeantworteten Fragen über die Aktivität der sowjetischen Geheimpolizei in dieser geschichtlichen Periode zu klären. Trotz dieser Probleme in der Forschung sollte man betonen, zu welch frühem Zeitpunkt der Besatzung die Sowjets das K 5 und die „Abteilung Nachrichten und Information" aufgestellt haben. Das bedeutet, daß die geheimpolizeilichen Operationen, die die Stasi in der DDR durchführte, nicht nachträgliche oder zusätzliche Ideen im Kielwasser der ostdeutschen Staatenbildung im Oktober 1949 waren. Vielmehr gehörten sie lange vorher zum System. Viele Wissenschaftler haben schon – zumindest seit 1989 – bemerkt, daß die Aktivitäten der Geheimpolizei bis zum Zusammenbruch der DDR wesentlich für das kommunistische System, ja sogar untrennbar mit ihm verbunden waren.[20]

18 Für die aktuellste deutsche Arbeit zu diesen Punkten siehe Bernhard Marquardt: Die Zusammenarbeit zwischen MfS und KGB, in: Enquete-Kommission, Aufarbeitung von Geschichte und Folgen der SED-Diktatur in Deutschland, Bd. III, Baden-Baden 1995, S. 297–301.

19 Die neuesten Nachrichten aus Moskau (Juni 1996) besagen, daß die Materialien in der SMAD-Sammlung im Staatsarchiv der Russischen Föderation (GARF) von einer staatlichen Deklassifizierungskommission zur Benutzung freigegeben worden sind; zunächst für größere Projekte und später allmählich für einzelne Forscher. Vgl. die frühere Aussage des Direktors des GARF: On the Russian Archives: An Interview with Sergei V. Mironenko, in: Slavic Review, vol. 52, no. 4 (Winter 1993), S. 841. Zur Archivsituation in Rußland generell vgl. Norman Naimark, William G. Rosenberg, et al.: Final Report of the AAASS and AHA Task Force on Archives, in: Slavic Review, vol. 52, no. 2 (Summer 1995), S. 407–426.

20 Vgl. Karl Wilhelm Frickes Bemerkungen zur Armseligkeit der Geschichtsschreibung vor 1989 über das MfS in: „‚Kampf dem Klassenfeind': Politische Verfolgung in der SBZ", in: Alexander Fischer (Hrsg.): Studien zur Geschichte der SBZ/DDR, Berlin 1993, S. 179. Vgl. auch meine Beschreibung der Geschichtsschreibung in: Is It True What They're Saying About East Germany, in: ORBIS, vol. 23, no. 3 (Fall 1979), S. 549–577.

Die Partei

Noch auf einen weiteren Aspekt des Themas Sicherheit möchte ich eingehen, und zwar auf das Problem des politischen und ideologischen Kon-
formismus. Oberflächlich gesehen scheinen die politischen Angelegenheiten wenig mit sowjetischen Sicherheitssorgen zu tun gehabt zu haben.
Aber das System des stalinistischen Totalitarismus war mehr als eine auf
einem Polizeistaat ruhende Diktatur. Es war ein System, in dem ideologische Anpassung und politische Überzeugung durch die Herrschaft der
Partei zum Zwang wurden. Stalins Erfahrungen aus den zwanziger und
dreißiger Jahren, in denen er die „Linke" und die „Rechte Opposition"
ausmanövrierte, prägten seine Betrachtungsweise der kommunistischen
Parteien kurz nach Kriegsende in Europa. Vor allen Dingen war Stalin
daran interessiert, formbare Parteiführer und lenkbare Parteikader heranzuziehen. Revolutionen, Klassenkampf, Herrschaft der Arbeiter oder
spontane Demonstrationen jeglicher Art interessierten ihn nicht. Von 1948
bis zu seinem Tod im Jahre 1953, also in der Epoche des „Hoch-
stalinismus", bestimmten diese Erfahrung Stalins und die politischen
Säuberungen und die Vernichtung Hunderttausender politischer Feinde
– manche real, die meisten nur eingebildet – in der zweiten Hälfte der
dreißiger Jahre seine Einstellung gegenüber der politischen Reife der osteuropäischen Parteien, die SED inbegriffen.
Die Sowjets betrachteten die Situation in ihrer Besatzungszone besonders zu Anfang als unsicher und beunruhigend. Um dieser Herausforde-
rung zu begegnen, benötigte Stalin vollkommenen Gehorsam seiner deutschen Gehilfen und maximale Elastizität in seinen Verhandlungen mit den
Alliierten über das künftige Schicksal Deutschlands. Folglich mußten die
KPD und später die SED zu willigen Instrumenten geformt werden, um
der sowjetischen Seite verschiedene Alternativen in bezug auf die Lösung
der Deutschlandfrage offenzuhalten. Im Anfangsstadium der sowjetischen
Besatzung bedeutete dies, daß sich die deutschen Kommunisten jeglicher
revolutionärer Aktivität enthalten mußten. Es würde weder eine Sowjet-
macht noch eine Diktatur des Proletariats, weder eine Verstaatlichung von
bourgeoisem Eigentum und von Fabriken, noch rote Fahnen, die Internationale oder eine Erwähnung der Weltrevolution geben.[21] Anstelle dessen
würde sich die Politik der KPD – unter Leitung von Moskau-loyalen Poli-
tikern wie Wilhelm Pieck und Walter Ulbricht – vollkommen den sowjetischen Bedürfnissen für den Wiederaufbau der deutschen Verwaltung und
wirtschaftlichen Infrastruktur unterordnen müssen. Vom Standpunkt Stalins und dem seiner Mitarbeiter in der Zone war es die Hauptaufgabe der
KPD, den sogenannten „Sektierern" das politische Rückgrat zu brechen

---

21 Naimark, The Russians in Germany, S. 251–271.

und sie an das „Programm der antifaschistischen demokratischen Umwäl-
zung" zu binden. Ob man dieses KPD-Programm nun als ein von den
Sowjets aufgezwungenes taktisches Manöver betrachtet oder es zu der
Zeit als reelle, jedoch nur langfristig mögliche Alternative für die deutsche
Zukunft ansieht, der „deutsche Weg zum Sozialismus" war ein sowjetisches Gebot und wurde von den Sowjets formuliert, um ihre vermeintlichen Interessen in Deutschland zu verteidigen.

Es war ganz natürlich, daß sich die stalinistische Führung, nachdem sie
die Partei vor den „Sektierern" – welche auch Linke Opposition genannt
werden könnten – gesichert hatte, umgehend gegen die angebliche Illoyalität der Rechten wandte. Dieser Schritt wurde natürlich durch die
Gründung der SED im Frühjahr 1946 verkompliziert, in deren Folge Hun-
derttausende von ehemaligen SPD-Mitgliedern in die Einheitspartei aufgenommen wurden und theoretisch den kommunistischen Genossen
gleichgestellt waren. Von der Perspektive Moskaus aus gesehen war dies
eine Situation, die nicht lange andauern konnte, besonders nicht, nachdem
die neue Partei in den Herbstwahlen von 1946 so ärmlich abgeschnitten
hatte. Hinzu kamen die ersten Salven des Kalten Krieges zwischen Frühjahr und Sommer des folgenden Jahres 1947. Für Stalin – wie auch für
Oberst Sergeij Ivanovič Tjul'panov, Chef der SMAD-Informationsab-
teilung, oder Ulbricht – war der Begriff der Gleichstellung in einer sozialistischen Partei widersprüchlich. Er sollte Gleichförmigkeit und Parteidisziplin bedeuten, und seine Träger sollten die Eigenschaft besitzen, als
einheitliches Element Moskaus wechselnden Bedürfnissen nachzukom-
men.[22]

Die Art und Weise, mit der ehemalige SPD-Mitglieder zu Einheitlich-
keit und Gehorsam gezwungen wurden, war von den Sowjets nach dem
Krieg überall in Osteuropa ausprobiert worden. Führende Mitglieder, wie
Otto Grotewohl oder Max Fechner, wurden durch Schmeicheleien, Reisen
nach Moskau und Appelle an ihre Eitelkeit gelockt. Daneben wurde auch
mit materiellem Anreiz und indirekten Drohungen gearbeitet. In dieser
Beziehung zählte Tjul'panov die politische Umwandlung Grotewohls zu
einer seiner wichtigsten Leistungen während seiner Dienstzeit in der Zone.[23]
Die einfachen Parteimitglieder mußten sich mit ideologischer Umschulung
oder der Möglichkeit einer Förderung ihrer Karriere begnügen und waren
von Gefängnis oder sogar Deportation bedroht. Dieses Schema beschleunigte den Prozeß, der die SED zur Einheitspartei und den sowjetischen
Herren wohlgesonnen machte. Um den Prozeß zu vervollständigen, wur-

---

22 Vgl. meine Einführung zu einer Sammlung sowjetischer Dokumente, die Tjul'panovs
    Karriere in Deutschland betreffen: Bernd Bonwetsch, Gennadij Bordjugov and Norman
    Naimark (eds.): SVAG: Upravlenie propagandy (informatsij) i S. I. Tjul'panov,
    1945–1949, Moskva 1994.
23 Naimark: The Russians in Germany, S. 331.

den komplett sowjetische Einrichtungen geschaffen: Mitte September 1948 richtete die SED-Führung eine Parteikontrollkommission ein, deren Aufgabe es war, sogenannte „Schumacher-Leute" und „Ostbüro-Spione" innerhalb der Partei zu entlarven. Als Aufsichtsinstrument sehr wichtig war außerdem die Abteilung für Personalpolitik der SED, die – wie auch die Kaderabteilung des sowjetischen Zentralkomitees – für die Sammlung vollständiger biographischer Daten der Parteimitglieder zuständig war (ob wahr oder nicht, war selten wichtig), um sie zur Einschüchterung zu benutzen.[24] In diesem Sinne war die „Partei neuen Typus", die mit lauter Fanfare auf der Ersten Parteikonferenz im Januar 1949 heraustrompetet wurde, gar kein neuer Parteityp. Und es handelte sich auch nicht um die „Ulbricht-Partei von 1932", wie der ehemalige Sozialdemokrat Erich Gniffke in seinem Abschiedsbrief gemeint hat, als er im Oktober 1948 aus der Zone floh.[25] Vor allem anderen war die SED eine stalinistische Massenpartei, durchdrungen von Mißtrauen gegen die Menschheit und Angst vor interner Unstimmigkeit, was beides die sowjetische Partei in den dreißiger Jahren zu solch mörderischen Extremen angespornt hatte.

Zusammenfassung

Wie die erzwungene Isolierung der sowjetischen Truppen und die Schaffung des Geheimpolizeisystems in der Zone, so schien auch die Stalinisierung der SED eine eigene Logik zu besitzen. Diese Entwicklung war geprägt von typischen Merkmalen des sowjetischen Systems: der Verachtung von Meinungsvielfalt, der Furcht vor Ungezwungenheit, von Herrschaftsmanie und Verfolgungswahn in bezug auf „Feinde". Es ist eindeutig, daß Ulbricht, Pieck, Mielke und andere die Eigenschaften des Systems in der Sowjetunion der dreißiger Jahre verinnerlicht hatten. Falls sie das jemals vergaßen, wurden sie nach dem Krieg in persönlichen Besprechungen mit Stalin und Molotov und durch unentwegte Belehrungen von Tjul'panov und Semenov immer wieder an die Psychologie der sowjetischen Macht erinnert. Der Ausbruch des Kalten Krieges zwischen Frühjahr und Sommer 1947 vergrößerte die Sorge der Sowjets um ihre Sicherheit, und dies wiederum beschleunigte den schon begonnenen Stalinisierungsprozeß.

Einer der bemerkenswerten Widersprüche dieser Situation ist, daß, während Molotov ruhig und gelassen (und wahrscheinlich aufrichtig) im Rat der Außenministerkonferenz über die Wiedervereinigung Deutsch-

---

24 Ich hatte die Gelegenheit, Teile der immensen Sammlung der Kaderabteilung im Archiv des Zentralkomitees (RTsKhIDNI) zu sehen. Die reine Quantität des Materials über jedes Parteimitglied ist wahrhaft erstaunlich.
25 Vgl. „An die Partei neuen Typus," 28. Oktober 1948, in: Erich Gniffke: Jahre mit Ulbricht, Köln 1966, S. 369.

lands verhandelte, zur gleichen Zeit das NKVD und Mielke jenes Geheimpolizeisystem entwickelten, das die Herrschaft der Kommunisten in Ostdeutschland sicherstellte. Während Marschall Sokolovskij 1946 geheime Besprechungen mit General Clay hielt, um ein gemeinsames alliiertes Entschädigungsprogramm für Deutschland auszuarbeiten, bauten Berija und Serov einen riesigen Uranbergbaubetrieb in Sachsen auf, der das sowjetische Atombombenprojekt versorgen sollte, dem Stalin höchsten Vorrang einräumte. Während Stalin sich in Interviews mit Journalisten aus dem Westen über die Notwendigkeit eines vereinigten, friedliebenden Deutschlands unterhielt, waren seine Mitarbeiter in der Zone dabei, sowjetische Einrichtungen für die deutsche Einheitspartei aufzubauen. Möglicherweise erforderten die Interessen der sowjetischen Außenpolitik eine ganz andere Deutschlandpolitik als jene, die von sowjetischen Sicherheitsbedürfnissen bestimmt war. Doch für Stalin scheinen Sicherheitsinteressen wieder einmal zwingender gewesen zu sein.

Roger Engelmann

Diener zweier Herren

Das Verhältnis der Staatssicherheit zur SED und den sowjetischen Beratern 1950–1959

Das Selbstverständnis der Staatssicherheit als „Schild und Schwert der Partei" korrespondiert mit der Auffassung der meisten Autoren, daß sie ein zentrales oder *das* zentrale Instrument der Diktatur in den Händen der herrschenden SED war.[1] Die Forschung kann aber nicht bei der Feststellung dieser Grundtatsache stehenbleiben, denn sie erfaßt die konkrete Realität nur unvollkommen. Unzureichend ist sie im Hinblick auf die fünfziger Jahre in mehrerer Hinsicht:

Erstens waren es lediglich bestimmte Teile des Parteiapparates, die sich dieses Instrumentes tatsächlich bedienen konnten. Selbst innerhalb der obersten Führungsclique des ZK konnte nur ein enger Personenkreis maßgeblichen Einfluß auf Ausrichtung und Arbeit der Staatssicherheit nehmen.[2] Nicht nur diesen inneren Machtzirkel gilt es zu bestimmen, sondern auch die konkreten Inhalte und die Reichweite der von dort ausgeübten Anleitung und Kontrolle und die Strukturen, über die sich diese vermittelte.

Zweitens ist zu berücksichtigen, daß Feststellungen zum Verhältnis von Partei und Staatssicherheit auf der zentralen Ebene nicht ohne weiteres auf die Peripherie des Systems, also auf Bezirke, Kreise und Betriebe, übertragen werden können, denn hier mußten Anleitungsbefugnisse der jeweiligen Parteileitungen naturgemäß in einen Spannungszustand mit der militärischen Befehlshierarchie und auch mit der konspirativen Arbeitsweise des Geheimdienstapparates treten.

Drittens war eine entscheidende Einschränkung der „führenden Rolle der Partei" in den fünfziger Jahren durch die Stellung der sowjetischen „Brudermacht" gegeben, deren Sicherheitsorgane auf verschiedenen Ebenen einen maßgeblichen Einfluß auf Ausrichtung und Tätigkeit des DDR-Geheimdienstes ausübten. Zu bedenken ist hierbei, daß die DDR bis Sep-

---

1 Vgl. Karl Wilhelm Fricke: MfS intern. Macht, Strukturen, Auflösung der DDR-Staatssicherheit, Köln 1991, S. 11–20; David Gill und Ulrich Schröter: Das Ministerium für Staatssicherheit. Anatomie des Mielke-Imperiums, Berlin 1991, S. 17–26; Peter Siebenmorgen: „Staatssicherheit" der DDR. Der Westen im Fadenkreuz der Stasi, Bonn 1993, S. 6–34; Clemens Vollnhals: Das Ministerium für Staatssicherheit. Ein Instrument totalitärer Herrschaftsausübung, in: Hartmut Kaelble, Jürgen Kocka und Hartmut Zwahr (Hrsg.): Sozialgeschichte der DDR, Stuttgart 1994, S. 498–518.

2 Vgl. Walter Süß: „Schild und Schwert". Das Ministerium für Staatssicherheit und die SED, in: Klaus-Dietmar Henke und Roger Engelmann (Hrsg.): Aktenlage. Die Bedeutung der Unterlagen des Staatssicherheitsdienstes für die Zeitgeschichtsforschung, Berlin 1995, S. 83–97, hier 84–86.

tember 1955 auch formell nur eine eingeschränkte Souveränität besaß.[3] Daß sich die Sowjetunion de facto auch über dieses Datum hinaus weitgehende Einblicke und bestimmenden Einfluß im Bereich der Staatssicherheit sicherte, liegt auf der Hand und läßt sich heute anhand von Quellen nachweisen.

Die Staatssicherheit kann in den fünfziger Jahren somit als „Diener zweier Herren" bezeichnet werden, wie Walter Süß in Anlehnung an Goldoni formuliert hat.[4] Genaugenommen handelt es sich hierbei um eine Viereckstruktur, in der auch das Verhältnis der KPdSU zu ihrem Sicherheitsorgan und vor allem dasjenige zwischen der deutschen und sowjetischen Parteiführung eine entscheidende Rolle spielte. Diese Dimensionen können hier allerdings nur anklingen, meine Betrachtung konzentriert sich quellenbedingt auf die anderen beiden Verbindungen des Vierecks, das Verhältnis der DDR-Staatssicherheit zu ihrem Beraterapparat und zur SED.

Wir haben es hierbei nicht mit festgefügten Verhältnissen zu tun, sondern mit solchen, die im Laufe der fünfziger Jahre bedeutenden Wandlungen unterworfen waren. Diese vollzogen sich vor allem an den Zäsuren der DDR-Herrschaftsgeschichte 1953 und 1957, deren staatssicherheitspolitischer Kontext erstaunliche Analogien aufweist. Beide Zäsuren sind durch die Ablösung der jeweiligen Staatssicherheitschefs nach Machtkämpfen mit Ulbricht gekennzeichnet. Beide läuten Phasen verstärkter Repression und intensivierter Bemühungen zur Überwachung der Gesellschaft ein, nachdem kurze Tauwetterperioden durch Ereignisse beendet worden waren – 17. Juni und ungarische Erhebung –, die die mangelnde Stabilität des kommunistischen Systems in den Satellitenstaaten der Sowjetunion offengelegt hatten. Und beide Zäsuren markieren Entwicklungsstufen, die jeweils durch einen Qualitätssprung hinsichtlich der politischen Anleitung der Staatssicherheit von seiten der SED und durch eine entsprechende Minderung des Einflusses der sowjetischen Berater gekennzeichnet sind.

Über die Phase 1950 bis 1953, also die Ära Wilhelm Zaisser im Ministerium für Staatssicherheit, kann hier aufgrund der eher dürftigen Quellenlage in den Archiven des Bundesbeauftragten und im ehemaligen Zentralen Parteiarchiv der SED nur wenig Neues dargelegt werden. Den vorliegenden bruchstückhaften Informationen ist allerdings zu entnehmen, daß die strukturell noch schwache DDR-Staatssicherheit in dieser Phase vom sowjetischen Instrukteurapparat regelrecht dominiert wurde.[5]

---

3 Vgl. Hermann Weber: Die DDR 1945–1986, München 1988, S. 43.
4 Süß: „Schild und Schwert", S. 88.
5 Bernhard Marquardt: Die Zusammenarbeit zwischen MfS und KGB, in: Materialien der Enquete-Kommission, Bd. VIII, Baden-Baden 1995, S. 297–361, hier 302f.; siehe auch die mit zahlreichen Dokumenten angereicherte Fassung in: Karl Wilhelm Fricke und

Wie aus einem kürzlich in Auszügen veröffentlichten Bericht des damaligen MGB-„Residenten" in Berlin, Generalmajor Kawerznew, von Februar 1952 hervorgeht, besaßen die sowjetischen Instrukteure in der Anfangszeit die uneingeschränkte operative Federführung in den Diensteinheiten des MfS und übernahmen in aller Regel die Bearbeitung der bedeutsameren Vorgänge selbst. Auch die Anleitung und Kontrolle der Länderverwaltungen der Staatssicherheit oblag in dieser Zeit nicht primär der Berliner Zentrale des MfS, sondern dem sowjetischen Instrukteurapparat. Um die Jahreswende 1951/52 herum erfolgte dem Bericht Kawerznews zufolge eine erste Stärkung der Eigenverantwortung des MfS durch die Übergabe von Vorgängen, die bis dahin von sowjetischer Seite bearbeitet worden waren, an deutsche Offiziere und durch die Einführung der direkten Berichterstattung der Länderverwaltungen an die Zentrale des MfS – diese war bis dahin offenbar über die Instrukteure gelaufen.[6] Zu den damals in der Staatssicherheit tätigen Instrukteuren liegen zwar bisher keine Gesamtzahlen vor, sie dürfte aber dreistellig gewesen sein.[7]

In den MfS-Akten finden sich für diese Zeit Informationen zur Stellung und Rolle der Instrukteure im Apparat der Staatssicherheit – vorwiegend verstreut in Unterlagen mit operativem Charakter –, die belegen, daß die den Diensteinheiten zugeordneten sowjetischen Instrukteure tatsächlich ungehinderten Einblick in die operative Tätigkeit und De-facto-Weisungsbefugnisse hatten. In dem bekannten Operativvorgang gegen die Grotewohl-Sekretärin, Elli Barczatis, heißt es zum Beispiel:

„Durch die befreundete Dienststelle wurde die Abteilung VI[8] Anfang 1952 darauf hingewiesen, die Bearbeitung des Vorganges für einige Zeit einzustellen, da von ihrer Seite ebenfalls an diesem Vorgang gearbeitet wird. Eine vorgeschlagene Kontrollfestnahme wurde abgelehnt."[9]

Häufig wurde die Staatssicherheit überhaupt erst auf Veranlassung der sowjetischen Stellen aktiv, und selbst wenn sie Verhaftungen aus eigener

Bernhard Marquardt: DDR Staatssicherheit. Das Phänomen des Verrats. Die Zusammenarbeit zwischen MfS und KGB, Bochum 1995, S. 50–169.

6 Generalmajor Kawerznew an den Chef des MGB Ignatjew vom 29. Februar 1952, auszugsweise dokumentiert bei: Sergei A. Kondraschew: Stärken und Schwächen der sowjetischen Nachrichtendienste, insbesondere in bezug auf Deutschland in der Nachkriegszeit, in: Wolfgang Krieger und Jürgen Weber (Hrsg.): Spionage für den Frieden? Nachrichtendienste in Deutschland während des Kalten Krieges, München 1997, S. 145–153, hier 152.
7 Ein Stellenplan vom September 1958 weist knapp 100 „Freunde" (einschließlich Dolmetscher und Experten) aus; Verzeichnis der sowjetischen Berater beim MfS der DDR, Stand: 12. September 1958; SAPMO-BA, DY 30, J IV 2/202/62. Man muß dabei in Rechnung stellen, daß die Anzahl der Berater zwischen 1953 und 1958 erheblich geschrumpft ist.
8 Zuständig für die Überwachung des Staatsapparats, geht 1953 in die HA V ein.
9 Wiederaufnahme der Bearbeitung durch das MfS erst Januar 1953; Abschlußbericht des Gruppenvorgangs „Sylvester" vom 11.10.1955; BStU, ZA, AOP 57/56, Bl. 299–302, hier 300.

Initiative vornahm, durfte sie Anfragen von Angehörigen Verhafteter nur mit Zustimmung der Instrukteure beantworten.[10] Auch in der Kaderpolitik scheint ihr Einfluß bestimmend gewesen zu sein. Aufschlußreich hierfür ist ein Schriftstück der „Freunde" von 1952, in dem – unter detaillierter Angabe der notwendigen Qualifikationen – von der SED-Führung faktisch die Rekrutierung von 127 wissenschaftlich-technischen Hochschulkadern für die volkswirtschaftlichen Linien der Staatssicherheit gefordert wird.[11]

Im Vergleich zur bestimmenden Rolle der sowjetischen Instrukteure waren die Anleitungsstrukturen der Partei vor 1953 äußerst schwach ausgebildet. Selbst die Anleitung der Parteiorganisation im MfS durch den ZK-Apparat ist – ausweislich vorliegender Dokumente des Sekretariats der zentralen Parteileitung in der Staatssicherheit – stark defizitär gewesen. So heißt es in einem zusammenfassenden Bericht der SED-Bezirksleitung im MfS vom Mai 1953:

„Die Anleitung unserer Parteiorganisation durch das ZK und deren zuständige Abteilungen war bisher ungenügend. Es kam nicht selten vor, daß die verantwortlichen Genossen des Sekretariats der Bezirksleitung nicht zu wichtigen Tagungen eingeladen wurden. Auch die Anleitung des Bezirkssekretariats durch den Genossen Minister Zaisser war nach unserer Auffassung noch nicht ausreichend genug. Wir verstehen, daß Genosse Zaisser in seiner Arbeit außerordentlich belastet ist. Er führt auch häufig Besprechungen in Einzelfragen mit dem 1. Sekretär [der SED-Bezirksleitung im MfS], Gen. Walter, durch. [...] Bisher hat er jedoch noch nie eine Aussprache über die Parteiarbeit mit dem Sekretariat geführt."[12]

Auf der höchsten Ebene lag die kuriose Konstruktion vor, daß dem Minister Zaisser auch als Politbüromitglied das Ressort Staatssicherheit zugeordnet war, er also quasi für seine eigene politische Anleitung und Kontrolle zuständig zeichnete.[13] Sollte der spätere Vorwurf Ulbrichts, Zaisser habe das Politbüro über Fragen der Staatssicherheit nicht auf dem laufenden gehalten, ein Körnchen Wahrheit enthalten, so könnte dies auf eine von sowjetischer Seite befürwortete Abschottung der Staatssicherheit gegenüber der Partei hinweisen. Dem steht allerdings die Feststellung Zaissers auf dem 15. Plenum gegenüber, es habe „keine wesentliche prin-

---

10 Richtlinie Nr. 4 vom 6.1.1951: Verfahrensweise bei Anfragen von Angehörigen verhafteter oder festgenommener Personen durch das MfS, auch Verfahrensweise bei Personen, die sich in der Gewalt sowjetischer Dienststellen befinden; BStU, ZA, DSt 101094.
11 Russisches Schreiben ohne Kopf, o. D., o. U., einschließlich Übersetzung vom 22.12.1952; SAPMO-BA, DY 30, J IV 2/202/62.
12 Vgl. den Bericht über die Arbeit der Parteiorganisation im Ministerium für Staatssicherheit, Anlage zum Schreiben des Sekretariats der BL VIIc (gez. Gerhard Stauch) an Ulbricht vom 23.5.1953, S. 14; SAPMO-BA, DY 30, J IV 2/202/62.
13 Protokoll der Sitzung des Politbüros am 11.11.1952; SAPMO-BA, DY 30, J IV 2/2/244, Bl. 18.

zipielle Entscheidung im Ministerium für Staatssicherheit gegeben bis hinunter zu den Verhaftungen einflußreicher und hervorragender Menschen", die nicht vorher mit Ulbricht abgesprochen worden sei.[14] Indirekt wird dies auch durch die Aussage Mielkes bestätigt, Zaisser habe mit ihm nach den Politbürositzungen regelmäßig operative Fragen besprochen, die dort thematisiert worden waren.[15] Außerdem bildeten die direkten Beziehungen, die Ulbricht mit dem Staatssekretär Erich Mielke und dem Politstellvertreter Otto Walter pflegte, ein gewisses Gegengewicht zur autarken Stellung Zaissers.

Es kann hier weder im einzelnen auf die Rolle Zaissers in dem Machtkampf, der im Frühsommer 1953 im Politbüro entbrannte, noch auf die Frage eingegangen werden, inwieweit Zaisser zu dieser Zeit als verlängerter Arm einer deutschlandpolitischen Strategie Berijas fungierte, die wohl mit der Politik Ulbrichts unvereinbar war und daher auf seine Ablösung zielte.[16] Tatsache ist, daß der 17. Juni die Position der Ulbricht-Gegner im Politbüro untergrub und der Sturz Berijas ihnen endgültig den Boden unter den Füßen wegzog. Parallel zur Liquidierung des gefürchteten Chefs des erweiterten MWD wurde Ende Juni 1953 auch der Berliner MWD-„Resident" Amajak Kobulow, ein ausgesprochener Berija-Gefolgsmann, verhaftet und nach Moskau zurückgebracht.[17] Der von der sowjetischen Führung um Chruschtschow, Malenkow und Molotow nunmehr gegen Berija erhobene Vorwurf, er habe die DDR preisgeben wollen, brachte die Hardliner im SED-Politbüro wieder in die Offensive. Nachdem sich Ulbricht – mit Grotewohl im Schlepptau – Anfang Juli in Moskau die entsprechende politische Rückendeckung geholt hatte, war die Entmachtung der offenen Ulbricht-Gegner in der Parteiführung und die Absetzung Zaissers als Staatssicherheitschef nur noch eine Frage der Zeit. Auf der Linie der Vorwürfe gegen Berija konnte ihnen jetzt eine defätistische parteifeindliche Verschwörung vorgeworfen werden.[18]

Mit diesem politischen Sieg Ulbrichts war eine neue Phase im Verhältnis der Staatssicherheit zu seinen Anleitungsinstanzen eingeläutet. Nunmehr ist sein Bemühen unübersehbar, Machtkonstellationen wie jene, denen er sich im Frühsommer 1953 gegenübergesehen hatte, zukünftig

---

14 Protokoll des 15. Plenums des ZK, 24.–26.7.1953; SAPMO-BA, DY 30, IV 2/1/119, Bl. 192; siehe auch Helmut Müller-Enbergs: Der Fall Rudolf Herrnstadt. Tauwetterpolitik vor dem 17. Juni, Berlin 1991, S. 280.
15 Redebeitrag von Mielke auf dem 15. Plenum des ZK, 24–26.7.1953; SAPMO-BA, DY 30, IV 2/1/120, Bl. 99–111, hier 108.
16 Vgl. Lew Besymenski: Sowjetischer Nachrichtendienst und Wiedervereinigung Deutschlands: Der Berija-Plan von 1953, in: Krieger/Weber (Hrsg.): Spionage für den Frieden?, S. 155–159; Pawel A. Sudoplatow und Anatol. Sudoplatow: Handlanger der Macht. Enthüllungen eines KGB-Generals, Düsseldorf 1994, S. 421–426.
17 Sudoplatow: Handlanger, S. 410f., 425 und 430f.
18 Vgl. Müller-Enbergs: Herrnstadt, S. 307f.

unmöglich zu machen. Für die Staatssicherheit bedeutete dies die Herabstufung zum Staatssekretariat im Rahmen des Ministeriums des Innern,[19] das unter der Leitung des politisch zuverlässigen Willi Stoph stand, und eine stärkere Unterwerfung unter die Anleitung und Kontrolle der Partei. Die Einsetzung Ernst Wollwebers, der nicht im Ruf stand, ein Mann Ulbrichts zu sein, zum neuen Staatssicherheitschef trug allerdings noch deutlich die Handschrift der Sowjets[20] – nach den Erfahrungen mit seinem Vorgänger hielt der 1. Sekretär ihn aber aus dem Politbüro fern.

Bezeichnenderweise ließ sich Ulbricht sofort nach dem 15. Plenum vom Politbüro die Sekretariatszuständigkeit für Sicherheitsfragen übertragen.[21] Wenig später schuf er sich mit der ZK-Abteilung für Sicherheitsfragen unter Gustav Röbelen[22] den notwendigen Apparat und mit der Sicherheitskommission des Politbüros das entsprechende Beratungs- und Beschlußgremium.[23]

Von besonderem Interesse für das Verhältnis zwischen der Partei und ihrer Geheimpolizei ist ein Entwurf für einen Beschluß des Politbüros über die Arbeit der Parteiorganisation im Staatssekretariat für Staatssicherheit, der im August 1953 maßgeblich vom Parteisekretär der Staatssicherheit Otto Walter ausgearbeitet wurde. Es finden sich hier grundlegende Aussagen zum Verhältnis zwischen territorialen Parteileitungen und den entsprechenden Dienststellen des Staatssicherheitsdienstes. Neben umfassenden Informationspflichten der Bezirksverwaltungen gegenüber den 1. Sekretären der territorialen Bezirksleitungen enthält der Entwurf deren Auftragsbefugnis in „parteipolitischer" und „fachlicher Hinsicht". Ausdrücklich genannt werden operative Aktionen, Festnahmen und die Konzentration der Arbeit auf bestimmte Schwerpunkte. Für den Fall, daß die Bezirksverwaltung die erteilten Aufträge für undurchführbar halten sollte, sah der Entwurf eine komplizierte Entscheidungsfindung unter Ein-

---

19 Beschluß des Politbüros vom 18.7.1953 über die Aufhebung des MfS und seine Eingliederung in das MdI; SAPMO-BA, DY 30, J IV 2/2/307, Bl. 2.
20 Der These von v. Flocken/Scholz, daß die „Deutschlandabteilung" des sowjetischen Sicherheitsorgans Wollweber mit „tiefem Mißtrauen" beobachtete, kann nicht zugestimmt werden. Sie beruht offensichtlich auf einer fehlerhaften Quellenzuordnung; Jan v. Flocken und Michael F. Scholz: Ernst Wollweber. Saboteur, Minister, Unperson, Berlin 1994, S. 150–152.
21 Protokoll der Politbürositzung am 4.8.1953; SAPMO-BA, DY 30, J IV 2/2/312, Bl. 3.
22 Allgemeiner Überblick bei Kerstin Jackob: Zur Arbeit des Sektors MfS der Abteilung für Sicherheitsfragen im Zentralkomitee der SED in den fünfziger Jahren, in: Zwie-Gespräch (1992) 11, S. 12–22. Zur Biographie von Gustav Röbelen siehe: Stephan Fingerle und Jens Gieseke: Partisanen des Kalten Kriegs. Die Untergrundtruppe der Nationalen Volksarmee 1957 bis 1962 und ihre Übernahme durch die Staatssicherheit, in: Jahrbuch für Historische Kommunismusforschung 1996, S. 133–137, gleichzeitig auch erweitert und selbständig erschienen im Selbstverlag des BStU als „BF informiert" Nr. 14.
23 Die Sicherheitskommission wurde formell am 8.9.1953 gegründet. Protokoll der Politbürositzung am 8.9.1953, Anlage 8; SAPMO-BA, DY 30, J IV 2/2/322, Bl. 90f. Das erste überlieferte Sitzungsprotokoll datiert vom 6.7.1954; BA-MA DVW 1/39543.

beziehung der dienstlichen Leitung und der Parteileitung des Staatssekretariats, und – sollte sie auch hier nicht gelingen –, den Schiedsspruch von
Ulbricht vor.[24]

Der Entwurf wurde in dieser Form nie spruchreif, und es kann als gesichert angenommen werden, daß er am sowjetischen Widerstand scheiterte.
Inzwischen war als neuer Residentur-Chef der als Malenkow-Protegé
geltende MWD-Generalleutnant Jewgeni Pitowranow[25] nach Berlin entsandt worden. Unter seiner Mitwirkung und mit Beteiligung des Hoch-
kommissars Semjonow und seines Stellvertreters Pawel Judin wurde ein
völlig anderer Politbürobeschluß zur Staatssicherheit ausgearbeitet, dessen
Passus zur Parteiorganisation im SfS und zum Verhältnis von territorialen
Parteileitungen und Dienststellen der Staatssicherheit wortwörtlich einem
in letzter Minute eingebrachten Änderungsvorschlag Pitowranows entsprach.[26]

Diese Neuregelung bedeutete die Abschaffung der einheitlichen Parteiorganisation im SfS. Die ehemalige Bezirksparteiorganisation wurde zu
einer Kreisparteiorganisation heruntergestuft, und ihre (nichtterritoriale)
Kreisleitung war ab sofort nur noch für die Parteiorganisation der Zentrale
des Staatssekretariats zuständig. Die Parteiorganisationen der Bezirksverwaltungen und Kreisdienststellen hingegen wurden in die jeweiligen territorialen Parteistrukturen eingegliedert.[27] Dies kann als Stärkung des Partei-
apparats gegenüber dem operativen Apparat der Staatssicherheit gedeutet
werden.

In diesem Zusammenhang ist jedoch wichtig, daß von fachlichen Auf-
trägen der territorialen Parteileitungen an die Staatssicherheitsorgane oder
ähnlichem nicht mehr die Rede war, sondern nur noch von parteipolitischer Anleitung. Außerdem wurde ausdrücklich betont: „Zur Wahrung der
Konspiration dürfen sich [...] die örtlichen Parteiorgane nicht unmittelbar

24 Vorlage der Abteilung Leitende Organe der Partei und Massenorganisationen an das
Sekretariat des ZK vom 31.8.1953; SAPMO-BA, DY 30, IV 2/5/2, Bl. 169–176; text-
identisch mit: Entwurf für einen Beschluß des Politbüros [o. D.] über die Arbeit der
Parteiorganisation im Staatssekretariat für Staatssicherheit des MdI; BStU, ZA, SdM
1199, Bl. 159–164. Bei Armin Mitter und Stefan Wolle: Untergang auf Raten. Unbekannte Kapitel der DDR-Geschichte, München 1993, S. 145f., wird dieser Entwurf ausführlich zitiert und fälschlicherweise als gültige Regelung behandelt.
25 Jewgeni Petrowitsch Pitowranow (geb. 1915) war in der Nachkriegszeit der für den
Auslandsnachrichtendienst zuständige stellvertretende Minister des MGB, von Oktober
1951 bis Dezember 1952 im Zusammenhang mit der letzten stalinistischen Säube-
rungswelle („Ärzteverschwörung") inhaftiert, nach dem Tode Stalins im März 1953 von
Berija zum stellvertretenden Leiter der Spionageabwehr berufen, galt als Protegé von
Malenkow (angeblich war P. mit seiner Nichte verheiratet); Angaben bei Sudoplatow:
Handlanger der Macht, S. 383 und 391. Anschließend war P. von 1953 bis 1957 Chef
des KGB-Apparats in Ost-Berlin im Range eines Generalleutnants und Stellvertreter für
Sicherheitsfragen des sowjetischen Botschafters Puschkin.
26 Wollweber an Ulbricht vom 23.9.1953; SAPMO-BA, DY 30, J IV 2/202/62.
27 Vgl. den Beitrag von Silke Schumann in diesem Band.

in die Arbeit mit Informatoren [...] einmischen."[28] Die „Freunde" schoben somit – entgegen der ursprünglichen Absicht der SED-Führung – allzu direkten Einflußnahmen bzw. einem allzu ungehinderten Einblick der territorialen Bezirks- und Kreisleitungen einen Riegel vor.

Für die zentrale Ebene definierte der Beschluß das Verhältnis von Partei und Staatssicherheit eindeutiger und auch deutlicher noch als das wenig später erlassene Statut des SfS:

„Die Leitung der Staatssicherheit ist verantwortlich für die Durchführung der Beschlüsse des ZK und des Politbüros. Sie ist verpflichtet, das Politbüro über die Ergebnisse der Arbeit und über den Zustand in den Organen der Staatssicherheit zu informieren, die Pläne und Absichten des Feindes zu signalisieren."[29]

Interessant ist dieser Politbürobeschluß, der erstmals eine detaillierte Aufgabenzuweisung für die Staatssicherheit enthält,[30] auch in einer anderen Hinsicht. Er wurde in keiner ordentlichen Politbürositzung gefällt, sondern außerhalb des offiziellen Rahmens am 23. September 1953 von einem Gremium abgesegnet, das nur zum Teil mit dem Politbüro identisch war. Anwesend waren Ulbricht, Grotewohl, Matern, Schirdewan und Stoph sowie Wollweber, Mielke und Walter für die Staatssicherheit. Hier schält sich der Personenkreis heraus, der in den kommenden Jahren die Sicherheitskommission des Politbüros, das eigentliche sicherheitspolitische Beschlußgremium der SED und Vorläufer des Nationalen Verteidigungsrates, bilden sollte.

Im Spätsommer und Herbst 1953 wurden mit direkter Beteiligung von Ulbricht und Matern sowie von Pitowranow und seinem Stellvertreter Iwan Fadeikin[31] eine detaillierte Konzeption zur Neuorganisation des Apparates der Staatssicherheit und zur Ausrichtung der operativen Tätigkeit formuliert, die Wollweber den Leitern seiner Diensteinheiten am 11. No-

---

28 Entwurf zum Punkt 8 des „Politbürobeschlusses", handschriftlich von Wollweber: „Vorschlag der Freunde", Anlage zu seinem Schreiben an Ulbricht; SAPMO-BA, DY 30, J IV 2/202/62. Wortgleich wie die entsprechende Passage des Punktes 9 im verabschiedeten Beschluß. Vgl. Beschluß des Politbüros vom 23.9.1953, S. 10; ebenda.
29 Ebenda, S. 5.
30 Genannt werden: 1. „Aufklärungsarbeit" im Westen; 2. „aktive Spionageabwehr" im Westen und der DDR; 3. „Durchführung der Agenturarbeit [...] innerhalb der bürgerlichen Parteien, der gesellschaftspolitischen Massenorganisationen und der kirchlichen Organisationen, in den Kreisen der Intelligenz und der Jugend zwecks Aufdeckung von illegalen antidemokratischen Organisationen und Gruppen"; 4. „Durchführung des Kampfes gegen Schädlingstätigkeit, Sabotage und Diversionen in der Volkswirtschaft"; 5. „Abwehrtätigkeit unter dem Personal der kasernierten, See-, Luft-, Transport- und übrigen Volkspolizei"; 6. „Gewährleistung eines zuverlässigen Schutzes der verantwortlichen Funktionäre der Partei und Regierung"; 7. „Gewährleistung der exakten Zusammenarbeit der Staatssicherheitsorgane mit den Polizeiorganen"; ebenda, S. 6–8. Merkwürdigerweise schweigt das Dokument zu den exekutiven Befugnissen des SfS und zu seinen Aufgaben als Untersuchungsorgan.
31 Vgl. Schlußwort Wollwebers auf der zentralen Dienstkonferenz am 11./12.11.1953, S. 1; BStU, ZA, DSt 102272.

vember 1953 erläuterte. Der Staatssicherheitschef verkündete hierbei eine neue Offensivstrategie der „konzentrierten Schläge", die auf zentral gesteuerte Massenverhaftungen von „Feinden und Agenten" und eine intensive propagandistische Flankierung dieser Repressionswellen hinauslief.[32] Dies war die von der SED-Führung und den sowjetischen Chefberatern gewünschte Antwort der Staatssicherheit auf die Ereignisse des 17. Juni.

Als Vertreter der Partei hielt der ZPKK-Chef Hermann Matern in dieser Dienstbesprechung das politische Grundsatzreferat. Dabei unterstrich er die „führende Rolle" der SED gegenüber dem SfS, die für diesen treuen Vasallen des 1. Sekretärs des ZK selbstverständlich identisch war mit der Dominanz Walter Ulbrichts in Staatssicherheitsfragen. Auf der Linie des 15. Plenums dienten ihm die angeblichen „parteifeindlichen" Umtriebe des gestürzten Staatssicherheitschefs als Folie, vor der er die leitenden Kader auf eine noch stärkere Unterordnung unter die SED-Führung einschwor:

„Zaisser glaubte, sich in seinem Versuch, die Parteiführung zu erobern, auf seine Staatsposition stützen zu können. Deshalb hat er schon mit der Schaffung des Ministeriums für Staatssicherheit begonnen, eine Mentalität zu schaffen, das Ministerium über die Partei zu stellen. Die Auffassung, daß die Staatssicherheitsorgane außerhalb oder über der Partei stehen, ist bei den Mitarbeitern ziemlich verbreitet. Aber es muß ein für allemal damit Schluß sein. Es gibt nichts neben und nichts über der Partei. Alle Organe sind der Partei untergeordnet und werden von der Partei geleitet. Alles, was wir sind, sind wir durch die Partei."[33]

Anders als Grotewohl, dessen Ausführungen auf dem 15. Plenum über die Gefährdung der Rechtssicherheit durch das MfS als Ankündigung einer zukünftig milderen Praxis verstanden werden konnten,[34] ließ Matern in dieser internen Besprechung keinen Zweifel daran, daß der „Neue Kurs" der SED keine weichere Linie für die Staatssicherheit bedeutete. Im Gegenteil, er ermahnte – zweifellos im Einklang mit Ulbricht – in einer ausgesprochen scharfen Diktion das SfS zu einer noch härteren Gangart:

„Es wäre völlig falsch, aus der Kritik der Partei [auf dem 15. Plenum] die Schlußfolgerung zu ziehen, daß die Arbeit der Staatssicherheit bei uns abgeschwächt werden soll. Ganz im Gegenteil. Ich brauche nicht auseinanderzusetzen, daß der Klassenkampf an Schärfe zunimmt. [...] In den Reihen der Staatssicherheit darf es keinen Liberalismus geben gegen die Feinde unserer Republik. Wir müssen hart und rücksichtslos zuschlagen. Für kniesweiche Pazifisten oder Mondgucker ist in unseren

---

32 Referat Wollwebers auf der zentralen Dienstkonferenz am 11./12.11.1953, S. 11; BStU, ZA, DSt 102272.
33 Referat Materns auf der zentralen Dienstkonferenz am 11.11.1958, S. 8; ebenda.
34 Referat Grotewohls auf dem 15. Plenum des ZK, 24.–26.7.1953; SAPMO-BA, DY 30, IV 2/1/119, Bl. 44–52, hier 50f.

Reihen kein Platz. Genosse Ulbricht hat einmal auf einer ZK-Sitzung erklärt: ‚Wir müssen die Deutsche Demokratische Republik zu einer Hölle für die feindlichen Agenten machen.' Genossen, das ist im wesentlichen Eure Aufgabe."[35]

Ungeachtet der verstärkten Anleitungsbemühungen der Parteispitze blieb die Stellung der „Freunde" allerdings weiterhin stark. Auch nach dem Sturz von Zaisser besaßen sie de facto weitgehende Weisungs- und Vetorechte, die sich jetzt auch mit in Protokollen festgehaltenen mündlichen Wollweber-Anweisungen belegen lassen. So gab Wollweber in einer Dienstbesprechung im August 1953 die Maßregel aus: „Wenn ein sowjetischer Instrukteur eingreift wie in Halle, so macht man den Instrukteur aufmerksam, daß man anderer Meinung ist, befolgt aber den Rat des Instrukteurs."[36] Und im Dezember desselben Jahres tat er kund: „Keine Maßnahmen sollen getroffen werden gegen die Meinung unserer Freunde." Wenn Entscheidungen der Bezirksverwaltungschefs vorlägen, mit der die Freunde nicht einverstanden seien, müsse dies sofort mit einer Stellungnahme der Leitung in Berlin gemeldet werden.[37]

Auch bei Kaderentscheidungen bis hinunter zur Ebene der Kreisdienststellenleiter ist in den Jahren 1953 bis 1955 vereinzelt die Beteiligung der Berater nachzuweisen. So findet sich zum Beispiel in einer Kaderakte der Vermerk von November 1953: „Der Obengenannte wird nach Absprache mit der befreundeten Dienststelle als stellvertretender Leiter der Kreisdienststelle [...] vorgeschlagen."[38] Zur gleichen Person notiert die Kaderabteilung ein gutes Jahr später: „Die Leitung der Bezirksverwaltung Suhl sowie die Genossen Berater sind der Meinung, daß der Oberleutnant [Name anonymisiert] auf Grund seiner moralischen Entgleisungen seiner Funktion als Dienststellenleiter der Kreisdienststelle [...] enthoben und als Sachbearbeiter in der Abteilung II der Bezirksverwaltung Suhl eingesetzt wird."[39]

Besonders aufschlußreich sowohl im Hinblick auf die Bedeutung der „Freunde" als auch auf die immer noch schwachen Parteistrukturen ist 1954 die Klage ausgerechnet des 1. Sekretärs der Parteiorganisation im SfS, Hermann Steudner, jede operative Abteilung besitze einen sowjetischen Berater, der ihr helfe, die Beschlüsse der Partei in operative Arbeit umzusetzen, nur das Büro der Kreisleitung müsse die politische Linie allein finden.[40]

---

35 Referat Materns auf der Dienstkonferenz am 11.11.1953 (Abschrift des Stenogramms), S. 10; BStU, ZA, DSt 102272.
36 Wollweber auf einer Dienstbesprechung am 21.8.1953; BStU, ZA, SdM 1921, Bl. 228.
37 Wollweber auf einer Dienstbesprechung am 13.12.1953; ebenda, Bl. 199.
38 Abt. Personal der BV Suhl an Abt. Personal des SfS vom 9.11.1953; BStU, ZA, KS 87/69, Bl. 110.
39 Abt. KuSch der BV Suhl an HA KuSch vom 6.1.1955; ebenda, Bl. 107f.
40 Protokoll der Sitzung der Kreisleitung am 21.9.1954; BStU, ZA, KL-SED 197, Bl. 209f.

Es muß allerdings angemerkt werden, daß Anleitung durch die Partei und Anleitung durch die Berater in einem gewissen Ausmaß komplementär waren. Die Anleitung der Berater betraf zum größten Teil operative Fragen, Fragen der Organisation, Vermittlung von geheimpolizeilichem Handwerk, während die eigentlich politische Anleitung primär Aufgabe der SED war. Überschneidungen gab es naturgemäß bei den grundsätzlicheren Fragen, doch ist hier zumeist ein Gleichklang zu verzeichnen. Die „Dauerbrenner" der Kritik am MfS in den Jahren 1953 bis 1957: mangelnde Qualifikation der Mitarbeiter, mangelhafte Arbeit mit Informatoren, unzureichende Erfolge bei der Bekämpfung der sogenannten Untergrundzentralen und bei der Aufklärung der sogenannten Konzernverbindungen finden sich sowohl in den Stellungnahmen der Berater als auch in den Äußerungen von Ulbricht. Die Quellen legen dabei die Vermutung nahe, daß Ulbricht zumindest einen Teil der Kritikpunkte von den „Freunden" übernommen hat und nicht umgekehrt.[41] Auf der anderen Seite ist zu erkennen, daß die Berater ihre Empfehlungen unter Berücksichtigung von Beschlüssen der SED abgaben. So formulierten sie zum Beispiel im Mai 1956 eine offensichtlich vom XX. Parteitag der KPdSU beeinflußte Fundamentalkritik an der Festnahme- und Untersuchungspraxis des MfS mit dem Hinweis auf die Grotewohl-Rede auf der III. Parteikonferenz der SED.[42]

Die Sicherheitskommission des Politbüros, die – nach der Überlieferung der Protokolle zu schließen – wohl erst im Juli 1954 ihre Arbeit aufgenommen hat, behandelte regelmäßig und bis 1957 zunehmend intensiver Belange der Staatssicherheit. Ihre Beschlüsse betreffen dabei disparate Felder: Kaderbestätigungen, Entscheidungen zur Organisationsstruktur, operative Großaktionen und die Festlegung von Strafmaßen in politischen Prozessen.[43]

Von der Jahreswende 1954/55 ist auch der erste Bericht über einen Instrukteureinsatz der ZK-Abteilung Sicherheitsfragen in einer Bezirksverwaltung der Staatssicherheit überliefert (Halle). Die frühen Kontrollberichte der ZK-Abteilung für Sicherheitsfragen betrafen allerdings fast ausschließlich die Arbeit der Parteiorganisationen. Operative Fragen gerieten erst 1957 stärker in den Blick der ZK-Kontrolleure vom Sektor MfS. Von Bedeutung für das Verhältnis zwischen SED und Staatssicherheit ist schließlich, daß Wollweber und Mielke ab September 1953 regel-

---

41 Vgl. Protokoll der Besprechung am 8.1.1954 zwischen dem für das SfS zuständigen sowjetischen Chefberater (Pitowranow) und Ulbricht sowie Stoph, Wollweber, Mielke, Walter, Last, Weikert und Röbelen; SAPMO-BA, DY 30 IV 2/12/119, Bl. 1–9; außerdem Kritik der Berater o. D. an der agenturischen Arbeit des SfS; BStU, ZA, SdM 1201, Bl. 202–206.
42 Kritik der Berater o. D. (unmittelbar vor dem 2.5.1956 [Datum der Übersetzung]) an der Untersuchungsarbeit des MfS; BStU, ZA, SdM 1201, Bl. 225–231 (dt. Übersetzung), Bl. 207–212 (russ. Original).
43 Protokolle der Sicherheitskommission 1954–1957; BA-MA DVW 1/39543–39558.

mäßig auf ZK-Tagungen über die Arbeit der Staatssicherheit Bericht erstatteten.

Trotz Intensivierung und Ausgestaltung der politischen Führungsrolle der SED gegenüber der Staatssicherheit kam es 1955 zu zwei weitreichenden Entscheidungen, die ausschließlich auf das Konto der sowjetischen Seite gingen: die Neustrukturierung des Apparats der Staatssicherheit und seine schwerpunktmäßige Umorientierung auf die „Westarbeit".

Im Rahmen einer Planung weitreichender Strukturveränderungen im Bereich der „bewaffneten Organe", die Monate später zur Wiederausgliederung der Staatssicherheit aus dem Ministerium des Innern und noch später auch zur Bildung der NVA sowie des Verteidigungsministeriums führten,[44] wurden auch Überlegungen zur inneren Umstrukturierung des DDR-Geheimdienstes angestellt. Den sowjetischen Beratern lag ein entsprechender deutscher Entwurf vor,[45] der in zahlreichen Punkten jedoch nicht ihre Zustimmung fand. Insbesondere kritisierten die Berater die Zusammensetzung der einzelnen Stellvertreterbereiche und die geplante Einrichtung von jeweils eigenen Kader- und Untersuchungsabteilungen für die beiden operativen Stellvertreterbereiche.[46] Sie formulierten einen Gegenentwurf, der im Juli des gleichen Jahres mit nur minimalen Abweichungen von Wollweber umgesetzt wurde.[47]

Bedeutend wichtiger noch waren die sowjetischen Vorgaben hinsichtlich einer Verstärkung der „Arbeit im und nach dem Westen": Eine erste Weichenstellung in diese Richtung erfolgte schon bei einer Beratung der Staatssicherheitsdienste der Sowjetunion, Polens, der ČSSR und der DDR im März 1955 in Moskau, die im SfS zur Schaffung der Aufklärungsabteilungen XV in den Bezirksverwaltungen und zur Ausweitung der Aufklärungsaufgaben der Abwehrlinien führte.[48] Nach der Genfer Gipfelkonferenz im Juli 1955 kam es dann zu einer Präzisierung und Zuspitzung dieser Orientierung. Die angenommene Kriegsgefahr einerseits und die diagnostizierten Differenzierungen im westlichen Lager andererseits dienten zur Begründung für eine extreme Umschichtung der Kapazitäten des SfS zugunsten der Aufklärung und sogenannter „aktiver Maßnahmen" im Westen.

In einem Grundsatzreferat vor den Leitern der Diensteinheiten am 5. August 1955 verkündete Wollweber die neue Linie, die ihm von

---

44 Siehe Protokoll der Sitzung der Sicherheitskommission am 31.3.1955, Tagesordnungspunkt 4: Vorschlag über Strukturveränderungen im MdI; BA-MA DVW 1/39546.
45 Dieser Entwurf, der sicherlich in erster Linie von der Leitung des SfS erarbeitet wurde, ist bisher nicht aufgefunden worden. Es ist gut möglich, daß die Sicherheitskommission oder Teile von ihr an seiner Formulierung beteiligt waren.
46 Sametschanja po projektu strukturi organow gosbesopasnosti GDR vom März 1955, einschließlich Übersetzung: Bemerkungen zum Entwurf der Struktur der Organe der Staatssicherheit der DDR; BStU, ZA, SdM 1201, Bl. 232–242.
47 Befehl 207/55 des Staatssekretärs vom 15.7.1955; BStU, ZA, DSt 100123.
48 Vgl. das Protokoll der Dienstbesprechung am 22.3.1955; BStU, ZA, SdM 1921, Bl. 104–111.

Ulbricht und seinen Satrapen später als Fehlentscheidung vorgehalten wurde. Nach einer ausführlichen Darlegung der weltpolitischen Situation im allgemeinen und der Kriegsbedrohung im besonderen zog er folgende Konsequenzen für die Staatsssicherheit der DDR:

„Also ich stelle die Verstärkung der Aufklärungsarbeit, nicht nur die Verstärkung durch die Abteilung XV, sondern insgesamt die Aufklärungsarbeit mit voller Absicht in den Mittelpunkt unserer Aufgaben in der nächsten Zeit unter dem Gesichtspunkt – Kampf gegen den Krieg, den Krieg unter den Bedingungen, von denen ich gesprochen habe.

Die Chefs der Bezirksverwaltungen müssen sich in Zukunft mindestens die Hälfte der Zeit mit der Verstärkung der Arbeit zum Eindringen in die feindlichen Agentenzentralen im Westen beschäftigen. Bei den Bezirksverwaltungen sage ich ausdrücklich, die Chefs 50 % das Gesicht dem Westen zu."[49]

Wollweber machte keinen Hehl daraus, daß diese Schwerpunktverlagerung – zumindest teilweise – auf Kosten der inneren Überwachung gehen mußte:

„Genossen! Betrachten wir ein wenig unsere Entwicklung seit dem 15. Plenum. Das ist jetzt zwei Jahre her. Wir hatten eine Zeit, und das wiederholte sich zweimal, wo wir große Kräfte aufwenden mußten, um zu verhindern, daß es innerhalb der Republik zu großen provokatorischen Putschen kam, wenn auch nicht in derselben Form, doch gewissermaßen wie der 17. Juni. Das heißt wir mußten der inneren Sicherung eine große Bedeutung beimessen. War das richtig? Ja, das war richtig. Ist das noch richtig? Ich sage für einen Teil ja, zum Beispiel für den Genossen *Gartmann*[50] in der Hauptsache, für den Genossen *Last*[51] zu einem Teil und analog für eine ganze Reihe von Genossen. Aber das Gesicht muß gerichtet werden auf die feindlichen politischen Zentralen und auf die Agentenzentralen und ich werde persönlich die Chefs der Bezirksverwaltungen vor die Frage stellen. [...] Wenn der Chef der Bezirksverwaltung wirklich mindestens die Hälfte seiner Kraft aufwendet, um persönlich dazu beizutragen, die Aufklärungsarbeit zu verstärken, sowohl die Aufklärung zur Aufdeckung der Absichten wie die Aufklärung zum Zwecke der Abwehr, wenn sie das machen, dann ist doch klar, dann können sie doch nicht jede Sache im Bezirk kennen."[52]

---

49 Referat Wollwebers auf der Dienstbesprechung am 5.8.1955; ebenda, Bl. 43–77, hier 57.
50 Hermann Gartmann, damals Stellvertreter Wollwebers für den Anleitungsbereich Deutsche Grenzpolizei, Innere Truppen (Bereitschaftspolizei) und Transportpolizei; vgl. Strukturbefehl 207/55 vom 15.7.1955; BStU, ZA, DSt 100123.
51 Otto Last, damals Stellvertreter Wollwebers für den Anleitungsbereich HA III (Volkswirtschaft), HA XIII (Verkehr) und Abt. VI (Verteidigungsindustrie); vgl. ebenda.
52 Referat Wollwebers auf der Dienstbesprechung am 5.8.1955; BStU, ZA, SdM 1921, Bl. 57f.

Angesichts des ausgeprägten 17.-Juni-Traumas von Ulbricht und der wohl noch hysterischeren Haltung des Leiters der ZK-Abteilung für Sicherheitsfragen, Gustav Röbelen,[53] kann man sich schwer vorstellen, daß diese Orientierung bei den maßgeblichen Leuten im ZK auf ungeteilte Freude stieß. Damit sind wir thematisch schon bei den Auseinandersetzungen im Vorfeld der Entmachtung Wollwebers und der damit einhergehenden Neuausrichtung der Staatssicherheit nach den Vorstellungen Ulbrichts.

Das 1956 nach dem XX. Parteitag der KPdSU einsetzende östliche Tauwetter hatte in der DDR nur begrenzte Wirkungen. Reform- und Personaldebatten in der SED wurden von Ulbricht als parteischädigende „Fehlerdiskussionen" gebrandmarkt und abgewürgt.[54] Auf dem weiteren Feld der Staatssicherheit tat sich außer einer gewissen Zurückhaltung bei Verhaftungen und der unvermeidbar gewordenen Entlassung von einigen Hundert politischen Häftlingen nicht allzuviel.[55] Im Mai 1956 gab Ulbricht auf einer Tagung des Parteiaktivs im MfS eine neue, zweideutige Orientierung.[56] Er konzedierte, daß „bestimmte Schwächen und Fehler" sowie „Überspitzungen" zukünftig in der Arbeit der Staatssicherheit vermieden werden müßten, die „Linie" sei dabei aber „fest und konsequent" weiterzuführen.[57] Viel wichtiger war ihm ein anderer Punkt: Im Kampf „zwischen den zwei Systemen in Deutschland", so Ulbricht, versuche der Gegner durch Ausnutzung von Stimmungen und Fehlerdiskussionen in intellektuellen Kreisen und der Partei „bei uns" einzudringen. Partei und Staatssicherheit aber seien auf diese „neuen Methoden und Formen" nicht vorbereitet.[58]

Seine Befürchtungen sah er wenig später in Polen und Ungarn bestätigt.[59] Insbesondere die ungarischen Vorgänge waren in den Augen der deutschen Stalinisten ein Musterfall aktueller „konterrevolutionärer" Gefahren, und das vor allem im Hinblick auf die Rolle, die im vorausgegangenen Liberalisierungsprozeß intellektuelle Wortführer gespielt hatten.

---

53 Wollweber schreibt hierzu: „Ich hatte die ganze Zeit mit der Schwierigkeit zu tun, daß er [Ulbricht] immer etwas Unheilvolles sah, daß [sic!] uns bevorsteht. [...] Die Sicherheitsabteilung des ZK unter Leitung von Gustav Röbelen verbreitete ausgesprochene Panikstimmung, von der er nicht unbeeinflußt war." Ernst Wollweber: Aus Erinnerungen. Ein Porträt Walter Ulbrichts, dokumentiert von Wilfriede Otto, in: Beiträge zur Geschichte der Arbeiterbewegung 32 (1990), S. 350–378, hier 361f.

54 Vgl. zu den Auswirkungen des XX. Parteitags in der DDR: Mitter/Wolle: Untergang auf Raten, S. 163–244.

55 Vgl. Josef Gabert (Hrsg.): Zur Entlassung werden vorgeschlagen. Wirken und Arbeitsergebnisse der Kommission des Zentralkomitees zur Überprüfung von Angelegenheiten von Parteimitgliedern 1956, Berlin 1991.

56 Rede Ulbrichts auf der Parteiaktivtagung des MfS am 11.5.1956; BStU, ZA, SdM 2366, Bl. 20–34.

57 Ebenda, Bl. 20.

58 Ebenda, Bl. 24–26.

59 Zu den Auswirkungen der polnischen Ereignisse: Stefan Wolle: Polen und die DDR im Jahre 1956, in: Hans Henning Hahn und Heinrich Olschowsky (Hrsg.): Das Jahr 1956 in Ostmitteleuropa, Berlin 1996, S. 46–57.

Solche Gefahren der ideologischen „Aufweichung", die geeignet waren, eine Existenzkrise der kommunistischen Herrschaft einzuleiten, witterte Ulbricht auch in der DDR. Auf dem 29. Plenum des ZK am 13. November 1956 signalisierte der Parteichef, daß er eine grundsätzliche Richtungsänderung in der Arbeit der Staatssicherheit anvisierte. Unverhohlen kündigte er eine neuerliche Verschärfung der politischen Repression an: Nach dem XX. Parteitag seien „manche Genossen der Staatssicherheit so vorsichtig" geworden, „daß sie nicht mehr die Kraft" gehabt hätten, gegen bestimmte Feinde des Staates energisch vorzugehen. Es komme jetzt darauf an, sie zu ermuntern, ihre Pflicht zu erfüllen „und unter den veränderten Bedingungen auch manches in ihrer Arbeitsmethode [zu] verbessern".[60]

Zum Schlüsselvorgang für die Neuorientierung der Arbeit der Staatssicherheit wurde der Fall Wolfgang Harich. Vor dem Hintergrund der ungarischen Entwicklung waren die nationalkommunistischen Ideen Harichs für Ulbricht das „Programm der Konterrevolution" schlechthin.[61] Er drängte Wollweber, ihn möglichst schnell zu verhaften,[62] und inszenierte den Fall zielstrebig als ein Politikum und als Herzstück seiner Strategie zur Beendigung des politischen „Tauwetters" und zur Wiederherstellung der eigenen unangefochtenen Machtposition. Über Erich Mielke verschaffte er sich direkten Zugang zu den Ermittlungsakten, noch bevor Wollweber sie zur Kenntnis bekommen hatte.[63]

Vor dem Hintergrund, daß es über die Vorverurteilung Harichs im „Neuen Deutschland" zwischen Ulbricht und Wollweber schon zu einer Kontroverse gekommen war,[64] reagierte dieser außergewöhnlich entschieden mit einem Befehl zur Meldeordnung, der seinen Stellvertretern faktisch verbot, eigene dienstliche Verbindungen zur Parteiführung zu pflegen. Diese Maßnahme, die Ulbricht als Kampfansage auffassen mußte, war von den sowjetischen Beratern zuvor als sachlich richtig anerkannt

---

60 Protokoll des 29. Plenums des ZK, 12.–14.11.1956; SAPMO-BA, DY 30, IV 2/1/166, Bl. 119–149, hier 147f. Redepassage Ulbrichts zum MfS vollständig dokumentiert in: Roger Engelmann und Silke Schumann: Kurs auf die entwickelte Diktatur. Walter Ulbricht, die Entmachtung Ernst Wollwebers und die Neuausrichtung des Staatssicherheitsdienstes 1956/57, BStU, Berlin 1995, S. 29f.
61 Wollweber: Erinnerungen, S. 366.
62 Ebenda: „Ich bat um die Genehmigung, noch 14 Tage bis zur Festnahme zu warten, ihn ruhig noch nach Westberlin fahren zu lassen, die von ihm beabsichtigte Reise nach Hamburg vornehmen zu lassen."
63 Unmittelbar nach der Verhaftung Harichs gab Mielke aus dessen Wohnung beschlagnahmtes Material an Ulbricht, das Wollweber noch nicht gesehen hatte; Wollweber: Erinnerungen, S. 366. Außerdem sandte Mielke am 14. und 17.12. Memoranden Harichs an Ulbricht; Mielke an Ulbricht am 17.12.1956; BStU, ZA, SdM 1480, Bl. 12f.
64 Wollweber war der Ansicht, daß die Vorwegnahme des Ermittlungsergebnisses in der Pressemitteilung des „Neuen Deutschland" zur Verhaftung Harichs politisch unklug sei; Wollweber: Erinnerungen, S. 367. Seine Befürchtungen bewahrheiteten sich. Tatsächlich fühlten sich intellektuelle Kreise durch das ND-Kommuniqué „an die Zeiten Berijas erinnert"; vgl. Engelmann/Schumann: Kurs auf die entwickelte Diktatur, S. 11, Anm. 39.

worden. Sie gaben zwar zu bedenken, der Befehl könne falsch ausgelegt werden, verzichteten jedoch auf einen Einspruch.[65]

Auf dem wenig später stattfindenden 30. Plenum wurden unter Federführung Ulbrichts die ungarischen und polnischen Ereignisse sowie die verschiedenen „abweichlerischen" Diskussionen des Jahres 1956 in der DDR[66] in den Kontext einer „Aufweichungstaktik des Imperialismus" eingeordnet.[67] Für die Staatssicherheit bedeutete dies, daß sie sich auf die diagnostizierten neuen Methoden des „Klassenfeindes" zur „ideologischen Zersetzung" durch „revisionistische, opportunistische und liberalistische Anschauungen" einzustellen hatte.[68] Das beinhaltete im Klartext die „Eichung" des MfS auf innerparteiliche „Abweichler", denn Ulbricht beunruhigte in erster Linie die „ideologische Zersetzung" der SED. Nicht umsonst diente ihm als wichtigstes Anschauungsbeispiel die „Gruppe Harich/Janka", deren als „feindlich" gebrandmarkte Diskussionen im Umfeld des Aufbau-Verlages und der Redaktion des „Sonntag" stattgefunden hatten und nicht untypisch für die damalige Stimmung unter den „Parteiintellektuellen" waren.[69]

Außerdem kritisierte Ulbricht, daß nach der 3. Parteikonferenz der SED „in Verbindung mit der Milderung der Spannungen und der Konzentrierung der Abwehr auf die auswärtigen feindlichen Agenturen die Wachsamkeit nachgelassen" habe. Die Staatssicherheit habe „lange Zeit überhaupt niemanden mehr verhaftet". Solche Erscheinungen seien „nicht normal", und der Gegner habe das auszunutzen versucht; er sei „frech geworden".[70]

---

65 Zur Auseinandersetzung zwischen Ulbricht und Wollweber vgl. Roger Engelmann und Silke Schumann: Der Ausbau des Überwachungsstaates. Der Konflikt Ulbricht–Wollweber und die Neuausrichtung des Staatssicherheitsdienstes der DDR 1957, in: Vierteljahrshefte für Zeitgeschichte 43 (1995) 2, S. 341–378, und ausführlicher: Engelmann/Schumann: Kurs auf die entwickelte Diktatur.

66 Neben Diskussionen im Umfeld des Aufbau-Verlags und der Redaktion des „Sonntag" vor allem die Thesen von Kurt Vieweg, Fritz Behrens und Arne Benary, aber auch die Diskussionen und Proteste an der Humboldt-Universität zu Berlin und anderen Hochschulen. Vgl. Analyse der Feindtätigkeit innerhalb der wissenschaftlichen und künstlerischen Intelligenz, o. D. (1958); BStU, ZA, DSt 102107. Als Zusammenfassung zu diesem Themenkomplex immer noch nützlich: Martin Jänicke: Der dritte Weg. Die antistalinistische Opposition gegen Ulbricht, Köln 1964, S. 104–160; außerdem Frank Stern: Dogma und Widerspruch. SED und Stalinismus in den Jahren 1946 bis 1958, München 1992, S. 230–239.

67 Vgl. Protokoll des 30. Plenums des ZK, 30.1.–1.2.1957, Bericht des Politbüros vorgetragen von Erich Honecker; SAPMO-BA, DY 30, IV 2/1/170, Bl. 6–53, hier 30–40; Referat von Walter Ulbricht; ebenda, Bl. 54–85, hier 77–85.

68 Vgl. Richtlinie der SED-Kreisleitung im MfS zur Auswertung des 30. Plenums des ZK in den Grundorganisationen vom 14.2.1957; BStU, ZA, KL-SED 364, Bl. 1001–1003.

69 Hierzu Wolfgang Harich: Keine Schwierigkeiten mit der Wahrheit. Zur nationalkommunistischen Opposition 1956 in der DDR, Berlin 1993; Gustav Just: Zeuge in eigener Sache, Frankfurt/M. 1990; Walter Janka: Spuren eines Lebens, Berlin 1991, S. 408–429; ders.: Die Unterwerfung, München, Wien 1994.

70 Stenographisches Protokoll des 30. Plenums des ZK, 30.1.–1.2.1957, Schlußwort Walter Ulbrichts; SAPMO-BA, DY 30, IV 2/1/171, Bl. 85–107, hier 101.

Auf diesem Plenum hatte Ulbricht nach der Durststrecke des Jahres 1956 endgültig wieder politisches Oberwasser bekommen. Wenig später rief er das MfS-Kollegium zu sich[71] und geißelte den Meldeordnungsbefehl als den Versuch Wollwebers, sich über Partei und Regierung zu stellen. Der Minister war allerdings nicht bereit, dieser Deutung zuzustimmen, und auch der Chefberater Pitowranow weigerte sich, die Ulbrichtsche Lesart zu akzeptieren. Bei einer anschließenden Unterredung zwischen dem sowjetischen Botschafter Puschkin und Ulbricht, zu der er hinzugezogen wurde, kam es über diese Frage zu einer derart heftigen Auseinandersetzung,[72] daß damit das Ende von Pitowranows Deutschland-Mission besiegelt war. Wenig später wurde er abberufen.[73]

Durch einen Beschluß des Politbüros vom 9. Februar 1957 wurde das Ministerium für Staatssicherheit nunmehr enger an die SED angebunden.[74] Erst jetzt kam es zu der formellen Festlegung, daß die Anleitung der Staatssicherheit durch die schon mehr als drei Jahre bestehende Sicherheitskommission zu erfolgen habe. Daß dies bisher bei weitem nicht in einem Umfang geschehen war, den der 1. Sekretär für ausreichend hielt, darauf deutet die Ende 1956 von Ulbricht gegenüber Wollweber aufgeworfene Frage hin, wer denn eigentlich die Staatssicherheit anleite. Das Problem sei zwar im Moment nicht aktuell, müsse aber bald unter Vermeidung des Eindrucks geklärt werden – so der Wortlaut der Aufzeichnungen Wollwebers –, „als wären wir gegen die sehr wertvolle Beratung der sowjetischen Freunde im Apparat der Staatssicherheit".[75] Der Politbürobeschluß enthielt außerdem die ausdrückliche Regelung, daß der Minister für Staatssicherheit sowie seine Stellvertreter Erich Mielke und Otto Walter „wichtige Vorgänge" an den Sekretär der Sicherheitskommission, Erich Honecker, zu übermitteln hätten, der sie dann dem Vorsitzenden der Sicherheitskommission, Walter Ulbricht, unterbreite.

Die Frage, ob Wollweber und Pitowranow 1956/57 – ganz ähnlich wie Zaisser und Kobulow im Jahre 1953 – Ansätze einer Sonderpolitik betrieben haben, mit der Ulbricht nicht einverstanden sein konnte, ist in diesem Rahmen nicht zu beantworten. Von Bedeutung ist allerdings, daß die von Ulbricht vehement betriebene Rücknahme der Orientierung des MfS auf die Westarbeit zugunsten einer verstärkten inneren Überwachung von den

---

71 Es ist nicht ganz klar, ob wirklich alle Kollegiumsmitglieder bei der Aussprache bei Ulbricht anwesend waren.
72 Wollweber: Erinnerungen, S. 369f.
73 Das geht hervor aus dem Schreiben Wollwebers an Ulbricht vom 28.3.1957; BStU, ZA, SdM 1200, Bl. 151; außerdem Wollweber: Erinnerungen, S. 369f.
74 SAPMO-BA, DY 30, J IV 2/2/527, Bl. 7f., dokumentiert bei Engelmann/Schumann: Der Ausbau des Überwachungsstaates, S. 367f.
75 Wollweber: Erinnerungen, S. 366. Der Satz ist dort syntaktisch falsch; er wurde hier dem Sinn nach umgestellt.

Beratern in dieser Form nicht befürwortet wurde,[76] was im Lichte der globalen Interessenlage der UdSSR durchaus nachzuvollziehen ist.[77] Geheimdienstliche Aktivitäten in West-Berlin und der Bundesrepublik standen in dieser Zeit, angesichts der sowjetischen Perzeption einer militärischen Bedrohung durch den Westen, naturgemäß stärker im Zentrum der Aufmerksamkeit der „Freunde" als die Bekämpfung von „revisionistischen" Debattierzirkeln in intellektuellen Kreisen.[78]

Es ist außerdem belegt, daß Pitowranow auf Veranlassung Wollwebers in Moskau einen Vorstoß unternahm, der eine „Klärung" der 1956/57 bestehenden politischen Differenzen in der SED-Führung durch die KPdSU herbeiführen sollte.[79] Ob ein Vorschlag darüber, in welche Richtung diese Klärung erfolgen sollte (etwa zugunsten Schirdewans), gleich mitgeliefert wurde oder nicht, ist bisher unklar.[80]

Im Frühjahr 1957 war Ulbricht aber eindeutig politisch in der Vorhand. Er veranlaßte eine exemplarische Überprüfung der „Hauptfragen der operativen Arbeit" in den Bezirksverwaltungen der Staatssicherheit von Magdeburg und Potsdam durch eine hochrangige Kontrollbrigade des MfS, der mit Fritz Renckwitz auch ein Funktionär der Sicherheitsabteilung des ZK angehörte.[81] Und natürlich ergab die Überprüfung eine weitgehende Bestätigung der zuvor von ihm geäußerten Kritik.[82] Am 8. April 1957 erging ein Beschluß der Sicherheitskommission „zur Verbesserung und Änderung der Arbeit des Ministeriums für Staatssicherheit", der im Nachgang zu Ulbrichts Kritik „ernsthafte Fehler und Mängel", insbesondere die ungenügende Beachtung der Tätigkeit konterrevolutionärer Kreise in der DDR und die mangelhafte Wahrnehmung der „neuen Methoden der im-

76 So jedenfalls die Darstellung von Wollweber: Erinnerungen, S. 372.
77 Grundlegend hierzu: Dietrich Geyer (Hrsg.): Sowjetunion. Außenpolitik 1955–1973, Köln 1976.
78 Zu den Schwerpunkten der sowjetischen Aufmerksamkeit in dieser Zeit und der darauffolgenden Phase siehe: Vladislav Zubok: Der sowjetische Geheimdienst in Deutschland und die Berlin-Krise 1958–1961, in: Krieger/Weber (Hrsg.): Spionage für den Frieden?, S. 121–143.
79 Vgl. Redebeitrag Ernst Wollwebers auf dem 35. Plenum des ZK, Stenographisches Protokoll; SAPMO-BA, DY 30, IV 2/1/191, Bl. 116–125, dokumentiert bei Engelmann/Schumann: Kurs auf die entwickelte Diktatur, S. 71–79, hier 77f.
80 Leider ist der Zeitpunkt der Weitergabe der Information an Ulbricht auf der Grundlage der vorliegenden Quellen nicht bestimmbar. Sudoplatow: Handlanger, S. 56, berichtet hierzu (mit Sicherheit stark verzerrt): „Wollweber hatte dem damaligen Chef des KGB, Serow, von Uneinigkeiten innerhalb der DDR-Führung erzählt [...]. Serow unterrichtete Chruschtschow über dieses Gespräch. Bei einem Essen, das mit erheblichem Alkoholeinfluß verbunden war, fragte Chruschtschow Ulbricht: ‚Was tun Sie mit einem Minister für Staatssicherheit, der uns über ideologische Divergenzen in Ihrer Partei unterrichtet?' [...] Ulbricht verstand die Botschaft."
81 Protokoll der Kollegiumssitzung im MfS am 15.3.1957; BStU, ZA, SdM 1552, Bl. 82–101, hier 83.
82 Bericht vom 15.3.1957 über den Brigadeeinsatz des MfS Berlin zur Überprüfung einiger Hauptfragen der operativen Arbeit in den Bezirksverwaltungen Potsdam und Magdeburg in der Zeit vom 18.2. – 2.3.1957; SAPMO-BA, DY 30, 2/12/115, Bl. 139–157.

perialistischen Kräfte", konstatierte.[83] Den leitenden Kadern des MfS wurde die neue politische Wegweisung am 26. April 1957 in Anwesenheit von Ulbricht, Honecker und Stoph nahegebracht. Ulbricht persönlich schärfte den MfS-Leitern ein, daß man die „Demokratisierung nicht von der Sicherung der Staatsmacht" trennen dürfe, denn das hieße, „den Gegner eindringen zu lassen".

„Wenn wir den örtlichen Organen mehr Rechte geben, wenn wir die Rolle der Volksvertretung höher heben, die werktätigen Massen mehr heranziehen zur Mitarbeit, den Bürokratismus bekämpfen, dann müssen wir zur gleichen Zeit auch Sicherungsmaßnahmen treffen, damit nicht der Gegner Spalten findet, um von diesen Spalten aus die Arbeiter-und-Bauern-Macht zu stören und zu zerstören."[84]
Hier gab Ulbricht eine Maxime aus, die später noch größere Bedeutung erlangen sollte als damals absehbar: Politische Lockerungen bedurften in der DDR immer der Flankierung durch eine noch intensivere und effizientere konspirative Herrschaftssicherung.

Außerdem formulierte er zwei zentrale Anliegen: die stärkere Verankerung der Staatssicherheit in den Großbetrieben und die Erhöhung der Verantwortung der territorialen Gliederung des MfS. Beides war – wie sich in den wenig später ausgearbeiteten Dienstanweisungen zeigte – verbunden mit der Stärkung der Anleitungsbefugnisse der zuständigen Parteileitungen. Erstmals wurde festgelegt, daß die territorialen Dienststellen der Staatssicherheit ihre Arbeit auch „entsprechend den Weisungen" des 1. Sekretärs der örtlichen Bezirks- bzw. Kreisleitung durchzuführen hätten. Außerdem sollten zukünftig die Arbeitspläne der Bezirksverwaltungen und Kreisdienststellen und sogar die der neu installierten Objektdienststellen und Operativgruppen in den Großbetrieben mit dem 1. Sekretär der jeweiligen Parteileitung abgestimmt werden.[85] Die territoriale Dezentralisierung der Leitungsverantwortung im MfS zielte zugleich auf eine stärkere Verzahnung mit den Parteiinstanzen und damit auf eine stärkere Durchsetzung der führenden Rolle der SED. Für die Bezirke und Kreise bedeutete die Neuregelung in leicht modifizierter Form die Verwirklichung jener Strukturen, die von der sowjetischen Seite im Sommer 1953 verhindert worden waren, und so nimmt es nicht wunder, daß der

83 Beschluß der Sicherheitskommission vom 8.4.1957 zur Verbesserung und Änderung der Arbeit des Ministeriums für Staatssicherheit, Anlage 1 zum Protokoll der Sitzung der Sicherheitskommission am 3.4.1957; BA-MA DVW 1/39557, Bl. 4–6.
84 Rede Ulbrichts auf der Dienstkonferenz am 26.4.1957; SAPMO-BA, NL 182/523, Bl. 2f.
85 Dienstanweisung 17/57 des Ministers vom 18.6.1957, S. 2; BStU, ZA, DSt 100989; Dienstanweisung 16/57 des Ministers vom 30.5.1957, S. 6f.; BStU, ZA, DSt 100996. Wörtlich heißt es hier: „Die Aufgaben der Mitarbeiter der Staatssicherheit werden festgelegt entsprechend der von dem 1. Sekretär der Parteileitung gegebenen Einschätzung der politischen und wirtschaftlichen Lage des Objektes und der von der Parteileitung gegebenen politischen Aufgabenstellung. Über die Erfüllung des Arbeitsplanes ist dem 1. Sekretär zu berichten."

stellvertretende Leiter der KGB-Residentur, Oberst Patrakejew, versuchte, die Neuregelung abzuschwächen, indem er vorschlug, sie lediglich als – dienstrechtlich unverbindlicheres – Schreiben zu versenden. Die veränderte Lage zeigte sich jedoch, als eine Intervention beim neuen Chefberater, Generalmajor Alexander Korotkow, den Weg für eine regelrechte Dienstanweisung dann doch freimachte.[86]

Auf der zentralen Ebene war man schon im April 1957 ohnehin noch einen Schritt weiter gegangen, indem man den gerade neu berufenen Leiter des zuständigen ZK-Sektors, Artur Hofmann, zur ständigen Teilnahme an den Kollegiumsberatungen des MfS verpflichtete.[87] Seit Frühjahr 1957 ist überhaupt ein Qualitätssprung in der Anleitung und Kontrolle der Staatssicherheit durch die SED zu erkennen, der durch den erwähnten Beschluß des Politbüros vom 9. Februar 1957 und die darin „empfohlene" exemplarische Überprüfung der Bezirksverwaltungen der Staatssicherheit in Magdeburg und Potsdam eingeleitet wurde. Die Kontrolleinsätze des Sektors MfS der ZK-Abteilung Sicherheitsfragen in Diensteinheiten der Staatssicherheit wurden häufiger und bezogen sich im Unterschied zu früher stärker auf „operative Fragen" im engeren Sinn.[88] Das 32. ZK-Plenum am 10. Juli 1957 thematisierte ungewöhnlich offen die Kritik Ulbrichts an der Arbeit des MfS und die neue Weichenstellung für die Staatssicherheit. Die Kernsätze des Berichtes des Politbüros enthielten dabei zweifellos auch eine indirekte Kritik an den operativen Vorgaben der „Freunde", denen Wollweber 1955 gefolgt war:

„Die vom Genossen Wollweber gegebene einseitige Orientierung: ‚Das Gesicht dem Westen zu', führte zu einer groben Vernachlässigung der Bekämpfung feindlicher Agenturen im Gebiet der Deutschen Demokratischen Republik. Der größte Teil der Dienststellen und Mitarbeiter des Ministeriums für Staatssicherheit sah seine Aufgabe darin, irgendwie in Westberlin und Westdeutschland ‚verankert' zu sein. Das führte nicht nur zu unkontrollierbaren Verbindungen nach Westen, sondern schwächte auch die Verantwortung der Kreis- und Bezirksdienststellen der Organe der Staatssicherheit für die Sicherheit in ihrem Gebiet ab."[89]

---

86 Otto Walter an Wollweber vom 8.6.1957; BStU, ZA, SdM 1909, Bl. 179.
87 Artur Hofmann war erst am 3.4.1957 als Leiter der HA III (Sicherung der Volkswirtschaft) des MfS entbunden und als Sektorenleiter MfS in der ZK-Abteilung S eingesetzt worden; Protokoll der Sitzung der Sicherheitskommission am 3.4.1957; BA-MA DVW 1/39557. Seit der Sitzung am 16.4.1957 war Hofmann regelmäßiger Gast in den Kollegiumssitzungen des MfS; vgl. die entsprechenden Protokolle des Kollegiums; BStU, ZA, SdM 1552ff.
88 Berichte größtenteils überliefert in: SAPMO-BA, DY 30, IV 2/12/115 und 116; außerdem BStU, ZA, SdM 1896 und 1351.
89 Protokoll des 32. Plenums des ZK, 10.–12.7.1957; SAPMO-BA, DY 30, IV 2/1/177, Bl. 13–53, hier 43f.

Die wichtigste Maßnahme zur Unterordnung des MfS unter die politischen Vorgaben der SED-Führung dürfte in den Augen Ulbrichts jedoch die Pensionierung Ernst Wollwebers und die Berufung Erich Mielkes zu seinem Nachfolger im Oktober 1957 gewesen sein. Hiermit wurde erstmals ein dem Parteichef kongenialer Staatssicherheitsminister ins Amt gehoben, von dem zu erwarten war, daß er Ulbrichts Vorstellungen ohne Einschränkungen realisieren würde.

Ein gutes Jahr später, im November 1958, reduzierten die Sowjets ihren Beraterapparat im MfS von 76 auf 32 Offiziere und stuften die Verbliebenen auf den Status von Verbindungsoffizieren herunter.[90] Sie zogen damit die Konsequenz sowohl aus der Konsolidierung des Apparates als auch aus dem staatssicherheitspolitischen Selbstbewußtsein, das die SED-Führung in den letzten beiden Jahren gezeigt hatte.

Auf der Abschiedsfeier zu Ehren der scheidenden Berater betonte Mielke, daß dem MfS jetzt „volle Verantwortung [...] übertragen" sei. „Ein neues Verhältnis in der Arbeit und in den Beziehungen" der beiden Staaten werde damit geschaffen. Etwas wehmütig bemerkte er: „Nicht leicht wird das für manch einen von uns sein, der es gewöhnt war, den Rat unserer sowjetischen Genossen einzuholen. Manch einer wird sich fragend umsehen."[91] Aber natürlich hatte der Staatssicherheitschef Abhilfe gegen solche Unsicherheiten parat. Die Führungskader müßten jetzt „zu wirklichen Tschekisten, zu wirklich politisch-operativ leitenden Funktionären des Ministeriums" werden, und „noch mehr als bisher" gelte es, „die führende Rolle der Partei durchzusetzen".[92]

Die „Gruppe des Komitees für Staatssicherheit beim Ministerrat der UdSSR zur Koordinierung und Verbindung mit dem MfS" blieb für die Arbeit der DDR-Staatssicherheit allerdings ein bestimmender Faktor, wie allein ihre Aufgabenbestimmung von 1959 ermessen läßt. Im betreffenden Grundsatzdokument werden unter anderem genannt: „Ausarbeitung von

90 „Entsprechend den getroffenen Festlegungen beenden am 1. November 1958 die im MfNV, MfS und MdI als Berater tätigen sowjetischen Genossen ihre Arbeit"; Anlage 5 zum Protokoll der Politbürositzung am 21.10.1958; SAPMO-BA DY 30 J IV 2/2/615, Bl. 26. Außerdem Verzeichnis der sowjetischen Berater beim MfS der DDR, Stand: 12. September 1958; SAPMO-BA, DY 30, J IV 2/202/62. Hier werden 76 Berater-Stellen genannt, davon 68 zu diesem Zeitpunkt besetzt, sowie 20 Dolmetscher und 3 „Experten" (für Chiffrierdienst, Funkabwehr, Funkaufklärung). Nach dem Oktober 1958 verblieben 32 Verbindungsoffiziere sowie 5 „Spezialisten" (u.a. Funkabwehr, Chiffrierdienst, Funktechnik); Mielke an Ulbricht vom 13.10.1958; ebenda. Die Berater im Bereich von Militär- und Sicherheitsorganen wurden mit einer Zeitverzögerung von einem Jahr gegenüber den Beratern aus dem ökonomischen Bereich abgezogen. Vgl. André Steiner: Sowjetische Berater in den zentralen wirtschaftsleitenden Instanzen der DDR in der zweiten Hälfte der fünfziger Jahre, in: Jahrbuch für Historische Kommunismusforschung 1993, S. 100–117, hier S. 115–117.

91 Rede Mielkes zur Verabschiedung der sowjetischen Berater am 31.10.1958; BStU, ZA, ZAIG 5605, Bl. 106–120, hier 109.

92 Ebenda, Bl. 110.

gemeinsamen Maßnahmen", „Zusammenwirken der Aufklärungsorgane bei der Bearbeitung von wichtigen Objekten im Operationsgebiet", „gemeinsame Einflußagenturarbeit" und „Abwehr", „Kontakt zwischen den Untersuchungsorganen" sowie gegenseitige Hilfe bei Speicherrecherchen, Ermittlungen, Beobachtungen, Postüberwachung und anderen operativ-technischen Maßnahmen. [93]

Von einer Autonomie des MfS gegenüber dem KGB kann auch später, insbesondere in den Schlüsselbereichen Militärabwehr (HA I), Spionage-abwehr (HA II) und Aufklärung, kaum gesprochen werden.[94] Auf diesen hochsensiblen Feldern sicherte sich das sowjetische Sicherheitsorgan unmittelbaren Einblick und Einfluß bis in die achtziger Jahre hinein. Die Beantwortung der Frage, ob und inwieweit es auch nach 1958 noch in der Lage war, grundsätzliche Entscheidungen im MfS ohne vorherige Abklärung auf der Parteiebene herbeizuführen, bleibt weiterer Forschung vorbehalten.

---

93 Über die Gruppe des KfS beim Ministerrat der UdSSR zur Koordinierung und Verbindung mit dem MfS o. D. (1959); BStU, ZA, SdM 423, Bl. 13–18.
94 Vgl. Marquardt: Die Zusammenarbeit MfS–KGB, Enquete-Kommission, S. 309–315.

Peter Erler

Zur Sicherheitspolitik der KPD/SED 1945–1949

Ein interdisziplinär angelegtes Projekt des Forschungsverbundes „SED-Staat" an der Freien Universität Berlin über den zentralen Parteiapparat der SED widmet sich unter anderem auch den Geheimdienst- und Sicherheitsstrukturen in diesem Gebilde und der Sicherheitspolitik der SED. Im folgendem möchte ich einige Überlegungen zur Sicherheitspolitik der KPD/SED 1945–1949 thesenhaft zur Diskussion stellen.

1. Zum Problem der Definition und zur Inhaltsbestimmung der Sicherheitspolitik der KPD/SED

Bereits zu Beginn seiner Recherchen wurde der Autor mit dem Umstand konfrontiert, daß in der wissenschaftlichen Literatur weder die Sicherheitspolitik einer kommunistischen Partei überhaupt, noch die der SED und schon erst recht nicht die der SED in dem untersuchten Zeitraum eindeutig und umfassend definiert wird. Entsprechende Erläuterungen beziehen sich fast ausschließlich auf die staatliche Ebene und beschränken sich weitestgehend auf die von Polizei und Militär getragenen Schutzfunktionen.[1] Daher stellt sich die Frage nach einem sicherheitspolitischen Konzept der KPD/SED-Führungsspitze, das sich an den politischen Realitäten in der SBZ und der außenpolitischen Lage in der zweiten Hälfte der vierziger Jahre orientierte. Die Auswertung von Primär- und Sekundärquellen, insbesondere Forschungen im ehemaligen Zentralen Parteiarchiv der SED (ZPA), belegt, daß ein derartiges Konzept nicht existierte.[2] Die KPD/SED-Politiker hatten allerdings konkrete Vorstellungen zu militär- und sicher-

---

1 Vgl. z. B.: Volksarmee schaffen – ohne Geschrei! Studien zu den Anfängen einer „verdeckten Aufrüstung" in der SBZ/DDR 1947–1952. Im Auftrag des Militärgeschichtlichen Forschungsamtes hrsg. von Bruno Thoß, München 1994; (Beiträge zur Militärgeschichte, hrsg. vom Militärgeschichtlichen Forschungsamt, Bd. 51); Die Militär- und Sicherheitspolitik der SED 1945 bis 1988. Dokumente und Materialien, Berlin (Ost) 1989; Geschichte der Deutschen Volkspolizei, hrsg. vom Ministerium des Innern, Kommission zur Erforschung und Ausarbeitung der Geschichte der Deutschen Volkspolizei, Bd. 1, 1945–1961, Berlin (Ost) 1987.

2 Diese Auffassung vertritt auch der Militärhistoriker Wolfgang Eisert. Vgl. Wolfgang Eisert: Zu den Anfängen der Sicherheits- und Militärpolitik der SED-Führung 1948 bis 1952, in: Thoß: Volksarmee, S. 183.

heitspolitischen Aspekten. Die entsprechenden Denk- und Verhaltensmuster waren bereits festgelegt und stark determiniert. Maßgebend dafür waren das marxistisch-leninistische Konzept von der Notwendigkeit der Verteidigung der sozialistischen Revolution, entsprechende Auffassungen von der Rolle der Gewalt in der Geschichte und die eigenen Kampferfahrungen in den Reihen der KPD.[3]

Die Militär- und Sicherheitspolitik der KPD war vor der Machtergreifung Hitlers 1933 auf drei Schwerpunkte orientiert:

1. Schutz und Säuberung der Partei von parteifeindlichen Elementen,
2. Verteidigung der UdSSR als „Vaterland aller Werktätigen" und Vorbereitung der Weltrevolution nach Richtlinien der Komintern und
3. Unterwanderung und Zerstörung des bürgerlichen Staates.

Zur Verwirklichung dieser Aufgaben existierten in der KPD, wie in jeder Mitgliedspartei der Komintern, besondere Apparatstrukturen mit speziell ausgebildeten Kadern.[4] Für die Berufsfunktionäre, aber auch für die einfachen Mitglieder der KPD, einer „Partei neuen Typs", war es eine selbstverständliche Normalität, unter halblegalen oder illegalen Bedingungen und mit militärischen, terroristischen und geheimdienstlichen Methoden zu agieren.[5] Nach 1933 kam es zu einer Hypertrophierung der sicherheitspolitischen und geheimdienstlichen Aspekte der Parteitätigkeit. Zwölf Jahre Hitlerdiktatur und teilweise auch die stalinistischen Säuberungen hatten tiefgehende Spuren bei den zukünftigen Sicherheitspolitikern der KPD/SED hinterlassen. Aus diesem Umstand lassen sich möglicherweise auch einige Quellendesiderate hinsichtlich der Sicherheitspolitik der SED in der Frühzeit ihrer Existenz erklären. So gehörte es zu den Prinzipien der illegalen Tätigkeit, Informationen und Weisungen mündlich zu übermitteln, keine Aufzeichnungen anzufertigen und schriftliche Materialien nach

---

3   Interessant ist in diesem Zusammenhang eine Äußerung von Bruno Leuschner, Vorsitzender der Plankommission und Kandidat des Politbüros des ZK der SED. Nachdem er sich am 17.6.1953 durch eine aufgeregte Menschenmenge zu seiner Dienststelle im Haus der Ministerien durchschlagen mußte, äußerte er: „Und dann haben wir ja schließlich eine illegale Zeit hinter uns. Ein bißchen weiß ich schon noch, wie man sich in einer aufgeregten Masse verdrückt." Vgl. Fritz Schenk: Im Vorzimmer der Diktatur. 12 Jahre Pankow, Köln/Berlin 1962, S. 202.

4   Vgl. z. B. Erich Wollenberger: Der Apparat. Stalins Fünfte Kolonne, hrsg. vom Bundesministerium für gesamtdeutsche Fragen, Bonn o. D. (1952); Bernd Kaufmann, Eckhard Reisener, Dieter Schwips und Henri Walther: Der Nachrichtendienst der KPD 1919–1937, Berlin 1993.

5   Diese Einschätzung deckt sich im wesentlichen auch mit dem Selbstverständnis der KPD. In einem Bericht des Parteivorstandes der SED über die „Vereinigung der Kommunistischen Partei Deutschlands und der Sozialdemokratischen Partei Deutschlands" vom 23.4.1946 wird in diesem Zusammenhang erklärt: „Die Arbeitsmethoden in der KPD waren bedingt durch ihren Charakter, daß sie eine Oppositions- und Kampfpartei gegen die Organe des Staates und gegen das bürgerliche Staatsprinzip war und infolgedessen hohe Anforderungen an die Kampfbereitschaft und Disziplin der Mitglieder stellte und vor allen Dingen auch Gewicht auf schnelle Entscheidung legen mußte." Vgl. SAPMO-BA, DY 30/IV 2/1/1, Bl. 12.

ihrer Kenntnisnahme zu vernichten. Offensichtlich haben sich im Untersuchungszeitraum die Exponenten der Sicherheitspolitik der KPD/SED auf der zentralen Leitungsebene auch weiterhin an diese Regeln gehalten.[6]

Nach 1945 wurde der erste Schwerpunkt in der Militär- und Sicherheitspolitik der KPD beibehalten, der zweite modifiziert und beim dritten die Zielstellung um 180 Grad geändert. Konkret hieß das in bezug auf die KPD/SED, daß weiterhin in der gewohnten Praxis auf die „Reinheit der Partei" geachtet wurde.[7] Die Modifizierung drückte sich in der Unterstützung der sicherheitspolitischen Aktivitäten der sowjetischen Besatzungsmacht in Deutschland aus, und an die Stelle der Zerstörung des bürgerlichen Staates traten nun der Schutz und die Verteidigung der von den Sicherheitsexperten selbst befürworteten Staats- und Verwaltungsstrukturen.

Neben den klassischen Instrumenten wie Armee, Polizei und Geheimdienst sah die KPD/SED insbesondere in der Kaderverwaltung ein weiteres wichtiges Mittel zur Realisierung ihrer Sicherheitspolitik. Der Besetzung entscheidender Führungspositionen mit „bewährten Genossen" sowie deren Schulung und permanente Kontrolle wurde gemäß dem Ausspruch von Stalin hinsichtlich der Machtfrage – „Kader entscheiden alles"[8] – eine große Bedeutung zugemessen.

Erfahrungen aus der Emigrationszeit in der Sowjetunion standen auch bei der Überlegung Pate, breite Bevölkerungsteile für sicherheitsrelevante Aufgabenstellungen heranzuziehen. Als Beispiel galten hier die freiwillige Zusammenarbeit vieler Sowjetbürger mit den Milizorganen während der „Großen Säuberung" in der zweiten Hälfte der dreißiger Jahre sowie die in der UdSSR existierenden Volkskontrollorgane.

2. Ansätze für eine Sicherheitspolitik im „Nachkriegsdeutschland" – diskutiert 1944 in der Moskauer Emigration

In den Diskussionen der Moskauer KPD-Führung 1944 über die gesellschaftliche Entwicklung in einem Deutschland nach der militärischen Niederlage des Hitlerregimes findet das Thema Sicherheits- und Militärpolitik praktisch keine Widerspiegelung. In einem Arbeitsplan von Wilhelm Pieck wird der Schwerpunkt „Staatsorgane – Bürokratie, Polizei, Armee" nur als „zusätzliches Thema" erwähnt.[9]

---

6 Akten der Abteilung Sicherheit des ZK sind erst nach dem Juni 1953 im ZPA erhalten. Vgl. Kerstin Jakob: Zur Arbeit des Sektors MfS der Abteilung für Sicherheitsfragen im Zentralkomitee der SED in den fünfziger Jahren, in: Zwie-Gespräch 2 (1992) 11, S. 13. Über entsprechende Vorgängereinrichtungen gibt es nur bruchstückhafte Aktenfunde.
7 Zu dieser Thematik siehe den Beitrag von Thomas Klein in diesem Band.
8 Rede im Kreml-Palast vor den Absolventen der Akademie der Roten Armee am 4.5.1935, in: J. Stalin: Fragen des Leninismus, Moskau 1947, S. 595.
9 Peter Erler, Horst Laude und Manfred Wilke (Hrsg): „Nach Hitler kommen wir".

Nachdem die alliierten Mächte die bedingungslose Kapitulation Nazi-deutschlands und seine militärische Besetzung beschlossen hatten, wurden alle eigenständigen Ansätze einer alternativen deutschen Militär- und Sicherheitspolitik hinfällig. Das galt unter anderem auch für die Erklärung der Berner Parteikonferenz von 1939 über die Bildung einer „Volks-armee"[10]. In einer Rede über das Verhältnis von Kommunisten und Kriegsgefangenen im Nationalkomitee „Freies Deutschland" Ende 1944 ging Pieck bereits von einer zukünftigen Entmilitarisierung in „wirtschaft-licher und militärpolitischer Hinsicht" aus. „Deutschland [so Pieck] wird auch keine Armee mehr haben, die faschistische Armee wird völlig zer-schlagen – Deutschland wird völlig entwaffnet werden."[11]

In der letzten Fassung des „Aktionsprogramms des Blocks der kämpfe-rischen Demokratie" von Ende 1944 findet sich die Formulierung von „freistehenden Kasernen", die einer sinnvollen Verwendung zugeführt werden müßten. Dieses programmatische Dokument der Moskauer KPD-Führung sah nur noch die „Schaffung einer Volksmiliz"[12] vor. Damit mag zwar formal an die parteieigenen Traditionen einer Parteiarmee (zum Bei-spiel Ruhrarmee, Rot-Front-Kämpfer-Bund, Proletarische Hundertschaf-ten) sowie an theoretische Überlegungen von Friedrich Engels und Lenin hinsichtlich eines Milizheeres angeknüpft worden sein, die Moskauer KPD-Führung orientierte sich aber letztendlich an der Bildung von Poli-zeistrukturen. Entscheidend hierfür waren offensichtlich die Maßgaben der sowjetischen Seite.[13]

Bereits am 4. August 1944 wurde Feldmarschall Paulus von dem aus Österreich stammenden Kommunisten Wolf Stern[14], damals Mitarbeiter der Hauptverwaltung Kriegsgefangene und Internierte des NKWD, in einem Gespräch zugesagt, daß während der Besatzungszeit zur Aufrechterhal-tung der inneren Ordnung auch deutsche Kräfte herangezogen würden.[15]

Dokumente zur Programmatik der Moskauer KPD-Führung 1944/45 für Nachkriegs-deutschland, Berlin 1994, S. 133.

10 Klaus Mammach (Hrsg.): Die Berner Konferenz der KPD (30. Januar–1. Februar 1939), Berlin (Ost) 1974, S. 135.

11 Für einen späteren Zeitpunkt konstatiert Pieck: „Wir werden wieder eine Wehrmacht haben, aber eine demokratische – dem Frieden und den Interessen des Volkes dienende." Vgl. Erler/Laude/Wilke: Hitler, S. 307.

12 Ebenda, S. 293.

13 Der Entscheidungsfindungsprozeß in dieser Frage kann bisher quellenmäßig nicht nachvollzogen werden. Interessant ist aber meines Erachtens der Fakt, daß das Wort Miliz im Russischen Polizei bedeutet. Somit war für die sowjetischen „Begutachter" des „Aktionsprogramms" klar, daß es sich bei der geforderten „Volksmiliz" nur um ei-ne „Volkspolizei" handeln könne.

14 Zur Biographie von Stern vgl. Bernd-Rainer Barth, Christoph Links, Helmut Müller-Enbergs und Jan Wielgohs (Hrsg.): Wer war wer in der DDR. Ein biographisches Handbuch, Frankfurt/M. 1995, S. 713.

15 Leonid Reschin: Kak is Paulusa Wlasowa delali. Neiswestnye stranizy lagernoi shisni feldmarschala, in: Sowerschenno Sekretno 84 (1996) 5, S. 12f.

Über die Rolle der KPD beim Aufbau einer zukünftigen deutschen Polizei entstanden bereits im Moskauer Exil konkrete Vorstellungen. Nach einer von Wolfgang Leonhard überlieferten Ausführung Walter Ulbrichts sollten Führungsposten in der Polizei und entsprechende Verwaltungsstellen nur von „ganz zuverlässigen" KPD-Mitgliedern besetzt werden.[16] Nach Angaben von Pieck wollte man mit einer solchen Herangehensweise „gewährleisten, daß sich kein 1918 wiederholt".[17]

Neben der Bildung einer Volksmiliz sah das „Aktionsprogramm" im sicherheitspolitischen Bereich noch die „Schaffung und Entwicklung von Volksorganen zur Kontrolle und Sicherung der Durchführung der beschlossenen Gesetze und Maßnahmen" vor.[18] Mit dieser in Moskau angedachten Vorgehensweise sollte der bestehende staatliche Repressionsapparat in Deutschland zerbrochen und ein eigenes Gewaltmonopol errichtet werden.[19]

3. KPD/SED-Sicherheitspolitik und sowjetische Besatzungsmacht

Die Moskauer KPD-Führung war sich bewußt, daß sicherheitspolitische Funktionen im eroberten Deutschland weitestgehend von den Besatzungsmächten wahrgenommen bzw. kontrolliert werden würden. Durch Beschluß der Alliierten war den Deutschen jegliche „militärische Betätigung und Propaganda"[20] untersagt. In der SBZ wurde von den entsprechenden Entscheidungsträgern in der SMAD die Einbeziehung der deutschen Seite in die sicherheitspolitischen Maßnahmen gefordert. Genuin deutsche Strukturen, auch wenn in ihnen KPD/SED-Mitglieder dominierten, spielten eine untergeordnete Rolle als „Erfüllungsgehilfe". Hochrangige Funktionäre der SED, zum Beispiel Ulbricht, fungierten in Sicherheitsfragen gegenüber dem Parteiapparat und der Verwaltung als indirekte[21] Befehlsübermittler der SMAD. Die Realisierung eigenständiger sicherheitspolitischer Vorstellungen der SED hing immer davon ab,

---

16 Wolfgang Leonhard: Die Revolution entläßt ihre Kinder, Leipzig 1990, S. 405.
17 Zitiert nach Rüdiger Wenzke: Auf dem Wege zur Kaderarmee. Aspekte der Rekrutierung, Sozialstruktur und personellen Entwicklung des entstehenden Militärs in der SBZ/DDR bis 1952/1953, in: Thoß: Volksarmee, S. 208.
18 Erler/Laude/Wilke: Hitler, S. 267.
19 Daß die Parteiführung auch bereit war, dieses Gewaltmonopol für eigene politische Ziele einzusetzen, belegen Ausführungen auf dem Gründungsparteitag der SED. Vgl. Protokoll des Vereinigungsparteitages der Sozialdemokratischen Partei Deutschlands (SPD) und der Kommunistischen Partei Deutschlands (KPD) am 21. und 22.4.1946 in der Staatsoper „Admiralspalast" in Berlin, Berlin (Ost) 1946, S. 88.
20 Zur Deutschlandpolitik der Anti-Hitler-Koalition (1943–1949). Dokumente und Materialien, Berlin (Ost) 1966, S. 73.
21 Vgl. z. B. Protokoll der Innenministerkonferenz in Werder (Havel) am 21./22.4.1948; SAPMO-BA, DY 30/IV 2/13/109, Bl. 227.

was die sowjetischen Entscheidungsträger zum jeweiligen Zeitpunkt für notwendig erachteten.

Bei der Durchführung von sicherheitspolitischen Maßnahmen und Geheimdienstoperationen, zum Beispiel der Internierungspraxis, der Massendeportation von Spezialisten in die UdSSR oder der Organisation des Uranabbaus, nahm die sowjetische Seite prinzipiell keine Rücksicht auf die spezifische Interessenlage der SED.

Eine wirkliche Souveränität der KPD/SED auf dem Sicherheitssektor hat es in der Zeit 1945 bis 1949 nie gegeben. Die Partei selbst, das heißt ihre Organisationen auf allen Ebenen, wurde ständig vom sowjetischen Geheimdienst kontrolliert und überwacht.[22] Minimale Freiräume in diesem Politikbereich ergaben sich für die SED-Führung erst nach der Verkündung des SMAD-Befehls 201 von Mitte 1947 sowie im Zusammenhang mit der Zuspitzung des Ost-West-Konflikts im selben Jahr.

Die Praxis der Stellenbesetzung zeigt, daß die KPD/SED-Führung zunächst eher personell und nur in geringem Maße und vermutlich erst ab 1948/1949 auch strukturell auf den Aufbau sicherheitspolitischer Organisationen, wie zum Beispiel der Polizeibereitschaften, der Kontrollkommissionen und der politischen Polizei, Einfluß nehmen konnte. Ansätze für die Gestaltung deutscher geheimdienstlicher und nachrichtendienstlicher Strukturen wurden von den sowjetischen Besatzern mißtrauisch beobachtet. Auf Veranlassung der SMAD sollten Anfang 1948 die erst kurzzeitig existierenden „Informationsabteilungen und Nachrichtenämter" im Bereich der Innenministerien der Länder wieder aufgelöst werden. Nachdem unter anderem Kurt Fischer eindringlich für die Notwendigkeit dieser Einrichtungen eingetreten war,[23] nahm die sowjetische Seite von ihrem Vorhaben Abstand.[24]

Die Verhaftungspraktiken des NKWD/MWD riefen heftige, oft von ehemaligen Sozialdemokraten initiierte Diskussionen innerhalb des Zentralsekretariats und des Parteivorstandes hervor. Insbesondere die Festnahme wirklicher oder vermeintlicher politischer Kontrahenten, unter ihnen viele „Vereinigungsgegner" und ehemalige Mitglieder der SPD, sowie Jugendlicher und unschuldiger Zivilpersonen regte zu Protesten an. Zunächst versuchten Pieck und Ulbricht den Disput im Parteivorstand mit der Feststellung zu verhindern, daß es in der SBZ keine politischen Gefangenen gebe und es dem Parteivorstand nicht anstehe, die sowjetische Besat-

---

22 Vgl. z. B. Rolf Badstübner und Wilfried Loth (Hrsg.): Wilhelm Pieck – Aufzeichnungen zur Deutschlandpolitik 1945–1953, Berlin 1994, S. 77–7 und 97.

23 Protokoll der Innenministerkonferenz in Werder (Havel) am 21./22.4.1948; SAPMO-BA, DY 30/IV 2/13/109, Bl. 265ff.

24 Über die Hintergründe dieser Kompetenzstreitigkeiten liegen dem Autor bisher keine weiteren Informationen vor.

zungsmacht zu kritisieren.[25] Erst als der Parteiführung bekannt wurde, daß das Agieren des MWD auch die Haltung breiter Bevölkerungsschichten gegenüber der SED negativ beeinflußte, trug die Parteispitze dieses Problem den SMAD-Verantwortlichen vor.

Wie aus den Aufzeichnungen von Pieck und anderen Quellen hervorgeht[26], bemühten sich führende Politiker der SED in erster Linie um inhaftierte Personen, für die Befürwortungen örtlicher Parteiorganisationen der SED und Zustimmungen des Antifa-Blockes, der FDJ oder sonstiger Körperschaften vorlagen. Aber auch den Gesuchen von Privatpersonen verschlossen sie sich nicht. Letztendlich aber blieben all diese Aktivitäten ohne spürbare Auswirkungen und führten nur in wenigen Fällen zum Erfolg. So wurde auch eine bereits gegebene Zusage an die SED-Zentrale über die Freilassung aller Verhafteten unter 16 Jahren 1947 von der sowjetischen Seite nicht eingehalten.[27] Unabhängig vom internen Eintreten für einzelne Betroffene rechtfertigte die SED offiziell die Internierungslagerpraxis[28] und leugnete weiterhin die Tatsache, daß es Verhaftungen aus politischen Gründen gab. Anderslautende Darstellungen in Westdeutschland und Westberlin bezeichnete die Presse der SED beispielsweise als „neofaschistische Lügen um Sachsenhausen und Buchenwald".[29]

In welchem Ausmaß die engere Parteiführung der KPD/SED auf die Verhaftung unliebsamer Personen und politischer Gegner direkten Einfluß nahm, kann auf Grundlage der gegenwärtigen Quellenlage nur gemutmaßt werden. Bisher ist dem Autor nur ein Fall dieser Art bekannt: Ende 1945/Anfang 1946 beschwerte sich Ulbricht beim sowjetischen Geheimdienstchef in Deutschland, Generaloberst I. A. Serow, über die gegen Kommunisten gerichteten Aktivitäten von drei Bezirksrichtern in der amerikanischen und britischen Besatzungzone von Berlin. Sie hätten massiv die Parteiarbeit behindert und nähmen Verhaftungen von KPD-Funktionären vor. Ulbricht bat im Namen des ZK der KPD Serow in dieser Angelegenheit um Unterstützung. Dieser reagierte sofort und ließ die drei Bezirksrichter aus dem Westteil der Stadt entführen. Auch nach Interventionen im Alliierten Kontrollrat blieben die Betroffenen in einem der sowjetischen Speziallager in der SBZ verschollen.[30]

---

25 Protokoll der 3. Sitzung des Parteivorstandes vom 18.–20.6.1946; SAPMO-BA, DY 30/IV 2/1/2, Bl. 33.
26 SAPMO-BA, NY 4036/663, 664, 735.
27 Hausmitteilung des Zentralsekretariats an die Abteilung Personalpolitik vom 12.12.1947; ebenda, DY 30/IV 2/11/158, o. P.
28 Vgl. z. B. „Der Konzentrationslager-Schwindel ist endgültig geplatzt", in: Neues Deutschland vom 22.1.1950.
29 SED-Pressedienst vom 7.12.1948.
30 D. N. Filippowitsch: Sowetskaja wojennaja administrazija w Germanii: Wojennopolititscheski aspekt dejatelnosti (1945–1949), Moskwa 1995, S. 55.

4. Zur Behandlung sicherheitspolitischer Aspekte im zentralen Parteiapparat

Im Sekretariat der KPD, wie dann auch im Zentralsekretariat der SED, war Ulbricht der verantwortliche Sekretär für die Bereiche Wirtschaft, Finanzen, Landes- und Provinzialpolitik, Kommunalpolitik, staatliche Organe, Justiz und für die Verbindung zur SMAD. Dementsprechend unterstanden ihm die adäquaten Abteilungen des ZK der KPD bzw. des Vorstands/ZK der SED[31]. Damit kontrollierte er alle Bereiche, die mit der Entwicklung der Verwaltungsorgane und der inneren Sicherheit in der SBZ zusammenhingen. Daß die Verantwortlichkeit für Sicherheitsfragen bei Ulbricht lag, war auch im Interesse der sowjetischen Seite. Laut S. I. Tjulpanow, des Leiters der Verwaltung für Zensur und Propaganda bzw. Information der SMAD, konnte Ulbricht konspirativ jegliche politische Kombination durchführen und darüber Stillschweigen bewahren. Bei Pieck wurden dagegen verschiedene Fälle von Indiskretionen kritisiert.[32]

Die Bearbeitung sicherheits- und militärpolitischer Themen wurde innerhalb der KPD/SED-Führung – in den meisten Fällen, ohne die gewählten kollektiven Gremien in Kenntnis zu setzen – in Absprache mit Vertretern der sowjetischen Besatzungsmacht direkt von Pieck und Ulbricht verantwortet.

Zu sicherheitspolitischen Fragen gab es in der Parteiführung und im zentralen Parteiapparat der SED keinen offenen Informationsfluß. Politisch brisante Themen wurden ausschließlich von einer „kleinen Gruppe in der Parteileitung"[33] der SED, wahrscheinlich im Sekretariat, diskutiert. Entsprechende Informationen drangen nur zufällig und bruchstückhaft in andere Parteistrukturen vor. Sogar dem Parteivorstand, dem offiziellen Leitungsorgan zwischen den Parteitagen, wurden Informationen, Strukturen und Wirkungsmechanismen vorenthalten. Diese Praxis der Geheimhaltung entsprach auch den Vorstellungen der sowjetischen Besatzungsorgane. Sie gingen von Anfang an davon aus, daß mit der Vereinigung von KPD und SPD innerhalb der Partei in Gestalt der ehemaligen Sozialdemokraten eine „feindliche Agentur"[34] entstanden war, die heikle Themen für

---

31 Bis zur Aufhebung der Parität in der SED 1949 teilte sich Ulbricht die genannten Verantwortungsbereiche formal mit Max Fechner. Dieser soll sich aber hauptsächlich mit Kommunalpolitik beschäftigt haben. Vgl. Martin Broszat und Hermann Weber (Hrsg.): SBZ-Handbuch. Staatliche Verwaltungen, Parteien, gesellschaftliche Organisationen und ihre Führungskräfte in der Sowjetischen Besatzungszone Deutschlands 1945–1949, München 1990, S. 486.
32 Vgl. SWAG. Uprawlenije propagandy (informazii) i S. I. Tjulpanow 1945–1949. Sbornik dokumentow pod redakzijei Bernda Bonwetscha, Gennadija Bordjugowa, Normana Naimarka, Moskwa 1994, S. 997 und 164.
33 Ebenda, S. 101.
34 Ebenda.

ihre „Propaganda gegen die SED" ausnützen würde.[35] Eine Behandlung des Problemfeldes „Sicherheit" und eine entsprechende Beschlußfassung ist für das Zentralsekretariat der SED mit einigen Ausnahmen, so der parteiinternen Sicherheitsstrukturen, erst ab 1948 nachweisbar. Auch im Parteivorstand der SED werden ab diesem Zeitpunkt sicherheitspolitische Fragestellungen hinsichtlich der eigenen Partei und der politischen Entwicklung in der SBZ verstärkt thematisiert. Dabei fällt auf, daß zur Rechtfertigung des Aufbaus von Sicherheits- und Militärstrukturen und der eingeleiteten Repressivmaßnahmen immer wieder auf die vermeintlichen und wirklichen Aktivitäten von „Klassenfeinden" im In- und Ausland verwiesen wird.

Die entscheidenden Debatten zum Gegenstand fanden aber nicht in den gewählten zentralen SED-Gremien, sondern zwischen Vertretern der Deutschen Verwaltung des Inneren (DVdI), den Innenministern und Funktionären des ZK-Apparates auf den Innenministerkonferenzen statt. In diesen Beratungen wurden ohne ideologische Verrenkungen die taktischen Ziele der Sicherheitspolitik und die Wege und Methoden ihrer Realisierung angesprochen. Über die Innenministerkonferenzen 1947/1948 erfolgten eine direkte Anleitung der DVdI in der Person Ulbrichts durch das Sekretariat der SED und die Ausgestaltung der Innenministerien zu Instrumenten der SED, zu „Parteiministerien"[36].

Im zentralen Apparat der SED und teilweise auch auf der unteren Parteiebene entstanden Geheimdienst- und Überwachungsstrukturen, deren Aufgabenstellungen nicht nur auf die Partei beschränkt waren.

Eine konsequente Kaderpolitik garantierte, daß in der Mehrheit ehemalige Kommunisten Funktionen in zentralen Sicherheitsstrukturen der Partei und der Gesellschaft einnahmen, die sowohl das Vertrauen Ulbrichts als auch das der SMAD genossen. Unter ihnen befanden sich hauptsächlich KPD-Mitglieder, die in Spanien oder an der Seite der Sowjetarmee gekämpft hatten. So waren zum Beispiel im Juli 1949[37] von den sechs Mitgliedern des Präsidiums der DVdI, Kurt Fischer, Heinz Hoffmann, Wilhelm Zaisser, Erich Mielke, Kurt Wagner und Willi Seifert[38], außer Seifert alle in der sowjetischen Emigration gewesen oder hatten in der UdSSR Polit- und Militärschulen absolviert.

---

35 Ebenda, S. 101 und 158.
36 Den Begriff des „Parteiministeriums" prägte der Innenminister des Landes Sachsen, Kurt Fischer, auf der Innenministerkonferenz 1948 in Werder (Havel). Vgl. Protokoll der Konferenz der Innenminister in Werder (Havel) 1948; SAPMO-BA, DY 30/IV 2/13/109, Bl. 285. Im Zusammenhang mit der Charakterisierung der Innenministerien wurde bereits vor diesem Quellenfund der Begriff „Parteiministerien" im Forschungsverbund „SED-Staat" als Arbeitsthese diskutiert.
37 Wenzke: Kaderarmee, S. 236.
38 Zu den Biographien vgl. Barth/Links/Müller-Enbergs/Wielgohs: Wer war wer, S. 186, 317f., 504f., 684f., 764 und 819f.

Bis auf wenige Ausnahmen – zum Beispiel Karl Steinhoff[39] – wurden ehemalige Sozialdemokraten in der SED von den „Kommandohöhen" der unterschiedlichen Sicherheitsbereiche ferngehalten oder von diesen verdrängt. Viele von ihnen wurden ab 1947/1948 selbst Gegenstand von sicherheitspolitischen Aktivitäten der SED[40] und bereits davor der sowjetischen Geheimpolizei.

5. Etappen der Sicherheitspolitik der KPD/SED Mai 1945 – Oktober 1949

I. Etappe: Mai 1945 – Mitte 1946
In diesem Zeitraum schuf die KPD/SED wichtige Grundlagen für die spätere Realisierung ihrer sicherheitspolitischen Vorstellungen. Im Frühsommer 1945[41] entstanden auf Befehl und unter Kontrolle der SMAD erste neue Polizeiorgane. Auf diesen Prozeß konnte die KPD nur durch Vorschläge und Empfehlungen bezüglich der Kaderstruktur Einfluß nehmen. Innerhalb des ZK-Apparats koordinierte diesen Aufgabenbereich offenbar der Referent für Polizei und Justiz in der kommunal-politischen Abteilung, Erich Mielke.[42] Die Auswahl entsprechender Kader erfolgte nach dem „Klassenprinzip". Das heißt, für die Polizei und die Verwaltungen für Inneres wurden Personen in erster Linie auf Grundlage von politischen und sozialen Aspekten rekrutiert.[43] Nachdem im Herbst 1945 eine grundlegende Erneuerung des Personalbestandes erfolgt war, begann der Verdrängungsprozeß aller „Nichtkommunisten" aus dem Polizeiapparat, insbesondere von Sozialdemokraten, unabhängig davon, ob sie ausgewiesene Antifaschisten waren oder nicht. Bereits im Dezember 1946 hatten etwa 90 Prozent des Personalbestands der Länderpolizei das Parteibuch der SED in der Tasche.[44]

---

39 Zu seiner Biographie vgl. ebenda, S. 709f.
40 Der ehemalige Kommunist Waldemar Schmidt, Mitglied des Vorstands der SED, wollte bereits unmittelbar nach der Vereinigung von KPD und SPD einen Spitzelapparat gegen die ehemaligen Sozialdemokraten aufbauen. Vgl. SWAG, S. 160.
41 Vgl. Geschichte der Deutschen Volkspolizei, S. 14ff.
42 Erich Mielke wurde auf Beschluß des Sekretariats der KPD vom 22.10.1945 mit einem Gehalt von 500 Mark im ZK angestellt. Im Beschlußprotokoll erscheint er mit dem Vornamen seines Parteipseudonyms, Paul Bach, als Paul Mielke. Vgl. Günter Benser und Hans-Joachim Krusch (Hrsg.): Dokumente zur Geschichte der kommunistischen Bewegung in Deutschland 1945/1946, Bd. 1: Protokolle des Sekretariats des Zentralkomitees der KPD Juli 1945 bis April 1946, München, New Providence, London, Paris 1993, S. 108; Protokoll über die Sitzung der Genossen der Berliner Justiz und der Zentralverwaltung Justiz in der sowjetischen Zone beim Genossen Ulbricht am 19.1.1946 von 16–19.30 Uhr; SAPMO-BA, DY 30/IV 2/13/404, o. P.; Wilfriede Otto: Zur Biographie von Erich Mielke. Legende und Wirklichkeit, in: Hefte zur DDR-Geschichte (1994) 23, S. 10.
43 Wie sich Erich Mielke die Arbeit mit den Kadern vorstellte, legte er ausführlich auf der Innenministerkonferenz 1948 in Werder (Havel) dar. Vgl. Protokoll der Konferenz der Innenminister in Werder (Havel) 1948; SAPMO-BA, DY 30/IV 2/13/109, Bl. 94ff.
44 Wenzke: Kaderarmee, S. 209.

Hinsichtlich der Sicherheitsproblematik in bezug auf die Partei und ihren zentralen Apparat orientierte sich die KPD-Spitze an altbewährten, traditionellen Strukturen. So beschloß das Sekretariat des ZK der KPD auf seiner Sitzung am 8. Juli 1945 die Bildung eines „Abwehrapparates zur Beobachtung und Beschaffung von Informationsmaterialien".[45]

Um in den Westzonen „das Eindringen fremder Agenten in die Partei" zu verhindern, ordnete Franz Dahlem Anfang 1946 auf der Reichsberatung der KPD unter anderem an, daß alle Kommunisten, die in den Verwaltungen der Militärbehörden arbeiteten, diese zu verlassen hätten und persönliche Beziehungen mit alliierten Vertretern abgebrochen werden müßten. Weiterhin sollten vertrauliche Parteimaterialien „an sicherer Stelle ausserhalb der Parteibüros" gelagert werden.[46]

II. Etappe: Mitte 1946 – August 1947

Eine bestimmende Zäsur stellt hier der SMAD-Befehl über die Bildung der DVdI vom 30. Juli 1946 dar. Im Gegensatz zu den Festlegungen von Potsdam begann damit der zunächst streng geheimgehaltene Aufbau[47] eines zentralisierten deutschen Sicherheitsapparates in der SBZ. Obwohl die DVdI, der sämtliche Einrichtungen, die mit der inneren Verwaltung sowie der öffentlichen Ordnung und Sicherheit zu tun hatten, unterstanden, von der Abteilung Inneres der SMAD direkt geleitet wurde, konnte sie sich zu einem entscheidenden Machtmittel der SED-Führung und speziell von Ulbricht entwickeln. Wichtige personalpolitische Entscheidungen, die bis dahin in der engeren Parteiführung fielen, wurden der DVdI übertragen und konnten somit von Ulbricht maßgeblich beeinflußt werden. Damit gelang es ihm, die Machtbefugnisse seines alten Konkurrenten Franz Dahlem, der im Zentralsekretariat für das Kaderressort verantwortlich war, weitestgehend einzuschränken.[48]

Mit der DVdI entstand ein Instrument, das praktisch die Lenkung und Kontrolle des gesamten staatlichen Verwaltungsapparates ermöglichte. Erich W. Gniffke befürchtete sogar, daß Ulbricht mit Hilfe der Zentralverwaltung die SBZ regieren könnte.[49]

Ein wichtiges Instrument zur Gestaltung der SED-Sicherheitspolitik stellten die vom zentralen Parteiapparat vorbereiteten und von Ulbricht geleiteten Konferenzen mit den Innenministern der Länder und dem

---

45 Mit den entsprechenden Vorbereitungsarbeiten wurde die Kaderabteilung beauftragt. Benser/Krusch: Dokumente, Bd. 1, S. 35.
46 Vgl. Protokoll Nr. 3/60 der Reichsberatung beim ZK am 8./9.1.1946, in: ebenda, Bd. 3: Protokoll der Reichsberatung der KPD 8./9.1.1946, 1995, S. 41f.
47 Laut Erich W. Gniffke wurde die Vorbereitung zur Bildung der DVdI auch vor vielen Mitgliedern des Zentralsekretariats der SED geheimgehalten. Vgl. Erich W. Gniffke: Jahre mit Ulbricht. Mit einem Vorwort von Herbert Wehner, Köln 1966, S. 262.
48 Vgl. ebenda, S. 263.
49 Vgl. ebenda.

Präsidium der DVdI dar. Die erste dieser Beratungen fand am 1. Juni 1947 statt.[50] Die „Innenministerkonferenzen" dienten bis 1948 dazu, die Maßnahmen zur Entnazifizierung zu koordinieren und eine einheitliche innere politische Leitung, Organisation und Struktur der Innenministerien und anderer Sicherheitsstrukturen in der SBZ zu entwickeln.

Besonders interessiert waren die Verantwortlichen im SED-Apparat an der Bildung einer sogenannten „Berichterstattungsorganisation"[51]. Initiiert von der Abteilung Nachrichten und Informationen (N/I) der DVdI[52] begann in der ersten Hälfte des Jahres 1947 der Aufbau von Informationsabteilungen und Nachrichtenämtern bei den Innenministerien. Diese Einrichtungen sollten mit Hilfe eines Netzes von „Vertrauensleuten und Informatoren"[53] „Informationen über die Stimmung in der Bevölkerung"[54] sammeln.

Entsprechende Parallelstrukturen entstanden auch im zentralen Parteiapparat der SED. Am 10. Juni 1947 beschloß das Zentralsekretariat die Bildung eines Referats „Information" bei der Abteilung Werbung-Presse-Rundfunk. Die Aufgabe dieses Referats bestand in der Erforschung der öffentlichen Volksstimmung.[55] Laut Erich W. Gniffke sollten Informanten „ohne jede Beschönigung über alle negativen Vorkommnisse aus Städten und Dörfern" berichten.[56] Als Reaktion auf die vielfältigen Aktivitäten von Mitgliedern und Sympathisanten des Ostbüros der SPD in der Partei, auf die auch der sowjetische Sicherheitsdienst verwies[57], traf das Zentralsekretariat in der gleichen Sitzung die Entscheidung über die Schaffung eines Referats „Abwehr"[58] in der Personalpolitischen Abteilung. Dieses

---

50 Eine erste Konferenz des Präsidenten und der Vizepräsidenten der DVdI mit den Polizeichefs der Länder fand auf Forderung der SMAD bereits am 30.10.1946 statt. Der Tagungsort der Konferenz vom 1.6.1947 konnte weder in den Primär- noch in den Sekundärquellen ermittelt werden. Weitere Konferenzen dieser Art, bereits von der SED-Führung einberufen, wurden u. a. am 26./27.7.1947 in Schwerin, am 11./12.8.1947 in Warnemünde, am 12.10.1947 in Rehefeld, am 29./30.11.1947 in Schierke, am 31.1./ 1.2.1948 in Altenstein, am 21./22.4.1948 in Werder und am 9./10.7.1948 auf Hiddensee veranstaltet.
51 Protokoll der Innenministerkonferenz am 31.1. und 1.2.1948 in Altenstein (Thüringen); SAPMO-BA, DY 30/IV 2/13/103, Bl. 107.
52 Vgl. Jochen Laufer: Die Ursprünge des Überwachungsstaates in Deutschland. Zur Bildung der Deutschen Verwaltung des Innern in der Sowjetischen Besatzungszone (1946), in: Bernd Florath, Armin Mitter und Stefan Wolle (Hrsg.): Die Ohnmacht der Allmächtigen. Geheimdienst und politische Polizei in der modernen Gesellschaft, Berlin 1992, S. 162.
53 Ebenda, S. 163.
54 Protokoll der Innenministerkonferenz am 12.10.1947 in Rehefeld (Sachsen); SAPMO-BA, DY 30/IV 2/13/109, Bl. 92.
55 Beschluß des Zentralsekretariats des SED vom 10.6.1947; ebenda, DY 30/IV 2/2.1/98, Bl. 2.
56 Angeblich erhielten alle Mitglieder des Zentralsekretariats der SED die entsprechenden Materialien. Vgl. Gniffke: Jahre, S. 180.
57 Vgl. z. B. Badstübner/Loth: Pieck, S. 77–79 und 97.
58 Plan der Personalpolitischen Abteilung, o. D.; SAPMO-BA, DY 30/IV 2/11/120, Bl. 285.

Referat sollte alle „Versuche der Zersetzung und des Eindringens feindlicher Elemente in die Partei"[59] untersuchen. Zu diesem Zweck war auch beabsichtigt, in die Strukturen des Ostbüros einzudringen, um auf diese Art und Weise dessen Tätigkeit unter Kontrolle zu halten.[60]

Diese Einrichtung bestand zunächst aus seinem Leiter, Bruno Haid[61], und ab Oktober 1947 aus dem Hauptreferenten[62], Paul Laufer.[63] Nach Februar 1948 stießen noch Huldreich Stroh und Georg Thiele zur „Abwehr".[64] Gleichartige Referate entstanden in den Landesparteileitungen[65] und vermutlich auch in den Kreisleitungen der SED.

III. Etappe: August 1947 – Anfang 1948

Der Befehl 201 der SMAD vom 16. August 1947 leitete eine weitere Etappe in der Entwicklung der SED-Sicherheitspolitik ein. Durch ihn und im Zuge seiner Durchführung entstanden erstmals konkrete Freiräume für selbständiges Agieren der deutschen Seite, das von dieser immer wieder thematisiert und eingefordert worden war.

Bereits 1944 wurde die Verhaftung und Verurteilung von „Nazi- und Kriegsverbrechern" durch deutsche Organe in der programmatischen Ausarbeitung „Aktionsprogramm des Blocks der kämpferischen Demokratie" fixiert.[66] In diesem Zusammenhang stehen auch die Bemühungen der SED-Führung gegenüber der SMAD, einen öffentlichen Prozeß gegen den NSDAP-Gauleiter von Sachsen, Martin Mutschmann, anzustrengen.[67]

Entsprechend der Durchführungsbestimmung Nr. 3 zum Befehl 201 vom 21. August 1947 wurden der Volkspolizei bezüglich der Verfolgung von Nazi- und Kriegsverbrechen Befugnisse als Ermittlungs- und Untersuchungsorgan übertragen, die bis dahin nur den sowjetischen Sicherheitsorganen vorbehalten gewesen waren. Entsprechende Funktionen übten die bereits seit Anfang 1946 unter Aufsicht der SMAD existierenden Kommissariate 5 (K 5) aus, die sich bis Anfang 1947[68] auf Länder- und

59 Beschluß des Zentralsekretariats des SED vom 10.6. 1947; SAPMO-BA, DY 30/IV 2/2.1/98, Bl. 3.
60 Vgl. Deckname Stabil. Stationen aus dem Leben und Wirken des Kommunisten und Tschekisten Paul Laufer, Leipzig 1988, S. 69.
61 Plan der Personalpolitischen Abteilung, o. D.; SAPMO-BA, DY 30/IV 2/11/120, Bl. 285.
62 Vgl. Deckname Stabil, S. 96.
63 Für die Vertrauensposition von Haid und Laufer im zentralen Parteiapparat der SED und vielleicht auch gegenüber der sowjetischen Seite spricht die Tatsache, daß sie alle „Säuberungen" unbeschadet überstanden, obwohl sie zu verdächtigen bzw. „gesäuberten" Personengruppen gehörten. Zu den Biographien vgl. Barth/Links/Müller-Enbergs/Wielgohs: Wer war wer, S. 268 und 439f.
64 Deckname Stabil, S. 96.
65 Beschluß des Zentralsekretariats der SED vom 10.6.1947; SAPMO-BA, DY 30/IV 2/2.1/98, Bl. 3.
66 Erler/Laude/Wilke: Hitler, S. 292f.
67 Vgl. Badstübner/Loth: Pieck, S. 69 und 80.
68 Vgl. Stephan Wolf: Die „Bearbeitung" der Kirchen in der Sowjetischen Besatzungszone

Kreisebene etabliert hatten. Auf Grundlage der Tätigkeit der K 5 wurden bis zum 1. Oktober 1949 gegen 40.358 sogenannte „aktive Nazis und Militaristen" Untersuchungsverfahren eingeleitet.[69] Im gleichen Zeitraum soll die K 5 gemeinsam mit den sowjetischen Sicherheitsorganen an der Liquidierung verschiedener illegaler Naziorganisationen, wie zum Beispiel „Edelweißpiraten", „Organisation 88", „Nationale Rheinische Widerstandsbewegung", „Klub Deutschland", „Stimme der deutschen Nation" und „Friedrich der Große", beteiligt gewesen sein.[70]

Neben der Verfolgung von „aktiven Nazis und Militaristen" übernahm die K 5 im Auftrag der SMAD zunehmend die Überwachung und Bekämpfung tatsächlicher oder mutmaßlicher „Gegner des antifaschistischdemokratischen Aufbaus". Dieser Umstand und ihre weitreichende Kompetenz charakterisierten sie als eine politische, mit geheimdienstlichen Methoden operierende Polizei.

Im Zuge der Ausführung des Befehls 201 versuchte die SED-Führung nun verstärkt, über die Schiene „Entnazifizierung" die neuen Möglichkeiten zu nutzen, um den ehemaligen Trägern der gestürzten Macht in Stadt und Land ihre ökonomische Basis zu entziehen.[71]

IV. Etappe: Anfang 1948 – Oktober 1949

In diesem Zeitraum kam es zu einem qualitätsmäßigen Umbruch in der Sicherheitspolitik der SED. Das Agieren der SED-Führung auf diesem Gebiet wurde zunehmend von der durch die sich rasant polarisierende außenpolitische Lage geprägten Auffassung der sowjetischen Verantwortlichen beeinflußt, daß politische Machtpositionen in der SBZ durch selbständige deutsche Sicherheitsstrukturen und insbesondere durch bewaffnete und ausgebildete Einheiten untersetzt werden müßten. In diesem Zusammenhang erließ die sowjetische Seite nach und nach neue und erweiterte Bestimmungen für die bestehenden und für weitere, neu zu bildende deutsche Sicherheitsorgane. Markantester Ausdruck für diese Entwicklung waren die Aufstellung von kasernierten Polizeitruppen in Form der territorialen Bereitschaften ab Frühjahr 1948, die befehlsmäßige Unterstellung dieser Formationen und der Grenzpolizei bei der DVdI sowie ihre systematische militärische Schulung.

Mit der Einführung des Systems der „Polit-Kultur-Leiter" in allen Strukturen der Polizei, also von Politkommissaren wie in der Roten Armee, wurde der Charakter der Innenministerien als „Parteiministerien"

und der DDR durch die politische Polizei und das Ministerium für Staatssicherheit bis 1953, in: Florath/Mitter/Wolle: Ohnmacht, S. 176.

69 Filippowitsch: Administrazija, S. 78.
70 Ebenda, S. 79.
71 Vgl. hierzu z. B. die Aussagen von Ulbricht am 31.1.1948 auf der Innenministerkonferenz in Altenstein; SAPMO-BA, DY 30/IV 2/13/109, Bl. 151ff.

bewußt verstärkt. Weiterhin konnte mit dieser Maßnahme das Prinzip des demokratischen Zentralismus in den Parteiorganisationen der Polizei ausgehebelt und ihre unmittelbare Anleitung und Kontrolle durch den zentralen Apparat der Partei gesichert werden.[72]

Nach der Beendigung der Sequesterverfahren entstanden ab 1948 Strukturen, die mit dem Schutz und der Sicherung von Betrieben und Einrichtungen des staatlichen Sektors beauftragt waren. Die Aufgaben der Ausschüsse zum Schutze des Volkseigentums, der Beauftragten zur Sabotageabwehr und der Kontrollkommissionen[73] bestanden im wesentlichen in der Aufdeckung von Sabotage, Wirtschaftsspionage und kriminellen wirtschaftsschädigenden Vorgängen. Über die Kontrollkommissionen sollten außerdem die bestehenden Volkskontrollorgane zu einer Massenbewegung ausgebaut werden.

1949 wurde die „Hauptabteilung zum Schutz der Wirtschaft und der demokratischen Ordnung", ein direkter Vorgänger des MfS, gebildet. Diese selbständige Struktureinheit der Polizei übernahm teilweise Aufgabenstellungen der erwähnten „Wirtschaftsschutzorganisationen" und des im Oktober 1949 aufgelösten Kommissariats 5.

Im gleichen Jahr, und zwar auf Beschluß des Kleinen Sekretariats vom 8. August, entstand im zentralen Parteiapparat der SED die Abteilung zum Schutze des Volkseigentums.[74] Sie übernahm, nachdem die „Innenministerkonferenzen" nicht mehr durchgeführt wurden, die Anleitung und Kontrolle der staatlichen Sicherheitsstrukturen durch die Parteispitze. Alle drei im Beschluß genannten Mitarbeiter Karl Kleinjung, Gustav Röbelen und Gustav Szinda[75] waren ehemalige Mitarbeiter des NKWD.

Resümierend kann festgestellt werden, daß die KPD/SED-Spitze unabhängig von allen Schwierigkeiten, die aus der Besatzung resultierten, im betrachteten Zeitraum 1945–1949 die Bildung und Ausgestaltung von sicherheitspolitischen Strukturen erfolgreich vorantreiben konnte. Unmittelbar vor der Gründung der DDR existierten in der SBZ bereits neben der allgemeinen Polizei, der Kern für eine Geheimpolizei, Grenztruppen, der Nukleus für eine Armee und auf der Ebene der Partei und der Länderverwaltung ein Nachrichten- und Informationsapparat.

---

72 Zu dieser Problematik vgl. z. B. Günther Glaser: „Neuregelung der Polizeifragen" oder getarnte Bewaffnung der SBZ im Kalten Krieg? Nachdenken über Probleme und Wirkungen der sicherheits- und militärpolitischen Veränderungen in Ostdeutschland 1948/1949, in: Hefte zur DDR-Geschichte (1994) 22, S. 29ff.

73 Über die Bildung dieser Einrichtungen wurde die Partei- und Staatsführung der UdSSR durch eine Delegation der SED im Dezember 1948 informiert. Vgl. Badstübner/Loth: Pieck, S. 252 und 257.

74 Protokoll der Sitzung des Kleinen Sekretariats der SED vom 8.8.1949; SAPMO-BA, DY 30/IV 2/3.45, Bl. 6.

75 Zu den Biographien vgl. Barth/Links/Müller-Enbergs/Wielgohs: Wer war wer, S. 379, 608 und 727.

Thomas Klein

SED-Parteikontrolltätigkeit in den vierziger Jahren

1. Institutionen der SED-Führung im Dienste innerparteilicher Disziplinierung während der Herausbildung einer „Partei neuen Typs"

Die Geschichte der Parteikontrolltätigkeit in der SED beginnt nicht etwa erst mit der 1948/49 erfolgten Bildung von Parteikontrollkommissionen. Die Parteiführung mußte sich bereits unmittelbar nach Gründung der SED mit Fragen der Entwicklung von Instrumenten und Methoden befassen, mit deren Hilfe den verschiedenen Formen realer und befürchteter innerparteilicher Dissidenz begegnet werden konnte. Die erwähnten Parteikontrollkommissionen waren sowohl die Quintessenz bisheriger Erfahrungen anderer Institutionen der SED mit abweichenden oder widerständigen innerparteilichen Tendenzen als auch eine Antwort der Parteiführung auf die besonderen Herausforderungen im Vollzug der Stalinisierung der Partei. Doch gerade das, was sich vor der Umwandlung der SED in eine „Partei neuen Typs" hinsichtlich der Verfolgung tatsächlicher und vermeintlicher Opposition ereignete, läßt diese Parteikontrollkommissionen in einem viel deutlicheren Licht erscheinen, als dies ihre Gründungsdokumente vermögen. Gerade diese Vorgeschichte belegt in aller Deutlichkeit, daß sowohl die Parteikontrollorgane als auch jene Institutionen, die in der SED als ihre Vorgänger zu gelten haben, weniger an das Aufgabenprofil der Schiedsgerichte und -kommissionen von SPD und KPD anschlossen, als vielmehr in Tradition und Selbstverständnis dem Abwehr- und Nachrichtendienst der KPD verpflichtet waren. So werde ich zu zeigen versuchen, daß das Referat „Abwehr" innerhalb der Personalpolitischen Abteilung (PPA) beim Zentralsekretariat (ZS) des Parteivorstands (PV) sowohl personell als auch logistisch das Bindeglied zwischen Abwehrarbeit in der KPD und der seit 1948 institutionalisierten Parteikontrolle in der SED darstellte. Später läßt sich dann die Transformation weg von geheimdienstlich bestimmten hin zu stärker quasi-polizeilichen Methoden (Untersuchungen im Stile von Vernehmungen) und in den folgenden Jahrzehnten die Ausprägung einer innerparteilichen Säuberungsinstanz (Untersuchungen mit dem Ziel quasi-staatsanwaltschaftlicher Bewertungen) erkennen.

Dabei wird es notwendig sein, in der historischen Analyse eine differenzierte Begrifflichkeit innerparteilicher Dissidenz zu entwickeln. Das Spektrum solcher Dissidenz reichte von spontaner Kritik, bewußter Widerspruchsbereitschaft in systemkonformem oder die Loyalität zur Partei bereits aufkündigendem Sinne über innerparteiliche Opposition bis hin zum organisierten Widerstand. Warum gerade letztere Form von Dissidenz innerhalb der SED oder aus ihr heraus mit wachsendem Lebensalter dieser Partei immer weniger zu ermitteln war, wird sich im Verlauf einer solchen Untersuchung enthüllen.[1]

2. Umgang mit Formen innerparteilicher Dissidenz nach Gründung der SED

Zunächst soll an den Zustand der SED unmittelbar nach ihrer Gründung erinnert werden:

Gerade war mit erheblichem Kampagnendruck seitens der KPD-Führung und mittels repressiver Beihilfe durch die SMAD die zonale Vereinigung von KPD und SPD herbeigeführt worden. Diese rasche Vereinigung sollte natürlich die aus der Sicht der KPD beängstigend schnell anwachsende und sich gut konsolidierende SPD in Ostdeutschland möglichst früh abfangen. Doch das hatte seinen Preis: Die anfangs nominell paritätisch geführte Partei SED war „zusammengewürfelt" und deshalb aus der Sicht der tonangebenden „Moskauer" KPD-Führungsgruppe mit ihrer Option, die ganze Partei unter ihre Kontrolle zu bringen, durchsetzt mit „Fremdkörpern". Hinzu trat der Umstand, daß zuvor in beiden Parteien die Mehrheit der Mitglieder Neuzugänge waren: In der neuen KPD waren sie noch nicht stalinistisch gedrillt und die Mehrheit der SPDler war nicht einmal im sozialdemokratischen Parteiverständnis diszipliniert worden. Dieses Defizit an stalinistischer politischer Sozialisierung in der SED kombinierte sich mit dem Dilemma, daß die Bevölkerung der SBZ in erster Linie die SED (wie zuvor die KPD) mit der sowjetischen Besatzungsmacht und ihren Maßnahmen identifizierte und dies häufig beider Ansehen beeinträchtigte. Damit sind die Begründungszusammenhänge für den „Repressionsbedarf" nach den Maßstäben der stalinistischen Füh-

---

1 Zu diesem Aspekt vgl. die ausführlichere Arbeit des Autors „Parteisäuberungen und Widerstand in der Sozialistischen Einheitspartei Deutschlands – Die innerbürokratische Logik von Repression und Disziplinierung", welche 1996 zusammen mit Arbeiten von Wilfriede Otto (Berlin) und Peter Grieder (Cambridge) in dem Band „Visionen. Repression und Opposition in der SED" im Verlag Frankfurter/Oder-Editionen erschienen ist. Vgl. auch: Thomas Klein: Reform von oben? Opposition in der SED, in: Ulrike Poppe, Rainer Eckert und Ilko-Sascha Kowalczuk (Hrsg.): Zwischen Selbstbehauptung und Anpassung. Formen des Widerstands und der Opposition in der DDR, Berlin 1995, S. 125ff. und Thomas Klein: Die Herrschaft der Parteibürokratie. Disziplinierung, Repression und Widerstand in der SED, in: Aus Politik und Zeitgeschichte, Beilage zur Wochenzeitung Das Parlament B H. B 20/1996, S. 3–12.

rungsfraktion formulierbar: Ohne hinreichend große politische und soziale Basis in der Bevölkerung sowie bei einem zunächst noch unberechenbaren Mitgliederstamm in der neuen Massenpartei SED war das durch die Besatzungsmacht gedeckte Mittel der Gewalt nicht nur ein naheliegendes, sondern auch das einzige den Stalinisten zur Verfügung stehende Instrument der Partei- und Gesellschaftsformierung.

Jene vor 50 Jahren stattgefundene Verschmelzung von SPD und KPD ist gerade in letzter Zeit umfassend dargestellt und debattiert worden.[2] Wichtig für unsere Fragestellung bleibt, daß mit der Parteigründung tatsächlich massenhaft „unzuverlässige Elemente" die neue Einheitspartei SED bevölkerten.

3. Widerspruch und Widerstand in der SED vor der Transformation zur „Partei neuen Typs"

Zunächst einmal fällt bei der Sichtung der Bestände der Zentralen Parteikontrollkommission (ZPKK) auf, daß dort auch eine Vielzahl von Unterlagen aus der Zeit vor ihrer Bildung erfaßt sind. Die interessantesten stammen aus der Arbeit der Abteilung Personalpolitik (PPA). Einige Dokumente lassen ihre Herkunft aus der Abteilung Kader des alten KPD-Apparats erkennen. Und immer wieder tauchen sowohl unter den Adressaten von Meldungen als auch unter den Urhebern von Anfragen die Namen Laufer, Haid und Dahlem auf. Vor bekannten Namen aus dem Bereich späterer Parteikontrolltätigkeit wie Hermann Matern, Herta Geffke[3] und anderen möchte ich gerade hinsichtlich der frühen Formen solcher Kontrolle die Aufmerksamkeit auf die Namen ersterer lenken.

Paul Laufer war der „SPD-Spezialist" in der SED. Seit 1927 als SPD-Mitglied im Dienste der KPD mit Abwehrarbeit in der SPD befaßt und 1935 sogar Mitglied der illegalen Berliner SPD-Bezirksleitung, arbeitete er 1946 in der PPA des Zentralsekretariats. Zusammen mit Bruno Haid baute er dort das Referat „Abwehr" auf, von dem noch zu reden sein wird. Ab 1949 blieb er seinen spezifischen Fähigkeiten gemäß in der ZPKK tätig, zuletzt als Sektorenleiter. Anzumerken wäre noch, daß er ab 1955 als Major der HV A im MfS zuständig war für die Ressorts SPD und DGB; insbesondere führte er das Ehepaar Guillaume. Bruno Haid, von Hause aus Jurist und früheres Mitglied der KPD-Auslandsleitung in Paris, sollte

---

2 Vgl. etwa: Andreas Malycha (Hrsg.): Auf dem Weg zur SED. Sozialdemokratie und Einheitspartei in den Ländern der sowjetischen Besatzungszone 1945/46. Eine Quellenedition, Bonn 1995.

3 Hermann Matern bekleidete die Funktion des Vorsitzenden der ZPKK von 1949, dem Jahr ihrer Konstituierung, bis zu seinem Tod 1971. Herta Geffke war von 1949 bis 1958 Mitglied der ZPKK und ab 1954 stellvertretende Vorsitzende.

sich in der Westarbeit und als Spezialist im Aufspüren linker Abweichler in der SED verdient machen. 1945/46 in der Kaderabteilung des KPD-ZK tätig, wirkte er dann bis 1947 in der PPA und danach bis 1952 in der Westkommission bzw. der Westabteilung beim PV bzw. Zentralkomitee (ZK) der SED.

Die Abwehr verschiedener Gefährdungen einer Umformung der frühen SED in eine stalinistische Kaderpartei bündelte sich damals zunächst in der Frage „Wer ist Wer?" Dieses später im MfS zu trauriger Berühmtheit gekommene Motto war 1946 innerparteilich am besten in den Bereichen Kader- und Personalfragen des Zentralsekretariats aufgehoben und mußte natürlich durch Erkenntnisse des Ressorts Westverbindungen flankiert werden. Beides waren Domänen von Franz Dahlem, der dann auch gemäß der internen Verteilung der Zuständigkeiten im neu gewählten Politbüro der SED ab Februar 1949 für Kaderfragen und die Westkommission zuständig blieb – für ersteres allerdings nur kurze Zeit.

Womit also befaßte sich die PPA? Schon innerhalb oder im Umkreis der 1945 neu formierten KPD gab es aus der Sicht der stalinistischen Parteiführung genug „verdächtige Subjekte", die mit in die Einheitspartei schlüpften oder der SED ab 1946 beitraten: Es ist nachweisbar, daß viele Mitglieder ehemals oppositioneller Parteien (KPD-Opposition, KAP, SAP, Leninbund, AAU)[4] sowohl in die KPD gingen als auch zu beträchtlichen Teilen (und aus ganz anderen Gründen als die KPD-Führung) die Vereinigung mit der SPD befürworteten. Schon sehr frühzeitig wurde klar, daß es eine Anzahl von vielfach noch unerkannten SED-Mitgliedern aus solchen oder anderen früheren Zusammenhängen gab, die wegen ihrer damaligen kritischen Haltung zur KPD von den Parteiführungen in Berlin und Moskau als potentielle Störfaktoren für die Umformung der SED in eine stali-

---

4 Die Allgemeine Arbeiterunion Deutschlands (AAU) wurde 1920 von linkskommunistischen Gruppen als revolutionäre Einheitsorganisation der Lohnarbeiterschaft gegründet. Nach raschem Aufschwung stagnierte die Union und verlor noch vor 1923 an Bedeutung. Wieder vereinigt mit der 1921 abgespaltenen AAU-Einheitsorganisation existierte sie als Kommunistische Arbeiterunion Deutschlands (KAUD) bis zur Zerschlagung durch die Faschisten. Die Kommunistische Arbeiterpartei Deutschlands (KAP) organisierte seit 1920 solche Teile der linkskommunistischen Opposition der KPD, die über die AAU hinaus eine politische Partei für notwendig hielten. Sie zerfiel rasch, und ihre Mitglieder wurden vornehmlich von der AAU und der SPD absorbiert. Ehemalige KAPler in der SPD beteiligten sich 1931 an der Gründung der „Roten Kämpfer", die als Widerstandsgruppe bis 1937 agierte. Die Sozialistische Arbeiterpartei Deutschlands (SAP) wurde als Abspaltung von der SPD nach deren Leipziger Parteitag im Oktober 1931 gegründet. Sie trat für die Aktionseinheit der Arbeiterklasse ein und war relativ gut auf die Illegalität während der Nazizeit vorbereitet.
Der Leninbund vereinigte ab 1928 Reste der in den Vorjahren aus der KPD gedrängten Linksopposition um die ehemalige Parteivorsitzende Ruth Fischer. Nach dem Ausscheiden von Fischer vertrat der Leninbund zunächst stark an Trotzki angelehnte Positionen. Teile des Leninbunds näherten sich 1929/30 an die KPD(O) an. Die KPD (Opposition), auch KPO, wurde im Dezember 1928 als Organisation der „Rechtsopposition" gegründet und von August Thalheimer sowie Heinrich Brandler geführt.

nistische Kaderorganisation gesehen wurden. Die Personalpolitische Abteilung im Zentralsekretariat sammelte akribisch Material über die Aktivitäten trotzkistischer und anderer „organisierter feindlicher Oppositionsgruppen", wie es etwa in einem Bericht vom 9. Januar 1947 heißt. Dort wird für Berlin konstatiert, „daß die Querverbindungen der einzelnen Oppositionsgruppen immer dichter werden"[5].

Die Einrichtung eines besonderen Referats mit der Erfassung dieser Aktivitäten war angesichts solcherart Einschätzungen folgerichtig: Am 10. Juni 1947 brachte Erich Gniffke im Zentralsekretariat den Antrag ein, in der Abteilung Personalpolitik eine Unterabteilung „für die Untersuchung aller Versuche der Zersetzung und des Eindringens feindlicher Elemente in die Partei" zu schaffen. Unter der Leitung von Grotewohl beschloß das Zentralsekretariat die Bildung solcher Referate beim ZS und den Landesvorständen unter Federführung der PPA. Wie unauffällig der Start dieses Unternehmens erfolgte, verrät eine erstaunte Anfrage Paul Merkers, der selbst bei der erwähnten ZS-Sitzung zugegen war, an Franz Dahlem. Im April 1948 teilte Dahlem ersterem mit, daß in der Abteilung Personalpolitik seit Monaten ein Referat „Abwehr gegnerischer Propaganda" unter der Leitung von Bruno Haid und Paul Laufer arbeite.[6] Hier wurde mit zum Teil geheimdienstlichen Methoden Material über oppositionelle Gruppen in der SED (und mittels der Kontakte zur KPD übrigens auch in den anderen Besatzungszonen) gesammelt, welches Verbindungsleute beschafften, die solche Gruppen infiltrierten oder aus ihnen rekrutiert wurden. In jener Zeit vor der ersten großen Überprüfung und Säuberung 1949–1951 wurden derartige Informationen, sofern nicht verwertbar für sofortige Maßnahmen, zur späteren Verwendung aufgehäuft.

Schon vor dem Höhepunkt der 1947 beginnenden Säuberungen der SED von ehemaligen Sozialdemokraten wegen „Schumachertätigkeit" oder „Fraktionismus" mußte sich das Zentralsekretariat immer wieder mit illegalen Flugschriften über Amtsenthebungen, Verfolgungen und Verhaftungen früherer SPD-Mitglieder in der SED befassen. Solches Material wurde natürlich auch in Westdeutschland hergestellt und verbreitet. So wertete zum Beispiel das SED-Zentralsekretariat im Februar 1948 ein ihm vom Zentralbüro der Arbeitsgemeinschaft SED-KPD übermitteltes und in Hessen verteiltes SPD-Flugblatt über diese Verfolgungspraktiken mit umfangreichen Angaben über Hunderte verhafteter und abgesetzter ehemaliger sozialdemokratischer Mitglieder und Funktionäre in der SBZ aus. Es ist klar, daß solche Meldungen aus der Sicht der KPD-Führung Westdeutschlands abträglich für deren Bemühungen um oppositionelle SPD-Mitglieder waren. Im gleichen Monat wurde das Zentralsekretariat auch

5   SAPMO-BA, ZPA IV 2/4 – 380.
6   SAPMO-BA, ZPA IV 2/4 – 20.

über „Schumachertätigkeit und linke Gruppen innerhalb des FDGB" im Erzgebirge, in Cottbus und Potsdam informiert.[7] Obwohl in einem illegalen Rundschreiben vom 9. November 1948 sogar die Existenz einer geheimen SPD in der Ostzone beschworen wurde,[8] kann angenommen werden, daß es über Einzelaktionen und Funktionärsproteste hinaus kaum organisierte Gegenwehr ostdeutscher Sozialdemokraten innerhalb der SED gegeben hat – schon gar nicht im Maßstab der dann gegen sie angewandten Repressionen. Es liegt natürlich auf der Hand, daß viele verfolgte Sozialdemokraten Kontakte zur SPD-West suchten, weshalb später die SED-Organe jede Form von „Sozialdemokratismus" in der Regel als vom Ostbüro der SPD gesteuert bewerteten.

4. Die Bildung der Parteikontrollorgane

Die beschriebene Form der Sammlung von Material durch das Referat Abwehr und ab 1948 durch die Referate Untersuchung bei den Personalpolitischen Abteilungen der Landes- und Kreisvorstände entbehrte sowohl hinsichtlich der Systematik als auch angesichts der Größenordnung des sich abzeichnenden Säuberungs- und Disziplinierungsbedarfs offensichtlich herrschaftstechnischer Konsequenz. Dieses Defizit vergrößerte sich mit Beginn des Prozesses der offenen Stalinisierung der Partei. Es kann daher keineswegs überraschen, daß nach dem Beschluß zur Umformung der SED in eine „Partei neuen Typs" durch die 10. Tagung des Parteivorstands im Mai 1948 das gleiche Gremium im September die Bildung von Parteikontrollkommissionen auf allen Ebenen beschloß: „Die Parteikontrollkommissionen haben die Aufgabe, den Kampf zu führen gegen die im Auftrage ausländischer Kräfte tätigen feindlichen Agenten, die besonders vom sogenannten ‚Ostbüro' der SPD entsandt werden."[9] Die Zentrale Parteikontrollkommission begann mit ihren Gliederungen auf Landes- und Kreisebene nach deren personeller Konstituierung erst Anfang 1949 tatsächlich zu arbeiten. In der „Entschließung der Tagung der Parteikontrollorgane am 3. und 4. September 1949" hieß es über die Situation in der Partei bereits: „Wo trotzkistische und Ostbüroeinflüsse die Ursache [des Versagens oder einer falschen Politik, Th. K.] sind, muß die Parteikontrolle eingreifen und deren Träger vor der Mitgliedschaft entlarven, die Leitungen auf diese Zustände aufmerksam machen. So helfen wir der Partei, die Beschlüsse durchzuführen und erziehen sie zur Wachsamkeit gegenüber Abweichungen von der Generallinie der Partei und zum Kampf gegen

---

7 Ebenda.
8 Ebenda.
9 SAPMO-BA, ZPA IV 2/4 – 8.

feindliche Einflüsse und gegen die Arbeit anglo-amerikanischer Agenturen."[10] Hier wird schon ganz im Sinne des neuen KOMINFORM-Kurses[11] die ultimative Verbindung von Linienabweichungen mit Feind- und Agententätigkeit formuliert.

Die nun offen betriebene Stalinisierung der Partei sollte insbesondere mit dem Instrument der Zentralen Parteikontrollkommission sowohl die Verwandlung des SED-Apparats in den einer stalinistischen Kaderpartei als auch des Mitgliedskörpers in den einer disziplinierten Massenpartei bewirken. Das schon erwähnte Mißverhältnis zwischen tatsächlichem Widerstand aus der SED heraus und der enormen repressiven Energie gegen SED-Mitglieder und -Funktionäre charakterisiert den von mir behaupteten in erster Linie präventiv-disziplinierenden, einschüchternden und autoritär-"erzieherischen" Charakter demonstrativer Säuberungshandlungen von Parteikontrollorganen. Diese Konditionierung war, wie sich nicht nur für die vierziger Jahre erweisen sollte, innerparteilich im wesentlichen erfolgreich.

5. Die Tätigkeit der ZPKK und die Parteiüberprüfung 1949–1951

Natürlich gab es trotzdem reale Gefährdungen des sich herausbildenden stalinistischen innerparteilichen Politikmonopols. Besonders gefährlich erschienen der SED-Führung früher von der KPD zur KPO gewechselte Kommunisten. Bekannt war, daß die KPO vor allem in Sachsen und Thüringen starken Zulauf hatte. Tatsächlich haben ehemalige KPOler in beträchtlichem Umfang nach 1945 in allen Besatzungszonen wieder den Kontakt miteinander hergestellt und die politische Lage sowie die organisatorische Zukunft der oppositionellen Kommunisten diskutiert. Schon im Januar 1947, als „eine systematische Beobachtung der feindlichen Gruppen in der Partei [...] noch nicht [existierte]"[12], wurden laut einem „Bericht über Aktivitäten oppositioneller Elemente in Berlin, der Ostzone und den Westzonen" vom 28. Januar 1948 in fast allen Berliner Stadtbezirken reorganisierte Gruppen der KPO, aber auch Gründungen von Spartakus, der KAP, der Gruppe „Neues Beginnen" und Zusammenschlüsse trotzkistischer Tendenz, zum Teil mit Beteiligung und unter der Führung von SED-Mitgliedern, ausgemacht. Spätere genauere Erhebun-

---

10 Ebenda.
11 Mit der im Juni 1948 verabschiedeten „Anti-Tito-Resolution", welcher sich das SED-Zentralsekretariat im Juli anschloß, verschärfte das Informationsbüro der kommunistischen und Arbeiterparteien (KOMINFORM) den rigiden Kurs einer durchgehenden Stalinisierung aller kommunistischen Parteien des unmittelbaren sowjetischen Einflußbereichs.
12 Ergänzung zum Bericht über organisierte feindliche Oppositionsgruppen; SAPMO-BA, ZPA IV 2/4 – 385.

gen der ZPKK rekonstruierten zum Beispiel die Versuche der vom Nazi-terror relativ wenig dezimierten KPOler Berlins, 1946 ihre Verbindungen wiederherzustellen, ohne allerdings die KPO als solche zu reorganisie-ren.[13] Die ZPKK behauptete im oben erwähnten Bericht, die Taktik der KPOler in der SED bestünde darin, kleine Gruppen zu bilden, die Unzu-friedenen in der SED kennenzulernen und daraufhin mit ihnen direkte Verbindung aufzunehmen. So ist leicht nachvollziehbar, wie ängstlich die Parteiorgane von Anfang an nach Beispielen solcher in der Tat erfolgver-sprechenden und klugen Taktik Ausschau hielten. Im ZPKK-Bericht heißt es jedoch auch, daß aus Befragungen ehemaliger KPOler hervorging, sie lehnten in der Mehrzahl nach 1945 die Aufrechterhaltung ihrer Partei oder eine Fraktionsarbeit in der SED ab. Die Parteiakten dokumentieren trotzdem schon sehr früh Maßnahmen gegen solche Mitglieder, so gegen die 1947 aus der SED ausgeschlossene und aus dem Volksbildungsministerium ent-fernte Käthe Draeger, KPO-Aktivistin in der illegalen Arbeit nach 1933, oder gegen den seinem Parteiausschluß durch Austritt zuvorkommenden Heinz Krause, aufgefallen als Verteiler von KPO-Material, durch seine kritische Haltung zur SED-Politik und gegenüber Stalin sowie als Ver-fechter der Aufrechterhaltung einer KPO-Fraktionstätigkeit in der SED.[14]

Der Kopf der Berliner KAP-Leute Jahn, Stadtbezirk Friedrichshain, wurde eingeschätzt als „unbestechlich trotz schlechter wirtschaftlicher Verhältnisse [...] Bei eventueller Verhaftung würde mit Gewalt oder Drohungen nichts erreicht werden [...] Teilnehmer an den Spartakus-Kämpfen, Hamburger Aufstand, [...] KAP, gemeinsame Arbeit mit oppo-sitionellen SPD-Genossen, [...] zeitweise mit Trotzkisten, Korsch, Ruth Fischer, [...] Münzenberg." Zum V-Mann der SED in diesem Kreis hieß es: „Intelligent, würde bei intensiver Bearbeitung ein guter Funktionär innerhalb des Gegner-Apparats werden." Arbeitsweise und Mitglieder-struktur der KAP-Organisation wurden eingeschätzt als völlig konspirativ, in Viergruppen organisiert, mit Decknamen und in SED, SPD, FDGB verankert, überwiegend OdF (Opfer des Faschismus).[15]

Besonders bemerkenswert ist das in die ZPKK-Akten übernommene Material über die Berliner Weiland-Gruppe. Für den Zeitraum September 1946 bis Mai 1948 existiert eine Vielzahl von Berichten über konspirative Zusammenkünfte des Schöneberger Kreises dieser Gruppe aus der Feder eines oder mehrerer Informanten der PPA, welche belegen, daß man in dieser Einrichtung schon vor der Gründung der Abteilung Abwehr nach geheimdienstlichen Methoden zu arbeiten wußte. So ergibt sich im nach-hinein ein sehr plastisches Bild über die Arbeitsinhalte, die politische

---

13 Vorläufiger Bericht über die KPO Berlin vom 11.8.1951, verfaßt von Paul Laufer, ZPKK; SAPMO-BA, ZPA IV 2/4 – 385.
14 Ebenda.
15 SAPMO-BA, ZPA IV 2/4 – 380.

Profilierung und die Verbindungen dieser Gruppe. Trotz der zum Teil heftigen Debatten zwischen Alfred Weiland und dem zeitweiligen Gruppenmitglied Oskar Hippe zur Einschätzung der UdSSR, der sowjetischen Militäradministration in Deutschland sowie zur Konzeption der eigenen politischen Arbeit in der SED wurde man sich in diesem Kreis bezüglich einiger wichtiger Fragen durchaus einig. So wurde gemäß diesem Diskussionsstand die Auffassung vertreten, in der Sowjetunion habe sich die Partei zum Instrument einer inzwischen herrschenden Bürokratie verwandelt, welche die Interessen des eigenen Landes höher stelle als die Interessen des Weltproletariats. In der Gruppe setzte sich auch Weilands Auffassung durch, daß es „notwendig [sei], daß wir in den politischen Parteien immer revolutionär zu arbeiten haben, entweder in der SED oder in der SPD. [...] Wem es aber nicht gegeben ist, in den Parteien zu arbeiten, der soll in die Gewerkschaften oder in andere Organisationen gehen [...]"[16] Dementsprechend verhielt sich Weiland auch selbst: Nach Abschluß seiner Arbeit beim Berliner Bezirksamt Schöneberg zwischen Juni 1945 und Februar 1946 war er bei der Deutschen Zentralverwaltung für Volksbildung und dann bis zu seiner Entlassung im Juni 1947 mit der Gründung des Instituts für Publizistik beschäftigt. Seine oppositionelle Haltung gegenüber der Sowjetunion, der KPD und dann der SED erwies sich als konsequente Fortführung seines bisherigen politischen Lebenswegs: Alfred Weiland, Jahrgang 1906, seit 1925/26 in der KAP und der AAU organisiert, war während der Nazizeit nach Gestapo- und KZ-Haft im antifaschistischen Widerstand. Er trat 1945 der KPD bei und sammelte unverzüglich linke Kräfte in einer „Sozialistischen Arbeitsgemeinschaft".[17] Dieser konspirative Zusammenhang vereinte vor allem ehemalige KAP-, ISK- und SAP-Mitglieder zur Verdichtung ihres Berliner Organisationsnetzes (Schöneberg, Steglitz, Lichtenberg, Prenzlauer Berg), war in Dresden mit 15 Mitgliedern präsent und besaß Verbindungen nach Sachsen-Anhalt, Thüringen, Schwerin, Hamburg, Braunschweig und Stuttgart.[18] Die Gruppe zählte in Potsdam angeblich 100 und in Forst 40 Mitglieder. Ihr gehörten, dem Kenntnisstand der PPA von April 1948 gemäß, Mitglieder der SED, der SPD und der KPD an. Diskutiert wurde insbesondere die Verlegung der Gruppenkader weg von den scharf kontrollierten Parteien hin zur Basisarbeit im FDGB. In einem im Juni 1950 in der ZPKK verfaßten resümierenden Bericht hieß es dann schon: „In der ersten Hälfte 1948 stellten wir durch eine vertrauliche Verbindung fest, daß über die gesamte damalige sowjetisch besetzte Zone [...] eine trotzkistische Organisation

---

16 Ebenda.
17 Zum Leben und weiteren Schicksal von Alfred Weiland vgl. die ausgezeichnete Arbeit von Sylvia Kubina: Die Bibliothek des Berliner Rätekommunisten Alfred Weiland (1906–1978), Veröffentlichungen der Universitätsbibliothek der FU Berlin, Juni 1995.
18 SAPMO-BA, ZPA IV 2/4 – 380.

existiert, der, soweit wir feststellen konnten, ausnahmslos Funktionäre unserer Partei bzw. der staatlichen Verwaltung angehörten."[19] Alfred Weiland, inzwischen SED-Mitglied, bemühte sich auch um die Zusammenarbeit mit der trotzkistischen Gruppe „Neuer Spartakus" und den Berliner KAP-Leuten. Seinem drohenden Parteiausschluß kam er im Mai 1948 durch Austritt zuvor. Ein weiteres führendes Gruppenmitglied, Karl Schröder, war Leiter der Volkshochschule Neukölln, was der Gruppe die Verbreitung ihrer theoretischen Positionen durch Schulungsabende erleichterte. Ein Hallenser Mitglied saß im Ministerium für Handel und Versorgung, ein weiteres in der Deutschen Verwaltung für Volksbildung. Zu Oskar Hippe, damals Charlottenburg, hieß es in einem wahrscheinlich Anfang 1947 erstellten undatierten Bericht: „[...] wahrscheinlich der gefährlichste. Hippe war bereits vor 1933 in trotzkistischen Gruppen organisiert. Alter KAP-Funktionär. Große Erfahrung im Aufbau illegaler Gruppen."[20] Zum politischen Profil des Zusammenhangs wurde eingeschätzt: „In der Gruppe Weiland wird versucht, eine Plattform auszuarbeiten. [...] Ideologische Abgrenzung von der Sowjetunion. SED in Deutschland und kommunistische Parteien sind mehr denn je der verlängerte Arm der sowjetischen Außenpolitik." Eine im Bericht zitierte Spitzelinformation vermeldete: „Hippe hat in der letzten Besprechung bei Weiland in Schöneberg darauf hingewiesen, daß die SED versuche, die Oppositionsbewegung in den westlichen Sektoren Berlins genau zu beobachten und Anschluß an die Gruppen zu bekommen. Aus konspirativen Gründen soll [...] nur noch in der jeweiligen Gruppe gearbeitet werden. Zu Sitzungen in Schöneberg sollen nur von Fall zu Fall Bezirksdelegierte entsendet werden."[21] Besonders provozierend war natürlich, daß der Kreis um Weiland eine eigene, nicht lizensierte hektographierte Zeitung „Neues Beginnen – Blätter Internationaler Sozialisten" herausgab, die in Weilands Wohnung in Schöneberg fabriziert und an vielen Orten in den Westzonen nachgedruckt wurde. Schließlich gelang es ihm, das inzwischen auch auf ihn aufmerksam gewordene MWD durch gefälschte Spitzelberichte zu desorientieren.[22]

Am 11. November 1950 gelang die vom MWD in Auftrag gegebene Entführung Weilands aus Westberlin.[23] Das MWD verhörte Weiland ein Jahr in Lichtenberg und Karlshorst; weitere Verhaftungen in Berlin,

19 Ebenda.
20 Tatsächlich war Hippe nach seinem KPD-Ausschluß 1929 Mitglied des Leninbunds und ging 1930 in die „Vereinigte Linke Opposition". Dort war er 1933 Mitglied der Reichsleitung in Berlin.
21 Ebenda.
22 Ebenda, siehe auch Kubina: Weiland.
23 Für das Folgende siehe vor allem Kubina: Weiland sowie Karl Wilhelm Fricke: Politik und Justiz in der DDR, Köln 1979, S. 63 und 580 und Der Staatssicherheitsdienst, hrsg. vom Bundesministerium für gesamtdeutsche Fragen, Bonn, Berlin 1962, S. 143–148 (Erlebnisbericht Weilands).

Magdeburg, Halle und anderen Orten folgten. Der vom MWD verfolgte Spionageverdacht gegen Weiland laut § 58 StGB der RSFSR, Absatz 6, 10, 11, wurde am 22. November 1951 niedergeschlagen, Weiland dem MfS übergeben und am 27. August 1952 vom Landgericht Greifswald zu 15 Jahren Zuchthaus sowie 10 Jahren Sühnemaßnahmen wegen Boykotthetze und Spionage verurteilt.[24] Neun Mitangeklagte (unter anderem Emil Bohn) erhielten Strafen von 2–10 Jahren.

Eine recht bizarre Episode stellt die sich von 1947 bis 1952 hinziehende Bearbeitung von Anhängern der anarchistischen „Freien Arbeiterunion Deutschlands" (FAUD) dar.[25] Die Abteilung Untersuchung der PPA Sachsen meldete bereits 1948 an Bruno Haid in der Berliner Zentrale, daß namentlich bekannte ehemalige FAUD-Aktivisten aus Sachsen, Berlin und Thüringen seit 1947 ihre Verbindungen reaktivierten. Die SMAD übernahm den Fall Ende 1948, gab ihn aber wieder an die SED zurück. Nachdem 1949 der Dresdener V-Mann der PPA in der FAUD abgehängt wurde, informierte Anfang 1950 der sächsische Landesvorstand Paul Laufer von der ZPKK darüber, daß die Sache der Polizei übergeben worden war. Die Untersuchungsrichtung (Agententätigkeit) veranlaßte die Polizei zu der Empfehlung an die Parteigremien, mit der Entfernung der Delinquenten aus der SED noch zu warten, um die Ermittlungen nicht durch dann erfolgende Verdunklungshandlungen derart Vorgewarnter zu stören. Selbst als die LPKK Sachsen ab 1951 dann mit dem MfS korrespondierte, da sie die FAUDler immer noch nicht loswerden konnte, fruchtete dies nichts. Noch im Jahr 1952 finden sich vergebliche Anfragen der ZPKK an die BPKK Dresden, wie denn nun die Angelegenheit beendet wurde. Und dieses Ende ist in den ZPKK-Akten nicht dokumentiert.

Exemplarisch war dagegen die Abrechnung mit dem früheren KPD- und dann KPO-Landtagsabgeordneten und späteren SED-Mitglied Alfred Schmidt. Wegen Reorganisation der KPO in Erfurt und Teilnahme am Aufbau der KPO in Thüringen wurde dieser linke Kritiker der sowjetischen Besatzungs- und Reparationspolitik im Juni 1948 aus der SED ausgeschlossen und einige Tage später zusammen mit anderen von der sowjetischen Besatzungsmacht in Erfurt verhaftet.[26] Er wurde von einem sowjetischen Militärtribunal wegen antisowjetischer Propaganda zum Tode verurteilt und dann zu 25 Jahren Arbeitslager begnadigt. Schmidts KPO-Genosse Paul Elflein aus Saalfeld wurde im September 1948 aus der SED ausgeschlossen und entkam seiner drohenden Verhaftung durch die Flucht nach Westdeutschland.[27]

---

24 Weiland wurde nach Verminderung seiner Strafe auf acht Jahre am 8.11.1958 nach Westberlin entlassen.
25 SAPMO-BA, ZPA IV 2/4 – 380.
26 Ebenda.
27 Paul Elflein: Immer noch Kommunist? Erinnerungen von Paul Elflein, Hamburg 1978,

Die Furcht der SED-Führung vor einer Revitalisierung der KPO schien also alles in allem keineswegs abwegig. Deren Anhänger, welche wegen ihrer kritischen Haltung gegenüber allen Besatzungsmächten auch in den Westzonen nie eine Legalisierung für sinnvoll hielten, waren geschult in konspirativer politischer Arbeit und ausgestattet mit den Erfahrungen des illegalen Kampfes gegen das Naziregime. Besonders provozierend für die SED-Stalinisten war es, daß die KPO für sich in Anspruch nehmen konnte, mit ihrer damaligen Faschismusanalyse und ihrer Kritik einerseits an der Sozialfaschismusdoktrin der KPD, andererseits an der verfehlten SPD-Politik in der Weimarer Republik vor der Geschichte recht behalten zu haben. In einem Beschluß des Sekretariats des ZK vom 24. August 1950 hieß es dann auch: „Die ZPKK wird ersucht, gemeinsam mit der LPKK Sachsen unverzüglich alle früheren Mitglieder der KPO, ihre Beziehungen und Tätigkeit festzustellen und die notwendigen Maßnahmen zu beschließen." Es erfolgte eine Überprüfung der Parteiapparate der Kreise mit ehemals starkem KPO-Einfluß durch sechs Parteikontrollkommissionen besonders in Oschatz und in Oelsnitz/Vogtland. Im diesbezüglichen „Bericht über die Tätigkeit von Genossen ehemaliger parteifeindlicher Gruppierungen" vom 16. November 1950 wird aber kein Anhaltspunkt für eine breitere Fraktionstätigkeit ausgemacht. Zur Rekonstruktion früherer KPO-Verbindungen wurden von den Parteikontrollorganen sogar die Akten der Gestapo Thüringen vom Februar 1935 über deren Verfolgung von KPO-lern ausgewertet.[28]

Während der zahlenmäßig große „SPD-Flügel" in der SED weitgehend auf organisierte Opposition verzichtete, obwohl dann bis 1950 über 5.000 Sozialdemokraten mindestens zeitweilig inhaftiert waren, leisteten die wenigen Aktivisten ehemaliger linker Splittergruppen offenbar zeitweise einen für ihre Verhältnisse beträchtlichen Widerstand gegen die Stalinisierung der SED und waren natürlich härtesten Verfolgungen ausgesetzt.

Doch auch wer als ehemaliges Mitglied oppositioneller Splittergruppen jeglicher Opposition abschwor, war verdächtig. So wurde zum Beispiel der aus faschistischem Zuchthaus und KZ in die KPD und dann SED zurückgekehrte Robert Siewert, Innenminister des Landes Sachsen-Anhalt, 1950 wegen seiner KPO-Vergangenheit seiner Funktionen enthoben. Auch Jakob Walcher, ehemals SAP und Chef der Gewerkschaftszeitung „Tribüne", wurde in einer Stellungnahme der Landesüberprüfungskommission vom 29. April 1951 als seit Jahrzehnten „zu den ärgsten Feinden der revolutionären Arbeiterklasse und ihrer Partei" gehörend für den Parteiausschluß vorgeschlagen.[29] Walcher gehörte zu jenen ehemaligen

S. 110ff.
28 SAPMO-BA, ZPA IV 2/4 – 385.
29 SAPMO-BA, ZPA IV 2/4 – 48.

Oppositionellen, die ihren Genossen nahelegten, „die alten Sachen" ruhen zu lassen und sich ganz und gar auf die SED einzulassen. Nun wurde er selbst mit diesen „alten Sachen" konfrontiert und hatte die Rechnung zu bezahlen. Solche an prominenten früheren KPO- oder SAP-Mitgliedern statuierten Exempel hatten tatsächlich den Zweck, alle potentiellen Abweichler in Deckung zu treiben.

Zum Schluß einige Anmerkungen zum Komplex der inzwischen gut erforschten Apparatsäuberung 1949/50 und der Parteiüberprüfung 1950/51: Auch die meisten Opfer des Anfang der fünfziger Jahre von der Parteiführung entfesselten Kampfes „gegen die Tito-Faschisten", gegen den Trotzkismus und Sozialdemokratismus, zur „Abwehr imperialistischer Agenten- und Spionagetätigkeit" und zur „Entlarvung zionistischer Verschwörungen" in der Partei im Umfeld der Prozesse um Lázlo Rajk und Rudolf Slánský in Budapest bzw. Prag bekamen keineswegs die Quittung für oppositionelle Tätigkeit. Sie waren vielmehr Geiseln im Dienst der SED-Stalinisierung und der Transmission wechselnder sowjetischer außenpolitischer (insbesondere ost- und südosteuropapolitischer) Interessen während der Entfesselung des Kalten Kriegs. Besonders geeignet für Verschwörungslegenden erschienen jene Genossen, bei denen sich aufgrund ihrer ehemaligen Westemigration außerordentlich leicht parteifeindliche Verbindungen behaupten ließen. In diesem Licht entschlüsseln sich zum Beispiel auch die Deklarierung Paul Merkers[30] als Trotzkist und die „Entlarvung" der „Verräter" Bruno Goldhammer, Maria Weiterer, Lex Ende, Leo Bauer und Willi Kreikemeyer im August 1950 wie auch die spätere Untersuchung gegen Franz Dahlem.

Zur Vorgeschichte:
Unmittelbar nach dem Ende des Rajk-Prozesses in Budapest wurde im September 1949 auf Initiative von Dahlem das bereits 1947 von der PPA gesammelte Material über Kontakte deutscher Westemigranten zu Field hervorgeholt und Anfang Oktober der ZPKK überstellt. Der PPA, bis 1948 geleitet von Grete Keilson, lagen damals neben Angaben von Merker aus dem Jahre 1946 auch Informationen Teubners und Fuhrmanns von 1945 an den KPD-Apparat über Fields Arbeit mit deutschen Emigranten vor. Seit Anfang Oktober 1949 forderte nun Herta Geffke sowohl die Kaderunterlagen der verdächtigen Genossen als auch Berichte von ihnen selbst in der Sache Field an. Überdies erreichten die ZPKK unaufgefordert eine Fülle von Denunziationen und Selbstanzeigen hellhörig gewordener Genossen, die sich wegen der Berichte aus Budapest in Gefahr wähnten.

---

30 Paul Merker, seit 1920 in der KPD organisiert und nach seiner Rückkehr aus dem Exil Mitglied des PV, des Zentralsekretariats und des PB der SED, gab durch eine frühere Verbindung zu Noel Field den Anlaß für die Entfernung aus allen Funktionen und für seinen Ausschluß aus der SED im August 1950.

Das Politbüro verfügte schließlich auf seiner Sitzung vom 18. Oktober die systematische Überprüfung aller früheren Westemigranten oder ehemals in westalliierte bzw. jugoslawische Kriegsgefangenschaft geratenen führenden SED-Funktionäre. Matern verwies am 21. Oktober vor der ZPKK sowohl auf die Dringlichkeit der Überprüfung einiger hundert Genossen in führenden Partei- und Staatsfunktionen im Zusammenhang mit der Field/Rajk-Sache, als auch auf die Form des vertraulichen Umgangs mit dieser Richtlinie seitens der ZPKK-Kontrolleure. Anknüpfend an einen Beschluß des Politbüros vom Juli zur Auseinandersetzung mit dem Trotzkismus verband Matern den Anlaß der Kampagne mit ihrem eigentlichen politischen Hintergrund: Kampf gegen den Trotzkismus als einer Agentur des Feindes und Überprüfung der Parteileitungen auf Konzentrationen ehemaliger KPOler und SAPler, ferner von SPDlern. Kommissionen der Parteikontrollorgane suchten unter Aufsicht der ZPKK besonders intensiv im Partei-, Regierungs- und Verwaltungsapparat nach Parteifeinden. Die zentrale Sonderkommission für die Field-Sache arbeitete geheim. Ihr Abschlußbericht vom 18. Juli 1950 wurde zur Grundlage der erwähnten August-Beschlüsse von Politbüro und ZK-Plenum.

Natürlich war die Überprüfung des Apparats nur der Anfang. Ihr schloß sich eine Mitglieder- und Kandidatenüberprüfung gemäß den zuvor ergangenen Richtlinien an, die im Januar 1951 begann. Eine Hierarchie aus Grund-, Kreis-, Landes- und Sonderkommissionen verband unter dem Kommando einer zentralen Kommission den vom III. Parteitag beschlossenen Umtausch der Mitglieds- und Kandidatenbücher mit einer Parteisäuberung.

Der am 22. April 1952 vom Politbüro bestätigte Abschlußbericht der Zentralen Kommission vermeldete 150.696 ausgeschlossene oder gestrichene Mitglieder und Kandidaten der SED.[31]

6. Resümee

Trotz der in den Akten sich widerspiegelnden temporären Überforderung der Parteikontrollorgane ist es dem Apparat in den vierziger Jahren in kurzer Zeit gelungen, immer effektiver arbeitende Überwachungsorgane zu bilden. Die Parteikontrollorgane haben erfolgreich die Reorganisation, Organisation oder Konsolidierung oppositioneller Strömungen in der SED verhindert. Die eigentliche Aufgabe der Parteikontrolle war es jedoch, den Transformationsprozeß der Stalinisierung in der Massenpartei SED zu untersetzen: Es ging um die Verwandlung der Mitgliederpartei in ein gegen Dissidenz immunisiertes Instrument der Parteiführung. Solcherart

---

31 SAPMO-BA, ZPA J IV 2/2 – 208.

stalinistische Parteiformierung erforderte gemäß dem beschriebenen Zustand der SED in den vierziger Jahren auch die Anwendung terroristischer Methoden. Hier entschlüsselt sich zudem das offensichtliche Mißverhältnis von nur punktueller innerparteilicher Widerstandsbereitschaft und dem beträchtlichen Ausmaß repressiver Energie in den Parteisäuberungen. Der martialische Ton der Anklagen und die große Anzahl verfolgter Parteimitglieder darf keineswegs als Maßstab für die tatsächliche Stärke parteioppositioneller Handlungsbereitschaft in der SED geltend gemacht werden. Die Parteisäuberungen waren vielmehr rationaler Ausdruck politbürokratischer Entschlossenheit, auch Gewalt als Mittel der Zurichtung von Partei und Gesellschaft und im Sinne präventiver Abwendung von Gefährdungen des eigenen Herrschaftsmonopols einzusetzen. Daß man in der Parteiführung und im Apparat sehr wohl lernte, flexibel bei der Auswahl und Anwendung verschiedener Herrschaftstechniken vorzugehen, zeigte die weitere Entwicklung.

Silke Schumann

Die Parteiorganisation der SED
im MfS 1950–1957

Die Beziehungen zwischen der SED und dem Staatssicherheitsdienst waren komplex und vielschichtig. Als „Schild und Schwert der Partei" bildete das Ministerium für Staatssicherheit das wichtigste Herrschaftsinstrument der SED. Formal gehörte es zum Staatsapparat, seinem Selbstverständnis und seiner Funktion nach stellte es jedoch einen Parteigeheimdienst dar, der nicht nur die „führende Rolle" der SED im Staat, sondern in erster Linie die Macht einer kleinen Gruppe von Funktionären in der Parteispitze sicherte. Diese Funktionärsgruppe mußte, wie letztlich alle diktatorischen Führungen, dafür sorgen, daß sich ihr Repressionsapparat nicht verselbständigte oder gar gegen sie wandte. Dabei hatte sie einen Balanceakt zwischen den konspirativen Notwendigkeiten geheimpolizeilicher und geheimdienstlicher Arbeit einerseits und den eigenen Kontrollinteressen andererseits zu vollführen.[1]

Institutionell war das MfS der SED klar untergeordnet: Die SED-Parteiführung leitete die MfS-Führung mittels der Beschlüsse des Politbüros und der Sicherheitskommission an. Sie bestimmte durch organisatorische Festlegungen die Struktur, legte über die Nomenklatur die Besetzung der Spitzenpositionen des Staatssicherheitsdienstes fest und gab Richtlinien für seine Tätigkeit vor. In der Praxis wurde dieses Unterordnungsverhältnis zum einen dadurch kompliziert, daß die SED, zumal während der fünfziger Jahre, ihre Vorherrschaft über das MfS mit der sowjetischen Brudermacht teilen mußte. Zum anderen waren die Leiter des Staatssicherheitsdienstes über ihre Mitgliedschaft im Zentralkomitee und dem Politbüro oder der Sicherheitskommission in die SED-Führung integriert. Solche Personalunionen verwischten klare Weisungsstrukturen und begünstigten die Bildung informeller Einflußsphären und Allianzen. Sie banden ihre Träger zwar enger an die Partei, verliehen ihnen aber auch zusätzliche Macht, die sich im Konfliktfall auch gegen Teile der übrigen

---

1   Vgl. zum Verhältnis zwischen SED und MfS über die Beiträge dieses Bandes hinaus auch Karl Wilhelm Fricke: Das Ministerium für Staatssicherheit als Herrschaftsinstrument der SED, in: Klaus Schönhoven und Dietrich Staritz (Hrsg.): Sozialismus und Kommunismus im Wandel. Hermann Weber zum 65. Geburtstag, Köln 1993, S. 399–414; Walter Süß: „Schild und Schwert" – Das Ministerium für Staatssicherheit und die SED, in: Klaus-Dietmar Henke und Roger Engelmann (Hrsg.): Aktenlage. Die Bedeutung der Unterlagen des Staatssicherheitsdienstes für die Zeitgeschichtsforschung, Berlin 1995, S. 83–97.

Parteiführung richten konnte. So waren die Minister für Staatssicherheit, Wilhelm Zaisser und Ernst Wollweber, in den Jahren 1953 bzw. 1957 bei den Auseinandersetzungen innerhalb der SED-Führungsspitze an prominenter Stelle zu finden.[2]

Das Verhältnis zwischen Staatspartei und Staatssicherheit wäre jedoch nur unvollständig beschrieben, wenn man neben den Beziehungen zwischen der SED-Führung und MfS-Leitung nicht noch eine zweite Ebene mit erfaßte: Denn die Steuerung des MfS von oben und von außen wurde ergänzt durch eine Überwachung und Lenkung von innen und von unten. Deren Medium war die Betriebsparteiorganisation der SED im MfS. Ihre Verästelungen reichten bis in die unterste Ebene der MfS-Hierarchie, und sie setzte so die enge Verbindung zwischen der Partei und ihrem Geheimdienst bis ins Innere des Repressionsapparates fort. Dieser zweiten Ebene gilt die folgende Untersuchung von Struktur und Tätigkeit der Betriebsparteiorganisation der SED im MfS zwischen 1950 und 1957, in deren Mittelpunkt die Frage nach den Verflechtungen zwischen der Parteiarbeit innerhalb des MfS und der geheimdienstlichen und geheimpolizeilichen Arbeit der Staatssicherheit steht.

I.

Wie bei sozialistischen Parteien „neuen Typs" üblich, war die SED in allen volkseigenen Betrieben, Verwaltungen und Institutionen der DDR, in denen drei oder mehr SED-Mitglieder arbeiteten, mit eigenen Betriebsparteiorganisationen vertreten.[3] Sie sollten die „führende Rolle der Partei der Arbeiterklasse" bis in die untersten hierarchischen Ebenen ihrer Betriebe und Verwaltungen durchsetzen sowie allen Mitarbeitern, auch den parteilosen, durch politische Propaganda die Ziele der SED nahebringen und sie zu hohen Leistungen an ihrem Arbeitsplatz motivieren.[4] Zudem besaßen sie gemäß dem Statut der SED seit 1954 das Recht zur „Kontrolle über die Tätigkeit der Betriebsleitungen" und sollten die Durchführung

2 Zu den Vorgängen im Jahr 1953 vgl. Helmut Müller-Enbergs: Der Fall Rudolf Herrnstadt. Tauwetterpolitik vor dem 17. Juni, Berlin 1991; zum Jahr 1957 siehe Roger Engelmann und Silke Schumann: Kurs auf die entwickelte Diktatur. Walter Ulbricht, die Entmachtung Ernst Wollwebers und die Neuausrichtung des Staatssicherheitsdienstes 1956/57, BSTU, Berlin 1995; vgl. außerdem Frank Stern: Dogma und Widerspruch. SED und Stalinismus in den Jahren 1946 bis 1958, München 1992.

3 Statut der Sozialistischen Einheitspartei Deutschlands, beschlossen auf dem III. Parteitag, 20.–24.7.1950, hier Abschnitt 59, in: Dokumente der Sozialistischen Einheitspartei Deutschlands, Bd. III, Berlin 1952, S. 162–176, hier 174; Statut der Sozialistischen Einheitspartei Deutschlands, beschlossen auf dem IV. Parteitag, 30.3.–6.4.1954, hier Abschnitt 62, in: ebenda, Bd. V, Berlin 1956, S. 90–115, hier 108.

4 Vgl. Statut der SED, 1950, Abschnitt 64, in: ebenda, Bd. III, S. 175; Statut der SED, 1954, Abschnitt 63, in: ebenda, Bd. V, S. 108–110.

der Arbeitspläne überwachen. Für die Parteiorganisationen im Staatsapparat schränkte das Statut die Kontrollbefugnisse allerdings mit der Begründung ein, daß dort „besondere Arbeitsbedingungen" herrschten: Sie waren lediglich berechtigt, Arbeitsmängel in ihrer Institution an Parteimitglieder in leitenden Positionen dieser Institution, an das ZK der SED oder andere ihnen übergeordnete Parteiinstanzen zu melden.[5]

Auch im MfS existierte eine solche Betriebsparteiorganisation, die sich zumindest ab 1953 der Form nach kaum mehr von denjenigen in anderen Verwaltungen, Institutionen und Betrieben unterschied. Doch aus der besonderen Funktion des MfS im Herrschaftssystem der DDR ergaben sich auch Differenzen: So erklärte der Minister für Staatssicherheit Wilhelm Zaisser 1952, daß „wir uns in einer Lage befinden, die eine Seltenheit ist. Bei uns ist die Zahl der Belegschaftsmitglieder und der Parteimitglieder gleich. [...] Ich rede jetzt nicht von den paar Ausnahmen, die evt. bestehen in bezug auf techn[ische] Kräfte oder diejenigen, die das Alter zum Eintritt in die Partei noch nicht erreicht haben." Diese, so Zaisser in einer Anmerkung, die auch ein Schlaglicht auf das Selbstverständnis des MfS als Parteigeheimdienst wirft, seien „sozusagen Parteimitglieder ohne Buch"[6]. Eine exakte Zahl zum Anteil der SED-Parteimitglieder und Kandidaten läßt sich erstmals für das Jahr 1959 angeben: 93 Prozent aller MfS-Mitarbeiter, die Angehörigen des Wachregiments Berlin ausgenommen, gehörten zu dieser Zeit der SED an.[7] Diese Zahl lag außerordentlich hoch, vergleicht man sie mit dem Anteil von 15,6 Prozent SED-Angehörigen, den parteieigene Statistiken für die Betriebe der volkseigenen Industrie im Jahr 1955 auswiesen[8]. Zumindest einem Teil der leitenden Mitarbeiter des MfS war bewußt, daß daraus eine außerordentliche Situation entstand:[9] Die Avantgardefunktion, die Parteiorganisationen in Produktionsbetrieben bei der Umsetzung der Ziele der Parteiführung erfüllten, entfiel im MfS.

1953 besaß die Parteiorganisation der SED im Staatssicherheitsdienst folgende Gestalt: Alle SED-Mitglieder und -Kandidaten im MfS gehörten einer gemeinsamen Parteiorganisation an, die den SED-Parteiorganisationen in den Bezirken der DDR gleichgestellt war und als sogenannte

---

5 Statut der SED, 1954, Abschnitt 70, in: ebenda, Bd. V, S. 111.
6 Protokoll der SED-Kreisdelegiertenkonferenz im MfS Berlin am 14./15.6.1952, Redebeitrag Wilhelm Zaisser; BStU, ZA, KL-SED 572, Bl. 504–514, hier 504.
7 Jens Giseke: Die hauptamtlichen Mitarbeiter des Ministeriums für Staatssicherheit (Anatomie der Staatssicherheit. Geschichte, Struktur und Methoden. MfS-Handbuch, hrsg. von Klaus-Dietmar Henke, Siegfried Suckut, Clemens Vollnhals, Walter Süß, Roger Engelmann, Teil IV/1), BStU, Berlin 1995, S. 51.
8 Vgl. Erich Woitinas und Walter Geder: Die Entwicklung des Parteiaufbaus und der Organisationsstruktur der Sozialistischen Einheitspartei Deutschlands vom IV. bis VI. Parteitag (1954–1963), maschinenschr. Manuskript, Berlin (Ost) 1970, S. 14.
9 Vgl. die eben zitierte Äußerung Zaissers; außerdem Protokoll der SED-Kreisleitungssitzung im SfS Berlin am 7.1.1955, Redebeitrag Erich Mielke; BStU, ZA, KL-SED 631, Bl. 77–80, hier 80.

„nichtterritoriale" Bezirksparteiorganisation direkt vom ZK angeleitet wurde. Sie war in 17 „nichtterritoriale" Kreisparteiorganisationen unterteilt: Eine umfaßte die Mitglieder und Kandidaten in der Zentrale des MfS in Berlin (MfS Berlin). 16 weitere organisierten die Mitglieder und Kandidaten jeweils einer der 14 Bezirksverwaltungen und der Verwaltung Groß-Berlin mit den jeweils dazugehörigen Kreisdienststellen sowie der Objektverwaltung Wismut.[10] *(siehe Übersicht 1)*

Die bewaffneten Verbände des MfS besaßen eigene Parteiorganisationen, die ebenfalls zur Bezirksparteiorganisation gehörten. An der Spitze der SED-Bezirksparteiorganisation im MfS sowie der Kreisparteiorganisationen in den Bezirksverwaltungen standen Erste Sekretäre, die gleichzeitig als sogenannte „Stellvertreter Politkultur" des jeweiligen dienstlichen Leiters, also des Ministers für Staatssicherheit bzw. des Leiters der Bezirksverwaltung, in die dienstliche Hierarchie des MfS eingebaut waren.[11] Dies galt auch für die den Stellvertretern Politkultur unterstellten „Abteilungen Politkultur", die ihrer Funktion nach den Apparaten von Parteileitungen ähnelten und gleichzeitig Diensteinheiten des MfS darstellten.[12] Die enge Verknüpfung von dienstlicher und Parteihierarchie stellte innerhalb des Parteiaufbaus der SED eine Besonderheit dar, waren doch in Betrieben und Verwaltungen normalerweise beide Hierarchien formal streng voneinander getrennt. Sie entsprach jedoch der Stellung des MfS als „bewaffnetem Organ", denn sie bildete das Organisationsprinzip kommunistischer Parteien in militärischen Verbänden, das auf die Rote Armee der Sowjetunion zurückging und verhinderte, daß konkurrierende Instanzenzüge eine einheitliche militärische Befehlsstruktur beeinträchtigten.[13]

Im Herbst 1953 erlebte die Parteiorganisation im Staatssicherheitsdienst eine grundlegende organisatorische Neuordnung. Sie ist nicht in erster Linie auf Mißstände innerhalb der Parteiorganisation selbst zurückzuführen, sondern stand in engem Zusammenhang mit den Maßnahmen der Parteiführung nach dem 17. Juni, zu denen die Herabstufung des Ministe-

---

10 Vgl. Sekretariat der Bezirksleitung der SED im MfS an Walter Ulbricht vom 23.5.1953: „Bericht über die Parteiorganisation im MfS", S. 1; SAPMO-BA, DY 30, J IV 2/202/62, ohne Blattzahl; „Überblick über die Parteiorganisation im SfS", ohne Autor, o. D. [zwischen Ende Juli und September 1953]; BStU, ZA, SdM 1199, Bl. 229–231, hier 229; siehe auch die zum 31.3. und 30.6.1953 von der SED-Bezirksleitung und den SED-Kreisleitungen im MfS erstellten II. Berichtsbogen zur Organisationsstatistik; SAPMO-BA, DY 30, IV 2/12/1625, ohne Blattzahl.

11 Für Otto Walter als 1. Sekretär der Bezirksparteiorganisation vgl. Protokoll der Politbürositzung am 30.10.1951; SAPMO-BA, DY 30, IV 2/2/173, Bl. 18; für die Ersten Sekretäre der Kreisleitungen in den Bezirksverwaltungen siehe Befehl 97/53 des Ministers vom 4.3.1953 zur Verleihung militärischer Dienstgrade an die MfS-Mitarbeiter; BStU, ZA, HA KuSch 1358, Bl. 103–467, passim.

12 Vgl. ebenda.

13 Vgl. Timothy J. Colton: Commissars, Commanders and Civilian Authority. The Structure of Soviet Military Politics, Cambridge (Massachussetts), London 1979, S. 9–15, insbes. 14f., sowie 23–26.

Übersicht 1: Der Parteiaufbau der SED in der Staatssicherheit im Sommer 1953 (ohne militärische Verbände)

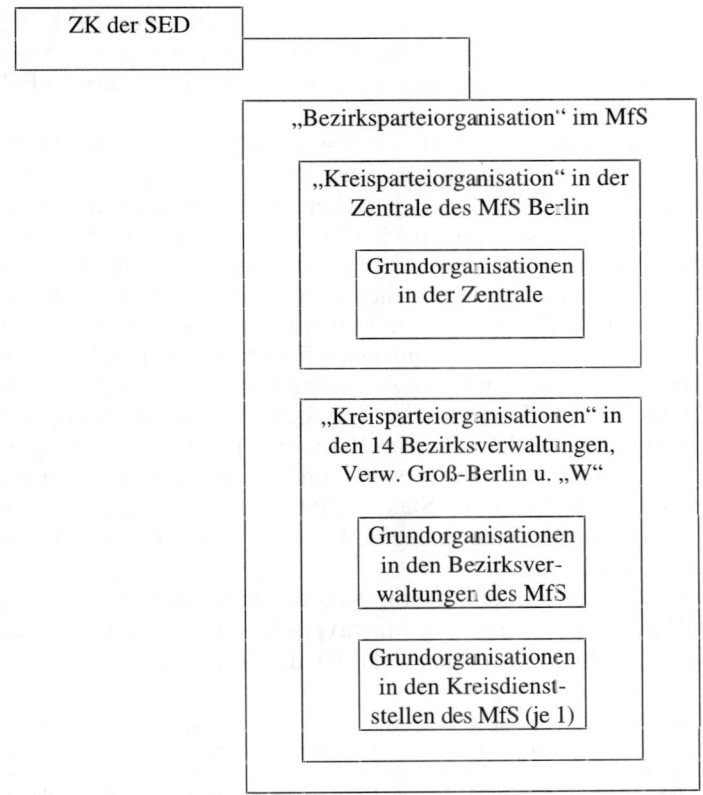

riums für Staatssicherheit zu einem Staatssekretariat[14] und der Sturz des Ministers Wilhelm Zaisser gehörten. Darüber hinaus wurde unter der Regie Ulbrichts im Zentralkomitee der gesamte Bereich der inneren Sicherheit umstrukturiert. Neugeschaffene Institutionen wie die Abteilung für Sicherheitsfragen[15] und die Sicherheitskommission[16] signalisierten das

14 Erst Ende November 1955 erhielt der Staatssicherheitsdienst erneut den Status eines Ministeriums. Im folgenden wird die Bezeichnung „Staatssekretariat für Staatssicherheit (SfS)" nur dann verwendet, wenn sich eine Aussage ausschließlich auf die Zeit zwischen Juli 1953 und November 1955 bezieht.
15 Erste Nennung im Protokoll der Sitzung des Sekretariats des Zentralkomitees am 3.8.1953; SAPMO-BA, DY 30, J IV 2/3/393, Bl. 2. Offiziell beschlossen wurde die Einrichtung der Abteilung am 12.8.1953 im Sekretariat bzw. am 8.9.1953 im Politbüro; SAPMO-BA, DY 30; J IV 2/3/394, Bl. 12 sowie ebenda. J IV 2/2/322, Bl. 6 und 90f.

Bemühen der SED-Parteiführung, ihre Geheimpolizei künftig enger als bisher an die Parteiführung anzubinden und die auf dem 15. Plenum von Ulbricht und Grotewohl beklagte „Isolierung" des MfS von der Partei[17] zu beheben. Der Beschluß des Politbüros vom 23. September 1953 legte schließlich erstmals formell die Verantwortung der Leitung der Staatssicherheit für die Durchführung der Beschlüsse von Politbüro und ZK fest.[18]

Der Aufbau der Staatssicherheit war unter Aufsicht der sowjetischen Besatzungsmacht vor sich gegangen. Seit ihrer Gründung hatte sie als „Diener zweier Herren"[19], der sowjetischen Besatzungsmacht und der SED, agiert. Auch wenn sich dies nach 1953 nicht grundsätzlich änderte, so markieren die eben geschilderten Vorgänge doch eine erste Verschiebung der Anleitung des Staatssicherheitsdienstes von der sowjetischen Brudermacht hin zur SED. Sie ging mit einem deutlichen Machtzuwachs für Ulbricht einher, der die entscheidenden Funktionen bei sich konzentrierte: Er war für die Anleitung der Abteilung für Sicherheitsfragen verantwortlich[20] und wurde Vorsitzender der Sicherheitskommission, während bis zum Sommer 1953 Zaisser im Politbüro für die Verbindung zur Staatssicherheit zuständig gewesen war[21] und so die einander entsprechenden Funktionen in Partei und Staat in einer Hand vereinigt hatte. Der neue Leiter der Staatssicherheit dagegen, Ernst Wollweber, war im Politbüro überhaupt nicht vertreten.

In diesem Prozeß der stärkeren Anbindung des Staatssicherheitsdienstes an den SED-Parteiapparat und der Machtverschiebung weg vom Leiter der Staatssicherheit hin zum Ersten Sekretär der SED läßt sich die Neu-

Möglicherweise entstand sie aus der „M-Abteilung" des Zentralkomitees; dafür sprechen zumindest wechselnde Bezeichnungen in der Übergangsphase; vgl. etwa die Strukturpläne einzelner Bezirks- und Kreisleitungen der SED, in denen noch von politischen Mitarbeitern der „Abt[eilung] M" die Rede ist, in: Protokoll der Sitzung des Sekretariats des Zentralkomitees vom 4.11.1953; SAPMO-BA, DY 30, J IV 2/3/405, Bl. 16–670, passim.

16 Protokoll der Politbürositzung am 8.9.1953; SAPMO-BA, DY 30, J IV 2/2/322, Bl. 6 und 90f.; „Geschäftsordnung des Zentralkomitees und seines Apparates", in: Protokoll der Politbürositzung am 15.9.53; SAPMO-BA, DY 30, J IV 2/2/323, Bl. 15.
17 Vgl. Otto Grotewohl: Die gegenwärtige Lage und der neue Kurs der Partei (1. Teil). Referat auf dem 15. Plenum des Zentralkomitees der SED vom 24.–26.7.1953; SAPMO-BA, DY 30, IV 2/1/119, Bl. 11–91, hier 50 f; Walter Ulbricht: Die gegenwärtige Lage und der neue Kurs der Partei (2. Teil). Referat; ebenda, Bl. 92–141, hier 103 und 109.
18 Beschluß des Politbüros vom 23.9.1953 zur Durchführung des Politbürobeschlusses vom 18.7.1953 zur Eingliederung der Staatssicherheit in das Ministerium des Innern, S. 5 (künftig: Beschluß des Politbüros vom 23.9.53); SAPMO-BA, DY 30, J IV 2/202/62.
19 Süß: „Schild und Schwert", S. 88. Siehe auch den Beitrag von Roger Engelmann in diesem Band.
20 Protokoll der Politbürositzung am 4.8.1953; SAPMO-BA, DY 30, J IV 2/2/312, Bl. 3.
21 Protokoll der Politbürositzung am 11.11.1952; SAPMO-BA, DY 30, IV 2/2/244, Bl. 3 und 18.

ordnung der SED im SfS einordnen. Die zuständige Kommission unter dem SED-Bezirksparteisekretär im SfS, Otto Walter,[22] hatte die früheste überlieferte Konzeption vom 31. August 1953[23] bereits auf der Grundlage einer Diskussion im Sekretariat des ZK gefertigt[24]: Darin wurde die Funktion der „Stellvertreter Politkultur" stillschweigend fallengelassen, eine Entscheidung, die auch durch spätere Entwürfe nicht mehr revidiert wurde. Die strukturelle Verbindung von Parteiämtern und dienstlichen Ämtern im Staatssicherheitsdienst war somit aufgelöst und dessen Leiter der Zugriff auf die Parteiorganisation via dienstlicher Funktion entzogen. Die Verantwortung für die Anleitung der SED im SfS wurde allein dem SED-Parteiapparat zugewiesen,[25] den Ulbricht als Erster Sekretär leitete. Verstärkt wurde dieser Effekt durch einen Ansatz zur Dezentralisierung: Die Bezirksleitung der SED im SfS sollte die Anleitung der Kreisparteiorganisationen in den SfS-Bezirksverwaltungen mit den territorialen Bezirksleitungen teilen, also mit Instanzen des regulären Parteiapparates außerhalb des SfS.[26]

Wie sehr diese Neuorganisation im Dienste des Vorhabens der Parteiführung stand, den Staatssicherheitsdienst künftig stärker der Steuerung durch den Parteiapparat zu unterwerfen, verdeutlicht zudem die Tatsache, daß derselbe Entwurf ausführlich die Weisungsbefugnisse der territorialen Parteileitungen gegenüber den Leitern der SfS-Dienststellen in den Bezirken und Kreisen regelte. Insbesondere die territorialen Bezirksparteisekretäre sollten weitreichenden Einfluß auf die operative Arbeit des SfS erhalten.[27] Dieses Vorhaben scheiterte wohl letzten Endes am Widerstand der Sowjets.[28] Sie legten am 23. September einen Vorschlag vor, der sich wie ein Kompromiß liest zwischen den Grundsätzen geheimdienstlicher Konspiration und den Bedürfnissen der SED-Parteiführung, ihren Repressionsapparat intensiver zu steuern: Zwar lehnten die „Freunde" jegliche

22 Protokoll der Sitzung des Sekretariats des Zentralkomitees am 3.8.1953; SAPMO-BA, DY 30, J IV 2/3/393, Bl. 5.
23 Vorlage der Abteilung LOPM an das Sekretariat des Zentralkomitees vom 31.8.1953 „betr. Beschluß des Politbüros über die Arbeit der Parteiorganisation im SfS" (künftig: Vorlage der Abt. LOPM vom 31.8.1953); SAPMO-BA, DY 30, IV 2/5/2, Bl. 169–176; eine undatierte, sonst aber identische Fassung existiert auch beim BStU, ZA, SdM 1199, Bl. 159–164; Armin Mitter und Stefan Wolle: Untergang auf Raten. Unbekannte Kapitel der DDR-Geschichte, München 1993, S. 145f. beschreiben diesen Entwurf, erwähnen jedoch nicht, daß er nie in Kraft trat.
24 Vgl. Protokoll der Sitzung des Sekretariats des Zentralkomitees am 19.8.1953; SAPMO-BA, DY 30, J IV 2/3/395, Bl. 3.
25 Vorlage der Abt. LOPM vom 31.8.1953; SAPMO-BA, DY 30, IV 2/5/2, Bl. 173f.
26 Ebenda, Bl. 174.
27 Ebenda, Bl. 174f.
28 Vgl. Wollweber an Ulbricht vom 23.9.1953; SAPMO-BA, DY 30, J IV 2/202/62, ohne Blattzahl, sowie Beschluß des Politbüros vom 23.9.1953, Blatt nach S. 8 mit handschriftlicher Überschrift „Vorschlag der Freunde"; SAPMO-BA, DY 30, J IV 2/202/62. Vgl. den Beitrag von Roger Engelmann in diesem Band.

Einmischung der territorialen Parteileitungen in die Arbeit mit inoffiziellen Mitarbeitern ab, dafür sollten sie jedoch künftig allein für die Anleitung der SED-Parteiorganisationen in den SfS-Bezirksverwaltungen und -Kreisdienststellen zuständig sein.[29] Diese Lösung, die trotz des Widerstrebens der führenden SfS-Funktionäre Wollweber, Mielke und Walter[30] umgesetzt wurde, bedeutete in der Konsequenz, die Bezirksparteiorganisation der SED im SfS aufzulösen und sie in weitgehend unverbundene Parteigliederungen zu unterteilen, die jeweils vom territorialen Parteiapparat außerhalb der Staatssicherheit betreut wurden.[31] So wurden die Kompetenzen der territorialen Parteileitungen im Hinblick auf die politische Anleitung des SfS zwar beträchtlich erweitert, es wurde jedoch vermieden, diesen Parteigremien zu viele Einblicke in die operative Arbeit oder gar spezifische Entscheidungskompetenzen zu gewähren. *(siehe Übersicht 2)*

Verglichen mit den Parteiorganisationen in den übrigen „bewaffneten Organen" begründeten die extreme Dezentralisierung der Parteiorganisation und der Wegfall der Stellvertreter Politkultur im MfS[32] eine strukturelle Sonderstellung:[33] Nur hier waren dienstliche und Parteihierarchie strikt voneinander getrennt. Allerdings wurde die formale Trennung der Hierarchien in der Praxis dadurch relativiert, daß fortan personelle Verflechtungen, wie sie zum Teil schon während der Amtszeit Zaissers be-

---

29 Ebenda.
30 Vgl. Wollweber an Ulbricht vom 23.9.1953; SAPMO-BA, DY 30, J IV 2/202/62, ohne Blattzahl; Protokoll der SED-Kreisparteiaktivtagung im SfS Berlin, 2.11.1953, Redebeitrag Otto Walter; BStU, ZA, KL-SED 570, Bl. 96–100, hier 97.
31 Lediglich in bezug auf die Erfassung der Mitgliederdaten wurden die Parteigliederungen in den Kreisdienststellen von denjenigen in den Bezirksverwaltungen und diese wiederum von der Kreisleitung im SfS Berlin angeleitet. Aus Gründen der Konspiration erhielten die territorialen Parteileitungen diese Daten nicht. Vgl. Minister des Innern, o. D. [1954]: „Vorläufige Bestimmungen über den Parteiaufbau im Staatssekretariat für Staatssicherheit" (künftig: Parteiaufbau im SfS), S. 6–9; BStU, ZA, DSt 102102.
32 Erhalten blieben „Politstellvertreter" und „Politabteilungen" lediglich bei den der Staatssicherheit unterstellten militärischen und militärähnlichen Verbänden (Wachregiment bzw. Wacheinheiten, Transportpolizei und von 1955–1957 die Grenzpolizei), bei der für die „Abwehr" in der KVP und der Grenzpolizei zuständigen Hauptabteilung I sowie bis 1957 der HV A. Vgl. Parteiaufbau im SfS, S. 10; Entwurf des „Statuts für die politische Arbeit in den Wacheinheiten des SfS", „Statut für die Politischen Organe der Hauptabteilung Transportpolizei des SfS", „Vorschrift für die politischen Organe der Grenzpolizei der DDR"; alle drei Teile der Vorlage der Abteilung für Sicherheitsfragen vom 11.2.1954 an das Politbüro „betr. Bestätigung der neuen Politstatute für die verschiedenen Zweige der Volkspolizei", in: Protokoll der Politbürositzung am 23.2.1954 (Arbeitsprotokoll); SAPMO-BA, DY 30, J IV 2/2A/336, ohne Blattzahl. Zur Bestätigung der Statuten siehe das Reinschriftprotokoll der Sitzung; ebenda, J IV 2/2/349, Bl. 6.
33 Vgl. Vorlage der Abteilung für Sicherheitsfragen an das Politbüro „betr. Bestätigung der neuen Politstatute für die verschiedenen Zweige der Volkspolizei", in: Protokoll der Politbürositzung am 23.2.1954 (Arbeitsprotokoll); SAPMO-BA, DY 30, J IV 2/2A/336, ohne Blattzahl; „Statut der Politorgane in der Deutschen Volkspolizei", in: Protokoll der Politbürositzung am 23.2.1954 (Reinschriftprotokoll); SAPMO-BA, DY 30, J IV 2/2/349, Bl. 68–76.

Übersicht 2: Der Parteiaufbau der SED in der Staatssicherheit ab Herbst 1953 (ohne militärische Verbände)

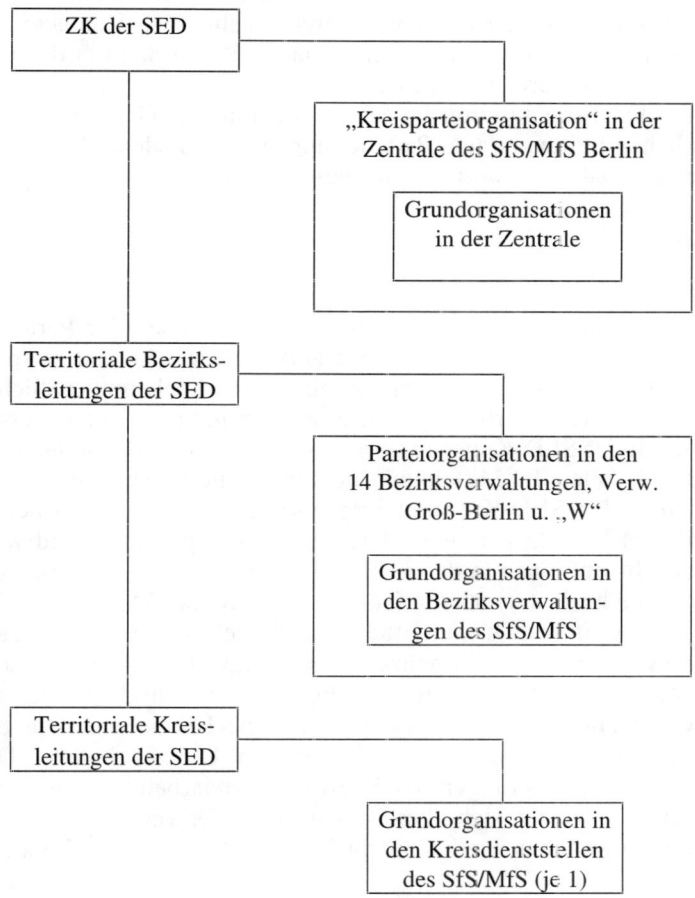

standen hatten, intensiviert wurden: So war der Erste Sekretär der Kreisleitung seit 1954 Mitglied des Kollegiums, des obersten dienstlichen Beratungsgremiums des MfS.[34] Mindestens ein Stellvertreter des Ministers war im Gegenzug Mitglied des Büros der Kreisleitung, des obersten SED-Parteigremiums innerhalb des MfS.[35] Prinzipiell sollte auf jeder hierarchi-

---

34 Geschäftsordnung für das Kollegium des SfS, bestätigt von der Sicherheitskommission am 6.7.1954; BStU, ZA, SdM 1574; Bl. 3–6, hier 4.
35 Otto Last war von 1952 bis wahrscheinlich 1957 Mitglied des Sekretariats bzw. Büros der Kreisleitung. Von 1954 bis mindestens 1979 gehörte ihm auch Bruno Beater an,

schen Ebene der jeweilige dienstliche Leiter oder sein Stellvertreter Mitglied der ihm gleichgeordneten Parteileitung sein.[36] Überdies wurden in der Amtszeit Wollwebers erhebliche Anstrengungen unternommen, das Verhältnis zwischen beiden Hierarchien durch regelmäßige Kontakte der jeweiligen Leitungen zu verbessern. Im Januar 1955 wurden mit der von der Sicherheitskommission beschlossenen Direktive „zur Verbesserung der Arbeit der Parteiorganisation im SfS"[37] regelmäßige Gespräche zwischen dienstlichen Leitungen und Parteileitungen verschiedener hierarchischer Ebenen erstmals auch normativ festgeschrieben.

II.

Den strukturellen und personellen Verbindungen zwischen der Parteiorganisation der SED im MfS und dem Apparat der Staatssicherheit entsprachen Überschneidungszonen zwischen Parteiarbeit und geheimdienstlicher bzw. geheimpolizeilicher Arbeit, die im folgenden mittels einer Untersuchung der Arbeit der SED-Kreisparteiorganisation im MfS Berlin genauer umrissen werden sollen. Im Mittelpunkt steht dabei die Frage, wie sich die Zusammenarbeit der SED-Kreisparteiorganisation und der dienstlichen Hierarchie des MfS in diesen Überschneidungszonen gestaltete und welche der beiden Institutionen in diesen Bereichen führend war. Voraussetzung für eine solche Untersuchung ist eine begriffliche Abgrenzung der Parteiarbeit von der in den Quellen oft als „fachliche" Arbeit bezeichneten geheimdienstlichen bzw. geheimpolizeilichen Tätigkeit sowie eine innere Differenzierung dieser Begriffe. In der älteren politologischen Literatur wird der Begriff „fachliche" Arbeit als allgemeine Bezeichnung für berufliche Tätigkeiten verwendet, aber nicht definiert. Die angebotenen Definitionen und Untergliederungen des Begriffs „Parteiarbeit" geben wichtige Anregungen, erweisen sich allerdings für den hier verfolgten Zweck als nicht direkt anwendbar, weil sie nicht scharf genug zwischen „Partei-

zunächst als Hauptabteilungsleiter, seit 1955 als stellvertretender Minister. Zwischen 1958 und 1964 arbeitete schließlich Otto Walter ebenfalls im Büro der Kreisleitung mit, so daß zumindest für die Zeit zwischen 1955 und 1964 von zwei Stellvertretern des Ministers in diesem Gremium auszugehen ist.

36 Vgl. Hermann Steudner: „Rechenschaftsbericht der Zentralen Leitung der Betriebsparteiorganisation im SfS" [gemeint: Kreisleitung der SED] auf der SED-Kreisdelegiertenkonferenz im SfS Berlin am 6./7.3.1954; BStU, ZA, KL-SED 815, Bl. 171–223, hier 217; Protokoll der SED-Kreisleitungssitzung im SfS Berlin am 28.1.1955, Redebeitrag Günter Becher; BStU, ZA, KL-SED 91, Bl. 665; Referat auf der SED-Kreisleitungssitzung im SfS Berlin, ohne Autor, o. D. [Februar 1955]; BStU, ZA, KL-SED 91, Bl. 698–707, hier 706.

37 Abteilung für Sicherheitsfragen: Vorlage an die Sicherheitskommission betr. Direktive zur Verbesserung der Arbeit der Parteiorganisation im SfS, mit handschriftlichem Vermerk „Beschlossen am 26.1.1955" (künftig: Direktive der Sicherheitskommission vom 26.1.1955); BStU, ZA, KL-SED 393, Bl. 1305–1314.

arbeit" und „fachlicher" Arbeit trennen. Vielmehr rechnen sie der „Parteiarbeit" auch jene Grauzone zwischen „fachlicher" und politischer Arbeit
zu, die vor 1989 mangels interner Quellen noch nicht genauer beschrieben
werden konnte, hier jedoch Gegenstand der Analyse ist.[38]

Da eine Beschreibung des Verhältnisses zwischen Parteiarbeit und geheimdienstlicher bzw. geheimpolizeilicher Arbeit im Prinzip eine Untersuchung des Verhältnisses zweier Institutionen, nämlich der SED im MfS
und des Staatssicherheitsdienstes, zueinander darstellt, erscheint es sinnvoll, die Begriffe „Parteiarbeit" und „fachliche" Arbeit bezogen auf die
Tätigkeit dieser Institutionen zu verwenden. Deshalb werden im folgenden
unter „Parteiarbeit der SED" ausschließlich Aktivitäten von Parteigliederungen oder Apparaten der SED verstanden. „Parteiarbeit der SED im
MfS" meint demnach alle Handlungen der Parteiorganisationen der SED
im MfS. Anders als die ältere politologische Literatur schließt die hier
verwendete Begrifflichkeit diejenigen Handlungen aus, die einzelne Parteimitglieder als Mitarbeiter des Staats- und Wirtschaftsapparates im Auftrag der Partei ausführten. So gehört eine Verhaftung, die der SED ange-
hörende Mitarbeiter der Staatssicherheit auf Veranlassung des Politbüros
vornahmen, nicht zur „Parteiarbeit". Der institutionengebundenen Definition von „Parteiarbeit" wird eine sich ebenfalls an der Institution orientie-
rende Bestimmung des Begriffs der „fachlichen" Arbeit gegenübergestellt:
Er meint alle jene Handlungen, die von den dienstlichen Gliederungen des
Staatssicherheitsdienstes ausgingen, umfaßt demnach neben der eigentlichen operativen Arbeit auch den sogenannten „Wach- und Sicherungs-
dienst", die Kaderarbeit und die „materielle Sicherstellung" seiner Arbeit
etwa durch die Finanz- und Materialverwaltung.

Grundlage für die Tätigkeit der SED-Parteiorganisation im MfS war
ebenso wie für alle anderen Betriebsparteiorganisationen das Statut der
SED. Die „Vorläufigen Bestimmungen über den Parteiaufbau im SfS" aus
dem Jahr 1954 enthielten darüber hinaus erstmals eine spezifische Aufgabenbeschreibung, nach der die Parteiorganisation die „politisch-ideologi-
sche und politisch-moralische Erziehung aller Mitarbeiter des Staatssekretariats für Staatssicherheit" in den Mittelpunkt ihrer Tätigkeit zu stellen
hatte: Sie sollte deren politisches Bewußtsein schulen und sie ideologisch
und moralisch disziplinieren. Beispielsweise waren die MfS-Angehörigen
„zum kompromißlosen Kampf gegen Agenten, Spione, Saboteure und alle
Feinde der Arbeiter- und Bauernmacht" zu erziehen und mit den „ruhm-
vollen revolutionären Traditionen der deutschen Arbeiterklasse" sowie

38 Vgl. Joachim Schultz: Der Funktionär in der Einheitspartei. Kaderpolitik und Bürokra-
tisierung in der SED, Stuttgart, Düsseldorf 1956, S. 22–25.; Eckart Förtsch und Rüdiger
Mann: Die SED, Stuttgart u. a. 1969, S. 61f.; Gero Neugebauer: Partei und Staatsapparat in der DDR. Aspekte der Instrumentalisierung des Staatsapparates durch die SED,
Opladen 1978, S. 143–154.

„mit den großen Erfahrungen des Kampfes der sowjetischen Sicherheitsorgane" vertraut zu machen. Die Parteiorganisation hatte die „Einheit und Geschlossenheit ihrer Reihen" zu wahren und einen „schonungslosen Kampf gegen jene opportunistischen und spalterischen Elemente, gegen Versöhnler, Pazifisten und den Sozialdemokratismus" zu führen. Nur wenige Elemente der Aufgabenbeschreibung lassen sich als Gebot einer gewissen Einflußnahme auf die „fachliche" Arbeit deuten: So sollte die SED-Parteiorganisation „die Autorität der Vorgesetzten [...] stärken, [und] diesen wirksame Hilfe bei der Organisierung des Arbeitsablaufes, der Planung und des operativen Einsatzes [...] geben", außerdem hatte sie nicht nur das „politische", sondern auch das „fachliche" Studium der MfS-Angehörigen zu überwachen.[39]

In insgesamt acht Arbeitsfeldern setzte die SED im MfS ihren Erziehungsauftrag um: Erstens betrieb sie Kaderarbeit für die Besetzung der eigenen Parteifunktionen und wirkte bei der Kaderarbeit des MfS mit. Zweitens disziplinierte sie ihre Mitarbeiter mittels Parteierziehungsmaßnahmen bei Verstößen gegen das Parteistatut, bei privatem Fehlverhalten und in gewissem Rahmen auch bei dienstlichen Vergehen. Drittens war sie zuständig für die politische Schulungsarbeit in Parteiversammlungen und MfS-eigenen Parteischulungseinrichtungen und beschäftigte sich in geringem Umfang auch mit der „fachlichen" Schulung. Disziplinierung und Schulung gehören nach marxistischer Terminologie eigentlich zur Kaderarbeit, werden hier aber wegen ihrer zentralen Bedeutung im Rahmen der Parteiarbeit getrennt ausgewiesen. Viertens setzte sich die Kreisparteiorganisation für die materielle Versorgung der Mitarbeiter des MfS ein, kümmerte sich beispielsweise um Wohnungsprobleme oder ärztliche Betreuung, versuchte andererseits aber auch, die Interessen des MfS bezüglich sparsamer Verwendung von materiellen Ressourcen über erzieherische Maßnahmen durchzusetzen. Fünftens bestimmte sie die Ausrichtung der Kultur- und Sportarbeit im MfS, die unter ihrer Anleitung hauptsächlich von der FDJ und dem Sportverein Dynamo, zum Teil aber auch von ihr selber durchgeführt wurde. Sechstens hielt die SED-Kreisparteiorganisation im Rahmen der sogenannten „politischen Massenarbeit" ihre Mitglieder an, sich außerhalb der Staatssicherheit in ihren Wohngebieten als Wahlhelfer, Elternbeiräte oder im Nationalen Aufbauwerk zu engagieren. Siebtens leitete die SED im MfS die Arbeit der FDJ-Organisation im MfS an. Das achte und letzte Arbeitsfeld bildete die parteiinterne organisatorische Arbeit. Die ersten drei dieser Arbeitsfelder werden im folgenden im Hinblick auf die Beziehungen zwischen Parteiarbeit und „fachlicher" Arbeit näher beleuchtet: zuerst die Disziplinierung, dann die Kaderarbeit und schließlich die politische Schulung der Mitarbeiter des MfS.

---

39 Parteiaufbau im SfS, S. 1–3.

III.

Die Disziplinierung von Parteimitgliedern konnte in der SED auf verschiedene Weise vor sich gehen. Bei kleinen Vergehen wurde der Beschuldigte vor der Parteiversammlung oder mitunter auch vor der Parteileitung der Grundorganisation zur Rede gestellt; größere zogen ein Parteiverfahren nach sich, das unter Umständen mit einem Ausschluß aus der SED enden konnte. Parteiverfahren fanden im MfS in den fünfziger Jahren, soweit sie dienstliche Verfehlungen der Mitarbeiter betrafen, in der Regel im Anschluß an dienstliche Disziplinarverfahren statt. Allerdings kritisierte die Kreisparteikontrollkommission immer wieder, daß die Grundorganisationen längst nicht jedes in einem Disziplinarverfahren geahndete Vergehen auch parteilicherseits unter die Lupe nähmen:[40] So mußten sich nach ihren Berichten in den Jahren 1956 und 1957 jeweils etwa sieben Prozent der Mitarbeiter des MfS Berlin einem Disziplinarverfahren,[41] aber nur jeweils etwa drei Prozent der Mitarbeiter einem Parteiverfahren unterziehen[42].

Im Hinblick auf die Verflechtung zwischen Parteiarbeit und „fachlicher" Arbeit bedeutsamer als die eigentlichen Parteiverfahren ist die Kritik an SED-Mitgliedern ohne förmliches Verfahren. Im engeren Sinne als Disziplinierung ist eine solche Kritik zu werten, wenn ein Mitglied auf Veranlassung der Parteileitung regelrecht zur Rede gestellt wurde und seine Verfehlungen und deren Ursachen nach dem Muster von „Kritik und Selbstkritik"[43] zu bekennen hatte. Im weiteren Sinne läßt sich zur Disziplinierung jedoch auch jede Art von Verweis oder Kritik zählen, die ein SED-Mitglied von einem anderen in einer Parteiveranstaltung erhielt.

Getreu der Maxime, daß der Partei der ganze Mensch gehöre, konnte das Verhalten eines SED-Mitglieds grundsätzlich in allen seinen Lebensbereichen kritisiert werden. Im MfS schränkten die Prinzipien der Konspi-

---

40 Vgl. Kreisparteikontrollkommission (KPKK) der SED im MfS Berlin: „Analyse der im IV. Quartal durchgeführten Parteiverfahren", o. D. [Ende 1956]; BStU, ZA, KL-SED 504, Bl. 699–704, hier 701–703; KPKK der SED im MfS Berlin „betr. Bürositzung am 20.1.1958" [Bericht über Parteiverfahren im Jahr 1957] (künftig: KPKK „betr. Bürositzung am 20.1.1958"); BStU, ZA, KL-SED 504, Bl. 665–674, hier 669.
41 Im Jahr 1956 waren das 272 von 3.803 Mitarbeitern, im Jahr 1957 ebenfalls 272 von jetzt 3.689 Mitarbeitern; zur Anzahl der Disziplinarstrafen siehe KPKK „betr. Bürositzung am 20.1.1958", Bl. 669; zur Mitarbeiterzahl des MfS Berlin siehe Mitarbeiterstatistik der Diensteinheiten des MfS Berlin 1954–1989, in: Gieseke: Hauptamtliche Mitarbeiter, Faltblatt im hinteren Umschlag.
42 Im Jahr 1956 waren dies 119, im Jahr 1957 102 Mitarbeiter; KPKK „betr. Bürositzung am 20.1.1958", Bl. 669.
43 Zum Thema „Kritik und Selbstkritik" vgl. Schultz: Funktionär, S. 67–72; Berthold Unfried: Rituale von Kritik und Selbstkritik: Bilder vom stalinistischen Kader, in: Jahrbuch für historische Kommunismusforschung (1994), S. 148–164; Wolfgang Leonhard: Die Revolution entläßt ihre Kinder, Köln 1992, S. 270–282.

ration diese Möglichkeiten allerdings in bezug auf die operative Arbeit ein: Dies zeigte sich schon in den Jahren 1952 und 1953, als die SED im MfS Berlin versuchte, unter Berufung auf ihren Erziehungsauftrag eine eigenständige Disziplinierungskompetenz zu erlangen, die sich auch auf operative Tätigkeiten erstrecken sollte: So verlangte etwa der Erste Sekretär der Kreisleitung im MfS Berlin 1952, daß Parteimitglieder, die dabei „schwerwiegende politische Fehler" begingen, gegen die „Einhaltung der demokratischen Gesetzlichkeit" verstießen oder durch „disziplinloses oder unmoralisches Verhalten die Durchführung operativer Maßnahmen" gefährdeten, von der Parteiorganisation zur Rechenschaft gezogen werden sollten.[44] Dies verwehrte der Minister Zaisser ihr jedoch unter Hinweis auf konspirative Grundsätze.[45] Die Parteiorganisation dürfe, so Zaisser, beispielsweise einen Mitarbeiter, der nicht genügend inoffizielle Mitarbeiter führe, nur dann zur Rechenschaft ziehen, wenn der dienstliche Vorgesetzte sie damit beauftrage. Gleichzeitig hob er hervor, daß die SED-Parteiorganisation im MfS, anders als die Parteiorganisation in einem Produktionsbetrieb, keinerlei Recht zur Kontrolle der operativen Arbeit besitze: Im MfS seien dafür nur die von der Partei eingesetzten Fachleute verantwortlich. Da, so betonte Zaisser, „liegt eine der Besonderheiten unserer Organisation als MfS, und da liegt eine der Besonderheiten unserer Parteiarbeit".[46] Die Parteiorganisation solle sich vielmehr um die Einhaltung der allgemeinen Dienstvorschriften, zum Beispiel um Pünktlichkeit am Arbeitsplatz, sowie um die Ahndung moralischer Vergehen wie etwa alkoholischer Exzesse kümmern.[47] Zaissers Nachfolger Wollweber führte dessen Politik fort, indem er der Parteiorganisation untersagte, sich mit einzelnen operativen Vorgängen oder einzelnen Informatoren zu beschäftigen. Im Parteirahmen wollte er lediglich Diskussionen über allgemeine Probleme der operativen Arbeit zulassen.[48] Auf Widerstand der Parteiorganisation stieß er damit nicht mehr, wohl vor allem aufgrund eines Personalwechsels: Der ehrgeizige Erste Sekretär der Bezirksparteiorganisation, Otto Walter, der die Ausweitung der Kompetenzen der Parteiorga-

44 Karl Früholz: Rechenschaftsbericht der SED-Kreisleitung auf der SED-Kreisdelegiertenkonferenz im MfS Berlin am 14./15.6.1952; BStU, ZA, KL-SED 572, Bl. 557–596, hier 593f.
45 Vgl. Protokoll der SED-Kreisdelegiertenkonferenz im MfS Berlin am 14./15.6.1952, Redebeitrag Wilhelm Zaisser; BStU, ZA, KL-SED 572, Bl. 504–514, hier 506 f; Protokoll der SED-Kreisparteiaktivtagung im MfS Berlin am 28.1.1953, Redebeitrag Wilhelm Zaisser; BStU, ZA, KL-SED 570, Bl. 28–36, hier 34f.
46 Ebenda, Bl. 33.
47 Ebenda, Bl. 33f.
48 Vgl. Ernst Wollweber: „Die politische Bedeutung der Aktion gegen gefährliche Agentengruppen und einige Schlußfolgerungen für unsere Arbeit." Referat auf der SED-Kreisparteiaktivtagung im SfS am 2.11.1953; Redebeiträge Wollwebers ebenda; BStU, ZA, KL-SED 570, Bl. 74–88 und 104–107, hier 86f. und 105.

nisation wesentlich betrieben hatte, war seit November 1953 dienstlicher Stellvertreter des Staatssekretärs und unterstützte nun Wollweber.[49]

Mit der Direktive 1/56 vom 10. Februar 1956[50] regelte der Minister erstmals in schriftlicher Form verbindlich die Rechte der Parteimitglieder bei der Diskussion von Fragen der operativen Tätigkeit in Parteiversammlungen. Bemerkenswert ist daran zunächst, daß das Verhalten von SED-Mitgliedern auf Parteiversammlungen durch eine dienstliche Anordnung vorgeschrieben wurde, auch wenn diese letztlich durch ein hohes Parteigremium außerhalb des MfS, nämlich der Sicherheitskommission, bestätigt worden war.[51] Eingangs beanstandete Wollweber, daß leitende Mitarbeiter Kritik unterdrückten, indem sie die Behandlung operativer Fragen in Parteiversammlungen verböten und dabei den Begriff „operative Arbeit" sehr weit faßten. Der Minister erklärte demgegenüber, daß Parteimitglieder in Parteiversammlungen unabhängig von ihrem dienstlichen Rang kritisiert werden könnten, für moralische Verfehlungen ebenso wie für Schwächen in der „fachlichen" Arbeit. Sogar „Mängel und Fehler in der operativen Arbeit" sollten grundsätzlich behandelt werden dürfen; verboten blieb jedoch weiterhin, Namen, Anzahl und Einsatz inoffizieller Mitarbeiter zu erwähnen, ebenso die konspirativen Verbindungen zu ihnen, operative Technik, operative Vorgänge sowie schließlich bevorstehende und laufende operative Maßnahmen. Falls ein Abteilungsleiter meine, durch eine Kritik werde die Arbeit der Abteilung dekonspiriert, habe er die Leitung des MfS sofort zu unterrichten, damit diese den Sachverhalt prüfen könne.[52]

Die Direktive war janusköpfig: Einerseits schuf sie durch eine schriftliche Bestimmung von erlaubten und verbotenen Diskussionsgegenständen sowie durch die Festlegung eines Instanzenwegs in strittigen Fällen eine Berufungsgrundlage für kritikwillige Parteimitglieder, schränkte die Willkür von Vorgesetzten ein und ermutigte insofern zu Kritik. Andererseits legte Wollweber mit dem Katalog der in Parteiversammlungen verbotenen Diskussionsgegenstände der operativen Arbeit die Grenzen der Parteiorganisation bei der Disziplinierung der Mitglieder verbindlich fest. Überdies war dieser Katalog inhaltlich so weit gefaßt, daß er de facto einem Verbot gleichkam, über die operative Arbeit in Parteiversammlungen zu reden. Nichts zeigt jedoch den Primat der dienstlichen Belange vor den Disziplinierungsbefugnissen der Parteiorganisation deutlicher als die Tat-

---

49 Vgl. Protokoll der SED-Kreisparteiaktivtagung der SED im SfS am 2.11.1953, Redebeitrag Otto Walter; ebenda, Bl. 96–100, hier 99.

50 Direktive 1/56 des Ministers vom 10.2.1956 über die Beseitigung von Hemmnissen bei der Entfaltung eines innerparteilichen Lebens durch eine unbehinderte Kritik und Selbstkritik in den Parteiorganisationen der Organe der Staatssicherheit (künftig: Direktive 1/56 vom 10.2.1956); BStU, ZA, DSt 101143, ohne Blattzahl.

51 Protokoll der Sitzung der Sicherheitskommission am 9.2.1956; BA-MA, DVW 1/39550, Bl. 1f.

52 Vgl. Direktive 1/56 vom 10.2.1956, S. 2–4.

sache, daß die letzte Entscheidung über die Frage, ob eine Kritik die geheimdienstliche Arbeit dekonspiriere, bei der dienstlichen Leitung des MfS und nicht bei der Kreisleitung und ihrem Büro lag. Ebenso wie sein Vorgänger Zaisser behielt sich Wollweber unter Berufung auf die Prinzipien geheimdienstlicher Arbeit vor, den Spielraum der Disziplinierungskompetenz der Parteiorganisation zu definieren.

Daß die Disziplinierungsbefugnisse der Parteiorganisation trotz dieser Einschränkungen nicht bedeutungslos waren, zeigt die Frage der Parteikritik an Vorgesetzten. Zwar setzten auch hier die militärische Struktur des MfS und das Prinzip der Einzelleitung Grenzen: So wollte Zaisser 1953 unter Berufung darauf die berufliche Tätigkeit von Vorgesetzten aus der abteilungsöffentlichen Kritik vor den Grundorganisationen ausgenommen wissen.[53] Auch Zaissers Nachfolger Wollweber schuf sich mit der zuletzt erwähnten Bestimmung der Direktive 1/56 ein Instrument, mit dem die MfS-Leitung im Einzelfall abteilungsöffentliche Kritik an Vorgesetzten beinahe beliebig kanalisieren konnte, da der Ermessensspielraum der MfS-Leitung bei der Entscheidung der Frage, ob eine bestimmte Kritik dekonspiriere, relativ unbegrenzt gewesen sein dürfte. Andererseits aber ermutigte Wollweber in der Direktive 1/56 zur abteilungsöffentlichen Parteikritik an jedem Genossen, „gleichgültig, welchen Dienstgrad oder welche Dienststellung er hat"[54]. Tatsächlich gibt es einzelne Hinweise darauf, daß sich in seiner Amtszeit Referats- und Abteilungsleiter mitunter in ihren Parteigruppen oder Grundorganisationen Diskussionen über Mängel in ihrer Personalführung stellen mußten.[55] Überdies hatte bereits Zaisser den SED-Mitgliedern und -Kandidaten entsprechend dem Statut der Partei[56] ausdrücklich zugestanden, sich an die Kreisleitung zu wenden, falls sie mit einem Befehl ihres Vorgesetzten nicht einverstanden seien.[57] Tatsächlich beschwerten sich mitunter Mitarbeiter bei den Parteileitungen oder ihren Instrukteuren über ihre Referats-, Abteilungs- oder Hauptabteilungsleiter.[58] Für Herbst 1957 ist sogar eine regelrechte Untersuchung der

---

53 Protokoll der SED-Kreisparteiaktivtagung am 28.1.1953, Redebeitrag Wilhelm Zaisser; BStU, ZA, KL-SED 570, Bl. 28–36, hier insbesondere 30f.; siehe auch Zaissers Äußerung auf der SED-Kreisdelegiertenkonferenz am 14./15.6.1952; BStU, ZA, KL-SED 572, Bl. 504–514, hier 507.
54 Direktive 1/56 vom 10.2.1956, S. 4.
55 Vgl. etwa Protokoll der SED-Kreisdelegiertenkonferenz im SfS Berlin am 6./7.3.1954, Redebeitrag Gerlach; BStU, ZA, KL-SED 815, Bl. 52–56, hier 55; SED-Kreisleitung vom 29.3.1957: „Berichterstattung der Berichtswahlversammlungen 1957"; BStU, ZA, KL-SED 197, Bl. 31–53, hier 41f.
56 Vgl. Statut der SED 1950, Abschnitt 3 e), in: Dokumente der Sozialistischen Einheitspartei Deutschlands, Bd. III, S. 165; Statut der SED, 1954, Abschnitte 2 h) und 3 e), in: ebenda, Bd. V, S. 93f.
57 Protokoll der SED-Kreisparteiaktivtagung am 28.1.1953, Redebeitrag Wilhelm Zaisser; BStU, ZA, KL-SED 570, Bl. 28–36, hier 30f.
58 Vgl. Protokoll der SED-Kreisleitungssitzung im SfS Berlin am 19.11.1954, Redebeitrag Otto Last; BStU, ZA, KL-SED 197, Bl. 229f., hier 230.

Kreisparteikontrollkommission in der Abteilung Finanzen belegt, die die Vorwürfe zweier Mitarbeiterinnen gegen deren Abteilungsleiter Günter Brode untersuchen sollte.[59] Der Fall zeigt einerseits, daß sich das Büro der Kreisleitung bei Konflikten durchaus auch auf die Seite der Mitarbeiter schlagen konnte: So drückte es in seinem Beschluß zum Ergebnis der Ermittlungen sein Mißfallen über den Umgang Brodes mit seinen Mitarbeitern aus und beauftragte den Ersten Sekretär der Kreisleitung, Gerhard Heidenreich, und den Vorsitzenden der KPKK, Gustav Tschapek, ihn deshalb in einem Gespräch zur Rede zu stellen. Zusätzlich beschloß es, den Bericht der KPKK in einer Parteileitungssitzung der Abteilung behandeln zu lassen.[60] Andererseits ist das Vorgehen des Büros ein Hinweis darauf, daß die Parteileitungen die Kritik von Untergebenen mit den Dienstvorgesetzten in den meisten Fällen unter Ausschluß der Abteilungsöffentlichkeit besprochen haben dürften, um die Autorität der Vorgesetzten zu wahren. Zudem ist anzunehmen, daß solche Zurechtweisungen nicht ohne Billigung der MfS-Leitung erfolgten, konnte diese doch über die Mitgliedschaft des Stellvertreters des Ministers im Büro der Kreisleitung ihren Standpunkt jederzeit in der Kreisparteileitung vertreten.

Abschließend muß zum Thema Disziplinierung bemerkt werden, daß für die geheimdienstliche und geheimpolizeiliche Tätigkeit des MfS nicht nur die Parteikritik an der eigentlichen „fachlichen" Arbeit von Belang war. Für einen Geheimdienst bedeutet auch privates Fehlverhalten von Mitarbeitern ein Sicherheitsrisiko: Alkoholische Exzesse, Schulden oder unkontrollierte private Kontakte können Verletzungen der Konspiration oder gar die Erpreßbarkeit von Mitarbeitern nach sich ziehen. Der Parteiorganisation, deren Aktivitäten, anders als die der dienstlichen Instanzen des MfS, bis in das Privatleben der Mitarbeiter reichten, kam hier eine Vorsorgefunktion zu: Sie sollte ihre Mitglieder bereits bei kleinsten privaten Verfehlungen zurechtweisen, um zu verhindern, daß diese zu dienst- oder strafrechtlich relevanten Vergehen führten.[61] Insofern war es zutreffend, wenn Zaisser die Parteiorganisation auf diese Aufgabe mit der Begründung verwies, daß die Erziehung der Parteimitglieder zu straffer

---

59 Vgl. Protokoll der Sitzung des Büros der SED-Kreisleitung im MfS Berlin am 25.11.1957; BStU, ZA, KL-SED 91, Bl. 177–189, hier 178f. und 182f.
60 Ebenda, Bl. 178f.
61 Vgl. Isolde Sobeck: „Die Lehren des XIX. Parteitages der KPdSU für den Aufbau des Sozialismus in der DDR und die Schlußfolgerungen für die Arbeit der Parteiorganisation im MfS". Referat auf der SED-Kreisparteiaktivtagung im MfS Berlin am 28.1.1953; BStU, ZA, KL-SED 570, Bl. 6–26, hier 25; Protokoll der SED-Kreisparteiaktivtagung im SfS am 6.8.1954, Redebeitrag des Stellvertreters des Staatssekretärs, Martin Weikert; BStU, ZA, KL-SED 570, Bl. 254–258, hier 255–257; Otto Last, Stellvertreter des Staatssekretärs: „Die Lehren der 21. Tagung des ZK für die Arbeit im SfS". Referat auf der SED-Kreisparteiaktivtagung im SfS Berlin am 25.11.1954; BStU, ZA, KL-SED 570, Bl. 303–349, hier 346f.

Arbeitsdisziplin und einwandfreiem Privatleben im Sinne der sozialistischen Moral zu den „elementarsten Voraussetzungen für die operative Arbeit" gehöre.[62]

In der Kaderarbeit entwickelten sich im Laufe der fünfziger Jahre besonders breite Überschneidungszonen zwischen Parteiarbeit und „fachlicher" Arbeit. Schon für die Amtszeit Zaissers ist in Einzelfällen eine Einbeziehung von Parteivertretern in dienstliche Kaderentscheidungen belegt. So saßen im Frühjahr 1953 Parteivertreter in den Attestierungskommissionen, die den Mitarbeitern ihre militärischen Dienstgrade zuwiesen.[63] Unter Wollweber wurde die Kooperation zwischen Parteileitungen und dienstlichen Leitungen in der Kaderarbeit verstärkt, auch wenn ein Mitbestimmungsrecht der Parteileitungen bei Kaderfragen nirgends normativ fixiert wurde. Der Erste Sekretär der Kreisleitung besaß kraft seiner Mitgliedschaft im Kollegium die Möglichkeit, sich zu allen dort behandelten Problemen der Kaderarbeit zu äußern, sowohl zu einzelnen Beförderungen, Versetzungen oder Auszeichnungen[64] als auch zu allgemeinen Vorlagen wie etwa jener zu geplanten Stellenkürzungen im Dezember 1956[65]. Auch saßen Vertreter der Parteiorganisation in verschiedenen Kommissionen, die sich mit Kaderfragen beschäftigten, so in der zeitweiligen Stellenplankommission, die 1954 eingerichtet wurde, um von den Abteilungsleitern eingereichte Stellenplanvorschläge zu prüfen[66] oder in den Dienststellungs-Attestierungskommissionen von 1955, als alle Offiziere und alle operativen Mitarbeiter einer Beurteilung unterzogen wurden[67]. Schließlich wurde es bis spätestens 1956 im MfS Berlin üblich, die Parteileitungen bei der Auszeichnung von Mitarbeitern mit Orden oder Geldprämien zu konsultieren.[68] Gleichzeitig versuchte die Parteiorganisa-

---

62 Protokoll der SED-Kreisparteiaktivtagung der SED im MfS Berlin am 28.1.1953, Redebeitrag Wilhelm Zaisser; BStU, ZA, KL-SED 570, Bl. 33f.

63 Dies waren der Erste Sekretär der Bezirksleitung, Otto Walter, und der Zweite Sekretär der Kreisleitung, Joachim Hauck; Befehl 97/53 des Ministers vom 4.3.1953 zur Verleihung von militärischen Dienstgraden an die Mitarbeiter des MfS; BStU, ZA, HA KuSch 1358, Bl. 103–467, hier 104, 109 und 143.

64 Vgl. z. B. Protokoll der Kollegiumssitzung am 19.10.1954; BStU, ZA, SdM 1901, Bl. 273–289, hier 285f.; Protokoll der Kollegiumssitzung am 29.3.1955; ebenda, Bl. 215–218, hier 216.

65 Vgl. Protokoll der Kollegiumssitzung am 11.12.1956; BStU, ZA, SdM 1551, Bl. 122–133, hier 130.

66 Vgl. Protokoll der Kollegiumssitzung am 7.12.1954; BStU, ZA, SdM 1901, Bl. 253–257, hier 255.

67 Vgl. Direktive des Staatssekretärs vom 15.1.1955: „Durchführung einer Dienststellungs-Attestierung für alle Offiziere und operativen Mitarbeiter des SfS", S. 4f.; BStU, ZA, DSt 101105.

68 Vgl. z. B. die Gegenzeichnung zweier Auszeichnungsvorschläge in der Kaderakte Erich Jamin durch die entsprechende Parteileitung; HA V an Leiter KuSch vom 4.6.1954: Vorschlag zur Verleihung des Vaterländischen Verdienstordens; BStU, ZA, KuSch, KS I 2/84, Bl. 23f.; Leitung der Hauptabteilung V vom 23.4.1955: Vorschlag zur Prämiierung mit 1.000,– DM; ebenda, Bl. 25.

tion, Mitbestimmungsrechte auch bei Beförderungen durchzusetzen. So kritisierte der Erste Sekretär der Kreisleitung, Alfred Schönherr, im Herbst 1956 die mangelhafte Zusammenarbeit von Parteileitung und dienstlichen Vorgesetzten in der Fahrbereitschaft des MfS mit den Worten: „Wir empfinden es als politische Schwäche der Genossen, wenn zu den Prämiierungen und Beförderungen der Parteisekretär nicht hinzugezogen wird."[69]

Ihre Rechte auf Mitwirkung bei der Kaderarbeit des MfS betonte die Kreisleitung insbesondere im Kontext der ideologischen Verhärtung des SED-Regimes nach dem 30. Plenum 1957,[70] mit der eine Tendenz zur stärkeren politischen Uniformierung des Staatsapparates[71] und damit auch des MfS einherging: Im Januar 1958 „empfahl" das Büro der Kreisleitung der Hauptabteilung Kader und Schulung, vor Versetzungen oder „besonderen" Beförderungen Beurteilungen der Grundorganisationen über den betroffenen Mitarbeiter einzuholen.[72] Der Erste Sekretär der Kreisleitung, Gerhard Heidenreich, begründete im Februar 1958 die Beteiligung der Grundorganisationen an Kaderbeurteilungen damit, daß diese nicht nur die „fachliche" Arbeit des jeweiligen Mitarbeiters, sondern seine gesamte Person „allseitig" beurteilen könnten.[73] Die Gegenzeichnung dienstlicher Beurteilungen durch Parteisekretäre, bis dahin eher die Ausnahme als die Regel, scheint sich, Stichproben in den Kaderakten zufolge, seit Ende der fünfziger Jahre eingebürgert zu haben.[74]

Als letztes der Arbeitsfelder der Kreisparteiorganisation der SED im MfS soll hier die politische und ideologische Schulung ihrer Mitglieder genauer betrachtet werden. Die SED im MfS war vor allem für die politische Breitenschulung der Mitglieder zuständig. Sie vermittelte ideologisches Grundwissen und Informationen über aktuelle Ereignisse und Parteibeschlüsse im Parteilehrjahr und in den Parteiversammlungen verschiedener hierarchischer Ebenen der Partei. In den Jahren 1952/53 besaß sie darüber hinaus für die Schulung von Parteifunktionären und künftigen Leitungskadern eine eigene Bezirksparteischule; in der übrigen Zeit ordnete sie diese

---

69 Alfred Schönherr: „Bericht über den Stand der Parteiarbeit". Referat in der SED-Kreisleitungssitzung im MfS Berlin am 30.10.1956; BStU, ZA, KL-SED 91, Bl. 445–473, hier 463f.
70 Vgl. Engelmann/Schumann: Entwickelte Diktatur, S. 13–27; Stern: Dogma und Widerspruch, S. 195–243.
71 Vgl. Rudolf Schwarzenbach: Die Kaderpolitik der SED in der Staatsverwaltung. Ein Beitrag zur Entwicklung des Verhältnisses von Partei und Staat in der DDR (1945– 1975), Köln 1976, S. 119f.
72 Vgl. Protokoll der Sitzung des Büros der SED-Kreisleitung im MfS Berlin, 20.1.1958; BStU, ZA, KL-SED 91, Bl. 50–70, hier 69.
73 Vgl. Gerhard Heidenreich: „Auswertung des 35. Plenums des ZK." Referat auf der SED-Kreisparteiaktivtagung im MfS Berlin am 14.2.1958; BStU ZA, KL-SED 82, Bl. 6–29, hier 18f.
74 Vgl. z. B. BStU, ZA, HA KuSch, Kaderakten KS I 26/84, KS 252/66, KS 279/72, KS I 2/84.

auf die Schulen der territorialen Parteileitungen bzw. auf die Parteihochschule „Karl Marx" des ZK ab.[75]

Auf den ersten Blick scheint die politische Schulung die geheimdienstliche und geheimpolizeiliche Arbeit nicht unmittelbar zu berühren; deshalb wäre eigentlich ein hoher Grad von Selbständigkeit der Kreisparteiorganisation anzunehmen. Dennoch beschäftigte sich die dienstliche Leitung zumindest in der Amtszeit Wollwebers intensiv mit der Parteischulung: So forderte Wollweber nach seinem Amtsantritt im Juli 1953 von der Kreisleitung eine stärkere Konzentration auf die politischen Seiten ihrer Arbeit. Er verlangte, daß sie sich mehr als bisher um die „Auswertung" politischer Tagesereignisse und ihrer Umsetzung in Inhalte der politischen Schulung kümmern solle, indem sie selbständig besondere politische Ereignisse, die Politik des „Gegners" und die politischen Auswirkungen operativer Aktionen analysiere.[76] Im September 1954 kam es darüber zu einer Auseinandersetzung zwischen der dienstlichen Leitung des SfS und dem Büro der Kreisleitung, in deren Verlauf letzteres faktisch seine diesbezügliche Unfähigkeit eingestand und signalisierte, daß es sich entsprechenden Vorgaben der Leitung des Staatssicherheitsdienstes unterordnen werde.[77] Die bereits erwähnte Direktive „zur Verbesserung der Arbeit der Parteiorganisation im SfS" vom Januar 1955 ist auch in diesem Zusammenhang zu interpretieren: Sie schrieb den maßgebenden Einfluß des Staatssekretärs auf die Auswertung politischer Ereignisse in der SED-Kreisparteiorganisation fest. Ihr zufolge sollten der Erste Sekretär der Kreisleitung und der Staatssekretär für Staatssicherheit einmal pro Woche nach einer Vorbesprechung im Büro der Kreisleitung die politische Situation und entsprechende Maßnahmen der Parteiarbeit erörtern. Erst nach diesem Gespräch sollte das Büro Endgültiges beschließen. Für die Auswertung wichtiger Partei- und Regierungsbeschlüsse sah die Direktive ein ähnliches Verfahren vor.[78]

Intensiven Einfluß nahm die dienstliche Leitung des MfS zudem auf

---

75 Vgl. Protokoll der SED-Kreisdelegiertenkonferenz im MfS Berlin am 14./15.6.1952. Schlußwort Karl Früholz; BStU, ZA, KL-SED 572, Bl. 531–537, hier 534; „Überblick über die Parteiorganisation im SfS", ohne Autor, o. D. [zwischen Ende Juli und September 1953]; BStU, ZA, SdM 1199, Bl. 229–231, hier 230. Zu ihrer Umwandlung in die Fachschule Eberswalde in der zweiten Jahreshälfte 1953 vgl. den Redebeitrag des Leiters der Schule Werner Engmann auf der SED-Kreisdelegiertenkonferenz im SfS Berlin am 6./7.3.1954; BStU, ZA, KL-SED 815, Bl. 95–99, hier 95f.

76 „Kurze Niederschrift über die Besprechung des Genossen Staatssekretärs und der Genossen Stellvertreter mit dem Sekretariat der Betriebsparteileitung [= der Kreisleitung der SED im SfS]" am 3.11.1953; BStU, ZA, SdM 1921, Bl. 201f.; vgl. auch Protokoll der SED-Kreisparteiaktivtagung im SfS am 2.11.1953, Redebeitrag Ernst Wollweber; BStU, ZA, KL-SED 570, Bl. 104–107, hier 104f.

77 Vgl. Protokoll der Sitzung der SED-Kreisleitung im SfS Berlin am 21.9.1954; BStU, ZA, KL-SED 197, Bl. 207–211, hier 207 und 211; Protokoll der Sitzung des Kollegiums am 27.9.1954; BStU, ZA, SdM 1549, Bl. 41–50.

78 Direktive der Sicherheitskommission vom 26.1.1955, Bl. 1306–1308.

das Parteilehrjahr, mit dem die Kreisparteiorganisation die politische Schulung der Mitarbeiter durchführte. Bereits im September 1953 hatte das Politbüro Wollweber damit beauftragt, für eine Verbesserung der politischen Schulung im SfS zu sorgen.[79] Bis zum Sommer 1955 entwickelten die Abteilung für Sicherheitsfragen, die Kreisleitung der SED im SfS Berlin und das Kollegium des SfS in enger Zusammenarbeit einen Reformplan für das Parteilehrjahr im Staatssicherheitsdienst.[80] Es wurde im Sommer 1955 in „marxistisch-leninistische Schulung" umbenannt[81] und den Bedürfnissen des MfS entsprechend modifiziert.[82] Durch spezifische Themenstellungen sollten die Inhalte der Schulung stärker auf SfS-Belange zugeschnitten werden.[83] Außerdem wurde ihre Durchführung zentralisiert: Während die Zirkel des Parteilehrjahres für die Mitarbeiter der SfS-Bezirksverwaltungen und Kreisdienststellen durch die territorialen Parteileitungen organisiert worden waren, führte die Kreisleitung im SfS die „marxistisch-leninistische Schulung" nunmehr für die Mitarbeiter aller SfS-Dienststellen durch.[84] Schließlich wurde die politische Schulung auf eine dienstliche Grundlage gestellt. Die Teilnahme war jetzt für alle Mitarbeiter Pflicht, während das Parteilehrjahr zumindest formal auf Freiwilligkeit beruht hatte. Die dienstlichen Vorgesetzten wurden mit der Kontrolle des politischen Studiums ihrer Untergebenen betraut, und jedes Ausbildungsjahr sollte mit Prüfungen abschließen, deren Ergebnisse in die Personalakte des Mitarbeiters einzutragen waren.[85] Die dienstliche Überwachung des politischen Studiums, übrigens vom Propagandasekretär der

79 Beschluß des Politbüros vom 23.9.1953, S. 12.
80 Vgl. Büro der SED-Kreisleitung im SfS Berlin vom 31.12.1954: „Vorlage für einen Vorschlag an die Sicherheitskommission des ZK über die Änderung des gesamten Schulungs- und Ausbildungssystems in den Organen des SfS"; BStU, ZA, KL-SED 364, Bl. 1245–1251; Protokoll der Kollegiumssitzung im SfS am 11.1.1955; BStU, ZA, SdM 1901, Bl. 245–248, hier 247f.; Protokoll der SED-Kreisleitungssitzung im SfS am 14.1.1955; BStU, ZA, KL-SED 91, Bl. 745–771 sowie KL-SED 631, Bl. 81–87. Es ist anzunehmen, daß auch die sowjetischen Berater in die Planungen eingebunden waren; an den Akten nachweisen läßt sie sich bislang jedoch nicht.
81 Bereits ein Jahr später wurde die „marxistisch-leninistische Schulung" wieder in „Parteilehrjahr" rückbenannt, ohne daß sich an ihren im folgenden aufgezählten Besonderheiten gegenüber dem herkömmlichen Parteilehrjahr wesentliches änderte. Vgl. SED-Kreisleitung im MfS: „Beschluß zur Durchführung des Parteilehrjahres 1956/57 in den Organen der Staatssicherheit" vom 28.8.1956; BStU, ZA, KL-SED 364, Bl. 314–327.
82 Abteilung für Sicherheitsfragen: Vorlage an die Sicherheitskommission vom 23.2.1955 betr. „Änderung des gesamten Schulungs- und Ausbildungssystems in den Organen des SfS", mit handschriftlichem Vermerk „Beschluß am 4.3.55 in der Sicherheitskommission behandelt und bestätigt" (künftig: Beschluß der Sicherheitskommission zur Änderung des Schulungssystems vom 4.3.1955); SAPMO-BA, DY 30, IV 2/12/101, Bl. 59–70; Protokoll der Sitzung der Sicherheitskommission am 4.3.1955; BA-MA, DVW 1/39545, Bl. 4.
83 Beschluß der Sicherheitskommission zur Änderung des Schulungssystems vom 4.3.1955, Bl. 60f. Zu den Themenplänen der einzelnen Zirkel vgl. ebenda, Bl. 67–70.
84 Ebenda, Bl. 59 und 64.
85 Ebenda, Bl. 64f.; Befehl 171/55 des Staatssekretärs vom 9.6.1955 zur Durchführung der marxistisch-leninistischen Schulung, S. 1f.; BStU, ZA, DSt 100120.

SED-Kreisleitung, Günter Weichelt, ausdrücklich gefordert,[86] ist als Reaktion darauf zu deuten, daß die Parteileitung es mit ihren eigenen erzieherischen Mitteln nicht verstanden hatte, die Mitarbeiter zum gewünschten Engagement zu motivieren.[87]

Die intensive Einmischung der dienstlichen Leitung in die Belange der Parteischulung zeigt, in welch hohem Maße sie die politische Schulung als wesentliche Voraussetzung für die geheimdienstliche und geheimpolizeiliche Arbeit ansah. Dies entsprang nicht nur der im Marxismus-Leninismus allgemein vertretenen Auffassung, daß jede erfolgreiche berufliche Arbeit eine marxistisch-leninistisch geprägte Einsicht in politische Zusammenhänge und ein entsprechendes gefestigtes Weltbild voraussetze.[88] Vielmehr war die politische Schulung im MfS in zweifacher Hinsicht von besonderer Bedeutung: Erstens sollte die ideologische Schulung die Mitarbeiter des MfS gegen im SED-Sinne feindliche Anschauungen immunisieren, denen zumindest die Mitarbeiter der operativen Diensteinheiten intensiv ausgesetzt waren. Zweitens beruhte die Praxis der geheimdienstlichen und geheimpolizeilichen Arbeit erheblich stärker als etwa die Tätigkeit in einem Produktionsbetrieb auf politischen Vorgaben wie etwa ideologisch fixierten Feindbildern.[89]

IV.

Der Überblick über die Arbeitsfelder der Disziplinierung, der Kaderarbeit und der politischen Schulung macht deutlich, daß das Verhältnis zwischen Parteileitungen und dienstlichen Leitungen einen wesentlichen Schlüssel zur Bewertung der Bedeutung der Parteiorganisation der SED im MfS darstellt. Zwischen den führenden Vertretern der Parteiorganisation und der Leitung der Staatssicherheit war es unumstritten, daß der dienstliche Vorgesetzte gemäß dem Prinzip der „Einzelleitung" allein die Leitungsverantwortung für die jeweilige Hauptabteilung oder Abteilung trug, unbeeinträchtigt durch die Kompetenzen des jeweiligen Parteisekretärs.[90]

---

86 SED-Kreisleitungssitzung im SfS am 19.11.1954, Redebeitrag Günter Weichelt; BStU, ZA, KL-SED 197, Bl. 242.

87 Vgl. auch eine entsprechende Aussage Erich Mielkes auf der SED-Kreisleitungssitzung am 14.1.1955; BStU, ZA, KL-SED 631, Bl. 81–87, hier 84.

88 Vgl. Förtsch/Mann: Die SED, S. 84.

89 Vgl. Süß: „Schild und Schwert", S. 94f., außerdem, zwar bezogen auf die achtziger Jahre, aber in den Grundaussagen auch für die fünfziger geltend: Bernward Baule: Die politische Freund-Feind-Differenz als ideologische Grundlage des Ministeriums für Staatssicherheit (MfS), in: Deutschland Archiv 26 (1993), S. 170–184.

90 Vgl. etwa die Redebeiträge des Ersten Sekretärs der SED-Bezirksparteiorganisation im MfS, Otto Walter, und des Ministers Wilhelm Zaisser auf der SED-Kreisdelegiertenkonferenz im MfS Berlin am 14./15.6.1952; BStU, ZA, KL-SED 572, Bl. 493–500, hier 499, und Bl. 504–514, hier 505f.; Isolde Sobeck: „Die Lehren des XIX. Parteitages der KPdSU für den Aufbau des Sozialismus in der DDR und die Schlußfolgerungen für die Arbeit der Parteiorganisation im MfS". Referat auf der SED-Kreisparteiaktivtagung im

Das galt auch für das Verhältnis zwischen dem Minister und dem Ersten Sekretär der Bezirks- bzw. Kreisparteiorganisation,[91] wie beispielsweise die Sitzungen des Kollegiums zeigen: Ebenso wie die Stellvertreter des Ministers ordnete sich auch der Erste Sekretär der Autorität des Ministers unter, der die Sitzungen leitete, ihre Ergebnisse jeweils zusammenfaßte und die getroffenen Entscheidungen letztlich persönlich verantwortete. Innerhalb dieses Rahmens konnten die Parteileitungen einen gewissen Einfluß auf die „fachliche" Arbeit ausüben, der jedoch zum einen je nach Persönlichkeit des Parteisekretärs variiert haben dürfte, zum anderen je nach Arbeitsgebiet unterschiedlich ausfiel: So war die Leitung der operativen Arbeit einzig und allein Sache des dienstlichen Vorgesetzten, der Parteisekretär hatte keinerlei Mitspracherechte, ja noch nicht einmal das Recht, im Detail informiert zu werden. Zwar erhielten die Parteisekretäre über die Teilnahme an Dienstbesprechungen oder Gesprächen mit dienstlichen Vorgesetzten gewisse Einblicke in die operative Arbeit; letzten Endes stand es aber immer im Ermessen der dienstlichen Leitungen des MfS, wieviel den Parteileitungen mitgeteilt wurde.[92] In der Kaderarbeit dagegen gewannen die Parteileitungen, wie gezeigt, im Laufe der fünfziger Jahre recht ausgedehnte informelle Mitspracherechte. Außerdem unterstützten sie über ihre Disziplinierungsbefugnisse einerseits die dienstlichen Vorgesetzten bei der Wahrung der Arbeitsdisziplin, andererseits konnten sie in den von dem jeweiligen Minister vorgegebenen Grenzen auch die Vorgesetzten zumindest für ihre Personalführung kritisieren. Schließlich zeigten sich 1954 bei der Erstellung der Dienstordnung des SfS[93] erste Ansätze einer Beteiligung der Parteiorganisation bei der Ausarbeitung dienstlicher Anweisungen,[94] die in der bereits genannten Direktive der Sicherheitskommission vom Januar 1955 auch kodifiziert wurden. Demnach sollte das Büro der Kreisleitung bei der Ausarbeitung grundsätzlicher Leitungs-

MfS Berlin am 28.1.1953; BStU, ZA, KL-SED 570, Bl. 6–26, hier 19f.; Redebeitrag Wilhelm Zaisser; ebenda, Bl. 28–36, hier 33, sowie die Diskussion um die Rolle der Parteisekretäre im SfS in der SED-Kreisleitungssitzung im SfS Berlin am 7.1.1955; BStU, ZA, KL-SED 631, Bl. 70–79, sowie KL-SED 91, Bl. 709–744, dort insbesondere die Aussage Erich Mielkes; ebenda, KL-SED 631, Bl. 75.

91 Vgl. z. B. eine entsprechende Äußerung Hermann Steudners im „Rechenschaftsbericht der Kreisleitung VII c/1" auf der SED-Kreisdelegiertenkonferenz am 21./22.5.1955; BStU, ZA, KL-SED 572, Bl. 1000–1051, hier 1041.

92 Zusätzlich zu den in Anm. 90 genannten Belegen vgl. die Direktive der Sicherheitskommission vom 26.1.1955, passim und Bl. 1307, die die Behandlung der operativen Arbeit in den Gesprächen zwischen Parteileitungen und dienstlichen Vorgesetzten zwar nicht ausschließt, aber im Gegensatz zu anderen Gesprächsgegenständen auch nicht ausdrücklich nennt, und schließlich bei Gesprächen des Ministers mit dem Ersten Sekretär der Kreisleitung die Erwähnung geplanter operativer Aktionen ins Ermessen des ersteren stellt.

93 Dienstordnung des SfS vom 17.9.1954; BStU, ZA, DSt 100935, ohne Blattzahl.

94 Vgl. Hermann Steudner: „Der IV. Parteitag und die Aufgaben der Parteiorganisation der SED im SfS". Referat auf der SED-Kreisparteiaktivtagung im SfS Berlin am 18.5.1954; BStU, ZA, KL-SED 570, Bl. 112–150, hier 129.

befehle, insbesondere im Bereich der inneren Ordnung und der Kadererziehung, beteiligt werden.[95] Eine Umsetzung dieser Bestimmung ist für den Untersuchungszeitraum freilich bisher nicht belegbar.[96] Während so einerseits die Parteileitungen Mitsprachemöglichkeiten in Teilbereichen der „fachlichen" Arbeit des MfS erhielten, gab es auf der anderen Seite die Tendenz, die Verantwortlichkeiten der dienstlichen Vorgesetzten in den Bereich der Parteiarbeit auszudehnen, was sich besonders augenfällig an der Umformung des Parteilehrjahres in die auf dienstliche Grundlage gestellte „marxistisch-leninistische Schulung" zeigt.

Insgesamt ergibt sich das Bild einer engen Verflechtung der Arbeit der Parteiorganisation und der dienstlichen Verantwortungsträger im MfS, die geprägt war von einer zwar seit 1953 nicht mehr institutionell fixierten, aber faktischen Unterordnung der Parteiorganisation der SED im MfS unter die dienstliche Leitung des Staatssicherheitsdienstes. Der Staatssicherheitschef Wollweber legte in Zusammenarbeit mit den zuständigen Instanzen des ZK, vor allem der Sicherheitskommission und der Abteilung für Sicherheitsfragen, Spielräume und Aufgaben der Parteiorganisation in einer Weise normativ fest, daß diese sich zu einem gemeinsamen Instrument von SED-Parteiführung und MfS-Leitung entwickelte. Die Aufgaben der Parteiorganisation erstreckten sich kaum auf die Kontrolle der operativen Arbeit, schon gar nicht im Sinne von Eingriffen in die dienstlichen Befugnisse. Jedoch bot ein von dienstlichen Notwendigkeiten entlasteter eigenständiger Parteistrang der SED-Parteihierarchie ein zusätzliches Instrument zur ideologischen Formierung der MfS-Mitarbeiter und zur Durchsetzung der kaderpolitischen Prinzipien der SED innerhalb des Staatssicherheitsdienstes.

---

95 Direktive der Sicherheitskommission vom 26.1.1955, Bl. 1308.
96 Allerdings sind die Protokolle des Büros der SED-Kreisleitung im MfS für die Zeit bis zum Sommer 1957 nicht überliefert.

Jens Gieseke
Erst braun, dann rot?
Zur Frage der Beschäftigung ehemaliger Nationalsozialisten als hauptamtliche Mitarbeiter des MfS

Zur Geschichte eines Reizthemas

Am 2. November 1964 erschien in der Westberliner Boulevardzeitung BZ auf der zweiten Seite eine Meldung mit Foto unter der Überschrift: „Skandal um Ulbrichts Leibwächter. Gold – erst braun, dann rot". Nach Ermittlungen des Untersuchungsausschusses Freiheitlicher Juristen (UFJ), so wurde dort berichtet, sei der für die persönliche Sicherheit der SED-Parteispitze verantwortliche Leiter der MfS-Hauptabteilung Personenschutz, Generalmajor Franz Gold, am 1. November 1938, unmittelbar nach der Besetzung des Sudetenlands, der NSDAP beigetreten. Der UFJ konnte sogar, was der Meldung besondere Glaubwürdigkeit verlieh, die Mitgliedsnummer nennen. Die Nachricht schlug als „neuer Nazi-Skandal in Ulbrichts engster Umgebung" Wellen in der westlichen Öffentlichkeit, sie wurde sofort über die Agenturen, auch im englischsprachigen Ausland verbreitet[1]. Die Zeitungsmeldung war zwar schnell wieder vergessen, ihr Inhalt fand aber Eingang in den westlichen Wissensschatz über die Staatssicherheit, wurde unter anderem in einschlägigen biographischen Nachschlagewerken wie dem „Braunbuch DDR"[2] zitiert und gab – dreißig Jahre später – zusammen mit einer Reihe anderer Fälle von „Nazigrößen in der DDR" der Enquete-Kommission des Deutschen Bundestages „Aufarbeitung von Geschichte und Folgen der SED-Diktatur" Anlaß festzustellen, „daß es in der SBZ/DDR Kontinuitäten nationalsozialistischen Denkens gegeben hat."[3]

Franz Gold ist das wohl prominenteste Beispiel eines „Nazis in der

---

1 Presseausschnitt in der Kaderakte Franz Gold; BStU, ZA, KS I 20/84, Bd. 1, Bl. 48; UPI-Meldungen vom 2.11.1964; ebenda, Bd. 3, Bl. 126–127; die Broschüre: Ehemalige Nationalsozialisten in Pankows Diensten, hrsg. vom Untersuchungsausschuß Freiheitlicher Juristen, 5. ergänzte Auflage [o. O., o. J.], S. 34: „Franz Gold (SED), Generalmajor im Ministerium für Staatssicherheit, Leiter der Abteilung ‚Personenschutz' im Ministerium für Staatssicherheit, Vaterländischer Verdienstorden in Silber, Vaterländischer Verdienstorden in Gold, Orden ‚Banner der Arbeit', Artur-Becker-Medaille in Gold. Vor 1945 Eintritt in die NSDAP: 1.11.1938, Nr. 6 792 350".
2 Olaf Kappelt: Braunbuch DDR, Herford 1981, S. 207f.
3 Bericht der Enquete-Kommission vom 31.5.1994, in: Materialien der Enquete-Kommission „Aufarbeitung von Geschichte und Folgen der SED-Diktatur in Deutschland" (12. Wahlperiode des Deutschen Bundestages), hrsg. vom Deutschen Bundestag, Bd. I, Baden-Baden 1995, S. 178–778, hier 281; vgl. Protokoll der 30. Sitzung der Enquete-Kommission „Antifaschismus und Rechtsradikalismus in der SBZ/DDR", in: ebenda, Bd. III/1, S. 95–201, hier 141.

Staatssicherheit". Vor allem in den späten fünfziger und frühen sechziger Jahren wurden im Westen, als Reaktion auf die Kampagnen der DDR gegen führende westdeutsche Regierungsvertreter mit NS-Vergangenheit wie Globke, Oberländer und andere, Broschüren erstellt, in denen zahlreiche Fälle von NSDAP-Mitgliedern in der DDR-Spitze dokumentiert wurden. In diesen Broschüren wurden immer wieder auch Mitarbeiter der, wie sie ein westlicher Buchtitel damals nannte, „Roten Gestapo" als frühere Nazis enttarnt[4]. In den siebziger und achtziger Jahren ließ die Konjunktur des Themas nach, es wurde aber von Publizisten, zum Beispiel in dem BND-Enthüllungsbuch „Pullach intern" oder eben dem „Braunbuch DDR" immer wieder aufgegriffen.[5] Einen neuen Aufschwung bekam das Thema nach dem Zusammenbruch der DDR in der Publizistik der „Aufarbeitungs"- und „Stasi-Debatte". In Veröffentlichungen des Magazins „Der Spiegel", aber auch in einer Biographie über den Minister für Staatssicherheit Ernst Wollweber wurden Beispiele für von der Staatssicherheit übernommene NS-Kader wieder angeführt, um die These zu belegen, daß die neuen Machthaber nicht davor zurückschreckten, zur Durchsetzung ihrer Herrschaftsansprüche auf Kräfte zurückzugreifen, die sie zu bekämpfen vorgaben und deren neue Heimstatt sie im Westen Deutschlands sahen.[6]

Mit Hilfe der jetzt zur Verfügung stehenden Unterlagen läßt sich der Frage nach den Nazis im MfS genauer nachgehen. Die folgende Untersuchung ist ganz auf die hauptamtlichen Mitarbeiter der Staatssicherheit konzentriert, die – sicher genauso wichtige und interessante, aber andere Probleme berührende – Frage der inoffiziellen Mitarbeiter bleibt außer Betracht. Sie stützt sich auf die derzeit zugänglichen Archivalien des Ministeriums für Staatssicherheit, namentlich die kaderpolitischen Grundsatzdokumente, die Protokolle des Kollegiums als kollektivem Führungsorgan des MfS, Analysen des Personalbestandes und vor allem die durch die zentrale Kartei der hauptamtlichen Mitarbeiter und die Personenkartei des MfS (F16/F22) erschlossenen Kaderunterlagen, insbesondere die Personal- und Disziplinarakten.

Bei der Untersuchung der hauptamtlichen Mitarbeiter treffen zwei übergeordnete Forschungsprobleme zusammen: Zum einen steht sie im Zusammenhang mit der Frage, ob und inwiefern die Geheimpolizei der SED bei ihrem Aufbau, bei der Wahl ihrer Mittel und Methoden und eben auch bei ihrer Personalrekrutierung auf den ebenso unseligen wie breiten Erfahrungsschatz der Gestapo oder anderer NS-Organisationen als Vorbild zu-

---

4   Bernhard Sagolla: Die Rote Gestapo. Der Staatssicherheitsdienst in der Sowjetzone, Berlin 1952 (Hefte der Kampfgruppe gegen Unmenschlichkeit).
5   Hermann Zolling und Heinz Höhne: Pullach intern. General Gehlen und die Geschichte des Bundesnachrichtendienstes, Hamburg 1971; Heinz Höhne: Der Krieg im Dunkeln. Die Geschichte der deutsch-russischen Spionage; zuerst München 1985 (hier zitiert nach der Neuauflage Bindlach 1993); Kappelt: Braunbuch DDR.
6   „Für ehrliche Zusammenarbeit", in: Der Spiegel 19/1994, S. 84–91; Jan von Flocken und Michael F. Scholz: Ernst Wollweber: Saboteur, Minister, Unperson, Berlin 1994, S. 139.

rückgriff. Diese Frage ist in der bislang veröffentlichten Forschung zwar immer wieder aufgeworfen worden, tatsächliche quellengestützte Forschungsergebnisse liegen dazu aber bislang nicht vor. Selbstverständlich sind direkte personelle Verbindungen zwischen beiden Geheimpolizeien nur ein Aspekt bei der Untersuchung dieser Frage, aber eben kein ganz unwichtiger.[7]

Zum anderen berührt sie die Frage, welche Rolle ehemalige Anhänger des NS-Regimes in den Funktioneliten des Partei- und Staatsapparates der DDR spielten. Zu einigen Aspekten dieses Problems liegen erste Untersuchungen vor, etwa zur Rekrutierung von Wehrmachtsgenerälen und -offizieren für die Nationale Volksarmee und ihre Vorläufer, die sogar bis zu dem ehrenamtlichen Richter am Volksgerichtshof, Arno von Lenski, reichte,[8] der Einbindung ehemaliger Nazis durch die Schaffung der NDPD[9], oder auch – freilich noch recht umstritten – zum Anteil früherer NSDAP-Mitglieder an der Mitgliederschaft der SED.[10] Eine umfassende Bestimmung des realen Stellenwerts und der Rolle von Kräften mit NS-Belastungen in der SED-Kaderpolitik, jenseits eines vordergründigen, in der Logik des Kalten Kriegs verhafteten Schlagabtauschs, steht aber bislang aus.

Aus der Kombination beider Probleme ergibt sich die Relevanz der hier verfolgten Fragestellung: Ließ die SED-Führung tatsächlich in ihr „Allerheiligstes", ihr bewaffnetes Schutz- und Repressionsorgan, ehemalige Nationalsozialisten, oder war dies ein Kernbereich des Herrschaftssystems, der bei aller Bereitschaft, entsprechendes Personal in anderen Sphären

7 Vgl. die Zusammenfassung der Diskussion in: Klaus-Dietmar Henke und Roger Engelmann (Hrsg.): Aktenlage. Die Bedeutung der Unterlagen des Staatssicherheitsdienstes für die Zeitgeschichtsforschung, Berlin 1995, S. 230; für den MfS-Vorläufer K 5 vgl. Norman Naimark: The Russians in Germany. A History of the Soviet Zone of Occupation 1945–1949, Cambridge/Mass., London 1995, S. 360.
8 Rüdiger Wenzke: Wehrmachtsoffiziere in den DDR-Streitkräften, in: Detlef Bald, Reinhard Brühl und Andreas Prüfert (Hrsg.): Nationale Volksarmee – Armee für den Frieden. Beiträge zu Selbstverständnis und Geschichte des deutschen Militärs 1945–1990, Baden-Baden 1995, S. 143–156, zu Lenski dort S. 151.
9 Dietrich Staritz: Die National-Demokratische Partei Deutschlands 1948–1953. Ein Beitrag zur Untersuchung des Parteiensystems der DDR, Diss. Berlin 1968; ders.: National-Demokratische Partei Deutschlands (NDPD) in: Martin Broszat und Hermann Weber (Hrsg.): SBZ-Handbuch. Staatliche Verwaltungen, Parteien, gesellschaftliche Organisationen und ihre Führungskräfte in der Sowjetischen Besatzungszone Deutschlands 1945–1949, München 1990, S. 574–583.
10 Ilko-Sascha Kowalczuk: „Wir werden siegen, weil uns der große Stalin führt!" Die SED zwischen Zwangsvereinigung und IV. Parteitag. in: ders., Armin Mitter und Stefan Wolle: Der Tag X. 17. Juni 1953: Die „Innere Staatsgründung" der DDR als Ergebnis der Krise 1952/54, Berlin 1995 (Forschungen zur DDR-Geschichte Bd. 3), S. 171–242. Kowalczuk kommt durch Einrechnung der HJ-Mitglieder und z.T. der Berufssoldaten auf sehr hohe Anteile von „NS-Belasteten". Nach Berechnungen des Verfassers lag der Anteil an früheren NSDAP-Mitgliedern (ohne HJ/BDM) 1951 bei etwa 8 bis 10 Prozent, im Dezember 1953 bei 8,7 Prozent, Angehörige von NS-Gliederungen (ohne HJ/BDM) waren zu diesem Zeitpunkt mit 6,0 Prozent vertreten, wobei unklar ist, ob hierbei Doppelzählungen erfolgten (alle Angaben für Mitglieder und Kandidaten der SED); SAPMO-BA DY 30 IV 2/5/1370, Bl. 8–12; DY 30 IV 2/5/1649, Bl. 1–2; DY 30 IV 2/5/1653, Bl. 1–3; DY 30 IV 2/5/1651; Bl. 1 und 17.

– soweit dies opportun erschien – zuzulassen, tabu war? Und falls sie es zuließ, in welchem Maße und unter welchen Bedingungen? Die Beantwortung dieser Fragen liefert auch einen Baustein für heute sehr engagiert geführte Debatten wie die um die Legitimation der DDR als „antifaschistischem Staat", um die These einer inneren Nähe von Nationalsozialismus und Kommunismus, aber auch für den Vergleich mit den personellen Grundlagen des Aufbaus von Polizei und Geheimdiensten in der Bundesrepublik.

Versucht man, die Quellenbasis für die in den zitierten Veröffentlichungen genannten Einzelfälle zu ergründen, so stößt man auf eine – als abschreckendes Beispiel geradezu lehrbuchtaugliche – Zitierkette. Insgesamt zwölf Personen werden in Artikeln und Büchern namentlich als Beispiele erwähnt, nicht selten ohne jeglichen Nachweis der verwendeten Quellen. Verfolgt man die wenigen Belegstellen, so zeigt sich, daß nahezu alle, also auch die Veröffentlichungen der jüngsten Zeit, auf den einschlägigen Broschüren des Untersuchungsausschusses Freiheitlicher Juristen aus den fünfziger und sechziger Jahren beruhen. Die UFJ-Broschüren selbst basieren, soweit rekonstruierbar, im wesentlichen auf zwei Grundlagen: zum einen den Interviews des Untersuchungsausschusses mit MfS-Überläufern und anderen DDR-Bürgern, sowie möglicherweise – dies ist nicht belegbar, liegt aber nahe – auf Informationen westlicher Geheimdienste. Insbesondere die Berichte von Überläufern – bis zum Mauerbau traten über vierhundert Mitarbeiter die Flucht in den Westen an – boten reichhaltige Einblicke in das Innenleben des MfS-Apparates. Sie standen wohl zumindest teilweise auch dem Untersuchungsausschuß für seine Öffentlichkeitsarbeit zur Verfügung.[11]

Diese Informationen entzogen sich verständlicherweise weitgehend einer näheren Überprüfung. Aber die Autoren, die sich später der UFJ-Broschüren bedienten, übersahen zuweilen auch geflissentlich die vorhandenen Recherchemöglichkeiten, namentlich im Berlin Document Center – und selbst nach der Öffnung der MfS-Akten für Publizistik und Wissenschaft verzichteten einige Autoren auf die nun möglichen Nachforschungen.[12]

---

11 Zu den MfS-Überläufern vgl.: Jens Gieseke: Die hauptamtlichen Mitarbeiter des Ministeriums für Staatssicherheit (Anatomie der Staatssicherheit, Geschichte, Struktur und Methoden. MfS-Handbuch. Hrsg. von Klaus-Dietmar Henke, Siegfried Suckut, Clemens Vollnhals, Walter Süß, Roger Engelmann; Teil IV/1), BStU, Berlin 1995, S. 81. Zum UFJ vgl.: Siegfried Mampel: Der Untergrundkampf des Ministeriums für Staatssicherheit gegen den Untersuchungsausschuß Freiheitlicher Juristen in Berlin (West), Berlin 1994 (Schriftenreihe des Berliner Landesbeauftragten für die Unterlagen des Staatssicherheitsdienstes der ehemaligen DDR, Bd. 1); Frank Hagemann: Der Untersuchungsausschuß Freiheitlicher Juristen 1949–1969, Frankfurt/M. 1994.

12 Der einzige Ausbruch aus diesen Zitierketten erfolgte durch Karl Wilhelm Fricke, der für einige Fälle schon in den achtziger Jahren zu dem Ergebnis kam, daß die Angaben nicht zutreffen und die Kontinuitätsthese deshalb nicht trägt: „In der Tat wäre es ein schwerer politischer Fehler gewesen, ehemaligen Nationalsozialisten oder Gestapo-Offizieren den Zugang zur Staatssicherheit zu öffnen. Die SED hat ihn nicht gemacht." Karl Wilhelm Fricke: Die DDR-Staatssicherheit. Entwicklung, Strukturen, Arbeitsfelder, Köln 1982; hier zitiert nach der 2. Auflage 1984, S. 194.

NS-Belastungen in der MfS-Kaderpolitik

In der Kaderpolitik des MfS spielten etwaige NS-Belastungen von Einstellungskandidaten und Mitarbeitern eine eminent wichtige Rolle. In der frühesten einschlägigen Dienstbestimmung, den im November 1953 vom gerade ins Amt gekommenen Chef der Staatssicherheit, Staatssekretär Ernst Wollweber, erlassenen Richtlinien für die Kader- und Schulungsarbeit, heißt es unter den Merkmalen, die eine Einstellung ausschließen:

„Im Staatssekretariat für Staatssicherheit werden nicht eingestellt:

1. Ehemalige Mitglieder der NSDAP oder deren Gliederungen
2. Ehemalige Mitarbeiter der Vollzugsorgane aus der Zeit bis zum Zusammenbruch des faschistischen Deutschlands [hierunter sind insbesondere frühere Polizeibeamte u.ä. zu verstehen]
3. Ehemalige aktive Funktionäre der HJ oder des BDM
4. Personen, die in den von faschistischen Truppen besetzten Ländern zur Unterdrückung der Bevölkerung oder Partisanenbekämpfung eingesetzt waren [also insbesondere Wehrmachtssoldaten, die an Kriegsverbrechen beteiligt waren].“[13]

Sieht man davon ab, daß die Formulierung „aktive Funktionäre der HJ oder des BDM" die Implikation zuläßt, es hätte auch passive HJ-Funktionäre geben können, denen die Einstellung nicht verwehrt worden wäre, lassen die Regelungen keine Spielräume offen. Insbesondere „Fachleute" aus der Gestapo und anderen geheimdienstlichen Institutionen waren danach ausgeschlossen. Allerdings findet sich keine Regelung für höhere Wehrmachtsoffiziere, die ja für die NVA und ihre Vorläufer eine große Rolle spielten.

In der Ära Zaisser hat es offenbar keine schriftlich niedergelegten Rekrutierungsrichtlinien gegeben. Sowohl die analogen Regelungen für die Volkspolizei, mit deren Kriminalpolizeizweig K 5 als direktem Vorläufer der Staatssicherheit, als auch die Überprüfungsarbeit der frühen Jahre, wie sie sich aus den Kaderakten erschließt, machen aber deutlich, daß diese Grundsätze im MfS und seinen Vorläufern auch schon vorher galten, wenngleich die reale Lage in der Polizei der unmittelbaren Nachkriegszeit keineswegs so eindeutig war, wie die einschlägigen Bestimmungen suggerieren. So formulierte die gerade etablierte Deutsche Verwaltung des Innern (DVdI) schon 1946 in der ersten zonenweiten Einstellungsrichtlinie für den Polizeidienst ein Einstellungsverbot für ehemalige Nationalsozialisten fast wortgleich wie in der MfS-Bestimmung von 1953.[14] Auf einer Konferenz mit den Polizeichefs der Länder markierte Erich Mielke,

---

13 Dienstanweisung 43/53 des Staatssekretärs: Richtlinien für die Kader- und Schulungsarbeit, 6.11.1953; BStU, ZA, DSt 100885, S. 6.
14 Deutsche Verwaltung des Innern in der Sowjetischen Besatzungszone: Einstellungsrichtlinien für die Polizei in der sowjetischen Besatzungszone Deutschlands; BStU, ZA, AS 399/66, Bd. 2, Bl. 410–419, hier 411.

damals für Personalfragen verantwortlicher Vizepräsident der DVdI, die Grenzen der Offenheit:

„Diese ehemaligen NSDAP-Mitglieder, von denen bereits ein Teil ehrlich gewillt ist, mit dem demokratischen Aufbau zu gehen, können sich in jeder Arbeit bewähren, aber nicht im Polizeidienst."[15]

Mielke hatte guten Grund, diese Position mit soviel Nachdruck zu betonen. Er selbst verlas zur Illustration der realen Lage gleich anschließend eine Liste von ehemaligen SS- und SD-Leuten in der Kriminalpolizei der Provinz Sachsen (Sachsen-Anhalt) und empfahl eine „gründliche Reinigung", zu der unter anderem ein „Personalaußendienst", also eine interne Säuberungstruppe, eingerichtet werden sollte.[16] Die Wirkung dieser Säuberungen, die nicht nur ehemalige Nationalsozialisten, sondern auch andere unliebsame Kräfte wie zum Beispiel vermeintliche „Schumacher-Agenten" trafen, die aufgrund des eklatanten kommunistischen Kadermangels und der KPD-Einheitspolitik 1945/46 zunächst in den Polizeidienst übernommen bzw. aufgenommen wurden, läßt sich statistisch deutlich ablesen. Bis September 1949 sank der Anteil ehemaliger Mitglieder der NSDAP und ihrer Gliederungen (ohne HJ/BDM) auf 0,4 Prozent der Polizeiangehörigen.[17]

Spezielle statistische Angaben für den politischen Zweig der Kriminalpolizei K 5 liegen nicht vor. Doch daß hier noch strengere Maßstäbe galten, hob etwa ihr sächsischer Chef 1948 in seiner Bilanz der Aufbauphase der politischen Polizei deutlich hervor:

„Infolge der besonderen Aufgaben, die der K 5 im Rahmen der Kripo zugewiesen sind, ist es [...] nicht möglich, daß irgendwelche andere frühere Angehörige der Polizei, welche in Sparten gearbeitet haben wie z. Bsp. a) politische Polizei, b) geheime Staatspolizei c) Sicherheitsdienst, beschäftigt werden können."[18]

Zumindest in einem Fall läßt sich auch nachweisen, daß ein Volkspolizist, der dem K 5-Chef Erich Jamin positiv aufgefallen war, trotz dessen Empfehlung nicht in die politische Polizei übernommen wurde, weil dem zuständigen K 5-Dezernat Gerüchte über eine angebliche NSDAP-Mitgliedschaft zugetragen worden waren.[19] Wenn es in anderen Zweigen der

---

15 Protokoll über die Konferenz der [sic] Präsidenten der Deutschen Verwaltung des Innern mit den Chefs der Polizei der Länder und Provinzen in der sowjetischen Besatzungszone und den Vertretern der SMAD am 30.10.1946; BStU, ZA, AS 229/66, Bl. 43–136, hier 93.

16 Ebenda, Bl. 99.

17 Personalstruktur der Volkspolizei, Stand Ende September 1949; BA/P, DO 1/7/165, Bl. 115; vgl. zur Frühgeschichte der Volkspolizei: Richard Bessel: Polizei zwischen Krieg und Sozialismus. Die Anfänge der Volkspolizei nach dem Zweiten Weltkrieg, in: Von der Aufgabe der Freiheit. Festschrift für Hans Mommsen zum 65. Geburtstag, Berlin 1995, S. 517–531.

18 Jahresbericht 1947, Dezernat K 5 im Lande Sachsen – streng vertraulich; BStU, ZA, AS 229/66, Bl. 362–422, hier 365.

19 Schreiben der DVdI, K 5, an die K 5 Brandenburg vom 7.4.1949 und Antwortschreiben vom 16.4.1949; BStU, ZA, AS 609/66, Bl. 85f.

Volkspolizei noch einzelne NS-Kader gab, so kann doch davon ausgegangen werden, daß gerade in der politischen Polizei die Einstellungsrichtlinien besonders schnell und nachdrücklich umgesetzt wurden.[20]

Zurück zum MfS: In der Überprüfungsarbeit vor der Einstellung von hauptamtlichen Mitarbeitern wurde der Frage nach einer etwaigen NS-Vergangenheit große Bedeutung zugemessen. Selbst Belastungen im weiteren familiären Umfeld, zum Beispiel bei Schwiegereltern, Onkeln und ähnlichem, wurden äußerst aufmerksam registriert und als „negativer Faktor" gewertet, der unter Umständen zum Abbruch der Werbung führen konnte. Diese Regelungen wurden auch in den Novellierungen der Kaderordnung in den sechziger Jahren fortgeschrieben.[21] Noch 1977 stellten führende MfS-Spezialisten für Kaderfragen und die innere Sicherheit des Apparates in ihrer Kollektivdissertation fest, daß die einschlägigen Vorschriften zwar praktisch an Bedeutung verloren hätten, bei der Verwandtenüberprüfung aber nach wie vor „gewissenhaft", wenn auch „unter Berücksichtigung ihrer Entwicklung im Sozialismus", zu beachten seien.[22]

Die Vorschriften ließen also an Klarheit nichts zu wünschen übrig: Ehemalige Nationalsozialisten standen an der Spitze der Personengruppen, die auf keinen Fall in der Staatssicherheit dienen sollten. Ermessensspielräume wurden nicht zugelassen, sieht man von der Regelung für „passive" HJ-Funktionäre ab, die vermutlich eine Werbung von ehemaligen niederen Funktionsträgern und einfachen Mitgliedern der Hitlerjugend nicht ausschließen sollte. Daß das MfS beabsichtigt hätte, systematisch zum Beispiel Gestapo-Personal mit seinem Wissen und seinen Fähigkeiten im eigenen Apparat zu nutzen, und sei es nur aus entsetzter Bewunderung für die Effektivität der von einigen selbst erlittenen Verfolgung im Dritten Reich, läßt sich aus keiner der Vorschriften entnehmen.[23]

20 Wieweit jenseits dieser kaderpolitischen Festlegungen eine positive Rezeption der Gestapo-Arbeitsweise erfolgte, kann hier nicht weiter verfolgt werden. Entsprechende Äußerungen von Polizeioffizieren, wie sie Naimark zitiert, wären auf ihre Repräsentativität und Reichweite noch zu überprüfen. Vgl. Naimark: The Russians in Germany, S. 360. Nach dem Eindruck des Verfassers aus der Recherche in Überlieferungen zur K 5 stellten sie die absolute Ausnahme dar; vgl. Bericht über die vom Referat K 5 der DVdI am 7.8.10.1947 abgehaltene Arbeitstagung mit den Dezernats- und Kommissariatsleitern K 5; BStU, ZA, AS 442/66, Bl. 121–175, hier 164.
21 Bestimmungen für die Arbeit mit den Angehörigen des Ministeriums für Staatssicherheit vom 31.12.1964 und vom 1.5.1969 (jeweils Punkt 2.1.); BStU, ZA, DSt 102241.
22 Forschungsarbeit ohne Titel [Horst Bischoff, Dietrich Harbott, Manfred Kirmse und Günter Möller: Zu den Angriffen der imperialistischen Geheimdienste gegen das MfS und den wichtigsten vorbeugenden Aufgaben der Diensteinheiten zur Gewährleistung der inneren Sicherheit, Diss. A. JHS Potsdam 1977], S. 27; BStU, ZA, HA KuSch AKG 4, unerschlossenes Material, S. 27.
23 Die Wahrnehmung des Gestapo durch die MfS-Führung wäre ein eigenes Thema. Neuere Forschungsergebnisse legen nahe, daß aus kommunistischer Sicht die Effektivität der Gestapo weit überschätzt worden ist; vgl. Klaus-Michael Mallmann und Gerhard Paul: Allwissend, allmächtig, allgegenwärtig? Gestapo, Gesellschaft und Widerstand, in: Zeitschrift

Gleichwohl lassen sich Abweichungen von diesen Vorgaben nicht ausschließen. Besonders in den hier zur Debatte stehenden fünfziger Jahren war das MfS von der Regelhaftigkeit eines bürokratisch normierten und strukturierten Apparats in mancher Hinsicht noch weit entfernt.[24] Die Personalüberprüfungsverfahren waren noch lange nicht so ausgefeilt wie in späteren Jahren, aufgrund des Bedarfs an Kadern für den ständig wachsenden Apparat könnten die Bestimmungen zuweilen „großzügig" ausgelegt worden sein, und schließlich wäre es nicht auszuschließen, daß der Wille, „scharfes Schwert der Partei" zu sein oder zumindest zu werden, auch außerhalb der offiziellen Regularien angesiedelte Opportunitäten – unter besonderer interner Geheimhaltung – eingeschlossen hätte.

Eine solche „Konspiration in der Konspiration" läßt sich nach den vorliegenden Erfahrungen mit der schriftlichen Überlieferung des MfS nicht völlig ausschließen. Zumindest läßt sich aber feststellen, daß die Beschäftigung von ehemaligen Nationalsozialisten im MfS in den zuweilen kontrovers geführten und relativ breit dokumentierten Debatten um die Rekrutierungspolitik und die Zustände im Mitarbeiterbestand in den fünfziger Jahren kein Thema war. Die Staatssicherheit hebt sich damit deutlich ab von der SED, in der ja über den Anteil der Mitglieder mit NS-Belastungen eine Reihe von Analysen erstellt wurden, und von der KVP/NVA, die bewußt und gezielt Wehrmachtsgeneräle und -offiziere anwarb und in führende Positionen brachte. Der einzige Bezug, unter dem sich Hinweise in den Leitungsakten des MfS finden, sind einige Fälle von Mitarbeitern, die ihre NS-Belastungen bei der Einstellung verschwiegen hatten. Im folgenden wird darauf einzugehen sein.

Belastete MfS-Kader? Eine Typologie

Die Diskrepanz zwischen den Befunden westlicher Werke und den MfS-internen Materialien zur Kaderpolitik ist augenfällig: Einerseits wird in verschiedenen Publikationen eine ganze Reihe von Namen übernommener NS-Kader genannt und diese nicht selten mit dem Anspruch, nur die Spitze des Eisbergs zu zeigen. Andererseits läßt sich aus der archivalischen Überlieferung kein Hinweis auf eine pronazistische Rekrutierungspolitik entnehmen. Um diesen Widerspruch aufzulösen, werden im folgenden die in der Literatur genannten Einzelfälle näher untersucht und in einer Typologie zusammengefaßt.

---

für Geschichtswissenschaft 41 (1993), S. 984–999; sowie den von denselben Autoren herausgegebenen Sammelband: Die Gestapo – Mythos und Realität, Darmstadt 1995.
24 Bezogen auf die IM-Arbeit vgl.: Helmut Müller-Enbergs: Zum Verhältnis von Norm und Praxis in der Arbeit mit Inoffiziellen Mitarbeitern des Ministeriums für Staatssicherheit, in: Henke/Engelmann (Hrsg.): Aktenlage, S. 56–76.

a) Militärkader

Als erste Gruppe sind Fälle zu nennen, in denen ehemalige NS-Funktionsträger mit dem MfS in Verbindung gebracht wurden, diese aber tatsächlich zu den Kadern der Nationalen Volksarmee und ihrer Vorläufer zählten. Einer dieser Fälle betrifft Reinhold Tappert, der vormals als Sturmscharführer (Stabsfeldwebel) im Reichssicherheitshauptamt und später in der Leibstandarte „Adolf Hitler" der Waffen-SS im Rang eines Untersturmführers (Leutnant) diente. Tappert soll während der sowjetischen Kriegsgefangenschaft an der Zentralen Antifa-Schule Krasnogorsk Assistent von Wilhelm Zaisser und deutscher Schulleiter gewesen sein und ist später bis zum Divisionskommandeur in der Kasernierten Volkspolizei aufgestiegen.[25] Daß Tappert jemals Offizier in der Bezirksverwaltung Berlin gewesen ist, wie in dem Band „Pullach intern" behauptet, läßt sich nicht bestätigen. Er wurde vielmehr von der Staatssicherheit in seiner Funktion als Oberst der NVA erfaßt und arbeitete mit ihr als inoffizieller Mitarbeiter zusammen.[26]

Im „Braunbuch DDR" wird als weiterer Name der Abteilungsleiter im Amt Ausland/Abwehr des OKW, Generalleutnant der Wehrmacht und spätere NVA-General Rudolf Bamler genannt, der 1959 Mitarbeiter des MfS geworden sein soll. Auch hier gibt es keinerlei Hinweis auf eine hauptamtliche Mitarbeit beim MfS, allerdings war er vermutlich bei der Armeeaufklärung tätig, die nicht zum Ministerium für Staatssicherheit gehörte.[27]

b) Inoffizielle Mitarbeiter des MfS

Als zweite Fallgruppe sind ehemalige Nationalsozialisten zu nennen, die dem MfS zwar tatsächlich dienten, aber nicht als hauptamtliche, sondern als inoffizielle Mitarbeiter (wie der soeben erwähnte Tappert). Im „Spiegel" und im „Braunbuch DDR" werden unter der salomonischen Formulierung „Mitarbeiter des MfS" eine Reihe von Namen genannt, so Hans Donner[28], Karl von Kraus, Hans Rieß und Karlfranz Schmidt-Wittmack,[29] die dem MfS durchweg inoffiziell dienten. So interessant es sein mag, deren inoffizielle Mitarbeit zu untersuchen, können diese Fälle hier nicht weiter verfolgt werden.

---

25 Thomas M. Forster: NVA. Die Armee der Sowjetzone, Köln 1964, S. 245f.
26 Die MfS-Mitarbeit wird behauptet bei Zölling/Höhne: Pullach intern, S. 254; Höhne: Der Krieg im Dunkeln, S. 527; vgl. BStU, ZA, Karteikarte der HA XX/10-2-NS.
27 Zölling/Höhne: Pullach intern, S. 249 und 253; Kappelt: Braunbuch DDR, S. 142 (dort fälschlich: Bammler), Forster: NVA, S. 237; zur Militäraufklärung der NVA vgl. Peter Siebenmorgen: „Staatssicherheit" der DDR. Der Westen im Fadenkreuz der Stasi, Bonn 1993, S. 145–158.
28 „Für ehrliche Zusammenarbeit", S. 84; Rechercheergebnis aus den Karteien des BStU.
29 Kappelt: Braunbuch DDR, S. 267, 343 und 356; Rechercheergebnis aus den Karteien des BStU.

c) Ehemalige Wehrmachtssoldaten

Während es sich bei den ersten beiden Gruppen um Fälle handelte, in denen keine hauptamtliche Mitarbeit vorlag, sollen nun diejenigen behandelt werden, die tatsächlich Angehörige des MfS waren. Hierbei sind wiederum die ihnen nachgesagten NS-Belastungen einer näheren Prüfung zu unterziehen. Es sind zunächst einfache Wehrmachtsangehörige zu nennen, die ja durch die oben zitierten Einstellungsrichtlinien nicht – bzw. nicht automatisch – ausgeschlossen wurden und in beträchtlicher Zahl im MfS vertreten waren. Nach ersten Berechnungen kann man davon ausgehen, daß – unter den Bedingungen der Wehrpflicht – etwa 45 Prozent der männlichen MfS-Mitarbeiter Kriegsdienst in der Wehrmacht geleistet hatten.[30] Hierunter befanden sich auch alte KPD-Genossen, die in der NS-Zeit zur Wehrmacht eingezogen worden waren, sowie in großem Umfang jüngere Soldaten, die aus der sowjetischen Kriegsgefangenschaft heraus Karrierewege in Organisationen und Institutionen der SBZ/DDR beschritten hatten.

Es ist eigentlich Unsinn, bei dieser Gruppe, ohne Hinweise auf weitergehende Vorwürfe, etwa Kriegsverbrechen, von NS-Belastungen zu sprechen. Nach heutigem Forschungsstand war die Wehrmacht, insbesondere an der Ostfront, an schwersten Verbrechen beteiligt,[31] aber ohne konkrete Nennung eines bestimmten Vorwurfs gegen die jeweilige Person oder zumindest die Einheit, in der sie diente, reicht dies wohl nicht aus, tatsächlich von einer Belastung zu sprechen. Trotzdem wird im „Braunbuch DDR" einem der prominentesten Funktionäre der Staatssicherheit, dem langjährigen Stellvertreter Mielkes und zweiten Mann des Ministeriums, Generaloberst Bruno Beater, sein Dienst als Oberfeldwebel in der Wehrmacht vorgehalten.[32] Es steht zu vermuten, daß in diesem Falle einzig die Prominenz Beaters Anlaß gab, ihn überhaupt zu erwähnen.

d) Ehemalige NSDAP-Mitglieder

Als ehemalige NSDAP-Mitglieder werden einige prominente MfS-Kader ins Feld geführt. Namentlich genannt werden im „Braunbuch" Generalleutnant Manfred Hummitzsch, der letzte Leiter der Bezirksverwaltung Leipzig, sowie Oberst Günter Halle, der bis 1975 amtierende Leiter der Abteilung Agitation des MfS.[33] In diesen beiden Fällen wäre es auch ohne weitere Aktenkenntnis oder sonstige Recherchen möglich gewesen, dem realen Gehalt der Vorwürfe auf den Grund zu gehen, nämlich durch einen

---

30 Die Rechnung basiert auf der Auswertung einer Stichprobe für das Jahr 1953, die vom Verfasser im Rahmen des Projektes „Kaderpolitik und Personalstruktur des MfS 1950–1989/90" durchgeführt wurde; Offiziere wurden dabei nicht festgestellt.
31 Vgl. Hannes Heer und Klaus Naumann (Hrsg.): Vernichtungskrieg. Verbrechen der Wehrmacht 1941–1944, Hamburg 1995.
32 Kappelt: Braunbuch DDR, S. 147.
33 Ebenda, S. 217 und 240.

Vergleich ihrer Geburtsdaten mit ihren NSDAP-Eintrittsdaten. Dann hätte man festgestellt, daß Hummitzsch zum Führergeburtstag 1943 im zarten Alter von 14 Jahren zur „Nazigröße" avanciert sein soll. Sein Kollege Günter Halle war bei seinem Beitritt am 20. April 1944 17 Jahre alt.[34] Neben diesen Prominenten, zu denen zum Beispiel auch der langjährige Leiter der HV A-Schule, Otto Wendel, und auch der als Offizier im besonderen Einsatz agierende Kanzleramtsspion Günter Guillaume zu zählen wären, hat es vermutlich eine Reihe entsprechender Fälle unter den MfS-Mitarbeitern gegeben. Sie kamen aus der sogenannten HJ-Generation, die in den fünfziger Jahren ein wichtiges Rekrutierungsfeld des MfS darstellte.[35] Es ist umstritten, ob diese NSDAP-Eintritte, die auf Sammelübernahmen von Hitlerjungen basierten, tatsächlich, wie von Betroffenen behauptet, entgegen den Altersvorschriften der NSDAP und ohne deren Wissen vorgenommen wurden.[36] Aber selbst wenn man davon ausgeht, daß sie freiwillig der NSDAP beigetreten sind, läßt die argumentative Kraft dieser „Jugendsünden" doch zu wünschen übrig.

Nun zum eingangs erwähnten Generalleutnant Franz Gold, dessen angeblicher NSDAP-Eintritt mit 25 Jahren erfolgt wäre, mithin nicht mehr ohne weiteres als „Jugendsünde" gewertet werden könnte. Er war tatsächlich nie Mitglied der NSDAP, die gegenteilige Behauptung basiert auf einer Verwechslung mit einer anderen Person gleichen Namens, die im Document Center als NSDAP-Mitglied nachgewiesen ist, was aber schon durch einen Vergleich der Geburtsdaten zu erkennen gewesen wäre.[37] Aufgrund der Langlebigkeit dieser Legende soll auf den Abschnitt seiner Biographie, der überhaupt den Gedanken nahelegt, er könne NSDAP-Mitglied geworden sein, trotzdem etwas näher eingegangen werden.[38]

Franz Gold, Fleischergeselle und gerade aus der demobilisierten tschechischen Armee entlassen, wurde am 12. November 1938 in Botenberg, einem kleinen Ort im seit wenigen Wochen deutsch besetzten Sudetenland, von der Gestapo verhaftet und beschuldigt, er sei der Führer der „Roten Arbeiterwehr" in seinem Heimatort. Franz Gold war kein unbeschriebenes Blatt: sowohl Vater als auch Mutter waren Mitglieder der tschechischen KP, er selbst war 1927 in den kommunistischen Jugendver-

34 So schon Fricke: Die DDR-Staatssicherheit, S. 194.
35 Nach der bereits zitierten Stichprobe für 1953 sind mindestens ein Viertel aller MfS-Mitarbeiter früher Mitglied der Hiterjugend gewesen. Bei der Beurteilung dieser Zahl ist zu berücksichtigen, daß ab 1939 die HJ-Mitgliedschaft für die einschlägigen Altersjahrgänge zwingend war.
36 Vgl. „Sorgfältig ausfüllen", in: Der Spiegel Nr. 28/1994, S. 75; Henning Krumrey: Das Denkmal bröselt, in: Focus Nr. 27/1994, S. 26–28 (Die Artikel beziehen sich auf den gleichgelagerten Sachverhalt bei Hans-Dietrich Genscher).
37 Auskunft des Bundesarchivs, Außenstelle Zehlendorf (ehemals Document Center), vom 28.2.1996. Das Geburtsdatum war zumindest bei der Erstellung des „Braunbuchs DDR" bereits bekannt; ob es schon bei der ersten Erwähnung 1964 vorlag, ist nicht ersichtlich.
38 Zum Folgenden vgl. Personalakte Franz Gold; BStU, ZA, KS I 20/84, 3 Bde.

band und 1932 in die KPČ eingetreten, 1937 wurde er Mitglied der KPČ-Bezirksleitung Wagstadt. Auch mit der tschechischen Gendarmerie war er aufgrund seiner politischen Aktivitäten bereits mehrmals in Konflikt geraten und 1933/34 zweimal wegen Teilnahme an verbotenen Versammlungen für einige Wochen ins Gefängnis gesteckt worden. Doch Gold hatte Glück, nach vier Wochen, am 15. Dezember 1938, wurde er aus der Haft entlassen. Ein Stiefbruder seines Vaters und aktiver Nazi hatte sich für ihn eingesetzt und seine Freilassung erreicht. Die näheren Umstände dieses Vorgangs sind nicht abschließend zu klären. In der ausführlichsten, um nachträgliche Legitimation bemühten Schilderung dieser Vorgänge in einem Lebenslauf Golds von 1950 heißt es dazu:

„Ich wurde aus dem Gefängnis entlassen und von der Gestapo mit folgenden Worten empfangen: ‚Ja, was machen Sie denn hier in diesen Mauern? So ein Mann wie Sie hat die Möglichkeit einer großen Entwicklung. Sie sollten schon längst bei der Gestapo, bei der SS oder irgendwo beim Militär in entscheidender Funktion stehen.‘ Dieser Empfang war für mich so überraschend, so daß ich momentan keine Worte fand. Mein Onkel, d. h. der Stiefbruder meines Vaters, schaltete sich sofort ein und sagte: ‚Nun, ich werde schon dafür sorgen, daß er jetzt den richtigen Weg geht.‘ Ich bewegte mich wie ein Wandelnder, nicht fassend, was gespielt wurde und verließ die Mauern des Gefängnisses. Unterwegs sagte mir Emil S[...], mein Onkel, er habe schon alles vorbereitet, ich müßte nur noch nach Neu-Titschein kommen, um die Einreihung vorzunehmen. Ich sollte mich nur entschließen, zu welcher Formation ich gehen möchte. Ich sagte nur, ich könnte mich nicht gleich entschließen und müßte es mir erst reiflich überlegen. [...] Ich unterhielt mich mit meinem Vater, wie ich mich weiter verhalten sollte, worauf er mir sagte: Ich habe Dich erzogen und nun entscheide Du selbst. Ich schrieb darauf an den Stiefbruder meines Vaters Emil S[...] und teilte ihm mit, daß ich nicht beabsichtigte, irgendwelche Uniform zu tragen und mich lieber wieder meinem Beruf zuwenden werde.“[39]

Gold zog dann nach Freiberg, wo er Arbeit als Fleischergeselle fand. Auch dort versuchte – seiner Darstellung zufolge – die örtliche NSDAP, ihn für eine der NS-Organisationen zu gewinnen. Er bewarb sich statt dessen 1939 beim Zollgrenzschutz als Hilfsgrenzer und wurde nach dem deutschen Überfall auf Polen an der Ostgrenze eingesetzt. Ob Gold sich zu diesem Schritt entschloß, um den drängenden NS-Funktionären zu entrinnen, oder ob er sich tatsächlich erhoffte, auf diesem Wege in die Sowjetunion zu gelangen, wie er es in seinen Lebensläufen andeutet, ist unklar. Jedenfalls wurde er nach sieben Monaten Grenzdienst auf Anwei-

---

39 Ebenda, Bd. 3, Bl. 106. Der Name des Onkels von Franz Gold wurde entsprechend den Vorschriften des Stasi-Unterlagen-Gesetzes anonymisiert.

sung der NSDAP seines Heimatortes Botenwald entwaffnet, entlassen und dorthin zurücktransportiert, wo er wieder als Fleischer arbeitete. Im Dezember 1940 zog ihn schließlich die Wehrmacht ein. Wenige Wochen nach dem ersten Fronteinsatz seiner Einheit lief er zur Roten Armee über, in deren Dienst er 1942 trat, gehörte 1943 zu den Mitbegründern des Nationalkomitees Freies Deutschland und leitete in den letzten Kriegsjahren eine Partisanengruppe in der Slowakei.

Franz Gold verdankte seine Freilassung 1938 offenbar Versprechungen, vielleicht sogar falschen Angaben seines Onkels bei der Gestapo. Die wenigen Informationen deuten darauf hin, daß Gold das von seinem Onkel begonnene Spiel mitmachte, um sich zu retten, wobei er freilich einen nach kommunistischen Maßstäben kaum als parteilich zu bezeichnenden Weg wählte. Unter diesen Umständen wäre es tatsächlich nicht auszuschließen gewesen, daß er sich unter dem Einfluß seines Onkels in der Haft sogar bereit fand, seinen Eintritt in die NS-Partei zu erklären. Insbesondere das Zwischenspiel beim Zollgrenzdienst konnte im nachhinein kaum als korrektes Verhalten gewertet werden. Während er dieses Kapitel in seinen frühen Lebensläufen bis 1950 noch als Ausweichen vor den Nazi-Begehrlichkeiten zu rechtfertigen suchte, taucht es in seiner Kaderakte später nicht mehr auf, statt dessen wird für den Zeitraum zwischen der Haftentlassung und der Einberufung zur Wehrmacht eine durchgehende Tätigkeit als Fleischergeselle verzeichnet. Möglicherweise war Gold aufgrund seiner Verdienste als tschechischem Altkommunisten, Rotarmisten und Partisan seine unparteiliche Episode verziehen worden, mußte aber kaderpolitisch aus der Welt geschafft werden.[40]

e) MfS-Mitarbeiter mit gefälschten biographischen Angaben

Waren die Fälle der ersten beiden Gruppen keine hauptamtlichen Mitarbeiter und fehlte es bei der dritten und vierten Gruppe an NS-Belastungen, die bei nüchterner Prüfung als Beleg der untersuchten These geeignet wären, so geht es nun um die hauptamtlichen MfS-Mitarbeiter, denen tatsächlich Verstrickungen mit dem NS-Regime vorgeworfen werden konnten, die über die behandelten Sachverhalte hinausgingen und klar den Einstellungsvorschriften widersprachen.

Immer wieder wird in diesem Zusammenhang ein Name genannt: der des Leiters der Untersuchungsabteilung der Verwaltung Mecklenburg, also der Abteilung, in der Verhaftete verhört und die Prozesse gegen sie vorbereitet wurden. Der Einsatz eines Nazikaders gerade in einer solchen Position würde weitreichende Schlüsse hinsichtlich der direkten Übernahme und Vorbild-

---

40 In einer für die interne Traditionsarbeit des MfS erstellten Kurzbiographie wird seine Tätigkeit im Grenzdienst hingegen korrekt wiedergegeben; BStU, ZA, HA II/Stab 3485; Bl. 13–23, hier 18.

funktion von Gestapo-Methoden durch die Staatssicherheit implizieren. Die erste von mir ermittelte Veröffentlichung dieses Falls datiert aus dem Jahr 1962 und stammt aus einem vom Bundesministerium für Gesamtdeutsche Fragen unter dem Titel „Der Staatssicherheitsdienst" herausgegebenen Band, in dem unter anderem Berichte von Überläufern über die inneren Verhältnisse des MfS-Apparates im Wortlaut dokumentiert sind. Dort wird ein Bericht des 1952 gemeinsam mit seiner Frau in den Westen geflüchteten vormaligen Mitarbeiters der Bezirksverwaltung Schwerin, Bruno Krüger (der später vom MfS in die DDR verschleppt und hingerichtet wurde) abgedruckt, sein Vorgesetzter in der besagten Position sei ein Offizier namens Hagemeister gewesen, der dort unter dem falschen Namen Erwin Jung eingesetzt sei.[41] Dieser Hagemeister, so wurde später aus den Unterlagen des Document Center ermittelt, trüge den Vornamen Louis und sei SS-Hauptsturmführer (Hauptmann) und Referent im Reichssicherheitshauptamt gewesen. Louis Hagemeister gehört seitdem zu den am häufigsten genannten Kronzeugen für die These von den Nazis im MfS,[42] zuletzt in der eingangs erwähnten Wollweber-Biographie, in der es, einzig unter Berufung auf Hagemeister, als „besonders skandalös" bezeichnet wird, „daß sich in den Reihen der Stasi auch ehemalige Gestapo- und SD-Beamte fanden, Fachleute, die Minister Zaisser jenseits aller parteipolitischen Bedenken schätzte."[43]

Einen Louis Hagemeister in der SS hat es tatsächlich gegeben, er hat aber niemals bei der Staatssicherheit gearbeitet. Der von dem Überläufer Krüger genannte Hagemeister hieß mit Vornamen Heinz und war zwanzig Jahre jünger als der Gestapo-Mann.[44] Heinz Hagemeister hatte 1945 die Identität eines tatsächlich existierenden alten KPD-Genossen namens Erwin Jung angenommen, mit dessen in Scheidung lebender Ehefrau er liiert war. In den folgenden Jahren war er als SED-Parteiarbeiter und ab 1949 in der mecklenburgischen Staatssicherheit aufgestiegen und hatte es 1951 bis zum Leiter der für Untersuchungsverfahren zuständigen Abteilung IX im Rang eines Kommandeurs (Oberstleutnant) gebracht. In diesem Jahr entlarvte die Staatssicherheit aufgrund einer Anzeige des „echten" Erwin Jung seine falsche Identität und verhaftete ihn. Später wurde er zu sechs Jahren Zuchthaus verurteilt. Die Hintergründe des Namenswechsels

---

41 Der Staatssicherheitsdienst. Ein Instrument der politischen Verfolgung in der Sowjetischen Besatzungszone Deutschlands, hrsg. vom Bundesministerium für Gesamtdeutsche Fragen, Bonn 1962, S. 217. Nach Mitteilung des Autors dieses Bandes, Karl Wilhelm Fricke, erfolgte bereits 1954 eine Erwähnung des Sachverhalts in einer Broschüre des Ostbüros der SPD. Zum Schicksal des Krügers vgl.: Karl Wilhelm Fricke: „Jeden Verräter ereilt sein Schicksal". Die gnadenlose Verfolgung abtrünniger MfS-Mitarbeiter, in: Deutschland Archiv 27 (1994), S. 258–265.
42 Zölling/Höhne: Pullach intern, S. 253; Höhne: Der Krieg im Dunkeln, S. 526 f.
43 Flocken/Scholz: Wollweber, S. 139.
44 Zu Louis Hagemeister vgl. Karteikarten, Personalunterlagen und Telefonverzeichnis des Reichssicherheitshauptamtes; Auskunft des Bundesarchivs, Außenstelle Zehlendorf, vom 28.2.1996.

konnten (oder wollten) die Ermittler der Staatssicherheit nicht abschließend klären. Hagemeister gab zu Protokoll, als früherer Angehöriger einer Fallschirmjägersondereinheit der Wehrmacht, die zur Partisanenbekämpfung eingesetzt worden sei und unter anderem den Auftrag hatte, Tito zu fassen, hätte er sich tarnen wollen. Zahlreiche Angaben aus seinem Umfeld, nach denen er NSDAP-Mitglied und SS-Mann gewesen sei und im April 1945 Werwolf-Aktivitäten geplant hätte, erklärte er mit seinem Geltungsbedürfnis, das ihn dazu getrieben hätte, Entsprechendes damals fälschlicherweise zu behaupten. In dem Ermittlungsverfahren wurde offenbar kein Versuch unternommen, die Frage der NSDAP-Mitgliedschaft und seiner SS-Zugehörigkeit eindeutig zu klären, verurteilt wurde er lediglich wegen Urkundenfälschung.[45]

Von einer bewußten Rekrutierung eines Nazikaders durch die Staatssicherheit kann auch in diesem Fall – unabhängig von der Verwechslung mit dem SS-Mann Louis Hagemeister – nicht die Rede sein. Es steht zu vermuten, daß der Überläufer Bruno Krüger die ganze Geschichte nur vom Hörensagen nach der Festnahme seines früheren Vorgesetzten kannte, als er 1952 im Westen darüber berichtete.

Ordnet man den Fall Heinz Hagemeister in den kaderpolitischen Zusammenhang ein, so verweist er vor allem auf die keineswegs perfekten Überprüfungsmethoden der Kaderwerber in den fünfziger Jahren. Bis 1955 wurde ein Bestand von fast 15.000 hauptamtlichen Mitarbeitern aufgebaut, und dies vor dem Hintergrund einer schmalen Basis an Kadern, die die besonderen Anforderungen der Staatssicherheit erfüllten.[46] Eine professionelle Überprüfungsarbeit und eine längere Testphase vor der Einstellung war unter diesen Bedingungen kaum möglich. Folglich erwies sich ein nicht geringer Teil der geworbenen Jung-Tschekisten als ungeeignet und wurde entlassen, darunter eben auch einige, die ihre NS-Vergangenheit verschwiegen und getarnt hatten.

In einer Direktive über „die Mängel in der Erziehungsarbeit leitender Offiziere mit den ihnen unterstellten Mitarbeitern" gab der Leiter der Staatssicherheit, Staatssekretär Ernst Wollweber, 1955 eine lange Reihe von Beispielen für die dürftige Qualität der Kaderauswahl. So sei ohne Überprüfung ein Dolmetscher eingestellt worden, der zuvor im „faschistischen" Lettland der Zwischenkriegszeit wichtige Funktionen im Innenministerium gehabt hätte und später Mitglied der SS geworden wäre. Trotz dieser und weiterer negativer Anhaltspunkte sei er nie ernsthaft überprüft worden und schließlich mit seiner Familie in den Westen geflohen. In insgesamt vier Fällen, so Wollweber, sei es ehemaligen SS-Leuten gelungen,

---

45 BStU, ZA, GH 30/55; BStU, ASt Schwerin, AP 439/54; nach der Haftentlassung wurde Hagemeister als IM eingesetzt; BStU, ZA, AIM 142/72.
46 Vgl. Gieseke: Die hauptamtlichen Mitarbeiter, S. 16f. und 98.

durch Verschweigen ihrer Vergangenheit in die Staatssicherheit einzudringen. Dies sei nicht nur auf Fehler der früheren Jahre, sprich der Ära Zaisser, zurückzuführen, sondern Ausdruck nach wie vor bestehender Versäumnisse. So sei bei einem weiteren Mitarbeiter eine Narbe am linken Oberarm nicht weiter beachtet worden, später habe sich dann seine Zugehörigkeit zur Waffen-SS herausgestellt.[47]

An einem dieser Fälle läßt sich der Umgang mit den enttarnten Mitarbeitern näher beleuchten. Major Siegfried Endesfelder, Jahrgang 1926, war Abteilungsleiter in der Hauptabteilung IX (Untersuchungsverfahren) des MfS und Parteisekretär der Hauptabteilung, mithin ein hoffnungsvoller Nachwuchskader, als 1955 durch einen Zufall bekannt wurde, daß er 1944 im Alter von 18 Jahren mit seinem gesamten Wehrmachtsbataillon zur Waffen-SS übernommen worden war und dort als Fernmelder gedient hatte, in Einzelfällen aber auch direkt gegen Partisanen eingesetzt wurde. Angesichts des jugendlichen Alters und der Umstände seiner Aufnahme in die Waffen-SS wurde er von der Parteikontrollkommission nur dafür bestraft, daß er dies im Einstellungsfragebogen und in seinen Lebensläufen verschwiegen hatte (obwohl er bei wahrheitsgemäßen Angaben sicher nicht eingestellt worden wäre). Er entging dem Parteiausschluß und wurde lediglich in den Kandidatenstand zurückversetzt. Seine MfS-Karriere mußte er beenden, allerdings kam er mit einer Versetzung zur Transportpolizei und Degradierung zum Hauptmann glimpflich davon. Der Verlust des offenbar erfolgreichen Mitarbeiters muß die MfS-Führung geschmerzt haben, immerhin hätten ihm, so berichtete Endesfelder später, mehrere leitende Offiziere versprochen, er solle nur vorläufig versetzt und später wieder in die Reihen der Staatssicherheit aufgenommen werden. Nach einigen Überlegungen in der Kaderverwaltung des MfS blieb ihm schließlich der reguläre Dienst versperrt, statt dessen wurde er 1959 als Offizier im besonderen Einsatz verpflichtet und arbeitete im MfS-Auftrag bei der Volkspolizei, später beim Zoll.[48]

Vermutlich sind neben den von Wollweber ins Feld geführten Fällen noch eine Reihe weiterer solcher „Fragebogenvergehen" aufgedeckt worden.[49] So wurden noch 1961 zwei Mitarbeiter enttarnt. Der eine war 1938 der NSDAP beigetreten und hatte sich 1943 freiwillig zu zwölf Jahren Dienst in der Wehrmacht verpflichtet. Da ihm auch noch schwerwiegende

47 Direktive [des Staatssekretärs] über die Mängel in der Erziehungsarbeit leitender Offiziere mit den ihnen unterstellten Mitarbeitern vom 19.10.1955; BStU, ZA, DSt 101140. Vgl. als weiteren Fall aus dem Jahr 1953: KS II 19/61, Bl. 8, 42f. und passim.
48 Kaderkarteikarte Siegfried Endesfelder; BStU, ZA; Kaderakte Siegfried Endesfelder; BStU, ZA, KS 581/72, Bl. 1–3, 5, 12–17, 48f. und 52–55.
49 Im Jahr der Wollweber-Direktive 1955 wurden allein aus der Berliner Zentrale 32 Mitarbeiter wegen „falscher Angaben zur Person" entlassen. Wie viele davon NS-Belastungen verschwiegen hatten, ist nicht ersichtlich; Istbestandsmeldung 1955; BStU, HA KuSch, Abt. Planung 8, unerschlossenes Material.

dienstliche Vergehen zur Last gelegt wurden, wurde er nicht nur aus dem Dienst entfernt, sondern auch strafrechtlich zur Rechenschaft gezogen.[50] Der andere hatte seinen Dienst in der Waffen-SS verschwiegen. Er wurde nicht entlassen, sondern lediglich von seiner Referatsleiterposition im Ministerium in eine Kreisdienststelle als einfacher Mitarbeiter versetzt. Die milde Ahndung begründete der MfS-Kaderchef, Oberst Robert Mühlpforte, damit, daß er niemals ein Anhänger der „faschistischen Ideologie" gewesen sei, aber als Angehöriger des MfS „stets die Interessen unseres Staates" vertreten habe und als Referatsleiter „mit größter Umsicht die fachlichen Aufgaben" gelöst habe. Er bereue zwar seine Fehler aufrichtig, wegen mangelnden Vertrauens in die Partei und zum MfS müsse er sich aber erst wieder bewähren.[51] Eine Fortsetzung seiner Karriere blieb ihm allerdings weitgehend versperrt.[52]

Bilanziert man die gegen enttarnte Mitarbeiter verhängten Sanktionen, so wird deutlich, daß in den meisten Fällen die Entlassung aus disziplinarischen Gründen, der Parteiausschluß und zuweilen auch eine strafrechtliche Verfolgung erfolgte. Bei weniger gravierenden Fällen, wie etwa dem jugendlichen Waffen-SS-Mann Endesfelder, sah das MfS jedoch zuweilen von solchen Konsequenzen ab, die für die Betroffenen die Zerstörung ihrer sozialen Existenz bedeuteten.[53] Offenbar nahm die Bereitschaft, einschlägige Fehltritte angesichts verdienstvoller Tätigkeit zu verzeihen, im Laufe der Zeit zu. Praktisch ergab sich damit eine gewisse Grauzone der Abweichung von den Bestimmungen zur Kaderarbeit, die allerdings in den ermittelten Fällen nie so weit reichte, daß es gerechtfertigt wäre, von einer gezielten Ausnutzung solcher Kader zu sprechen.

f) Ein ungeklärter Fall
Zur Vervollständigung der Typologie ist schließlich der SS-Obersturmführer Johann Sanitzer, Referatsleiter in der Gestapo-Leitstelle Wien, zu nennen. Über Sanitzers angebliche MfS-Tätigkeit liegen recht detaillierte Behauptungen vor, deren Ursprung zwei Überläufern zugeschrieben wird. Danach soll er 1952 selbst geworben worden sein und anschließend gezielt im Westen lebende ehemalige Gestapo-Leute zum Dienst bei der

---

50 BStU, ZA, KS 103/71, Bl. 25 und 34–37; Befehl 576/61 des Ministers vom 15.12.1961: Aberkennung des militärischen Dienstgrades und der militärischen Auszeichnungen eines Offiziers; BStU, ZA, HA KuSch 10, Bl. 67.
51 Befehl 618/61 des Ministers vom 31.12.1961; ebenda, Bl. 1.
52 1971 wurde er als Arbeitsgruppenleiter in einer Objektdienststelle eingesetzt. Bis zu seinem Ausscheiden 1981 wurde er nur noch einmal, 1974 zum Major, befördert; vgl. Kaderkarteikarte Heinz Mekelburg; BStU, ZA.
53 Um einen Geheimnisverrat und ein Überlaufen in den Westen zu vermeiden, überwachte das MfS alle entlassenen MfS-Mitarbeiter, versuchte meist, sie als inoffizielle Mitarbeiter zu verpflichten, und sorgte auch dafür, daß sie einen Arbeitsplatz zugewiesen bekamen. Diese Maßnahmen waren allerdings nicht immer erfolgreich; vgl. Gieseke: Die hauptamtlichen Mitarbeiter, S. 78–81.

Staatssicherheit verpflichtet haben. Dies soll in immerhin zwölf Fällen erfolgreich gewesen sein. Nach einer Schulung an der MfS-Schule in Potsdam-Eiche seien diese Gestapo-Kader in verschiedenen Bezirksverwaltungen eingesetzt worden. Sanitzer selbst habe bis zum Antritt Mielkes als Minister im Jahre 1957 in der Bezirksverwaltung Erfurt gearbeitet, zuletzt im – für damalige Verhältnisse recht hohen – Rang eines Majors. Die anderen, nicht namentlich genannten Gestapo-Leute seien nach und nach wieder in den Westen übergelaufen.[54]

Die Rechercheergebnisse in bezug auf Sanitzer sind insofern etwas unbefriedigend, als sich Ursprung und Grundlage der Behauptungen im Gegensatz zu den anderen Fällen nicht vollständig rekonstruieren lassen. Seine Gestapo-Karriere ist breit dokumentiert,[55] in den Unterlagen des MfS findet sich aber kein einziger Hinweis auf seine Person aus der Zeit nach 1945, weder auf eine offizielle noch auf eine inoffizielle Tätigkeit oder eine sonstige Erfassung seiner Person. Dies ließe sich noch mit einer besonderen Geheimhaltung seiner Verpflichtung erklären. Aber auch sein angeblicher Vorgesetzter in Erfurt, ein Oberstleutnant Walter Decker, der nach dem 17. Juni aufgrund einer Denunziation Sanitzers gemaßregelt worden sein soll, läßt sich nicht finden, obwohl es aufgrund seines hohen Dienstgrades kaum möglich gewesen wäre, jegliche Erwähnung aus der Zeit vor dem 17. Juni nachträglich zu entfernen.[56] Noch dazu findet sich in den nach heutigem Erkenntnisstand vollständigen Listen geflohener MfS-Mitarbeiter kein einziger Hinweis auf die beiden Überläufer.[57] Kurz: Entweder der Staatssicherheit ist es tatsächlich gelungen, jeglichen Hinweis, der zu Sanitzer führen könnte, aus ihren Unterlagen zu tilgen, was nach aller Erfahrung aufgrund von Mehrfachüberlieferungen und der Breite der Informationen über seine vermeintliche MfS-Karriere und seine

---

54 Die detailliertesten Informationen enthält ein im Bestand Sekretariat des Ministers überliefertes Manuskript offenbar westlichen Ursprungs, das aber nicht veröffentlicht worden ist; BStU, ZA, SdM 1397, Bl. 114; SdM 1398, Bl. 6f. Erwähnt wird Sanitzer zuerst bei: Sagolla: Die Rote Gestapo, S. 23; später: Zölling/Höhne: Pullach intern, S. 253f.; Höhne: Der Krieg im Dunkeln, S. 526f.

55 Mitteilung des Bundesarchivs, Außenstelle Zehlendorf, vom 23.2.1996; BStU, ZA, ZB II 5806, Akte 1.

56 Recherchiert wurde in der Kartei der hauptamtlichen Mitarbeiter, der zentralen Personenkartei des MfS F 16/F 22 sowie dem Elektronischen Personenregister (EPR), in dem die dezentralen Karteien erfaßt sind. Die Namen tauchen auch nicht in den Ende 1952/Anfang 1953 bei der Umstellung von Polizei- auf Militärdienstgrade erstellten Listen aller MfS-Mitarbeiter auf; vgl. Befehl 212/52 des Ministers vom 15.10.1952 über die Attestierung der Generale und Offiziere des MfS der Deutschen Demokratischen Republik; BStU, ZA, DSt 100043; Befehl 58/53 des Ministers vom 12.2.1953; ebenda, DSt 100055; Befehl 97/53 des Ministers vom 4.3.1953; ebenda; HA KuSch 1358; Nachträge: Befehl 138/53 des Ministers vom 7.4.1953; ebenda, HA KuSch 1359; Befehl 141/53 des Ministers vom 9.4.1953; Befehl 153/53 des Ministers vom 18.4.1953; Befehl 193/53 des Ministers vom 5.5.1953; alle ebenda.

57 Ordner Flüchtige Mitarbeiter und ehemalige Mitarbeiter des MfS; BStU, ZA, HA KuSch, Bereich Disziplinar A/I 628, unerschlossenes Material.

Wirkungsstätten unwahrscheinlich ist, oder der gesamte Vorgang ist in der westlichen Überlieferung so verfälscht, daß er sich nicht rekonstruieren läßt. Schließlich ist es auch nicht ganz auszuschließen, daß es sich um eine gezielte Falschmeldung westlicher Geheimdienste handelt, wie sie gegen das MfS zuweilen eingesetzt wurden, um seine Mitarbeiter zu verunsichern und zum Übertritt in den Westen zu bewegen.[58] Eine abschließende Klärung des Falles Johann Sanitzer bleibt mithin der weiteren Forschung vorbehalten.

Ergebnisse und weiterführende Fragen

Bilanziert man die Untersuchung der in der Literatur genannten Einzelfälle, so läßt sich festhalten: Es gab im Ministerium für Staatssicherheit Wehrmachtssoldaten, es gab Hitlerjungen, darunter auch solche, die in der Spätphase des Zweiten Weltkriegs in jugendlichem Alter der NSDAP beitraten, es gab auch mehr oder weniger früh entdeckte, fast immer entfernte Mitarbeiter, die ihre NS-Belastungen bei der Einstellung verschwiegen hatten. Aber kein einziger Fall eignet sich als wirklicher Nachweis für eine personelle Kontinuität zwischen Nazi-Terrororganisationen und dem hauptamtlichen Apparat des Ministeriums für Staatssicherheit, geschweige denn für eine entsprechende kaderpolitische Strategie zur Rekrutierung von Geheimpolizeispezialisten aus Institutionen des NS-Staates. Das Thema „Nazis" oder gar „Nazigrößen im Ministerium für Staatssicherheit" kann nach dem Ergebnis der Recherchen nicht anders als ein Phantomthema bezeichnet werden.

Mit diesem Ergebnis ist der Weg freigeräumt, sich der in der hier durchgeführten Untersuchung immer wieder aufscheinenden, sozial- und mentalitätsgeschichtlich eigentlich interessanten Fragestellung zuzuwenden: der Frage nämlich, welche spezifische Rolle die hier in einigen Einzelfällen behandelten Angehörigen der sogenannten HJ-Generation und Wehrmachtssoldaten im Gefüge der Staatssicherheit spielten, in welchem Verhältnis sie zu den langjährigen Kommunisten an der Spitze des Apparates standen und welche Bedeutung sie mit ihren Erfahrungen für die „Generationensymbiose"[59] unter den spezifischen Bedingungen des geheimpolizeilichen Apparats hatten.[60] Hierzu wird es notwendig sein, in

58 Auch Fricke kam in bezug auf Hagemeister und Sanitzer zu einem negativen Ergebnis; Fricke: Die DDR-Staatssicherheit, S. 194.
59 Vgl. Lutz Niethammer: Erfahrungen und Strukturen. Prolegomena zu einer Geschichte der Gesellschaft der DDR, in: Hartmut Kaelble, Jürgen Kocka und Hartmut Zwahr (Hrsg.): Sozialgeschichte der DDR, Stuttgart 1994, S. 95–115, besonders 104–108.
60 Für die DDR allgemein vgl.: Dietrich Staritz: Untertänigkeit. Heritage and Tradition, in: Studies in GDR Culture and Society 6, London, New York 1986, S. 37–48; Dorothee Wierling: Is there an East German Identity? Aspects of a Social History of the Soviet

detaillierten biographischen Studien individuelle Lebenswege zu einem Gesamtbild zu verdichten, das es ermöglicht, die zuweilen sehr prononciert vorgetragenen Thesen, etwa über die Erpreßbarkeit früherer Hitlerjungen oder die Bedeutung derer autoritärer Charakterstrukturen für die Fortschreibung eines deutschen Untertanengeistes, zu überprüfen.[61]

Zum anderen bestätigt dieser Befund, daß der hauptamtliche Apparat der Staatssicherheit im Vergleich zu anderen Zweigen des SED-Herrschaftssystems ein Feld relativer avantgardistischer Reinheit war, in dem das „Fachwissen" zur Ausübung geheimpolizeilichen Terrors und zur Überwachung der Bevölkerung nicht von – im leninistischen Sinne – „bürgerlichen Spezialisten" beigesteuert, sondern in erster Linie durch die Anleitung und das Vorbild der sowjetischen Sicherheitsorgane und ihrer Instrukteure vermittelt wurde.[62] Es bleibt weiterer Forschung vorbehalten, näher zu analysieren, inwiefern sich auf anderen Ebenen der Herrschaftspraxis, zum Beispiel des Instrumentariums der Aktenführung, der Verhörmethoden oder der Spitzelarbeit, oder auch der ideologischen Legitimationsmuster für den totalen Machtanspruch, Kontinuitäten zwischen den Repressionsapparaten des Dritten Reiches und der DDR finden lassen, die im Widerspruch zur antifaschistischen Legitimationsideologie des stalinistischen Systems standen.[63]

Methodisch gewendet, liefert die Untersuchung schließlich einen weiteren Beleg dafür, wie wichtig es ist, auf den ersten Blick skandalträchtige Sachverhalte gründlich zu überprüfen und ihre Hintergründe bei der Beurteilung zu analysieren. Nicht erst nach dem Ende der Systemauseinandersetzung liegt gerade darin der Schlüssel zu einer glaubwürdigen Methode der politischen und historischen Auseinandersetzung mit der Staatssicherheit, die nicht der Versuchung erliegt, die Forschung an Zweckmäßigkeitskriterien zu orientieren und damit – letztendlich – die

Zone/German Democratic Republic, in: Tel Aviver Jahrbuch für deutsche Geschichte XIX (1990), S.193–207, hier 199–200. Für die bundesrepublikanische SPD vgl.: Eberhard Holtmann: Die neuen Lassalleaner. SPD und HJ-Generation nach 1945, in: Martin Broszat, Klaus-Dietmar Henke und Hans Woller (Hrsg.): Zwischen Stalingrad und Währungsreform. Zur Sozialgeschichte des Umbruchs in Deutschland, München 1990, S. 169–210.

61 Am deutlichsten Kowalczuk: Die SED zwischen Zwangsvereinigung und IV. Parteitag, S. 183 und 237–240. Er spricht, bezogen auf die SED, von einem „beachtliche[n] und erpreßbare[n] Rekrutierungspotential": „Die Parteigänger des NS-Regimes [worunter er auch Mitglieder der Hitlerjugend versteht] stellten ein wichtiges Reservoir der SED dar. Sie eigneten sich besonders gut für die ‚Durchführung der Beschlüsse' und die dazugehörige Kontrolle, weil sie erpreßbar waren. Zudem unterschied sich das ‚Führerprinzip' kaum vom ‚demokratischen Zentralismus' bzw. dem ‚Prinzip der Einzelleitung', so daß sie sich auch mental sehr gut in die neuen Strukturen einpaßten." Den Anstieg der ehemaligen HJ-Mitglieder nach dem 17. Juni 1953 nimmt er zum Anlaß, von einem „personelle[n] Nazifizierungsschub" in der Partei zu sprechen.

62 Für Näheres zur Personalstruktur des MfS vgl. erste Ergebnisse in Gieseke: Die hauptamtlichen Mitarbeiter.

63 Vgl. dazu den Beitrag von Klaus-Dietmar Henke in diesem Band.

überwundene Unart „parteilicher" Historiographie mit umgekehrten Vorzeichen zu reproduzieren. Zu ergründen, was die Geheimpolizei der SED tatsächlich getan hat, ist Aufgabe genug. Neben dieser Selbstermahnung zur handwerklichen Sauberkeit ist es vielleicht im hier untersuchten Zusammenhang auch heute noch lehrreich, sich daran zu erinnern, was Carola Stern 1958 über die Behandlung des gesamtdeutschen Erbes des Nationalsozialismus anläßlich des Erscheinens der ersten UFJ-Broschüre schrieb:

„Wir sollten uns allerdings davor hüten, aus der Veröffentlichung des Untersuchungsausschusses nun etwa in ähnlicher Weise wie die SED-Propaganda politisches Kapital schlagen zu wollen und unsererseits die Parole aufzustellen ‚Pankow und Nazis unter einer Decke'. Wenn wir heute in der Bundesrepublik, z.T. mit erstaunlicher Großzügigkeit, bereit sind anzuerkennen, daß ein großer Teil ehemals hoher NSDAP- und SS-Funktionäre, die auch bei uns wieder wichtige Ämter bekleiden, ihre frühere politische Überzeugung abgelegt haben, müssen wir mit dem gleichen Maßstab auch in Mitteldeutschland messen."[64]

---

64 St.[d.i. Carola Stern]: Nazis in Ulbrichts Diensten, in: SBZ-Archiv 9 (1958) 12, S. 178. Zum Kontext vgl. jetzt die wegweisende Studie von Norbert Frei: Vergangenheitspolitik. Die Anfänge der Bundesrepublik und die NS-Vergangenheit, München 1996.

Siegfried Suckut

Generalkontrollbeauftragter der SED oder gewöhnliches Staatsorgan?

Probleme der Funktionsbestimmung des MfS in den sechziger Jahren

Mit dem vorliegenden Beitrag wird ein weiteres[1] Zwischenergebnis eines Forschungsprojekts vorgestellt, das zum Ziel hat, die Entwicklungsgeschichte des Ministeriums für Staatssicherheit (MfS) in den sechziger Jahren zu rekonstruieren. Das Endergebnis soll als eines des auf über dreißig Kapitel angelegten „MfS-Handbuches" veröffentlicht werden, das derzeit in der Abteilung Bildung und Forschung erarbeitet wird.

Ausgewertet wurden in erster Linie die überlieferten (etwa sechzig) Akten der Abteilung für Sicherheitsfragen beim Zentralkomitee der SED aus diesen Jahren und die Protokolle der Kollegiums-Sitzungen, des obersten Beratungsorgans des MfS, die zu den von der Behörde des Bundesbeauftragten verwalteten Unterlagen gehören. Analysiert werden soll speziell, wie die SED-Führung die Tätigkeit des MfS in diesen Jahren beurteilte und wie die Zusammenarbeit zwischen Partei und Geheimdienst konkret funktionierte, wie die SED ihre „führende Rolle" wahrnahm. Versucht wird, thesenartig verdichtete, vorläufige Antworten zu geben, die zu weiterer Diskussion anregen mögen.

Mit abschließenden Urteilen vorsichtig zu sein erscheint notwendig, da die vorhandenen Akten im ehemaligen Zentralen Parteiarchiv der SED offensichtlich nur einen Bruchteil des ursprünglich angefallenen Schriftgutes ausmachen und überdies die Zusammenarbeit zwischen der Staatspartei und ihrem Sicherheitsdienst aus Gründen der Geheimhaltung in hohem Maße durch mündliche Absprachen geregelt wurde. Zudem müßte für fundiertere Aussagen der umfangreichere, aber disparate Bestand der MfS-Unterlagen mit SED-Bezug weiter ausgewertet werden. Und natürlich ist es erforderlich, noch andere Quellen zu nutzen, etwa in zeitgeschichtlichen Interviews frühere Akteure zu befragen.

Gleichwohl läßt sich bereits den ausgewerteten Materialien entnehmen, daß die Kooperation zwischen Machtträger und Machtorgan weitaus konfliktreicher verlief, als es der hierarchische Charakter dieses Verhält-

---

1 Erste Projektergebnisse trug der Verfasser Ende 1995 auf einer Tagung der Europäischen Akademie in Otzenhausen (Saarland) vor. Sie sind inzwischen veröffentlicht unter dem Titel: Zum Verhältnis von Staatssicherheit und SED in den sechziger Jahren. Eindrücke nach ersten Archivrecherchen, in: Heiner Timmermann (Hrsg.): Diktaturen in Europa im 20. Jahrhundert – der Fall DDR, Berlin 1996, S. 303–312.

nisses erwarten läßt. Das Selbstverständnis des MfS und die Erwartungen der SED waren keineswegs immer deckungsgleich.

Die sechziger Jahre werden so zu einem besonders interessanten Entwicklungsabschnitt, weil die SED-Führung erneut versuchte, das Tätigkeitsfeld ihres Sicherheitsdienstes genauer abzustecken und klarer zu definieren, wie weit seine Kompetenzen reichen und welche Funktion er innerstaatlich haben sollte.

Die Partei reagierte damit zugleich auf die neue politische Lage, die sich nach dem Bau der Mauer, nach dem verkündeten „Sieg der sozialistischen Produktionsverhältnisse" in der DDR, aber auch mit dem Beginn der zweiten Entstalinisierungsdebatte nach dem XXII. Parteitag der KPdSU in der Sowjetunion ergeben hatte. Inhaltlich knüpft manches an die Parteikritik am MfS an, die 1957/58 im Zusammenhang mit der Absetzung Ernst Wollwebers vorgebracht worden war.[2]

Wie die Parteiführung die Tätigkeit des MfS beurteilte, was sie an ihm auszusetzen hatte, findet man in einem 28seitigen Papier ohne Datum und Verfasserangabe im Bestand „Büro Ulbricht" des ehemaligen Zentralen Parteiarchivs der SED zusammengefaßt.[3] Es handelt sich offensichtlich um eine Ausarbeitung der ZK-Abteilung für Sicherheitsfragen zur 2. SED-Kreisdelegiertenkonferenz im MfS, die am 8. Dezember 1962 stattfand. Als Vertreter der SED-Führung nahm Hermann Matern, Mitglied des Politbüros und Vertrauensmann Walter Ulbrichts, an dieser Beratung teil und leistete, offenbar gestützt auf das ZK-Papier, einen langen Diskussionsbeitrag, der als 23seitige stenographische Mitschrift in den Unterlagen der ZK-Abteilung für Sicherheitsfragen überliefert ist.[4] Diese Matern-Ausführungen wurden von der ZK-Abteilung vervielfältigt und Anfang Januar 1963 an die Bezirksverwaltungen des MfS und die Abteilungen für Sicherheitsfragen bei den Bezirksleitungen der SED weitergeleitet.[5]

Beide Papiere faßten, im Tenor gleichlautend, in erstaunlicher Offenheit die Beanstandungen der Partei an der Arbeitsweise des Staatssicherheitsdienstes zusammen. Manches liest sich heute geradezu wie der Bericht einer Vorläuferorganisation von amnesty international.

Die Parteikritik konzentrierte sich auf zwei Punkte:

1. Das MfS überschreite häufig seine Kompetenzen und widme sich Aufgaben, die ihm nicht zugewiesen seien.

2 Vgl. dazu ausführlich: Roger Engelmann und Silke Schumann: Kurs auf die entwickelte Diktatur. Walter Ulbricht, die Entmachtung Ernst Wollwebers und die Neuausrichtung des Staatssicherheitsdienstes 1956/57, BStU, Berlin 1995.
3 Vgl.: SAPMO-BA, ZPA J IV 2/202/62 (künftig: ZK-Papier). Den Hinweis auf dieses Dokument verdanke ich Silke Schumann, Forschungsmitarbeiterin in der Abteilung Bildung und Forschung des BStU.
4 Vgl.: SAPMO-BA, ZPA, Akte IV A 2/12/128 (künftig: Matern-Stenogramm).
5 Vgl. die SED-Hausmitteilung der Abteilung Sicherheitsfragen an ZK-Sekretär Erich Honecker vom 3. Januar 1963, in: ebenda.

2. Es komme häufig zu Gesetzesverletzungen in der Ermittlungs- und Untersuchungsarbeit des Ministeriums. Das MfS wende zum Teil Methoden an, die „zu Störungen der Beziehungen mancher Bürger zu unserem Staat"[6] führen könnten.

Der Sicherheitsdienst berücksichtige ungenügend den „Prozeß der Festigung des sozialistischen Bewußtseins" der Bürger, der sich vollzogen habe, und „daß unsere Menschen, vor allen Dingen im Prozeß der sozialistischen Arbeit und im gesamten sozialistischen Leben einen großen Umwandlungsprozeß durchmachen".[7]

Detailliert wurden vor allem die Rechtsverstöße des MfS geschildert. Das Ministerium mache die Anwendung gesetzlicher Ausnahmebestimmungen zum Regelfall, so das Fazit. Beschuldigte Personen etwa würden „größtenteils ohne richterlichen Haftbefehl festgenommen"[8], Hausdurchsuchungen „in der Regel ohne Anordnung des Staatsanwaltes durchgeführt"[9] und Inhaftierte oft zum Verzicht auf Rechtsmittel gedrängt[10]. Den Staatsanwälten sei das bekannt, doch duldeten sie diese Praxis.[11] Zwischen ihnen und den MfS-Untersuchungsorganen herrsche oft eine „prinzipienlose Freundschaft"[12]. Ein „großer Teil" der Staatsanwälte sei gegenüber dem Sicherheitsdienst „befangen".[13] Der Grund dafür sei, daß die für politische Delikte zuständigen Staatsanwälte der Abteilungen I nur mit Billigung des MfS berufen würden und ihre Dienststellen „wie jede andere Institution" durch inoffizielle Mitarbeiter überwacht würden.[14]

Folge der Kompetenzüberschreitungen des MfS sei es, daß der Kreis der Bürger, über die Ermittlungen geführt würden, „sehr groß" sei und die MfS-Aktivitäten „in vielen Fällen nichts mit der Aufdeckung und Liquidierung der Feindtätigkeit" zu tun hätten.[15] So fertige der Geheimdienst Analysen über den Krankenstand in der Republik an, überprüfe die Lagerhaltung der VEB und nehme Einfluß auf Kaderentscheidungen im Staats- und Wirtschaftsapparat.[16] Die in dem Papier getroffenen Schlußfolgerungen lauteten militärisch knapp:

„Die Kontrollen und Ermittlungen über Bürger der Republik sind einzuschränken und in der Hauptsache zur Aufdeckung und Liquidierung der Feindtätigkeit zu führen" und: „Mit der Einflußnahme der Organe für Staatssicherheit auf Kaderveränderungen, Beförderungen, Prämiie-

---

6 ZK-Papier (Anm. 3), S. 2.
7 Ebenda.
8 Ebenda.
9 Ebenda, S. 3.
10 Vgl. ebenda.
11 Vgl. ebenda, S. 5.
12 Ebenda.
13 Ebenda, S. 6.
14 Ebenda.
15 Ebenda, S. 13.
16 Vgl. ebenda, S. 12ff.

rungen usw. im Staatsapparat und in der Wirtschaft ist Schluß zu machen."[17]

Völlig unzutreffend, so die Kritik weiter, sei die MfS-Einschätzung der sicherheitspolitischen Auswirkungen des Mauerbaus. Die SED-Kreisdelegiertenkonferenz des Ministeriums habe in einem ersten Resolutionsentwurf bedauernd hervorgehoben, es sei „vielen feindlichen und unzufriedenen Elementen die Möglichkeit wesentlich erschwert worden, die DDR zu verlassen"; diese Personenkreise aber seien „besonders die Basis der gegnerischen Untergrundtätigkeit in der DDR".[18] Diese Sichtweise, so die SED-Kritik, ignoriere die Stabilisierung, die nach dem 13. August erreicht worden sei, und setze zudem Unzufriedene mit Feinden gleich.[19]

Hermann Matern präzisierte die Vorwürfe später in seinem Diskussionsbeitrag: Das MfS gehe in seinen Lehrmaterialien immer noch davon aus, daß sich in der DDR nach dem Bau der Mauer der Klassenkampf verschärfe und verstärkt „Maßnahmen des Zwanges" zu ergreifen sowie „höhere und härtere Strafen" zu verhängen seien.[20] Das aber sei gefährlicher Dogmatismus und das Gegenteil richtig: In der DDR entwickle sich der „neue, sozialistische Mensch" als „wissende, allseitig gebildete Persönlichkeit", der „hohe sittliche und moralische Eigenschaften" besitze.[21] „Der Mensch, sein Leben, sein Wohl", so der Appell Materns, „müssen im Mittelpunkt unseres Tuns und Denkens stehen".[22] Zu welchen Konsequenzen solch Umdenken im MfS führen müßte, illustrierte er gegen Ende seines Diskussionsbeitrages: Es sei zu überprüfen, „ob zum Beispiel noch solche umfangreichen Ermittlungen über Bürger unserer Republik geführt werden müssen"[23]. Er denke dabei an die „Informationsberichte über Bürger und Funktionäre aus allen Bereichen des gesellschaftlichen Lebens". Es würden „täglich eine Vielzahl von Bürgern von Mitarbeitern der Staatssicherheit direkt oder indirekt über andere Bürger befragt". Ein Teil dieser „Ermittlungen und Befragungen" werde zudem „in einer unqualifizierten Form durchgeführt". Das, so gab er zu bedenken, könne sich „doch hemmend auf die weitere Festigung der politisch-moralischen Einheit unserer Bevölkerung und auf ihr Verhältnis zum Staat auswirken". Alle Aktivitäten müßten zukünftig darauf konzentriert werden, die eigentliche Aufgabe des MfS zu erfüllen, nämlich „noch qualifizierter und mit aller Konsequenz den Kampf gegen die Feinde unserer Republik zu führen, die im direkten Auftrag imperialistischer Geheimdienste und Agentenorgani-

17 Ebenda, S. 16.
18 Ebenda, S. 18.
19 Ebenda.
20 Matern-Stenogramm (Anm. 4), S. 20.
21 Ebenda, S. 21.
22 Ebenda.
23 Ebenda, S. 23 (auch für die folgenden Zitate).

sationen oder aus anderen Gründen der Feindschaft zu unserem Staat Staatsverbrechen gegen die DDR organisieren"[24].

Falsch sei zudem das verbreitete Selbstverständnis des Staatssicherheitsdienstes, autorisierte Kontrollinstanz gegenüber dem übrigen Staatsapparat und „Organ der Partei" zu sein.[25] Er sei lediglich „ein zentral geleitetes staatliches Organ, ein Teil des Staatsapparates, dem von Partei und Regierung festumrissene Aufgaben gestellt" würden.

Im Nachlaß Matern findet man einen vierseitigen Bericht von Walter Borning, dem damaligen Leiter der ZK-Abteilung für Sicherheitsfragen, über die unmittelbaren Reaktionen der MfS-Führung auf diese Kritik. Offenbar herrschte weithin Ratlosigkeit. Es seien „keine grundlegenden Vorschläge zur Veränderung der Arbeit unterbreitet"[26] worden, hielt Borning fest. Erich Mielke habe der These von der entspannteren innenpolitischen Situation nach dem Bau der Mauer mit dem Zwischenruf widersprochen: „Früher warf der Gegner Bomben gegen uns, während er jetzt raffinierter arbeitet."[27] Auf die Lage im Innern der DDR sei er nur „ungenügend" eingegangen und habe primär für „die Erhöhung der Wachsamkeit" plädiert. Mielke habe zwar zugestimmt, die „Informationstätigkeit" zukünftig einzuschränken, allerdings nur soweit „sich die Arbeit der anderen Teile des Staats- und Wirtschaftsapparates verbessert"[28].

Ein erstaunliches Maß an Eigensinn, bedenkt man die schon ritualisierte Parteipraxis, auf Lagebeurteilungen und Forderungen der Führungsspitze stets zustimmend und einsatzbereit zu reagieren und berücksichtigt man zudem den hierarchischen Unterschied zwischen dem bloßen ZK-Angehörigen Mielke und dem Politbüro-Mitglied und Ulbricht-Vertrauten Matern. Mielkes Uneinsichtigkeit blieb offenbar ungeahndet. Borning mahnte zwar die ca. 350 Delegierten, nun im MfS dafür zu sorgen, daß die Parteikritik überall beachtet würde, sah aber offenbar keine Notwendigkeit, auf ein Umdenken gerade der Ministeriumsspitze zu drängen.

Sucht man nach Beispielen für die von Matern kritisierten Kompetenzüberschreitungen gegenüber dem übrigen Staatsapparat in diesen Jahren, so findet man speziell in den Protokollen der Kollegiumssitzungen aus den Jahren 1960–62 mitunter sehr handfeste Belege.

Schon im März 1960, im Zusammenhang mit der eingeleiteten Kollektivierung der Landwirtschaft, lieferte Mielke eine Art Generalbegründung für eine Sonderrolle des MfS im Staate, wenn er hervorhob: „Kein Organ in der DDR hat solche Möglichkeiten, um die Partei zu unterstützen, ihr

---

24 Ebenda, S. 22.
25 Ebenda, S. 18 (auch für das folgende Zitat).
26 Einschätzung der zweiten Tagung der Delegiertenkonferenz im Ministerium für Staatssicherheit; SAPMO-BA, ZPA, NY 4076/104, Bl. 282–285, hier 283.
27 Ebenda, Bl. 282.
28 Ebenda, Bl. 284.

zu helfen und Hinweise zu geben, wo mit welchen Methoden angepackt werden muß."[29]

Wenige Monate später, im August 1960, kurz nachdem das Politbüro gefordert hatte, die Arbeit des Staatsapparates zu verbessern, entschied Mielke auf einer Kollegiumssitzung, das MfS müsse zukünftig im „Apparat des Genossen Stoph", also des Vorsitzenden des Ministerrates, verankert sein, „weil dadurch in vielen Fragen eine wirksame Veränderung erreicht werden" könne.[30] Das Kollegium beschloß entsprechend den „Einsatz von Mitarbeitern" (gemeint waren wahrscheinlich „Offiziere im besonderen Einsatz") in einigen Ministerien und der Staatlichen Plankommission. Die damals für die Wirtschaft zuständige Hauptabteilung III sollte Informationen zu aktuellen ökonomischen Problemen, insbesondere bei der Ersatzteilversorgung, zusammenstellen[31] und faktisch ein von der staatlichen Verwaltung unabhängiges Berichtssystem aufbauen.

Wo immer die Parteiführung Mißstände im Staate ausmachte, seien es Rückstände in der Frühjahrsbestellung[32] oder Nachlässigkeiten bei der Grenzpolizei[33], stets fühlte sich das Ministerium für Staatssicherheit offenbar verpflichtet, mit eigenen Mitteln für Abhilfe zu sorgen. Und zuweilen entschied die MfS-Spitze auch nach eigenem Gutdünken, was im Staatsapparat vordringlich zu verbessern sei und gab zum Beispiel Anweisung, über „unsere dafür zuständigen Mitarbeiter" in den Plankommissionen der Bezirkswirtschaftsräte aus Kostengründen für eine Verringerung der Baustellen im Lande zu sorgen[34] oder forderte, das Meldesystem der Volkspolizei müsse dringend überarbeitet werden, weil es noch möglich sei, „unkontrolliert in der DDR zu verkehren"[35].

Ende 1961 wurde diese MfS-Interventionspolitik zumindest verbal deutlich forciert. Auf der Kollegiumssitzung am 13./20. Dezember konstatierte der Mielke-Stellvertreter Generalleutnant Walter: „Für die ökonomische Entwicklung ist die verstärkte und wirksame operative Bearbeitung der staatlichen Organe notwendig."[36] Selbst in „führenden staatlichen Einrichtungen" hätten die Mitarbeiter, sogar einige der „leitenden Genossen", „Schwankungen" gezeigt. Oberst Weidauer, Leiter der Hauptabteilung III, nannte Beispiele für unzutreffende Berichte staatlicher Organe

29 So die sinngemäße Wiedergabe im Protokoll der Kollegiumssitzung am 15.3.1960, Anlage 3; BStU, ZA, SdM 1556, Bl. 39–42, hier 40.
30 Protokoll der Sitzung des Kollegiums am 9.8.1960; BStU, ZA, SdM 1556, Bl. 125–134, hier 129.
31 Ebenda, Bl. 132.
32 Protokoll der Sitzung des Kollegiums am 1.3.1961; BStU, ZA, SdM 1557, Bl. 40–47, hier 41.
33 Kollegiumssitzung am 9.8.1960 (Anm. 30), Bl. 130.
34 Vgl. „Protokoll über die Sitzung des Kollegiums vom Mittwoch, 13.12.61 und der Fortsetzung vom Mittwoch, 20.12.61", Anlage 2; BStU, ZA, SdM 1558, Bl. 57–68, hier 67.
35 Kollegiumssitzung am 9.8.1960 (Anm. 30), Bl. 25.
36 Kollegiumssitzung am 13./20.12.61 (Anm. 34), Bl. 25 (auch für die folgenden Zitate).

über die Planerfüllung und zog daraus den Schluß, „daß wir noch nicht alles genügend kontrollieren"[37].

Mielke ergänzte: Das Ministerium für Staatssicherheit habe in der Vergangenheit staatlichen Organen „gute und brauchbare Vorschläge" unterbreitet, nun müsse man „zur Kontrolle der Durchsetzung dieser Vorschläge übergehen" und „rechtzeitig über solche Kader Signal geben, die ungeeignet sind, Kommandostellen in der Volkswirtschaft einzunehmen".[38] Das habe das MfS in der Vergangenheit vernachlässigt.

Als Erfolg wertete die MfS-Führung, daß der Bundesvorstand des FDGB eine Anordnung über Zeitnormative, die bereits im Gesetzblatt veröffentlicht war, auf, wie es hieß, „unseren energischen Hinweis" zurückgezogen und für ungültig erklärt habe.[39] Besonders schlechte Zensuren erteilte Oberst Weidauer dem staatlichen Planungsapparat. Weder das Ministerium für Landwirtschaft noch die Staatliche Plankommission und der Volkswirtschaftsrat, so monierte er auf der Kollegiumssitzung im April 1962, verfügten über eine „klare Konzeption für die weitere technische Ausrüstung der Landwirtschaft"[40].

So würden immer noch vorrangig 2,5 m breite Drillmaschinen hergestellt, benötigt würden aber primär 5 m breite. Mehrere Mitarbeiter im Landwirtschaftsministerium, so Weidauer, seien bereits auf Verlangen des MfS abgesetzt worden.[41]

Auf derselben Sitzung forderte Erich Mielke, zukünftig stärker zu kontrollieren, wer auf Schulen und Hochschulen delegiert werde, da die Auswahl bislang oft schlecht gewesen sei. Die zuständigen MfS-Gliederungen müßten „die Schwerpunkte in den Lehrstätten wirklich unter Kontrolle nehmen und Veränderungen in der Auswahl der Kader für die Lehrstätten mit herbeiführen helfen"[42].

Zur Legitimation dieser Interventionspolitik konnte das MfS auf die unübersehbaren Mängel im Staats- und Wirtschaftsapparat, aber auch auf eigene „Erfolge" verweisen. So hatte es die Volkspolizei nicht geschafft, die Kanalisationsverbindungen zwischen Ost- und West-Berlin für Flüchtlinge unpassierbar zu machen. Dem MfS aber, das sich daraufhin dieses „Problems" annahm, sei das schon nach kurzer Zeit gelungen, wie der Mielke-Stellvertreter, Generalmajor Beater, auf der Kollegiumssitzung am 13./20. Dezember 1961 stolz verkündete.[43]

---

37 Ebenda, Bl. 28.
38 Ebenda, Bl. 37 und 42.
39 Ebenda, Anlage 2, Bl. 67.
40 Anlage 2 zum Protokoll der Kollegiumssitzung am 26.4.1962; BStU, ZA, SdM 1560, Bl. 41–58, hier 49.
41 Vgl. ebenda.
42 Ebenda, Anlage 3, Bl. 15–25, hier 18.
43 Vgl. Anlage 3, Kollegiumssitzung am 13./20.12.61 (Anm. 34), Bl. 69–100, hier 94–97. Das MfS rühmte sich, eine „ganz neuartige Erfindung" zur Lösung der Aufgabe ge-

Nur selten gab es offenbar – aus der Sicht der Generäle – Eigenmächtigkeiten übereifriger MfS-Mitarbeiter zu kritisieren. So wurde moniert, daß einzelne Offiziere, die zur Kontrolle des Transitverkehrs zwischen der Bundesrepublik und West-Berlin eingesetzt waren, Behinderungen veranlaßt hatten, ohne entsprechend angewiesen worden zu sein.[44]

Beispiele wie die zitierten belegen, daß das Ministerium sich nicht nur als „Schild und Schwert" der Partei verstand, es versuchte auch, die Funktion eines „Generalkontrollbeauftragten" der SED wahrzunehmen. Es wollte nicht nur den Einfluß von politischen Gegnern, von „feindlich-negativen Kräften", zurückdrängen, es wollte auch überwachen, wie gut die – aus seiner Sicht – Gutwilligen arbeiteten. Die MfS-Führung beabsichtigte dabei keineswegs, eine Gegenmacht zur Partei aufzubauen, sie wollte den Staatssicherheitsdienst *nicht* zum Staat im Staate werden lassen, wenn auch manches auf den ersten Blick den Verdacht erweckt. Selbst in den geschilderten Fällen war das MfS lediglich ein eifriger, mitunter übereifriger Erfüllungsgehilfe der SED. Die aber lehnte es ab, den Geheimdienst zu einem Sonderbeauftragten mit nahezu unbegrenzter Kontrollmacht werden zu lassen und setzte darauf, die fachliche Eigenverantwortung der Staatsorgane zu erhalten. Leitungsdefizite sollten von ihnen selbst, nicht durch Intervention des Staatssicherheitsdienstes behoben werden, so war den Ausführungen Materns indirekt zu entnehmen.

Daß das Verhalten des MfS nicht als Ausdruck von Illoyalität gegenüber der Partei gewertet werden kann, wird schon allein aus der Zusammensetzung des Kollegiums deutlich. An den Beratungen war stets auch der 1. Sekretär der SED-Kreisleitung im MfS und zumindest ein Vertreter der ZK-Kommission für Sicherheitsfragen anwesend. Nach den Protokollen zu urteilen, waren von dieser Seite keine Einwände gegen das ausufernde Kontrollinteresse des MfS geäußert worden; die Politik der Ministeriumsleitung hatte – im Gegenteil – auch bei diesen Beratungsteilnehmern ausdrückliche Zustimmung gefunden.[45]

Die von Matern im Dezember 1962 vorgetragene Parteikritik am MfS wurde in den folgenden Jahren, soweit bekannt, nicht mehr wiederholt. Während die Einmischung in fachliche Zuständigkeiten anderer Ressorts anscheinend nachließ, hielt die MfS-Führung am alten, überzeichneten Feindbild fest und versuchte, unbeirrt Bedrohungsängste zu schüren. Auch an der Praxis politischer Justiz änderte sich so gut wie nichts. Doch die

macht zu haben. Es wurden „aus Eisenhohlrohren mit Stahlkern und Staucherfettfüllung zusammengeschweißte Gittergeräte" hergestellt, die „bisher überall den Durchbruchversuchen standgehalten" hätten. (Ebenda, Bl. 95f.)

44 „Protokoll über die Sitzung des Kollegiums am Donnerstag, dem 12.7.1962"; BStU, ZA, SdM 1560, Bl. 91–119, hier 112.

45 Vgl. z. B. die Ausführungen von Oberstleutnant Renckwitz, Mitarbeiter im Sektor MfS der Abteilung für Sicherheitsfragen beim ZK auf der Kollegiumssitzung am 13./20.12.1961 (Anm. 34), Bl. 127.

ZK-Abteilung unternahm keinen Versuch, etwa durch einen „Brigadeeinsatz" in der Hauptabteilung IX des MfS, Gesetzesverstöße gegenüber Untersuchungsgefangenen zukünftig zu unterbinden.

Schon bald war wieder Altvertrautes aus dem ZK-Apparat zu vernehmen. Spionage gegen die DDR, so Walter Borning, Leiter der ZK-Abteilung für Sicherheitsfragen, im April 1965, sei zwar nach dem Mauerbau nicht mehr so leicht möglich. Dafür seien die Arbeitsmethoden der westlichen Geheimdienste aber „raffinierter und gefährlicher" geworden, behauptete er in Anlehnung an Mielke. Es gelte nach jenen zu suchen, die bereits vor dem Bau der Mauer langfristig angeworben worden seien.[46]

Das berüchtigte 11. Plenum des ZK 1965 und schließlich der Einmarsch in die ČSSR und seine innenpolitischen Folgen waren weitere Etappen der Rückkehr der Partei zur Repressionspolitik alten Stils, die das MfS in der Praxis ohnehin nicht aufgegeben hatte. Was an Parteikritik blieb, war die stete, mitunter hämisch vorgetragene Schelte der ZK-Beauftragten, dem Geheimdienst mangele es an der notwendigen „Wissenschaftlichkeit" in seiner Arbeit.[47] Ein Vorwurf, der ernst genommen werden mußte, da die stärkere Nutzung wissenschaftlicher Erkenntnisse in diesen Jahren eine zentrale Forderung der Partei – auch an den Staatsapparat – war und gerade von SED-Chef Ulbricht immer wieder propagiert wurde. Die Antwort Mielkes auf diesen Vorwurf verriet Ratlosigkeit, war aber nicht ungeschickt: „Wir arbeiten schon immer wissenschaftlich, das zeigen unsere Erfolge."[48]

Wiederholt wurde zudem die Kritik an der inneren Verfassung des Staatssicherheitsdienstes. Alkoholprobleme und „unmoralisches Verhalten" waren nach den Befunden der SED-Führung weit verbreitet, Konsequenzen blieben aber oft aus.[49]

---

46 Vgl. Manuskript der von Walter Borning am 6.4.1965 an der Parteihochschule „Karl Marx" gelesenen Lektion zum Thema: „Der Schutz der sozialistischen Errungenschaften und die Aufgaben der bewaffneten Organe." SAPMO-BA, ZPA. IV A2/12/11, S. 59f.

47 Wo und wie die Wissenschaft konkret besser genutzt werden sollte, wurde allerdings nicht gesagt. Das Ministerium versuchte später, dieser Forderung durch den Ausbau seiner „Juristischen Hochschule" in Potsdam gerecht zu werden, die 1965 den Hochschulstatus und 1968 auch das Promotionsrecht verliehen bekam. Unterrichtet wurde u. a. in „Operativer Psychologie". Vgl. dazu: Günter Förster: Die „Juristische Hochschule" des MfS (Anatomie der Staatssicherheit. Geschichte, Struktur und Methoden. MfS-Handbuch, hrsg. von Klaus-Dietmar Henke, Siegfried Suckut, Clemens Vollnhals, Walter Süß, Roger Engelmann, Teil III/6), BStU, Berlin 1996.

48 Abteilung für Sicherheitsfragen, Information vom 6.10.1967 über die Parteiaktivtagung der Kreisparteiorganisation im Ministerium für Staatssicherheit am 3.10.1967, S. 3; SAPMO-BA, ZPA, IV A2/12/128.

49 Vgl. dazu die eindringlich mahnenden Ausführungen von Hermann Matern in seiner Rede vor der SED-Kreisdelegiertenkonferenz des MfS am 8.12.1962, Matern-Stenogramm (Anm. 4), S. 16f. Diese Probleme blieben auch in späteren Jahren erhalten, vgl.: Jens Gieseke: Die hauptamtlichen Mitarbeiter des Ministeriums für Staatssicherheit (Anatomie der Staatssicherheit. Geschichte, Struktur und Methoden. MfS-Handbuch, hrsg. von Klaus-Dietmar Henke, Siegfried Suckut. Clemens Vollnhals, Walter Süß, Roger Engelmann, Teil IV/1), BStU, Berlin 1995, S. 72–76.

Folgt man den archivierten Berichten, so gewinnt man den Eindruck, daß aus der Sicht der Kontrolleure im ZK-Apparat die MfS-Mitarbeiter gleichsam als die „Genossen für's Grobe" angesehen wurden: Sie gingen oft zu forsch vor, verstießen mitunter systematisch gegen geltendes Recht, verhielten sich häufig undiszipliniert und mißachteten die Gebote „sozialistischer Moral". Statt wissenschaftlich-planvoll handelten sie lieber praktizistisch-pragmatisch: „Mit Geld und Weibern machen wir alles!"[50] erhielten die ZK-Instrukteure zur Antwort, als sie sich 1960 im Mecklenburgischen vor Ort darüber informieren wollten, wie der Staatssicherheitsdienst die Bildung von landwirtschaftlichen Genossenschaften unterstützte.

Ein nachhaltiger Versuch, die Arbeitsweise des Staatssicherheitsdienstes wirklich zu ändern, wurde gleichwohl nicht unternommen. Für so gravierend wurden die Verstöße offenbar nicht gehalten. Zudem hatte das Ministerium die wichtigste Forderung an eine kommunistische Geheimpolizei zuverlässig erfüllt: Seine Mitarbeiter waren der Partei ergeben und taten alles, um deren Macht zu erhalten.

Bestätigt findet man in den ausgewerteten Unterlagen aus den sechziger Jahren die These, der Staatssicherheitsdienst sei nicht das Instrument der Partei insgesamt, sondern allein der Parteiführung gewesen.[51] Doch sucht man vergeblich nach genauerer Information, wie sie mit diesem Instrument – um im Bilde zu bleiben – hantierte. Etwa nach konkreten Anweisungen an Erich Mielke. Es gab sie – wie schon allein die zitierten Ausführungen Materns bestätigen –, aber sie ergingen nur sporadisch, und manche klingen wie ein eher unverbindlicher, moralischer Appell, nicht wie ein Parteibefehl. [52]

Bedenkt man die besondere Bedeutung des Staatssicherheitsdienstes für die SED, so hätte es eigentlich eine sehr viel größere Kommunikationsdichte geben müssen. Den SED-Akten aber läßt sich das nicht entnehmen. Zwar sind Meldungen verschiedenster Verfasser zur Sicherheitslage an die zuständige ZK-Abteilung überliefert, Informationen aus dem Ministerium für Staatssicherheit aber befinden sich nur selten darunter und betreffen zumeist MfS-interne Probleme wie die Fahnenflucht von Angehörigen des Wachregiments.[53]

50 Zentrale Parteileitung in der Bezirksverwaltung Neubrandenburg des MfS: Protokoll vom 12.10.1960 über die Durchführung der außerordentlichen Leitungssitzung am 11.10.60; SAPMO-BA, ZPA, Akte IV 2/12/106, Bl. 71–80, hier 74.
51 Vgl. Walter Süß: „Schild und Schwert." Das Ministerium für Staatssicherheit und die SED, in: Klaus-Dietmar Henke und Roger Engelmann (Hrsg.): Aktenlage. Die Bedeutung der Unterlagen des Staatssicherheitsdienstes für die Zeitgeschichtsforschung, Berlin 1995, S. 83–97, hier 84.
52 In den überlieferten Justizakten gibt es dagegen durchaus Beispiele für direkte Weisungen der Parteispitze des MfS. Vgl. dazu die Beiträge von Karl Wilhelm Fricke und Clemens Vollnhals in diesem Band.
53 Vgl. SAPMO-BA, ZPA, IV 2/12/113.

Absender sicherheitsrelevanter Mitteilungen waren zumeist andere ZK-Abteilungen, insbesondere die für „Parteiorgane", die von den SED-Bezirksleitungen entsprechende Berichte der Parteibasis erhalten hatten. Inhaltlich ähnelten sie denen des MfS. Wenn in einem Betrieb kurzfristig gestreikt worden, ein Pastor nicht zur Wahl gegangen oder die Belegschaft eines VEB an Lebensmittelvergiftung erkrankt war –, die Grundorganisationen hatten offenbar Meldung erstattet und die nächste Parteileitung informiert.[54]

Dokumente wie diese erinnern daran, daß der Geheimdienst keineswegs über ein sicherheitspolitisches Informationsmonopol im Lande verfügte. Der Parteiapparat selbst stellte ein weit verzweigtes MfS-unabhängiges Meldesystem dar. Insbesondere jene unter den zum Schluß über 44.000 hauptamtlichen SED-Funktionären, die in den Betrieben tätig waren, scheinen als wichtige Meldestellen fungiert zu haben.

Wie die MfS-Offiziere waren sie im Grunde Staatsangestellte: Ihr Gehalt zahlte der VEB. Und auch sie hatten ihre „IM": die nach Hunderttausenden zählenden Mitglieder der Grundorganisationen. Hinzu kamen jene „Genossen", die als Funktionäre in den Massenorganisationen wirkten und ebenfalls Meldungen verfaßten, die bei entsprechender Wichtigkeit bis an die ZK-Abteilung für Sicherheitsfragen weitergereicht wurden, die dann zuweilen auch das MfS in Kenntnis setzte.[55] Diese Praxis mag bei den Parteileitungen den Eindruck verstärkt haben, man liefere dem MfS mehr, als man von dort erhalte, wie mitunter beklagt wurde.[56] Und auch die von SED-Seite geäußerte Überzeugung, „die Kraft und der Zeitaufwand zur Durchführung der Treffs mit den inoffiziellen Mitarbeitern" stünden „in keinem Verhältnis zum operativen Nutzen"[57], könnte darauf zurückzuführen sein, daß die Partei allenfalls indirekt, aus den zusammenfassenden Analysen, erfuhr, was die heimlichen Zuträger geliefert hatten.

Die anscheinend geringe Kommunikationsdichte zwischen der Abteilung und dem Ministerium könnte auch darin begründet sein, daß die MfS-Spitze den ZK-Apparat umging und Wichtiges direkt dem Ersten Sekretär und vielleicht noch dem einen oder anderen sonstigen Politbüromitglied meldete. Eine wesentlich engere Kontrolle des Staatssicherheitsdienstes durch die Partei konnte durchaus als verzichtbar erscheinen. Walter Ulbricht wußte, daß er sich auf diese Geheimpolizei verlassen konnte. Dafür bürgte allein schon die Person Erich Mielkes.[53] Die SED konnte dem

---

54 Vgl. die überlieferten Berichte ebenda.
55 Vgl. ebenda.
56 Vgl. Abschrift aus dem Beschlußprotokoll Nr. 48 der Sitzung des Sekretariats für Sicherheitsfragen der Bezirksparteileitung Suhl der SED vom 1.12.1960; SAPMO-BA, ZPA, IV 2/12/106, Bl. 134.
57 Information über einige Probleme der politisch-ideologischen Erziehungsarbeit und der politisch-operativen Arbeit in Kreisdienststellen des Ministeriums für Staatssicherheit vom 1.7.1968, S. 6; SAPMO-BA, ZPA, IV A2/12/128.
58 Walter Süß (Anm. 51), S. 87.

MfS in diesen Jahren nahezu blind vertrauen, und sie wollte wohl auch nicht so ganz genau hinschauen, *wie* dort gearbeitet wurde. Die zitierte Kritik an der rechtswidrigen Praxis des Ministeriums belegt jedenfalls, daß diese Verstöße schon seit langem bekannt, aber verdrängt oder stillschweigend toleriert worden waren.

Die SED-Spitze, so scheint es, verließ sich darauf, daß die Staatssicherheit eigenverantwortlich den Parteikurs hielt und ihre Politik unterstützte. Solange es die traditionelle, auf Repression und Kontrolle setzende Linie war, und das galt ja nachgerade für die gesamte DDR-Geschichte, konnte sie sich auch darauf verlassen.

Trotz der ausgeprägten Folgebereitschaft des MfS gibt es in den Akten allerdings zahlreiche Belege für Interessenkollisionen und für selbstbewußtes, mitunter widerspenstiges Verhalten der Offiziere, speziell Erich Mielkes, gegenüber den ZK-Funktionären. Ein typisches Beispiel dafür ist der Konflikt um die interimistische Neubesetzung der Position des 1. Sekretärs der SED-Kreisleitung im Ministerium für Staatssicherheit Anfang 1965. Eine Entscheidung war notwendig, weil der bisherige Funktionsinhaber, Oberst Heidenreich, für längere Zeit einen Lehrgang in der Sowjetunion besuchen sollte. Die Abteilung für Sicherheitsfragen schlug Honecker als zuständigem ZK-Sekretär vor, den Instrukteur im Sektor MfS der Abteilung, Appelfeller, zu nominieren. Honecker schrieb sein *„Einverstanden!"* quer.[59] Die Sache schien erledigt. Doch wenige Wochen später wandte sich die Abteilung erneut an ihn: „Ohne stichhaltige Gründe hervorzubringen", so die Mitteilung, sei „Genosse Mielke für unseren Vorschlag nicht zugänglich" gewesen.[60]

Der Minister habe vielmehr den Parteisekretär der Hauptabteilung Personenschutz des MfS, Hauck, vorgeschlagen. Der aber, so das Urteil der ZK-Abteilung, wäre als 1. Sekretär der Kreisleitung überfordert. Er besitze nicht die „notwendigen kämpferischen Eigenschaften". Die Abteilung empfahl Honecker, dem ZK-Sekretariat den alten Kandidaten einzureichen und sich über Mielkes Intervention hinwegzusetzen.

Der weitere Diskussionsverlauf ist nicht dokumentiert, wohl aber das Endergebnis: *Mielkes* Kandidat wurde Ende März 1965 von der Kreisleitung einstimmig gewählt.[61] Wagte Honecker nicht, von seiner Entscheidungskompetenz, die er als gleichsam oberster Sicherheitsbeauftragter der Partei in diesem Fall eindeutig hatte, gegen den Willen Mielkes Gebrauch zu machen, oder hielt er nun doch Hauck für den besseren Kandidaten?

---

59 Vgl. SED-Hausmitteilung der Abteilung für Sicherheitsfragen vom 29.1.1965 an Honecker; SAPMO-BA, ZPA, IV A2/12/128.
60 Paraphierter Durchschlag des Schreibens der Abteilung für Sicherheitsfragen vom 9.3.1965 an Honecker in derselben Akte (auch für die folgenden Zitate).
61 Vgl. paraphierten Durchschlag des Schreibens der Abteilung für Sicherheitsfragen vom 30.3.1965 an Honecker in derselben Akte.

Ähnlich widerspruchsbereit verhielt sich der MfS-Chef zwei Jahre später auf einer Parteiaktivtagung im Ministerium. Die Funktionäre des Sektors MfS der ZK-Abteilung für Sicherheitsfragen, Renckwitz und Appelfeller, hatten wieder die Forderung nach mehr „Wissenschaftlichkeit" in der Arbeit des Staatssicherheitsdienstes vorgetragen. Mielke – so ihr Bericht – habe die Kritik entschieden zurückgewiesen: „Dabei wurde er in seinen Ausführungen sehr heftig und unsachlich und polemisierte gegen Probleme, die von uns nicht dargelegt wurden."[62] Der MfS-Chef habe schließlich die weitere Diskussion in diesem Rahmen verweigert.

In einer Aussprache mit ihm am folgenden Tag hätten sie den Eindruck gewonnen, „daß Genosse Mielke offensichtlich einige Fragen nicht verstanden" habe, und unterstrichen, daß die „dargelegten Probleme den Beschlüssen der Partei und der Lage im Ministerium für Staatssicherheit" entsprächen und sie nicht dulden könnten, „daß die Autorität der Abteilung in den Augen der Parteimitglieder abgewertet" werde.[63] Spätestens jetzt hätte Honecker eingreifen und das nachrangige ZK-Mitglied Mielke zur Rechenschaft ziehen müssen. Doch auch in diesem Fall hielt sich der ZK-Sekretär zurück und erklärte sich lediglich damit einverstanden, daß nunmehr der Leiter der Abteilung für Sicherheitsfragen gemeinsam mit einem Vertreter des Sektors MfS sowie dem 1. Sekretär der SED-Kreisleitung im MfS eine Aussprache mit Mielke führen würde. Über das Ergebnis wurde nichts mitgeteilt, doch blieb Mielkes Ignoranz wahrscheinlich ungeahndet.

Selbst die Offiziere in den Bezirken bewiesen zuweilen ähnliche Widerspruchsbereitschaft gegenüber den ZK-Kontrolleuren, etwa als sich die Leitung der Bezirksverwaltung Neubrandenburg im Oktober 1960 weigerte, den Abschlußbericht der ZK-Abteilung für Sicherheitsfragen nach einem „Brigadeeinsatz" in den Kreisen Malchin und Teterow zu akzeptieren. Mangelhaft, so sinngemäß der Einwand der Geheimdienstler, sei nicht ihre Arbeit, sondern die der ZK-Abteilung, wenn sie unzutreffende Befunde an die Parteiführung weiterleite.[64]

Dabei ging es im Grunde nur um Parteiroutine: Das 9. ZK-Plenum hatte Mängel bei der Einrichtung von landwirtschaftlichen Produktionsgenossenschaften in diesen Kreisen kritisiert. Die ZK-Mitarbeiter reisten in die betreffenden Regionen, um die Kritik bestätigt zu finden und gemeinsam mit den Verantwortlichen vor Ort Besserungsbeschlüsse zu verabschieden – ein leeres Ritual.

Nach einem Gespräch mit Honecker fuhren die ZK-Funktionäre kurz darauf zu einer erneuten Aussprache nach Neubrandenburg, die mit einem

62 Parteiaktivtagung vom 3.10.1967 (Anm. 48), S. 4.
63 Ebenda (auch für die folgenden Angaben).
64 Vgl. Protokoll über die Durchführung der außerordentlichen Leitungssitzung am 11.10.60 (Anm. 50), Bl. 76.

versöhnlichen: „Alle Seiten haben Fehler gemacht" endete und die Vertreter der MfS-Bezirksverwaltung unter diesem Vorzeichen zum Einlenken brachte.[65]

Es ist unwahrscheinlich, daß andere Teile des Staatsapparates sich gegenüber ihren Kontrolleuren im ZK ähnlich selbstbewußt verhielten. Offenbar sahen sich die Offiziere des MfS in einer Sonderrolle, nicht nur als Helfer, sondern gleichsam als Teil des Parteiapparates, und glaubten deshalb, sich mit den ZK-Funktionären von gleich zu gleich auseinandersetzen zu können.

Bei Generaloberst Mielke kam vermutlich hinzu, daß es sich bei den Mitarbeitern im Sektor MfS der Abteilung für Sicherheitsfragen zugleich um Offiziere „im besonderen Einsatz" mit vergleichsweise niedrigen Dienstgraden (Major bis Oberst) handelte, die eigentlich seine Untergebenen waren und von denen er sich keine Vorschriften machen lassen wollte.

Das Bemühen, MfS-Interessen auch gegenüber der Partei zu wahren und im Konfliktfall nicht sogleich nachzugeben, dokumentiert sich in mehreren archivalisch belegten Fällen. Etwa in dem – letztlich erfolgreichen – Versuch, die regionalen MfS-Gliederungen allein dem jeweiligen 1. Sekretär der SED-Bezirks- bzw. -Kreisleitung zu unterstellen und nicht auch den Sekretariaten für Sicherheitsfragen in diesen Parteiapparaten.[66] Es zeigte sich ferner in der von der Partei gebilligten Entscheidung, die Akten der SED-Organisationen im MfS aus Geheimhaltungsgründen nicht in den Archiven der Partei, sondern des Staatssicherheitsdienstes aufzubewahren.[67]

Die Ernennung von Leitern der Bezirks-Parteiorganisationen im MfS entschieden Mielke und Heidenreich offenbar gemeinsam – faktisch wird sie allein Mielke bestimmt haben, denn Heidenreich wagte, nach den ausgewerteten Unterlagen zu urteilen, nie den offenen Konflikt mit dem Geheimdienst-Chef, wie zuweilen auch die ZK-Kontrolleure enttäuscht feststellten.[68] Dafür war die Stellung der Parteileitung im MfS auch nicht

65 Bericht über die außerordentliche Sitzung der Zentralen Parteileitung in der MfS-Bezirksverwaltung Neubrandenburg am 2.11.1960; SAPMO-BA, ZPA, IV 2/12/106, Bl. 97ff.

66 Vgl. paraphierten Durchschlag des Schreibens der Abteilung für Sicherheitsfragen an Honecker vom 15.11.1968 nebst Anlagen; SAPMO-BA, ZPA, IV A2/12/128. Vgl. dazu ferner den Beitrag von Silke Schumann im vorliegenden Band.

67 In einem Fall hatte das MfS sogar Akten requiriert, die ihm eindeutig nicht zustanden: Als der langjährig für den Staatsapparat zuständige ZK-Sekretär Anton Plenikowski 1971 starb und das Institut für Marxismus-Leninismus beim ZK seinen Nachlaß übernehmen wollte, mußten die Parteiarchivare erstaunt feststellen, daß ihnen die Kollegen vom MfS zuvorgekommen waren. Vgl. Schreiben des Instituts für Marxismus-Leninismus beim ZK der SED an die Abteilung für Sicherheitsfragen vom 28.5.1971; SAPMO-BA, ZPA, IV A2/12/131.

68 So hatte der Leiter der Abteilung für Sicherheitsfragen offenbar gehofft, Heidenreich würde in seinem Schlußwort auf der SED-Kreisdelegiertenkonferenz vom 8.12.1962 die Kritik Materns unterstreichen, nachdem sich Mielke nur zurückhaltend geäußert hatte. Heidenreich aber hielt sich bedeckt. Vgl.: Einschätzung der zweiten Tagung der Dele-

stark genug[69], und das Interesse, Parteifunktionen zu übernehmen, war generell gering[70]. Wie in den Betrieben waren es offenbar nicht gerade die besten Mitarbeiter, die für diese Ämter ausgewählt wurden.

Mielkes Bemühen, gegenüber der Partei Eigeninteressen seines Ministeriums durchzusetzen, zeigte sich auch in mancher Marginalie. Etwa, wenn er gezielt Auszeichnungen an führende Parteifunktionäre und wichtige Mitarbeiter des Apparates verteilte und zum 20. Jahrestag der MfS-Gründung unter anderem die Leiterin des Büros Ulbricht und Politbüromitglied Werner Lamberz bedachte.[71]

Ähnlich wie die ZK-Abteilung an zentraler Stelle empfanden nachgeordnete Parteileitungen das Verhalten leitender MfS-Offiziere ihnen gegenüber manchmal schon nicht mehr als selbstbewußt, sondern als statutenwidrig. Berichtet wurde unter anderem über Fälle, in denen die Kompetenzen der Parteikontrollkommissionen mißachtet und SED-Funktionsträger ohne entsprechenden Parteiauftrag verhört oder verhaftet worden waren.[72]

Immerhin nutzte die SED-Führung zuweilen sogar demonstrativ ihre Möglichkeiten gegenüber ihrem wichtigsten Machtinstrument. Etwa, wenn sie wegen moralischer Verfehlungen und selbstherrlichen Auftretens („Die Staatssicherheit hat die Macht im Kreis, und ich bin der Oberbefehlshaber!") Anfang 1962 an allen MfS-Instanzen vorbei die Absetzung des Kreisdienststellen-Leiters in Freienwalde durchsetzte[73] oder den

giertenkonferenz im Ministerium für Staatssicherheit; SAPMO-BA, ZPA, NY 4076/104, Bl. 284.

69 Um sich „Unannehmlichkeiten" zu ersparen, so ein Parteibericht über die Lage im MfS, würden zuweilen Verstöße gegen den Parteiauftrag von den MfS-Mitarbeitern „vor der Parteiorganisation verheimlicht". Es gäbe „mitunter" die Auffassung, es habe „keinen Zweck, diese Probleme in der Parteiorganisation zur Sprache zu bringen, weil diese ja doch nicht helfen" könne. Bericht ohne Verfasser und Datum (wahrscheinlich der Abteilung für Sicherheitsfragen von Ende 1962/Anfang 1963), handschriftliche Überschrift: „MfS"; SAPMO-BA, ZPA, IV A2/12/9, Blatt 87ff., hier 100.

70 Vgl. Information der Abteilung für Sicherheitsfragen vom 16.4.1962 über den Stand der Durchführung der Parteiwahlen bis zum 12.4.1962 in der Kreisparteiorganisation des Ministeriums für Staatssicherheit; SAPMO-BA, ZPA, IV 2/12/108.

71 Vgl. die Mitteilungen der Abt. für Sicherheitsfragen vom 22. und 28.1.1970 an Honecker; SAPMO-BA, ZPA, IV A2/13/132. Die Auszeichnung von SED-Funktionären durch das MfS mußte von der übergeordneten Parteileitung vorab gebilligt worden sein, wie die Abteilung für Sicherheitsfragen mit Zustimmung Honeckers verfügte. Für Lamberz hatte Mielke die „Medaille für Waffenbrüderschaft in Gold" vorgesehen. Honecker erlaubte aber nur die Verleihung des geringerwertigen „Kampfordens für Verdienste um Volk und Vaterland", vgl. ebenda.

72 Vgl. u. a. Bericht der Abt. für Sicherheitsfragen vom 5.12.1960 mit einem Vertreter der Zentralen Parteikontrollkommission; SAPMO-BA, ZPA, IV 2/12/112. Matern kritisierte Versuche der MfS-Bezirksverwaltung Schwerin, die Parteileitung eines Betriebes unter Druck zu setzen, daß sie ein Mitglied ausschlösse, damit es verhaftet werden könne. Als sich die Parteileitung wie die Kreiskontrollkommission weigerte, nahm das MfS den Betreffenden dennoch fest. Nach Materns Darstellung waren solche Eigenmächtigkeiten ein generelles MfS-Problem: Matern-Stenogramm (Anm. 4), S. 18.

73 Vgl. den Bericht der Abteilung für Sicherheitsfragen vom 7.2.1962; SAPMO-BA, ZPA,

Leiter der Bezirksverwaltung Leipzig direkt zum Rapport darüber bat, warum ein Sportler in den Westen habe fliehen können[74].

In einem anderen Fall dagegen ließ das MfS die Parteikritik an Führungskadern ins Leere laufen, und die SED tat nichts dagegen. Die ZK-Abteilung war bei der Überprüfung der Bezirksverwaltung Potsdam 1963 zu einem vernichtenden Urteil über die bisherige Leitungstätigkeit dort gelangt: Innerdienstliche Intrigen behinderten massiv die Arbeit, der Leiter der Untersuchungsabteilung unterhalte eine Liebesbeziehung zu einer wegen Spionage Inhaftierten, die Parteiorganisation in der Bezirksverwaltung sei „mehr oder weniger ausgeschaltet" worden.[75] Der bisherige Chef der Bezirksverwaltung, Oberst Mittig, war gerade in die MfS-Zentrale versetzt und von Mielke als Perspektiv-Kader mit der Leitung der Hauptabteilung III, später XVIII (Volkswirtschaft), beauftragt worden. Er avancierte schließlich zum Generaloberst und Stellvertreter des Ministers. Die SED-Kritik an seiner Arbeit in Potsdam scheint von Mielke schlicht ignoriert worden zu sein.

Resümee:

Nach dem jetzigen Stand meiner Untersuchungen läßt sich das Verhältnis SED-MfS für die sechziger Jahre so charakterisieren:

Die SED ließ dem Ministerium für Staatssicherheit erheblichen eigenverantwortlich zu nutzenden Handlungsspielraum. Die Parteispitze führte das MfS nicht, bildlich gesprochen, am kurzen Zügel, oder, auf die selbstgewählte Symbolik übertragen: Wenn das „Schild und Schwert" der SED agierte, so waren dies keine Aktionen, die unmittelbar vom „starken Arm" der Partei gelenkt wurden. Vielmehr scheint sich die Parteispitze darauf verlassen zu haben, daß der Geheimdienst eigenverantwortlich, aber loyal die jeweils beschlossene Politik mit eigenen Mitteln unterstützte.

Das tatsächliche Verhalten des MfS belegt, daß der Geheimdienst dieser Erwartung vollauf entsprach. Zum Problem wurde im Gegenteil zuweilen der Übereifer der „Tschekisten". Etwa, wenn der Staatssicherheitsdienst den Anspruch erhob, eine Art Generalkontrollbeauftragter der SED gegenüber dem Staatsapparat zu sein.

Wenn die Parteikritik in diesem Punkt auch unverkennbar Folgen zeigte, so bleibt doch durch weitere Forschung zu überprüfen, ob diese Tendenz in der Ära Honecker gänzlich verschwunden war, ob sie nicht doch in abgeschwächter Form bis zum Zusammenbruch der SED-Herrschaft festzustellen ist.

IV 2/12/108. Zugleich wurde der Sekretär der Bezirksparteiorganisation des MfS abgesetzt.

74 Vgl. Schreiben der Abteilung für Sicherheitsfragen an die Leitung der Bezirksverwaltung Leipzig des MfS vom 12.10.1961; SAPMO-BA, ZPA, IV 2/12/113.

75 Schreiben der Abteilung für Sicherheitsfragen an Honecker vom 10.4.1963; SAPMO-BA, ZPA, IV A2/12/130.

Die ZK-Abteilung für Sicherheitsfragen erwies sich in der Praxis als eine schwache Kontroll-, geschweige denn Anleitungsinstanz gegenüber dem Ministerium. Sie zeigte großen Respekt vor dem leicht aufbrausenden, kämpferisch-selbstbewußten Mielke. Das scheint ebenso für ZK-Sekretär Honecker gegolten zu haben. Möglicherweise war es auch das bekannt gute Einvernehmen zwischen Ulbricht und Mielke, das hier Wirkung zeigte. Sicher ist, daß die Abteilung der kenntnisreichste Informant der Parteiführung über den Zustand des Geheimdienstes außerhalb des Ministeriums selbst war. Ihre Kenntnis basierte offenbar nicht auf Berichten des Staatssicherheitsdienstes an die Abteilung, denn die scheint es in nennenswerter Zahl nicht gegeben zu haben, sondern auf Informationen, die die Parteigliederungen im MfS an das ZK weitergeleitet hatten, zudem aus Kontrolleinsätzen vor Ort und eigenen Gesprächen und Diskussionen im Ministerium.

Als Kontrollberechtigten und Weisungsbefugten hat Erich Mielke in den sechziger Jahren vermutlich nur den Ersten Sekretär des ZK, Walter Ulbricht, akzeptiert. Die überlieferten Unterlagen geben leider keine genauere Auskunft darüber, wie die Zusammenarbeit von Partei und Ministeriumsspitze verlief, wie dicht und nützlich die Informationen waren, die – wahrscheinlich zumeist mündlich – weitergegeben wurden.

Die Kritik der SED an der Arbeit des MfS im Dezember 1962 darf nicht als Grundsatzkonflikt überinterpretiert werden. Wie 1956 war auch die Entstalinisierungsdebatte Anfang der sechziger Jahre nur von kurzer Dauer. Eine nachhaltige Änderung der SED-Politik trat nicht ein. Wichtiger als die Achtung von Persönlichkeitsrechten blieb der Partei allemal der Erhalt ihrer Macht. So harsch die Matern-Kritik an der Arbeitsweise des MfS auch klang – seine Absetzung hatte Mielke keineswegs zu befürchten.

Daß in der DDR wirklich schon der neue „sozialistische Mensch" lebte, war eine bloße Propagandabehauptung, die in dem Entwurf des neuen Parteiprogramms Ende 1962 verbreitet worden war. Sozialismus, so konnte man dort nachlesen, bedeute harmonisches Miteinander von Partei und Bevölkerung sowie Mitbestimmung des „Weltniveaus" in der Produktion. Die Parteiführung wußte, daß die DDR von beidem weit entfernt war und machte keinen ernsthaften Versuch, den Charakter des MfS als Repressionsorgan grundlegend zu ändern.

Armin Wagner

Der Nationale Verteidigungsrat der DDR als sicherheitspolitisches Exekutivorgan der SED

I. Nationaler Verteidigungsrat: Forschungsstand

Verfolgt man die Diskussion um die rechtliche Verantwortung für die Todesschüsse an der innerdeutschen Grenze und an der Berliner Mauer zwischen 1961 und 1989 in juristischen Fachzeitschriften, so wird man feststellen, daß der Nationale Verteidigungsrat (NVR) der DDR in dieser Literatur sehr präsent ist. Die kontrovers geführte rechtswissenschaftliche Debatte entzündet sich an der Frage der Verantwortlichkeit dieses Gremiums für die durch Minen oder Schußwaffengebrauch herbeigeführten Tötungen, denen Personen zum Opfer fielen, die auf dem Weg über die Grenzsicherungsanlagen die DDR zu verlassen suchten.[1] Es ist auffällig, daß die historische Aufarbeitung des Themenkomplexes „Nationaler Verteidigungsrat" mit dem intensiven juristischen Diskurs zum Thema nicht mithält. Die DDR-Forschung in der Bundesrepublik hat vor 1989 eine systematisch-analytische Betrachtung nicht leisten können, denn es gab keinen Zugang zu den Quellen. Das, was bekannt war, hatte man im wesentlichen den Verfassungen und dem Gesetzblatt der DDR entnommen, außerdem mehr kombinatorisch Bruchstücke zu einem spärlich beleuchteten Bild zusammengesetzt. Die Memoirenliteratur ostdeutscher Provenienz blieb, wie kaum anders zu erwarten, ebenso unergiebig wie biographische Studien, die westlich des Eisernen Vorhanges publiziert wurden.[2]

---

1 Eine gute Zusammenfassung der rechtswissenschaftlichen Diskussion bietet Walter Gropp: Die Mitglieder des Nationalen Verteidigungsrates als „Mittelbare Mit-Täter hinter den Tätern"?, in: Juristische Schulung 1/1996, S. 13–18.

2 Vgl. Stichwort „Nationaler Verteidigungsrat der DDR (NVR)", in: DDR-Handbuch. Bd. 2: M–Z, hrsg. vom Bundesministerium für innerdeutsche Beziehungen, 3. Aufl., Köln 1985, S. 937f.; Peter Joachim Lapp: Der Staatsrat im politischen System der DDR (1960–1971), Opladen 1972, S. 49–52 und 102f.; ders.: Die Volkskammer der DDR, Opladen 1975 (Studien zur Sozialwissenschaft, Bd. 33), S. 108–111; ders.: Der Ministerrat der DDR. Aufgaben, Arbeitsweise und Funktion der anderen deutschen Regierung, Opladen 1982 (Studien zur Sozialwissenschaft; Bd. 49), S. 53–55; Joachim Nawrocki: Bewaffnete Organe in der DDR. Nationale Volksarmee und andere militärische und paramilitärische Verbände. Aufbau, Bewaffnung, Aufgaben, Berichte aus dem Alltag, Berlin 1979, S. 36–39. Keine Informationen zum NVR bieten Heinz Lippmann: Honecker. Porträt eines Nachfolgers, Köln 1971. und Carola Stern: Ulbricht. Eine politische Biographie, Köln, Berlin 1963. Die Tätigkeit als Vorsitzender des NVR vernachlässigt ebenso Norbert Podewin: Walter Ulbricht. Eine neue Biographie, Berlin 1995. Auch die Memoiren von Erich Honecker: Aus meinem Leben, 3. Aufl., Berlin (-Ost)

Mittlerweile existieren zwei größere Arbeiten zur Geschichte des Verteidigungsrates (1960–1989) und seiner Vorläuferorganisation, der Sicherheitskommission der SED (1954–1960). Otto Wenzel veröffentlichte 1995 seine Untersuchung unter dem Titel „Kriegsbereit"[3], nachdem er zuvor bereits einzelne Aspekte durch den NVR gelenkter militärischer Kriegsplanungen der Nationalen Volksarmee (NVA) in mehreren Aufsätzen bekanntgemacht hat.[4] Seine Arbeit konzentriert sich zeitlich auf die Ära Honecker und thematisch, der Titel legt es nahe, auf die militärischen Mobilmachungs- und Kriegsvorbereitungen der DDR gegen die Bundesrepublik Deutschland. Mit anderen inhaltlichen Fragen und anderem Anspruch ist die zweite Abhandlung über den NVR angefertigt worden. Im Rahmen des vom Sächsischen Landtag in seiner ersten Wahlperiode eingesetzten Sonderausschusses zur Untersuchung von Amts- und Machtmißbrauch infolge der SED-Herrschaft hat der Abgeordnete Michael Arnold von der Fraktion Bündnis 90/Die Grünen ein Minderheitenvotum verfaßt, für das er die Form einer historischen, quellengestützten Darstellung wählte.[5] Mit diesem Votum beabsichtigte Arnold, „den gesamten Rahmen des zur Untersuchung gestellten Themas zu skizzieren und historische Gegebenheiten der innenpolitischen Entwicklung der DDR zu beachten".[6] Seine Studie umfaßt den Zeitraum von 1953 bis 1989. Untersucht werden jedoch im Gegensatz zu Wenzel allein die Maßnahmen zur Überwachung und Unterdrückung der eigenen Bevölkerung, die vom Verteidigungsrat und seinen direkt unterstellten Führungsorganen (Bezirks- und Kreiseinsatzleitungen – BEL und KEL) sowie den von ihm angeleiteten Ministerien (Ministerium für Nationale Verteidigung – MfNV, Ministe-

1981 (vgl. S. 197–207), und Heinz Hoffmann: Moskau – Berlin. Erinnerungen an Freunde, Kampfgenossen und Zeitumstände, Berlin (-Ost) 1989, erschließen keine Hintergründe. Gleiches gilt für die jüngst erschienenen Erinnerungen von Heinz Keßler: Zur Sache und zur Person, Berlin 1996, und von Kurt Hager, der seit 1979 im NVR saß: Erinnerungen, Leipzig 1996.

3   Vgl. Otto Wenzel: Kriegsbereit. Der Nationale Verteidigungsrat der DDR 1960 bis 1989, Köln 1995. Nichts darüber hinaus gehendes jüngst bei ders.: Stichwort „Nationaler Verteidigungsrat", in: Rainer Eppelmann, Horst Möller, Günter Nooke und Dorothee Wilms (Hrsg.): Lexikon des DDR-Sozialismus. Das Staats- und Gesellschaftssystem der Deutschen Demokratischen Republik, Paderborn u. a. 1996 (Studien zur Politik; Bd. 29) S. 433–435. Unzutreffend S. 433: „ZK-Sekretär für Sicherheitsfragen war unter Ulbricht (1960–1971) Honecker, unter Honecker (1971–1989) Streletz." Gemeint ist wohl die Funktion des NVR-Sekretärs, die Fritz Streletz seit 1971 einnahm. Streletz war nie ZK-Sekretär, sondern seit 1979 Chef des Hauptstabes der NVA.

4   Vgl. vor allem Otto Wenzel: Der Tag X. Wie West-Berlin erobert wurde, in: Deutschland-Archiv 26 (1993), S. 1360–1371, und ders.: Kriegsvorbereitungen im Spiegel der Protokolle des Nationalen Verteidigungsrates der DDR, in: Deutschland Archiv 27 (1994), S. 1158–1166.

5   Vgl. Sächsischer Landtag, 1.Wahlperiode: Schlußbericht des Sonderausschusses zur Untersuchung von Amts- und Machtmißbrauch infolge der SED-Herrschaft. 1. Untersuchungsgegenstand, hier: Minderheitenvotum des Abgeordneten [Michael] Arnold und der Fraktion Bündnis 90/Die Grünen zu Drucksache 1/4773.

6   Arnold: Minderheitenvotum, S. 6.

rium für Staatssicherheit – MfS, Ministerium des Innern – MdI) getroffen wurden. Sein besonderes Interesse gilt dabei neben der Arbeits- und Funktionsweise der vom NVR geführten Struktur vor allem den „vorbeugenden Tätigkeiten" der Sicherheitsorgane in Krisensituationen, dem sogenannten „Vorbeugekomplex" also.[7]

Beide Untersuchungen liefern die ersten größeren Einblicke in Zusammensetzung, Struktur, Organisation und Betätigungsfelder des Nationalen Verteidigungsrates. Alle anderen seit dem Zugang in die DDR-Archive in der Literatur verteilten Angaben zu diesem Gremium bleiben dagegen eher rudimentär.[8]

Wenzels und Arnolds Arbeiten werden dem NVR jedoch nicht gerecht: Arnold, weil er im Rahmen des sächsischen Parlamentsausschusses mit begrenztem Auftrag votiert. Die nach außen, gen Westen gerichtete militärische Komponente der Landesverteidigung, die seit der zweiten Hälfte der sechziger Jahre eine immer größere Rolle auf den Tagesordnungen des Verteidigungsrates spielte, findet bei ihm keinen Platz. Wenzel übersieht trotz vielfältiger zutreffender Beobachtungen im einzelnen weithin die innere Sicherheitsfunktion der NVR-Struktur. Er verkennt die Genesis sozialistischer Militär- und Sicherheitspolitik mit ihren Blickwinkeln nach innen *und* außen ebenso wie das ihr zugrunde liegende Kriegsbild mit seinem speziellen Gewicht auf der Anfangsperiode einer militärischen Auseinandersetzung. Schließlich läßt Wenzel die historische Einordnung in das internationale Geschehen zu häufig schleifen. Statt dessen unterscheidet er im extensiven Aktenreferat zu wenig zwischen der Hybris militärischer Offensivplanung und dem gerade infolge der sozialistischen Lehre vom Krieg erforderlichen si vis pacem, para bellum der sozialistischen Staatengemeinschaft.[9]

---

7 Arnold: Minderheitenvotum, S. 73ff. Vgl. zum „Vorbeugekomplex" auch Thomas Auerbach: Vorbereitung auf den Tag X. Die geplanten Isolierungslager des MfS, BStU, Berlin 1994.

8 Vgl. zum NVR Andreas Herbst, Winfried Ranke und Jürgen Winkler: So funktionierte die DDR. Bd. 2: Lexikon der Organisationen und Institutionen, Stichwort „Nationaler Verteidigungsrat (NVR)", Reinbek 1994, S. 754–757; Reinhard Brühl: Zur Militärpolitik der SED – zwischen Friedensideal und Kriegsapologie, in: Detlef Bald (Hrsg.): Die Nationale Volksarmee. Beiträge zu Selbstverständnis und Geschichte des deutschen Militärs von 1945–1990, Baden-Baden 1992 (Militär und Sozialwissenschaften; Bd. 10), S. 31–49; ders.: Landesverteidigung und/oder Militarisierung der Gesellschaft, in: Dietmar Keller, Hans Modrow und Herbert Wolf (Hrsg.): Ansichten zur Geschichte der DDR. Bd. II, Berlin, Bonn 1994. S. 127–151. Nur zum Aspekt des Grenzsystems, ohne grundsätzlich Neues zum NVR jetzt auch Volker Koop: „Den Gegner vernichten." Die Grenzsicherung der DDR, Bonn 1996, S. 171ff. Ohne Erkenntniswert für die DDR-Forschung, statt dessen polemisch Rolf Gössner: Die Entdeckung der Schreibtischtäter, in: Blätter für deutsche und internationale Politik 39 (1994), S. 1046–1051.

9 Die Verdienste Otto Wenzels, die besonders in der oben erwähnten Entschleierung eines bisher im tiefen Dunkel der Geheimhaltung verborgenen wichtigen Fachorgans der Partei- und Staatsführung der DDR liegen, sollen nicht geschmälert werden. Es ist jedoch notwendig, ein schiefes Bild, das der Autor zeichnet, schon im Ansatz zu korri-

II. Einige Anmerkungen zur spezifischen Quellenproblematik

Die Probleme, die sich beim Umgang mit Quellen aus dem Archivfundus der DDR ergeben, sind seit einem Jahrfünft zur Genüge bekannt.[10] An dieser Stelle sollen drei Hinweise zu den quellenspezifischen Schwierigkeiten ausreichen, die eine Beschäftigung mit dem Forschungsgegenstand „Sicherheitskommission der SED/Nationaler Verteidigungsrat der DDR" erschweren:

1. Seit April 1958 existierte bei der Sicherheitskommission der SED eine dreiköpfige Kontrollgruppe, die in teilweise veränderter Zusammensetzung 1960 vom neu konstituierten Verteidigungsrat übernommen wurde.[11]
   Der Arbeitsaktenbestand dieser Kontrollgruppe, die für die Organisation der Sitzungen, die Überwachung der Beschlußeinhaltung und die Archivierung der NVR-Dokumente zuständig war, ist bis heute nicht in geschlossener Form gefunden worden. Mittlerweile ist davon auszugehen, daß die Unterlagen der Kontrollgruppe nicht als gesonderter Bestand nach Provenienzprinzip geordnet, sondern sachlich-thematisch nach Pertinenz den Ergebnisberichten und Lagemeldungen zu bestimmten Ereignissen beigefügt wurden. Darauf läßt der Überlieferungszusammenhang der Akten zu Mauerbau und Grenzabriegelung vom August und September 1961 schließen.
2. Das Ministerium des Innern der DDR besaß zwei Archive; nur die Bestände des Verwaltungsarchivs sind derzeit nutzbar. Das Archiv des Ministers, das dem Chef des Stabes MdI unterstand, ist noch nicht aufgefunden (oder eventuell vom Bundesinnenministerium noch nicht freigegeben worden). Gerade im Ministerarchiv aber ist vermutlich die überwiegende Anzahl auf den NVR bezogener Dokumente in der Verschlußstufe „Geheime Kommandosache" abgelegt worden.[12]
3. In der Sicherheitskommission der SED wurden Angelegenheiten des Staatssekretariats/Ministeriums für Staatssicherheit ebenso behandelt

gieren, gerade weil sein Buch an anderer Stelle zu einseitig als „Leitfaden durch die DDR-Militärgeschichte" besprochen wurde. Vgl. dazu die Rezension von Gunter Holzweißig, in: Frankfurter Allgemeine Zeitung vom 14.9.1995, S. 13; außerdem Peter Joachim Lapp, in: Deutschland Archiv 28 (1995), S. 983–985.

10 Vgl. aus der Fülle der Literatur zu diesem Thema beispielsweise Friedrich Kahlenberg: Anmerkungen zur Problematik der Quellen zur Geschichte der DDR, in: Jürgen Kocka und Martin Sabrow (Hrsg.): Die DDR als Geschichte. Fragen – Hypothesen – Perspektiven, Berlin 1994 (Zeithistorische Studien; Bd. 2), S. 67–73, und Hermann Weber: Die Aufarbeitung der DDR-Geschichte und die Rolle der Archive, in: Bernd Faulenbach, Markus Meckel und Hermann Weber (Hrsg.): Die Partei hatte immer recht – Aufarbeitung von Geschichte und Folgen der SED-Diktatur, Essen 1994, S. 42–56.

11 Vgl. zur Einsetzung der Kontrollgruppe 21. Sitzung der Sicherheitskommission vom 10.4.1958, Tagesordnungspunkt 5; BA-MA, DVW 1/39563, und 1. NVR-Sitzung vom 16.3.1960, Tagesordnungspunkt 7; BA-MA, DVW 1/39458. Siehe dazu ferner Arnold: Minderheitenvotum, S. 42f.

12 Vgl. dazu auch Arnold: Minderheitenvotum, S. 120 und Anm. 261, S. 120f.

wie solche des MdI, zum Teil sehr ausführlich. Aber auch hier finden sich schon jene wenig aussagekräftigen Tagesordnungspunkte in den Protokollen, die mangels einschlägiger Anlagen zwar belegen, daß ein Beschluß gefällt wurde, dessen Einzelheiten aber verschweigen. Im Nationalen Verteidigungsrat der Ära Honecker wurde dies hinsichtlich der Steuerung des MfS zur gängigen Praxis. Der Zugang muß hier wohl andersherum, von den Akten des Staatssicherheitsdienstes aus, gesucht werden. Insgesamt sind gerade die formalisierten Protokolle der SED- und DDR-Institutionen eine Hintergründe nur marginal ausleuchtende Quelle, die als „Abbild des konkreten Sitzungsgeschehens"[13] meist wenig ergiebig sind. Entscheidungsprozesse bleiben so, wenn sie überhaupt schriftlich fixiert wurden – und vor dem Oktober 1990 nicht noch der Vernichtung anheimfielen – intransparent.[14]

III. Gründung und Tätigkeit der Sicherheitskommission der SED (1953/54 bis 1960) und der Einsatzleitungen

Es ist bereits angeklungen: Wer vom Nationalen Verteidigungsrat spricht, kann von der Sicherheitskommission nicht schweigen. Die Gründung dieser Kommission geht auf die Ereignisse des 17. Juni 1953 zurück, die fortan als Menetekel für alle vermeintlich notwendigen Maßnahmen zur Kontrolle der eigenen Bevölkerung durch die SED-Spitze standen und die Staatssicherheitsminister Ernst Wollweber vier Jahre später treffend einen „festen, immer bestehenden Komplex in der DDR", der nicht mehr wegzudenken wäre, nannte.[15]

Im September 1953 wurde auf Beschluß des Politbüros eine „Kommission für Sicherheitsfragen" ins Leben gerufen. Allerdings ist deren konstituierende Sitzung protokollarisch erst für den Juli 1954 überliefert. Die Einsetzung der Kommission wurde von Ulbricht persönlich veranlaßt, ihre ursprüngliche Stoßrichtung bestand im Vorgehen gegen oppositionelle Kräfte in der DDR und in der SED.[16] Neben ihm selbst als Vorsitzenden

13 Roger Engelmann: Zum Quellenwert der Unterlagen des Ministeriums für Staatssicherheit, in: Klaus-Dietmar Henke und Roger Engelmann (Hrsg.): Aktenlage. Die Bedeutung der Unterlagen des Staatssicherheitsdienstes für die Zeitgeschichtsforschung, Berlin 1995, S. 23–39, hier 36.
14 Vgl. Stefan Wolle: Die Aktenüberlieferung der SED als historische Quelle, in: ebenda, S. 211–219, hier 215f.
15 Bericht von Bruno Beater, Stellvertreter des Ministers für Staatssicherheit, vom 15.2.1957 über ein Gespräch des Ministers Wollweber mit seinem Stellvertreter Martin Weikert vom 10.2.1957; SAPMO-BA, Büro Ulbricht, DY 30/J IV 2/202/4/1.
16 Vgl. Roger Engelmann und Silke Schumann: Kurs auf die entwickelte Diktatur. Walter Ulbricht, die Entmachtung Ernst Wollwebers und die Neuausrichtung des Staatssicherheitsdienstes 1956/57, BStU, Berlin 1995, S. 12, Anm. 43. Dazu Karl Schirdewan:

wurden zunächst Otto Grotewohl, Hermann Matern, Willi Stoph, Ernst Wollweber und der Leiter der ZK-Abteilung für Sicherheitsfragen, Gustav Röbelen, in das Gremium berufen, außerdem Karl Schirdewan, damals ein potentieller Konkurrent Ulbrichts um die Führung der SED. Schirdewan betrachtete seine Einbindung als Versuch der „Zügelung" durch den Ersten Sekretär.[17] An der zehnten Sitzung der Kommission im August 1956 nahm erstmals Erich Mielke, Wollwebers Staatssekretär im MfS, teil, letztmals dagegen Röbelen, der die Leitung der Sicherheitsabteilung wohl wegen seiner Überforderung mit diesem Amt hatte abgeben müssen. Seit der elften Sitzung gehörte Erich Honecker, damals nicht mehr FDJ-Vorsitzender und noch nicht ZK-Sekretär, seit der zwölften ebenso der Nachfolger Stophs im Amt des Innenministers, Karl Maron, zum Kreis der Mitglieder. Später wurden noch der neue ZK-Sekretär für Sicherheitsfragen, Alfred Neumann (als Nachfolger Schirdewans), der Vorsitzende der Staatlichen Plankommission, Bruno Leuschner, und schließlich der 1. Sekretär der SED-Bezirksleitung Magdeburg, Alois Pisnik, einbezogen.[18] Wollweber und Schirdewan verloren mit ihrer politischen Entmachtung auch die Sitze in der Sicherheitskommission.

War es gemäß Weisung des Politbüros Aufgabe der Sicherheitskommission, sich mit Fragen der „Sicherheit und Verteidigung des Landes" insgesamt zu beschäftigen, so rezipierte Ulbricht die Bedrohung vornehmlich als eine innenpolitische, ja innerparteiliche. Er befürchtete, durch ideologische Auseinandersetzungen in der SED könnte die Machtposition der herrschenden Führungsclique gefährdet werden. Während Ernst Wollweber in Übereinstimmung mit seinen sowjetischen Beratern das Ministerium für Staatssicherheit verstärkt zur „Arbeit nach dem Westen" ausrichten wollte, führten die Posener Unruhen im Sommer 1956, die Machtübernahme des „Titoisten" Gomulka in Warschau und der Ungarn-Aufstand 1956 zu einer Ausrichtung des MfS auf die Repressionsarbeit im Innern. Der *Geheimdienst* wurde derart als *Geheimpolizei* zum zentralen Machterhaltungsorgan der „Partei neuen Typs", insbesondere nach der allmählichen Lösung von den Beratern aus Moskau und der

Aufstand gegen Ulbricht. Im Kampf um politische Kurskorrektur, gegen stalinistische, dogmatische Politik, Berlin 1994, S. 118.

17 Schirdewan: Aufstand, S. 118. Zur folgenden Aufzählung der Mitglieder der Sicherheitskommission vgl. die Sitzungsprotokolle; BA-MA, DVW 1/39543–1/39571.

18 Die Aufnahme von Neumann, Mielke, Maron und Leuschner wurde in „Auswertung der 35. Tagung des Zentralkomitees" vom Politbüro offiziell am 12.2.1958 beschlossen. Den im Arbeitsprotokoll bereits getippten Namen hat Ulbricht dann handschriftlich gestrichen und dafür „Maron" gesetzt – offenbleiben muß, warum. Norden erlitt keinesfalls einen Karriereknick, denn im gleichen Jahr rückte er ins Politbüro auf. Anzunehmen ist, daß Maron wegen seiner Dienststellung als Minister des Innern bevorzugt wurde. Vgl. Arbeitsprotokoll des Politbüros vom 12.2.1958, Tagesordnungspunkt 3; SAPMO-BA, DY 30/J IV 2/2 A/613.

Festlegung des Politbüros vom Februar 1957, daß die Sicherheitskommission den Staatssicherheitsdienst anzuleiten habe.[19]

Um die Maßnahmen, die in der Kommission beschlossen wurden, territorial koordiniert umsetzen zu können, kam es zur Bildung eines Systems von Bezirks- und Kreiseinsatzleitungen. Die Parteiführung hatte den Wert der in den Tagen nach dem 17. Juni 1953 schnell zusammengestellten Einsatzstäbe zu Zwecken der Information und der Aufrechterhaltung der eigenen Handlungsfähigkeit erkannt. Nach Arnold erging bereits einen Monat später eine Anordnung zur Bildung von Einsatzleitungen an die Vorsitzenden der Räte der Bezirke, die zunächst auch noch als Leiter dieser Stäbe vorgesehen waren. Durch Befehl von Innenminister Stoph vom 28. Januar 1954 wurde jedoch die Verantwortung für die neu zu schaffenden Gremien den 1. Sekretären der SED-Bezirksleitungen übertragen. Diesen Gremien, die „bei entsprechender Lage, auf Anweisung der Einsatzleitung der Bezirke" ebenfalls in den Kreisen einzurichten waren, sollten außerdem die Chefs der Bezirksverwaltungen des Staatssekretariats für Staatssicherheit und die Chefs der Bezirksbehörden der Deutschen Volkspolizei angehören. Im Innenministerium war laut Stophs Anweisung eine Einsatzleitung zu bilden, die alle Maßnahmen zentral zu steuern hatte und sich neben dem Minister aus dem Staatssekretär für Staatssicherheit Wollweber, den Chefs von Kasernierter Volkspolizei (Heinz Hoffmann), Deutscher Volkspolizei (Karl Maron) und Deutscher Grenzpolizei (Hermann Gartmann) sowie dem Stellvertreter des Ministers für Finanzen und Verwaltung zusammensetzte.[20]

Indem sie ihre 1. Bezirks- und Kreissekretäre an die Spitze der Einsatzleitungen stellte, sicherte sich die SED damit von Anfang an ihren Führungs- und Vormachtanspruch, und zwar besonders gegenüber den bewaffneten Organen. Deren Vertreter wurden trotz vorhandener Widerstände, etwa beim Chef der Kasernierten Volkspolizei (KVP), Generalleutnant Heinz Hoffmann, der Vorbehalte gegen die Anmaßung (para-)militärischer Aufgaben und Entscheidungsbefugnisse durch die zivil geführten Sicherheitsstäbe besaß[21], auf Bezirks- und Kreisebene den 1. Parteisekretären unterstellt.

Diese Führungsorganisation für die Einsatzleitungen hatte sich kurz zuvor, Anfang Januar 1954, in einem Gespräch sowjetischer Berater mit Walter Ulbricht, Willi Stoph, Ernst Wollweber und ZK-Abteilungsleiter Röbelen abgezeichnet. Die Sowjets kritisierten die Arbeit der Deutschen Volkspolizei (DVP), der Staatssicherheit und des Innenministeriums er-

---

19 Vgl.Engelmann/Schumann: Kurs auf die entwickelte Diktatur, S. 15f. und 20.
20 Vgl. Befehl des Ministers des Innern 25/54 vom 28.1.1954: Maßnahmen zur Abwehr von Angriffen auf die staatliche Ordnung der Deutschen Demokratischen Republik; BStU, ZA, DSt, GVS 190/54. Für den Hinweis auf dieses und die in Anm. 26 zitierten Dokumente danke ich Herrn Roger Engelmann, Abteilung Bildung und Forschung beim BStU.
21 Vgl. Schreiben Hoffmanns an den Minister des Innern Willi Stoph vom 3.10.1953: „Betr.: Sicherung von Schwerpunktobjekten im Bezirk Magdeburg"; BA-MA, DVH 3/2072.

heblich. Ihren Vorschlag, auf Bezirksebene die Zusammenarbeit des 1. Sekretärs der SED-Bezirksleitung, des Leiters der Bezirksverwaltung der Staatssicherheit und des Chefs der Bezirksverwaltung der DVP zu verbessern, sah Ulbricht zunächst kritisch. Nach seiner Auffassung war dem entgegenzuhalten, „daß das wohl richtig sei, aber dann doch ungeklärt sei, wer in einer ernst[en] politischen Situation für die Führung verantwortlich sei, und dies doch, wenn auch nicht jetzt, so doch später endgültig geklärt werden müßte".[22] Ulbricht sprach hier das Kernproblem aus Sicht der SED-Spitze an, daß nämlich Einsatzstäbe in den Bezirken nicht nur operativ durch die Zentrale Einsatzleitung im MdI, sondern auch und vorrangig politisch auf der Parteischiene aus Ost-Berlin geführt werden müßten.

Arnold belegt die von ihm wörtlich zitierte Anordnung über die Bildung von Einsatzleitungen in den Bezirken vom 16. Juli 1953 nicht – ausgerechnet an dieser Stelle seiner Ausführungen fehlt der Quellenverweis.[23] In den Erinnerungen des Staatssekretärs beim Ministerpräsidenten der DDR und Leiters der „Koordinierungs- und Kontrollstelle für die örtlichen Organe", des vormaligen thüringischen Ministerpräsidenten Werner Eggerath, der die Anordnung vom Juli 1953 laut Arnold erlassen hat, werden weder die Ereignisse des 17. Juni noch die Einsatzleitungen überhaupt erwähnt.[24] Dennoch fällt die Geburtsstunde der Einsatzleitungen tatsächlich bereits in die Zeit unmittelbar nach den Juni-Unruhen 1953.

Engelmann/Schumann haben sie – nachdem sich Arnolds Angaben inzwischen quellenmäßig bestätigen lassen – irrtümlicherweise erst im Beschluß des Politbüros über „Maßnahmen zur Unterdrückung konterrevolutionärer Aktionen" vom 8. November 1956 gesehen.[25] Die Formulierung im Protokoll jener Sitzung legt durchaus nahe, daß die Sicherheitsstäbe zu diesem Zeitpunkt, nicht vorher, ins Leben gerufen wurden. Dafür hätten auch Beschlüsse des ZK-Sekretariats gesprochen, die im Zusammenhang mit der Steuerung der Kampfgruppen vom Dezember 1953 und vom Juli 1955 noch die Verantwortlichkeit der Bezirks- und Kreisleitungen der SED sowie der 1. Sekretäre hervorhoben. Da es inhaltlich um Fragen der Sicherheit ging, hätten die Sekretäre eigentlich in ihrer Funktion als *Vorsitzende* der Bezirks- und Kreis*einsatz*leitungen Erwähnung finden müssen, was ab Februar 1957 nachweisbar auch geschah.[26]

22 Vgl. Besprechung mit sowjetischen Beratern bei Walter Ulbricht am 8.1.1954; BA-MA, DVW 1/39584.
23 Vgl. Arnold: Minderheitenvotum, S. 8. Die Anordnung Eggeraths vom 16.7.1953 ist mittlerweile gefunden: BA-MA, DVH 3/2072.
24 Vgl. Werner Eggerath: „Meine politische Arbeit von 1945–1960" (maschinengeschriebenes Manuskript), S. 51–56; SAPMO-BA, Erinnerungen Werner Eggerath, SgY 30/0096/1.
25 Vgl. Engelmann/Schumann: Kurs auf die entwickelte Diktatur, S. 8; vgl. dazu auch Joachim Krüger: Votum für bewaffnete Gewalt. Ein Beschluß des SED-Politbüros vom November 1956, in: Beiträge zur Geschichte der Arbeiterbewegung 34 (1992), S. 75–85.
26 Vgl. Protokoll des ZK-Sekretariats vom 9.12.1953, Tagesordnungspunkt 8; Protokoll

Gegen die Annahme, daß unter dem Schock der Juni-Ereignisse zwar solche Einsatzstäbe in den Bezirken gebildet wurden, diese dann aber nach der Beruhigung der Lage zunächst keine Aufmerksamkeit mehr erfuhren, sprechen Überprüfungen der Einsatzleitungen, die Ernst Wollweber, damals gerade nicht Minister, sondern in der zweijährigen Unterstellungsphase seines Geschäftsbereiches unter das MdI nur Staatssekretär für Staatssicherheit, für den April 1955 befahl.[27] Festzuhalten bleibt, daß sich das Politbüro nach einem für die sozialistischen Länder unruhig verlaufenen Jahr mit seinem Beschluß vom November 1956 der Einsatzleitungen besann, diese Organe von oberster Partei- und Staatsinstanz bestätigte und ihnen damit (re-)aktiviert Bedeutung verschaffte. Ihrem Charakter nach waren die Einsatzleitungen *im Ursprung* also eindeutiger Ausdruck *innerer* Machtsicherung. Innenminister Stoph definierte ihre wichtigste Aufgabe gegenüber den Leitern und Chefs der Bezirksverwaltungen von MfS und DVP mit der „Niederschlagung von feindlichen Provokationen, wie Streiks, Demonstrationen, Aufruhr und Revolten".[28]

Die Sicherheitskommission, die hierarchisch den Einsatzleitungen übergeordnet war, hat zwischen 1954 und 1960 die Arbeit der bewaffneten Organe von MdI, MfS und ab 1956 auch vom MfNV angeleitet. Dabei mußte für die Staatssicherheit, für die Deutsche Volkspolizei und die übrigen Sicherheitskräfte des Ministeriums des Innern sowie die Kasernierte Volkspolizei/Nationale Volksarmee grundlegende Aufbauarbeit geleistet werden.

Den Protokollen der Sitzungen der Sicherheitskommission ist trotz ihres häufig geringen Umfangs gerade für Fragen der Arbeit des SfS/MfS etwas mehr zu entnehmen als den voluminösen, aber „stereotypen" Niederschriften des Nationalen Verteidigungsrates der Ära Honecker.[29] Zwar wurde dem militärischen Bedrohungsfaktor aus dem Westen und besonders dem Aufbau der Bundeswehr auch in der Sicherheitskommission Beachtung

des ZK-Sekretariats vom 7.7.1955, Tagesordnungspunkt 15; Arbeitsprotokoll des ZK-Sekretariats vom 13.3.1957, Tagesordnungspunkt 5; SAPMO-BA, Sekretariat des ZK, DY 30/J IV 2/3/410 und DY 30/J IV 2/3/477 sowie DY 30/ J IV 2/3 A/557.

27 Vgl. Befehl 81/55 des Staatssekretärs für Staatssicherheit vom 29.3.1955: Maßnahmen zur Abwehr von Angriffen auf die staatliche Ordnung der DDR; BStU, ZA, DSt 100114 und Schreiben des Leiters der Bezirksverwaltung Frankfurt/O. an den Staatssekretär für Staatssicherheit vom 19.4.1955; BStU, ZA, SdM 1928, Bl. 19–22.

28 Zitiert nach Auerbach: Vorbereitung auf den Tag X, S. 13. An Bezirks- und Kreiseinsatzleitung erinnern sich die verantwortlichen Parteisekretäre nur ungern: Hans-Dieter Fritschler, ehemals 1. Sekretär der SED-Kreisleitung Bad Salzungen, erwähnt seine Verantwortlichkeit auch für Sicherheitsfragen in: Die Kreisleitung als verlängerter Arm des Politbüros?, in: Hans Modrow (Hrsg.): Das Große Haus von außen. Erfahrungen im Umgang mit der Machtzentrale in der DDR. Berlin, 1996, S. 39–53, mit keinem Wort. Wenn auch nur in aller Kürze, so geht der ehemalige Berliner Bezirksparteisekretär Günter Schabowski in seinen Erinnerungen: Der Absturz, Berlin 1991, immerhin am Rande auf die BEL ein. Zitiert nach der Taschenbuchausgabe: Reinbek 1992, S. 146f.

29 Vgl. Wenzel: Kriegsbereit, S. 17.

geschenkt, jedoch genoß die Stabilisierung der inneren Sicherheitslage und damit der eigenen Machtposition Priorität.

Dessen ungeachtet begann frühzeitig die Organisation der Landesverteidigung. Der Staatsapparat wurde umfassend einbezogen: Bereits 1957 beklagte ein höherer Offizier des Ministeriums für Nationale Verteidigung gegenüber dem Staatssekretär im Verkehrsministerium, zwei Stellvertretern des Ministers und dem zuständigen ZK-Abteilungsleiter Günter Mittag, daß militärische Faktoren beim Aufbau des Verkehrswesens zu wenig Berücksichtigung fänden. Der Oberst verlangte, daß die Mitarbeiter des Ministeriums eine Ausbildung im militärischen Transportwesen erhalten sollten. Außerdem müßten, so verdeutlichte er die Forderungen des MfNV, zumindest die Angehörigen des Ministerbüros als Bindeglied zu seiner Behörde die Qualifikation als Reserveoffizier besitzen.[30] Im Mai 1959 beschloß das Politbüro, das Verkehrsministerium auch bei der Steuerung der zivilen Luftfahrt eng mit dem Verteidigungsressort zusammenarbeiten zu lassen.[31]

Planungen zur äußeren und inneren Sicherheit der Republik wurden dabei von Anfang an in einheitlicher Perspektive gesehen, obgleich beispielsweise Ulbricht und Wollweber unterschiedliche Schwerpunkte setzten. Der Begründungszusammenhang äußerer Verteidigungsanstrengungen mit der Notwendigkeit innerer Sicherheitsvorkehr blieb stets evident, und zwar auch in der ideologischen Verankerung: Da mit dem Sozialismus die bisher fortgeschrittenste Form der Gesellschaftsentwicklung entfaltet war, mußte Kritik an den „objektiv" bestmöglichen Verhältnissen deshalb aus dem gegnerischen, bürgerlich-imperialistischen Lager stammen. Solche „Diversionsarbeit" galt – auch wenn es sich um wirkliche innere Opposition handelte – somit als Sabotage durch den äußeren Feind, gelenkt durch westliche „Agenturen".[32] Folgerichtig war die Sicherheitskommission für alles zuständig, was auch nur im entferntesten mit Aspekten der Sicherheit zu tun haben mochte.[33]

Ulbricht hat Beschlüsse der Sicherheitskommission wie ihres Nachfol-

---

30 Vgl. Protokoll einer Besprechung zwischen Vertretern des Ministeriums für Nationale Verteidigung und des Ministeriums für Verkehrswesen vom 14.11.1957; SAPMO-BA, ZK-Abt. Eisenbahn, Verkehr und Verbindungswesen, DY 30/IV 2/6.05/44.

31 Vgl. Protokoll des Politbüros vom 19.5.1959, Tagesordnungspunkt 6; SAPMO-BA, Politbüro, DY 30/J IV 2/2/647.

32 Vgl. Ernst Wollweber: Aus Erinnerungen. Ein Porträt Walter Ulbrichts, in: Beiträge zur Geschichte der Arbeiterbewegung 32 (1990), S. 350–378, hier 372; vgl. dazu Engelmann: Quellenwert, S. 38.

33 So reichten ZK-Sekretär Gerhart Ziller, ZK-Abteilungsleiter Günter Mittag und Verkehrsminister Erwin Kramer der Sicherheitskommission im Mai 1956 eine Vorlage über die „Änderung der Uniform der Eisenbahner" ein, maßgeblich begründet mit der zur „Festigung der Disziplin" und weiteren „Durchsetzung der einheitlichen Kommandogewalt" erforderlichen Einführung von Diensträngen und Rangabzeichen; SAPMO-BA, ZK-Abteilung Eisenbahn, Verkehr und Verbindungswesen, DY 30/IV 2/6.05/44.

gers, des 1960 gebildeten Nationalen Verteidigungsrates, sofern sie größere Reichweite besaßen, an die sowjetischen Botschafter, die Oberkommandierenden der GSSD oder auch den Generalsekretär der KPdSU zur „Begutachtung", zur „Stellungnahme" oder zur „Genehmigung" weitergeleitet.[34] Schwierig ist allerdings die Klärung der Frage, inwieweit diese Vorlagepraxis von der sowjetischen Parteiführung oder den Dienststellen der Sowjetunion in der DDR eingefordert wurde. Die Wichtigkeit eines Teils der Beschlüsse von Sicherheitskommission und NVR spricht dafür. Ulbricht neigte aber ohnehin zur ausgiebigen schriftlichen Berichterstattung nach Moskau. Er sicherte sich auf diese Weise taktisch gegenüber der sozialistischen Führungsmacht ab und konnte gleichzeitig Kritik im Politbüro unter Hinweis auf die erfolgte Absegnung durch den „Klassenbruder" im Ansatz ersticken. Dabei trat er anfangs auch wegen untergeordneter polizeilicher und militärischer Probleme an die KPdSU-Spitze heran, so daß er offensichtlich eine Rüge aus dem Kreml erhielt. Im Mai 1955 sagte Ulbricht jedenfalls Chruschtschow in einem Schreiben zu, eher technische Probleme künftig auf Ministerebene klären zu lassen. „Auf der Parteilinie", versprach er, „werde ich als Vorsitzender der Sicherheitskommission nur Fragen von besonderer Bedeutung vor dem Zentralkomitee der KPdSU direkt stellen".[35]

IV. Konstituierung und erste Bewährung des Nationalen Verteidigungsrates

Im März 1960 konstituierte sich die ehemalige Sicherheitskommission neu als Nationaler Verteidigungsrat der DDR. Formell wurde damit aus einem Instrument der Partei ein Organ des Staates. Tatsächlich jedoch und im Gegensatz zu Staatsrat, Ministerrat und Volkskammer saßen im Verteidigungsrat ausschließlich Mitglieder der SED. Das oberste Planungs- und Lenkungs- (*nicht:* Entscheidungs-)gremium im Sicherheits- und Militärbereich der DDR blieb somit fest in der Hand dieser Partei. In der Volkskammer wurde zudem mit Paul Fröhlich ebenfalls ein SED-Mitglied zum Vorsitzenden des „Ständigen Ausschusses für Nationale Verteidigung" gewählt. Fröhlich, seit 1952 schon 1. Sekretär der Bezirksleitung Leipzig und später qua Amt Vorsitzender der dortigen Bezirkseinsatzleitung, seit 1963 auch Mitglied des Politbüros, unterstand dadurch gleichzeitig dem

---

34 Vgl. beispielsweise Schreiben Ulbrichts an den Botschafter der UdSSR in der DDR vom 17.1.1962 und im selben Zusammenhang unter gleichem Datum an den Oberkommandierenden der GSSD, Marschall der Sowjetunion Konew; SAPMO-BA, Büro Ulbricht, DY 30/J IV 2/202/66 und DY 30/J IV 2/202/466.
35 Schreiben Ulbrichts an Chruschtschow vom 9.5.1955; SAPMO-BA, Büro Ulbricht, DY 30/J IV 2/202/64.

Vorsitzenden des NVR. Als „harter Durchgreifer" (Ernst Richert) war Fröhlich einer der loyalsten Wasserträger Ulbrichts.[36] Einer echten parlamentarischen Einmischung in die Belange des Verteidigungsrates war also vorgebeugt, zumal der Ausschuß der am seltenste tagende der Volkskammer blieb. Die geplante Bildung des NVR hatte Ulbricht zusammmen mit einem Entwurf seines Statuts im Dezember 1959 an Chruschtschow zur Beurteilung übermittelt. Grundsätzliche Kritik aus Moskau gab es offenbar nicht. Am 10. Februar 1960 passierte die erst am Vortage vom Ministerrat präsentierte Gesetzesvorlage über die Bildung des Nationalen Verteidigungsrates blitzartig die Volkskammer. Das neu eingerichtete zentrale Sicherheitsorgan sollte zunächst dem Präsidium der Volkskammer verantwortlich sein. Mit der Gründung des Staatsrates erfolgte die Zuordnung zu diesem Gremium. Die bundesdeutsche „Pankow-Wandlitz-Astrologie" hat den NVR lange „als eine Art subalternes Vorschaltorgan" des Staatsrates in militärischen Fragen und damit in klar untergeordneter Funktion eingeschätzt. Eine bloße „Hilfsfunktion des NVR" gegenüber dem Staatsrat gab es aber nie. Von Anfang an, nicht erst mit dem Wechsel von Ulbricht zu Honecker, war der Verteidigungsrat „ein Hilfsorgan des Politbüros".[37]

Aus der vom Politbüro konspirativ eingesetzten und selbst gegenüber SED-Funktionären in gewissem Rahmen – eben soweit in der praktischen Steuerung des Sicherheitsbereiches möglich – geheimgehaltenen Sicherheitskommission ging 1960 ein auf rechtlicher Grundlage stehendes zentrales Staatsorgan hervor.[38]

In seiner ersten Sitzung unterstellte sich der NVR am 16. März 1960 die Einsatzleitungen und erklärte die Gültigkeit der bisherigen grundsätzlichen Beschlüsse der Sicherheitskommission zu Fragen der inneren und äußeren Sicherheit. In einem Statut legte der Verteidigungsrat seine Aufgaben auf militärischem, politischem, wirtschaftlichem und dem Gebiet der Zivilverteidigung fest. Vorab wurde bestimmt: „Der Nationale Verteidigungsrat ist das zentrale militärische Führungsorgan der Deutschen Demokratischen Republik. Er organisiert und leitet die allseitige Sicherheit der Deutschen Demokratischen Republik und die Verteidigung der Republik".[39]

---

36 Vgl. zu Paul Fröhlichs geradezu verehrender Haltung gegenüber Ulbricht Wollweber: Erinnerungen, S. 377.

37 Vgl. die Einschätzung bei Lapp: Staatsrat, S. 51 und 102 (hier Zitat „Vorschaltorgan") und ders.: Volkskammer, S. 109 und 111 (hier Zitate „Hilfsfunktion" – „Hilfsorgan").

38 Vgl. Arnold: Minderheitenvotum, S. 13, zur Rechtsstellung der Sicherheitskommission: „Die Sicherheitskommission hatte entsprechend der Aktenlage Kompetenzen, die den Ministerrat der DDR überflüssig machte[n] und die einzelnen Minister zu Befehlsempfängern stempelte[n]. Somit ging die tatsächliche Gewalt nicht vom Volke, sondern vom 1. Sekretär des ZK der SED aus. Nach geltendem Verfassungsrecht der DDR bis 1960 war somit die Sicherheitskommission in ihrer Tätigkeit ein Verstoß gegen die verfassungsmäßige Ordnung." Vgl. Lapp: Volkskammer, S. 108, zum NVR.

39 Vgl. 1. NVR-Sitzung vom 16.3.1960, Tagesordnungspunkt 1; BA-MA, DVW 1/39458.

Wenn auch die „allseitige Sicherheit" der DDR im Verständnis sozialistischer Sicherheitspolitik das Zusammenspiel interner und externer Maßnahmen bedeutete, nahmen militärische Aufgaben in der Tätigkeit des NVR in der Folgezeit zu. Besonders in der Ära Honecker wurden in den Sitzungen ausführliche Vorlagen zur militärischen Landesverteidigung eingebracht. Fragen der Staatssicherheit aber besprach Honecker mit Minister Mielke vorzugsweise unter vier Augen, nicht nur der Verteidigungsrat blieb – mit Ausnahme von Beschlüssen zu Kaderfragen – außen vor. Auch die ZK-Abteilung für Sicherheitsfragen kam mit der operativen Arbeit des MfS nicht mehr in Berührung.[40]

Die weltpolitische Lage zwischen Beginn der Berlin-Krise 1958 und Kuba-Krise 1962 provozierte geradezu eine intensivere Auseinandersetzung mit der militärischen Landesverteidigung. Dennoch erlebte der NVR seine Bewährungsprobe vor dem innenpolitischen Hintergrund der deutschdeutschen Problematik und der zunehmenden „Republikflucht". Die Massenabwanderung arbeitsfähiger Staatsbürger führte zum Wanken der Volkswirtschaftspläne. Für die Krise suchte Ulbricht die Verantwortung nicht in den Defiziten des eigenen Systems, sondern im alten Feindbild imperialistischer Umsturzversuche: „Die Adenauer-Regierung und die NATO werden auch weiterhin versuchen, Feuerchen in der DDR anzuzünden. [...] Wir müssen deshalb die Sicherungsmaßnahmen verbessern", schrieb er am 22. November 1960 an Nikita Chruschtschow.[41] Ulbricht, der nach dem Tod Wilhelm Piecks und der Abschaffung des Präsidentenamtes zusätzlich zum Posten des Ersten Sekretärs des ZK der SED und des NVR-Vorsitzenden mit der Übernahme des Vorsitzes im Staatsrat weitere Machtfülle auf seine Person vereinigte,[42] konnte sich im März 1961 mit seiner Forderung einer Absperrung um West-Berlin gegenüber seinen Amtskollegen der Warschauer-Vertrag-Staaten zwar noch nicht durchsetzen. Im August 1961 erhielt er dann aber doch das Placet der sozialistischen „Bruderländer".

In dieser Situation hat sich die Führungsstruktur des NVR durchaus bewährt. Wenzel betrachtet die Protokolle des NVR für die Vorgeschichte

---

40 Vgl. Otfrid Arnold und Hans Modrow: Das Große Haus. Struktur und Funktionsweise des Zentralkomitees der SED, in: Hans Modrow (Hrsg.): Das Große Haus. Insider berichten aus dem ZK der SED, Berlin 1994, S. 11–70, hier 55.
41 Vgl. den schriftlichen Bericht Ulbrichts an Chruschtschow vom 22.11.1960 über den Stand der Beziehungen zur Bundesrepublik; SAPMO-BA. Büro Ulbricht, DY 30/J IV 2/202/336.
42 Zum Machtanspruch Ulbrichts sind neben älteren biographischen Erinnerungen mittlerweile vermehrt Forschungsergebnisse veröffentlicht worden. Vgl. etwa Monika Kaiser: Die Zentrale der Diktatur – organisatorische Weichenstellungen, Strukturen und Kompetenzen der SED-Führung in der SBZ/DDR 1946 bis 1952, in: Jürgen Kocka (Hrsg.): Historische DDR-Forschung. Aufsätze und Studien, Berlin 1993 (Zeithistorische Studien; Bd. 1), S. 57–86, hier 63, 73 und 81; Arnold/Modrow: Das Große Haus, S. 32f.; Wollweber: Erinnerungen.

des 13. August als unergiebig und stellt fest, daß auf der 7. Sitzung des Verteidigungsrates am 28. August 1961, der ersten nach der Absperrung der Grenze zu West-Berlin, diese Thematik ebenfalls nicht an vorderster Stelle der Tagesordnung stand. Tatsächlich ist der Verteidigungsrat in den Tagen des Mauerbaus nicht ständig zusammengetreten, wie es das Politbüro anläßlich besonderer Ereignisse gelegentlich tat, und de facto hat er vor allem durch seinen Vorsitzenden und seinen Sekretär gehandelt.[43] Schwerfällig war er deshalb nicht, denn seine unterstellte Führungsstruktur war entfaltet und auf die Abriegelungsmaßnahmen vorbereitet. Da die Aktionen dieser Augusttage geplant waren, gab es auf der Seite des Verteidigungsrates keine Überraschungen wie noch 1953 bei der SED-Führung und keine Handlungsunfähigkeit wie bei der politisch senil-verkennenden Parteispitze 1989. Im Gegenteil, ein zentraler Stab war eingerichtet, die Einsatzleitungen standen in Bereitschaft. Ein den NVR-Protokollen direkt zugeordneter Bestand von etwa einem Dutzend recht ausführlicher Akten dokumentiert die Arbeit der Führungsorgane in den Bezirken und die Lagemeldungen an Honecker – es ist unverständlich, warum Wenzel diese Quellen übersehen hat.[44]

Im Oktober 1960 und im Juni 1961 hatten außerdem Fragen der inneren Sicherheit vorrangig auf der Tagesordnung des NVR gestanden, waren zuletzt noch die Alarmordnung des Verteidigungsrates und Bestimmungen für die Alarmplanung im MdI und im MfS beschlossen worden.[45] Im Januar 1961 wurden in den südlichen Grenzbezirken Erfurt, Gera und Suhl Übungen mit den Kampfgruppen der Arbeiterklasse und bewaffneten Kräften des Innenministeriums durchgeführt. Wenn diese auch auf dem Bedrohungsszenario hinter die eigenen Linien eingesickerter westdeutscher „Rangergruppen" und Luftlandekräfte beruhten, war dennoch die Bewältigung der simulierten Krise *im eigenen Hinterland* durch die Bezirkseinsatzleitungen gefordert. Bis zur Errichtung der Absperrungen in Berlin und an der Staatsgrenze West verblieb ein halbes Jahr, um den im Januar aufgetretenen Mängeln des Tenors: „Die Mitglieder der Einsatzleitungen haben noch keine ausreichenden militärischen Kenntnisse und praktischen Erfahrungen in der Führung der bewaffneten Kräfte des Bezirkes"[46] Abhilfe zu schaffen.

---

43 Vgl. Wenzel: Kriegsbereit, S. 210.
44 Vgl. den Aktenbestand BA-MA, DVW 1/39572ff.; BA-MA, DVW 1/40338; BA-MA, AZN 8127, 8130f.
45 Vgl. 3. NVR-Sitzung vom 19.10.1960, Tagesordnungspunkt 1, und 6. NVR-Sitzung vom 23.6.1961, Tagesordnungspunkt 6; BA-MA, DVW 1/39460 und DVW 1/39463.
46 So hieß es in dem „Bericht über die Ergebnisse der in den Bezirken Erfurt, Gera und Suhl durchgeführten Übung mit Kampfgruppen der Arbeiterklasse und bewaffneten Kräften des Ministeriums des Innern" (S. 14), erläutert von Oberst der Volkspolizei Ende auf der 4. NVR-Sitzung vom 20.1.1961, Tagesordnungspunkt 2; BA-MA, DVW 1/39461.

Um Mitternacht traten am 13. August die NVR-Mitglieder und Minister Maron, Mielke und Stoph, der Vorsitzende der Bezirkseinsatzleitung Berlin Paul Verner, Verkehrsminister Erwin Kramer und andere Mitarbeiter im Ost-Berliner Polizeipräsidium als zentraler Stab zusammen. Bereits eine Stunde später waren die ersten Einsatzleitungen alarmiert. Zunächst von hier aus, seit dem Abend des 17. August dann aus dem Haus des Zentralkomitees der SED wurden in den beiden folgenden Monaten die Maßnahmen zur Schließung der Grenzen und inneren Absicherung geleitet. Lagebesprechungen fanden anfangs zweimal, später einmal täglich statt. Die Bezirkseinsatzleitungen, die ihrerseits wiederum die Kreiseinsatzleitungen führten, mußten in der ersten Phase viermal am Tag, auch nachts, Bericht erstatten. Die zivile DDR-Verwaltung wurde den Vorsitzenden des NVR, der BEL und KEL unterstellt. Die üblicherweise „linienspezifische" Befehlsgebung der drei über bewaffnete Organe verfügenden Ministerien wurde zugunsten einer geschlossenen Steuerung durch den zentralen Stab des NVR aufgehoben.[47]

Die 1. Sekretäre der SED-Bezirksleitungen erfüllten die in sie gesetzten Erwartungen. In Besprechungen mit den Mitarbeitern des Staatsapparates auf bezirklicher Ebene sowie Beratungen mit Vertretern der Blockparteien bemühten sie sich, „alle gesellschaftlichen Kräfte" einzubeziehen, um Unruhen und „Provokationen" vorzubeugen. Einige Bezirkseinsatzleitungen unterstellten sogar die industrielle Produktion ihrer operativen Führung, ein Schritt, der auch im Kriegsfall dem Verteidigungsrat und einem von ihm berufenen Beauftragten für Wirtschaftsfragen vorbehalten bleiben sollte. Für diese Maßnahmen wie auch die Entfaltung der gesamten NVR-Struktur erteilte sich die SED-Führung gleichsam selbst Absolution, indem sie unverzüglich die Abschottung der Grenzen als zur Verteidigung der DDR gegen vorangegangene westliche Grenzprovokationen notwendig propagandistisch auswertete und als verfassungsgemäß legitimierte.[48] Der Erinnerungsbericht des damaligen Leiters der Kontrollgruppe des NVR, Oberst der Volkspolizei Gerhard Exner, erweist sich allerdings als unergiebig: In typischer Manier Ost-Berliner Rhetorik wird die Schuld für die Absperrungsmaßnahmen des 13. August 1961 dem Westen zugescho-

47 Vgl. die anschauliche Schilderung bei Arnold: Minderheitenvotum, S. 121ff.; siehe dazu ebenfalls die in Anm. 41 erwähnten Akten und SAPMO-BA, Büro Ulbricht, DY 30/J IV 2/202/65 mit Berichten der Bezirkseinsatzleitungen Berlin und Suhl sowie einem Bericht der ZK-Abteilung für Sicherheitsfragen vom 24.7.1961, also aus der unmittelbaren Vorbereitungsphase des Mauerbaus, über die Einsatzbereitschaft der DVP und der Bereitschaftspolizei in Berlin. Arnold: Minderheitenvotum, S. 121, urteilt: „Nicht das Politbüro der SED und auch nicht der Ministerrat waren ab dem 13. August 1961 für zwei Monate das oberste Regierungsgremium, sondern der angeblich nur zu Verteidigungszwecken eingesetzte Nationale Verteidigungsrat und die ihm befehlsmäßig unterstellte spezifische Struktur." Vgl. dazu jetzt auch Koop: „Den Gegner vernichten", S. 172ff.
48 Vgl. Arnold: Minderheitenvotum, S. 124 und 133f.

ben. Der einzige erwähnte Aspekt der konkreten Tätigkeit von Verteidigungsrat und Einsatzleitungen in jenen Tagen ist der dünne Hinweis Exners auf die Schwierigkeit der unauffällig „verdeckten" Vorbereitung aller durchzuführenden Aktionen.[49]

Nicht nur hatte sich die Parteispitze der SED unter dem Eindruck des Juni 1953 und der Unruhen in Polen und Ungarn 1956 mit der alarmmäßigen Mobilisierung des DDR-Sicherheitsapparates in einem eigens geschaffenen Gremium beschäftigt; nicht nur hatte sich die Struktur dieses Gremiums 1961 bestens bewährt; die gewonnenen Erkenntnisse flossen darüber hinaus in jene Anstrengungen des Nationalen Verteidigungsrates ein, die in den kommenden Jahren zur sicherheitspolitischen Perfektionierung der inneren Prävention, Alarmierung und Mobilmachung und der davon nicht zu trennenden Vorbereitungen für den Kriegszustand unternommen wurden. Im Juni 1965 bestätigte der Nationale Verteidigungsrat die „Grundsätze des Führungssystems im Verteidigungszustand". In dieser Planung, die den *integrativen* Charakter der sozialistischen Landesverteidigung gleichermaßen als Schutz gegen den äußeren Aggressor *und* die innere Konterrevolution noch einmal verdeutlichte, wurde die Verantwortung von MdI und MfS für alle Fragen der inneren Sicherheit wiederholt bestätigt. Sie führte im April 1966 zur Direktive 1/66 des MfS, in der Erich Mielke die Aufgaben des Staatssicherheitsdienstes festschreiben ließ. Nachdem der NVR seine „Grundsätze des Führungssystems" im Januar 1967 aktualisiert hatte, zog Mielke nach und gab die Direktive 1/67 heraus, die – ergänzt um das durch Beschluß des Verteidigungsrates vom Juli 1969 erlassene Statut des Ministeriums für Staatssicherheit – als Grundsatzdokument bis 1989 Bestand hatte. Diesen Weisungen folgte bereits im Frieden die Arbeit des Ministeriums und seiner Bezirks- und Kreisverwaltungen.[50]

V. Zur Organisation der DDR-Landesverteidigung durch den Nationalen Verteidigungsrat im Kontext sozialistischer Bündnispolitik

Die Planung, Lenkung und Kontrolle des militärischen Apparates der DDR im engeren Sinn, also des Ministeriums für Nationale Verteidigung und der Nationalen Volksarmee, durch den NVR nahm in den sechziger Jahren an Gewicht zu. Mit der Stabilisierung der innenpolitischen Lage und dem Sich-Einrichten der eigenen Bevölkerung in dem durch Grenzbe-

---

49 Vgl. Erinnerungsbericht Dr. Gerhard Exner; BA-MA, EB/50.
50 Vgl. 23. NVR-Sitzung vom 18.6.1965, Tagesordnungspunkt 2, und 28. NVR-Sitzung vom 26.1.1967, Tagesordnungspunkt 2; BA-MA, DVW 1/39480 und DVW 1/39485.

befestigungen binnen-befriedeten Land wurde die Aufmerksamkeit in Sicherheitsfragen auf den äußeren Klassenfeind gelenkt. An dieser Stelle sollen einige wenige Koordinaten im Gesamtraster eng verbundener militärischer, wirtschaftlicher und ideologischer Verteidigungs- und Mobilmachungsbemühungen benannt werden.

Die verdeckte Aufrüstung hatte in der Sowjetischen Besatzungszone schon früh begonnen. Erste Entscheidungen waren 1947 noch vor dem offenen Ausbruch des Ost-West-Konflikts in Moskau gefallen. Mit dem Scheitern der Vier-Mächte-Kooperation ging die KPdSU-Führung unter Stalin dann immer mehr von einer zukünftig unvermeidlichen kriegerischen Auseinandersetzung zwischen dem sozialistischen und dem kapitalistischen Gesellschaftssystem aus. Der Militarisierungsschub begann in der DDR zwischen 1952 und 1953, als nicht nur die als „Kasernierte Volkspolizei" verklausulierte Armee ausgebaut wurde, sondern zudem der „Freien Deutschen Jugend" die Wehrerziehung als Hauptaufgabe zugewiesen und die „Gesellschaft für Sport und Technik" als Wehrsportorganisation gegründet wurde. Der nur kurzlebige „Dienst für Deutschland" entstand als Arbeitsverpflichtung für die männliche und weibliche Jugend. Um getreu Stalin besser als der potentielle Gegner gerüstet zu sein, um das Wehrwesen zu mobilisieren und die (Kriegs-)Wirtschaft materiell sicherzustellen sowie die Bevölkerung ideologisch zu gewinnen, mußte „die gesamte Gesellschaft möglichst umfassend in die Vorbereitung auf einen neuen Krieg" einbezogen werden.[51]

Die exponierte militärgeographische Lage der DDR an der Trennlinie der Blocksysteme und die Nachbarschaft zur „Referenzgesellschaft" der Bundesrepublik bildeten fortan die „Eckpfeiler des extremen Sicherheitsbedürfnisses der SED".[52] Zur Stabilisierung des sozialistischen Systems ordnete die DDR ihre Innen- wie Außenpolitik einem sicherheitspolitischen Primat unter, der sich angesichts der westdeutschen Konkurrenz ebensosehr ideologisch wie militärisch begründete. Das System der Landesverteidigung der DDR, dessen Ausbau in den folgenden Jahrzehnten durch den Nationalen Verteidigungsrat gesteuert wurde, leitete aus der vermeintlichen Bedrohung und dem eigenen legitimen Sicherheitsinteresse die Notwendigkeit einer eng verknüpften äußeren – militärischen – und

---

51 Zur Remilitarisierung in der DDR vgl. neben: Volksarmee schaffen – ohne Geschrei! Studien zu den Anfängen einer „verdeckten Aufrüstung" in der SBZ/DDR 1947–1952. Im Auftrag des Militärgeschichtlichen Forschungsamts hrsg. von Bruno Thoß, München 1994 (Beiträge zur Militärgeschichte; Bd. 51) vor allem Gerhard Wettig: Neue Erkenntnisse aus sowjetischen Geheimdokumenten über den militärischen Aufbau in der SBZ/DDR 1947–1952, in: Militärgeschichtliche Mitteilungen 53 (1994), S. 399–419 und Torsten Diedrich: Der 17. Juni 1953 in der DDR. Zu militärhistorischen Aspekten bei Ursachen und Verlauf der Unruhen, in: Militärgeschichtliche Mitteilungen 51 (1992), S. 357–384, hier 360ff., Zitat S. 364.

52 Heribert Seubert: Zum Legitimitätsverfall des militarisierten Sozialismus in der DDR, Münster, Hamburg 1995 (Studien zu Konflikt und Kooperation im Osten, Bd. 3), S. 71.

inneren – ideologischen und repressiven – Wehrhaftigkeit her.[53] Diese beinhaltete einerseits konkrete militärische Maßnahmen, etwa die Unterstellung der „Deutschen Grenzpolizei" als „Grenztruppen der NVA" unter das Kommando des Verteidigungsministeriums, um nach Ost-Berliner Lesart „alle militärischen Organe für die äußere Sicherung der DDR unter der einheitlichen Führung eines Ministeriums" anleiten zu können.[54] Andererseits wurden die Voraussetzungen geschaffen, um möglichst viele Bürger für die Landesverteidigung zu organisieren (Zivilverteidigungsgesetz 1970, Verteidigungsgesetz 1978). Auch die ideologische Komponente einer solchen Wehrpolitik, das Bestreben, in der gesamten Gesellschaft eine militärische Denkweise zu propagieren und den zivilen Bereich durch Quasi-Befehlsausgaben in militärischer Präzision zentralistisch zu steuern, wurde im NVR verhandelt und fand mit Albert Norden und Kurt Hager dort ihre Protagonisten.

Das mehrfach geänderte Statut nannte in seiner letzten Fassung vom Oktober 1981 als Hauptaufgabe des Nationalen Verteidigungsrates „in Übereinstimmung mit den Beschlüssen der Organe der Teilnehmerstaaten des Warschauer Vertrages" zuvorderst die „Bestätigung der Gesamtkonzeption zur Verteidigung der Deutschen Demokratischen Republik sowie zur Gewährleistung ihrer Sicherheit". An späterer Stelle folgten dann die „Gewährleistung der Organisation der operativen Führung der DDR im Verteidigungszustand und Bestimmung der Verantwortung der zentralen und örtlichen Staatsorgane auf dem Gebiet der Landesverteidigung" sowie die „Bestimmung der Grundsätze und Hauptmaßnahmen zur Überführung des Landes vom Frieden in den Verteidigungszustand".[55] Es wird von seiten ehemaliger höherer Militärs der NVA gern darauf aufmerksam gemacht, daß die sowjetische Militärdoktrin und das militärtheoretische Denken der Roten Armee die Führung der NVA und der SED und demnach die Entscheidungen des Verteidigungsrates wesentlich beeinflußt haben. Durch dieses Moskauer Oktroi, so die Argumentation weiter, wurden die drei Hauptprinzipien der sowjetischen Doktrin auch für die Satellitenstaaten allgemeingültig installiert: Die sozialistische Militärmacht sollte jedem Aggressor *überlegen* sein – also nicht die Hinlänglichkeit im militärischen Vergleich, sondern das Erringen und Bewahren von Vorsprüngen wurde als Voraussetzung betrachtet. Diese Überlegenheit sollte ausgenutzt werden, um mittels strategischer Kernwaffen und entschlossener Offensivoperationen in der Anfangsperiode eines Krieges auf den Landkriegsschauplätzen militärische Entscheidungen zu erzwingen. Der Feind

---

53 Vgl. Seubert: Legitimitätsverfall, S. 75 und 77.
54 Zitiert nach Lapp: Ministerrat, S. 115. Zum Folgenden vgl. Gunter Holzweißig: Innenpolitische Aspekte der Militarisierung in der DDR, Bonn 1982, S. 1 und 8.
55 Vgl. 64. NVR-Sitzung vom 2.10.1981, Tagesordnungspunkt 1; BA-MA, DVW 1/39525; abgedruckt bei Wenzel: Kriegsbereit, S. 266ff.

sollte dabei auf seinem eigenen Territorium geschlagen werden, mithin mußte einem gegnerischen Angriff möglichst zuvorgekommen werden.[56] Daher gelte: Der operative Ausbau des DDR-Territoriums sei durch sowjetische Vorgaben bedingt gewesen; im Kriegsfall hätte der NVR nur Einfluß auf den nichtaktiven, mobilzumachenden Bereich besessen (die präsenten NVA-Truppenteile wären unter die Befehlsgewalt des Vereinten Oberkommandos des Warschauer Vertrages getreten); die strategische Angriffsoperation sei die Hauptkampfart sowjetischer Militärdoktrin gewesen und nicht gleichzusetzen mit Eroberungsabsichten und Ansprüchen auf fremde Territorien.[57]

Diese Ausführungen sind nicht pauschal von der Hand zu weisen. Im Dezember 1961 erinnerte Nikita Chruschtschow Ulbricht in einem Schreiben an einen Beschluß des Politischen Beratenden Ausschusses der Warschauer-Vertrag-Staaten vom März des Jahres, in dem die verbesserte Mobilmachungsvorbereitung der Volkswirtschaft und die Schaffung von Mobilmachungskapazitäten für die Produktion von Kampftechnik in Kriegszeiten festgelegt worden war. Ulbricht mußte in seiner Antwort eingestehen, daß die DDR mit der Organisation der ökonomischen Mobilmachung in Verzug geraten war.[58]

Das Vereinte Oberkommando hat in Fünfjahresverträgen exakt die Einzelheiten für die Mobilmachungsarbeit und die militärische Vorbereitung des DDR-Territoriums definiert, etwa genaue Bestimmungen für den Straßenbau (zum Beispiel Kurvenradien) und für Brückendublierungen. Allerdings: Unabhängig aller Einflußnahmen Moskaus ist seit den frühen fünfziger Jahren „der militärpolitische Kurs von der SED-Führung konsequent mitgetragen, ja, soweit möglich sogar forciert" worden.[59] Dies bewies sich später auch bei bündnisinternen Konflikten, so dem „Prager Frühling" 1968.[60] In der Polen-Krise 1980/81 hat die politische und mili-

---

56 Vgl. Lothar Schröter: Bedrohungsvorstellungen in der politischen und militärischen Führung der DDR bis gegen Ende der fünfziger Jahre, in: Günther Glaser und Werner Knoll (Hrsg.): Landesverteidigung und/oder Militarisierung der Gesellschaft der DDR? Kolloquium am 22.2.1995 in Potsdam, Berlin 1995 (Gesellschaft – Geschichte – Gegenwart; Bd. 4), S. 101–119, hier 114f.

57 Vgl. Brühl: Militärpolitik, S. 45, und ders.: Die Nationale Volksarmee der DDR. Anmerkungen zu ihrem Platz in der Geschichte, in: Detlef Bald, Reinhard Brühl und Andreas Prüfert (Hrsg.): Nationale Volksarmee – Armee für den Frieden. Beiträge zu Selbstverständnis und Geschichte des deutschen Militärs 1945–1990, Baden-Baden 1995 (Militär und Sozialwissenschaften; Bd. 17), S. 13–36, hier 23; Klaus Schirmer: Der Auftrag der Nationalen Volksarmee. Kontinuität und Wandel, in: Bald/Brühl/Prüfert (Hrsg.): Nationale Volksarmee, S. 57–73, hier 61; Joachim Goldbach: Die Nationale Volksarmee – eine deutsche Armee im Kalten Krieg, in: Bald (Hrsg.): Nationale Volksarmee (1992), S. 125–138, hier 136.

58 Vgl. Brühl: Militärpolitik, S. 45. Zur Abhängigkeit der SED-Führung von der sowjetischen Besatzungsmacht im Sicherheitsbereich siehe auch Wettig: Neue Erkenntnisse, S. 412ff.

59 Diedrich: 17. Juni 1953, S. 362.

60 Vgl. Rüdiger Wenzke: Die NVA und der Prager Frühling 1968. Die Rolle Ulbrichts und

tärische Führung Ost-Berlins mehr als nur die sekundäre Rolle eines Moskauer Erfüllungsgehilfen gespielt. Sie wirkte nicht mäßigend, sondern im Sinne der selbstgewählten Rolle eines „Blockgendarms" in der Frage einer möglichen Intervention vorantreibend auf die Blockpartner ein.[61]

Wenn der letzte ZK-Abteilungsleiter für Sicherheitsfragen und Vorsitzende des Volkskammer-Ausschusses für Nationale Verteidigung, Wolfgang Herger, zusammen mit dem langjährigen Mitarbeiter dieser Abteilung, Generalmajor Werner Hübner, konstatiert: „In der Führungstätigkeit von Politbüro und Sekretariat des ZK spielten Fragen der Verteidigung und der äußeren Sicherheit nicht jene Rolle, die ihnen heute zugeschrieben wird. Das unumgänglich Notwendige wurde behandelt, mehr nicht",[62] ist dem entgegenzuhalten, daß in diesen SED-Gremien auf nationaler Ebene aber die Entscheidungen getroffen worden sind. Sicherheitspolitische Beschlußvorlagen gingen vom NVR an das Politbüro; umgekehrt wurden Beschlüsse des Politbüros im Verteidigungsrat in Weisungen an staatliche Institutionen und solche der Partei umgesetzt. Im Frieden hat der NVR als hochrangig besetztes[63] Fachorgan für Fragen der äußeren Landesverteidigung und des inneren Schutzes des Sozialismus Politbüro und ZK-Sekretariat beraten und ihnen zugearbeitet.

Die Sicherheitskommission und der NVR haben für diese Aufgaben zu ihren Tagesordnungspunkten häufig Fachleute herangezogen, wie es der gängigen Praxis in den SED-Führungsorganen entsprach. Weniger als in anderen Bereichen kam es offenbar bei den beiden Sicherheitsgremien zum „Auseinanderdriften von Sachkompetenzen und Entscheidungsbefugnissen",[64] was unter anderem damit zusammenhängen dürfte, daß ihr Aufgabenfeld zwar komplex, aber inhaltlich trotz ebenfalls vorhandener Ausuferungserscheinungen noch recht klar umrissen war. Diese thematische Eingrenzung verlangte von den ohnehin etwa zur Hälfte aus dem eigentlichen Sicherheitsbereich stammenden Mitgliedern nicht eine solche „Kompetenzkompetenz" (M. Rainer Lepsius), wie sie sich das allzuständige Politbüro anmaßte.

der DDR-Streitkräfte bei der Niederschlagung der tschechoslowakischen Reformbewegung, Berlin 1995 (Forschungen zur DDR-Geschichte; Bd. 5).
61 Vgl. etwa Reinhardt Gutsche: Nur ein Erfüllungsgehilfe? Die SED-Führung und die militärische Option zur Niederschlagung der Opposition in Polen in den Jahren 1980/81, in: Klaus Schroeder (Hrsg.): Geschichte und Transformation des SED-Staates. Beiträge und Analysen, Berlin 1994, S. 166–179, hier 175ff.; vgl. auch Peter Jochen Winters: Wie souverän war die DDR?, in: Deutschland Archiv 29 (1996), S. 170–172, hier 171.
62 Wolfgang Herger, Werner Hübner und Günther Frenzel: Eigenverantwortung und Selbstbestimmung. Zur Militär- und Sicherheitspolitik der SED, in: Modrow (Hrsg.): Das Große Haus, S. 176–195, hier 183. Dagegen mit anderem Tenor Brühl: Nationale Volksarmee, S. 25.
63 Die Mitglieder des NVR sind verzeichnet bei Wenzel: Kriegsbereit, S. 327f., und bei Arnold: Minderheitenvotum, S. 41f.
64 Kaiser: Zentrale der Diktatur, S. 59. Zur Praxis des Hinzuziehens von Fachleuten: ebenda, S. 64.

Beide Vorsitzende, die Sicherheitskommission und Verteidigungsrat zwischen 1954 und 1989 hatten (Egon Krenz ab Oktober 1989 sei hier nicht mitgezählt), vereinten große Ämter- und Machtfülle in ihren Personen und neigten gerade in der Sicherheitspolitik dazu, die Fäden in der Hand zu behalten. Unter Erich Honecker wurde die Arbeitsweise des NVR strikt reguliert. Beschlußvorlagen mußten vor Abgabe an den NVR intern zwischen den betroffenen Ressorts im Einvernehmen abgestimmt werden, Jahresarbeitspläne wurden erstellt: Ein umständlicher Weg für ein Organ, das doch eigentlich zügig auf aktuelle sicherheitspolitische Entwicklungen hätte reagieren müssen. Die Protokolle wurden zwar immer länger und dokumentieren die umfangreicheren militärischen Vorbereitungen immer besser, enthalten jedoch keine Aussprachen, keine wirklichen Hintergründe und Entstehungskontexte zu einzelnen Punkten der Tagesordnung. So wurde der NVR zunehmend zu einer „Akklamationsmaschine" für Honecker.[65] Auch Ulbricht hatte jenen Drang zur Konzentration der Macht besessen, was sich in den Jahren des Aufbaus der DDR und des Ringens um innere Stabilität aber teilweise noch in den Akten niederschlägt und nicht a priori gegeben war, wodurch auch die Dokumentation der Sitzungen – besonders der Sicherheitskommission – etwas lebendiger wird.

Über militärpolitische Absichten Moskaus wurde Ulbricht (und anscheinend nur Ulbricht) bereits 1947 informiert.[66] Nicht nur der breiten Bevölkerung oder der Basis der Partei, sondern auch dem größeren Teil der SED-Führung blieben Entscheidungsprozesse im Sicherheitsbereich allerdings verborgen. Angesichts der mangelnden Informationspolitik Ulbrichts gegenüber der übrigen Parteispitze brachte Ernst Wollweber bereits 1953 seinen Unwillen zum Ausdruck, und im selben Jahr führte der Ost-Berliner Oberbürgermeister Friedrich Ebert ganz offen und auch mit Bezug auf die unterbliebene Behandlung sicherheitspolitischer Fragen im Politbüro in einem Bericht an Otto Grotewohl Klage.[67]

---

65 Wenzel: Kriegsbereit, S. 36ff. und 232.
66 Vgl. Wettig: Neue Erkenntnisse, S. 413.
67 Vgl. zur Kritik Wollwebers den Bericht Bruno Beaters (Anm. 15); SAPMO-BA, Büro Ulbricht, DY 30/J IV 2/202/4/1; zur Beschwerde Eberts vgl. dessen Bericht vom 9./10.6.1953 an Ministerpräsident Otto Grotewohl; SAFMO-BA, NL Grotewohl, NY 4090/699. Siehe in diesem Zusammenhang auch einen Zwischenfall, den Lippmann: Honecker, S. 150, schildert.

VI. Der Nationale Verteidigungsrat und die Verstärkung der Mobilmachungsbemühungen der DDR

Zwischen 1956 und 1962 existierten konkrete Planungen zum Einsatz der NVA im Innern, weil ein vermeintlich oder tatsächlich vom Westen beeinflußter und geförderter Umsturzversuch in der DDR als „reelles Gefahrenmoment" betrachtet wurde.[68] Damit übernahm die junge Armee als Nachfolgerin der Kasernierten Volkspolizei deren schon seit 1953 ausgearbeiteten Pläne für innere Aufgaben. Eine solche Einsatzoption erschien auch insofern praktikabel, als der äußere militärische Verteidigungswert der neuen Streitkräfte zunächst gering blieb. Die von der Sicherheitskommission geleiteten Planungsmaßnahmen sahen schließlich seit 1959 den inneren Einsatz der NVA unter Führung der Bezirkseinsatzleitungen und der Zentralen Einsatzleitung vor, allerdings erst als letztes Mittel im Kanon der bewaffneten Kräfte der DDR – aber noch vor der Intervention der im Land stationierten sowjetischen Truppen. Im April 1962 entschied dann der Nationale Verteidigungsrat, daß die NVA für den inneren Einsatz nicht mehr einzuplanen sei. Dafür sind drei ausschlaggebende Gründe anzunehmen:

1. Die Schließung der Landesgrenzen und das durch Bereitschaftspolizei und Kampfgruppen ausreichend ergänzte innere Sicherheitssystem, welches die befürchteten westlich gesteuerten Umsturzversuche künftig äußerst erschwerte;
2. die zunehmende Bedeutung der NVA in der Militärorganisation des Warschauer Vertrages und
3. die Problematik, nach Schaffung der Wehrpflicht junge Einberufene möglicherweise gegen das eigene Volk einsetzen zu müssen.

Mit Einführung der Wehrpflicht wurde jedoch die Planung der Mobilmachungsarbeit durch den NVR ab 1962 deutlich erleichtert.[69] Bereits die erste größere zweiseitige Übung der NVA im März 1959 hatte in ihrer engen Anlehnung an die sowjetische Militärdoktrin die vorrangig relevante Schulung in der Gefechtsart Angriff erkennen lassen. Die aus einer gemeinsamen Kommandostabsübung von GSSD und NVA im Mai 1961 gewonnenen Erkenntnisse beeinflußten den weiteren Aufbau der Landesverteidigung der DDR erheblich und wurden inhaltlich zu einer Grundlage militärischer Planung durch den Verteidigungsrat. Vor allem zählte hierzu die Notwendigkeit, einen personellen und materiellen Mobilmachungsplan auszuarbeiten und die erforderliche Zuarbeit der Volkswirtschaft zu reglementieren. Außerdem mußte die operative Vorbereitung des Territoriums der DDR für Aufmarsch und Bewegung der Vereinten Streitkräfte

---

68 Vgl. im folgenden dazu Joachim Hohwieler: NVA und innere Sicherheit. Der Einsatz der Armee im eigenen Land, in: Bald/Brühl/Prüfert (Hrsg.): Nationale Volksarmee (1995), S. 75–90, hier S. 80ff.
69 Vgl. Goldbach: Nationale Volksarmee, S. 133.

organisiert werden, was dann in der zweiten Hälfte der siebziger Jahre immer mehr forciert wurde.[70] Militärisch intensivierte sich die Zusammenarbeit mit den verbündeten Armeen durch eine Reihe gemeinsamer Übungen und Manöver. Die NVA wurde seit 1958 sukzessive in die Erste Strategische Staffel des Warschauer Vertrages integriert.[71] Im November 1961 beschloß der NVR eine „Vorläufige Ordnung für die Mob.-Arbeit in der Volkswirtschaft", die den ökonomischen Bedarf der Streitkräfte und der Bevölkerung im ersten Kriegsjahr sowie die Umstellung der friedensmäßigen Volkswirtschaft für die Landesverteidigung im Fall eines Krieges vorbereiten sollte. Verantwortlich für den Mobilmachungsplan der Volkswirtschaft wurde die Abteilung Wirtschaftsstatistik der Staatlichen Plankommission, die mindestens seit 1962 existierte, nachdem dort bereits vorher, quellenmäßig belegbar seit 1957, eine Hauptabteilung I für Bewaffnung und Technik unter Leitung des vormaligen Stellvertreters des Verteidigungsministers (Generalmajor Erwin Freyer) aufgebaut worden war.[72]

In der Folgezeit wurde in allen Industrieministerien eine (Haupt-)Abteilung I geschaffen, die für die Produktionsumstellung im ersten Kriegsjahr zuständig war. Seit 1966 gab es auch bei der Staatlichen Zentralverwaltung für Statistik die Einrichtung einer Abteilung I, zuständig für „Produktionen und Leistungen speziellen Charakters". Hinzu kam eine „Hauptverwaltung für Mob.-Planung" beim Vorsitzenden des Ministerrates, deren Leitung im März 1967 Generalleutnant Sigfried Riedel übernahm. Riedel war zuvor durch Politbürobeschluß von seinem Posten als Chef des Hauptstabes abgelöst worden, weil er für dessen Anforderungen nicht mehr für geeignet gehalten wurde.[73] Die Zusammenarbeit und die Koor-

---

70 Zur sowjetischen Militärdoktrin und zu deren Einfluß auf die DDR-Sicherheitspolitik und die NVA vgl. Gerhard Mahler: Die Einheit von operativer Planung, Logistik und Infrastruktur, in: Dieter Farwick (Hrsg.): Ein Staat – eine Armee. Von der NVA zur Bundeswehr, Frankfurt/M., Bonn 1992, S. 112–137, hier 133; Joachim Schunke: Militärpolitische und -strategische Vorstellungen der Führung der NVA in der Zeit der Block-Konfrontation, in: Bald/Brühl/Prüfert (Hrsg.): Nationale Volksarmee (1995), S. 37–56, hier 53f.; allgemein vgl. auch Manfred Backerra: Zur sowjetischen Militärdoktrin seit 1945, in: Beiträge zur Konfliktforschung 13 (1983), S. 35–55.

71 Vgl. Die NVA in der sozialistischen Verteidigungskoalition. Auswahl von Dokumenten und Materialien 1955/1956 bis 1981, Berlin 1982, S. 429.

72 Vgl. Protokoll 15/57 des Politbüros vom 2.4.1957, Tagesordnungspunkt 19 (Kaderfragen im Ministerium für Nationale Verteidigung); SAPMO-BA, Politbüro, DY 30/J IV 2/2/535.

73 Zu wirtschaftlichen Aspekten der Verteidigungsplanung Ende der fünfziger Jahre vgl. Entwurf eines Diskussionsbeitrags für die ökonomische Konferenz im MfNV am 25.2.1959; SAPMO-BA, ZK-Abt. für Sicherheitsfragen, DY 30/IV 2/12/39. Ebenda heißt es in einer Lektion über die volkswirtschaftliche Planung der Streitkräfte: „Die militärische Produktion muß Bestandteil des Gesamtvolkswirtschaftsplans bis ins Detail sein [...] Dementsprechend ist in der Staatlichen Plankommission für die Planung, Leitung und Kontrolle der militärischen Produktion ein entsprechendes autoritatives Organ unter Leitung eines Stellvertreters des Vorsitzenden zu schaffen mit einem System von Militärbeauftragten in den entsprechenden Industriezweigen." Daß 1962 die Abt. Wirtschaftsstatistik, bei der es sich der Funktion nach um ein solches „autoritatives Organ"

dination der Aufgaben dieser verschiedenen Organe ist im einzelnen noch zu rekonstruieren. Durch die mit aktiven Offizieren besetzten Abteilungen I war jedenfalls das Ministerium für Nationale Verteidigung mit dem gesamten Staats- und Wirtschaftsapparat verknüpft. Der Militärsektor konnte so ständig Einfluß nehmen, der allerdings im Laufe der Jahre wegen der ökonomischen Krise, aber auch der wachsenden Distanz der meist über viele Jahre in die Ministerien abkommandierten Generale und Offiziere zur Armee wieder sank.[74]

Die verstärkten militärischen und wirtschaftlichen, aber auch ideologischen Mobilmachungsbemühungen[75] der DDR seit den sechziger Jahren wurden von der Parteiführung und ihrem ZK-Apparat mit der weiterhin steigenden Bedrohung durch „imperialistische Aggressionsabsichten" begründet. Nur scheinbar war es in diesem Verständnis nach der Kuba-Krise zu einer leichten Entspannung gekommen. Die Machthaber in Ost-Berlin identifizierten neue Gefahrenquellen: Den Anspruch der USA, „gegen jede demokratische Bewegung in der Welt, durch die irgendein reaktionäres Regime gefährdet wird, mit allen Mitteln – bis zur militärischen Intervention – vorgehen zu können", sah der Erste Sekretär der SED in untrennbarer Verbindung mit der Erklärung des amerikanischen Präsidenten Johnson, „die Schande der Sowjetzone" müsse beseitigt werden. Bestätigung fand diese Sichtweise in der vermehrten militärischen Gewaltanwendung der USA in Vietnam und durch das Eingreifen von Truppen Washingtons in der Dominikanischen Republik (1965). Die Notwendigkeit weiterer eigener konventioneller Aufrüstung wurde durch die Ablösung der NATO-Strategie der MC 14/2 „massive retaliation" durch die MC 14/3 „flexible response" in Moskau und Ost-Berlin gleichermaßen gesehen. Zentrale Bedeutung für die militärischen Erwägungen der Sicherheitsexperten der SED bekam jedoch eine militärische Auseinandersetzung, an der weder NATO-Mächte noch Warschauer Vertrag direkt beteiligt waren: der israelisch-arabische Sechs-Tage-Krieg im Juni 1967. Die militärische Überlegenheit der westlich geschulten und ausgerüsteten Armee Israels über die gemeinsamen, durch östliche Militärhilfe unterstützten

handelte, eingerichtet war, zeigt das Arbeitsprotokoll des ZK-Sekretariats vom 26.8.1969, Tagesordnungspunkt 1 (siehe Kurzbiographie Oberst Wolfgang Richter); SAPMO-BA, ZK-Sekretariat, DY 30/J IV 2/3 A/1776. – Zur Hauptverwaltung für Mobilmachung und zur Person Riedels vgl. Protokoll 8/67 des Politbüros vom 21.2.1967, Tagesordnungspunkt 9 (Besetzung der Hauptverwaltung für Mob.-Planung beim Vorsitzenden des Ministerrates); SAPMO-BA, Politbüro, DY 30/J IV/2/2 A/1207.

74 Vgl. Heinz Hampel: Im Ministerium für Nationale Verteidigung, in: Manfred Backerra (Hrsg.): NVA – Ein Rückblick für die Zukunft. Zeitzeugen berichten über ein Stück deutscher Militärgeschichte, Köln 1992, S. 181–203, hier 200f.
75 Zur ideologischen Offensive wurden die „Arbeitsgruppe für sozialistische Wehrerziehung und militärpolitische Agitation" und der „Beirat für sozialistische Wehrerziehung", beide der Kommission für Agitation beim Politbüro unterstellt, eingerichtet; SAPMO-BA, ZK-Abt. für Sicherheitsfragen, DY 30/IV A 2/12/155.

Streitkräfte der arabischen Anrainer wirkte schon bei der bloßen Betrachtung des isolierten Kriegsschauplatzes selbst bedrohlich. Um so mehr alarmierte den NVR eine generalisierende Analyse des Ergebnisses jenes Konflikts und ihr Übertrag auf die Situation in Mitteleuropa. Bonner Politiker und Militärs fanden sich in dieser Perzeption durch die israelische Aggression in ihren eigenen Vorstellungen von einem „begrenzten Krieg", einem überfallartigen „Blitzkrieg" und einer „Polizeiaktion" zur Schaffung von „Faustpfändern" bestätigt und adaptierten das israelische Modell sowohl planerisch – zum Beispiel in der Verbesserung der Reservistenausbildung als direkter Lehre aus dem Nahostkrieg – als auch, in einer ganzen Reihe von Manövern noch während des Jahres 1967, sofort militärisch-pragmatisch.[76]

Auf die außenpolitische Entwicklung der frühen siebziger Jahre, auf Grundlagenvertrag, KSZE-Schlußakte und UN-Bürgerrechtspakt reagierte die SED-Führung mit einem flächendeckenden Ausbau der Staatssicherheit und einem enormen Anstieg des Mitarbeiterapparates, um einer Gefährdung der inneren Stabilität durch die ansteigenden deutsch-deutschen Kontakte entgegenzuwirken.[77] Insgesamt scheint hier für die interne Entwicklung der Sicherheitspolitik Ost-Berlins ein Prozeß der Separierung von der allgemeinen außen- und außenwirtschafts-/handelspolitischen Entwicklung der DDR festzustellen zu sein. Auch für die NVA ist gerade für die Jahre von 1968 bis 1975, also den Zeitraum des allmählichen Abbaus internationaler Konfrontation, ein Prozeß der Abkapselung von der sicherheitspolitischen Verständigung diagnostiziert worden.[78] Hier müßten Hintergründe noch näher aufgeklärt werden.

Die Protokolle des Nationalen Verteidigungsrates belegen spätestens für diese Jahre die beginnende Hybris der militärischen Mobilmachungsplanungen. Seit 1973 wurde an dem ersten sogenannten „B[erechnungs]-Plan", einem umfangreichen Dokument für die systematische Überführung der DDR und ihrer Volkswirtschaft vom Frieden in den Kriegszustand, gearbeitet. 1976, 1981 und 1986 wurden diese Planvorgaben für

---

76 Zur Reaktion auf Johnson vgl. Ulbrichts Bericht „Über einige grundlegende Aspekte der Lage und der Auseinandersetzungen in Deutschland, der Entwicklung und der Politik der DDR" an Leonid Breschnew vom 6.9.1965; SAPMO-BA, Büro Ulbricht, DY 30/J IV 2/202/341. Zur „flexible response" vgl. Mahler: Einheit, S. 134; zur Wahrnehmung des Sechs-Tage-Krieges vgl. z. B. die Berichte Werner Hübners an NVR-Mitglied Albert Norden 1967 und das vertrauliche Dokument des Büros des Politbüros: „Die israelische Aggression gegen die arabischen Staaten – ein Bestandteil der imperialistischen Globalstrategie der USA" vom November 1967; SAPMO-BA, ZK-Abt. für Sicherheitsfragen, DY 30/IV A 2/12/57, und ZK-Abt. Agitation, DY 30/IV A 2/9.02/20.
77 Vgl. Clemens Vollnhals: „Ausführendes Organ der Diktatur des Proletariats." Das Ministerium für Staatssicherheit, in: Jürgen Weber (Hrsg.): Der SED-Staat: Neues über eine vergangene Diktatur, München 1994 (Akademiebeiträge zur politischen Bildung; Bd. 27), S. 51–72, hier 63ff.
78 Vgl. Detlef Bald: Militär im Nachkriegsdeutschland. Bundeswehr und Nationale Volksarmee, in: ders. (Hrsg.): Nationale Volksarmee (1992), S. 115–124, hier 120.

jeweils eine Fünfjahresperiode nach umfangreichen Beratungen im NVR fertiggestellt.[79] Nachdem es bereits seit 1967 drei „Generalbevollmächtigte" gegeben hatte, die den Ministerratsvorsitzenden im Kriegsfall bei der Führung des ihm unmittelbar unterstellten staatlichen Bereiches unterstützen sollten, wurden 1973 diese Aufgaben auf sechs „Bevollmächtigte" übertragen. 1985 wurden deren Befugnisse noch einmal neu geregelt: Formal dem Ministerratsvorsitzenden unterstehend, jedoch in Wirklichkeit unter dem direkten Weisungsrecht des Generalsekretärs der SED, sollten die nunmehr sieben „Bevollmächtigten" fast alle Staatsorgane außer den bewaffneten Kräften im Krieg zentral führen, so daß im „Verteidigungszustand" der Staatsapparat explizit der Partei unterstellt wurde. Von herausgehobener Bedeutung ist sicherlich die Frage nach dem Einfluß der sowjetischen Führung. Die militärischen Planungen des NVR gingen auf Direktiven des Oberkommandos der Vereinten Streitkräfte, letztlich also auf operative Anweisungen des sowjetischen Generalstabes, zurück. Bestimmte Handlungsspielräume standen der Partei- und Staatsführung der DDR aber offen. Auffällig bleibt die ausgiebige Akribie, mit der der NVR seinen Planungsaufgaben nachkam. Es fragt sich, wie Maßnahmen zur Bereitstellung von Militärgeld als „Zweitwährung auf gegnerischem Territorium" in das von ehemaligen hohen NVA-Offizieren gezeichnete Bild fehlender Okkupationsplanungen passen. Schwerlich nur als defensive Vorbeugemaßnahme dürfte auch die Zuordnung von westdeutschen Regierungsbezirken zu DDR-Bezirken und die Übernahme von „Patenkreisen" innerhalb der Regierungsbezirke durch Kreise des entsprechenden ostdeutschen Bezirkes zu interpretieren sein. Für Erfurt schien Kassel mitsamt der nachgeordneten Gebietsverwaltungen aufgrund der Lage als unmittelbares Grenzgebiet mit dort stationierten Bundeswehr- und Bundesgrenzschutzeinheiten wichtig genug, die nordhessische Gegend im Patenschaftsverhältnis „näher zu charakterisieren."[80]

Die Militarisierung des Staates erfaßte seit Erich Honeckers Übernahme des Vorsitzes im NVR immer mehr und wenigstens im Planungsstadium immer perfekter die DDR-Gesellschaft. So wurde, um abschließend auf einige kleine Mosaiksteinchen hinzuweisen, welche die Durchdringung aller Bereiche des Landes mit militärischen Elementen verdeutlichen, der neue Sekretär des Verteidigungsrates unter Honecker ein hochrangiger Offizier – Generalleutnant Fritz Streletz, seit 1979 als Generaloberst in Personalunion Chef des Hauptstabes der NVA. Im November 1975 gab der NVR Führung und Stab der Zivilverteidigung mit Beginn

79 Zum „B-Plan" vgl. Wenzel: Kriegsbereit, S. 54ff., im folgenden zu den Bevollmächtigten, S. 117ff.
80 Zum Militärgeld vgl. Wenzel: Tag X, S. 1361; zu den Patenkreisen vgl. Schreiben Werner Hübners an Albert Norden vom 7.6.1966; SAPMO-BA, ZK-Abt. für Sicherheitsfragen, DY 30/IV A 2/12/57.

des folgenden Jahres vom Innenministerium an das Ministerium für Nationale Verteidigung und damit an die militärische Verantwortung ab. Selbst die Position des Leiters der Hauptverwaltung Zivile Luftfahrt im Verkehrsministerium und Generaldirektors der Interflug wurde mit einem aktiven Luftwaffengeneral besetzt, der im Kriegszustand zum Stellvertreter des Chefs der Luftstreitkräfte/Luftverteidigung der NVA avancieren sollte.[81] Die Aufzählung ließe sich fortsetzen.

VII. Sozialistische Landesverteidigung als integrative Sicherheitspolitik. Zu historischen Wurzeln des Nationalen Verteidigungsrates und zu seiner Stellung im Partei- und Staatsapparat der DDR

Im Kriegszustand hätte dem Nationalen Verteidigungsrat die zentrale Leitung der Verteidigungs- und Sicherheitsmaßnahmen der DDR oblegen. Das Verteidigungsgesetz von 1978 stärkte noch einmal seine Position. Bei einem inneren oder äußeren Notstand erhielt er alle exekutiven und legislativen Vollmachten bis hin zu dem Recht, von Gesetzen oder anderen Rechtsvorschriften abweichende Maßnahmen zu treffen. Schon bei einer „bedrohlichen Lage", nicht näher definiert, konnte der Rat die „allgemeine oder teilweise Mobilmachung" anordnen.[82] Er stellte damit rechtlich mehr als nur das sicherheitspolitische Exekutivorgan der SED dar; aber die klassischen Grenzen der Gewaltenteilung waren im SED-Staat und mit ihm in der Institution des Verteidigungsrates und seiner unterstellten Struktur ohnehin verwischt.

Die genaue Einordnung in die Hierarchie des Staats- und Parteiapparates ist schwierig: Trotz seiner Stellung als staatliches Organ war der NVR faktisch ein reines Parteiinstrument. Zu seinen dreißig Angehörigen zwischen 1960 und 1989 gehörten allein zwanzig Mitglieder und ein Kandidat des Politbüros. In der Person des Vorsitzenden bündelte sich die gesamte Partei- und Staatsmacht. Das Politbüro mochte in sicherheitspolitischen Fragen entscheiden, die planerische und überwachende Arbeit erledigte der Verteidigungsrat. Hier saßen im Verlauf von fast dreißig Jahren neben den Verteidigungsministern Heinz Hoffmann und Heinz Keßler (sowie dem ehemaligen Ressortchef Willi Stoph), neben Staatssicherheitsminister

---

81 Zur HV Zivile Luftfahrt vgl. 41. NVR-Sitzung vom 14.7.1972, Tagesordnungspunkt 7, zur Zivilverteidigung 48. NVR-Sitzung vom 24.11.1975, Tagesordnungspunkt 7; BA-MA, DVW 1/39498 und DVW 1/39507.
82 Vgl. Herbst/Ranke/Winkler: Nationaler Verteidigungsrat, S. 755, und DDR-Handbuch: Nationaler Verteidigungsrat, S. 937; vgl. dort auch Stichwort „Notstandsgesetzgebung", S. 946–948, hier 946f.

Erich Mielke und den Innenministern Karl Maron und Friedrich Dickel der ZK-Abteilungsleiter für Sicherheitsfragen Wolfgang Herger, der entsprechende ZK-Sekretär Egon Krenz (und der vormalige Amtsinhaber Erich Honecker) sowie die Generale und Admirale Waldemar Verner, Sigfried Riedel, Horst Brünner und Fritz Streletz; hier war die Führungsspitze der bewaffneten Organe der DDR versammelt.[83]

Für die Staatsanwaltschaft II beim Landgericht Berlin, die für die juristische Aufarbeitung der DDR-Regierungskriminalität zuständig ist, hat die hierarchische Gewichtung des NVR im ostdeutschen Partei- und Staatsapparat mittlerweile klare Kontur gewonnen. Noch 1992 als oberstes kollektives Führungsorgan der Landesverteidigung mit selbständigem Charakter eingeschätzt, betrachtete die Staatsanwaltschaft den Verteidigungsrat 1994 als dem höchsten Machtorgan des SED-Staates, dem Politbüro, in der Entscheidungskompetenz untergeordnet.[84]

Eine historische Verortung des Instituts „Nationaler Verteidigungsrat" und mit ihm des Prinzips und Systems der Landesverteidigung der DDR mit den Komponenten der Machtbewahrung der SED im Innern wie der Machtsicherung und potentiellen Machtausdehnung nach außen wird nicht allein durch die Rekonstruktion der fünfunddreißigjährigen Entwicklungsgeschichte dieses Gremiums und seiner Vorläuferin möglich. Auch deren historisch bedingter „sozialistischer Charakter" muß berücksichtigt werden, der auf den militärwissenschaftlichen Klassikern des Sozialismus, auf Engels, Lenin, Mehring und Frunse sowie den realen Erfahrungen scheiternder sozialrevolutionärer Bewegungen seit Pariser Kommune und deutscher Revolution 1918 beruhte. Diese Wurzeln dürfen neben dem Erlebnis des Zweiten Weltkrieges, der in Ost-Berlin in sowjetischer Perspektive rezipiert wurde, zur Erklärung des elementaren, ja für Parteiherrschaft und Staatsentwicklung als konstitutiv empfundenen Bedürfnisses, die Sicherheit des sozialistischen Deutschlands zu organisieren, nicht übersehen werden. Michail W. Frunse, der große Heerführer des russischen Bürgerkrieges, der Organisator und Stratege der jungen bolschewistischen Streitkräfte, der für die Entwicklung des sowjetischen militärischen Denkens eminente Bedeutung besaß, hatte die Rote Armee im Bürgerkrieg über

---

83 Zu den Vermutungen in der Literatur der Bundesrepublik vor 1989, wer Mitglied im NVR sein könnte, vgl. z. B. Lapp: Ministerrat, S. 54. Besonders in der Annahme, der für Jugend- und Sicherheitsfragen zuständige ZK-Sekretär Paul Verner sei Angehöriger des Gremiums gewesen, irrte der Autor sich; vgl. Lapp: Staatsrat, S. 50, und ders.: Volkskammer, S. 166. Statt dessen gehörte der Bruder des ZK-Sekretärs, Admiral Waldemar Verner, als Chef der Politischen Hauptverwaltung der NVA von 1960 bis 1979 zum NVR. Entgegen Annahmen westlicher Beobachter ebenfalls nicht in diesem Gremium: Gerhard Schürer, Vorsitzender der Staatlichen Plankommission 1965–1989, und Albert Stief, Vorsitzender des Komitees der Arbeiter-und-Bauern-Inspektion 1977–1989.
84 Vgl. Winters: Wie souverän war die DDR? (siehe Anm. 58), S. 170.

weite, große Räume manövriert. Dort war seine Überzeugung der operativen Ideen von Beweglichkeit und Überraschung entstanden, wurde bereits der Grundstein zum Prinzip des Angriffs als Kern der sozialistischen Kriegslehre gelegt.[85] Die besondere Bedeutung der Angriffsoperation im sowjetischen militärischen Denken, welche die vom NVR angeleiteten NVA-Übungen kennzeichnete, findet hierin ihren ersten Ursprung, gewichtig ergänzt von den Erfahrungen der ausländischen Interventionen in Sowjetrußland 1918–1922 und dem Überfall Hitlers 1941. Besonders einflußreiche Lernprozesse regten die Schlüsselerlebnisse der letzten beiden Weltkriegsjahre 1943–1945 an: die erkannte Bedeutung von Panzer- und Feuerkraft, von schwerindustrieller Kriegsrüstungsindustrie, von der im Partisanenkrieg bewiesenen Wirksamkeit paramilitärischer Verbände. Gerade diese Lehren des „Großen Vaterländischen Krieges" wurden in die Konzeptionierung der militärischen Strategie des Warschauer Vertrages hineinprojiziert, auf militärischem Gebiet modernisiert durch die rasanten Veränderungen im Rüstungswesen, durch die Erfahrung lokal begrenzter („Stellvertreter"-)Kriege und durch die nukleare Dimension.[86] Eine konsequente Angriffsdoktrin sollte jegliche Verletzungen sozialistischen Territoriums künftig vermeiden helfen.[87]

Hinzu kam der Gedanke eines militärischen Klassenauftrages. Der „weltrevolutionäre Bewegungscharakter" der sozialistischen Staatengemeinschaft sowjetischer Prägung erforderte eine enge Verknüpfung ideologischer und militärischer Elemente, wie sie der Nationale Verteidigungsrat für die DDR koordiniert hat. In dieser „permanenten Mobilmachungspsychologie"[88] verbanden sich aber innere und äußere Sicherheit zu einem nicht zu differenzierenden Ganzen. Auch Frunse hatte eine

85 Zur Rolle des von der westlichen Geschichtsschreibung vernachlässigten Frunse siehe jetzt Carsten Kießwetter: Michail Wassiljewitsch Frunse – der sowjetische Clausewitz. Zur Reorganisation der Roten Arbeiter-und-Bauern-Armee und zur Begründung der einheitlichen proletarischen Militärdoktrin, in: Ferenc I. Majoros, Armin A. Steinkamm und Bernhard W. Krack (Hrsg.): Politik – Geschichte, Recht und Sicherheit. Festschrift für Gerhard Ritter, Würzburg 1995, S. 209–225, hier 211 und 222f.
86 Allerdings gab es auch ein Kontinuitätsmoment bei der Gestaltung des ostdeutschen Sicherheitsapparates: eine in der deutschen Geschichte seit dem 19. Jahrhundert verwurzelte Verbindung polizeilich-militärischer Aufgabenfelder, die Tradition eines „exekutiven Sicherheitsvorbehalts" sowie eine auch und gerade in der DDR scheiternde Differenzierung von zivilgesellschaftlichen Strukturen und staatsgewaltlichen Organen. Darauf weist aufschlußreich hin Thomas Lindenberger: Aus dem Volk, für das Volk? Bemerkungen zur Entstehung der bewaffneten Organe der SBZ/DDR aus sozialhistorischer Sicht, in: Bald/Brühl/Prüfert (Hrsg.): Nationale Volksarmee (1995), S. 165–180, hier 169ff.; zum Zusammenhang von Etatisierung und Militarisierung ebenfalls interessant Seubert: Legitimitätsverfall, S. 91 und 94f.
87 Vgl. Brühl: Nationale Volksarmee, S. 29; Schunke: Militärpolitische und -strategische Vorstellungen, S. 51f.; Herger/Hübner/Frenzel: Eigenverantwortung, S. 181.
88 Dietmar Schössler: Phasen der NVA-Geschichte/Systematische Aspekte der NVA-Geschichte, in: Volker Koop und Dietmar Schössler: Erbe NVA – Eindrücke aus ihrer Geschichte und den Tagen der Wende, Waldbröl 1992, S. 259–295, hier 288.

derartige Entwicklung bereits antizipiert und aufgrund seiner persönlichen Erfahrungen künftige militärische Auseinandersetzungen als zunehmend bürgerkriegsähnlich typisiert. Front und Hinterland waren damit nicht mehr genau abgrenzbar.

Militärische Landesverteidigung und „tschekistische" Abwehr der Konterrevolution gehörten folglich untrennbar zusammen. Eine dermaßen begründete Sicherheitsdoktrin dokumentiert sich in der Tätigkeit des Nationalen Verteidigungsrates der DDR. Weil die ideologische Standardformel, daß vom Sozialismus stets Frieden, vom Imperialismus aber Expansions- und Kriegsbestrebungen ausgingen, vor dem Erfahrungshorizont der ersten Jahrhunderthälfte im weltpolitischen Kontext der Blockkonfrontation des Kalten Krieges linear fortgeschrieben wurde, stellten sich für die Mitglieder des NVR etwa der 17. Juni 1953 und die ČSSR-Krise 1968 sowie Vietnam-Krieg und israelisch-arabischer Sechs-Tage-Krieg als Kehrseiten derselben Medaille dar. Beide Elemente dieses einen großen Szenarios vermeintlicher imperialistischer Bedrohung galt es abzuwehren.

Karl Wilhelm Fricke

Das MfS als Instrument der SED am Beispiel politischer Strafprozesse

Rolle und Selbstverständnis des Ministeriums für Staatssicherheit als „Schild und Schwert der Partei" oder, präziser formuliert, als konstitutives Herrschaftsinstrument der Politbürokratie der SED bedürfen hier nur der Erwähnung. Sie sind vielfach dokumentiert. Zu erinnern ist daran, daß die Geschichte des MfS formell zwar mit dem Gesetz über die Bildung eines Ministeriums für Staatssicherheit[1] vom 8. Februar 1950 begann, daß aber tatsächlich zuvor schon im Politbüro darüber entschieden worden war – durch Beschluß vom 24. Januar 1950 mit der Weisung, „der Innenminister" solle in der Volkskammer „die Umwandlung der Hauptverwaltung zum Schutze der Volkswirtschaft in das Ministerium für staatliche Sicherheit beantragen."[2] Fünfzehn Tage später verfuhren die obersten Volksvertreter der DDR in diesem Sinne und verabschiedeten das erwähnte Gesetz, einstimmig übrigens. Mithin stand am Anfang der Geschichte des MfS charakteristischerweise ein Politbürobeschluß, nicht ein Gesetz, wobei davon auszugehen ist, daß die Bildung des MfS intern schon länger vorbereitet worden war. Ein Indiz dafür war die schon im Spätherbst 1949, also vor der formellen Gründung des MfS, beginnende Rekrutierung seiner Kader.[3] Als selbstverständlich kann unterstellt werden, daß der Beschluß des Politbüros auch nicht ohne vorherige Abklärung mit der Sowjetischen Kontrollkommission sowie der Zentrale der sowjetischen Staatssicherheit und ihrer Dependance in Ost-Berlin zustande gekommen ist. Unter den damaligen Machtverhältnissen in der DDR kann jede andere Möglichkeit ausgeschlossen werden.

Notwendig erscheint ferner der Hinweis, daß die Politbürokratie der SED, namentlich Walter Ulbricht und Erich Honecker, das MfS von Anfang an

---

1   GBl.-DDR 1950, S. 95.
2   Beschluß des Politbüros über das Ministerium für Staatssicherheit, 24.1.1950, zit. bei: Dierk Hoffmann, Karl-Heinz Schmidt und Peter Skyba (Hrsg.): Die DDR vor dem Mauerbau. Dokumente zur Geschichte des anderen deutschen Staates 1949–1961, München 1993, S. 55.
3   Zum Beispiel enthält die Kaderkarteikarte von Erich Jamin, zuletzt Oberst und Chef einer Hauptabteilung, den Vermerk, daß er bereits am 1.11.1949 in das MfS eingetreten ist, obwohl es formell noch gar nicht existierte. Vgl. Karl Wilhelm Fricke: Akten-Einsicht. Rekonstruktion einer politischen Verfolgung, Berlin 1995, S. 32; siehe auch: Jens Gieseke: Die hauptamtlichen Mitarbeiter des Ministeriums für Staatssicherheit (Anatomie der Staatssicherheit. Geschichte, Struktur und Methoden. MfS-Handbuch, hrsg. von Klaus-Dietmar Henke, Siegfried Suckut, Clemens Vollnhals, Walter Süß, Roger Engelmann, Teil IV/1), BStU, Berlin 1995, S. 98.

als ihr Herrschaftsinstrument begriffen haben. Dieselbe Einstellung hat das Selbstverständnis der Staatssicherheit geprägt. Entsprechende Bekundungen sind bereits von Wilhelm Zaisser überliefert, dem ersten Minister für Staatssicherheit: „Das, was wir hier machen, ist Parteiarbeit", gab er die im MfS herrschende Auffassung wieder. „Wir sind das Schwert der Partei. Wir stehen an vorderster Stelle im Klassenkampf. Alles, was wir tun, tun wir für die Partei."[4] Ein Staatsorgan als Machtorgan der SED – es ist offiziell nie geleugnet worden. Gleichartige Beteuerungen liegen auch von Ernst Wollweber, dem zweiten Chef der Staatssicherheit, und von Erich Mielke vor, dem dritten und letzten Minister für Staatssicherheit. Für Wollweber hatte die Staatssicherheit „ein scharfes Schwert zu sein [...], mit dem unsere Partei den Feind unerbittlich schlägt", bekannte er 1954 auf dem IV. Parteitag der SED. „Unsere Genossen in der Staatssicherheit haben einen besonderen Auftrag; aber das ist ein Parteiauftrag."[5] Und Mielkes Credo lautete schlicht und bieder: „Die Staatssicherheit wird sich jederzeit als zuverlässiger Schild und scharfes Schwert der Partei und der Arbeiter-und-Bauern-Macht erweisen."[6] Die Charakterisierung des MfS als Herrschaftsinstrument der SED-Politbürokratie entspringt folglich nicht heutiger Erkenntnis. Schon zu DDR-Zeiten war sie gang und gäbe.

Zu den folgenreichsten Auswirkungen dieser Instrumentalisierung zählten die Manipulierung und Präjudizierung von Strafurteilen der DDR-Justiz. Als Untersuchungsorgan besaß das MfS nicht nur Zugriff auf das Ermittlungsverfahren in politischen Strafsachen, sondern es war infolge dieser Funktion auch imstande, justitielle Entscheidungen in einschlägigen Verfahren im wesentlichen mitzubestimmen – nicht selten auf konkrete Weisung der Politbürokratie, immer in deren politisch-ideologisch begründetem Auftrag.

Die Steuerung der Strafjustiz

Die Einwirkung des MfS auf die DDR-Strafjustiz war seit seinem Bestehen gegeben. Sie ist auch und gerade aus der Frühzeit der DDR nachweisbar. Als exemplarisch dafür ist ein aufsehenerregender Schauprozeß anzusehen, den der 1. Strafsenat des Landgerichts Dresden am 10. Januar 1951 in Olbernhau/Erzgebirge inszenierte, um den damals 18jährigen Oberschüler Hermann Joseph Flade wegen „Boykotthetze" im Sinne von Art. 6 Abs. 2 der DDR-Verfassung und wegen „versuchten Mordes" an einem

---

4   Zit. bei Wilfriede Otto: SED und MfS – zur Rolle einer stalinistischen Grundstruktur, in: Gregor Gysi, Uwe-Jens Heuer und Michael Schumann (Hrsg.): Zweigeteilt. Über den Umgang mit der SED-Vergangenheit, Hamburg 1992, S. 161.
5   Protokoll der Verhandlungen des IV. Parteitages der SED, Bd. 2, (Ost-)Berlin 1954, S. 710.
6   Erich Mielke auf dem sogenannten Kampfmeeting des MfS zum 35. Jahrestag seiner Gründung, zit. in: Neues Deutschland vom 7.2.1985.

Angehörigen der „Volkspolizei" zum Tode zu verurteilen.[7] Flade hatte sich, als er beim Verteilen selbstgefertigter Flugblätter gegen die Einheitswahlen am 15. Oktober 1950 in seiner Heimatstadt von einer Polizeistreife überrascht wurde, mit einem Klappmesser der Festnahme widersetzt, ohne jedoch lebensgefährliche Verletzungen zu verursachen.

Nicht nur Vorbereitung und Durchführung der gerichtlichen Hauptverhandlung standen unter Kuratel des MfS, das über den Prozeß durch den damaligen Leiter der Verwaltung Sachsen, „Chef-Inspekteur" Joseph Gutsche, auf dem laufenden gehalten wurde.[8] Sondern als das Todesurteil über die Landesgrenzen hinaus öffentliche Empörung und Proteste in unerwarteter Heftigkeit auslöste, nahm Gutsche auch die politisch unumgängliche Revision des Urteils in die Hand.

Wie Rechtsanwalt Johannes Bohlmann, Flades Pflichtverteidiger, später, nach seiner Flucht nach West-Berlin, zu Protokoll gab, wurde er am 27. Januar 1951 offiziell von den Absichten des MfS unterrichtet. „An diesem Tage befahl mich Herr Gutsche in seine Dienststelle und eröffnete mir, er habe die politischen Folgen eines Todesurteils gegen Flade nicht gebührend berücksichtigt, er könne deshalb ein solches Urteil nicht mehr halten und habe mit dem Vorsitzenden des Revisionssenats, Herrn Pogorschelsky, Termin zur Verhandlung über die von mir eingelegte Revision bereits auf Montag, den 29. Januar 1951, anberaumt."[9] Der MfS-Chef in Sachsen als Herr des Verfahrens selbst am Oberlandesgericht!

Als sich der Rechtsanwalt behutsam nach dem neuen Strafmaß für Flade erkundigte, meinte Gutsche kühl kalkulierend, eine lebenslängliche Freiheitsstrafe käme auch nicht in Frage, also bliebe nur das derzeitige Höchstmaß der Freiheitsstrafe. Und so lautete das Revisionsurteil des Oberlandesgerichts Dresden wie vorausgesagt auf 15 Jahre Zuchthaus.[10] Flade hat zehn Jahre davon verbüßen müssen.

Nachdem der Apparat des MfS aufgebaut war, nachdem speziell die für Untersuchungen zuständige Hauptabteilung IX und die ihr nachgeordneten Abteilungen IX in den Landes- bzw. Bezirksverwaltungen der Staatssicherheit ihre Arbeit aufgenommen hatten, gerieten Steuerung und Manipulation der Strafjustiz durch die Staatssicherheit im Zusammenwirken mit der Politbürokratie der SED nachgerade zur Routine. Sowohl politi-

7 Das Urteil gegen Flade ist zitiert bei Karl Wilhelm Fricke: Politik und Justiz in der DDR. Zur Geschichte der politischen Verfolgung 1945–1968. Bericht und Dokumentation, Köln 1979, S. 245ff.

8 Vgl. Schreiben Joseph Gutsches an Erich Mielke vom 11.1.1951 nebst Verhandlungsbericht und Aktenvermerk; BStU, ZA, S 41/57, Bd. 3/1, Bl. 6–8.

9 Erklärung Bohlmanns, zit. in: Unrecht als System. Dokumente über planmäßige Rechtsverletzungen im sowjetischen Besatzungsgebiet, hrsg. vom Bundesministerium für Gesamtdeutsche Fragen, Teil I, Bonn 1952, S. 81.

10 Vgl. Karl Wilhelm Fricke: Politik und Justiz in der DDR. S. 245; dokumentiert ist das Revisionsurteil gegen Flade in: PZ-Archiv 2 (1951) 6, S. 18f.

sche Geheim- und Schauprozesse vor dem Obersten Gericht der DDR
– allein im Jahre 1952 nicht weniger als zwölf, 1954 und 1955 jeweils
neun – als auch Strafverfahren vor den Land- bzw. seit 1952 vor den Bezirksgerichten belegen das zur Genüge.[11]

Wie das auf Bezirksebene geschah, mag im einzelnen der Fall Karl-
Albrecht Tiemann anschaulich machen. Der damals 52jährige Angestellte
war am 1. August 1954 von einer Operativgruppe der Staatssicherheit aus
West-Berlin entführt und am 3. März 1955 vom 1. Strafsenat des Bezirksgerichts Cottbus zum Tode verurteilt worden.[12] Der Vorwurf hatte auf
Verbindung zu westlichen Nachrichtendiensten gelautet, die der Angeklagte nicht etwa von der DDR aus, sondern in West-Berlin legal unterhalten hatte; er hat den Sachverhalt vor Gericht auch nicht bestritten. Die
Staatssicherheit hatte nicht nur seine Verschleppung aus West-Berlin über
die Grenze zum Bezirk Potsdam organisiert, wie aus einem Operativplan
der Hauptabteilung II/4 vom 23. Juli 1954 ersichtlich ist, sondern sie ma-
nipulierte auch die Prozeßführung. Das geht aus der Aktennotiz eines
Leutnants – offensichtlich der Untersuchungsabteilung des MfS – vom
2. März 1955 für seine Dienstvorgesetzten hervor. Seine Auslassungen zur
„Prozeßführung" bieten Einblick in die Mechanik der Manipulation:

> „1. Mit Bezirksstaatsanwalt wurden alle Maßnahmen der Gewährlei-
> stung der strengsten Konspiration veranlaßt.
>
> a. verläßlicher Richter, die besten Schöffen,
>
> b. die fortschrittlichsten Rechtsanwälte,
>
> c. keinerlei Auswertung des Verfahrens innerhalb der Staatsanwalt-
> schaft und des Gerichts,
>
> d. strengster Ausschluß der Öffentlichkeit.
>
> 2. Mit Staatsanwalt wurden Absprachen geführt, um ihm Hinweise zur
> besseren Vernehmung und entsprechende Argumente gegen Tie-
> mann zu geben.
>
> 3. In ähnlicher Form wurde dem Gericht entsprechende Hilfe gegeben."[13]

Das Todesurteil gegen Karl-Albrecht Tiemann wurde vom Berufungssenat
des Obersten Gerichts am 1. April 1955 bestätigt, und nachdem das Politbüro der SED der Exekution ausdrücklich zugestimmt hatte, wurde das
Urteil am 26. Juli 1955 in Dresden durch Enthauptung vollstreckt.

11 Vgl. dazu Hubert Rottleuthner: Zur Steuerung der Justiz in der DDR und Wolfgang
   Behlert: Die Generalstaatsanwaltschaft, in: Hubert Rottleuthner (Hrsg.): Steuerung der
   Justiz in der DDR. Einflußnahme der Politik auf Richter, Staatsanwälte und Rechtsanwälte, Köln 1994, S. 9ff. und 287ff.; ferner Karl Wilhelm Fricke: Zur politischen Strafrechtsprechung des Obersten Gerichts der DDR, Heidelberg 1994; Falco Werkentin:
   Politische Strafjustiz in der Ära Ulbricht, Berlin 1995 (mit einer Fülle von Belegen);
   Rudi Beckert: Die erste und letzte Instanz. Schau- und Geheimprozesse vor dem Obersten Gericht, Goldbach 1995.
12 Urteil des Bezirksgerichts Cottbus vom 3. März 1955 (Aktenzeichen 1 Ks 23/55-I
   33/55), Kopie vom Original, Privatarchiv.
13 Bericht Karli Coburger vom 2. März 1955, Bl. 1, Kopie vom Original, Privatarchiv.

Gesetzliche Grundlagen des MfS als Untersuchungsorgan

Eine Analyse dieser Zusammenhänge hat von der Zuständigkeit des MfS für die Untersuchung aller im Sinne des Regimes schwerwiegenden politischen Straftaten auszugehen. Laut Statut vom 15. Oktober 1953 hatte die Staatssicherheit „alle erforderlichen Untersuchungen bis zum Schlußbericht an die Organe der Justiz zu führen"[14]. Eine entsprechende gesetzliche Bestimmung wurde allerdings erst 13 Jahre nach Gründung des MfS geschaffen. Das DDR-Staatsanwaltschaftsgesetz[15] vom 17. April 1963 nannte in § 16 Abs. 2 erstmals „die Untersuchungsorgane des Ministeriums für Staatssicherheit" neben denen des Ministeriums des Innern und der Zollverwaltung der DDR. Dieselbe Formulierung wurde fünf Jahre später in § 88 Abs. 2 der DDR-Strafprozeßordnung vom 12. Januar 1968 übernommen. Gleichwohl wurde durch Gesetz nicht definiert, in welchen Strafsachen die MfS-Untersuchungsorgane für das Ermittlungsverfahren zuständig waren. Einer schon in § 97 der DDR-Strafprozeßordnung vom 2. Oktober 1952 niedergelegten Bestimmung, wonach dem Staatsanwalt die Aufsicht über alle Untersuchungen der Untersuchungsorgane oblag, wurde zwar durch das Staatsanwaltschaftsgesetz bekräftigt, aber sie war völlig bedeutungslos. „Innerhalb der Staatsanwaltschaft sind die politischen Strafsachen in der Regel durch Staatsanwälte der Abteilungen I A bei den Staatsanwälten der Bezirke und des Generalstaatsanwalts bearbeitet worden. Sie wurden unter strengen Gesichtspunkten ausgewählt. Ihr Einsatz bedurfte der Bestätigung durch das MfS – ein grotesker Vorgang, wenn man bedenkt, daß der zur Aufsicht über die Untersuchungsabteilungen des MfS verpflichtete Staatsanwalt gerade von diesem Organ zu bestätigen war. Auf diese Weise vermochte jedoch das MfS auch die Arbeit der Staatsanwälte bei der Anwendung des politischen Strafrechts zu steuern."[16]

Dagegen enthielt das zweite, am 30. Juli 1969 vom Nationalen Verteidigungsrat beschlossene Statut des Ministeriums für Staatssicherheit der Deutschen Demokratischen Republik[17] in § 2 Buchstabe c eine nähere Bestimmung seiner „Hauptaufgaben". Danach war es unter anderem Sache des MfS, „Straftaten, insbesondere gegen die Souveränität der Deutschen Demokratischen Republik, den Frieden, die Menschlichkeit und

---

14 Statut des Staatssekretariats für Staatssicherheit vom 15.10.1953, Ziffer 4, Buchstabe b (GVG 349/53), zit. bei Rita Sélitrenny und Thilo Weichert: Das unheimliche Erbe. Die Spionageabteilung der Stasi, Leipzig 1991, S. 212.
15 GBl.-DDR I S. 57.
16 Lothar Reuter: „Der widerspruchsvolle Prozeß der Erneuerung der Staatsanwaltschaft", in: Neue Justiz 44 (1990) 8, S. 323. Der Verfasser war in der DDR zuletzt Stellvertreter des Generalstaatsanwalts.
17 Zit. bei Bernd Florath, Armin Mitter und Stefan Wolle (Hrsg.): Die Ohnmacht der Allmächtigen. Geheimdienste und politische Polizei in der modernen Gesellschaft, Berlin 1992, S. 140.

Menschenrechte sowie gegen die Deutsche Demokratische Republik aufzudecken, zu untersuchen und vorbeugende Maßnahmen auf diesem Gebiet zu treffen." Intern war damit klar umrissen, was die Erfahrung längst gelehrt hatte, daß nämlich jedes Ermittlungsverfahren bei sogenannten Staatsverbrechen prinzipiell und ausnahmslos in die Zuständigkeit der MfS-Untersuchungsorgane fiel.

Aus seiner Instrumentalisierung durch das Politbüro erklärt sich, daß die Untersuchungsorgane des MfS, zumal in den fünfziger und sechziger Jahren, in ihren Ermittlungen auch schon mal „Beweise" zu liefern hatten, die nicht objektiven Tatbeständen, sondern propagandistischen Vorgaben der SED genügen sollten. In letzter Konsequenz hat die Staatssicherheit nie gezögert, in ihren eigenen Untersuchungsgefängnissen Geständnisse zu erpressen und falsche Zeugenaussagen zu produzieren, um ihrem „Parteiauftrag" zu genügen. Besonders extreme Beispiele lassen sich an Strafverfahren im Zusammenhang mit dem Aufstand vom 17. Juni 1953 aufzeigen, der bekanntlich von der Führung der SED unverzüglich als von westlichen „Agentenzentralen" geplanter und organisierter „faschistischer Putschversuch" denunziert wurde, wodurch die Staatssicherheit in eklatante Beweisnöte geriet. Wollweber selbst hat das auf einer Dienstkonferenz im damaligen Staatssekretatriat für Staatssicherheit am 11./12. November 1953 beklagt mit dem selbstkritischen Eingeständnis, „daß es uns bis jetzt noch nicht gelungen ist, nach dem Auftrag des Politbüros die Hintermänner und die Organisatoren des Putsches vom 17. Juni festzustellen. Es ist uns bisher nicht gelungen, diesen Auftrag zu erfüllen."[18] Daß der Auftrag unerfüllbar war, weil „Hintermänner" und „Organisatoren" des 17. Juni nur als fixe Idee des Politbüros existierten, lag außerhalb von Wollwebers Vorstellungswelt.

Das MfS fälscht Beweise

Um die These vom „faschistischen Putschversuch" glaubhaft machen zu helfen, ist schon am Abend des 22. Juni 1953, also binnen fünf Tagen, vor dem 1. Strafsenat des Bezirksgerichts Halle ein obskurer Strafprozeß durchgepeitscht worden, in dem nach dreieinhalb Stunden Verhandlungsdauer ein Todesurteil gegen die damals 42jährige Angeklagte Erna Dorn verhängt wurde.[19] Wesentliche Grundlage sowohl der Anklageschrift als

18 Referat Wollwebers auf der Zentralen Dienstkonferenz am 11. und 12.11.1953; BStU, ZA, DSt 102273, Bl. 4.
19 Die Darstellung zum Fall Dorn stützt sich auf Jens Ebert und Insa Eschebach: „Die Kommandeuse". Erna Dorn – zwischen Nationalsozialismus und Kaltem Krieg, Berlin 1994; André Gursky: Erna Dorn „... zum Tode verurteilt ..." / 22. Juni 1953 in Halle (Saale), hrsg. vom Landesbeauftragten für die Unterlagen des Staatssicherheitsdienstes der ehemaligen DDR Sachsen-Anhalt, Halle 1996.

auch des Urteils war der Schlußbericht des Untersuchungsorgans in der Strafsache Dorn, in dem die Staatssicherheit das Todesurteil schon präjudizierte: „Die Beschuldigte ist nach den vorstehenden Darlegungen mit den schärfsten Maßnahmen der demokratischen Gesetzlichkeit zur Rechenschaft zu ziehen."[20] Das Urteil wurde am 27. Juni 1953 vom Obersten Gericht bestätigt und am 1. Oktober 1953 vollstreckt, obwohl nicht einmal die Identität der Angeklagten zweifelsfrei geklärt worden war – ganz zu schweigen vom Nachweis ihrer Schuld. Die Exekution kam einem politischen Justizmord gleich.

Erna Dorn war am 17. Juni nachmittags von Aufständischen zusammen mit anderen Häftlingen aus dem Gefängnis Kleine Steinstraße in Halle befreit worden. Sie verbüßte hier eine 15jährige Zuchthausstrafe, zu der sie vom selben Gericht erst drei Wochen zuvor, am 21. Mai 1953, als ehemalige SS-Angehörige wegen Verbrechen gegen die Menschlichkeit im Frauen-KZ Ravensbrück verurteilt worden war. Mit Hilfe eines Geständnisses, zu dem die Staatssicherheit die Beschuldigte in hektischer Eile genötigt hatte, wurde Erna Dorn zu einer „Rädelsführerin" des Aufstands in Halle hochstilisiert, was sie nach allen späteren Recherchen zu keinem Zeitpunkt gewesen war. Die Agitation der SED machte sie zur „ehemaligen SS-Kommandeuse", die gezielt aus dem Gefängnis befreit worden sei, damit sie „im Führungsstab der Provokateure" in der Saalestadt hätte tätig werden können. Nichts davon entsprach der Wahrheit – nichts! Dennoch wurde die Legende um Erna Dorn unveräußerlicher Bestandteil der gesamten DDR-Geschichtspropaganda zum 17. Juni.

Das zweite Beispiel in diesem Kontext bezieht sich auf einen mehrtägigen Schauprozeß vor dem 1. Strafsenat des Obersten Gerichts, der am 14. Juni 1954 – politisch gezielt auf den ersten Jahrestag des Juni-Aufstands – mit der Verurteilung von vier „Rädelsführern" und „Hintermännern" des 17. Juni endete. Es wurden Zuchthausstrafen zwischen fünf und 15 Jahren ausgesprochen.[21] Der Schlüsselsatz der Urteilsbegründung: „Das vorliegende Verfahren hat den Beweis für den großen Umfang und die Intensität erbracht, mit der der faschistische Putsch am 17. Juni von den Kriegstreibern organisiert wurde." Sämtliche Angeklagte in diesem Verfahren – Dr. Werner Silgradt, Mitarbeiter im Forschungsbeirat für Fragen der Wiedervereinigung, sowie Werner Mangelsdorf, Streikführer am 17. Juni in Gommern und nach seiner Flucht nach West-Berlin Mitbegründer eines „Komitees 17. Juni", das von der Staatssicherheit operativ bearbeitet wurde[22]; ferner Hans Füldner und Horst Gassa, beide Mitarbeiter

20 Zit. bei André Gursky: Erna Dorn, S. 46.
21 „Agentenzentralen bereiteten den ‚Tag X' vor". Aus dem Urteil des Obersten Gerichts in der Strafsache Silgradt u. a., in: Neue Justiz 8 (1954) 16, S. 459ff.
22 Vgl. dazu Armin Mitter und Stefan Wolle: Untergang auf Raten. Unbekannte Kapitel der DDR-Geschichte, München 1993, S. 157ff.

des Ostbüros der FDP, waren nach Recherchen des Verfassers von Operativgruppen der Staatssicherheit nach Ost-Berlin entführt oder durch List dorthin gelockt worden. Sie hatten als politische Kronzeugen zum Beweis dessen zu dienen, daß der Juni-Aufstand ein westliches Komplott gewesen wäre. Liest man das in dieser Sache ergangene Urteil nach, ist man allerdings irritiert ob der Primitivität der Beweisführung.

Weisungen der Politbürokratie an die Staatssicherheit zur Manipulation politischer Strafverfahren sind aus den fünfziger Jahren vielfach aktenkundig. Die Konfrontation mit dem konkreten Sachverhalt ist dennoch immer wieder frappierend – zum Beispiel im Fall Max Fechner. Der DDR-Justizminister wurde nicht nur auf Beschluß des Politbüros „wegen partei- und staatsfeindlichen Verhaltens aus der Partei ausgeschlossen" und „seiner Funktion als Justizminister enthoben", sondern das Politbüro verfügte auch, daß er „in Untersuchungshaft genommen" wurde.[23] Als aber die Staatssicherheit partout keine Beweise für Fechners „partei- und staatsfeindliches Verhalten" zu erbringen imstande war, verwarf die Politbürokratie den vorgelegten Schlußbericht. In einer Beschlußvorlage für das Politbüro faßte Anton Plenikowski, damals Chef der Abteilung Staatliche Verwaltung im Zentralkomitee der SED, am 11. August 1954 seine Einschätzung wie folgt zusammen: „Die Justizkommission beim ZK hat am 9.8.1954 unter Teilnahme der Genossen Plenikowski, Benjamin, Melzheimer (sic!) und Kern den Schlußbericht behandelt und festgestellt, daß der Schlußbericht nicht in genügendem Maße die staatsfeindliche Tätigkeit Fechners ausweist. Was im Schlußbericht als Ergebnis zusammengefaßt ist, bedurfte nicht der Untersuchung von der Dauer eines Jahres. Es wurde empfohlen, die Anklage stärker zu fundieren durch die Anführung einiger Tatsachen, die die staatsfeindliche Tätigkeit Fechners im Ministerium der Justiz noch besonders deutlich machen."[24] Erich Mielke, wer sonst, wurde ersucht, dem Generalstaatsanwalt weiteres „etwaiges Material" zuzuleiten. Fechner durchlitt noch fast ein weiteres Jahr U-Haft, bis er für einen Geheimprozeß reif war. Vom 1. Strafsenat des Obersten Gerichts wurde er am 24. Mai 1955 zu acht Jahren Zuchthaus verurteilt. Das für die Kooperation von Staatssicherheit und Politbürokratie Bezeichnende: Einer Instanz der Partei – der Justizkommission des ZK – und nicht der Staatsanwaltschaft war der Schlußbericht des Untersuchungsorgans vorgelegt worden, und die Kommission unterbreitete dem Politbüro einen Vorschlag dazu, wie die Staatssicherheit weiter verfahren sollte.

---

23 Vgl. dazu im einzelnen Karl Wilhelm Fricke: „Justiz im Auftrag der Partei. Der Fall Max Fechner als Beispiel", in: Gisela Helwig (Hrsg.): Rückblicke auf die DDR. Festschrift für Ilse Spittmann-Rühle, Köln 1995, S. 26ff.
24 Ebenda, S. 32.

Parteidirektiven für die Staatssicherheit

Im Strafverfahren gegen Wolfgang Harich und andere erteilte das Politbüro „den Genossen der Staatssicherheit" unmittelbar „folgende Direktive:
a) der Prozeß ist beschleunigt vorzubereiten;
b) auf Grund des Beschlusses schätzt das Politbüro die Tätigkeit der
Gruppe Harich als Staatsverrat ein."[25] Als die Untersuchung abgeschlossen war, ging der Schlußbericht wiederum dem Politbüro zu, ohne daß der
in diesem Fall zuständige Generalstaatsanwalt der DDR dagegen prote-
stiert hätte. Im Gegenteil, er übersandte dem Leiter der Abteilung Staats-
und Rechtsfragen beim ZK, Klaus Sorgenicht, die von ihm ausgearbeitete
Anklageschrift gegen Harich und andere mit der devoten Versicherung:
„Sie hält sich eng an den Schlußbericht des Ministeriums für Staatssicherheit, der, wie mir Genosse Mielke mitteilte, vom Politbüro gutgeheißen
wurde."[26] Noch Fragen?
Im Strafverfahren gegen Walter Janka und andere belegen die Akten
die gleiche Vorgehensweise. Sie war eben gängige Praxis damals. Wäre es
anders gewesen, hätte sich folgende Kritik Walter Ulbrichts erübrigt, die
er am 11. Mai 1956 – in der kurzen Zeit des „politischen Tauwetters" nach
dem XX. Parteitag der KPdSU und der 3. Parteikonferenz der SED – auf
einer Parteiaktivtagung im MfS vorgebracht hat: „Die Untersuchungsabteilungen müssen ihre Arbeit verbessern und normale Beziehungen zu den
Staatsanwälten herstellen. Eine solche Tendenz, auf den Staatsanwalt oder
Richter manchmal einen gewissen Druck auszuüben, wird von uns nicht
mehr geduldet. Es ist so zu arbeiten, daß die Beweisführung im Untersu-
chungsprotokoll überzeugt. Anweisungen an den Staatsanwalt oder Richter durch Mitarbeiter der Staatssicherheit verstoßen gegen unsere demokratische Gesetzlichkeit."[27] Goldene Worte. Als die Schauprozesse gegen
Harich, Janka und andere inszeniert wurden, waren sie schon vergessen.
In der Tat sollte sich an dieser Mechanik der justitiellen Manipulation
in den Folgejahren nichts Wesentliches ändern. Wie brutal das Regime
auch zu Beginn der sechziger Jahre handeln konnte, machte der damalige
Abteilungsleiter IX/6 im MfS, ein Tschekist namens Neumann, aktenkundig, als er am 14. Januar 1960 in der Sache des geflüchteten und in die
DDR zurückgeholten, also aus dem Bundesgebiet verschleppten Grenz-
polizeileutnants Manfred Smolka eine Vorlage für Mielke, gleichsam ein
Szenarium des geplanten Strafprozesses, mit dem Vorschlag schloß: „Das
Verfahren ist geeignet, aus erzieherischen Gründen gegen Smolka die

---

25 Zit. bei Manfred Hertwig: Sozialistische Hoffnungen in der DDR der fünfziger Jahre,
    in: Utopie kreativ, (1991) 12, S. 68.
26 Schreiben des Generalstaatsanwalts Ernst Melsheimer vom 1.3.1957, Kopie vom Origi-
    nal, Privatarchiv.
27 Zit. bei Mitter/Wolle: Untergang auf Raten, S. 243.

Todesstrafe zu verhängen."[28] Mielke stimmte am 3. März 1960 durch sein „Einverstanden" schriftlich zu, woraufhin das ohnehin präjudizierte Urteil am 26. April 1960 vom Politbüro sanktioniert wurde. Und der 1. Strafsenat des Bezirksgerichts Erfurt erkannte am 5. Mai 1960 auf Todesstrafe. Manfred Smolka wurde am 12. Juli 1960 im Alter von 29 Jahren hingerichtet.

Zur weiteren Illustration wiederum das Zustandekommen eines Todesurteils. Es richtete sich gegen Karl Hansel, einen früheren Hauptmann im MfS, der in der Funktion des stellvertretenden Direktors für Kader und Sicherheit im VEB Flugzeugwerke Dresden als Offizier im besonderen Einsatz tätig gewesen war.[29] Unter dem Verdacht, Kontakte zu einem westlichen Nachrichtendienst unterhalten zu haben, wurde er am 2. September 1960 festgenommen. Nach rund einem Jahr Untersuchungshaft hatte er sich am 8. September 1961 vor dem 1. Strafsenat des Bezirksgerichts Neubrandenburg wegen Spionage und Zersetzung der Staatssicherheit zu verantworten, aber die Verhandlung mißriet zur Farce, denn über das Todesurteil war vorher faktisch schon entschieden. Das Politbüro der SED hatte drei Tage vor Prozeßbeginn sein Plazet gegeben. „Die Oberste Staatsanwaltschaft will die Todesstrafe beantragen", hieß es in einer Beschlußvorlage. „Der Minister der Justiz und der Minister für Staatssicherheit haben diesem Vorschlag zugestimmt. Wegen der Schwere und des Umfanges des Verrats stimmen wir diesem Vorschlag zu."[30] Das Gericht erkannte auf Todesstrafe – am 10. Oktober 1961 wurde Karl Hansel exekutiert.

Wandel unter Honecker?

Die vorliegende Darstellung muß sich, was die Ära Ulbricht anbelangt, schon aus räumlichen Gründen auf die hier angeführten Beispiele beschränken. Sie ließe sich um weitere unschwer ergänzen. In der Sache würden sie stets die gleiche Mechanik bloßlegen. Indes bleibt zu fragen, ob sich die Verfahrensweise unter der Ägide Erich Honeckers wesentlich verändert hat. Die Antwort lautet, daß Entscheidungen der Strafgerichte in schwerwiegenden politischen Sachen in den siebziger und achtziger Jahren im Politbüro offenbar nur noch zur Kenntnis genommen und „abge-

---

28 Zit. bei Klaus Schmude: Fallbeil-Erziehung. Der Stasi/SED-Mord an Manfred Smolka, Böblingen 1992, S. 210; vgl. ferner dazu Eberhard Wendel: Ulbricht als Richter und Henker. Stalinistische Justiz im Parteiauftrag, Berlin 1996, S. 162.
29 Vgl. dazu Gerhard Barkleit: Die Rolle des MfS beim Aufbau der Luftfahrtindustrie der DDR (Berichte und Studien des Hannah-Arendt-Instituts für Totalitarismusforschung, Nr. 5), Dresden 1995, S. 15ff. und 41ff.
30 Anlage 1 zum Protokoll (der Politbüro-Sitzung) Nr. 47/61 vom 5.9.1961; SAPMO-BA, ZPA, J IV 2/2/789, Bl. 4.

nickt" werden mußten. Gerade aus diesem Grunde wurde die präjudizierende Einflußnahme der Untersuchungsorgane des MfS auf die Strafrechtsprechung der Gerichte um so stärker wirksam. An zwei konkreten Fällen mag diese Einschätzung exemplifiziert werden.

Am 11. April 1972 wurden der Werkzeugmacher Gerald Rilk und drei Mitangeklagte unter der absurden Bezichtigung, ein Attentat auf Ulbricht vorbereitet zu haben, vom 1. Strafsenat des Obersten Gerichts in geheimer Verhandlung zu langjährigen Zuchthausstrafen, im Falle Rilk zu lebenslänglich, verurteilt.[31] Die Angeklagten hatten zumeist dreieinhalb (!) Jahre Untersuchungshaft hinter sich. Dreizehn Tage vor der Hauptverhandlung waren Verlauf und Urteil in einer „Information" der Hauptabteilung IX/4 des MfS genau programmiert worden, insofern darin im Detail alles Erforderliche festgelegt wurde: Ausschluß der Öffentlichkeit, Besetzung des 1. Strafsenats, Berufung der Pflichtverteidiger und das beabsichtigte Strafmaß. Außer bei Gerald Rilk blieb das Oberste Gericht geringfügig unter den Vorgaben. Die Information endete mit der lakonischen Versicherung des Untersuchungsführers, eines Hauptmanns Stein: „Die Durchführung der gerichtlichen Hauptverhandlung erfolgt entsprechend der konkreten Festlegung des Ministers."[32] Mielke hatte alles im Griff.

Ähnlich verhielt es sich in dem erst nach 1989 bekannt gewordenen Fall Dr. Werner Teske, jenes ehemaligen Hauptmannes in der Hauptverwaltung A des MfS, der wegen Spionage und Vorbereitung zur Fahnenflucht am 11. Juni 1981 vom 1. Militärstrafsenat des Obersten Gerichts zum Tode verurteilt und bereits fünfzehn Tage danach erschossen wurde.[33] Auch in seinem Fall war das Todesurteil in einer Konzeption zur Hauptverhandlung, einem internen Aktenvermerk für Erich Mielke, Markus Wolf und die MfS-Generale Günther Kratsch und Rolf Fister, präjudiziert.[34] Wie gehabt.

Außer Zweifel steht, daß in diesen wie in anderen Fällen die Staatssicherheit nicht in eigener Machtvollkommenheit, sondern im Einvernehmen mit der Politbürokratie oder auf deren Weisung gehandelt hat. Gewiß hatten sich die Mechanismen, mit denen justitielle Entscheidungen in politischen Strafsachen zustande kamen, in den siebziger und achtziger Jahren besser eingespielt als in den fünfziger und sechziger Jahren. Das Politbüro oder der Generalsekretär der SED hatten es immer weniger nötig, sich mit politischen Strafsachen unmittelbar zu befassen. Auch hatten

---

31 Urteil des Obersten Gerichts vom 11.4.1972 (Aktenzeichen 1 Zst (I) 1/72), Archiv des Bundesgerichtshofes.
32 Information der Hauptabteilung IX/4 vom 29.3.1972, Kopie vom Original.
33 Vgl. dazu Karl Wilhelm Fricke: „Jeden Verräter ereilt sein Schicksal". Die gnadenlose Verfolgung abtrünniger MfS-Mitarbeiter, in: Deutschland Archiv 27 (1994), S. 264f.
34 Vgl. Karl Wilhelm Fricke: „Verrätern den Tod". Dokumentation des Deutschlandfunks vom 8.10.1993, S. 32 (Funk-Manuskript).

sich im Unterschied zu Ulbrichts Zeiten unter Honecker die Herrschaftsstrukturen längst so weit verfestigt, waren die Kader der Justiz so sorgfältig ausgesucht und diszipliniert worden, nicht zuletzt auch dank ihrer operativen Überprüfung durch die Staatssicherheit, daß ein politischer Strafprozeß über die Untersuchungsorgane des MfS komplikationslos manipuliert werden konnte.

In politisch brisanten Strafsachen scheint die Entscheidungsfindung in den siebziger und achtziger Jahren im übrigen so verlaufen zu sein, „daß die eigentlichen Entscheidungen im Zweiergespräch zwischen Honecker und Mielke gefällt wurden und das Politbüro zu deren Festlegungen nur noch seine formale Zustimmung gab"[35] – soweit es überhaupt damit befaßt wurde. Wie aus verschiedenen Quellen[36] hervorgeht, haben sich der Generalsekretär der SED und der Minister für Staatssicherheit für gewöhnlich jeden Dienstag nach der Sitzung des Politbüros zu einem Vier-Augen-Gespräch zurückgezogen. Bei dieser Gelegenheit dürften auch politisch relevante Strafsachen, soweit solche anhängig waren, zur Sprache gekommen sein. Insofern war mit der Steuerung und Kontrolle jedes politischen Strafverfahrens durch die Staatssicherheit zugleich die Einflußnahme der Politbürokratie und namentlich des Parteichefs gewährleistet.

Zum Verhältnis von MfS und ZPKK

Ein Kapitel für sich ist schließlich die Instrumentalisierung des MfS zur Austragung innerparteilicher Macht- und Richtungskämpfe und sein Zusammenwirken mit der Zentralen Parteikontrollkommission der SED. In Abgrenzung zur ZPKK setzte die Zuständigkeit der Staatssicherheit da ein, wo „feindliche Agenten in der Partei" vermutet wurden. „Die spezielle Aufgabe der Sicherheitsorgane beginnt dort, wo nicht nur ideologische Abweichungen, sondern Merkmale einer feindlichen Tätigkeit und Verbindungen zu feindlichen Zentren festgestellt werden."[37] Ernst Wollweber, der diese Abgrenzung als damaliger Minister für Staatssicherheit definierte, ignorierte freilich, daß nachweislich die ZPKK häufig schwerwiegende Anschuldigungen gegen vermeintliche Parteifeinde erhoben hat, für die die Untersuchungsorgane der Staatssicherheit erst post festum die Beweise erbringen mußten. Ihr fatalstes Beispiel dafür lieferte die Politbürokratie mit der „Erklärung des Zentralkomitees und der Zentralen Partei-

---

35 Behlert: Die Generalstaatsanwaltschaft, S. 311.
36 Vgl. Egon Krenz: Wenn Mauern fallen. Die Friedliche Revolution: Vorgeschichte – Ablauf – Auswirkungen, Wien 1990, S. 123; Günter Schabowski: Das Politbüro. Ende eines Mythos, Hamburg 1990, S. 44.
37 Ernst Wollweber: Für die Stärkung und Festigung unserer Arbeiter-und-Bauern-Macht, in: Einheit (1957) 5, S. 558.

kontrollkommission zu den Verbindungen ehemaliger deutscher politischer Emigranten zu dem Leiter des Unitarian Service Committee Noel H. Field"[38] vom 24. August 1950 und dem Folgebeschluß des ZK der SED vom 20.Dezember 1952 über die „Lehren aus dem Prozeß gegen das Verschwörerzentrum Slánský".[39] Als das Zentralkomitee seine Erklärung verabschiedete, waren einige der darin Verfemten, prominente West-Emigranten der KPD, bereits in Untersuchungshaft: Leo Bauer, Willi Kreikemeyer und Bruno Goldhammer. Im Plenum des ZK hatten sie erst gar nicht Rede und Antwort stehen können. Entsprechendes galt für Kurt Müller, damals 2. Vorsitzender der KPD in der Bundesrepublik. Und zwei Jahre später verhielt es sich mit dem Beschluß zum Slánský-Prozeß ähnlich. Vor seiner Veröffentlichung war Paul Merker, der durch diesen Beschluß schwerwiegend beschuldigt wurde, bereits im Gefängnis. Das gleiche Schicksal teilte Fritz Sperling, Müllers Nachfolger als 2. Vorsitzender der KPD. Das Zusammenwirken von ZPKK und MfS war jedesmal evident.

Es ist übrigens im Plenum des ZK willentlich sanktioniert worden, denn wie aus dem Tagungsprotokoll hervorgeht, stimmte das ZK ausdrücklich der Empfehlung Wilhelm Piecks zu, Erich Mielke „in die innerparteilichen Untersuchungen einzubeziehen"[40]. Es war kein Zufall, daß Pieck Mielke mit Namen vorschlug, statt die Zuständigkeit des MfS generell zu reklamieren. Er galt als hinreichend skrupellos und hat seinen Auftrag in der Tat so ernst genommen, daß er selbst – immerhin Staatssekretär im MfS – höchstpersönlich „Parteifeinde" ins Verhör genommen[41] oder in insistierenden Gesprächen zur Geständnisfreudigkeit angehalten hat.

Die Geschichte der Affäre um Leo Bauer, Paul Merker und andere soll hier nicht nachgezeichnet werden.[42] Im gegebenen Kontext war lediglich aufzuzeigen, daß sich die herrschende Politbürokratie der Untersuchungsorgane des MfS bediente, um innerparteiliche Konflikte zu „lösen". Welche Rolle die „Berater" der sowjetischen Geheimpolizei bei Säuberungsaktionen in der SED gespielt haben, bedarf zusätzlich einer sorgfältigen Erforschung. Sie haben jedenfalls kräftig „mitgemischt" in diesem traurigen Spiel. In

---

38 Wortlaut in: Dokumente der Sozialistischen Einheitspartei Deutschlands, Bd. III, (Ost-)Berlin 1952, S. 197ff.

39 Wortlaut in: ebenda, Bd. IV, (Ost-)Berlin 1954, S. 199ff.

40 Zit. bei Wilfriede Otto: MfS und SED, S. 160.

41 Vgl. „Protokoll der Vernehmung des Müller Kurt geb. 1903, durch Herrn Staatssekretär Mielke, am 23. 3. 1950", dokumentiert bei Jochen von Lang: Erich Mielke. Eine deutsche Karriere, Berlin 1991, S. 232ff.

42 Vgl. dazu Hermann Weber: Schauprozeß-Vorbereitungen in der DDR, in: Hermann Weber, Dietrich Staritz, Siegfried Bahne und Richard Lorenz (Hrsg.): Kommunisten verfolgen Kommunisten. Stalinistischer Terror und „Säuberungen" in den kommunistischen Parteien Europas seit den dreißiger Jahren, Berlin 1993, S. 436ff.; Karl Heinz Jahnke: „... ich bin nie ein Parteifeind gewesen". Der tragische Weg der Kommunisten Fritz und Lydia Sperling, Bonn 1993; Wolfgang Kießling: Paul Merker in den Fängen der Sicherheitsorgane Stalins und Ulbrichts, in: Hefte zur DDR-Geschichte (1995) 25.

den Fällen Kurt Müller und Leo Bauer waren es Untersuchungsführer der sowjetischen Geheimpolizei und sowjetische Militärtribunale, die die von der DDR-Staatssicherheit zunächst durchgeführten Strafverfahren übernahmen und durch Verurteilung zum Abschluß brachten. –

Doch zurück zum MfS/SfS als Instrument der SED. Auch auf Bezirksebene kam es gelegentlich zu einem Zusammenwirken von Politbürokratie und Staatssicherheit, wie sich an dem tragischen Fall Behm demonstrieren läßt.[43]

Paul Behm, Jahrgang 1915, hatte nach seiner Ausbildung als „Volkslehrer" eine Parteikarriere eingeschlagen. Nachdem er 1952 in die Bezirksleitung Rostock der SED versetzt worden und zu einem engen Mitarbeiter des damaligen Rostocker Bezirksparteichefs Karl Mewis avanciert war, delegierte ihn die Partei zur Absolvierung eines Drei-Jahres-Studiums an die Parteihochschule „Karl Marx", die ihr Domizil damals in Kleinmachnow hatte. Hier entschloß sich Behm am 9. Januar 1955 zur Flucht nach West-Berlin. Aus dem hoffnungsvollen Kader war über Nacht ein geächteter „Verräter" geworden. Von West-Berlin aus wandte er sich schriftlich an einen früheren Genossen, um ihn für oppositionelle Kontakte zu gewinnen. Dieser verhielt sich indes parteiloyal und übergab Behms Brief unverzüglich dem Sekretariat der Bezirksleitung. Das Sekretariat wiederum schaltete sofort die Staatssicherheit in Rostock ein, die nach Rückversicherung in der Zentrale die Entführung Behms aus West-Berlin beschloß und einfädelte.

In einem Operativplan vom 24. Februar 1955 wurde verfügt: „Maßnahme einleiten, um Behm zu ziehen." Das war im Dienstjargon der Staatssicherheit die Umschreibung für eine Verschleppung. Sie gelang bereits am 23. März 1955. Genau zehn Wochen hatte sich Paul Behm in West-Berlin aufgehalten. Am 15. November 1955 wurde er vom 1. Strafsenat des Bezirksgerichts Rostock nach Art. 6 Abs. 2 der DDR-Verfassung zu 15 Jahren Zuchthaus verurteilt. Sein „Verbrechen" war nicht staats-, sondern parteifeindlicher Natur gewesen. Sein Häftlingsdasein beendete er am 10. September 1964 durch Flucht in den Tod: Paul Behm erhängte sich nach neuneinhalb Jahren Strafvollzug in einer Außenstelle des Zuchthauses Rummelsburg.

Fazit der Analyse: Die Untersuchungsorgane des MfS haben „im Parteiauftrag" auf die politische Strafjustiz der DDR nachhaltiger eingewirkt und damit ihre Entscheidungen wesentlich stärker beeinflußt und geprägt, als das bislang bewußt geworden ist. Nicht zuletzt aus diesem Grunde mußte die DDR zum Unrechtsstaat verkommen.

---

43 Die folgende Darstellung beruht auf einer Aktenrecherche zum Operativ- bzw. Untersuchungsvorgang Paul Behm; BStU, ZA, AU 399/55 und 600/56.

Clemens Vollnhals

Der Schein der Normalität
Staatssicherheit und Justiz in der Ära Honecker

Nach jahrelangen Vorarbeiten wurde 1981 an der MfS-Hochschule eine rund 800 Seiten starke Studie abgeschlossen. Als Betreuer dieser Kollektivarbeit wirkten Generalmajor Dr. Fister, Leiter der Hauptabteilung IX, und Oberst Professor Spalteholz, Leiter der Sektion Rechtswissenschaft der MfS-Hochschule in Potsdam-Eiche. Die Arbeit trägt den Titel „Grundlegende Anforderungen und Wege zur Gewährleistung der Einheit von Parteilichkeit, Objektivität, Wissenschaftlichkeit und Gesetzlichkeit in der Untersuchungsarbeit des MfS im Ermittlungsverfahren" und läßt unverkennbar das Bemühen um eine stärkere Normierung und Verrechtlichung erkennen, wie es auch in der Beweisrichtlinie des Obersten Gerichts der DDR[1] aus dem Jahre 1978 zum Ausdruck kam. Mit rechtsstaatlichen Verhältnissen, basierend auf dem Grundsatz der Gewaltenteilung, hatte dies alles dennoch wenig zu tun.

Das kontradiktorische Spannungsverhältnis von „Parteilichkeit" und „Gesetzlichkeit" ließ sich mit dialektischer Rhetorik allenfalls vernebeln, aber nicht aufheben. Auch die Verfasser waren sich dessen bewußt, als sie folgende Definition des sozialistischen Rechts gaben:

„Die Anwendung und Durchsetzung des sozialistischen Rechts insgesamt und des Straf- und Strafverfahrensrechts im Zusammenhang mit der Bearbeitung von Ermittlungsverfahren hat auf der Grundlage der Beschlüsse der Partei zu erfolgen. Sie waren, sind und bleiben die Richtschnur für die Tätigkeit der Linie Untersuchung. Dementsprechend ist die Anwendung des sozialistischen Rechts durch die Untersuchungsorgane des MfS stets auf *die Sicherung und Stärkung der Macht* der Arbeiterklasse und ihrer Verbündeten – als *das Allererste* – gerichtet. Das sozialistische Recht ist als das zu gebrauchen, was es ist, als Machtinstrument der Arbeiterklasse und ihres Staates."[2]

Der rein instrumentelle Charakter des Rechts und seiner Anwendung wurde von den Autoren ein paar Zeilen später nochmals prägnant als Anwei-

---

1 Richtlinie des Plenums des Obersten Gerichts der DDR zu Fragen der gerichtlichen Beweisaufnahme und Wahrheitsfindung im sozialistischen Strafprozeß vom 16.3.1978; GBl. I, Nr. 14, S. 169.
2 Hervorhebung im Orginal; BStU, ZA, JHS 20092, S. 44. Verfasser: OSL Zank (JHS), OSL Dr. Knoblauch (JHS), OSL Kowalewski (HA IX), OSL Plötner (HA IX), OSL Lubas, OSL Trautenberger, OSL Scholz.

sung an die Untersuchungsführer des MfS formuliert: „Alle rechtlichen Entscheidungen müssen stets so getroffen werden, daß sie *den größten politischen und politisch-operativen Nutzen erbringen.* Alles ist zu unterlassen, was die Durchsetzung der Parteipolitik hemmen oder sich störend auf ihre Verwirklichung auswirken könnte."[3] Die Anwendung oder Nichtanwendung rechtlicher Sanktionen war weniger eine Frage der gesetzlichen Vorschriften, sondern primär eine politische Entscheidung, die unter dem Gesichtspunkt der Machtsicherung zu erfolgen hatte.

Da Staatsanwaltschaft und Gerichte ebenfalls auf die „führende Rolle der SED" und die jeweilige Parteilinie eingeschworen waren, bedurfte es im Normalfall keiner direkten Eingriffe in gerichtliche Einzelverfahren. „Die politisch richtige Entscheidung zu treffen" war eine Maxime, die sich im gleichgeschalteten Justizapparat von selbst verstand. So heißt es beispielsweise in der vom Justizminister und dem Präsidenten des Obersten Gerichts gemeinsam herausgegebenen Leitungsinformation 2/81 gleich im ersten Satz:

„Die Beschlüsse des X. Parteitages der Sozialistischen Einheitspartei Deutschlands sind für alle Richter und Mitarbeiter sowie für die Schöffen Leitschnur ihres Handelns in den achtziger Jahren. Die von den Gerichten zu erfüllenden Aufgaben setzen voraus, daß die führende Rolle der Partei der Arbeiterklasse in allen Dienststellen erhöht wird und ihre Beschlüsse zu jeder Zeit und überall diszipliniert und schöpferisch durchgesetzt werden."[4]

Noch deutlicher wurde der 1. Vizepräsident des Obersten Gerichts der DDR, Günter Sarge. Er führte im September 1980 vor dem Plenum des Obersten Gerichts, dem alle Richter des Obersten Gerichts, die Direktoren der Bezirksgerichte und die Leiter der drei Militärobergerichte angehörten, aus:

„Unsere Partei hat es uns gelehrt, daß die Macht das Allererste ist und daß das Wertvollste der sozialistischen Revolution – die Macht der Arbeiter und Bauern unter Führung der marxistisch-leninistischen Partei – wie unser Augapfel gehütet werden muß. Das betrachten wir als unsere selbstverständliche Klassenpflicht von heute und morgen. [...] Eine besondere Verantwortung fällt natürlich uns, den Genossen der Justiz- und Sicherheitsorgane unseres Landes, zu. Unsere Analysen bestätigen, daß wir mit einer guten Bilanz zum Parteitag gehen. Dem Feind wurde keine Chance und kein Pardon gegeben."[5]

Auch in den siebziger und achtziger Jahren – die hier im Mittelpunkt stehen sollen – blieb die Justiz ein willfähriges Instrument in den Händen

3   Hervorhebung im Orginal; ebenda, S. 45.
4   Leitungsinformation 2/81 vom 19.6.1981: Aufgaben der Gerichte der Deutschen Demokratischen Republik zur Verwirklichung der Beschlüsse des X. Parteitages der SED; BStU, ZA, HA IX-Bündel 1009.
5   1. Vizepräsident des OG: Referat zum Plenum des Obersten Gerichts vom 25.9.1980, S. 2; BStU, ASt Halle, Abt. IX-329.

einer Parteibürokratie, für die das Recht nur eine spezielle, jederzeit disponible Form der Machtausübung darstellte.[6]

I.

Getreu seinem sowjetischen Vorbild, operierte das Ministerium für Staatssicherheit im Innern nicht nur konspirativ, sondern auch als offizielles Untersuchungsorgan zur Aufklärung von Straftaten. Das MfS war in dieser Eigenschaft Teil des staatlichen Justizwesens der DDR. Weitere gesetzliche Untersuchungsorgane im Sinne der Strafprozeßordnung (§ 88) waren die Kriminalpolizei und der Zollfahndungsdienst der Zollverwaltung, die dem Ministerium für Außenhandel unterstand.

Die Durchführung strafrechtlicher Ermittlungsverfahren fiel in die Zuständigkeit der Hauptabteilung IX, die seit der Gründung des MfS immer zum unmittelbaren Geschäftsbereich Erich Mielkes gehörte. In den fünfziger Jahren war Mielke, der sich bis zuletzt zahlreiche Einzelvorgänge zur Bestätigung vorlegen ließ, auch persönlich als Vernehmer in Erscheinung getreten.[7] Als Leiter der Hauptabteilung IX amtierte seit 1973 Rolf Fister, zuletzt im Range eines Generalmajors. Als seine Stellvertreter fungierten in den siebziger Jahren Oberst Karli Coburger (1966–1984), Oberst Ewald Pyka (1970–1988) und Oberst Herbert Pätzel (1975–1979). Zuletzt waren die Stellvertreterpositionen mit Achim Kopf (1. Stellv.), Klaus Herzog, Jürgen Lehmann und Manfred Eschberger (beauftragt seit 15.3.1989) besetzt.

Zum 31. Oktober 1989 zählte die Hauptabteilung IX in der Berliner Zentrale 484 Mitarbeiter (1978: 423). Als vorgesetzte Fachabteilung leitete die HA IX zugleich die entsprechenden Abteilungen IX in den 15 Bezirksverwaltungen des MfS an. Hier waren 1989 nochmals weitere 1.215 Mitarbeiter im Einsatz (1978: 1.058), während auf der untersten Ebene in den Kreisdienststellen keine entsprechenden Referate existierten. Mit rund 1.700 Mitarbeitern stellte die gesamte „Linie" knapp 1,9 Prozent des hauptamtlichen Apparates.

---

6   Vgl. Herwig Roggemann: Das Recht als Instrument im Kampf um die Machterhaltung – die letzten Jahre der DDR, in: Materialien der Enquete-Kommission „Aufarbeitung von Geschichte und Folgen der SED-Diktatur in Deutschland" (12. Wahlperiode des Deutschen Bundestages), hrsg. vom Deutschen Bundestag, Frankfurt/M. 1995, Bd. IV: Recht, Justiz und Polizei im SED-Staat, S. 761-848. Zur Entwicklung des politischen Strafrechts vgl. ferner Karl-Wilhelm Fricke: Politik und Justiz in der DDR, Köln 1979; Wolfgang Schuller: Geschichte und Struktur des politischen Strafrechts der DDR bis 1968, Ebelsbach a. M. 1980; Friedrich-Christian Schroeder: Das Strafrecht des realen Sozialismus. Eine Einführung am Beispiel der DDR, Opladen 1983

7   Vgl. die Schilderung bei Walter Janka: Spuren eines Lebens, Berlin 1991, S. 318ff.

Die Struktur war im wesentlichen seit Ende der sechziger Jahre fest ausgebildet. Eine Neuerung des letzten Jahrzehnts stellte 1982 die Gründung der Auswertungs- und Kontrollgruppe (AKG) dar, in der die früheren Abteilungen 4 (Kontrolle) und 8 (Auswertung) zusammengefaßt wurden. Die Zuständigkeiten des Untersuchungsorgans spiegeln sich in der Organisationsstruktur wider:

Abt. 1: Spionage und Landesverrat;

Abt. 2: „politische Untergrundtätigkeit";

Abt. 3: Straftaten gegen die Volkswirtschaft;

Abt. 5: Straftaten von oder gegen Mitarbeiter des MfS, einschließlich der IM;

Abt. 6: Straftaten von NVA-Angehörigen sowie Straftaten von oder gegen Angehörige der sowjetischen Streitkräfte;

Abt. 7: „politisch-operativ bedeutsame Vorkommnisse" (Havarien, Brände, Mord);

Abt. 9: „Republikflucht", „staatsfeindlicher Menschenhandel";

Abt. 10: Zusammenarbeit mit den sozialistischen „Bruderorganen";

Abt. 11: Aufklärung von NS- und Kriegsverbrechen (Dokumentationsstelle).[8]

Der Vollständigkeit halber ist ferner die Abteilung 12 zu nennen, die als Serviceabteilung für materiell-technische und finanzielle Angelegenheiten zuständig war. Des weiteren gab es einige selbständige Referate für spezielle Aufgaben: „Sonderaufgaben des Ministers" (vor allem Häftlingsfreikauf), „Betriebe des MfS" und „Spezialkommission" für besondere kriminaltechnische Untersuchungen. Hervorzuheben ist die Arbeitsgruppe Koordinierung, die den Einsatz der „Zelleninformatoren" in den Untersuchungshaftanstalten des MfS (Abt. XIV) steuerte.

Mitte der fünfziger Jahre bestand das Untersuchungsorgan in der Berliner Zentrale aus vier Abteilungen: Spionage, Sabotage und Untergrund, Straftaten gegen die Volkswirtschaft sowie, viertens, der Abteilung für Anleitung und Kontrolle der entsprechenden Abteilungen IX bei den Bezirksverwaltungen. Im August 1954 betrug der gesamte Personalbestand 297 Mitarbeiter, von denen bis auf sechs alle in der SED organisiert waren. 70 Prozent waren jünger als 30 Jahre, nur 34 Mitarbeiter älter als 40 Jahre.[9] Als erster Hauptabteilungsleiter amtierte mit Alfred Scholz (Jg. 1921) ein ebenfalls ausgesprochen junger Mann. Er hatte in der

---

8 Vgl. Roland Wiedmann (Bearb.): Die Organisationsstruktur des Ministeriums für Staatssicherheit (Anatomie der Staatssicherheit. Geschichte, Struktur und Methoden. MfS-Handbuch, hrsg. von Klaus-Dietmar Henke, Siegfried Suckut, Clemens Vollnhals, Walter Süß, Roger Engelmann, Teil V/1), Berlin 1995, S. 131–135. Beachte als Korrektur: Die „Arbeitsgruppe Koordinierung" war zuletzt kein selbständiger Bereich, sondern in die AKG integriert.

9 Angaben nach Personalstatistik; BStU, ZA, AS 102/66, Bl. 173.

sowjetischen Kriegsgefangenschaft 1943 eine Antifa-Schule besucht und anschließend auf seiten der Partisanengruppe Dyma gekämpft, was ihm das besondere Vertrauen der „Freunde" eintrug.

Als weiteres selbständiges Untersuchungsorgan des MfS wirkte in den fünfziger Jahren die Abteilung 9 der Hauptabteilung I. Sie war für Ermittlungsverfahren gegen Angehörige der bewaffneten Kräfte zuständig und wurde im Oktober 1958 als 6. Abteilung der HA IX eingegliedert.[10] Wenngleich die im November 1956 formell gegründete Militärstaatsanwaltschaft eigene Untersuchungskompetenzen besaß,[11] so war de facto für strafrechtliche Ermittlungsverfahren im gesamten Militärbereich (einschließlich der Zivilangestellten und später auch der Zivilverteidigung) das MfS zuständig.

Als Untersuchungsorgan war das MfS nicht nur für Spionage- und politische Verfahren im weitesten Sinne zuständig, sondern konnte auch jedes andere Ermittlungsverfahren aus dem Bereich der Kriminalpolizei, etwa bei schwerer Kriminalität oder Betrugsdelikten, an sich ziehen. Dasselbe galt bei Verstößen gegen das Zoll- und Devisenrecht, die an sich vom Zollfahndungsdienst bearbeitet wurden. Als Leiter der K I, die ebenfalls mit konspirativen Mitteln arbeitete, waren in den letzten beiden Jahrzehnten grundsätzlich MfS-Offiziere im besonderen Einsatz (OibE) tätig.[12] Enge Arbeitsbeziehungen bestanden naturgemäß auch zur Arbeitsrichtung II der Kriminalpolizei, die öffentlich gegenüber dem Bürger in Erscheinung trat. Auch hier wirkten in Leitungspositionen, was bislang kaum bekannt ist, vielfach MfS-Offiziere.[13] Ebenso waren im Zollfahndungsdienst leitende Positionen bevorzugt mit OibE besetzt. Seit 1963 stellte das MfS auch den Chefinspekteur der Zollverwaltung.[14]

Neben der vollständigen Übernahme von Ermittlungsverfahren durch das MfS war die Bildung gemeinsamer Arbeitsgruppen bzw. die befristete Abordnung einzelner MfS-Mitarbeiter zur Kriminalpolizei bzw. zum Zollfahndungsdienst übliche Praxis. „So wurde sichergestellt", wie es in einer Analyse der HA IX heißt, „daß politisch richtige Entscheidungen gefällt wurden."[15] Eine dritte Variante bildete schließlich die Führung strafrechtlicher Ermittlungsverfahren unter „fremder Flagge". Hierzu findet sich in der Dienstanweisung 2/79, die die Zusammenarbeit mit der Deutschen

10 Mielkes Befehl 333/58 vom 3.10.1958; BStU, ZA, DSt 100230.
11 Vgl. Hannes Kaschkat: Militärjustiz in der DDR, in: Materialien der Enquete-Kommission, Bd. IV, S. 585–603.
12 Vgl. Der Beitrag des Arbeitsgebietes I der DDR-Kriminalpolizei zur politischen Überwachung und Repression, hrsg. von den Landesbeauftragten für die Unterlagen des Staatssicherheitsdienstes der ehemaligen DDR Berlin und Sachsen, Dresden 1996.
13 Vgl. HA VII: Planstellenvorschläge für Mitarbeiter im besonderen Einsatz im Bereich des Ministeriums des Innern vom 23.1.1968; BStU, ZA, HA VII-519, Bl. 268ff.
14 BStU, ZA, KKK Gerhard Stauch. Er leitete die Zollverwaltung von 1963 bis 1989.
15 HA IX: Analyse über die Entwicklung und die Wirksamkeit der politisch-operativen Arbeit der Linie IX im Jahre 1973; BStU, ZA, HA IX-2857, Bl. 95.

Volkspolizei regelte, der Passus: „In begründeten Fällen kann bei einer solchen ausschließlichen Zuständigkeit des MfS nach Zustimmung des zuständigen Leiters der DVP durch Leiterentscheidung festgelegt werden, daß die DVP gegenüber der Öffentlichkeit als bearbeitendes Organ in Erscheinung tritt."[16] In diesem Fall führte das MfS materiell das strafrechtliche Ermittlungsverfahren, trat aber dem Beschuldigten gegenüber offiziell nicht als Untersuchungsorgan auf.

II.

Einen ersten groben Aufriß über die Tätigkeit des MfS als Untersuchungsorgan geben überlieferte Statistiken. Von 1952 bis 1988 wurden von der Linie IX insgesamt rund 89.000 strafrechtliche Ermittlungsverfahren bearbeitet. In den „harten" fünfziger Jahren, konkret von 1952 bis 1959, verzeichnet die Statistik pro Jahr durchschnittlich 3.229 Verfahren (davon ein Drittel wegen angeblicher Spionage). In den sechziger Jahren waren es im statistischen Mittel noch 2.351 Verfahren jährlich, in den siebziger nurmehr rund 1.700. In den achtziger Jahren nahm dann die Ermittlungstätigkeit wieder erheblich zu und stieg auf durchschnittlich 2.506 Verfahren jährlich, 1988 waren es gar 3.668 Verfahren. Hierzu trugen vor allem der drastische Anstieg von Ermittlungsverfahren nach § 213 StGB (ungesetzlicher Grenzübertritt) sowie die Abstrafung ausreisewilliger Bürger nach den §§ 214 (Beeinträchtigung staatlicher oder gesellschaftlicher Tätigkeit), 219 (ungesetzliche Verbindungsaufnahme) und 220 (öffentliche Herabwürdigung) bei. Im selben Jahr wurden von den Gerichten in MfS-Verfahren 2.572 Personen verurteilt, davon allein 2.168 wegen einer angeblichen Straftat nach den genannten Paragraphen. Unter der Rubrik „Spionage im Auftrag imperialistischer Geheimdienste" sind hingegen nur sechs Verurteilungen registriert. [17]

16 Dienstanweisung 2/79 über das politisch-operative Zusammenwirken der Diensteinheiten des Ministeriums für Staatssicherheit mit der Deutschen Volkspolizei und den anderen Organen des Ministeriums des Innern und die dazu erforderlichen grundlegenden Voraussetzungen vom 8.12.1979, S. 17; BStU, ZA, DSt 102622. Zur Regelung der Informationspflicht der Arbeitsrichtung II der Kriminalpolizei sowie des Untersuchungsorgans der Zollverwaltung vgl. Melde- und Berichtsordnung der Linie IX des Ministeriums für Staatssicherheit vom 1.10.1975; neu gefaßt am 1.7.1981; BStU, ZA, HA IX-Bündel 234.
17 HA IX/AKG: Einschätzung der Wirksamkeit der Untersuchungsarbeit und Leitungstätigkeit im Jahre 1988 von Januar 1989; BStU, ZA, HA-540, Bl. 20f.

Jahre	Anzahl der Ermittlungsverfahren[18]
1950–51	(707)[19]
1952–59	25.834[20]
1960–69	23.517
1970–79	17.013
1980–88	22.554

Zur Einordnung und Relativierung dieser Angaben ist darauf zu verweisen, daß in den siebziger und achtziger Jahren lediglich zwei bis drei Prozent aller Ermittlungsverfahren vom Untersuchungsorgan des MfS durchgeführt wurden. Mit anderen Worten: Es handelt sich hier um besondere Fälle. Allerdings sollte dies nicht zu dem Fehlschluß verleiten, die Kriminalpolizei habe sich nur mit der gewöhnlichen Kriminalität befaßt. So verzeichnet eine vertrauliche Statistik des Generalstaatsanwalts für das Jahr 1978 insgesamt 93.016 Straftäter, von denen rund 21,4 Prozent (19.909) „Straftaten gegen die staatliche Ordnung" begangen haben sollen[21] – ein Begriff, hinter dem sich vielfach Delikte aus dem weitgefächerten politischen DDR-Strafrecht (8. Kapitel StGB: §§ 210–250) verbergen.

Im gleichen Jahr ergingen aufgrund von MfS-Verfahren gegen 1.766 Personen Entscheidungen durch Staatsanwaltschaft und Gerichte. In 107 Fällen wurde das Strafverfahren aus unterschiedlichen Gründen eingestellt[22] sowie eine Person an die polnischen Sicherheitsorgane überstellt. Die Gerichte verurteilten 1.653 Personen, in drei Fällen erfolgte eine sonstige gerichtliche Entscheidung und nur zweimal ein Freispruch.[23] Unter ihnen befanden sich unter anderem 22 angebliche Spione, weitere 20 Personen wurden wegen Militärstraftaten (davon 7 Fahnenflucht), 25 wegen Waffen- und Sprengstoffdelikte, weitere 50 wegen sonstiger krimineller Straftaten verurteilt. Fast drei Viertel aller Verfahren entfielen jedoch auf folgende Delikte: „Ungesetzlicher Grenzübertritt" (627), „Straftaten gegen die staatliche und öffentliche Ordnung" (221), Unterhalt

---

18 Angaben für 1952–1981 nach Aufstellung vom 16.11.1982: Übersicht zu Ermittlungsverfahren, die von 1950–1981 durch die Linie IX bearbeitet wurden; BStU, ZA, HA IX-5512, Bl. 223ff. Alle späteren Angaben nach Jahresanalysen der HA IX.

19 Angabe nur für HA IX (ohne Ermittlungsverfahren der MfS-Landesverwaltungen).

20 Nicht enthalten sind hierbei die bis 1957 von der HA I/9 geführten Ermittlungsverfahren.

21 GStA, Abt. Information und Statistik: Kriminalstatistische Information für 1978 vom 22.1.1979; BStU, ZA, HA IX-617, Bl. 246.

22 In 43 Fällen erfolgte dabei die Einstellung nach § 148 (1) StPO wegen nicht erwiesenem Verdacht, in weiteren 51 Verfahren wurde nach § 148 (1) 3 StPO von Maßnahmen der strafrechtlichen Verantwortung abgesehen, in vier Fällen das Verfahren nach § 148 (1) 2 StPO eingestellt, weil die gesetzlichen Voraussetzungen zur Strafverfolgung fehlten. Die restlichen neun Verfahren wurden aus anderen Gründen eingestellt.

23 Angaben nach ZAIG-Statistik vom 3.4.1979: Übersicht über die Wirksamkeit der politisch-operativen Arbeit der Hauptabteilungen und Bezirksverwaltungen/Verwaltungen, dargestellt an der Entwicklung der Ermittlungsverfahren im Zeitraum vom 1.1.–31.12.1978; BStU, ZA, ZAIG 13912, Bl. 202.

„staatsfeindlicher Verbindungen" (206), gefolgt von „Hetze" (151) und „staatsfeindlichem Menschenhandel" (103). Da hartnäckige „Antragsteller auf ständige Übersiedelung" häufig nach den §§ 214, 219 und 220 StGB verurteilt wurden, dürfte sich somit über die Hälfte aller MfS-Verfahren, die zur Verurteilung führten, gegen Personen gerichtet haben, die auf die eine oder andere Weise die DDR verlassen wollten.

Verurteilte Personen in MfS-Verfahren 1978 (nach Statistik der HA IX)[24]

Straftaten gemäß Kapitel 1 und 2 StGB, davon	(663)
Verbrechen gegen die Menschlichkeit	4
Spionage im Auftrag imperialistischer Geheimdienste	22
Spionage durch Auslieferung von Informationen nach beabsichtigtem oder erfolgtem illegalen Verlassen der DDR	44
Nachrichtensammlung	79
Landesverräterischer Treuebruch	3
Staatsfeindliche Verbindungen	206
Terror – Staatsgrenze	38
Terror – sonstiger	1
Diversion	4
Sabotage	8
Staatsfeindlicher Menschenhandel	103
Hetze – mündlich	27
Hetze – schriftlich	82
Hetze – unter Benutzung von Publikationsorganen/Einrichtungen	42

Andere Straftaten, davon	(993)
Straftaten gemäß § 213 [Republikflucht]	627
Sonstige Straftaten gegen die staatliche und öffentliche Ordnung	221
Vorsätzliche Tötung	1
Straftaten gegen das sozialistische Eigentum	14
Straftaten gegen die Volkswirtschaft	3
Zoll- und Währungsdelikte	6
Vorsätzliche Brandstiftung	8
Waffen- und Sprengstoffdelikte	25
Unterlassung der Anzeige	18
Sonstige kriminelle Straftaten	50
Fahnenflucht	7
Sonstige Militärstraftaten	13

Insgesamt	1.656

---

24 HA IX: Analyse über die Entwicklung und Wirksamkeit der politisch-operativen Arbeit der Linie IX im Jahre 1978 von Januar 1979; BStU, ZA, HA IX-2804, Bl. 18f.

Lediglich in 7,6 Prozent der 1978 zur Anklage kommenden MfS-Verfahren verhängten die Gerichte Strafen ohne Freiheitsentzug (126 Personen). 11 Prozent der Verurteilten erhielten eine Haftstrafe bis zu einem Jahr (182), ein Drittel zwischen einem und zwei Jahren (552), ein gutes weiteres Drittel bis zu fünf Jahren (615), nochmals weitere 10 Prozent bis zu 15 Jahren (176). Fünf Personen wurden zu einer lebenslangen Freiheitsstrafe verurteilt.[25] Das Strafmaß ist angesichts der verhandelten Delikte in vielen Fällen als drakonisch zu bezeichnen. Auch die Todesstrafe wurde in den siebziger Jahren noch vollstreckt, zuletzt 1981 an dem MfS-Hauptmann Werner Teske.[26] Wohl als Resultat des KSZE-Prozesses läßt sich dann in den achtziger Jahren eine gewisse Zügelung konstatieren. So wurden 1986 in MfS-Verfahren „nurmehr" 17,4 Prozent aller Angeklagten zu einer Freiheitsstrafe über zwei Jahre verurteilt.

Gleichwohl wurden Ausreisewillige, allein weil sie etwa ihr Begehren mit einem weißen Fähnchen am PKW öffentlich kundtaten, wegen „Beeinträchtigung staatlicher oder gesellschaftlicher Tätigkeit" zu Freiheitsstrafen ohne Bewährung verurteilt. Der anschließende Verkauf leibeigener Untertanen an die Bundesrepublik war ein lohnendes Geschäft: Er leerte die überfüllten Gefängnisse und füllte die leeren Kassen. Diese Praxis änderte sich erst nach dem Wiener KSZE-Folgetreffen (Januar 1989). So erklärte Generalmajor Fister Ende Mai 1989 auf einer Dienstkonferenz der HA IX in zynischer Offenheit: „Der bisher beschrittene Weg der sofortigen Einleitung eines Ermittlungsverfahrens, der Ausspruch einer Freiheitsstrafe und die ständige Ausreise des Strafgefangenen in die BRD ist nicht mehr gangbar. Die BRD lehnt seit Wien finanzielle Leistungen für die Entlassung von Strafgefangenen ab, die gemäß §§ 214, 219, 220 StGB verurteilt wurden."[27]

Kehren wir nach diesem Ausblick noch einmal zu der Statistik aus dem Jahre 1978 zurück: Als Ausgangspunkt aller Ermittlungsverfahren der Linie IX diente in 31,2 Prozent der Fälle „registriertes operatives Material", das von anderen MfS-Diensteinheiten im Zuge von Operativen Vorgängen und Operativen Personenkontrollen bereits inoffiziell erarbeitet worden war. Auf sonstigen Ermittlungen des MfS (5,2 %), eigenen Fahndungs- und Untersuchungsergebnissen der Linie IX (6,4 %) und Festnahmen auf frischer Tat (9,45 %) beruhten weitere 21 Prozent der eingeleiteten Verfahren. Knapp über die Hälfte aller Ausgangsmaterialien wurde 1978 vom MfS beigebracht. Einen hohen Anteil stellten mit 29 Prozent ferner die Übernahme von anderen sozialistischen Sicherheitsorganen.

25 Ebenda, Bl. 17.
26 Vgl. Karl Wilhelm Fricke: „Jeden Verräter ereilt sein Schicksal". Die gnadenlose Verfolgung abtrünniger MfS-Mitarbeiter, in: Deutschland Archiv 27 (1994), S. 258–265.
27 Thesen für die Ausführungen des Leiters der Hauptabteilung IX auf der Dienstkonferenz am 30./31. Mai 1989, S. 46; BStU, ZA, HA IX-Bündel 856.

Hierbei handelte es sich vor allem um Personen, die über das sozialistische Ausland flüchten wollten und dort festgenommen worden waren. Der Rest verteilt sich auf Übernahmen von der Deutschen Volkspolizei (10%) und anderen Organen.[28]

Unter der Rubrik „Hinweise aus der Bevölkerung" werden drei Prozent der Ermittlungsverfahren abgebucht. Das Problemfeld der Denunziationen läßt sich gegenwärtig allerdings kaum fassen, da die meisten Hinweise wohl eher bei der Volkspolizei und den „Abschnittsbevollmächtigten" eingegangen sein dürften. Nicht zuletzt beruhten die eigenen Erkenntnisse des MfS vorrangig auf dem systematischen Einsatz inoffizieller Mitarbeiter. Das MfS überließ die Denunziationsbereitschaft nicht dem Zufall, sondern institutionalisierte sie im IM-Netz, das zuletzt fast 174.000 Informanten und Zuträger aus allen Gesellschafts- und Lebensbereichen umfaßte.[29] Die Gestapo hingegen verdankte ihre „Erfolge" nur in geringem Umfang eigenen Ermittlungen und festen V-Leuten; es waren in erster Linie spontane Anzeigen fanatisierter oder rachsüchtiger Volksgenossen, die den Repressionsapparat der NS-Diktatur in Gang gehalten hatten[30] – ein Befund, der auf die ungleich höhere gesellschaftliche Akzeptanz des Nationalsozialismus verweist.

III.

Nach der Strafprozeßordnung war auch in der DDR der Staatsanwalt Herr des Ermittlungsverfahrens in all seinen Phasen. In MfS-Verfahren wirkte er jedoch während der Untersuchung mehr in der Rolle eines Statisten mit, der ebenso wie der Haftrichter vor allem die Einhaltung bestimmter formaljuristischer Verfahrensfragen zu attestieren hatte.

So war die Einleitung eines förmlichen Ermittlungsverfahrens durch das Untersuchungsorgan des MfS dem Staatsanwalt anzuzeigen. Wurde die beschuldigte Person zugleich verhaftet, was in MfS-Verfahren meistens der Fall war, so mußte sie spätestens am nächsten Tag einem Haftrichter vorgeführt werden (§ 126 StPO). Ebenso mußte die Überschreitung bestimmter Bearbeitungsfristen dem Staatsanwalt angezeigt werden. Hierbei galt in den siebziger Jahren folgende Regelung: bis drei Monate dem aufsichtsführenden Staatsanwalt, bis zu einem Jahr dem Leiter der Abtei-

28 ZAIG-Statistik vom 3.4.1979: Übersicht; BStU, ZA, ZAIG 13913, Bl. 199f.
29 Vgl. Helmut Müller-Enbergs (Hrsg.): Inoffizielle Mitarbeiter des Ministeriums für Staatssicherheit. Richtlinien und Durchführungsbestimmungen, Berlin 1996, S. 59.
30 Vgl. Reinhard Mann: Protest und Kontrolle im Dritten Reich. Nationalsozialistische Herrschaft im Alltag einer rheinischen Großstadt, Frankfurt/M. 1987; Klaus-Michael Mallmann und Gerhard Paul: Herrschaft und Alltag. Ein Industrierevier im Dritten Reich, Bonn 1991, S. 164–290; Robert Gellately: Die Gestapo und die deutsche Gesellschaft. Die Durchsetzung der Rassenpolitik 1933–1945, Paderborn 1993.

lung I A beim Generalstaatsanwalt, über einem Jahr dem Generalstaats-anwalt persönlich. Die Entscheidung, ob ein Ermittlungsverfahren mit oder ohne Haft überhaupt eingeleitet wurde, traf jedoch nicht der Staats-anwalt, sondern der Leiter der Hauptabteilung IX nach entsprechender „politisch-operativer" Prüfung. Auf der nachgeordneten Linie lag die Be-rechtigung zur Einleitung eines Ermittlungsverfahrens beim Leiter der MfS-Bezirksverwaltung.

Ermittelte das MfS mit seinen inoffiziellen Mitteln und Methoden Anhaltspunkte oder Beweise für strafbare Handlungen, so galt nicht das Legalitätsprinzip, sondern die Maxime des größtmöglichen politischen Nutzens. Bereits der Operative Vorgang (und in abgestufter Form auch die Operative Personenkontrolle) stellte nämlich ein konspirativ durchgeführtes Untersuchungsverfahren dar, das nicht den Regelungen der Strafprozeß-ordnung unterlag und dessen Durchführung dem Staatsanwalt auch nicht mitgeteilt wurde. So heißt es in der grundlegenden OV-Richtlinie 1/76, die eine bereits bestehende Praxis erstmals systematisch zusammenfaßte und von Mielke mit Wirkung zum 1. Januar 1976 in Kraft gesetzt wurde:

„Operative Vorgänge sind anzulegen, wenn der Verdacht der Begehung von Verbrechen gemäß erstem oder zweiten Kapitel des StGB – Besonde-rer Teil – oder einer Straftat der allgemeinen Kriminalität, die einen hohen Grad an Gesellschaftsgefährlichkeit hat und in enger Beziehung zu den Staatsverbrechen steht bzw. für deren Bearbeitung entsprechend mei-nen dienstlichen Bestimmungen und Weisungen das MfS zuständig ist, durch eine oder mehrere bekannte oder unbekannte Personen vorliegen. Der Verdacht auf eine der o.g. Straftaten liegt vor, wenn aus überprüf-ten inoffiziellen bzw. offiziellen Informationen und Beweisen auf Grund einer objektiven, sachlichen, kritischen und tatbestandsbezogenen Ein-schätzung mit Wahrscheinlichkeit auf die Verletzung eines oder mehrer Straftatbestände geschlossen werden kann."[31]

Auch der Abschluß Operativer Vorgänge hatte eine rechtliche Würdigung zu beinhalten, die von der vorgangsführenden Diensteinheit in Konsultati-on mit dem Untersuchungsorgan des MfS vorzunehmen war. Ein festge-stellter oder begründet vermuteter Gesetzesverstoß konnte, mußte aber nicht zwingend die Einleitung eines strafrechtlichen Ermittlungsverfah-rens zur Folge haben. Vielmehr bestimmte die OV-Richtlinie: „Der Ab-schluß Operativer Vorgänge hat stets den politischen Interessen der DDR zu dienen." Festzulegen sei jeweils jene Abschlußart, die den „größten sicherheitspolitischen Nutzen" erbringe.[32] Da jede Entscheidung nach politischen Gesichtspunkten zu erfolgen hatte – eben „der Beachtung der

---

31 Richtlinie 1/76 zur Entwicklung und Bearbeitung Operativer Vorgänge. Druck: David Gill und Ulrich Schröter: Das Ministerium für Staatssicherheit. Anatomie des Mielke-Imperiums, Berlin 1991, S. 346–402, hier 370.
32 Ebenda, 394f.

konkreten Klassenkampfsituation bzw. der politisch-operativen Lage" –, war die Anwendung des Strafrechts per se willkürlich: Ein bespitzelter Bürger wurde strafrechtlich verfolgt, ein anderer unter Druck („Wiedergutmachung") als IM angeworben, ein dritter mit subtilen Zersetzungsmaßnahmen „bearbeitet", bei einem vierten gar nichts unternommen.

Besondere Privilegien genoß die herrschende Funktionärsschicht. Hier bestimmte die Anweisung 1/75 des Generalstaatsanwalts, daß ohne seine vorherige Information (und damit Zustimmung) kein Ermittlungsverfahren gegen „leitende Staats- und Wirtschaftsfunktionäre sowie gegen leitende Funktionäre gesellschaftlicher Organisationen" eingeleitet werden dürfe.[33] Dazu zählten, wie einer Erläuterung der Hauptabteilung IX aus dem Jahre 1985 zu entnehmen ist: „Staatsfunktionäre ab Bürgermeister und hauptamtliche Mitglieder des Rates des Kreises; Wirtschaftsfunktionäre ab Betriebsdirektor, Fachdirektor und Gleichgestellte in anderen volkswirtschaftlichen Bereichen; Funktionäre von Parteien und Massenorganisationen ab Vorsitzender einer Partei oder Massenorganisation auf Stadt- oder Kreisebene, hauptamtliche Sekretäre und Abteilungsleiter."[34] Weitere Sonderregelungen bestanden bei Ermittlungsverfahren gegen Ausländer sowie gegen Personen, die „wegen Vorkommnissen im Zusammenhang mit der Verletzung sportlicher Spiel- und Wettkampfregeln" belangt werden sollten.

Bei MfS-Verfahren hatte der Staatsanwalt keinen Einfluß auf Untersuchungsplanung und Vernehmungstaktik. Selbst die volle Akteneinsicht war ihm verwehrt. Alle Untersuchungsdokumente, die Aufschluß über spezifische Mittel und Methoden des MfS gaben, waren in einer gesonderten Handakte des MfS-Untersuchungsführers zusammenzufassen. An diesen Regelungen, die auf die frühen fünfziger Jahre zurückgehen, änderte sich auch später nichts. So heißt es in einer „Orientierung zur Durchsetzung der strafprozessualen Regelungen", die Generalmajor Fister Ende 1984 erließ: Die Unterlagen seien „kontrollfähig" zu gestalten, so daß dem Staatsanwalt auf Anforderung „die Dokumentation aller beweiserheblichen und der Aufklärung der möglichen Straftat dienenden offiziellen Informationen zur Einsichtnahme gegeben werden können. Dabei ist die unbedingte Einhaltung der Konspiration und Geheimhaltung von operativen Mitteln, Methoden und Kräften zu sichern."[35] Wie gering der Einfluß des Staatsanwalts auf die konkrete Durchführung des Ermittlungsverfah-

---

33 Anweisung 1/75 des Generalstaatsanwalts vom 4.8.1975: Die Aufgaben des Staatsanwalts im Ermittlungsverfahren, S. 3; BStU, ZA, HA IX-Bündel 946.
34 HA IX: „Erläuterungen zur Anweisung 1/85 des Generalstaatsanwaltes der DDR: ‚Die Leitung des Ermittlungsverfahrens durch den Staatsanwalt vom 1.6.1985', vom 15.8.1985"; BStU, ASt Rostock, Abt. IX/AI-16, Bl. 99–119, hier 103.
35 Orientierung zur Durchsetzung der strafprozessualen Regelungen des Prüfungsstadiums gemäß §§ 92ff. StPO in der Untersuchungsarbeit des MfS vom 1.12.1984; BStU, ZA, HA IX-3119, Bl. 52–63, hier 60.

rens war, läßt sich indirekt einem Referat Mielkes entnehmen, als er im Mai 1979 auf einer Zentralen Dienstkonferenz mit dem Untersuchungsorgan kritisch ins Gericht ging und dabei unter anderem ausführte: „Unter Beachtung politisch-operativer Erfordernisse ist sorgfältiger zu prüfen, ob dem Staatsanwalt bereits frühzeitiger Akteneinsicht zu abgeschlossenen Komplexen der Aufklärung von Straftaten gewährt werden kann."[36]

Das Ermittlungsverfahren wurde vom MfS-Untersuchungsführer mit der Erstellung eines „Schlußberichts" abgeschlossen, der die Grundlage für die Anklageschrift des Staatsanwalts bildete. Der Bericht faßte das Ermittlungsergebnis zusammen, enthielt eine Übersicht der erarbeiteten offiziellen Beweismittel, häufig auch „Vorschläge" für die weitere Gestaltung des Strafverfahrens (zum Beispiel Ausschluß der Öffentlichkeit). Vor Abgabe an den Staatsanwalt waren alle Akten nochmals auf den Schutz der inoffiziellen Quellen des MfS zu überprüfen. So heißt es in einer MfS-internen Schulungsschrift: Der Untersuchungsführer müsse bei der Erstellung des Schlußberichts sorgfältig prüfen,

„– ob tatsächlich im Ermittlungsverfahren keine Anhaltspunkte vorhanden sind, die eine Zeugenvernehmung des IM zwingend geboten hätten, da nicht immer der Verzicht auf die Zeugenvernehmung eines IM die beste Maßnahme zur Sicherung der Konspiration ist,
– ob die Zeugenvernehmung eines IM in Form und Inhalt so von anderen Zeugenvernehmungen abweicht, daß der IM als solcher zu erkennen ist,
– ob sich aus der Einschätzung der Gesamtsituation überhaupt die Notwendigkeit ergibt, den IM bei Gericht als Zeugen anzubieten."[37]

Auch „belastete Personen, bei denen sich zunächst eine operative Bearbeitung erforderlich macht", sollten nach Möglichkeit nicht im Schlußbericht genannt werden.

Die Ausführungen belegen, über welches Manipulationspotential das ermittelnde Untersuchungsorgan verfügte. Es entschied, welche Informationen der anklagende Staatsanwalt erhielt bzw. welche Sachverhalte ihm vorzuenthalten waren. Herr des konkreten Ermittlungsverfahrens war somit nicht der Staatsanwalt, sondern das MfS. In politisch brisanten Fällen mußte der Schlußbericht mit einem separaten „Prozeßvorschlag" zuvor Mielke persönlich zur Bestätigung vorgelegt werden. Auch vorformulierte Presseerklärungen, die das Ergebnis der gerichtlichen Hauptverhandlung vorwegnahmen, gehörten nicht einer überwundenen Epoche sozialistischen Justizterrors an.

---

36 Auszüge aus dem Referat auf der Zentralen Dienstkonferenz vom 24.5.1979, S. 64f.; BStU, ZA, DSt 102565.
37 HA IX: Rahmenseminarplan zur Lektion „Zu einigen Fragen der Erarbeitung des Schlußberichtes" vom Juni 1985, S. 65f. (VVS o014-346/85); BStU, BF-Dokumentation.

IV.

Aus dem Charakter des politischen Strafverfahrens ergab sich zwangsläufig die schwache Stellung des Verteidigers, die keine Waffengleichheit mit dem anklagenden Staatsanwalt erlaubte.

Daß der Beschuldigte nur unter Auflagen, die vom Staatsanwalt festgesetzt wurden, mit einem Rechtsanwalt sprechen konnte, entsprach den gesetzlichen Regelungen der StPO. Wie weit dies gehen konnte, verdeutlicht eine Auslegung des Generalstaatsanwalts Streit von 1969. Danach konnte der Staatsanwalt bei „begründetem Verdacht des Vorliegens eines staatsfeindlichen Organisationsverbrechens" die Aussprache auf die persönlichen Belange bzw. auf Sachkomplexe, zu denen die Ermittlungen im wesentlichen abgeschlossen waren, begrenzen oder sogar gänzlich untersagen.[38]

Auch die Praxis, daß dem Beschuldigten wie seinem Verteidiger die Anklageschrift nicht ausgehändigt, sondern nur zur Einsichtnahme vorgelegt wurde, war in der StPO abgesichert. Die Einsichtnahme wurde häufig erst kurz vor der Hauptverhandlung ermöglicht, so daß eine gezielte Vorbereitung oder gar eigene Nachforschungen des Verteidigers nicht möglich waren. Zur gängigen (und eindeutig illegalen) Praxis gehörte in MfS-Verfahren ferner, daß die Unterredungen mit dem Rechtsanwalt in den U-Haftanstalten des MfS jederzeit abgehört werden konnten und der Beschuldigte bzw. Angeklagte häufig von sogenannten „Zelleninformatoren"[39] bespitzelt wurde. Eine effektive Verteidigung des Angeklagten war unter diesen Bedingungen kaum zu leisten.[40] Hinzu kam, daß nicht wenige der häufig konsultierten Anwälte zugleich als IM für das MfS arbeiteten.

Der Prozeß selbst fand zumeist als Geheimprozeß unter Ausschluß der Öffentlichkeit statt. Noch 1988 galt dies für drei Viertel aller MfS-Verfahren.[41] Sollte der Prozeß propagandistisch „ausgewertet" werden, so erfolgte die Hauptverhandlung vor einem handverlesenen Publikum („erweiterte" bzw. „geladene" Öffentlichkeit). Die Festlegung des Teilnehmerkreises traf jedoch nicht das Gericht, sondern war regelmäßig Bestandteil des entsprechenden Prozeßvorschlages des MfS.

Es entsprach dem Charakter des gesamten Verfahrens, daß konsequenterweise auch das Gerichtsurteil dem Verurteilten nur zur Kenntnis gegeben, aber nicht ausgehändigt wurde. Diese Verfahrensweise wurde noch

---

38 Rundschreiben des Generalstaatsanwalts an Staatsanwalt der Bezirke vom 8.5.1969. Stellung des Verteidigers – § 64 Abs. 2 und 3 StPO; BStU, ZA, HA IX-Bündel 638.
39 Vgl. Richtlinie 2/81 zur Arbeit mit den Zelleninformatoren vom 16.2.1981; BStU, ZA, DSt Bündel-Dok. 003243.
40 Vgl. Roland J. Lange: Einbindung und Behinderung der Rechtsanwälte, in: Materialien der Enquete-Kommission, Bd. IV, S. 605–654.
41 Thesen für die Ausführungen des Leiters der HA IX auf der Dienstkonferenz am 30./31. Mai 1989, S. 13; BStU, ZA, HA IX-Bdl 856.

1985 vom Kollegium für Strafrecht beim Obersten Gericht der DDR in einem „Standpunkt" sanktioniert:

„Mit der Entscheidung darüber, ob diese Prozeßdokumente zuzustellen oder zur Kenntnis zu geben sind, ist zu sichern, daß es dem Gegner unseres Staates nicht gelingen darf,

– staatliche Dokumente über die Verfolgung von Straftaten gegen die sozialistische Staats- und Gesellschaftsordnung der DDR und anderen Straftaten in seinen Besitz zu bringen, um diese gegen die innerstaatliche Ordnung und das internationale Ansehen der DDR zu mißbrauchen;

– sich Einblick in geheimzuhaltende Vorgänge zu verschaffen;

– Material für Hetze zu erlangen."[42]

Nach Prozeßabschluß mußten alle Akten von den Gerichten über die Staatsanwaltschaft an das Untersuchungsorgan des MfS zur Archivierung zurückgegeben werden.[43] Selbst Abschriften sollten nicht bei den Gerichten verbleiben.

Die verurteilten Personen verbüßten in der Regel ihre Freiheitsstrafen in den Gefängnissen, die dem Ministerium des Innern unterstanden. In bestimmten Fällen wurden die Verurteilten jedoch nicht in den normalen Strafvollzug eingegliedert, sondern verblieben in den Untersuchungshaftanstalten des MfS. Diese Praxis bestand noch in den achtziger Jahren, wie Mielkes Befehl 17/86 zu entnehmen ist: „Freiheitsstrafen sind in den Abteilungen XIV zu vollziehen, wenn dies aus Gründen der Gewährleistung der Konspiration und der Geheimhaltung, der Wahrung von Sicherheitserfordernissen, des Schutzes der Person oder aus anderen politisch-operativen Gründen notwendig ist."[44] Die Entscheidung hierüber fällte ausschließlich das MfS.

V.

Entscheidend für das reibungslose Funktionieren der Justiz im Sinne der SED-Herrschaft war die systematische Kaderpolitik: die Besetzung aller wichtigen Positionen mit zuverlässigen Mitgliedern der eigenen Partei.

Der Prozeß der politischen Gleichschaltung setzte bereits 1946/47 mit dem Kampf gegen die „bürgerliche Justiz" ein. Er führte binnen weniger

42 Oberstes Gericht, Kollegium für Strafrecht: Standpunkt: Zur Bekanntgabe von Prozeßdokumenten gegenüber dem Angeklagten (Vertrauliche Dienstsache 32/85); BStU, ASt Rostock, Abt. IX/AI-16.

43 Vgl. Rundverfügung des Ministers der Justiz und des Präsidenten des Obersten Gerichts Nr. 12/77 in der Fassung vom 13.11.1978: Umgang mit Strafverfahrensakten, die von den U-Organen des MfS ermittelt wurden; BStU, ASt Berlin, E 208, Karton 195.

44 Befehl 17/86 über den Vollzug von Freiheitsstrafen an Strafgefangenen in den Abteilungen XIV des MfS vom 3.10.1986; BStU, ZA, DSt 1033:9.

Jahre zu einem nahezu vollständigen Elitenwechsel. Die Personalsäuberung beschränkte sich nicht auf die rigorose Entlassung NS-belasteter Personen aus dem Justizdienst. Der Kampf um die politische Macht richtete sich ebenso gegen Mitglieder bürgerlicher Parteien (Ost-CDU, LDPD), die zunehmend aus ihren Stellungen verdrängt wurden.[45] Auch SED-Mitglieder konnten jederzeit fortgesetzten Parteisäuberungen nach stalinistischem Muster zum Opfer fallen. Ein prominentes Beispiel ist das Schicksal des ersten Justizministers der DDR (und Mitglied des ZK der SED) Max Fechner, der nach dem 17. Juni 1953 verhaftet und wegen „staatsfeindlicher Tätigkeit" verurteilt wurde.[46]

So unterschiedlich motiviert all diese sich überlagernden personalpolitischen Säuberungen und organisatorischen Neustrukturierungen des Justizapparates auch sein mochten, sie führten im Resultat zur Herausbildung eines neuen Typus: des sozialistischen Justizfunktionärs. Er kennzeichnete sich vor allem durch politische Zuverlässigkeit und bedingungslose Unterordnung unter die „Partei" aus. Josef Streit, der Leiter des Sektors Justiz im ZK-Apparat und spätere Generalstaatsanwalt, brachte das neue Berufsbild auf den Punkt, als er 1958 in der „Neuen Justiz" den „Justizfunktionären der Arbeiter-und-Bauern-Macht" einschärfte: Sie müßten sich stets bewußt sein, „daß sie gegenüber der Partei große Verantwortung tragen, denn sie sind als Genossen in ihre Funktion eingesetzt worden und unterliegen als Mitglieder der Partei auch der Kontrolle durch die Partei, sie sind der Partei für alle Handlungen verantwortlich".[47]

Zur Nomenklatur des Politbüros zählten der Justizminister und sein Staatssekretär, seit 1953 ferner der Präsident und Vizepräsident des Obersten Gerichts, der Generalstaatsanwalt und seine Stellvertreter sowie der Präsident der Deutschen Akademie für Staats- und Rechtswissenschaft. Durch das Kleine Sekretariat des Politbüros wurden die Abteilungsleiter im Justizministerium, die Richter des Obersten Gerichts, die Staatsanwälte beim Generalstaatsanwalt, seit 1955 auch die Bezirksstaatsanwälte ernannt. Zur ZK-Nomenklatur gehörten später auch die Direktoren der Be-

---

45 Vgl. Heike Amos: Justizverwaltung in der SBZ/DDR, Köln 1996; Thomas Lorenz: Die Deutsche Zentralverwaltung der Justiz (DJV) und die SMAD in der sowjetischen Besatzungszone 1945 bis 1949, in: Hubert Rottleuthner (Hrsg.): Steuerung der Justiz in der DDR. Einflußnahme der Politik auf Richter, Staatsanwälte und Rechtsanwälte, Köln 1994, S. 135–166.

46 Vgl. Rudi Beckert: Die erste und letzte Instanz. Schau- und Geheimprozesse vor dem Obersten Gericht der DDR, Goldbach 1995, S. 153–175; Falco Werkentin: Politische Strafjustiz in der Ära Ulbricht, Berlin 1995, S. 143ff.; Karl Wilhelm Fricke: Justiz im Auftrag der Partei. Der Fall Max Fechner als Beispiel, in: Gisela Helwig (Hrsg.): Rückblicke auf die DDR. Festschrift für Ilse Spittmann-Rühle, Köln 1995, S. 26–35. Zur Terrorjustiz der frühen Jahre vgl. auch Eberhard Wendel: Ulbricht als Richter und Henker – stalinistische Justiz im Parteiauftrag. Zeugnisse deutscher Geschichte, Berlin 1996.

47 Josef Streit: Für einen neuen Arbeitsstil in der Justiz. Über die Arbeit einer Brigade im Bezirk Gera, in: Neue Justiz 12(1958), S. 368–371, hier 369.

zirksgerichte.[48] Dies bedeutete, daß sich das ZK der SED die Besetzung der wichtigsten Positionen im Justizwesen selbst vorbehielt. Die Wahl des Generalstaatsanwalts sowie der Richter des Obersten Gerichts durch die Volkskammer war in diesem System nur mehr ein formaler Akt, um dem äußeren Schein der Verfassung Genüge zu tun. Entsprechend verhielt es sich auf den nachgeordneten Ebenen: Die Richter an den Bezirks- und Kreisgerichten waren in der Nomenklatur der jeweiligen SED-Bezirks- bzw. Kreisleitung erfaßt; ihre „Wahl" diente lediglich der formellen Bestätigung.

Im Justizministerium, dem seit 1967 als Feigenblatt jeweils ein LDPD-Minister vorstand, gehörten 1977 alle Hauptabteilungs- und Abteilungsleiter der SED an. Erst bei den Sektorenleitern kamen auch die Blockparteien zum Zuge, so daß hier die SED-Mitgliedschaft auf 94,1 Prozent absank. Bei den Bezirksgerichten stellte die SED im selben Jahr alle Direktoren und Stellvertreter, 95,3 Prozent der Abteilungsleiter und 92,9 Prozent der Oberrichter. Von den Direktoren der Kreisgerichte gehörten ebenfalls fast alle der SED an (99,5%).[49] Staatsanwalt konnten ohnehin nur ideologisch gestählte Parteimitglieder werden. Die doppelte Einbindung der Staatsanwälte und Richter in Partei- und Staatsstrukturen gewährleistete den reibungslosen Vollzug politischer Vorgaben. Zuständig für die Anleitung und Kontrolle der Justizorgane war im ZK-Apparat die Abteilung Staats- und Rechtsfragen. Hier wurden in Abstimmung mit dem zuständigen ZK-Sekretär, gegebenenfalls nach Befassung des Politbüros, die Grundlinien der Politik festgelegt und zugleich zahlreiche Einzelfragen entschieden.

Bei der kaderpolitischen Überprüfung der Justizfunktionäre aller Bereiche wirkte auch das MfS mit. Sie fiel allerdings nicht in die Zuständigkeit der Linie IX, sondern wurde vom Fachreferat I der Abteilung 1 der Hauptabteilung XX (HA XX/1) bzw. von den Referaten 1 der Abteilungen XX auf Ebene der Bezirksverwaltungen wahrgenommen.[50] Zum „Sicherungsbereich" der HA XX/1 zählten das Ministerium für Justiz, die Generalstaatsanwaltschaft und das Oberste Gericht. Überwacht wurden ferner das Amt für Rechtsschutz des Vermögens der DDR (AfR), das Rechtsanwaltsbüro für internationale Zivilrechtsvertretungen (RAB), die Kollegien der Rechtsanwälte, staatliche Notariate und die Vereinigung der Juristen der DDR (VdJ).

Einer besonderen Überprüfung unterlagen seit den fünfziger Jahren alle Staatsanwälte, Haftrichter und Richter, die in den politischen, den „Ia-Verfahren" mitwirkten. Ihr Einsatz bedurfte der ausdrücklichen Zustim-

48 Amos: Justizverwaltung, S. 125.
49 MdJ, Hauptabteilung I: Kaderprogramm des Ministeriums der Justiz – Teil I vom 14.4.1978, S. 7f.; SAPMO-BA, DY 30/19527.
50 Vor Gründung der HA XX fiel dieser Aufgabenbereich in die Kompetenz der HA V/4/A, später der HA V/5/I.

mung des MfS! So heißt es beispielsweise in einem MfS-Vermerk von 1958: „Gegen die zur Neuwahl stehenden 9 Richter des Obersten Gerichts liegt kein belastendes operatives Material vor. Aus diesem Grund bestehen seitens der Hauptabteilung V/1/I keine Bedenken gegen die Wahl bzw. Wiederwahl der Genannten als Richter des Obersten Gerichts der DDR."[51] Das MfS überprüfte und „bestätigte" nicht nur. Es konnte auch selbst genehme Richter für den Einsatz in politischen Strafverfahren vorschlagen, wie einem Schreiben der Abteilung XX/1 der Bezirksverwaltung Dresden zu entnehmen ist: „Der Oberrichter des Bezirksgerichts Dresden, Genosse Müller, Hans wird von uns vorgeschlagen für die Tätigkeit im Ia-Strafsenat. Wir bitten um Bestätigung durch die Hauptabteilung und entsprechende Veranlassung beim Ministerium für Justiz."[52]

Da die von der SED betriebene Kaderpolitik bereits bei der Rekrutierung des juristischen Nachwuchses ansetzte, plante auch das MfS langfristig. So findet sich in der „Planorientierung" der HA XX/1 für das Jahr 1981 der Passus: „Für die perspektivische operative Arbeit in den zentralen Organen der Justiz sind geeignete Jurastudenten auszuwählen, anzuwerben und langfristig-perspektivisch für Leitungsaufgaben zu qualifizieren. Insbesondere sind IM unter Absolventen, die eine perspektivische Orientierung auf die Tätigkeit in den zentralen Justizorganen haben, zu werben."[53]

Die Staatssicherheit führte mit dem IM-Netz der Linie XX/1 und anderer Diensteinheiten eine permanente Sicherheitsüberprüfung durch und kontrollierte auf diese Weise nicht nur den Staatsanwalt, der nach der Strafprozeßordnung die „Gesetzlichkeitsaufsicht" über die Untersuchungsorgane ausführen sollte, sondern auch die Richter, die in MfS-Verfahren das Urteil zu fällen hatten.

VI.

Unentbehrlich für die Lenkung und Steuerung der Justiz war die rechtzeitige Information über anstehende Verfahren.

Innerhalb des MfS war der Informationsfluß nach oben in der „Melde- und Berichtsordnung" der Linie IX detailliert geregelt.[54] Die Leitungsebene war damit noch vor Abgabe des Schlußberichts und der offiziellen

---

51 Vermerk der HA V/1/I „betr. Neuwahl der Richter des Obersten Gerichts" vom 17.6.1958; BStU, ZA, HA XX-Bündel 1010.
52 Abt. XX/1 der BV Dresden an HA XX/1 vom 17.1.1966 betr. „Einsatz von Richtern für den Strafsenat Ia"; BStU, ZA, HA XX-Bündel 1010.
53 Planorientierung der HA XX/1 für die Abteilungen XX der BV/V zur Jahresplanung vom 13.10.1980, S. 3; BStU, ZA, HA XX-Bündel 1048.
54 Melde- und Berichtsordnung vom 1.10.1975 und vom 1.7.1981; BStU, ZA, HA IX-Bündel 234.

Ermittlungsakten an den Staatsanwalt über alle zur Verhandlung kommenden politischen Strafverfahren umfassend unterrichtet. Ein ähnliches Berichtssystem bestand in der Staatsanwaltschaft. Hierzu heißt es in einer MfS-Analyse aus dem Jahre 1983:

> „Der Generalstaatsanwalt der DDR hat mit Ausnahme von Strafverfahren, die in die Zuständigkeit des Militärstaatsanwaltes gehören, die Abteilung Staat und Recht beim ZK der SED über Strafverfahren zu unterrichten, wenn es sich um schwere Völkerrechts- und Staatsverbrechen, schwere Wirtschafts- und Eigentumsdelikte, Verfahren gegen Ausländer, soweit diese Staatsverbrechen begingen, Verfahren gegen leitende Kader und bekannte Persönlichkeiten sowie Verfahren, die von Zusammenhängen und Hintergründen oder neuen Erscheinungsformen der Kriminalität von Bedeutung sind, handelt. Das betrifft überwiegend durch die Untersuchungsorgane des MfS bearbeitete Verfahren."[55]

Nach den gleichen Grundsätzen hatten die Bezirksstaatsanwälte die Fachabteilungen der jeweiligen Bezirksleitung der SED bzw. deren 1. Sekretär zu informieren.

Ein dritter Informationszug lief von den Kreisgerichten über die Bezirksgerichte zum Justizministerium. Dort wurden die regulären „Wochenmeldungen" der Gerichte über anstehende Verfahren und Rechtsprobleme zur Wochenmeldung des Justizministeriums verdichtet.[56] Empfänger der separaten „Leiterinformation", die die politisch und kaderpolitisch brisanteren Vorgänge enthielt, waren neben der Führungsspitze des Justizministeriums die ZK-Abteilung Staats- und Rechtsfragen, der Generalstaatsanwalt, der Präsident und der Vizepräsident des Obersten Gerichts sowie Erich Mielke. Ein weiteres Exemplar ging direkt an die HA IX.

Parteiführung und ZK-Apparat waren somit frühzeitig aus unterschiedlichen Quellen über alle anstehenden Strafverfahren von besonderer Bedeutung unterrichtet. Im Unterschied zum Generalstaatsanwalt und dem Präsidenten des Obersten Gerichts besaß Mielke als Mitglied des Politbüros jederzeit einen unmittelbaren Zugang zum Generalsekretär der SED. Wichtige Angelegenheiten wurden von ihm direkt mit Honecker im Anschluß an die wöchentliche Sitzung des Politbüros unter vier Augen besprochen. Über das weitere Verfahren berichtet der ehemalige Sekretär Honeckers: „Wenn Erich Honecker aus den Gesprächen mit Mielke politi-

---

55 Oberst Coburger (HA IX) an Mielke vom 23.6.1983; BStU, ZA, HA IX-3866, Bl. 31f. Dort Bezug auf entsprechende Regelung der Berichtspflicht durch Schreiben der ZK-Abteilung Staat und Recht vom 12.3.1971.
56 Vgl. Gemeinsame Anweisung des Ministers der Justiz und des Präsidenten des Obersten Gerichts der DDR vom 24.11.1977 und vom 29.7.1986. Ausführliche Darstellung des Verfahrens bei Clemens Vollnhals: Gutachterliche Stellungnahme für das Landgericht Frankfurt (Oder) in der Strafsache gegen Hauke u. a. [sog. Havemann-Prozeß], Teil I, S. 48ff. (unveröff. Manuskript 1995).

sche Konsequenzen für erforderlich hielt, hat er das mit den entsprechenden Ressorts im ZK beredet."[57]

Mit den verschiedenen Melde- und Berichtssystemen waren die organisatorischen Voraussetzungen geschaffen, um jederzeit in laufende Verfahren eingreifen und die „politisch richtige Entscheidung" herbeiführen zu können. Auch wenn es im Normalfall solcher Eingriffe nicht bedurfte, da die allgemeinen Steuerungs- und Leitungsmechanismen für ein effektives Funktionieren der Justiz im politisch gewünschten Sinne ausreichten, so war der direkte Durchgriff auf laufende oder zur Entscheidung anstehende Einzelverfahren doch jederzeit möglich. Eine solche Anweisung von oben verkörperte im Selbstverständnis der einheitlichen sozialistischen Staatsmacht keinen skandalösen Verstoß gegen die in Artikel 96 der Verfassung proklamierte Unabhängigkeit der Gerichte bei der Ausübung der Rechtsprechung, sondern stellte – systemimmanent betrachtet – lediglich eine spezielle Form der politischen Steuerung in besonderen Verfahren dar. Dies galt besonders für die Anwendung des politischen Strafrechts in den „Ia-Verfahren". Nur die rechtzeitige Information nach oben und die Abstimmung mit der Partei schloß für den Justizfunktionär die Gefahr aus, eine in der konkreten Situation politisch falsche Entscheidung selbst verantworten zu müssen.

VII.

Eine wichtige Funktion für die systematische Abstimmung der Justiz- und Sicherheitsorgane besaßen die „Leiterberatungen". Sie dienten der horizontalen Vernetzung der Entscheidungsträger auf den jeweiligen Ebenen: auf der zentralen, in den Bezirken und in den Kreisen.

Auf zentraler Ebene fanden die Leiterberatungen, zu denen (seit den siebziger Jahren) der Generalstaatsanwalt einlud, drei- bis sechsmal im Jahr statt. Daneben gab es die „Leiterberatung" der Stellvertreter, die als Arbeitsebene fungierte. Im Mittelpunkt der Beratungen standen die Vorbereitung neuer Gesetze und Verordnungen, die Auslegung bestehender Strafnormen und die Erarbeitung gemeinsamer Standpunkte[58], die Vorbereitung des jährlichen Berichts zur Kriminalitätsentwicklung, die Festlegung des „Planes der gemeinsamen Hauptaufgaben" für das jeweils nächste Jahr und dergleichen mehr. An diesen Beratungen nahmen regelmäßig

---

57 Frank-Joachim Herrmann: Der Sekretär des Generalsekretärs. Honeckers persönlicher Mitarbeiter über seinen Chef. Ein Gespräch mit Brigitte Zimmermann und Reiner Oschmann, Berlin 1996, S. 81.
58 Eine Aufstellung der gemeinsamen Standpunkte des Obersten Gerichts mit anderen zentralen Justiz- und Sicherheitsorganen findet sich bei Hubert Rottleuthner (Hrsg): Steuerung der Justiz, S. 623ff. Das MfS trat dabei jedoch nicht öffentlich in Erscheinung.

die Führungsspitzen des Justizministeriums, des Innenministeriums, des Obersten Gerichts und der Generalstaatsanwaltschaft sowie Vertreter der ZK-Abteilung Staats- und Rechtsfragen und des MfS teil, gelegentlich auch der Leiter der Zollverwaltung.

Einen Einblick in die Tätigkeit vermittelt die Tagesordnung der Leiterberatung vom 29. Januar 1974:

„1. Beratung der Vorschläge zur Veränderung bzw. Ergänzung des Strafvollzugs- und Wiedereingliederungsgesetzes,
2. Beratung der Vorschläge zur Veränderung bzw. Ergänzung des Strafregistergesetzes,
3. Beratung des Entwurfs zur Änderung des Strafgesetzbuches und des Anpassungsgesetzes,
4. Beratung der Vorschläge zur Änderung und Ergänzung der Strafprozeßordnung."

Einen Monat später, am 26. Februar, stand auf dem Programm:

„1. Beratung der Konzeption zur Ausarbeitung der Kriminalitätsinformation,
2. Beratung der Begründungen zur StPO und zum StGB,
3. Vorbereitung der Schulung zu den neuen Gesetzen,
4. Beratung der Gefährdetenverordnung."

Im Anschluß an diese Beratung schrieb Generalstaatsanwalt Streit an den „werten Genossen" Mielke:

„Zur Vorbereitung der Leiterberatung [am 2.4.1974] über die abschließende Diskussion der Gesetzesänderungen und -ergänzungen übersende ich die Veränderungen und Ergänzungen zum Strafvollzugs- und Wiedereingliederungsgesetz sowie zum Strafregistergesetz.

Die übermittelten Hinweise wurden berücksichtigt."[59]

Am 7. Mai lagen die Gesetzesentwürfe dem Politbüro zur Beschlußfassung vor, die dann nach formeller Verabschiedung durch die Volkskammer zum Jahresende in Kraft traten.

Der Einfluß des MfS auf die Ausgestaltung des politischen Strafrechts kann nicht unterschätzt werden. So ist der Entwurf für das 3. Strafrechtsänderungsgesetz von 1979, das das politische Strafrecht nochmals drastisch ausweitete, maßgeblich vom MfS erarbeitet worden. Die Abstimmung erfolgte im Rahmen einer Kommission des ZK; für die Herausgabe verbindlicher Erläuterungen zur Anwendung des neuen Strafrechts zeichnete der „Konsultativrat der zentralen Justiz- und Sicherheitsorgane" verantwortlich.[60] Justizminister Heusinger (LDPD) soll, wie glaubwürdig

---

59 Streit an Mielke vom 22.3.1974; BStU, ZA, HA IX-2135, Bl. 115.
60 Die Zusammensetzung dieses Gremiums bedarf noch einer genaueren Erforschung. 1989, als das 5. Strafrechtsänderungsgesetz in Kraft trat, waren im „Konsultativrat" das Justizministerium, die Generalstaatsanwaltschaft, das Oberste Gericht, das Ministerium des Innern, die Zollverwaltung und das MfS vertreten.

berichtet wird, von diesem Gesetz erst erfahren haben,[61] als es am 28. Juni von der Volkskammer ohne jegliche Debatte verabschiedet wurde.

Hinsichtlich der Mitwirkung bei der Gesetzgebung und Rechtsauslegung hielt der Jahresarbeitsplan der Hauptabteilung IX für 1987 unter anderem fest:

> „– Planmäßige Prüfung von Erfordernissen, auf Lageveränderungen mit abgestimmten Rechtsstandpunkten der zentralen Sicherheits- und Justizorgane einheitlich zu reagieren [...]
> – Mitarbeit an einem Kommentar zum Zoll- und Devisengesetz [...]
> – Herausarbeitung von Konsequenzen aus der Lageentwicklung für die Anwendung der Tatbestände der §§ 214, 219 StGB in der Untersuchungsarbeit der Linie IX [...]
> – Mitarbeit an der Erarbeitung eines Entwurfs des 4. Strafrechtsänderungsgesetzes unter Beachtung und Durchsetzung operativer Interessen des MfS [...]
> – Erstellung von Zuarbeiten zur Überarbeitung der Strafprozeßordnung und des Gerichtsverfassungsgesetzes unter Beachtung und Durchsetzung operativer Interessen des MfS [...]
> – Erarbeitung einer Analyse der Rechtslage und der Praxis der Verwaltung von Treuhandvermögen der Personen, die die DDR ungesetzlich verlassen haben. [...]"[62]

Für die Ausarbeitung der Vorlagen war zumeist der Leiter der Auswertungs- und Kontrollgruppe (AKG) der Hauptabteilung IX verantwortlich, der sich seinerseits auf die Zuarbeiten des Bereichs Grundsatzfragen (der früheren Arbeitsgruppe Recht) stützte. Gelegentlich wurden auch Mitarbeiter der Rechtsstelle und der Hochschule des MfS herangezogen.

Auf Bezirksebene nahmen an den zumeist monatlichen Leiterberatungen teil: Vertreter der SED-Bezirksleitung und des Rates des Bezirkes, sodann der Bezirksstaatsanwalt und der Direktor des Bezirksgerichts sowie die Leiter der Volkspolizei und der MfS-Bezirksverwaltung, häufig auch der Leiter des Untersuchungsorgans des MfS sowie der Leiter der Zollfahndung. Die regelmäßigen Treffen aller für den Bezirk verantwortlichen Sicherheits- und Justizfunktionäre war ein effektives Instrument zur Koordination der politischen Steuerung. Hier wurden die Vorgaben der leitenden Parteiorgane und zentraler Orientierungen für die Arbeit in den Justiz- und Sicherheitsorganen „ausgewertet", allgemeine und besondere Probleme der Kriminalitätsentwicklung und ihrer vorbeugenden Verhinderung im Bezirk erörtert, Mängel in der Gesetzlichkeitsaufsicht festgestellt

---

61 So jedenfalls die Aussage von Heusingers Staatssekretär Wittenbeck. Zit. nach Wolfgang Behlert: Die Generalstaatsanwaltschaft, in: Rottleuthner (Hrsg.): Steuerung der Justiz, S. 322.
62 HA IX: Jahresarbeitsplan für 1987; BStU, ZA, HA IX-518, Bl. 354f.

und entsprechende Maßnahmen beschlossen.[63] Auf der Leiterberatung wurden auch Fragen der Strafverfolgung erörtert und beispielsweise das Vorgehen gegen „Asoziale" und „Antragsteller" abgestimmt.

Auch auf Kreisebene trafen sich die verantwortlichen Justiz- und Sicherheitsfunktionäre regelmäßig im Rahmen der Leiterberatung. Als vorbildhaft benannte das Justizministerium 1986 die Leitungtätigkeit am Kreisgericht Fürstenwalde (Bezirk Frankfurt/Oder). Der Dokumentation sind die nachfolgenden Zitate entnommen:

- „Der 1. Sekretär [der SED-Kreisleitung] wird sowohl schriftlich als auch mündlich vom Direktor des Kreisgerichts über bedeutsame Einzelverfahren und sich daraus ergebende Probleme sofort informiert."
- „Im Kreis Fürstenwalde nimmt der persönliche Mitarbeiter des 1. Sekretärs an den monatlichen Beratungen der Justiz- und Sicherheitsorgane teil und übermittelt dem 1. Sekretär daraus wichtige Fakten."
- „Die Zusammenarbeit mit dem Staatsanwalt und den Sicherheitsorganen des Kreises Fürstenwalde wird auf der Grundlage des Planes der gemeinsamen Aufgaben der Leiter der Justiz- und Sicherheitsorgane des Kreises kontinuierlich gestaltet. Dazu tragen die Leiterberatungen entscheidend bei. Der Direktor des Kreisgerichts Fürstenwalde bringt spezielle Probleme der gerichtlichen Tätigkeit in die Leiterberatungen ein. Es handelt sich dabei sowohl um strafrechtliche Probleme als auch um Probleme aus dem Zivil- und Arbeitsrecht."[64]

Neben den vertikal strukturierten Berichtszügen zur rechtzeitigen Unterrichtung der politischen Führung sicherte das System der Leiterberatungen auf allen Ebenen die enge horizontale Vernetzung und Abstimmung von SED, MfS und Justiz. Zusätzlich bestand seitens der Staatsanwaltschaft und der Gerichte eine Berichtspflicht an den jeweils 1. Sekretär der SED-Parteileitung. Die Doppelstruktur von Staat und Partei spiegelte sich auch auf der Parteiebene wider: So waren die Leiter der MfS-Bezirksverwaltungen und der Kreisdienststellen stets Mitglieder der entsprechenden SED-Parteileitung, fast immer auch der Staatsanwalt des Bezirkes bzw. des Kreises. Die Direktoren der Kreisgerichte hingegen gehörten häufig nicht der SED-Kreisleitung an, sondern übten vielfach eine Funktion im Rahmen der Nationalen Front aus. Als Nomenklaturkader waren sie jedoch ebenfalls in die strikte Parteidisziplin eingebunden.

---

63 Vgl. GStA: Mitteilungen 2/87 vom 24.11.1987: Grundorientierungen für die Tätigkeit der Leiterberatungen in den Kreisen und Bezirken; BA, DP-1 (MdJ) SE 3704.
64 MdJ: Dokumentation der Ergebnisse des Führungsbeispiels Kreisgericht Fürstenwalde, 1986, S. 20, 21 und 24f.; BA, DP-1, VA 5172.

VIII.

Das Justizministerium wurde nach dem Ausscheiden von Hilde Benjamin, die in ihrer Person die Terrorjustiz der fünfziger Jahre verkörperte, seit 1967 von einem LDPD-Minister geleitet. Sowohl Kurt Wünsche als auch Hans-Joachim Heusinger (1972–1990) fungierten während ihrer Amtszeit zugleich als Stellvertreter des Vorsitzenden des Ministerrats, besaßen aber im Unterschied zu Hilde Benjamin (1953–1967 und ZK-Mitglied bis 1989) keine wirkliche Hausmacht im SED-Staat. Ihre Aufgabe bestand wesentlich in der äußeren Repräsentation.

Der starke Mann im Justizministerium war – in dem hier interessierenden Zeitraum – Staatssekretär Herbert Kern (1974–1987). Er hatte zuvor (seit 1966) in der ZK-Abteilung Staats- und Rechtsfragen den Sektor Justiz geleitet, besaß das Vertrauen der SED-Führung und wurde den LDPD-Ministern gewissermaßen als Aufpasser beigeordnet. Staatssekretär Kern unterstanden unmittelbar die Hauptabteilungen I (Kader) und II (Gerichte) sowie die Abteilung 1 (Internationale Beziehungen und Rechtshilfe). In dieser Schlüsselposition war er der bevorzugte Ansprechpartner des MfS, wenn es auf hoher Ebene Sach- oder Personalentscheidungen „abzustimmen" galt. Für seine Verdienste wurde er mehrfach vom MfS ausgezeichnet. Im Vorschlag der HA XX zur Auszeichnung des Staatssekretärs anläßlich seines 60. Geburtstages im Jahre 1985 heißt es zusammenfassend: „Gen. Dr. Kern unterstützt in seiner Funktion in vorbildlicher Weise die vielfältigen Aufgaben des MfS und zeigte eine hohe Einsatzbereitschaft und konsequente Haltung im Prozeß des politisch-operativen Zusammenwirkens."[65]

Eine enge „offizielle Zusammenarbeit" bestand seitens des MfS ferner zu dem Leiter des Ministerbüros (1976: Wilhelm Müller), dem Leiter der Hauptabteilung I (Willi Maser), der Hauptreferentin der Hauptabteilung I (Ursula Wittstock) und der Leiterin der VS-Hauptstelle (Charlotte Kießling). Aufgabe dieser „offiziellen Verbindungen" war es, „den Informationsfluß über Probleme innerhalb der Leitung des Ministeriums der Justiz und über kaderpolitische Veränderungen [zu] gewährleisten."[66] Von dieser Form der offiziellen, dienstlich veranlaßten Zusammenarbeit mit dem MfS zu unterscheiden ist die inoffizielle Tätigkeit der IM, die das MfS auch im Bereich des Justizministeriums und anderer Justizorgane besaß.

Nicht ohne Einfluß auf die Amtsführung des Justizministers Wünsche, zugleich stellvertretender LDPD-Vorsitzender, dürfte seine langjährige Tätigkeit als inoffizieller Mitarbeiter des MfS gewesen sein. 1954 als GI

---

65 HA XX an Büro Mielke vom 14.10.1985; BStU, ZA, HA XX-Bündel 1004.
66 HA XX/1: Analyse zur politisch-operativen Situation im Ministerium der Justiz vom 24.5.1976, S. 61; BStU, ZA, HA XX-Bündel 922.

„Wendler" geworben, lieferte er neben politischen Einschätzungen auch eine Vielzahl denunziatorischer Berichte über das Privatleben hoher Funktionäre wie kleiner Parteiangestellter. Als Wünsche Ende 1965 zum stellvertretenden Vorsitzenden des Ministerrates aufstieg, stellte das MfS entsprechend internen Anordnungen den IM-Vorgang ein:

> „In der inoffiziellen Zusammenarbeit hat der IM seit 1954 wiederholt seine Ehrlichkeit und Zuverlässigkeit gezeigt. Die ihm übertragenen Aufgaben hat er gewissenhaft und nach besten Kräften erfüllt. Dabei zeigte er auch eine gute Eigeninitiative. [...]
> Eine Reihe von operativen notwendigen Maßnahmen wurden durch ihn abgedeckt. Auch hierbei zeigte er eine große Einsatzbereitschaft, Zuverlässigkeit und Verschwiegenheit.
> Im Laufe der bisherigen Zusammenarbeit hat sich der IM zu einer der wichtigsten Schlüsselpositionen unserer Arbeit bei der Absicherung der LDPD entwickelt."[67]

Die Zusammenarbeit sollte nunmehr auf offizieller Ebene fortgeführt werden, wie dem letzten überlieferten Vermerk des Führungsoffiziers vom 27. Dezember 1965 zu entnehmen ist:.

> „Von sich aus erklärte der GI, daß er auch weiterhin an der Aufrechterhaltung des Kontakts interessiert sei und sich bei besonderen Vorkommnissen weiterhin an uns wenden will. Ihm wurde erklärt, daß die weitere Verbindung zu ihm auf einer anderen Grundlage erfolgt, wir zu ihm offiziellen Kontakt halten und bei besonderen Dingen an ihn herantreten werden."[68]

Auch Justizminister Heusinger verdankte seine Parteikarriere nicht allein der willfährigen Umsetzung der SED-Politik, sondern auch dem MfS. Er hatte sich 1955 handschriftlich zur Zusammenarbeit verpflichtet und berichtete unter dem Decknamen „Knebel" nicht nur über das Parteileben der LDPD, sondern führte auch operative Aufträge des MfS in der Bundesrepublik aus. „Der IM ist willig und zeigt eine gute Einsatzbereitschaft. Die ihm übertragenen Aufgaben löste er zur Zufriedenheit der HA V." Gleichwohl wurde der IM-Vorgang 1962 seitens des MfS mit der Begründung eingestellt: „Die für ihn vorgesehenen Sicherungsaufgaben übernehmen andere IM, so daß keine Notwendigkeit besteht, die Verbindung zum IM weiterhin aufrechtzuerhalten."[69]

Die engsten Beziehungen bestanden naturgemäß zur Generalstaatsanwaltschaft, die in wichtigen MfS-Verfahren vor dem Obersten Gericht die Anklage zu vertreten hatte bzw. als vorgesetzte Behörde weisungsberechtigt gegenüber den Staatsanwälten der Bezirke und Kreise war. Viele

---

67 Beurteilung des GI „Wendler" vom 11.12.1965; BStU, ZA, AIM 12982/63, Teil I, Bl. 109.
68 Ebenda, Bl. 110.
69 BStU, ZA, AIM 346/63, Teil I, Bl. 139.

Angelegenheiten wurden direkt mit Generalstaatsanwalt Josef Streit (1962–1986, zugleich ZK-Mitglied) abgesprochen, der in früheren Jahren – wie Staatssekretär Kern im Justizministerium – den Sektor Justiz in der ZK-Abteilung geleitet hatte.

Ein sehr enger Kontakt bestand des weiteren zum stellvertretenden Generalstaatsanwalt Karl-Heinrich Borchert (1968, seit 1986 1. Stellvertreter des GStA), dem unter anderem die Abteilung I A unterstand.[70] Sie war für alle vom MfS geführten Ermittlungsverfahren zuständig – mit Ausnahme jener Verfahren, die in die Kompetenz der Militärstaatsanwaltschaft fielen. Wie Behlert unter Berufung auf Zeitzeugen ausführt, war Borchert „in jeder Situation" der Mann, „bei dem das MfS anrief, wenn es etwas Bestimmtes erreichen wollte."[71] Dies ergab sich schon aus seiner früheren Tätigkeit als GI „Esche". Borchert hatte sich bereits 1952 handschriftlich zur inoffiziellen Zusammenarbeit bereit erklärt und führte als Staatsanwalt zahlreiche Aufträge für das MfS aus. So heißt es in einem Auskunftsbericht der Bezirksverwaltung Frankfurt/Oder:

„Seit seinem Einsatz als stellv. Bezirksstaatsanwalt im Jahre 1961 wurde die Zusammenarbeit aktiviert.

Mit seiner Hilfe war es möglich, einen Vorlauf-Op[erativ] durch Festnahme zum Abschluß zu bringen und bisher 12 Kaderveränderungen in seinem Bereich, darunter 6 leitende Funktionäre, durchzusetzen. Ein Vorlauf-Op wurde mit seiner Hilfe durch die Entfernung eines Staatsanwaltes der Bezirksstaatsanwaltschaft zum Abschluß gebracht. [...] Da er eine Schlüsselposition bekleidet, besteht die Möglichkeit, alle uns interessierenden Informationen aus dem Aufgabengebiet der Bezirksstaatsanwaltschaft zu beschaffen und über den IM andere Mitarbeiter der Bezirksstaatsanwaltschaft ohne deren Wissen für die Lösung pol.-op. Aufgaben heranzuziehen.

Der IM ist dem MfS ergeben, einsatzbereit und intelligent."[72]

Der IM-Vorgang wurde Ende 1964 mit der Begründung eingestellt: Der GI „Esche" habe eine hauptamtliche Tätigkeit im Parteiapparat aufgenommen, so daß eine weitere inoffizielle Zusammenarbeit nicht mehr möglich sei. Der Kontakt könne jedoch, „soweit das notwendig ist", auf offizieller Ebene fortgeführt werden.

Welchen Einfluß das MfS – außerhalb der Zusammenarbeit in konkreten Ermittlungs- und Gerichtsverfahren – auf die Generalstaatsanwaltschaft ausübte, ergibt sich aus der Tatsache, daß wichtige Struktur- und Personalentscheidungen vorher mit dem MfS abgesprochen wurden. So ist einer internen „Information" der HA IX folgender Vorgang zu entnehmen:

---

70 Zu Struktur und Kompetenzverteilung vgl. Behlert: Generalstaatsanwaltschaft, S. 300ff.
71 Ebenda, S. 335.
72 Auskunftsbericht vom 14.5.1962; BStU, ASt Frankfurt/O., AIM 53/65, Teil I, S. 49f. (Film).

„Mitteilung des Gen. Oberst am 6.8.1969:
1. Gen. Borchert beabsichtigt, Gen. StA Friedrich als stellv. Leiter zur Abteilung V GStA zu versetzen, um eine bessere Koordinierung zu erreichen. Gen. Oberst Heinitz [Leiter der HA IX] hat bereits sein Einverständnis gegeben.
Gen. Borchert will weiter eine Gruppe schaffen für Ordnung und Sicherheit, um zu gewährleisten, daß die StA der Abt. I A ihre Hauptaufgaben lösen können, und sich nicht immer um andere Dinge kümmern müssen.
Gen. Borchert stellte in diesem Zusammenhang die Frage, ob diese Gruppe vorteilhafter ihm oder Gen. Wendland zu unterstellen wäre. Gen. Oberst Heinitz plädierte dafür, diese Gruppe bei der Abt. I A zu belassen."[73]

Als Präsident des Obersten Gerichts amtierte von 1960 bis 1986 Heinrich Toeplitz, der zugleich von 1966 bis 1989 stellvertretender Vorsitzender der CDU war. Er hatte seine Laufbahn Ende 1950 als Staatssekretär im Justizministerium unter Hilde Benjamin begonnen und in seiner damaligen Funktion als stellvertretender Generalsekretär willig am politischen Gleichschaltungsprozeß der CDU und der Ausschaltung „reaktionärer Kräfte" mitgewirkt.[74] Als Präsident des Obersten Gerichts zeigte Toeplitz, wie es in einer MfS-Beurteilung heißt, „dem MfS gegenüber eine gute Einstellung".[75]

Die Strafsenate und die Kaderabteilung unterstanden jedoch nicht dem Präsidenten, sondern dem (ersten) Vizepräsidenten. Diese Schlüsselposition besetzte von 1962 bis 1977 Walter Ziegler[76], ein Altkommunist (KPD-Eintritt 1931). Danach übernahm Günter Sarge dieses Amt, der seit 1963 das Militärkollegium des Obersten Gerichts geleitet hatte, zuletzt im Range eines Generalmajors. Im Juni 1986 wurde Sarge als Nachfolger von Toeplitz Präsident des Obersten Gerichts.

In einer Beurteilung der Hauptabteilung I/MfNV-1 des MfS aus dem Jahre 1976 ist unter Punkt 6.1 „Verhältnis zum MfS – offizielle Zusammenarbeit" vermerkt:

---

73 Kopf: „Gen. Lohmann [Leiter der AGR] zur Information" vom 6.8.1969, gez. (unleserliche Handschrift); BStU, ZA, HA IX-4995, Bl. 21.
74 Vgl. Markus Kiefer: Innerparteiliche Lenkungs- und Kontrollstrukturen der CDUD und deren Wirksamkeit von 1952 bis 1989, in: Michael Richter: Die Ost-CDU. Beiträge zu ihrer Entstehung und Unterstützung, Weimar 1995, S. 146.
75 HA V/1: Analyse über das Oberste Gericht der DDR vom 30.10.1961, S. 2; BStU, ZA, HA XX-Bündel 1010.
76 Ziegler war bereits 1954-57 als Vizepräsident am Obersten Gericht tätig gewesen. Er fiel wegen „liberalistischer Tendenzen" im Prozeß gegen Janka in Ungnade und wurde auf Beschluß des SED-Politbüros (Jan. 1958) an das Bezirksgericht Frankfurt (Oder) strafversetzt. Dort bewährte er sich mit drakonischen Urteilen. Vgl. Werkentin: Politische Strafjustiz, S. 319f.

„Generalmajor Dr. Sarge ist am Ausbau eines vertrauensvollen Verhältnisses zum zuständigen operativen Mitarbeiter der HA I bemüht. Er
sucht von sich aus Möglichkeiten zu Beratungen und Informationen
sowohl über Probleme seines Kollektivs als auch der nachgeordneten
Militärgerichte und der Rechtsprechung in Militärstrafsachen.
Ein besonders gutes Verhältnis besteht seitens des Gen. Sarge zum
Untersuchungsorgan des MfS. Häufig finden vor Verhandlungen über
Staatsverbrechen, deren Vorsitz Generalmajor Dr. Sarge selbst übernahm, Absprachen mit den Genossen des Untersuchungsorgans statt.
Die getroffenen Vereinbarungen werden durch Gen. Sarge stets einge-
halten."

Unter Punkt 8 „Schlußfolgerungen" heißt es dann:

„Es ist vorgesehen, Generalmajor Dr. Sarge zum 1. Vizepräsidenten des
Obersten Gerichts zu berufen.
Die erforderlichen Entscheidungen werden gegenwärtig noch beraten.
Durch die HA IX des MfS wurde vorgeschlagen, Generalmajor Dr.
Sarge zum 1. Vizepräsidenten zu berufen und ihn gleichzeitig in seiner
Funktion als Vorsitzenden des Militärkollegiums zu belassen.
Es wird gegenwärtig eingeschätzt, daß es derzeitig im Militärkollegium
des Obersten Gerichts der DDR keinen entsprechenden Nachfolger für
Generalmajor Dr. Sarge gibt."[77]

Diese Beurteilung ist in mehrfacher Hinsicht aufschlußreich: Sie belegt
die Praxis direkter Absprachen zwischen dem Untersuchungsorgan des
MfS und dem Vorsitzenden Richter bei „Staatsverbrechen" und läßt zu-
gleich den Einfluß des MfS auf die Besetzung leitender Positionen am
Obersten Gericht erkennen. Wie vorgesehen, übernahm Sarge (dessen
Ehefrau Mitarbeiterin des MfS war) 1977 mit dem Ausscheiden Zieglers
die neugeschaffene Position des 1. Vizepräsidenten, als Vorsitzender des
Militärkollegiums rückte im Dezember 1977 Lothar Penndorf nach.

Eine enge Zusammenarbeit auf offizieller Ebene dürfte es wohl mit
allen Vorsitzenden des Militärkollegiums gegeben haben, da hier die im
eigentlichen Sinne sicherheitsrelevanten Vorgänge verhandelt wurden.
Von etwas anderer Natur waren die Beziehungen zum stellvertretenden
Vorsitzenden des Militärkollegiums Alfred Hartmann, der als MfS-
„Offizier im besonderen Einsatz" von der Hauptabteilung IX geführt wurde. Damit stellte das ermittelnde Untersuchungsorgan zugleich den Richter! In der MfS-Kaderkarteikarte ist hierzu vermerkt:

„1.9.62 wird Major H. von seiner Funktion als Instrukteur der HA IX
entbunden und für die Funktion als Stellvertreter des Leiters des Mili-

---

77 HA I/MfNV-1: Einschätzung leitender Kader vom 16.4.1976; BStU, ZA, AP 34045/92;
Bl. 82ff. Die „Einschätzung" wurde vom Leiter der HA I/MfNV, Oberstleutnant Gra-
wunder, bestätigt.

tärsenats beim Obersten Gericht freigestellt. Gen. Major H. verbleibt als Offizier im bes. Einsatz mit allen Rechten und Pflichten in der Kaderreserve des MfS."[78]

Die Biographie Hartmanns (Jg. 1925) ist in vielem typisch für die sozialistischen Justizfunktionäre der ersten Generation. Als junger Mann ohne Schulabschluß und Berufsausbildung trat er nach Kriegsende der KPD bei und fand wenig später bei der Volkspolizei eine feste Anstellung. Seit 1949 wirkte er als Volksrichter, zuletzt als Oberrichter am Bezirksgericht Karl-Marx-Stadt. 1955 übernahm er den „Lehrstuhl für Staat und Recht" an der MfS-Hochschule. Vier Jahre später schloß er ein Fernstudium als Diplom-Jurist ab und wechselte im selben Jahr zur Hauptabteilung IX. 1962 als OibE an das Oberste Gericht versetzt, wirkte Hartmann als Stellvertreter Sarges und führte in dieser Funktion auch den Vorsitz in einem der beiden Militärstrafsenate. Ende 1971 verließ er nach heftiger Kritik an seinem Führungsstil das Oberste Gericht und ließ sich anschließend als Rechtsanwalt in Potsdam nieder. Auch in dieser Funktion war er dem MfS zu Diensten und wurde als Verteidiger in Militärstrafsachen eingesetzt.

Wenngleich die konkreten Beziehungen des MfS zu den zentralen Justizorganen noch einer genaueren Erforschung bedürfen, so lag das letzte Wort doch stets bei der Parteiführung, in deren Nomenklatur die leitenden Positionen erfaßt waren. Auch der Einsatz von MfS-Offizieren im besonderen Einsatz dürfte nicht ohne Wissen und Billigung der ZK-Abteilung Staats- und Rechtsfragen erfolgt sein.[79] Als ihr langjähriger Leiter wirkte von 1957 bis 1989 Klaus Sorgenicht. Als Leiter des Sektors Justiz amtierte seit 1975 Siegfried Heger, der damit für alle Justizorgane – mit Ausnahme der Militärstaatsanwaltschaft und der Militärgerichte – zuständig war. Innerhalb der ZK-Abteilung lief der Informationsweg vom Sektorenleiter Justiz zum Abteilungsleiter und von dort zum ständigen ZK-Sekretär. In unserem Zeitraum waren dies Friedrich Ebert, der dem Politbüro bis 1979 angehörte, danach Paul Verner und seit 1983 Egon Krenz, der zugleich für die ZK-Abteilung Sicherheit (und damit auch für die Militärjustiz) zuständig war.

IX.

In besonders brisanten Fällen unterrichtete Mielke Honecker persönlich und stimmte mit ihm im Anschluß an die wöchentliche Politbürositzung das weitere Vorgehen ab. So 1979 mehrfach im Devisenverfahren gegen Havemann. Hier findet sich in den Handakten des MfS-Untersuchungs-

---

78 BStU, ZA, KKK Alfred Hartmann. Vgl. auch: BStU, ZA, KS 215/72 und ASt Potsdam, KS II 215/77.
79 Zur Entwicklung und Struktur vgl. Hubert Rottleuthner: Zur Steuerung der Justiz in der DDR, in: Rottleuthner (Hrsg.): Steuerung der Justiz, S. 43–52.

führers – nach außen wurde das Verfahren als Ermittlungsverfahren des Zollfahndungsdienstes legendiert – beispielsweise eine von Honecker am 15. Mai abgezeichnete „Konzeption zum Abschluß des Strafverfahrens gegen Robert Havemann". Da Havemann den vorgesehenen Strafbefehl nicht akzeptierte (25.5.), erwies sich die Durchführung einer gerichtlichen Hauptverhandlung als unumgänglich. Am 4. Juni zeichnete Mielke den „Vorschlag zur Durchführung der Hauptverhandlung" ab, der mit dem Satz schloß: „Der vorliegende Vorschlag ist mit dem Generalstaatsanwalt, dem Obersten Gericht und dem Ministerium für Justiz abgestimmt." Am 20. Juni erfolgte dann, wie vorgesehen, die Verurteilung Havemanns durch das Kreisgericht Fürstenwalde zu einer Geldstrafe über 10.000 Mark.

Drei Jahre zuvor, im November 1976, hatte dasselbe Kreisgericht Havemann in einer Blitzaktion die berüchtigte Aufenthaltsbeschränkung auferlegt. Als Begründung wurde eine Verordnung von August 1961 (Mauerbau) herangezogen, da das Strafgesetzbuch der DDR eine solche Maßnahme in *dieser* Form gar nicht kannte (laut StGB nur als Zusatzstrafe). Als Rechtsanwalt Götz Berger im Auftrag Havemanns gegen das Urteil Berufung einlegte, wurde ihm wenige Tage später vom Justizministerium die Zulassung entzogen. Auch das Bezirksgericht Frankfurt (Oder), das über die Berufung zu befinden hatte, entschied nicht selbständig, sondern übernahm wortwörtlich den auf zentraler Abstimmungsebene erarbeiteten (und vermutlich vom MfS angefertigten) Entwurf für den Verwerfungsbeschluß.[80]

Auch im Strafverfahren gegen Rudolf Bahro, der wegen seiner marxistisch fundierten Kritik am bürokratisch deformierten Sozialismus am 30. Juni 1978 vom Stadtgericht Berlin zu acht Jahren Gefängnis verurteilt worden war, führte das MfS die Regie. Noch vor Fertigstellung der Anklageschrift (12.6.) legte das MfS am 29. Mai in einem „Prozeßvorschlag" den Vorsitzenden Richter, den Prozeßtermin und den Strafrahmen (8–10 Jahre) fest. Der beiliegende Entwurf einer ADN-Pressemeldung wurde von Honecker handschriftlich redigiert, die Reinschrift (8.6.) mit „E.H." abgezeichnet. Damit stand die Verurteilung fest, noch bevor dem Gericht die Anklageschrift überhaupt vorlag. Bahro selbst wurde sie erst am 17. Juni, neun Tage vor Verhandlungsbeginn, zur Kenntnis gegeben.

Eine von Generalstaatsanwalt Streit zusätzlich erwogene Anklage wegen staatsfeindlicher Hetze gemäß § 106 StGB war ebenfalls mit Mielke besprochen und von ihm letztendlich verworfen worden (2.6.). Nach der MfS-Konzeption sollte Bahro wegen Geheimnisverrat und nachrichtendienstlicher Tätigkeit verurteilt werden, jedoch jede inhaltliche Auseinandersetzung mit seinem Buch „Die Alternative" unterbleiben. In diesem

---

80 Vgl. dazu ausführlich Teil II der gutachterlichen Stellungnahme des Verfassers für das Landgericht Frankfurt (Oder) in der Strafsache gegen Hauke u.a. [sog. Havemann-Prozeß].

Sinne wurde auch der Entwurf der Anklageschrift, der dem MfS vorlag, abgeändert. Aus demselben Grund lehnte Mielke auch den drei Tage vor Prozeßbeginn unterbreiteten, bereits zwischen der Hauptabteilung IX, dem Generalstaatsanwalt und dem Obersten Gericht abgestimmten Vorschlag (23.6.) ab, Bahro zusätzlich mit einem Teilvermögenseinzug zu bestrafen. Da Bahro somit auch nach der Verurteilung über die Honorare aus der Buchveröffentlichung hätte verfügen können, veranlaßte Mielke, daß dies vom MfS auf konspirativem Wege verhindert wurde. Es realisierte damit de facto die gerichtlich nicht verhängte Zusatzstrafe. Das mit 32 Seiten relativ umfangreiche Urteil wurde Bahro am 1. Juli zur Kenntnisnahme vorgelegt; es dürfte deshalb – zumindest in weiten Teilen – bereits vor dem letzten Verhandlungstag (28.6.) verfaßt worden sein.[81]

Mit der Verurteilung Bahros zu einer achtjährigen Freiheitsstrafe blieb das Gericht unter dem Strafantrag des Staatsanwalts, der neun Jahre gefordert hatte. Als Ausdruck richterlicher Unabhängigkeit wird man dies angesichts des gesamten Verfahrens kaum werten können. Sowohl die juristische Begründung wie das Strafmaß stellten selbst nach DDR-Maßstäben eine exzessive Rechtsbeugung dar.[82]

Die unmittelbare Einschaltung Honeckers läßt sich an zahlreichen Beispielen belegen, sie erfolgte auch bei Strafverfahren ohne politischen Hintergrund. So beispielsweise 1973 bei dem Todesurteil gegen einen Mann, der einen Polizisten ermordet hatte, um mit dessen Dienstwaffe seine geschiedene Ehefrau töten zu können. Das Ermittlungsverfahren wurde von der Abteilung IX der Bezirksverwaltung Erfurt geführt. In ihrem Prozeßvorschlag vom 11. April 1973, der Mielke zur Bestätigung vorlag, heißt es: „Mit der Durchführung der gerichtlichen Hauptverhandlung gegen L. vor erweiterter Öffentlichkeit wird eine effektive Auswertung der Untersuchungsergebnisse, insbesondere zur Erhöhung der Wachsamkeit und Verbesserung der Arbeit der Sicherheitsorgane angestrebt. [...] Als Teilnehmerkreis werden deshalb etwa 30 VP-Angehörige aus dem Bereich der BDVP Erfurt vorgeschlagen.
Der Vorgang ist an den Staatsanwalt zur Anklageerhebung übergeben.
Es ist vorgesehen, daß der Staatsanwalt des Bezirkes die Anklage vertritt. Gegen L. soll nach bisherigen Vorstellungen die Höchststrafe verhängt werden.
Der Termin der Hauptverhandlung steht noch nicht fest. Die Hauptverhandlung soll jedoch so bald wie möglich – eventuell noch im Mai 1973 – durchgeführt werden."
Noch vor Anklageerhebung legte dann am 10. Mai der Generalstaats-

---

81 Ebenda, Teil I, S. 93–101.
82 Die 22. Große Strafkammer des Berliner Landgerichts verurteilte deshalb die beteiligten DDR-Richter wegen Rechtsbeugung und Freiheitsberaubung zu Bewährungsstrafen von 18 und 15 Monaten. Vgl. Süddeutsche Zeitung vom 7.7.1996.

anwalt Honecker den beabsichtigten Strafantrag förmlich zur Bestätigung vor. Eine Woche später erhielt der Bezirksstaatsanwalt aus Berlin die Anweisung, vor dem Bezirksgericht Erfurt die Todesstrafe zu beantragen. Bemerkenswert ist in diesem Verfahren ferner, daß Mielke zweimal eine entsprechende MfS-Information mit „Einverstanden" abzeichnete (11.4. und 30.4.), noch bevor der Bezirksstaatsanwalt selbst einen schriftlichen Bestätigungsantrag für den Strafvorschlag bei der Generalstaatsanwaltschaft eingereicht hatte (4.5.).

Der zeitliche Ablauf läßt darauf schließen, daß der Antrag auf Todesstrafe zunächst auf oberer Ebene zwischen MfS und Generalstaatsanwaltschaft „abgestimmt" wurde. Erst nach erfolgter Abstimmung stellte dann der Bezirksstaatsanwalt den förmlichen Bestätigungsantrag – „Prüfung und Entscheidung über meinen Strafvorschlag" – an die Generalstaatsanwaltschaft, die daraufhin ihrerseits Honecker einschaltete, der de facto als oberster Gerichtsherr fungierte. Zu vermuten, jedoch nicht quellenmäßig zu belegen ist, daß Honecker zu diesem Zeitpunkt bereits von Mielke entsprechend vorab informiert war. Nachdem bereits vor Anklageerhebung die Zustimmung Mielkes und Honeckers vorlag, nahm das weitere Verfahren seinen Lauf: Das Bezirksgericht Erfurt verurteilte antragsgemäß den Angeklagten zur Todesstrafe (6.6.), das Oberste Gericht verwarf die Berufung des Verteidigers (25.6.), der Staatsrat lehnte das Gnadengesuch ab (27.8.). Das Todesurteil wurde am 2. Oktober 1973 vollstreckt.[83]

X.

Die geradezu klassische Definition der politischen Justiz stammt von Otto Kirchheimer. Er schrieb 1955: „Wenn gerichtsförmige Verfahren politischen Zwecken dienstbar gemacht werden, sprechen wir von politischer Justiz."[84] Hierfür bieten das weitgefächerte politische Strafrecht der DDR und seine Anwendung bis zur „friedlichen Revolution" im Herbst 1989 ein reichhaltiges Anschauungsmaterial.

Ein bemerkenswertes Zeugnis aus den Tagen des parteiinternen Umbruchs stellt ein Thesenentwurf dar, den die Leitung der SED-Grundorganisation innerhalb der Hauptabteilung IX am 15. November 1989 vorlegte. Er beklagte die „Kriminalisierung Andersdenkender" und oszillierte zwischen partiellem Unrechtsbewußtsein und apologetischer Schuld-

---

83 Gutachterliche Stellungnahme des Verfassers, Teil I, S. 85–89. Weitere Beispiele für die politische Steuerung der Justiz in der Ära Honecker bei Hans-Jürgen Grasemann: Die Anleitung der Staatsanwaltschaft, in: Materialien der Enquete-Kommission, Bd. IV, S. 487–531, bes. 519ff.
84 Otto Kirchheimer: Politische Justiz (1955), in: ders.: Funktion des Staates und der Verfassung. Zehn Analysen, Frankfurt/M. 1972, S. 143–185, hier 143.

abwälzung. Eindeutig war jedoch die Feststellung: „Da die Politik der Parteiführung Rechtsbruch einschloß, ist die Vollstreckung von Beschlüssen der Parteiführung mit rechtlichen Mitteln durch die Linie Untersuchung prinzipiell von diesen Rechtsbrüchen nicht zu trennen."[85]

Das Ausmaß der politischen Steuerung läßt sich annäherungsweise auf verschiedenen Ebenen qualitativ beschreiben. So führte Ekkehard Kaul, zuletzt Staatsanwalt beim Generalstaatsanwalt der DDR, rückblickend aus: „Daß wir nur Mittler, ja eigentlich Statisten waren, die Staatsanwälte, im Verhältnis zum MfS. Mittler für das, was vom Politbüro der SED über den Minister für Staatssicherheit, oder vom MfS festgelegt, dann durch uns bis zum Gericht ging."[86] Und Rudi Beckert beschrieb aus seiner Kenntnis als Oberrichter am Obersten Gericht (1971–1990) in einem Interview die Praxis mit den Worten: „Die Richter, die in politischen Sachen tätig waren, sind generell dazu verpflichtet und auch darauf ausgerichtet gewesen, den Willen dieser Leute zu erfüllen. Sie waren Vermittler des Willens der Staatssicherheit."[87]

Die Beschreibung der Rolle des Staatsanwalts und des Richters in den politischen Ia-Verfahren als Mittler bzw. Vermittler des Willens der Staatssicherheit gibt meines Erachtens eine zutreffende Charakterisierung des realen Verhältnisses von MfS und Justiz. Das MfS agierte im Auftrag der SED-Führung und besaß als Generalunternehmer für Sicherheit eine dominante Stellung im Herrschaftssystem der DDR. Sein Einfluß reichte deshalb auch weit über die üblichen Befugnisse eines Untersuchungsorgans hinaus und endete keineswegs mit der Abgabe des Ermittlungsverfahrens an den Staatsanwalt. Es verkörperte in diesen Verfahren gewissermaßen den politischen Willen, der von den Justizorganen entsprechend ihrer jeweiligen Zuständigkeit umzusetzen war. Die Umsetzung des politischen Willens in Strafverfahren zur Verfolgung des politischen Gegners oder anderer Formen politisch abweichenden Verhaltens erfolgte jedoch in funktionaler Eigenverantwortung der Justizorgane. Das MfS konnte den Staatsanwälten und Richtern keine Befehle erteilen, da keine unmittelbaren Weisungs- und Unterstellungsverhältnisse bestanden. Als sozialistische Justizfunktionäre transformierten sie in eigener Verantwortung den politischen Willen in juristisches Handeln. Insofern wirkten sie als Mittler des politischen Willens der Staatssicherheit. Da jedoch die Staatsanwälte und Richter auf allen Ebenen an den Verfahren aktiv und eigenverantwortlich mitwirkten, läßt sich ihre Rolle nicht auf die eines bloßen Statisten reduzieren.

---

85 Schritte zur Erneuerung – Position der Leitung der Grundorganisation IX vom 15.11.1989; BStU, ZA, HA IX-Bdl 589.
86 So in einem Interview mit Gilbert Furian: Der Richter und sein Lenker. Politische Justiz in der DDR, Berlin 1992, S. 54.
87 Ebenda, S. 22.

Folgt man den jährlichen Einschätzungen der Hauptabteilung IX, so funktionierte aus Sicht des MfS die Zusammenarbeit mit den staatlichen Justizorganen reibungslos. So heißt es beispielsweise 1973:

„Zwischen der Leitung der HA IX und den Dienststellen des Generalstaatsanwaltes der Deutschen Demokratischen Republik von Groß-Berlin sowie des Militäroberstaatsanwaltes wurde bei exakter Abgrenzung der Verantwortung und strengster Wahrung der Konspiration kameradschaftlich zusammengearbeitet und sich gegenseitig unterstützt. Alle grundsätzlichen Probleme konnten in Beratungen, Absprachen und Konsultationen geklärt und die gemeinsamen Aufgaben gut gelöst werden [...] Im Zusammenwirken mit dem Staatsanwalt im Ermittlungsverfahren sowie in der vorbeugenden Arbeit gab es 1973 keine wesentlichen Probleme. Auftretende unterschiedliche Meinungen konnten in Beratungen stets geklärt werden, so daß letztlich einheitliche Rechtsauffassungen vorhanden waren."[88]

Zwei Jahre später ist zu lesen: „Die Tätigkeit der Untersuchungsorgane des MfS wurde von der Staatsanwaltschaft und den Gerichten nicht kritisiert."[89] Die enge Zusammenarbeit wurde allgemein als gemeinsamer Klassenauftrag begriffen, abweichende Auffassungen nach Möglichkeit bereits im Vorfeld geklärt. In der gerichtlichen Hauptverhandlung erfolgte dann routinemäßig die förmliche Sanktionierung der MfS-Verfahren. Dem MfS kam es dabei vor allem auf die Verurteilung und die Festlegung des Strafrahmens an, weniger auf die genaue Strafhöhe. Das gerichtlich verhängte Strafmaß konnte in einer gewissen Bandbreite vom Antrag des Staatsanwalts abweichen, ohne daß die Staatssicherheit deshalb vorstellig wurde. Nur selten bedurfte es weiterer Eingriffe, wie man unter anderem einer Analyse aus dem Jahre 1981 entnehmen kann: „In einigen Fällen machten sich auf Grund von Hinweisen der Linie IX durch die zentralen Rechtspflegeorgane Korrekturen von fehlerhaften Rechtsauffassungen von Staatsanwälten und Gerichten in den Bezirken notwendig."[90] Zu heftiger Gerichtsschelte, wie noch in den sechziger Jahren durchaus üblich, bestand kaum mehr Anlaß.

Kennzeichnend für die DDR-Justiz während der Ära Honecker scheint mir jedoch im Vergleich zu früheren Jahrzehnten weniger die krasse Willkür in Einzelverfahren zu sein, die es stets gab. Auch blieb der direkte politische Durchgriff von oben jederzeit möglich, doch im Normalfall bedurfte es solcher Methoden nicht mehr. Die Justiz erfüllte weithin selb-

88 HA IX: Analyse über die Entwicklung und die Wirksamkeit der politisch-operativen Arbeit der Linie IX im Jahre 1973 von Januar 1974; BStU, ZA, HA IX-2857, Bl. 147.
89 HA IX: Analyse über die Entwicklung und die Wirksamkeit der politisch-operativen Arbeit der Linie IX im Jahre 1975 von Januar 1976; BStU, ZA, HA IX-2802, Bl. 113.
90 HA IX: Analyse über die Entwicklung und die Wirksamkeit der politisch-operativen Arbeit der Linie IX in der Zeit vom 1.1.1981 bis 30.9.1981 von Oktober 1981; BStU, ZA, HA IX-2806, Bl. 91.

ständig ihren „Klassenauftrag"; hierfür sorgten schon die Kaderauswahl, die alltäglichen Formen der Justizlenkung und das bereitgestellte Strafrecht. Man würde jedoch den Charakter der DDR-Justiz grundlegend verkennen, wollte man diese Entwicklung als Zunahme relativer Autonomie und allmählicher Emanzipation vom Gängelband der „führenden Partei" deuten. Die Feststellung einer relativen Autonomie der Justiz im Bereich des Zivil-, Familien- und Arbeitsrechts besagt noch nichts über die vom MfS ermittelten Verfahren, die mit geringen Ausnahmen dem Bereich des politischen Strafrechts zuzuordnen sind. Auch blieb die Instrumentalisierung von Recht und Justiz nicht auf den politischen Bereich begrenzt. Man denke nur an die skrupellose Ausplünderung privater Kunstsammler mittels der Steuerstrafverfahren.[91]

Eine unabhängige Justiz hat es in der DDR nie gegeben. Die sozialistische Rechtswissenschaft selbst hat nie verhehlt, „daß die Unabhängigkeit der Rechtsprechung im Sinne der bürgerlichen Gewaltenteilung dem Sozialismus und dem mit ihm erstmals verwirklichten Prinzip der Volkssouveränität wesensfremd ist".[92] So etwa Justizminister Wünsche 1970. Das Recht war und blieb im sozialistischen Selbstverständnis ein Instrument der politischen Machtsicherung. Die unverkennbare Tendenz zu einer stärkeren Normierung und Verrechtlichung gegenüber dem offenen Justizterror der frühen Jahre zur Umgestaltung der gesellschaftlichen Verhältnisse bedeutete deshalb keine Abkehr vom Konzept des Klassenkampfes, sondern reflektierte in erster Linie die gewandelten innen- und außenpolitischen Konstellationen. Es war primär der außenpolitische Anpassungsdruck im Zuge des KSZE-Prozesses, der in politischen Verfahren eine Zügelung und Mäßigung des strafrechtlichen Verfolgungswillens bewirkte. Die Pflege der internationalen Reputation erforderte die stärkere Rücksichtnahme auf gewisse juristische Mindeststandards und internationale Rechtsabkommen.[93] Doch es blieb beim „simulierten Verfassungsstaat"[94], wie die von Erich Honecker abgezeichneten Prozeßvorschläge des MfS sinnfällig belegen.

Hinter der ausgehöhlten, notdürftig getünchten Fassade scheinbar rechtsstaatlicher Normen und Verfahren hauste auch weiterhin der totalitäre Maßnahmestaat. Im Vorgarten jedoch hegte man den schönen Schein der Normalität.

---

91 Vgl. beispielsweise die Entscheidung des Brandenburgischen Oberlandesgerichts im Rehabilitierungsverfahren Werner Schwarz (Az. 1 WS Reha 115/95). Ausführlicher Bericht in: Frankfurter Allgemeine Zeitung vom 3.5.1996.
92 Kurt Wünsche: Zur Wahl der Richter und Schöffen der Kreisgerichte sowie der Mitglieder der Schiedskommissionen, in: Neue Justiz 24(1970), S. 33.
93 Dies liest sich in der letzten Jahresanalyse der HA IX für das Jahr 1988 dann so: „Noch nachdrücklicher steht vor der Linie IX die Aufgabe, stets zu beachten, daß ihr Handeln auch internationalen Maßstäben gerecht werden muß." BStU, ZA, HA IX 540, Bl. 103.
94 So der treffende Begriff bei Werkentin: Politische Strafjustiz, S. 300.

Walter Süß

Politische Taktik und institutioneller Zerfall

MfS und SED in der Schlußphase des Regimes

Die Geschehnisse im Herbst 1989 bergen noch immer eine Reihe offener Fragen: Warum hat das alte Regime seine Machtmittel – Polizei, Armee und vor allem die Staatssicherheit – nicht eingesetzt, um sich brachial zu verteidigen, als das aus seiner Sicht noch möglich scheinen mochte? Mit welcher Taktik haben die Machthaber versucht, das Regime zu retten? Wie hat sich der Staatssicherheitsdienst in diesen Konflikten verhalten, hat er eigenständig agiert oder noch immer auf die Vorgaben der Partei gewartet? Entscheidende Voraussetzungen für die politische Entwicklung in diesen Monaten waren, so meine Ausgangshypothese, Zerfallserscheinungen im Machtapparat, die durch die Desintegration des sowjetischen Hegemonialbereichs, die auch auf die herrschende SED ausstrahlten, durch die Fluchtwelle und durch das Anwachsen zivilen Widerstands ausgelöst wurden. Nach einer kurzen Phase verschärfter Repression hat das alte Regime auf eine Politik der Befriedung gesetzt. Dabei entsprach die Taktik von SED und MfS im Übergang zu einer Politik der „Liberalisierung" grundsätzlich den Mustern, die die Transitionsforschung in der vergleichenden Analyse des Endes anderer Diktaturen herausgearbeitet hat. Der weitere Fortgang dieses Prozesses allerdings war stark durch die spezifisch deutsche Konstellation geprägt.

Die Krise

Die Frage, wann die finale Krise der SED-Diktatur begonnen hat, ist kaum eindeutig zu beantworten. Es ließen sich jeweils gute Gründe für eine Datierung auf die Jahre 1949, 1953, 1961, 1968, 1981 oder 1985 finden. Die Wahl des jeweiligen Einschnittpunktes hängt davon ab, welche Faktoren man zur Erklärung der Krise heranzieht: die Struktur des Herrschaftssystems; fehlende Legitimität; die Krise der Ideologie; ein innovationsfeindliches und unproduktives Wirtschaftssystem; die Erschöpfung von Wachstumspotential und sozialer Dynamik; der Verfall des sowjetischen Imperiums. Die folgende Darstellung wird sich auf zwei Aspekte beschränken, die für diese Diktatur auch in der Phase ihres Zusammenbruchs von fundamentaler Bedeutung waren: ihre bündnispolitische Einbindung und das wie auch immer motivierte Stillhalten, die zumindest äußere

Loyalität der größten Teile der Bevölkerung. Unter beiden Aspekten brachte das Jahr 1989 schon vor dem Herbst gravierende Veränderungen.[1]

Die bündnispolitische Einbindung der DDR wie der anderen osteuropäischen Staaten hatte in den Jahrzehnten zuvor immer auch eine sowjetische Bestandsgarantie für die jeweilige Parteidiktatur bedeutet, kodifiziert in der „Breshnew-Doktrin"[2]. Im Zuge der Perestroika in der UdSSR, vor allem aber der Umorientierung der sowjetischen Außenpolitik in Richtung einer grundlegenden Verbesserung ihrer Westbeziehungen, wurde diese Bestandsgarantie faktisch widerrufen. Bereits im Januar 1989, auf der KSZE-Folgekonferenz in Wien, wurde sichtbar, daß das „sozialistische Lager" als einheitlicher Akteur unter sowjetischer Hegemonie nicht mehr existierte.[3] Im Frühjahr wurde in Ungarn und in Polen mit der Opposition am „Runden Tisch" verhandelt, ohne daß die Sowjetunion gegen dieses noch wenige Jahre zuvor undenkbare Geschehen irgend etwas unternommen hätte. Bei einem der letzten Gipfeltreffen des Warschauer Pakts, im Juli 1989 in Bukarest, wurde die Breshnew-Doktrin dann auch explizit, wenngleich nicht unter dieser Bezeichnung, verworfen. Die Teilnehmerstaaten proklamierten „die Unzulässigkeit einer direkten und indirekten Einmischung in die inneren Angelegenheiten anderer Staaten"[4], ließen den Schutzaspekt aber unerwähnt.

Charakteristisch für die Intra-Block-Politik der SED-Führung in jenen Monaten war, daß sie einerseits an ihrer politischen Grundposition verbissen festhielt, andererseits aber bemüht war, einen offenen Konflikt mit der sowjetischen Führungsmacht, auf deren Schutzgarantie sie mehr als jeder andere Staat im Warschauer Pakt angewiesen war, zu vermeiden. Nur so glaubte sie, den politischen Druck abwehren zu können, die Perestroika auf die DDR auszuweiten. Ihre eigene Politik lief darauf hinaus, sich einzuigeln, an den überkommenen Strukturen starr festzuhalten und die Perestroika als sowjetische Angelegenheit zu deklarieren.

Die Konsequenz aus dieser Konstellation war, daß das DDR-Regime im Falle eines offenen innergesellschaftlichen Konflikts spätestens seit dem Sommer 1989 auf keine „brüderliche Hilfe" aus der Sowjetunion mehr rechnen konnte. Das bedeutete nicht nur, daß die Panzer der Westgruppe der sowjetischen Streitkräfte in den Kasernen bleiben würden. Es implizierte auch, daß es „danach" keine wirtschaftliche Unterstützung geben würde, wie sie 1969 dem tschechoslowakischen Regime und 1982 den

---

1 Die folgende Skizze basiert auf Vorarbeiten zu einer umfangreichen Monographie zu Staatssicherheitsdienst und Krise im Jahre 1989.
2 Vgl. Jens Hacker: Der Ostblock. Entstehung, Entwicklung und Struktur 1939–1980, Baden-Baden 1983, S. 907f.
3 Vgl. Erhard Crome und Jochen Franzke: Die SED-Führung und die Wiener KSZE-Konferenz 1986 bis 1989, in: Deutschland Archiv 26 (1993), S. 905–914.
4 Erklärung der Teilnehmerstaaten des Warschauer Vertrages, in: Neues Deutschland vom 10.7.1989.

Herren des Kriegsrechts in Polen gewährt worden war. Zugleich war die Verschuldung der DDR gegenüber dem Westen katastrophal.[5] Eine westliche Kreditsperre, wie nach der Ausrufung des Kriegsrechts in Polen 1981, hätte den wirtschaftlichen Kollaps herbeigeführt. Die außenpolitische Konstellation – politische Abhängigkeit vom Osten und wirtschaftliche Abhängigkeit vom Westen – engte die Handlungsmöglichkeiten der DDR-Führung enorm ein. Bei nüchterner Betrachtung existierte im Herbst 1989 kein Spielraum für eine erfolgversprechende Repressionskampagne mit dauerhafter Wirkung mehr. Die Schlacht war verloren, ehe sie begonnen hatte. Das galt allerdings nur unter einer Bedingung, die von denjenigen, die meinen, der Umbruch in der DDR sei nur exogen – durch die Perestroika – induziert gewesen, übersehen wird: Diese Voraussetzung war, daß der Druck von unten, in der DDR, stark genug wurde, um das Regime tatsächlich herauszufordern. Die Bürger aber, die damals begannen, sich gegen die Diktatur aufzulehnen, konnten nicht wissen, welche Handlungsalternativen die Mächtigen noch hatten und ob sie überhaupt rational kalkulieren würden.

Die politische Vorgabe der SED-Führung für das MfS war in diesen Monaten: zu verhindern, daß der gesellschaftliche Druck weiter zunahm, und die DDR gegen alle reformerischen Impulse, die sich aus der neuen sowjetischen Politik ergaben, abzuschirmen.[6] Mit Hilfe seines weitverzweigten Netzes von inoffiziellen Mitarbeitern registrierte das MfS akribisch die Reaktionen auf die politische Entwicklung in allen Teilen der Bevölkerung und berichtete darüber an die Parteiführung und die regionalen Parteileitungen. In diesen Berichten sind zahlreiche Zeugnisse sich vertiefender Entfremdung und Zeichen wachsender Zivilcourage zu finden. Das MfS hat diese Lernprozesse registriert, selbst aber kaum allgemeinere Schlußfolgerungen daraus gezogen. Das wäre der Partei vorbehalten gewesen, wie überhaupt diese Situation die Handlungsmöglichkeiten der Staatssicherheit sprengte, was ihren Kadern durchaus bewußt war, und nach politischen Lösungen verlangte, die von der SED-Führung hätten kommen müssen.

Den Stimmungswandel in der DDR-Bevölkerung in diesen Monaten nachzuzeichnen, ist an dieser Stelle nicht möglich[7] – eine Momentauf-

5 Vgl. Maria Haendcke-Hoppe-Arndt: Wer wußte was? Der ökonomische Niedergang der DDR, in: Deutschland Archiv 28 (1995), S. 588–602.
6 Vgl. die Auswertung des 7. ZK-Plenums der SED, das Anfang Dezember 1988 stattgefunden hatte, durch Mielke: „Ausführungen auf der zentralen Dienstbesprechung mit den Leitern der operativen Diensteinheiten des MfS Berlin und den Leitern der Bezirksverwaltungen (Manuskript)" vom 13.12.1988; BStU, ZA, DSt 103534, Bl. 1–145.
7 Ausgewählte Berichte sind dokumentiert in Armin Mitter und Stefan Wolle (Hrsg.): „Ich liebe euch doch alle!" Befehle und Lageberichte des MfS, Januar – November 1989, Berlin 1990; Walter Süß: Die Stimmungslage der Bevölkerung im Spiegel von MfS-Berichten, in: Eberhard Kuhrt (Hrsg.): Am Ende des realen Sozialismus. Beiträge

nahme soll genügen. Ein Stellvertreter Mielkes, Generaloberst Rudi Mittig, schilderte Ende Juni 1989 auf einer Dienstkonferenz der Linie XX, die in besonderem Maße für Überwachung und Unterdrückung oppositioneller Tendenzen zuständig war, die Lage:

> „Nicht zu übersehen ist, daß das Potential unzufriedener Personen anwächst und sich insbesondere auch unter Personenkreisen im Verantwortungsbereich der Linie XX konzentriert, wie Angehörige der kulturell-künstlerischen Intelligenz und künstlerisch tätige Berufsgruppen, Angehörige der wissenschaftlichen Intelligenz, Studenten und Mitglieder und Funktionäre befreundeter Parteien, speziell der LDPD und CDU."[8]

Das war ein breites Unruhepotential, doch es war – soziologisch gesehen – im wesentlichen eine Beschreibung der Intelligenz. Die aus der Sicht von MfS und SED entscheidende Kraft, die „Arbeiterklasse", wurde nicht genannt. Solange es in den Betrieben äußerlich ruhig blieb und keine Verbindung zwischen oppositioneller Intelligenz und Arbeiterschaft zustande kam, die in Polen zur Gründung von „Solidarnosc" geführt hatte, wähnten sich die Mächtigen noch sicher.

Die Staatssicherheit hat versucht, die Entfaltung des Protestpotentials einzudämmen, aber es fehlte ihr dazu der notwendige Handlungsspielraum: Die Ursachen der wachsenden Unzufriedenheit hätte – wenn überhaupt – allenfalls die Partei, nicht der Staatssicherheitsdienst beseitigen können. Gegen den sichtbar werdenden Protest hatte das MfS in den siebziger und achtziger Jahren seine Unterdrückungsmethoden verfeinert, doch die waren zugeschnitten auf einen relativ überschaubaren Kreis „feindlich-negativer Kräfte", vor allem Dissidenten und Antragsteller auf Ausreise. Im großen Maßstab waren etwa „Zersetzungsmaßnahmen" zur präventiven Verhinderung „öffentlichkeitswirksamer Aktionen" nicht anwendbar. Bei Demonstrationen wurden häufig Teilnehmer „zugeführt", sie mußten aber in der Regel binnen 24 Stunden wieder freigelassen werden (Anfang September in Leipzig und generell Anfang Oktober wurde diese Vorschrift verletzt, was erheblichen zusätzlichen Protest auslöste). Schärferer strafrechtlicher Mittel gegen Bürgerrechtler durfte sich das MfS zu dieser Zeit nur in Ausnahmefällen bedienen. Menschen, die bei Fluchtversuchen gefaßt wurden, sind dagegen weiterhin zu mehrjährigen Haftstrafen verurteilt worden.[9] Daraus folgt, daß es sich um besondere

---

zu einer Bestandsaufnahme der DDR-Wirklichkeit in den 80er Jahren, Bd. I, Opladen 1996, S. 237–277.

8   Referat von Generaloberst Mittig auf der Dienstbesprechung mit den Stellvertretern Operativ und den Leitern der Abteilungen XX der Bezirksverwaltungen am 20.6.1989: „Zur vorbeugenden Verhinderung, Aufdeckung und Bekämpfung der politischen Untergrundtätigkeit" (künftig: Referat auf Dienstbesprechung am 20.6.1989); BStU, ZA, ZAIG 4883, Bl. 1–40, hier 37.

9   1988 wurden durch die Untersuchungsabteilung des MfS, die HA IX, gegen 1.869 Personen Ermittlungsverfahren nach § 213 StGB DDR („ungesetzlicher Grenzübertritt")

taktische Vorsicht aus politischen Gründen handelte, nicht etwa um eine grundsätzliche Abkehr von strafrechtlicher Repression als Mittel zur Stabilisierung der Diktatur. Die Ursache für den beschränkten Mitteleinsatz gegen Bürgerrechtler hatte Mielke bereits im Oktober 1988 auf einer Konferenz der osteuropäischen Geheimdienste in Berlin benannt: „Wir dürfen dem Gegner keinerlei Munition liefern, die es ihm gestatten würde, unsere Organe als Störenfriede im Friedens- und Entspannungsprozeß zu bezeichnen."[10] Es sollte nichts unternommen werden, was die DDR-Diplomatie in zusätzliche Schwierigkeiten gebracht hätte.

Generaloberst Mittig erläuterte in der zitierten Rede die Sanktionsmöglichkeiten gegen Bürgerrechtler. Er forderte „zielgerichtete Einflußnahme staatlicher und gesellschaftlicher Kräfte in Koordinierung mit dem konspirativen Einsatz von IM". Das bedeutete in der Konsequenz, wer sich offen für Bürgerrechte einsetzte, sollte mit Hilfe der anderen „staatlichen Kräfte" oder von „IM in Schlüsselpositionen" eingeschüchtert werden, zum Beispiel indem er in seinem beruflichen Fortkommen gehindert wurde. Es gab allerdings immer mehr Menschen, die sich durch Schikanen nicht mehr beeindrucken ließen. Der MfS-General klagte:

„Die Aktualität und Dringlichkeit dieser genannten Aufgaben [...] zeigt sich in der demonstrativen Ignorierung von Belehrungen und erteilten Auflagen, in einem provozierenden Auftreten und der organisierten und rigoroseren Anwendung von Methoden des gewaltfreien Widerstandes gegen polizeiliche Maßnahmen wie Sitzblockaden, Bildung von Menschenketten u.a.m."

Als äußerstes rechtliches Sanktionsmittel gegen unerschrockene Bürgerrechtler wurde von Mittig damals die Verhängung empfindlicher Geldbußen proklamiert. Das war kein sehr wirksames Mittel, um die beginnende Revolution aufzuhalten. Aber selbst die Einleitung von Ordnungsstrafverfahren war an einen bürokratischen Entscheidungsprozeß gebunden. Sie mußten von der Berliner MfS-Zentrale genehmigt werden, denn – so Mittig – „die Gefahr politischer und operativer Fehlentscheidungen mit Wirkungen über das Territorium des Bezirkes hinaus ist zu groß."[11]

Im September spitzte sich die ohnehin angespannte Lage in der DDR noch einmal zu. Mehrere Ereignisse kamen zusammen: Entscheidend war

eingeleitet, 1.173 Personen wurden wegen dieses Straftatbestands verurteilt. HA IX/AKG: „Einschätzung der Wirksamkeit der Untersuchungstätigkeit und Leitungstätigkeit im Jahre 1988" vom Januar 1989; BStU, ZA, HA IX 420, o. P. [S. 5 u. 21]. Zur Repression gegen Ausreisewillige vgl. Bernd Eisenfeld: Die Zentrale Koordinierungsgruppe. Bekämpfung von Flucht und Übersiedlung (Anatomie der Staatssicherheit. Geschichte, Struktur und Methoden. MfS-Handbuch, hrsg. von Klaus-Dietmar Henke, Siegfried Suckut, Clemens Vollnhals, Walter Süß, Roger Engelmann, Teil III/17), BStU, Berlin 1995.

10 „Referat des Mitglieds des Politbüros des ZK der SED und Minister für Staatssicherheit, Armeegeneral Erich Mielke, auf der Tagung der Aufklärungsorgane der sozialistischen Länder, Berlin 17.10.1988"; BStU, ZA, Abt. X, unerschlossenes Material, Bündel 65, S. 9.

11 Referat auf Dienstbesprechung am 20.6.1989; Bl. 22.

die vollständige Öffnung der ungarischen Grenze. Sie manifestierte den endgültigen Zusammenbruch der „Blocksolidarität" und hatte eminente Rückwirkungen in der DDR. Die einsetzende Fluchtwelle gab nämlich denjenigen, die schon länger in Opposition zum Regime standen, das Gefühl, daß nun endlich offen gehandelt werden müsse. Die Gründung des „Neuen Forum" war die wichtigste, aber keineswegs einzige Initiative in dieser Richtung. Daß zur gleichen Zeit in Leipzig Bürgerrechtler bei einer Demonstration verhaftet und erstmals seit längerer Zeit wieder mehrmonatige Haftstrafen gegen Oppositionelle verhängt wurden, wirkte nicht mehr einschüchternd, sondern steigerte die allgemeine Empörung. Die evangelische Kirche, die zuvor schon eine wichtige Rolle als Schutzraum für oppositionelles Denken gehabt hatte, gab auf einer Bundessynode in Eisenach ihre bisherige Zurückhaltung auf und forderte politische Reformen mit dem Ziel einer Demokratisierung des Systems, darunter „demokratische Parteienvielfalt" und „ein Wahlverfahren, das die Auswahl zwischen Programmen und Personen ermöglicht".[12] In den Machtzentralen schrillten nun die Alarmglocken. In einer Politbürositzung unter Leitung von Günter Mittag wurde über die Synode berichtet und erstmals in bezug auf die innere Opposition der Begriff „konterrevolutionär" verwendet.[13] Damit waren sowohl die Beschlüsse der Synode wie auch die neuen Bürgerrechtsorganisationen gemeint.

Die Fluchtwelle über die bundesdeutschen Botschaften in Warschau und Prag, der täglich wachsende zivile Ungehorsam im Innern und ein eher zufälliges, aber bedeutsames Datum, der bevorstehende 40. Jahrestag der DDR, machten eine Entscheidung über das weitere Vorgehen erforderlich. Aus der Perspektive des Regimes hätte die Alternative lauten müssen: Entweder den Versuch zu unternehmen, so wie in Polen 1981 oder wenige Monate zuvor in Peking, durch harte Repression die innere Stabilität wiederherzustellen, oder durch eine begrenzte politische Öffnung integrativ auf die Gesellschaft einzuwirken.

Repression oder Liberalisierung?

Diese Alternative setzt als geschichtliche Möglichkeit voraus, daß seinerzeit im alten Regime Akteure existierten, die für eine integrative Lösung der Krise optiert hätten. Für diese Vermutung sprechen die Ergebnisse der vergleichenden Diktaturforschung. Es gibt kein Beispiel für einen Übergang zur Liberalisierung, „whose beginning is not the consequence –

12 Vgl. Gerhard Rein (Hrsg.): Die Opposition in der DDR. Entwürfe für einen anderen Sozialismus, Berlin 1989, S. 214–217.
13 Protokoll der Sitzung des Politbüros am 19.9.1989; SAPMO-BA, DY 30 / J IV 2/2/2346.

direct or indirect – of important divisions within the authoritarian regime itself, principally along the fluctuating cleavage between hard-liners and soft-liners".[14] Ehe die Frage zu erörtern ist, ob die DDR in dieser Beziehung vielleicht eine Ausnahme war, muß der Begriff „Liberalisierung" erläutert werden. Adam Przeworski hat sie mit folgenden Worten beschrieben:

„Das Projekt der Liberalisierer sieht vor, die soziale Spannung zu entschärfen und die eigene Position im Machtblock zu stärken, indem man die soziale Basis des Regimes verbreitert, das heißt eine gewisse autonome Organisierung der civil society zuläßt und die neuen Gruppen in die autoritären Institutionen einbindet."[15]

Die Perestroika in der Sowjetunion in den Jahren von 1985 bis 1987 war ein typisches Beispiel für eine solche Phase der Liberalisierung.[16] Es geht um eine Befriedungstaktik: Die Bildung neuer ziviler Institutionen wird geduldet, im Unterschied zu einer „Demokratisierung" geht es bei dieser Politik aber nicht um den Aufbau rechtlich geschützter Regeln und neuer Institutionen zur Kontrolle der Macht durch die Gesellschaft oder gar die Ablösung der alten Machthaber. Es wäre also ein Mißverständnis, wenn man Liberalisierer für Demokraten halten würde, wozu sie sich nachträglich gerne stilisieren, oder dort moralische Beweggründe unterstellen würde, wo es um eine Taktik zum Erhalt der Macht ging. Softliner sind eine Vorform von Liberalisierern. Ihr wesentliches Merkmal besteht darin, daß sie an den Erfolg einer repressiven Lösung nicht glauben. Wenn die Wahrnehmung der Krise nicht einfach verdrängt wird, hat das die Konsequenz, daß Softliner nach anderen Möglichkeiten suchen müssen, um für das Regime Stabilität zurückzugewinnen – die Liberalisierung ist eine dieser Optionen.

Sind politische Differenzierungsprozesse, die mit diesen Begriffen angedeutet werden, auch in der SED-Führung nachweisbar? Zweifellos gab es in der DDR – anders als etwa in Ungarn[17] – keine lange Vorlaufphase einer Polarisierung im alten Regime. Die Frage ist, ob unter der Oberfläche bereits eine solche Differenzierung eingesetzt hat, die später aufgrund äußeren Drucks zum Vorschein kam. Meine These ist, daß die DDR in dieser Hinsicht keine Ausnahme war. Es ging in dem beginnenden Differenzierungsprozeß um Probleme wie die Wahrnehmung der Situation, die Frage der Reisefreiheit und den Umgang mit den Montagsdemonstrationen in Leipzig. Allerdings war die Ausdifferenzierung der beiden Akteurs-

14 Guillermo O'Donnell und Philippe Schmitter: Transitions from Authoritarian Rule. Tentative Conclusions about Uncertain Democracies, 4. Aufl., Baltimore, London 1993, S. 19.
15 Adam Przeworski: Spiel mit Einsatz. Demokratisierungsprozesse in Lateinamerika, Osteuropa und anderswo, in: Transit 1 (1990) 1, S. 190–213, hier 192.
16 Vgl. Margareta Mommsen: Wohin treibt Rußland? Eine Großmacht zwischen Anarchie und Demokratie, München 1996, S. 61–84.
17 Vgl. András Bozóki und Bill Lomax: Die Rache der Geschichte: Transitionen in Portugal, Spanien und Ungarn. Einige Vergleiche, in: Berliner Debatte INITIAL 5/1994, S. 47–60.

typen auf seiten des alten Regimes sehr viel weniger deutlich als anderswo. Das galt für die Vertreter beider Handlungsvarianten.

Den Hardlinern um Honecker und Mittag fehlte die Kraft und die Entschlossenheit, eine repressive Lösung mit allen zur Verfügung stehenden Mitteln durchzuziehen. Sie hätten sich dabei nicht nur über die Hindernisse hinwegsetzen müssen, die in der internationalen Lage begründet waren. Ein kaum geringeres Problem war die Frustration ihrer eigenen Basis. Das MfS berichtete damals über „eine erhebliche Zunahme von Erscheinungen der Verunsicherung, der Ratlosigkeit und der Resignation unter Parteimitgliedern, Mitarbeitern des Staatsapparates und weiteren aktiv gesellschaftlich tätigen Personen". Die „progressiven Kräfte" würden davor zurückscheuen, „überhaupt noch Auseinandersetzungen in den Betrieben zu führen"[18]. Das bedeutet, daß für eine restaurative Mobilisierung alle psychologischen Voraussetzungen fehlten.

Sucht man nach Softlinern in der SED-Führung, so sind die ersten, nach denen zu fragen ist, der spätere Nachfolger Honeckers, Egon Krenz, und – im Hintergrund wahrscheinlich wichtiger – der Leiter der Abteilung Sicherheitsfragen im ZK, Wolfgang Herger. Um eine alternative Politik durchzusetzen, hätte freilich Krenz als Mitglied des Politbüros aktiv werden müssen. Mitte September 1989 schrieb er zu seiner Selbstverständigung „Notizen" über die politische Lage in der DDR.[19] Das Papier enthält wenigstens zwei interessante Aspekte: Zum einen zeigt es, daß Krenz sich bewußt war, daß die Basis des Regimes bröckelte, und daß sie nur mit einer Politik zumindest begrenzter Öffnung wieder zu stabilisieren war. Zum anderen wird daraus, *wie* er die politische Situation definiert, deutlich, daß verstärkte Repression keine Lösung sein konnte:

„Die politische Situation ist angespannt, wie ich dies bisher nicht erlebt habe. Mit wem und wo man auch diskutiert, in der Regel wird die Frage aufgeworfen, daß sich in Vorbereitung des XII. Parteitages etwas ändern müsse."[20]

„Aktuell ist die Frage, wie wir mit ‚Andersdenkenden' umgehen. [...] [Es] wird noch nicht alles getan, *mit allen* zu reden, die unserer Politik gegenüber Vorbehalte haben. Wichtig scheint mir das differenzierte Herangehen an diese Gruppen zu sein. [...] Wir dürfen deshalb nicht zulassen, daß jene, die Fragen aufwerfen, als ‚Querulanten' abgestempelt werden. Nur die politische Diskussion auch über komplizierte Fragen wird uns voranbringen."[21]

---

18 ZAIG: „Hinweise über Reaktionen progressiver Kräfte auf die gegenwärtige innenpolitische Lage in der DDR", 8.10.1989; BStU, ZA, ZAIG 4258, Bl. 1–6.
19 „Notizen" 17.9.1989; SAPMO-BA, ZPA, IV 2/2.039/77, Bl. 36–55. Die Autorenschaft von Krenz ergibt sich aus dem Fundort und einem Handschriftenvergleich.
20 Ebenda, Bl. 36.
21 Ebenda, Bl. 47.

Dann allerdings folgte eine typische Einschränkung: „Bei der Vervollkommnung unserer sozialistischen Demokratie geht es [...] um eine bessere Nutzung all unserer Möglichkeiten."[22] Institutionell sollte sich demnach nichts ändern. Darin bestand Einigkeit mit den Hardlinern um Honecker, die dafür zudem keinerlei Notwendigkeit sahen und denen schon deshalb der Gedanke fremd war, einen gesellschaftlichen Dialog zu eröffnen.

Neben Unterschieden in der Lageeinschätzung gab es Differenzen in der Führungsgruppe hinsichtlich des Umgangs mit der Fluchtwelle. Jedem Vertreter des alten Regimes, der noch in der Lage war, die Situation realistisch wahrzunehmen, mußte Anfang Oktober klar sein, daß im eigenen Interesse an Wiedergewinnung von innergesellschaftlicher Stabilität eine neue Initiative notwendig war. Wolfgang Herger, ein langjähriger Mitarbeiter von Krenz, hatte das begriffen und – während sein Chef in China war – drei Entscheidungsvarianten vorbereitet.[23] Krenz hat nach seiner Rückkehr dieses Papier zusammen mit einem Begleitkommentar und der „Bitte um Entscheidung" am 3. Oktober an Honecker geschickt, der noch am gleichen Tag reagiert hat. Es ging um drei verschiedene Optionen: 1. Eine neuerliche Aufforderung an die Bundesregierung, die DDR-Staatsbürgerschaft anzuerkennen; 2. die sofortige Schließung der Grenzen, verbunden mit der gleichzeitigen Ankündigung, daß noch vor Weihnachten 1989 erleichterte Reisemöglichkeiten geschaffen würden; oder 3. eine „sofortige öffentliche Mitteilung, [...] daß die DDR das Recht gewährt, daß jeder DDR-Bürger sein Land verlassen und auch wieder in sein Land einreisen kann."[24]

Hergers Kommentar: „Die 3. Variante ist die beste, weil sie auf eine strategische, also dauerhafte Lösung zielt. Sie würde allerdings den Verlust von weiteren Zehn- oder sogar Hunderttausenden Bürgern bedeuten."[25] Krenz, der in seinen „Notizen" vom September noch die Variante 1 angedacht hatte,[26] hat sich dem nicht angeschlossen. Er empfahl nun Variante 2: Schließung der Grenzen und – das war unterstrichen – Ankündigung größerer Reisefreiheit. Honecker aber wählte allein den repressi-

22 Ebenda, Bl. 52.
23 Vgl. Hans-Hermann Hertle: Der 9. November 1989 in Berlin, in: Materialien der Enquete-Kommission „Aufarbeitung von Geschichte und Folgen der SED-Diktatur in Deutschland" (12. Wahlperiode des Deutschen Bundestages), hrsg. vom Deutschen Bundestag, Baden-Baden 1995, Bd. VII, S. 787–872, hier 811f.; ders.: Chronik des Mauerfalls. Die dramatischen Ereignisse um den 9. November 1989, Berlin 1996, S. 71f.
24 „Vorschläge zur generellen Lösung des Problems der illegalen Ausreisen", Anlage zur Hausmitteilung von Krenz an Honecker vom 3.10.1989 (künftig: „Vorschläge zur generellen Lösung"); BStU, ZA, Rechtsstelle 101, Bl. 2–3.
25 Ebenda, Bl. 3. Zur Autorenschaft Hergers siehe Hertle: 9. November, S. 811.
26 „Denkbar wäre, die Reiseverordnung zu erneuern, davon auszugehen, daß alle Bürger der DDR reisen können, dies öffentlich zu machen und gleichzeitig mitzuteilen, daß diese Reiseverordnung in Kraft tritt, wenn die Regierung der Bundesrepublik Deutschland die Staatsbürgerschaft der Deutschen Demokratischen Republik anerkennt." „Notizen" 17.9.1989, Bl. 54.

ven Teil dieser Variante. Es war die bornierteste aller denkbaren Möglichkeiten, deren Wahl zeigt, daß er blind war für die Lage in der DDR. Noch am gleichen Tag wurde die Grenze zur Tschechoslowakei geschlossen.

Hinsichtlich dieser Variante hatte Herger prognostiziert, sie würde „die Lage im Innern bis zur Nichtmehrbeherrschbarkeit anheizen"[27]. Selten bewahrheiten sich politische Prognosen so schnell wie in diesem Fall. In der Nacht vom 4. auf den 5. Oktober kam es am Dresdener Hauptbahnhof zur Explosion. An der tschechischen Grenze zurückgewiesene Ausreisewillige und Demonstranten lieferten sich heftige Auseinandersetzungen mit Polizei und Staatssicherheit.[28] Es folgten fünf Tage scharfer Repression. In verschiedenen Städten, außer in Dresden vor allem in Leipzig und in Berlin, wurden Demonstrationen mit brutaler Gewalt, unter Einsatz von Schlagstöcken, Wasserwerfern und Hundestaffeln zerschlagen. Insgesamt wurden fast dreieinhalbtausend Personen festgenommen[29]. Auf Weisung von Mielke wurden die meisten länger, als das rechtlich zulässig gewesen wäre, festgehalten[30]. Viele von ihnen wurden in „Zuführungspunkten" physisch und psychisch mißhandelt.[31]

War dies der Versuch, die Bürgerrechtsbewegung in der DDR auf Jahre hin zu zerschlagen und die Bevölkerung neuerlich in politische Apathie zu treiben? Das logistische Instrumentarium für eine solche Gewalt-„Lösung" der Krise wäre vorhanden gewesen: Es waren die Vorbereitungen für den Mobilmachungsfall.[32] Doch die Festgenommenen wurden nicht in die für einen solchen Fall vorbereiteten Isolierungslager verbracht, sondern über 90 Prozent von ihnen wurden nach ein bis drei Tagen wieder aus der Haft entlassen[33]. Es handelte sich um polizeistaatliche Einschüchterungsversuche, nicht aber um die Eröffnung der heißen Phase eines Bürgerkriegs von oben.

Der Umschlagpunkt war der 9. Oktober in Leipzig.[34] Es gab mehrere

27 „Vorschläge zur generellen Lösung", Bl. 3.
28 Vgl. Eckhard Bahr: Sieben Tage im Oktober. Aufbruch in Dresden, Leipzig 1990, S. 25–54.
29 Bericht des Generalstaatsanwaltes der DDR: „Über die bisherigen Ergebnisse der Überprüfung der Übergriffe der Sicherheitsorgane anläßlich der Demonstrationen im Zusammenhang mit dem 40. Jahrestag der DDR (Entwurf)", S. 2, Anlage 8 zu Protokoll Nr. 53 der Politbüro-Sitzung am 16.11.1989 (künftig: Bericht des Generalstaatsanwaltes, 16.11.1989); SAPMO-BA, DY 30 J IV 2/2A/3260.
30 So Schwanitz in einem Schreiben an den Generalstaatsanwalt der DDR, Dr. Harrland, [o. D.] in Antwort auf dessen Schreiben vom 18.12.1989; BStU, BF, Information und Dokumentation, 17 S., hier S. 16.
31 Vgl. Und diese verdammte Ohnmacht. Report der Unabhängigen Untersuchungskommission zu den Ereignissen vom 7./8.Oktober 1989 in Berlin, Berlin 1991.
32 Vgl. Thomas Auerbach: Vorbereitung auf den Tag X. Die geplanten Isolierungslager des MfS, BStU, Analysen und Berichte, Reihe B Nr. 1/95, Berlin 1995.
33 Vgl. Bericht des Generalstaatsanwaltes der DDR, 16.11.1989, S. 2.
34 Zu erwähnen sind auch die Ereignisse in Dresden, sowohl die Repression wie die

Gründe, warum es dort nicht zu einer gewalttätigen Zerschlagung der Demonstration gekommen ist. Am Abend berichtete der Leiter der Bezirksverwaltung für Staatssicherheit in Leipzig, Generalleutnant Hummitzsch, in einem Fernschreiben nach Berlin, es sei „aufgrund der Gesamtlage und entsprechend zentraler Entscheidung"[35] nicht versucht worden, die Demonstration aufzulösen. „Zentrale Entscheidung" – das sollte wahrscheinlich Berlin heißen. Dort war am Vortag der Machtkampf im Politbüro um die Absetzung von Honecker in sein entscheidendes Stadium getreten. Blutige Zusammenstöße wären in dieser Situation für die Softliner um Krenz, Herger und inzwischen auch Schabowski fatal gewesen.

Eine Institution, die für die Repression im Herbst 1989 eine zentrale Aufgabe hatte, war die Polizei. Deren Chef, Innenminister Armeegeneral Dickel, hatte noch am Vortag die Bezirkschefs der Volkspolizei im Sinne Honeckers angewiesen, „durch konsequentes und rechtzeitiges Einschreiten ein geschlossenes Auftreten der feindlich-negativen Kräfte zu verhindern bzw. konsequent zu beseitigen". Aus seiner Sicht ging es dabei immer noch um die Feierlichkeiten zum 40. Jahrestag. Es seien „Maßnahmen einzuleiten, damit es den feindlichen und anderen negativen Kräften nicht gelingt, unter Ausnutzung der zum Teil noch stattfindenden Volksfeste und anderen Veranstaltungen, weiterhin derartige Aktionen zu provozieren"[36]. Am Abend des 9. Oktober warteten die Polizeieinheiten in Leipzig auf Dickels Einsatzbefehl – dieser Befehl ist nicht erteilt worden. Eineinhalb Wochen später hat der Innenminister bei einer Dienstbesprechung mit seinen Generälen einen entscheidenden Grund genannt: „Was sollen wir machen? [...] Sollen wir dazwischen gehen bei 20.000, 30.000, 40.000 Bürgern? Wissen Sie was das bedeutet? Da können wir gleich [...] Panzer einsetzen."[37] In der Furcht vor einer Eskalation kamen Erfahrungen dieser Generation von Kommunisten zum Ausdruck –, der 17. Juni 1953 und Ungarn 1956 –, und sie war auch eine Reaktion auf die aktuelle politische Lage.

Am Abend des 9. Oktober hat Kurt Löffler, der Staatssekretär für Kirchenfragen, mit dem Vorsitzenden des Rates des Bezirks Leipzig, Rolf Opitz, telefoniert. Löffler machte darüber einen Vermerk: „In Übereinstimmung mit Genossen Egon Krenz greifen die Ordnungskräfte nicht ein, solange keine gewaltsamen Aktionen aus der Demonstration heraus statt-

---

Eröffnung eines „Dialogs" mit den Machthabern. Ich werde in der erwähnten Monographie ausführlich darauf eingehen.

35 BVfS Leipzig, Generalleutnant Hummitzsch, an das MfS Berlin: „Information über eine nichtgenehmigte Demonstration im Stadtzentrum von Leipzig am 9.10.1989"; BStU, ZA, Neiber 617, Bl. 100–106, hier 101.

36 Fernschreiben des Ministers des Innern an die Chefs der Bezirksverwaltungen der Volkspolizei vom 8.10.1989; BStU, ZA, Neiber 224, Bl. 96.

37 Aus Dickels Äußerungen geht nicht eindeutig hervor, ob er sich auf den 9. oder auf den 16.10. bezieht – wahrscheinlich auf beide Montagsdemonstrationen. BStU, ZA, ZAIG 8637, Bl. 1–81, hier 22 und 49.

finden."[38] Die Formulierung „in Übereinstimmung" dürfte den Sachverhalt recht genau treffen: Krenz hat keine Entscheidung getroffen, aber er hat das Zögern der Leipziger SED- und Sicherheitschefs und ihrer jeweiligen Vorgesetzten in Berlin angesichts der unabsehbaren Folgen einer gewaltsamen Eskalation verstärkt. Es war das unbewußte Zusammenspiel einer Lähmung des alten Regimes und der ruhigen Entschlossenheit und des souveränen Muts der etwa 70.000 Leipziger Demonstranten, denen das friedliche Ende dieser Demonstration und damit der entscheidende Durchbruch zu verdanken war.

Interessant ist in diesem Zusammenhang ein Vergleich mit den Ereignissen in Halle.[39] Er zeigt, was veranlaßt worden wäre, wenn keine solchen Größenordnungen erreicht worden wären. Auch in Halle fand am 9. Oktober eine Demonstration statt, zu der allerdings nur etwa 400 Teilnehmer gekommen waren[40] – viele Hallenser waren nach dem nur eine halbe Bahnstunde entfernten Leipzig gefahren. In Halle kam es zu einem brutalen Polizeieinsatz, 37 Personen – also etwa ein Zehntel der Teilnehmer – wurden festgenommen. Sie mußten stundenlang unter schikanösen Bedingungen warten, wurden von MfS und Kriminalpolizei verhört und sollten eine Erklärung unterschreiben, sie würden künftig keine „staatsfeindlichen Aktionen" mehr unternehmen. Dann wurden sie freigelassen. Vier Personen, die das abgelehnt hatten, blieben in Haft. Das war das gleiche Muster wie andernorts in den Tagen zuvor. Es war die alte Repressionstaktik.

Honecker hatte am Vortag der Leipziger Montagsdemonstration erneut gefordert, Demonstrationen „von vornherein zu unterbinden"[41]. Vergleicht man dies mit der – allerdings nur indirekt überlieferten – Position von Krenz, dann wird man kaum leugnen können, daß hier eine Differenz in der Führung des alten Regimes vorlag, und daß sich erstmals die Softliner faktisch durchgesetzt hatten. Die Hardliner um Honecker waren mit der Niederlage des Regimes in Leipzig politisch erledigt, weil ihre Annahme offenkundig gescheitert war, die Krise wäre repressiv zu bewältigen. Es begann die Phase der Liberalisierung.

Nachdem Egon Krenz neuer SED-Generalsekretär geworden war, pro-

---

38 Vermerk des Staatssekretärs für Kirchenfragen, Kurt Löffler, über eine telefonische Mitteilung des Vorsitzenden des Rates des Bezirks Leipzig, Rolf Opitz, vom 10.10.1989; SAPMO-BA, DY 30 IV 2/14/71, Bl. 14.
39 Zum 9. Oktober 1989 in Halle vgl. Hans-Peter Löhn: „Unsere Nerven lagen allmählich blank". MfS und SED im Bezirk Halle (Die Entmachtung der Staatssicherheit in den Regionen, Teil 2), BF informiert Nr. 13, BStU, Berlin 1996, S. 11–13.
40 Vgl. Abt. Parteiorgane des ZK der SED: „Information der Bezirksleitungen der SED über die Lage und die Wirkung der eingeleiteten Maßnahmen (Stand vom 10. Oktober 1989 – 4.00 Uhr)"; BStU, ZA, ZAIG 7834, Bl. 55–61, hier 60.
41 Schreiben Honeckers an die 1. Sekretäre der Bezirksleitungen der SED vom 8.10.1989; BStU, ZA, DSt 103625.

klamierte er in seiner Antrittsrede eine „Wende" in der Politik der SED.[42] Die wichtigste Aussage in dieser Rede war, „daß alle Probleme in unserer Gesellschaft politisch lösbar sind". Was für Außenstehende wie eine Phrase klingt, war für Insider ein eindeutiges Signal. In deren Jargon gab es das Gegensatzpaar „administrativ" und „politisch". „Administrativ" meinte durch Einsatz staatlicher Gewalt. Was nun allerdings „politisch" bedeuten sollte, das mußte sich erst noch herausstellen. In den zwei Bereichen, in denen sich die Krise am stärksten zugespitzt hatte, sollte Entgegenkommen signalisiert werden: Ein neues Reisegesetz wurde in Aussicht gestellt, und es wurde – in Übernahme eines Begriffs der Opposition – ein allgemeiner „Dialog" angekündigt. Diese Ankündigung war allerdings mit einer wesentlichen Einschränkung verbunden: Die Organisationen der Bürgerbewegung sollten nicht legalisiert werden, denn – so Krenz – „unsere Gesellschaft verfügt über genügend demokratische Foren, in denen sich die unterschiedlichsten Interessen [...] äußern können"[43].

Daraus ergab sich eine schizophrene Konstellation. Es sollte ein Dialog geführt werden, ohne den Gesprächspartner anzuerkennen – er sollte gewissermaßen nur geduldet werden.[44] Noch Ende Oktober ging ein Schreiben von Krenz an die Bezirks- und Kreissekretäre der SED, in dem sie aufgefordert wurden, mit Initiatoren und Organisatoren des Neuen Forum zu sprechen, doch mit folgender Einschränkung: „Die Gespräche sind so zu führen, daß daraus keine offizielle Anerkennung des ‚Neuen Forum' als Vereinigung abgeleitet werden kann."[45] Der Zweck dieser Taktik war, den Organisierungsprozeß der Opposition zu bremsen, ihre Attraktivität für vorsichtige, bisher regimeloyale Bürger zu verringern, und vor allem zu verhindern, daß es – wie in Polen – zu einem Bündnis von Bürgerrechtsbewegung und Arbeiterschaft kam. Man hoffte, solche Rahmenbedingungen würden dazu beitragen, daß die SED die politische Initiative zurückgewönne. Außerdem war darin auch die Drohung mit einem repressiven Rückschlag enthalten. Der politische Effekt war verheerend. Die Parteigliederungen in den Regionen waren verwirrt. Vor allem aber wurde die ohnehin geringe Glaubwürdigkeit der „neuen" SED-Führung weiter unterminiert. Es bedurfte der Autorität Gorbatschows[46], vor allem aber der

---

42 Nachdruck der Rede in: Deutschland Archiv 22 (1989), S. 1307–1314.
43 Ebenda, S. 1310f.
44 Jens Reich hat ein solches Gespräch, das am 23.10.1989 mit Schabowski stattfand, geschildert. Interview in: Guntolf Herzberg und Klaus Meier: Karrieremuster. Wissenschaftlerporträts, Berlin 1992, S. 406–444, hier 430.
45 Fernschreiben an alle Mitglieder und Kandidaten des ZK der SED, die Abteilungsleiter des ZK und die 1. Bezirks- und Kreissekretäre vom 31.10.1989; SAPMO-BA, ZPA, J IV 2/2039/314, Bl. 27–30.
46 Bei einem Besuch von Krenz in Moskau hatte ihn Gorbatschow am 1.11.1989 gewarnt: „Man dürfe den Zeitpunkt nicht verpassen, damit solche Bewegungen nicht auf die andere Seite der Barrikade geraten." Gekürzte Niederschrift des Gesprächs in: Gerd-

großen Demonstration am 4. November auf dem Alexanderplatz, die die tatsächlichen Kräfteverhältnisse sichtbar machte,[47] ehe sich Krenz zu einer immer noch zweideutigen Legalisierung der Opposition aufraffte[48]. Er war ein überaus zaghafter Liberalisierer. Von persönlichen Defiziten abgesehen war dies wohl auch ein Ausdruck dafür, daß es im Ostblock kein anderes Land gab, in dem die Instabilität, die jeder Liberalisierungsphase eigen ist, so ausgeprägt gewesen wäre wie in der DDR: ein halber Nationalstaat, in dem die Sogwirkung der größeren und reicheren Hälfte permanent spürbar war, die nun dem Liberalisierungsprozeß eine zusätzliche Dynamik verlieh, die wohl auch von einem taktisch geschickteren Repräsentanten des alten Regimes nicht mehr zu steuern gewesen wäre.

Krisenmanagement mit *agents pacificateurs*

Daß der Versuch scheiterte, die Anfänge der demokratischen Revolution durch polizeistaatliche Einschüchterung zu ersticken, hat viele MfS-Offiziere wahrscheinlich nicht überrascht. Zumindest die operativen Mitarbeiter und diejenigen, die in den Bezirksverwaltungen und Kreisdienststellen tätig waren, kannten die Stimmung im Land besser als die politische Führung mit Wohnsitz in Wandlitz und Arbeitsplatz im „großen Haus".

Der Sturz Honeckers, an dem Mielke nach Berichten von Zeitzeugen in der letzten Phase beteiligt war[49], wurde im MfS wohl fast allgemein begrüßt. Die neue Linie gab Mielke auf einer Dienstbesprechung am 21. Oktober bekannt. Er kritisierte die Realitätsferne der bisherigen Politik und erklärte, daß alle Diensteinheiten des MfS sich der neuen Generallinie unterzuordnen hätten. Die SED gehe nun davon aus, „daß alle Probleme in unserer Gesellschaft politisch lösbar sind"[50]. Das bedeute, daß künftig

---

Rüdiger Stephan (Hrsg.): „Vorwärts immer, rückwärts nimmer!" Interne Dokumente zum Zerfall von SED und DDR 1988/89, Berlin 1994, S. 199–224, hier 218.

47 Vgl. Walter Süß: Was geschah vor dem 4. November 1989? Legendenbildung und Geschichtsbewußtsein, in: Deutschland Archiv 28 (1995), S. 1240–1252.

48 Die Bezirks- und Kreisleitungen der SED wurden am 7.11.1989 informiert, daß der Minister des Innern beauftragt worden war, „neue Entscheidungen" hinsichtlich der Gründung von Bürgerrechtsorganisationen nach folgender Maßgabe zu treffen: „Von den dafür zuständigen staatlichen Organen können Anmeldungen zur Gründung von Vereinigungen entgegengenommen werden, wenn die Festlegungen der Vereinigungsordnung erfüllt sind. Sie können bestätigt werden, wenn im Zusammenhang mit den Anmeldungen die Verfassung als Grundlage des politischen Handelns ausdrücklich anerkannt wird." Anlage 2 zum Protokoll der Politbürositzung am 7.11.1989; SAPMO-BA, ZPA, J IV 2/2A/3255. Zwar nicht rechtlich, aber faktisch bedeutete die offizielle Entgegennahme der „Anmeldungen" die Legalisierung dieser „Vereinigungen".

49 Vgl. Günter Schabowski: Das Politbüro. Ende eines Mythos, hrsg. von Frank Sieren und Ludwig Koehne, Reinbek 1990, S. 104–107.

50 Rede des Ministers auf der Dienstbesprechung am 21.10.1989; BStU, ZA, ZAIG 4885, Bl. 1–79, hier 21.

„gewaltsame Mittel nur dann angewendet werden, wenn eine unmittelbare Gefährdung von Personen, Objekten und Sachen vorliegt und anders nicht abzuwenden ist"[51]. Unterhalb dieser Schwelle sollte die Staatssicherheit weiter aktiv bleiben. Die MfS-Offiziere wurden angewiesen, „alle mit solchen [oppositionellen] Handlungen auftretenden Personen zu erkennen, sie sorgfältig zu erfassen und das [gesammelte Material] zugriffsbereit zu halten"[52]. Mielke forderte weiter: „Es sind neue Überlegungen anzustellen, wie wir mit den vorhandenen operativen Kräften in die in jüngster Zeit entstandenen Gruppierungen eindringen und diese gründlich aufklären können, dort so Fuß zu fassen, daß wir die Kontrolle über sie behalten."[53] Das Ziel, das mit offener Repression nicht zu erreichen war, sollte durch verdeckte Maßnahmen angestrebt werden. Anfang November hatte die Hauptabteilung XX dazu einen Entwurf ausgearbeitet, der von Generaloberst Mittig bestätigt wurde.[54] Darin wurden die Aufgaben von inoffiziellen Mitarbeitern, also IM, in den Bürgerrechtsorganisationen skizziert. Zum einen ging es um Informationsbeschaffung. Zum anderen sollten die IM Einfluß nehmen „auf geplante und vorbereitende rechtswidrige Aktivitäten [...] dieser Sammlungsbewegungen mit dem Ziel ihrer vorbeugenden Verhinderung bzw. Einschränkung und Zurückdrängung"[55]. Den IM war dabei hinsichtlich ihrer Aktivitäten eine wesentliche Schranke auferlegt. Mittig forderte die „nachdrückliche Beachtung politischer und rechtlicher Konsequenzen" und nannte dafür „folgende Kriterien":

„Nichtbeteiligung an Straftaten wie Inspirierung/Organisierung/Durchführung öffentlichkeitswirksamer Demonstrativhandlungen;

Unterlassung der Herstellung, Vervielfältigung, Verbreitung feindlicher Papiere, Konzeptionen, Plattformen sowie der Bildung neuer antisozialistischer Strukturen;

Untersagung der Übernahme von Führungsfunktionen in antisozialistischen Sammlungsbewegungen, Auftritte im In- und Ausland (als Sprecher und Diskussionsredner auf Kundgebungen/Demonstrationen, bei anderen Ansammlungen, Gewährung von Interviews [...] usw.)."[56]

Was die Übernahme von Führungspositionen betraf, wurde hinsichtlich „legalisierter Sammlungsbewegungen" zwar die Möglichkeit der „Mitwirkung in maßgeblichen Funktionen" eingeräumt, jedoch mit dem Ziel der „vorbeugenden Verhinderung von Feindaktivitäten"[57]. In der logischen

---

51 Ebenda, Bl. 27.
52 Ebenda, Bl. 75.
53 Ebenda, Bl. 38.
54 HA XX: „Grundsätze für den Einsatz von inoffiziellen Mitarbeitern in Sammlungsbewegungen (Entwurf)", Anlage zum Schreiben von Generaloberst Mittig an Generalleutnant Schwanitz vom 7.11.1989; BStU, ZA, SdM 2148, Bl. 4–7.
55 Ebenda, Bl. 5.
56 Ebenda, Bl. 6.
57 Ebenda.

Konsequenz war das ein Verzicht auf den Versuch, selbst die Führung sich radikalisierender Gruppen zu übernehmen. Zugleich war es die Absage an den IM als *agent provocateur* zur Bekämpfung der Bürgerrechtsbewegung. Gegen Ausreisewillige wurde diese geheimpolizeiliche Methode in Form von „Lockspitzeln" angewandt, zumindest Ende der achtziger Jahre aber nicht gegen die Opposition. Der Verzicht darauf war eine logische Konsequenz der Funktionalisierung der Geheimpolizei durch die Partei, das hat schon Hannah Arendt analysiert: *Agents provocateurs* hätten die Möglichkeit eröffnet, daß der Geheimdienst seine eigene Politik machte oder gar die Entwicklungen befördert hätte, die er eigentlich unterbinden sollte.[58] Beispiele dafür gab es gerade in der russischen Arbeiterbewegung.[59]

Die von Mittig vorgegebene Taktik bedeutete positiv gewendet: Die IM sollten darauf hinwirken, daß die Bürgerbewegung die verschwommenen Grenzen nicht überschreitet, die die SED der Liberalisierung zu setzen versuchte. Deshalb sollten sie auch selbst diese Schranke beachten. Das heißt, diese IM wurden als *agents pacificateurs*[60], als „Pazifizierungs-" oder „Beschwichtigungsagenten", eingesetzt. Das konnte zweierlei Konsequenzen haben: Entweder blieb der Einfluß solcher IM innerhalb der Bürgerbewegung relativ begrenzt und wurde um so geringer, je stärker sich diese Bewegung radikalisierte.[61] Oder aber sie verselbständigten sich und machten ihre eigene Politik, um sich eine günstige Ausgangsposition für die neuen Verhältnisse zu verschaffen. Es ist in einzelnen Fällen wahrscheinlich, daß das in fortdauerndem Kontakt und möglicherweise auch in Absprache mit dem vormaligen Führungsoffizier geschah.[62] Beide hätten

58 Hannah Arendt: Elemente und Ursprünge totaler Herrschaft. Bd.III: Totale Herrschaft, Frankfurt/M. u. a. 1975, S. 187. Unter „Provokation" verstehe ich, entsprechend den geheimpolizeilichen Arbeitsmethoden schon im 19. Jahrhundert, die Schaffung pseudooppositioneller oder -revolutionärer Organisationen durch Geheimagenten oder zumindest die Hegemonisierung von tatsächlichen Oppositionsstrukturen durch solche Agenten, die ihre vermeintlichen Mitstreiter zu Handlungen verleiten, die ihre Kriminalisierung ermöglichen. Diese Methode setzt offenkundig ein gewisses Minimum an Rechtsförmigkeit der Repression voraus: Wo willkürlich verhaftet wird und die Strafzumessung bzw. die Einweisung ins Lager häufig auf administrativem Weg erfolgt, ohne auch nur den Schein eines Strafprozesses zu wahren, wie etwa in der Sowjetunion der dreißiger Jahre, ist der *agent provocateur* eine überflüssige Figur.
59 Vgl. Tony Cliff: Lenin. Vol. 1: Building the Party, London 1975, S. 241f.; D. Pospielovsky: Russian Police Trade Unionism, London 1971; Boris Souvarine: Stalin. Anmerkungen zur Geschichte des Bolschewismus, München 1980, S. 142–144; Adam B. Ulam: Die Bolschewiki. Vorgeschichte und Verlauf der kommunistischen Revolution in Rußland, Köln, Berlin 1965, S. 332f.; Avram Yarmolinsky: Zaren und Terroristen. Der Weg zur Revolution, Hannover 1957, S. 347–351.
60 Exakter wäre *agent apaisant*, doch diesem Begriff fehlt es an sprachlicher Evidenz für den deutschen Leser.
61 Ein instruktives Beispiel bietet die IMB „Karin Lenz", die auf die „Initiative Frieden und Menschenrechte" angesetzt war; vgl. Irena Kukutz und Katja Havemann: Geschützte Quelle. Gespräche mit Monika H. alias Karin Lenz, Berlin 1990.
62 Diese Vermutung liegt nahe bei dem Verhältnis zwischen dem IMB „Dr. Ralf Schirmer"

dann aber auf eigene Faust und eigenes Risiko gearbeitet und wären nicht – das ist der Aspekt, auf den es in diesem Zusammenhang ankommt – einem strategischen Kalkül des Staatssicherheitsdienstes gefolgt.

Die Taktik der Staatssicherheit wurde im Laufe des November noch vorsichtiger. Die Vorgaben für den Umgang mit den inoffiziellen Mitarbeitern wurden noch einmal verändert. Zwei Prioritäten standen nun ganz im Vordergrund: die Bewahrung des „inoffiziellen Netzes" und die Stabilisierung der Regierung Modrow. Um das „inoffzielle Netz" in eine wie auch immer veränderte DDR hinüberzuretten, galt für den Augenblick vor allem „Quellenschutz". Manche IM begannen nämlich, an ihrem Tun zu zweifeln. Wären in dieser Situation viele von ihnen aufgeflogen, dann wäre wohl keiner mehr bereit gewesen, künftig mit der Staatssicherheit zusammenzuarbeiten. Schwanitz machte Ende November einen Entwurf zur weiteren Zusammenarbeit mit den IM, in dem er kategorisch festlegte: „Die Gewährleistung der Konspiration und Geheimhaltung sowie der Schutz und die Sicherheit der IM haben absolute Priorität."[63] Der zweite Punkt betraf die Sorge um die nicht sehr stabile Regierung Modrow, denn es war unkalkulierbar, ob die DDR überhaupt noch zu halten sein würde, wenn sie stürzen würde. Die Hauptabteilung XX des MfS, die in besonderem Maße für politische Repression zuständig war, hielt am 28. November in einem Papier zur Reorganisation ihrer Arbeit fest: „Es sind alle Aufträge für IM rückgängig zu machen, mit denen politischer Schaden eintreten kann (Kompromittierung des Amtes für Nationale Sicherheit, der Partei, des IM u. a.)."[64]

Man könnte noch mehr Beispiele dafür nennen, daß die Spitze des Amtes es damals für das klügste hielt, die Zusammenarbeit mit den IM, gewiß nur „zeitweilig", zu reduzieren. Diese Maßnahmen waren nicht das Ergebnis von Einsicht in die Verwerflichkeit des eigenen Tuns, ganz im Gegenteil: Gerade weil die Staatssicherheit künftig wieder handlungsfähig werden wollte, ging sie in Deckung. Doch um die Rückzugsmanöver des MfS zu verstehen, muß man auch die Lage in dieser Institution betrachten.

alias Wolfgang Schnur, dem zeitweiligen Vorsitzenden des „Demokratischen Aufbruch", und Oberst Jochen Wiegand, dem Leiter der HA XX/4. Er gehörte noch im Jahre 1996 zum Freundeskreis der Familie seines ehemaligen IM, so Wiegands Aussage vor dem Berliner Landgericht im Strafverfahren gegen Schnur wegen Mandantenverrats. Vgl. P. J. Winters: Die Kinder Schnurs sagten Onkel Joe zum Führungsoffizier der Geheimpolizei, in: Frankfurter Allgemeine Zeitung vom 7.2.1996.

63 [Schwanitz:] ohne Überschrift, o. D., handschriftlich mit eingeklebten maschinenschriftlichen Teilen; BStU, ZA, ZAIG 13947, Bl. 1–13.

64 HA XX: „Zur Arbeit mit IM im Amt für Nationale Sicherheit", 28.11.1989; BStU, ZA, ZAIG 13947, Bl. 14–16.

Institutionelle Zerfallserscheinungen

Der Staatssicherheitsdienst war die geheimpolizeiliche Kampforganisation der Partei, zugleich aber auch Staatsorgan, so wie zum Beispiel die Wirtschaftsverwaltung, Bildung und Wissenschaft. Die Doppelung von Partei und Staat war für dieses System ebenso konstitutiv wie die Subordination des Staatsapparates unter die Partei.[65] Daraus ergab sich, daß die staatlichen Institutionen einer doppelten Rationalität folgten: der Linie der Partei als dominantem Prinzip, aber auch dem Code ihres jeweiligen Subsystems. Das Bildungssystem etwa sollte indoktrinieren, zugleich aber auch fachlich qualifizieren. Diese doppelte Rationalität galt für alle staatlichen Institutionen im „realen Sozialismus". Auch in der Staatssicherheit gab es spezifische Methoden und eine gewisse Sachlogik geheimdienstlicher Arbeit. Aber die Tragfähigeit dieser institutionellen Eigenlogik war noch enger begrenzt als in anderen Bürokratien. Die SED bestimmte die Funktion und die Ziele der Tätigkeit des MfS und vor allem sein Selbstverständnis als „Schild und Schwert der Partei". Das Feindbild des MfS, das dieser Institution ihre *raison d´être* gab, und die ideologisch legitimierte Parteidiktatur waren untrennbar miteinander verbunden.[66]

Kein anderer hat die Verbindung dieser beiden Elemente so verkörpert wie Erich Mielke – seit 1957 Minister für Staatssicherheit und seit 1976 Mitglied des Politbüros. Am 13. November 1989 hat er mit einem jämmerlichen Auftritt vor der Volkskammer das MfS um seine Aura gebracht. Das war für einen Apparat, dessen Macht in den letzten Jahren zu einem wesentlichen Teil auf Einschüchterung beruhte, geradezu vernichtend. Für die Mitarbeiter des MfS bedeutete diese Demontage die erste große Ernüchterung. Sie hat sich in einer regelrechten Protestwelle entladen.[67]

Mielkes Nachfolger wurde der blasse Bürokrat Wolfgang Schwanitz. Den Angehörigen der Staatssicherheit vermochte er kein neues Selbstbewußtsein zu vermitteln. Sie waren zutiefst verunsichert, denn schon der gesellschaftliche Aufbruch im Spätsommer war an ihnen keineswegs

---

65 Vgl. Reinhard Bendix: The Cultural and Political Setting of Economic Rationality in Western and Eastern Europe, in: ders.: State and Society, Berkeley, Los Angeles, London 1973.

66 Vgl. Walter Süß: „Schild und Schwert" – Das Ministerium für Staatssicherheit und die SED, in: Klaus-Dietmar Henke und Roger Engelmann (Hrsg.): Aktenlage. Die Bedeutung der Unterlagen des Staatssicherheitsdienstes für die Zeitgeschichtsforschung, Berlin 1995, S. 83–97.

67 Vgl. Walter Süß: Entmachtung und Verfall der Staatssicherheit. Ein Kapitel aus dem Spätherbst 1989; BF informiert 4/1994, BStU, Berlin 1994, S. 21f.; zur Entwicklung in verschiedenen Regionen vgl. Löhn: Halle; Andreas Niemann und Walter Süß: „Gegen das Volk kann nichts mehr entschieden werden". MfS und SED im Bezirk Neubrandenburg (Die Entmachtung der Staatssicherheit in den Regionen, Teil 1), BF informiert Nr. 12, BStU, Berlin 1996; Andreas Dornheim: Politischer Umbruch in Erfurt 1989/90, Weimar, Köln, Wien 1995.

spurlos vorübergegangen. Die Massendemonstrationen um den 9. Oktober hatten den „Tschekisten" vollends deutlich gemacht, daß sie nicht nur einzelne „feindlich-negative Kräfte", sondern die Mehrheit der Bevölkerung zum Gegner hatten. Die Reaktion der SED-Führung und selbst ihrer eigenen Generalität aber hatte gezeigt, daß es ein Signal zum „letzten Gefecht" nicht geben würde. Zugleich war mit der Proklamierung einer Politik der „Wende" nicht mehr erkennbar, wohin die Parteiführung wollte. Als Schwanitz schließlich Mitte November erklärte, das bisherige Feindbild sei veraltet und „die führende Rolle der Partei nicht mehr gegeben",[68] mußte das die Staatssicherheit in noch tiefere Probleme stürzen als andere Teile des Staatsapparats.

Die MfS-Generalität konnte nicht in die Bresche springen, die die Partei hinterlassen hatte. Sie war selbst bemüht, sich zumindest äußerlich an den neuen Kurs anzupassen. Ihre Sprache hatte sich verändert. Die Generäle, die – wie die SED-Führung – um ein besseres Image bemüht waren, sprachen plötzlich von „Andersdenkenden", die zu respektieren seien. Bekämpfen wollte man künftig angeblich nur noch „Verfassungsfeinde".[69] Der Unterschied zwischen diesen beiden Kategorien war allerdings unklar, weil über die Verfassung selbst gestritten und sie in entscheidenden Punkten schließlich auch verändert wurde. So wußten die MfS-Angehörigen schon deshalb nicht, wer als „Feind" zu gelten hatte. Der Verlust des alten Feindbildes vertiefte sich im Laufe der Novemberwochen noch, als die „Tschekisten" eine für sie überraschende Entdeckung machten: In der demokratischen Volksbewegung hielten gerade die noch kurz zuvor als Staatsfeinde denunzierten Bürgerrechtler an der Fortexistenz der DDR fest.[70] Die bisher schweigende Mehrheit dagegen, der bis dahin vom MfS unterstellt worden war, das Regime zumindest loyal zu dulden, skandierte nun auf Massendemonstrationen die Parole „Deutschland einig Vaterland". Wer also war der „Feind"?

Hinzu kamen Veränderungen im Apparat. Die Staatssicherheit sollte in Anpassung an die neuen Verhältnisse umstrukturiert werden. Für einfache Mitarbeiter wurde im Zusammenhang mit dieser „Erneuerung"[71] vor allem eines deutlich: Es würde Personal abgebaut werden. Unklar war, welche Mitarbeiter von den Entlassungen betroffen sein würden. Zu der politischen Verunsicherung kam soziale Existenzangst. Diese Angst wurde vor allem in kleineren Orten, in denen die MfS-Mitarbeiter und ihre Angehö-

---

68 Hinweise für Dienstbesprechung am 15.11.1989; BStU, ZA, ZAIG 8682, Bl. 1–23, hier 5.
69 Vgl. die „Erklärung" des MfS-Kollegiums vom 6.11.1989; BStU, ZA, DSt 103011.
70 Vgl. beispielhaft den Appell „Für unser Land" vom 26.11.1989, zu dessen Erstunterzeichnern die bekannten Bürgerrechtler Sebastian Pflugbeil, Ulrike Poppe, Friedrich Schorlemmer und Konrad Weiß gehörten. Dokumentiert in Charles Schüddekopf (Hrsg.): „Wir sind das Volk!" Flugschriften, Aufrufe und Texte einer deutschen Revolution, Reinbek 1990, S. 240f.
71 Hinweise für Dienstbesprechung am 15.11.1989; BStU, ZA, ZAIG 8682, Bl. 14.

rigen persönlich bekannt waren, noch verstärkt durch Anfeindungen und wachsende soziale Isolation. In den Regionen gingen zudem viele hauptamtliche Partei- und Staatsfunktionäre, die um ihr eigenes politisches Überleben bemüht waren, auf Distanz zur Staatssicherheit. Die Zentrale Auswertungs- und Informationsgruppe des MfS schilderte Mitte November die Atmosphäre vor Ort:

> Die Mitarbeiter des MfS „zeigen sich [...] sehr beunruhigt darüber, daß insbesondere die leitenden Partei- und Staatsfunktionäre auf den Ebenen der Bezirke und Kreise bis auf wenige Ausnahmen nicht oder nicht wirksam zu eskalierenden Angriffen aus der Bevölkerung gegen die Schutz- und Sicherheitsorgane Stellung beziehen und sich in der Öffentlichkeit nicht hinter das MfS und seine Mitarbeiter stellen.
>
> Dadurch [vertieft] sich der Eindruck, daß das MfS und seine Mitarbeiter verantwortlich gemacht würden für die entstandene Krisensituation, obwohl in zurückliegender Zeit von dem gleichen Personenkreis stets die hohe Einsatzbereitschaft und vorbildliche Pflichterfüllung der Mitarbeiter des MfS gewürdigt worden sei."[72]

Diese Verunsicherungen der MfS-Mitarbeiter verstärkten sich gegenseitig. Lange verdrängte Konflikte wurden nun sichtbar. Auf Parteiversammlungen im MfS wurden jetzt die Privilegien und der autoritäre Leitungsstil der Generäle angeprangert[73]; es wurde von einer „Kluft [...] zwischen der oberen Leitung und dem einfachen Mitarbeiter" gesprochen und auch davon, daß kein „Vertrauen" mehr zu den Vorgesetzten bestehe.[74] Im Ergebnis funktionierte der Grundmechanismus des Gewaltapparates nicht mehr. Der von jedem „Tschekisten" im „Fahneneid" geforderte „unbedingte Gehorsam"[75] begann sich aufzulösen. Generalleutnant Möller, Leiter der Hauptabteilung Kader und Schulung, die auch für disziplinarische Fragen zuständig war, klagte: „Es ist heute zur Mode geworden, über jede Dienstanweisung, über jeden Befehl zu diskutieren. Das geht so weit, daß es in den Dienstkollektiven im Grunde schon Verweigerungen gibt."[76]

Es gab allerdings zeitweilig ein zum Zerfall gegenläufiges Moment: Die MfS-Angehörigen glaubten bis Anfang Dezember an die Fortexistenz ihrer Institution, in welcher Form auch immer – schließlich hatte auch der KGB die Perestroika überstanden. In der Phase der Liberalisierung war eine solche Vorstellung durchaus systemkonform. Als aber mit der Ein-

72 Hinweise auf beachtenswerte Reaktionen von Mitarbeitern des MfS auf die gegenwärtige Lage, 14.11.1989; BStU, ZA, SDM 2336, Bl. 14–16.
73 Vgl. Süß: Entmachtung, S. 45–47 und 50.
74 Vgl. Protokoll der Delegiertenkonferenz aller SED-Grundorganisationen im MfS am 2.12.1989; BStU, ZA, SED KL 570, Bl. 867–935.
75 Text in: David Gill und Ulrich Schröter: Das Ministerium für Staatssicherheit. Anatomie des Mielke-Imperiums, Berlin 1991, S. 27.
76 Protokoll der Sitzung der SED-Kreisleitung im AfNS am 18. November 1989; BStU, ZA, SED-KL 570, Bl. 782–865, hier 829.

richtung des zentralen Runden Tisches am 7. Dezember 1989 die Demokratisierung begann, als die ersten institutionellen Formen für eine gesellschaftliche Kontrolle der politischen Macht geschaffen wurden, veränderte sich die Situation schlagartig. Doch nun existierte keine Partei mehr, die
die Mitarbeiter der Staatssicherheit im Kampf um das Überleben ihrer
Institution hätte anleiten können. Selbst die Vertreter der SED hatten auf
der ersten Sitzung des Runden Tisches für die Auflösung des Staatssicherheitsdienstes gestimmt.[77] Wie immer das motiviert gewesen sein mag, die
Wirkung auf die MfS-Mitarbeiter war durchschlagend. Ihr Glauben an
eine aus verborgenen Quellen gespeiste, höhere Weisheit der Partei hatte
schon zuvor arg gelitten, nun aber waren die meisten wohl endgültig des-
illusioniert.

Das Fehlen einer ausgeprägten institutionellen Eigenlogik des MfS ist
bereits erwähnt worden. Die durch dieses Defizit bedingte Verunsicherung der hauptamtlichen Mitarbeiter der Staatssicherheit verschärfte sich
in der Phase der Demokratisierung. Die SED hatte keine anerkannte Führung mehr und war in diesen Wochen vorwiegend mit sich selbst beschäftigt. Die aus der Gesellschaft hervorwachsenden politischen Kräfte aber
waren nicht bereit, die Fortexistenz dieser Institution zu akzeptieren, geschweige denn, sie in ein Demokratisierungsprojekt zu integrieren. So
hätte die Staatssicherheit versuchen müssen, eine neue *raison d´être* zu
entwickeln. Vor diesem Problem standen auch andere Teile der alten
Elite. Aber während zum Beispiel die Wirtschaftskader in den Betrieben
sich nach dem Wegfall des Plans auf den Markt orientieren konnten,
fehlte den ehemaligen „Tschekisten" eine eigenständige Perspektive. Was
hätte die neue Funktion, die neue Daseinsberechtigung auch sein können,
die der Institution Staatssicherheit ein Ziel gegeben hätte, und die geeignet
gewesen wäre, ihre von der Partei frustrierten Mitarbeiter zu integrieren?
Es gab sie nicht.

---

77 Vgl. Karl-Heinz Baum: Tischgespräche mit Blockflöten und SED, in: Frankfurter Rundschau vom 9.12.1989.

Hans-Hermann Hertle

Wußte der eine, was der andere tat?

SED und MfS beim Mauerfall

I.

Der Fall der Mauer in der Nacht vom 9. auf den 10. November 1989 ist ein erstaunliches und faszinierendes Ereignis der deutschen Geschichte und zugleich der Weltgeschichte.[1] Er beendete auf friedliche Weise die zweite deutsche Diktatur dieses Jahrhunderts und bildete den Ausgangspunkt für die staatliche Einheit Deutschlands. Nach den in Polen und Ungarn bereits eingeleiteten politischen Umwälzungen wirkte er als Fanal für die Revolutionen in Mittel- und Osteuropa. Er beschleunigte den Zerfall des sowjetischen Imperiums, bevor kurze Zeit darauf die Sowjetunion selbst zusammenbrach. Der Fall der Mauer steht, zusammen mit der Demontage des „Eisernen Vorhangs" im Mai und der Öffnung der Grenze zwischen Ungarn und Österreich im September 1989, als Symbol für das Ende des Kalten Krieges, für die Aufhebung der Teilung Deutschlands und des europäischen Kontinents.

Politische Jahrhundertereignisse sind seit jeher ein bevorzugtes Objekt der Mythen- und Legendenbildung. So verwundert es wenig, daß sich auch um den Ablauf und die Hintergründe der Ereignisse in der Nacht vom 9. auf den 10. November 1989 schon heute zahlreiche Legenden ranken. War der Fall der Mauer das geplante Ergebnis eines Beschlusses oder eines absichtsvollen Handelns der SED-Spitze, wie es führende Politbüro-Mitglieder bereits kurze Zeit später für sich reklamierten?[2] Wurde in den Abendstunden des 9. November 1989 tatsächlich nur um einige Stunden

---

1 Zur Verknüpfung von Struktur- und Ereignisgeschichte des Mauerfalls siehe ausführlich: Hans-Hermann Hertle: Der Fall der Mauer. Die unbeabsichtigte Selbstauflösung des SED-Staates, Opladen, Wiesbaden 1996; ders.: Chronik des Mauerfalls, Berlin 1996.
2 Vgl. Egon Krenz: Wenn Mauern fallen, Wien 1990; ders.: Anmerkungen zur Öffnung der Berliner Mauer im Herbst 1989, in: Osteuropa 4/1992, S. 365–369; Günter Schabowski: Das Politbüro, Hamburg 1990; ders.: Der Absturz, Berlin 1991. Alle angeklagten Politbüro-Mitglieder, so Egon Krenz am 19.2.1996 im Politbüro-Prozeß vor dem Berliner Landgericht, hätten „den *Beschluß* zur Öffnung der Grenzen gefaßt". Vgl. Persönliche Erklärung von Egon Krenz, 19.2.1996, S. 53; auszugsweise dokumentiert in: Frankfurter Rundschau vom 26.2.1996. Etwas zurückhaltender trug Günter Schabowski vor: „Das Gericht kann m. E. den Anteil Betroffener an der Maueröffnung nicht ignorieren [...]. Wie kann es ‚Unterlassen' als Totschlag qualifizieren und das Tun [der Angeklagten – H.-H. H.] zum Fall der Mauer als nichtig erachten? Wieviel Tote hätte der Fall der Mauer vielleicht noch gefordert, wäre sie nicht als erste gravierende *Maßnahme* zu Fall gebracht worden?" Vgl. Persönliche Erklärung von Günter Schabowski, 22.2.1996, S. 10.

vorgezogen, was die SED-Führung für den nächsten Tag ohnehin plante? War der Fall der Mauer, wie der Wittenberger Bürgerrechtler Friedrich Schorlemmer und mit ihm nicht wenige in der Bürgerbewegung der DDR mutmaßten, die letzte Rache der SED, um die Bürgerbewegung um ihre Revolution zu betrügen?[3] Oder überlisteten im Gegenteil vier leitende Mitarbeiter des Ministeriums für Staatssicherheit und des Innenministeriums als Autoren der von Schabowski bekanntgegebenen Reiseregelung die gesamte Partei- und Staatsspitze?[4] Könnte der Fall der Mauer möglicherweise Bestandteil jenes „Opus magnum" der Staatssicherheit gewesen sein, als das Henryk M. Broder den Umbruch in der DDR interpretiert sehen möchte?[5] Der Fall der Mauer also gewissermaßen der krönende Abschluß einer finalen Verschwörung des MfS gegen den SED-Staat?

Um diese Fragen zu klären, wird im folgenden der Ablauf der internen Entscheidungsprozesse in der SED-Führung knapp skizziert, die über die Absicht, eine praktikable Reiseregelung zu finden, zum Fall der Mauer führten und die DDR in die Auflösung trieben.

II.

In seiner Antrittsrede als neuer Generalsekretär der SED hatte Egon Krenz unmittelbar nach dem Sturz Erich Honeckers am 18. Oktober 1989 als Leitlinie der künftigen Politik ausgegeben, politische Probleme mit politischen Mitteln lösen zu wollen. In diesem Zusammenhang kam der Ankündigung eines Reisegesetzes besondere Bedeutung zu. Krenz und seine Mitverschwörer gegen Honecker betrachteten ein solches Reisegesetz als eine der dringendsten Sofortmaßnahmen, um endlich auf die ständige Zunahme der Ausreiseanträge in der DDR, die Besetzungen der Ständigen Vertretung in Ost-Berlin sowie der Botschaften der Bundesrepublik in Warschau und Prag durch Ausreisewillige und den Flüchtlingsstrom über Ungarn seit der Öffnung der ungarisch-österreichischen Grenze am 10. September 1989 zu reagieren und damit zugleich ein Ventil für den explosiven Druck zu schaffen, den die Massendemonstrationen im Innern erzeugten.

Am 25. Oktober wurde die Erwartungshaltung der Bevölkerung in dieser Hinsicht weiter hochgeschraubt. Das Politbüro, so wurde öffentlich verbreitet, habe am Vortage eine Erweiterung der Reisemöglichkeiten be-

---

3 Vgl. Friedrich Schorlemmer: Frieden vor Einheit sagen, in: Peter Neumann (Hrsg.): Träumen verboten. Aktuelle Stellungnahmen aus der DDR, Göttingen 1990, S. 54.

4 Vgl. Cordt Schnibben: Diesmal sterbe ich, Schwester, in: Der Spiegel 42/1990, S. 102–109; Friedrich Kurz: Ost-Berlin/Das Ende der Mauer, in: Dieter Grosser, Stephan Bierling und Friedrich Kurz: Die sieben Mythen der Wiedervereinigung, München 1991, S. 165–191.

5 Vgl. Henryk M. Broder: Eine schöne Revolution, in: Die Zeit vom 16.1.1992.

raten; vorgesehen sei, daß „jeder Bürger das Recht hat, einen Reisepaß zu erwerben und mit einem Visum – ohne Vorliegen verwandtschaftlicher Verhältnisse und bisher geforderter Reisegründe – nach allen Staaten und nach Berlin (West) zu reisen"[6].

Die Ausarbeitung des Gesetzentwurfs übernahm eine interministerielle Arbeitsgruppe unter Federführung des MdI und Beteiligung des MfS, des Außen- und Justizministeriums, der Staatlichen Plankommission und des Generalstaatsanwalts, die unter Anleitung und Kontrolle der beiden ZK-Abteilungen für Sicherheitsfragen sowie für Staats- und Rechtsfragen stand. Doch der von dieser Arbeitsgruppe vorgelegte, vom Politbüro bestätigte und am 6. November im Neuen Deutschland und den Bezirkszeitungen der SED veröffentlichte Entwurf wurde ein Flop. Aus Furcht vor einem „Ausbluten der DDR" hatte die Partei- und Ministerialbürokratie den Gesamtreisezeitraum auf dreißig Tage pro Jahr beschränkt; daneben sah der Entwurf „Versagungsgründe" für Reiseanträge vor, die nicht eindeutig und nachprüfbar definiert waren und der Behördenwillkür nach wie vor größten Spielraum ließen. Die Ankündigung, Reisenden nur einmal im Jahr 15 Mark der DDR gegen 15 DM eintauschen zu wollen, im übrigen aber die Genehmigung einer Reise generell vom Anspruch auf den Erwerb von D-Mark abzukoppeln, zeugte von der chronischen Devisenknappheit der DDR und brachte das Faß vollends zum Überlaufen.

Statt politischen Druck wegzunehmen, heizte die Vorlage des Entwurfs die kritische Stimmung auf den am gleichen Tag stattfindenden großen Demonstrationen in Halle, Karl-Marx-Stadt, Zwickau, Cottbus, Schwerin, Erfurt, Magdeburg, Dresden und Leipzig zusätzlich an. Die Demonstranten skandierten erst höhnisch: „In 30 Tagen um die Welt – ohne Geld", dann fordernd: „Visafrei – bis Schanghai! Wir brauchen keine Gesetze, die Mauer muß weg" und schließlich radikal: „Die SED muß weg!"

Das Politbüro war über diese Reaktion keineswegs erfreut, es wurde jedoch von einem viel schwerwiegenderen Problem noch mehr gedrückt. Proteste und Streikdrohungen im Süden der DDR hatten dazu geführt, daß die Grenze zur ČSSR, die Honecker am 3. Oktober hatte schließen lassen, seit dem 1. November für den paß- und visafreien Verkehr wieder geöffnet worden war. In Heerscharen und mit der Absicht, ihr Land für immer zu verlassen, zog es DDR-Bürger seitdem erneut in die Botschaft der Bundesrepublik in Prag. Um den Fehler Honeckers nicht zu wiederholen, stimmte das Politbüro noch am frühen Abend des 3. November einer dringenden Bitte der ČSSR zu, die insgesamt 6.000 DDR-Bürger, die sich bereits wieder in der bundesrepublikanischen Botschaft in Prag aufhielten, „direkt aus der ČSSR in die BRD ausreisen zu lassen, ohne dabei DDR-

6 Vgl. Neues Deutschland vom 25.10.1989.

Territorium zu berühren"[7]. Als über das Wochenende 23.200 DDR-Bürger hinzukamen, die über die ČSSR in die Bundesrepublik ausreisten, protestierte die tschechoslowakische Regierung energisch und forderte von der SED-Spitze, den Ausreisestrom zu stoppen; anderenfalls sähe sie sich gezwungen, eigene Maßnahmen zur Grenzkontrolle – bis hin zu einer Schließung der Grenze zur DDR – zu ergreifen.

Das Politbüro faßte deshalb am Morgen des 7. November im Verlaufe einer fünfstündigen Sitzung, in deren Mittelpunkt die Vorbereitung des am folgenden Tag beginnenden ZK-Plenums und damit verbunden der Rücktritt des Politbüros wie der Regierung Stoph standen, nach längerer Diskussion folgenden Beschluß:

„1. Genosse O. Fischer unterbreitet in Abstimmung mit den Genossen F. Dickel und E. Mielke einen Vorschlag für das ZK der SED, wonach *der Teil des Reisegesetzes, der sich mit der ständigen Ausreise befaßt*, durch eine Durchführungsbestimmung sofort in Kraft gesetzt wird.

2. Genosse O. Fischer informiert den Außerordentlichen und Bevollmächtigten Botschafter der UdSSR in der DDR, Genossen W. Kotschemassow, und die tschechoslowakische Seite über den Vorschlag und den Standpunkt des Politbüros. Gleichzeitig sind Konsultationen mit der BRD zu führen.

3. In den Massenmedien ist darauf hinzuwirken, daß die Bürger der DDR ihr Land nicht verlassen. Über Rückkehrer ist zu informieren. Verantwortlich: Genosse G. Schabowski.

4. Genosse G. Schabowski wird beauftragt, diese Problematik mit den Vertretern der Blockparteien zu besprechen, um einen gemeinsamen Standpunkt herbeizuführen."[8]

Mit der Teillösung, angesichts des Übersiedlerstroms über die ČSSR in die Bundesrepublik nur die Regelung der ständigen Ausreise aus dem gerade erst veröffentlichten Reisegesetzentwurf vorzuziehen, einigte sich das SED-Führungsgremium wiederum lediglich auf den kleinsten gemeinsamen Nenner. Von einem gemeinsamen Willen zur schnellen Einführung einer generellen Reisefreiheit konnte somit keine Rede sein.

In verfahrenstechnischer Hinsicht wies der Politbürobeschluß gegenüber dem ursprünglich beabsichtigten Gesetzesweg zwei große Vorteile auf: Zum einen war der Kreis der an der Ausarbeitung Beteiligten auf drei Ministerien reduziert, der Abstimmungs- und Entscheidungsprozeß mithin erheblich vereinfacht; zum anderen entfiel die zeitraubende Beteiligung der Volkskammer und ihrer Ausschüsse.

---

7 Protokoll Nr. 48 der Sitzung des Politbüros des ZK der SED vom 3.11.1989, S. 4; SAPMO-BA, ZPA, J IV 2/2/2357.
8 Protokoll Nr. 49 der Sitzung des Politbüros des ZK der SED vom 7.11.1989, S. 6; SAPMO-BA, ZPA, J IV 2/2/2358; Hv. – H.-H. H.

Genau besehen, unterliefen Krenz bei der Formulierung des Beschlusses in der Hektik dieser Sitzung jedoch gleich drei schwerwiegende Fehler: Erstens oblag die Federführung in Fragen der ständigen Ausreise nicht Außenminister Fischer, sondern Stasi-Chef Mielke und Innenminister Dickel; zweitens konnten die beauftragten Minister dem Zentralkomitee ihre Vorlage natürlich unterbreiten, Rechtskraft konnte sie aber selbst im Parteistaat nur durch einen förmlichen Beschluß des Ministerrates bzw. seines Vorsitzenden gewinnen; drittens war es staatsrechtlich unmöglich, einem real noch nicht existierenden Reisegesetz – seine Verabschiedung durch die Volkskammer war für Dezember geplant – eine „Durchführungsbestimmung" vorauszuschicken.

Ungeachtet dieses Politbürobeschlusses nahm der Druck der ČSSR schon am darauffolgenden Tag – dem Tag, an dem das ZK-Plenum um 10.00 Uhr mit dem Rücktritt des Politbüros und seiner Neuwahl begann – ultimative Formen an. Das Außenministerium der ČSSR übermittelte dem DDR-Botschafter in Prag am 8. November ein förmliches Ersuchen, die Ausreise von DDR-Bürgern in die BRD „direkt und nicht über das Territorium der ČSSR"[9] abzuwickeln.

Am Morgen des 9. November kamen um 9.00 Uhr je zwei leitende Mitarbeiter des MfS und des MdI zusammen. Ihr Auftrag lautete, wie sie heute übereinstimmend sagen, das „ČSSR-Problem" mit einem Vorschlag zur Regelung der ständigen Ausreise aus der DDR zu lösen.[10] Dieser sollte nun nicht mehr als Durchführungsbestimmung, sondern als Ministerratsbeschluß im Umlaufverfahren gefaßt, parallel dem Politbüro und dem Ministerrat bis zum Mittag des 9. November vorgelegt und mit Wirkung vom 10. November in Kraft gesetzt werden.

Oberst Hans-Joachim Krüger, stellvertretender Leiter der unter anderem für die Abwehrarbeit im MdI und dessen (sicherheits-)politischer Kontrolle zuständigen HA VII des MfS, war von Generalleutnant Werner Irmler, Leiter der Zentralen Auswertungs- und Informationsgruppe des MfS (ZAIG), und Oberst Dr. Udo Lemme, Leiter der Rechtsstelle des MfS, direkt von Erich Mielke entsprechend instruiert worden. Oberst Gerhard Lauter und Generalmajor Gotthard Hubrich, den Leitern der Hauptabteilungen Paß- und Meldewesen sowie Innere Angelegenheiten des MdI, war dieser Auftrag von ihrem Minister erteilt worden.

Die vier Mitarbeiter des MfS und MdI kannten sich aus zum Teil langjähriger dienstlicher Zusammenarbeit und waren mit der Materie bestens vertraut; alle vier hatten an der Ausarbeitung des Reisegesetzentwurfs

---

9 Vgl. das Telegramm des DDR-Botschafters in der ČSSR, Ziebart, an Außenminister Fischer u. a., 8.11.1989; BStU, ZA, Arbeitsbereich Neiber 553, Bl. 2.
10 Vgl. hierzu und zum Folgenden die Gespräche des Verfassers mit Udo Lemme, 28.2.1992 und 22.4.1994, mit Hans-Joachim Krüger, 11.3.1992 und 7.12.1994, sowie mit Gerhard Lauter, 24.2.1992 und 28.5.1994. Generalmajor Gotthard Hubrich ist 1990 verstorben.

mitgewirkt. Den Dienstzweigen Innere Angelegenheiten – den Räten der Städte, Kreise und Bezirke zugeordnet –, sowie Paß- und Meldewesen – bei den Bezirksbehörden der Volkspolizei und den Volkspolizeikreis- ämtern angesiedelt – galt zudem das besondere Augenmerk der Staatssi- cherheit. Die leitenden Mitarbeiter beider Linien waren auf allen Ebenen häufig als inoffizielle Mitarbeiter, auf bezirklicher Ebene gelegentlich auch als Offiziere im besonderen Einsatz (OibE) für das MfS tätig. Und so wurden auch Hubrich und Lauter, die Leiter der beiden Hauptabteilungen, von jener Hauptabteilung VII des MfS als inoffizielle Mitarbeiter geführt, an deren Spitze Krüger als stellvertretender Leiter stand.[11]

Die Sitzung im MdI begann mit einem gegenseitigen Abtasten, wer welchen Auftrag hatte. Es stellte sich heraus, daß alle die gleiche Weisung hatten, das ČSSR-Problem zu lösen. Schnell war sich der Kreis nach An- gaben der drei Obristen darüber einig, daß zukünftig alle Einschränkungen bei Anträgen auf eine ständige Ausreise aus der DDR wegfallen sollten. Aus dieser Einhelligkeit entwickelte sich in der weiteren Diskussion die Frage, berichten die drei Obristen, ob es nicht schizophren und unprakti- kabel wäre und zudem innenpolitisch fatale Konsequenzen haben würde, jeden, der das Land auf Dauer verlassen wollte, sofort fahren zu lassen, denjenigen aber, die nur eine kurze Privatreise zu einem Onkel oder einer Tante in die Bundesrepublik planten und nach wenigen Tagen Aufenthalt zurückkehren wollten, dies zu verbieten?

In der Praxis war diese Frage im übrigen schon entschieden. Am 7. No- vember lagen im Verantwortungsbereich Neibers Fernschreiben aus Sach- sen und Thüringen vor, aus denen hervorging, daß über einhundert Perso- nen, die zuvor über die ČSSR in die Bundesrepublik ausgereist waren, über die Kontrollstelle Hirschberg wieder in die DDR eingereist waren. Als Motiv gaben die Reisenden gegenüber den verdutzten DDR-Paß- kontrolleuren „Abenteurertum, die Durchführung von Kaffeereisen sowie Testen der Glaubwürdigkeit der DDR-Medien" an[12]. Sie wurden nicht zurückgewiesen.

Eine wortwörtliche Erfüllung ihres Auftrages hätte Ständig-Ausreisende

---

11 Viele Hauptabteilungsleiter des MdI wurden als inoffizielle Mitarbeiter der HA VII des MfS geführt. Unter dem Decknamen „Roter Matrose" war Gotthard Hubrich von 1953 bis 1984 als inoffizieller Mitarbeiter für das MfS tätig; als er 1973 Leiter der HA Innere Angelegenheiten des MdI geworden war, wurde er vor allem zur Durchsetzung der ope- rativen Interessen des MfS bei der Zurückdrängung und Unterbindung von Übersied- lungsersuchen eingesetzt; BStU, ZA, AIM 1819/70 sowie AGMS 8008/84. Gerhard Lauter wurde vom MfS ab 1975 als IMS, ab 1988 als IME „Richard" geführt. „Richard" lieferte vor allem Berichte über Mitarbeiter und interne Vorgänge im MdI ab. Seine Personalakte wurde 1988 „gelöscht", die Materialakte ab 1983 vernichtet; BStU, ZA, AIM 14774/83, Bd. II/1.
12 Fernschreiben der BVfS Karl-Marx-Stadt an MfS Berlin (Neiber, ZAIG, ZKG, ZOS, HA VI), o. D. [7.11.1989]; BStU, ZA, Arbeitsbereich Neiber 79, Bl. 227.

im Verhältnis zu Besuchsreisenden, die in die DDR zurückkehren wollten, bessergestellt; das „Ausbluten der DDR" wäre noch beschleunigt worden. Das konnte nicht die Absicht des Politbüros sein. Im Interesse der Erhaltung der DDR hielten es die Obristen ihrer Aussage zufolge für unverantwortlich, alle Reisewilligen in den Status von Ausreisenden zu zwingen – was im übrigen um so weniger Sinn machte, wenn sich die Paßkontrollkräfte schon zum gegebenen Zeitpunkt deren Wiedereinreisewunsch in die DDR nicht entgegenstellten. Deshalb beschloß die Vierer-Arbeitsgruppe, in dem Ministerratsbeschluß zusammen mit der Ausreise auch das Recht auf Privatreisen zu regeln.

So stellten sie der Ausreise-Freiheit den Satz voran: „Privatreisen nach dem Ausland können ohne Vorliegen von Voraussetzungen (Reiseanlässe und Verwandtschaftsverhältnisse) beantragt werden. Die Genehmigungen werden kurzfristig erteilt. Versagungsgründe werden nur in besonderen Ausnahmefällen angewandt." Daß sie bei ihren Formulierungen keineswegs an eine totale Freizügigkeit dachten, zeigen die von ihnen für die Paß- und Meldestellen sowie die übrigen nachgeordneten Behörden vorbereiteten Durchführungsbestimmungen. Privatreisen sollten nach wie vor beantragt werden müssen, und die Erteilung eines Visums setzte den Besitz eines DDR-Reisepasses voraus. Einen Reisepaß aber besaßen nur etwa vier Millionen Bürger; alle anderen, so das Kalkül, hätten zunächst einen Paß beantragen und die bis zur Ausstellung üblichen Wartezeiten von mindestens vier bis sechs Wochen erdulden müssen. Einem sofortigen Aufbruch aller DDR-Bürger schien somit ein wirksamer Riegel vorgeschoben. „Wir hätten also erst einmal den unmittelbaren Druck von der Grenze weggenommen und auf die Dienststellen der Volkspolizei gezogen", sagt Gerhard Lauter.[13]

Um die Dienststellen des MdI und MfS in die neuen Bestimmungen einweisen und die Mitarbeiter des Paß- und Meldewesens auf den zu erwartenden Massenansturm vorbereiten zu können, legten die Obristen als Sperrfrist für die Bekanntgabe des Beschlusses durch den ADN den 10. November, 4.00 Uhr früh, fest. Diesen Termin schriftlich im Text der Presseerklärung zu fixieren, widersprach den üblichen Gepflogenheiten und erschien deshalb überflüssig. Angesichts der Monopolstellung des ADN reichte es völlig aus, den Generaldirektor der SED-Nachrichtenagentur nach der Beschlußfassung im Ministerrat bei der Aushändigung der Pressemitteilung auf die Sperrfrist zu verpflichten.

Der Reiseverordnungsentwurf der Obristen wurde einschließlich der Presseerklärung – aber ohne die Durchführungsbestimmungen – gegen Mittag mit der Sicherheitsabteilung des Zentralkomitees und den beteilig-

13 Gespräch des Verfassers mit Gerhard Lauter, 24.2.1992.

ten Ministern (MfS, MdI und MfAA) abgestimmt und während einer kurzen Unterbrechung der ZK-Tagung („Raucherpause") von einigen Mitgliedern des Politbüros bestätigt, bevor er am Nachmittag im Ministerrat ins Umlaufverfahren gegeben wurde, um eine schnelle Beschlußfassung – nämlich bis 18.00 Uhr – zu gewährleisten.

Von einer „Überlistung" oder „Überrumpelung" der gesamten Partei- und Staatsführung der DDR kann angesichts der großen Zahl der Beteiligten und der vielseitigen Abstimmungs- und Beschlußverfahren keine Rede sein; die Begründung für die Erweiterung der ursprünglich allein auf die ständige Ausreise bezogenen Regelung folgte einer für die Staatserhaltung zwingenden und überzeugenden Logik: Die dosierte Lockerung der Privatreisen-Regelung schien geradezu unabweisbar, wollte man sich das Problem der Ausreisen endlich vom Hals schaffen und dabei gleichzeitig einen Massenexodus aus der DDR verhindern.

Wie vom Politbüro am 7. November beschlossen, konsultierte Krenz das Zentralkomitee und verlas am 9. November gegen 16.00 Uhr Wort für Wort die Stoph-Vorlage für den Ministerrat, die er korrekt als „Vorschlag" des amtierenden Vorsitzenden des Ministerrates bezeichnete:

„Beschluß zur Veränderung der Situation der ständigen Ausreise von DDR-Bürgern nach der BRD über die ČSSR.

Es wird festgelegt:

1. Die Verordnung vom 30. November 1988 über Reisen von Bürgern der DDR in das Ausland findet bis zur Inkraftsetzung des neuen Reisegesetzes keine Anwendung mehr.

2. Ab sofort treten folgende zeitweilige Übergangsregelungen für Reisen und ständige Ausreisen aus der DDR in das Ausland in Kraft:

   a) Privatreisen nach dem Ausland können ohne Vorliegen von Voraussetzungen (Reiseanlässe und Verwandtschaftsverhältnisse) beantragt werden. Die Genehmigungen werden kurzfristig erteilt. Versagungsgründe werden nur in besonderen Ausnahmefällen angewandt.

   b) Die zuständigen Abteilungen Paß- und Meldewesen der Volkspolizeikreisämter in der DDR sind angewiesen, Visa zur ständigen Ausreise unverzüglich zu erteilen, ohne daß dafür noch geltende Voraussetzungen für eine ständige Ausreise vorliegen müssen. Die Antragstellung auf ständige Ausreise ist wie bisher auch bei den Abteilungen Innere Angelegenheiten möglich.

   c) Ständige Ausreisen können über alle Grenzübergangsstellen der DDR zur BRD bzw. zu Berlin (West) erfolgen.

   d) Damit entfällt die vorübergehend ermöglichte Erteilung von entsprechenden Genehmigungen in Auslandsvertretungen der DDR bzw. die ständige Ausreise mit dem Personalausweis der DDR über Drittstaaten.

3. Über die zeitweiligen Übergangsregelungen ist die beigefügte Pressemitteilung am 10. November zu veröffentlichen."[14]

Doch obwohl es zu diesem Zeitpunkt immer noch ein Vorschlag und kein Beschluß des Ministerrates war, hob Krenz quasi beiläufig die Sperrfrist auf und beauftragte den Regierungssprecher, die Veröffentlichung „gleich" zu machen. Diese Fehlentscheidung wäre im Ministerrat noch korrigierbar gewesen, denn dem Regierungssprecher war der Hintergrund der Sperrfrist bekannt. Doch bereits die nächste Entscheidung war irreversibel: Krenz händigte die Vorlage Günter Schabowski aus und gab ihm den Auftrag, sie auf seiner um 18.00 Uhr beginnenden Pressekonferenz bekanntzugeben.

Krenz mochte dies durchaus in gutem Glauben tun: Seit er dem Politbüro angehörte – und diese Praxis hatte sich seit Jahrzehnten eingespielt –, hatte der Ministerrat Beschlüsse des Politbüros stets wortgleich nachbeschlossen; nie hatte es ein Minister gewagt, auch nur geringfügigste Änderungen vorzuschlagen. Allein um der Rechtsordnung optisch zu genügen, wurden vom Politbüro beschlossene Gesetze und Verordnungen dem Ministerrat vorgelegt. Seine Zustimmung erfolgte in einer administrativ vereinfachten Form: Im Sekretariat des Ministerrates wurde lediglich das Deckblatt der Beschlüsse des Politbüros und des Sekretariats des Zentralkomitees ausgewechselt und fallbezogen das Präsidium des Ministerrates oder der Ministerrat selbst als Urheber eingesetzt. So hatte die Arbeitsteilung zwischen Politbüro und Ministerrat jahrzehntelang ohne Friktionen funktioniert. An diesem 9. November jedoch führte die Einmischung der Partei in die Umsetzungsarbeit der Regierung zum Zusammenbruch der gesamten Vorbereitungsarbeiten des MfS und des MdI für die neue Reiseregelung.

Unbesehen hatte Schabowski die von Krenz übergebene Ministerratsvorlage zu seinen Unterlagen gepackt. „Ich bin ins Pressezentrum gefahren und habe mir das Papier nicht mehr durchgelesen", sagte Schabowski im April 1990.[15] Und acht Monate später bestätigte er: „Tatsächlich las ich den Text erstmals, als die TV-Kameras schon liefen."[16] Schabowski

14 10. Tagung des ZK der SED, 8.–10.11.1989; SAPMO-BA, ZPA, TD 738.
15 Hans-Hermann Hertle, Theo Pirker und Rainer Weinert: „Der Honecker muß weg!" Protokoll eines Gespräches mit Günter Schabowski am 24. April 1990, (Berliner Arbeitshefte und Berichte zur sozialwissenschaftlichen Forschung Nr. 35), Berlin 1990, S. 39. Auch der „Spiegel"-Reporter Cordt Schnibben, der Schabowski im Frühjahr 1990 ausführlich befragte, veröffentlichte als Ergebnis seiner Recherche: „Schabowski liest den Zettel weder im ZK noch im Auto", in: Der Spiegel vom 30.4.1990, S. 208.
16 Günter Schabowski: „Egon, das Ding ist gelaufen, mach' dir mal keen Kopp", in: Der Morgen vom 7.12.1990, S. 21. Zwei Jahre später vollzog Schabowski jedoch einen Erinnerungswechsel und gab nun an, den Text im dunkeln während der maximal fünfminütigen Fahrt vom ZK-Gebäude zum Internationalen Pressezentrum in der Mohrenstraße durchgesehen zu haben: „Auf dem Wege zur Pressekonferenz habe ich im Auto das Papier überflogen und fand, wenn auch verklausuliert, es ist sozusagen ,das Ding'."

war weder anwesend gewesen, als das Politbüro den Entwurf des Reise-
verordnungstextes in den Mittagsstunden bestätigte, noch nahm er an der
Sitzung teil, als Krenz das Papier dem ZK-Plenum verlas. Am Vortag
hatte er die Nachfolge von Joachim Herrmann angetreten und amtierte
nun als für die Medien zuständiger Sekretär des ZK; deshalb war er „bei
den Beratungen abwechselnd drin und draußen, weil ich viel mit den
Journalisten zu regeln hatte"[17].

Am Ende seiner Pressekonferenz, gegen 19.00 Uhr, wurde Schabowski
gefragt, wann die von ihm gerade bekanntgegebene Regelung in Kraft
trete. Er zeigte eine gewisse Hilflosigkeit, denn „diese Frage", so Schabowski später, „war mit mir zuvor nie besprochen worden."[18] Er kratzte
sich am Kopf und überflog erneut das Papier. Seine Augen blieben nicht
an dem Schlußsatz hängen, der festlegte, daß die Pressemitteilung erst am
10. November bekanntgegeben werden sollte, sondern gleich am Anfang
an den Worten: „sofort" und „unverzüglich". So formulierte er als knappe
Antwort: „Sofort, unverzüglich!"

III.

Schabowskis Pressekonferenz war vom DDR-Fernsehen direkt übertragen
worden. Statt des beabsichtigten kontrollierten Reiseverkehrs ab dem 10.
November lösten die Mitteilungen des Politbüromitglieds einen sofortigen
Ansturm der Ost-Berliner auf die Grenzübergänge aus. Ohne jegliche Information und ohne Befehle der militärischen Führung standen die DDR-
Grenzposten plötzlich ständig größer werdenden Menschenansammlungen
gegenüber, die die vermeintlich sofortige Reisefreiheit testen wollten. Der
Menschenstrom wurde durch Meldungen besonders der Westmedien verstärkt, denn die Journalisten der westlichen Nachrichtenagenturen hatten
die unklaren und verworrenen Ausführungen Schabowskis in kürzester
Zeit auf die Schlagzeile: „DDR öffnet Grenze" verdichtet.

In der Bornholmer Straße, im dichtbesiedelten Stadtbezirk Prenzlauer
Berg gelegen, war der Ansturm am stärksten. Bereits unmittelbar nach
Schabowskis Pressekonferenz standen die ersten Ost-Berliner am Schlagbaum des dortigen Grenzübergangs. Grenzübergangsstellen waren sicher-
heitspolitisch hochkompliziert organisierte Territorien, auf denen die Ver-

(Günter Schabowski in: Protokoll der 25. Sitzung der Enquete-Kommission „Aufarbeitung von Geschichte und Folgen der SED-Diktatur in Deutschland" des Deutschen
Bundestages vom 26.1.1993).

17 Günter Schabowski in: Hertle/Pirker/Weinert: „Der Honecker muß weg!", S. 39. Sinngemäß hat sich Schabowski auch in seinen Memoiren geäußert. Vgl. Schabowski: Der
Absturz, S. 306.
18 Günter Schabowski in: Hertle/Pirker/Weinert: Der Honecker muß weg, S. 40.

antwortung zwischen Grenztruppen, Staatssicherheit und Zoll dreigeteilt war. Für ihre militärische Sicherung, im besonderen die Verhinderung von Grenzdurchbrüchen, waren die Grenztruppen zuständig. Sie stellten jedoch nur nominell den „Kommandanten" der GÜST[19], denn der grenzüberschreitende Verkehr war dem SED-Regime zu wichtig, um ihn den Grenztruppen mit ihren ständig wechselnden Unterstellungsverhältnissen zu überlassen.[20] Deshalb oblag die Sicherung, Kontrolle und Überwachung des gesamten Reiseverkehrs einschließlich der Fahndung sowie der Realisierung von Festnahmen den Paßkontrolleinheiten des MfS, die als tschekistische Verkleidung die Uniform der Grenztruppen trugen.[21] In Berlin unterstanden die Paßkontrolleinheiten der Grenzübergänge direkt der HA VI in der Zentrale des MfS; in den übrigen Grenzbezirken der DDR den Abteilungen VI der jeweils zuständigen Bezirksverwaltung des MfS. Die reine Sach- und Personenkontrolle schließlich führte die Zollverwaltung durch. Die Volkspolizei war nicht direkt auf der GÜST präsent; sie hatte aber deren unmittelbares Vorfeld, das sogenannte „freundwärtige Hinterland", von Störungen des Reiseverkehrs freizuhalten.

Die am Abend des 9. November eingetretene Situation jedoch war in den Dienstvorschriften nicht vorgesehen. Waren Schabowskis Worte so zu verstehen, daß sich noch in der Nacht ein staatlich erlaubter, freier Reiseverkehr anbahnte? Oder entwickelte sich eine erhöhte Aktivität gegnerischer Kräfte, die einen gewaltsamen Grenzdurchbruch befürchten ließ? Bevor sie etwas Falsches unternahmen, hielten es die diensthabenden Vorgesetzten in der Bornholmer Straße, für die Grenztruppen Major Manfred Sens, für die MfS-Paßkontrolleure Oberstleutnant Harald Jäger und Oberstleutnant Edwin Görlitz, für ratsam, zunächst einmal ihre Vorgesetzten zu informieren und die Befehlslage zu erkunden. Es gab jedoch keine. Statt dessen wurde im Zusammenspiel zwischen Jäger und seinen Vorgesetzten im MfS, insbesondere dem stellvertretenden Leiter der HA VI, Oberst Rudi Ziegenhorn, zunächst eine Reihe von Ad-hoc-Entscheidungen getroffen.

Zwischen 19.30 Uhr und 21.00 Uhr wurde versucht, die Menschen durch persönliche Ansprache auf den nächsten Tag zu vertrösten und sie zur Heimkehr zu bewegen: ein Unterfangen, das trotz der Wiederholung

---

19 Vgl. Ministerrat der DDR/MfNV: Aufgaben der Grenztruppen der DDR an den Grenzübergangsstellen, DV 018/0/005, GVS-Nr. A 372404, 1980; BStU, ZA, AGM, Bl. 272–448.

20 Vgl. dazu auch Frank Petzold: Der Einfluß des MfS auf das DDR-Sperrgebiet an der innerdeutschen Grenze und an der Ostseeküste 1952–1990, unveröff. Staatsexamensarbeit, Kiel 1994, S. 110ff.

21 Vgl. Ministerrat der DDR/MfS/HA VI: Ordnung über die Durchführung der Paßkontrolle an den Grenzübergangsstellen der DDR – Paßkontrollordnung; BStU, ZA, VI/Ltr./RuG/534/78. Als Dienststelle hatten die Mitarbeiter der PKE bei Anfragen von Reisenden das „Kommando der Grenztruppen der DDR" anzugeben. Vgl. ebenda, Punkt I/1, S. 9.

dieser Aufforderung über einen Lautsprecherwagen der Volkspolizei erfolglos blieb. Der Stabschef des MdI, Generaloberst Karl-Heinz Wagner, sah sich außerstande, dem ihm von Generalleutnant Gerhard Neiber, dem die HA VI des MfS unterstand, angesonnenen Wunsch zu entsprechen und den Zustrom der Menschen an die Grenze mit polizeilichen Mitteln zu unterbinden. Neibers Vorschlag, das Vorfeld der Übergänge freizuräumen und die Menschen von den Übergängen „wegzunehmen", wies er als gänzlich undurchführbar zurück: „Das mußt du mal versuchen! Das geht nicht mehr!"[22]

Als um 21.00 Uhr in der Bornholmer Straße zwischen 500 und 1.000 Menschen lautstark die Öffnung des Schlagbaumes forderten, der Rückstau der Autos über einen Kilometer bis zur Schönhauser Allee reichte und die Seitenstraßen verstopfte, sah sich Jäger nicht länger in der Lage, mit seinen 14 Paßkontrolleuren sowie fünf Grenzsoldaten und 16 bis 18 Zollkontrolleuren den Übergang zu halten. Neben seiner Aussichtslosigkeit stand ein Schußwaffeneinsatz für die Verantwortlichen aus reinem Selbsterhaltungstrieb außer Frage. „Wenn die Masse ins Rennen kommt, und wir schießen, dann hängen wir da vorne am Fahnenmast", war Manfred Sens an diesem Abend klar.[23] Nicht einmal an eine Selbstverteidigung sei unter diesen Bedingungen zu denken gewesen, ergänzte später Harald Jäger: „Die Leute hätten uns überrollt und mit unseren eigenen Gummiknüppeln verhauen."[24]

Jäger appellierte telefonisch an Ziegenhorn, die Bürger ausreisen lassen zu dürfen, weil ihrem Druck nicht länger standzuhalten sei.[25] Nach Absprache mit Neiber, so Jäger, habe Ziegenhorn schließlich eingewilligt, ein Ventil zu öffnen und die Ausreise mit Personalausweis zu gestatten, allerdings mit einer folgenschweren Einschränkung: „Die am aufsässigsten sind [...] und die provokativ in Erscheinung treten, die laß' raus", sei er von Ziegenhorn angewiesen worden. „Denen macht ihr im Ausweis einen Stempel halb über das Lichtbild – und die kommen nicht wieder 'rein."[26]

Zwischen 21.15 Uhr und 21.30 Uhr ließ Jäger drei Schalter aufmachen

---

22 Gespräch des Verfassers mit Karl-Heinz Wagner, 24.4.1995.
23 Gespräch des Verfassers mit Manfred Sens, 11.9.1995.
24 Interview mit Harald Jäger, in: Wochenpost vom 8.11.1995, S. 14.
25 Gespräch des Verfassers mit Harald Jäger, 7.8.1995.
26 Ebenda. Vgl. dazu auch die Berichte von Harald Jäger und Edwin Görlitz, in: Spiegel-TV: Der 9. November 1989. Dokumentarfilm, Autor: Georg Mascolo, 4.11.1990. – Zur Aussage Jägers paßt, daß das PdVP Berlin um 21.40 Uhr anwies, die Ausländermeldestelle im Haus des Reisens mit der alleinigen Absicht zu öffnen, „Ersuchen nach sofortiger *ständiger Ausreise* bearbeiten zu können". Von Visa für *Privatreisen* war keine Rede (siehe: Fernschreiben des PdVP Berlin an MdI, 10.11.1989, 0.30 Uhr, Anlage zu: PdVP-Rapport Nr. 230; vgl. auch VPI Berlin-Friedrichshain, Rapport 268/89 für den 9.11.1989, 4.00 Uhr – 10.11.1989, 4.00 Uhr, Lagefilm, in dem um 21.45 Uhr unter der lfd. Nr. 29 entsprechend festgehalten wurde: „Alle Bürger, die *sofort ausreisen* wollen, sind an die Ausländermeldestelle zu verweisen." ARCHIV POLPRÄS BLN/DEZ VB 132. – Hv. – H.-H. H.

und den Fußgängerdurchgang zur Ausreise öffnen.[27] Einzelne Personen wurden in den Kontrollbereich vorgelassen und abgefertigt. Jubelnd liefen die ersten Ost-Berliner über die Bornholmer Brücke nach West-Berlin – und ahnten nicht, daß ihre Personalausweise mit einem Visum, das das Lichtbild halb bedeckte, ungültig gestempelt worden waren. Die Absicht, die Ausreisenden heimlich auszubürgern, ging jedoch nicht auf. Während die ersten Rückkehrer auf der Westseite des Kontrollübergangs auf ihre Wiedereinreise drängten und sich nicht einfach nach West-Berlin zurückverweisen ließen – manche Ehepaare wollten zu ihren schlafenden Kindern zurück –, wurde die Menschenmenge auf der Ostseite immer größer. Die Lage wurde allmählich für die Kontrolleure bedrohlich. „Die Ventillösung", so Jäger heute, „war von unseren Vorgesetzten unklug gedacht. Das Ventil zu öffnen bedeutete doch, daß die anderen sahen, daß einige rausdurften – bloß sie nicht."[28] Lautstark forderte die Menge um so energischer im Chor: „Tor auf! Tor auf!" und kurze Zeit später erschallten die Rufe: „Wir kommen wieder, wir kommen wieder!" Als schließlich der Drahtgitterzaun im Vorraum des Grenzübergangs beiseite gedrückt wurde, bangte Jäger um das Leben seiner Mitarbeiter.

Telefonisch teilte er Ziegenhorn nach seiner Erinnerung um 22.30 Uhr mit: „Es ist nicht mehr zu halten, wir müssen die GÜST aufmachen. Ich stelle die Kontrollen ein und lasse die Leute 'raus."[29] Görlitz benachrichtigte Sens: „Wir fluten jetzt! Wir machen alles auf!"[30] Die Mitarbeiter der Paßkontrolle lösten die Sicherung des Schlagbaumes im Bereich der Vorkontrolle, Sens öffnete den Schlagbaum auf der Bornholmer Brücke. Tausende von Menschen strömten unkontrolliert in die Grenzanlage, überrannten die Kontrolleinrichtungen, liefen über die Brücke und wurden auf der West-Berliner Seite begeistert begrüßt; ob mit oder ohne Personalausweis, spielte beim Grenzübertritt in der Bornholmer Straße ab diesem Zeitpunkt keine Rolle mehr. Am nächsten Tag gab der diensthabende Leiter an, daß allein zwischen 23.30 Uhr und 0.15 Uhr schätzungsweise 20.000 Menschen den Übergang passiert hatten: „Wir wurden davon völlig überrollt."[31]

---

27 Das Grenzkommando Mitte, dem dieser Vorgang vom PdVP Berlin zur Prüfung übermittelt wurde, informierte den Operativ Diensthabenden im Ost-Berliner Polizeipräsidium um 21.26 Uhr über eine an die Paßkontrolleinheiten des MfS ergangene Weisung: „Wer an GÜST auf Ausreise besteht, dem ist sie mit PA zu gestatten." Vgl. PdVP-Rapport Nr. 230, lfd. Nr. 14; ARCHIV POLPRÄS BLN/DEZ VB 132.
28 Gespräch des Verfassers mit Harald Jäger, 7.8.1995.
29 Ebenda.
30 Gespräch des Verfassers mit Manfred Sens, 11.9.1995. Manfred Sens bestätigt den von Jäger angegebenen Zeitpunkt der Öffnung ebenso wie eine Live-Reportage von Manfred Füger in der „Gemeinschaftssendung von RIAS I und RIAS II zur Öffnung der Berliner Mauer in der Nacht vom 9. zum 10. November 1989"; Deutschland-Radio Berlin, Dokumentation/Archiv, 677-566/A/I-II, 19 cm, 95 Min.
31 Vgl. BZ am Abend vom 10.11.1989.

Zwei Minuten nach Mitternacht, verzeichnet der Lagebericht der Ost-Berliner Volkspolizei, waren alle Grenzübergänge zwischen den beiden Stadthälften geöffnet;[32] um 23.15 Uhr standen die Schlagbäume in der Rudower Chaussee[33], um 23.35 Uhr in der Heinrich-Heine-Straße[34], um 23.40 Uhr an der Oberbaumbrücke[35] und in der Chausseestraße[36] sowie gegen 24.00 Uhr in der Invalidenstraße[37] und kurz danach auch in der Friedrich-/Ecke Zimmerstraße, dem berühmten „Checkpoint Charlie", oben.

Auch die drei Grenzübergänge zwischen dem Bezirk Potsdam und West-Berlin waren noch in der Nacht passierbar. Um Mitternacht meldete der Operativ Diensthabende der BVfS Potsdam an den Zentralen Operativstab des MfS nach Berlin: „Die Entscheidung wird jetzt gefällt. Wir haben vom Genossen Oberst Ziegenhorn, HA VI, grünes Licht gekriegt, auf PA-Abfertigung. Wir können's auch nicht mehr halten."[38] Über Dreilinden (Drewitz) kamen die ersten DDR-Bürger um 0.35 Uhr, über die Heerstraße (Staaken) um 0.41 Uhr und über Heiligensee (Stolpe) um 0.44 Uhr nach West-Berlin.[39] Bereits um 19.50 Uhr war ein Ehepaar an der Glienicker Brücke erschienen und hatte sich nach der Möglichkeit des Passierens erkundigt.[40] Weil der Stellvertreter des Chefs im Grenzkommando Mitte den Diensthabenden der Grenzregimenter die Fernseh-Erklärung Schabowskis durchgegeben und zugleich befohlen hatte, „Maßnahmen zur Sicherung der Flanken an den Grenzübergangsstellen durchzusetzen", war auch das für Potsdam zuständige Grenzregiment 44 zumindest vorgewarnt. Doch der Mitteleinsatz blieb äußerst bescheiden: Zur Durch-

---

32 PdVP-Rapport Nr. 230, lfd. Nr. 19; ARCHIV POLPRÄS BLN/DEZ VB 132.

33 Information über die Entwicklung der Lage an den Grenzübergangsstellen der Hauptstadt zu Westberlin sowie an den Grenzübergangsstellen der DDR zur BRD, Berlin, 10.11.1989; BStU, ZA, Arbeitsbereich Neiber 553, Bl. 39.

34 Ebenda, Bl. 37.

35 Der Lagefilm der VPI Berlin-Friedrichshain meldete um 23.20 Uhr vor der GÜST Oberbaumbrücke ca. 60 Personen. Um 23.40 Uhr wurde festgehalten: „Ca. 150 Personen in Richtung West GÜST Oberbaum passiert." Vgl. VPI Berlin-Friedrichshain, Rapport 268/89 für den 9.11.1989, 4.00 Uhr – 10.11.1989, 4.00 Uhr, Lagefilm, lfde. Nrn. 31 und 32; ARCHIV POLPRÄS BLN/DEZ VB 132.

36 Information über die Entwicklung der Lage an den Grenzübergangsstellen der Hauptstadt zu Westberlin sowie an den Grenzübergangsstellen der DDR zur BRD, Berlin, 10.11.1989; BStU, ZA, Arbeitsbereich Neiber 553, Bl. 34.

37 In der Invalidenstraße wurde der erste Trabbi-Fahrer in der SFB-Sondersendung „DDR öffnet Grenzen" wenige Minuten vor 24.00 Uhr live von Robin Lautenbach auf West-Berliner Seite begrüßt.

38 BStU, ZA, ZOS/TB/15/K1-3.

39 Quelle für diese Angaben sind die Lagemeldungen der West-Berliner Polizei, dokumentiert in: Berliner Zeitung vom 9./10.11.1991. Zur Öffnung des Grenzübergangs Staaken vgl. den Erinnerungsbericht des dortigen diensthabenden Offiziers der Grenztruppen, in: Hans-Dieter Behrendt u. a.: Nachbetrachtungen zur Grenzöffnung am 9. November 1989, Teil 1, hrsg. v. Brandenburger Verein für politische Bildung „Rosa Luxemburg" e. V., Potsdam 1994, S. 22–24.

40 Vgl. hierzu und zum Folgenden: Chronik des Grenzregiments 44 „Walter Junker", 31.10.1989 bis 31.8.1990, S. 7; BA/P, MZA, GTÜ 1991, AZN 6897.

setzung dieses Befehls wurden lediglich zwei Offiziere „zbV", zur besonderen Verwendung, eingesetzt. Zudem ließ die Potsdamer Volkspolizei das Grenzregiment im Stich: „ohne Begründung" lehnte sie dessen „Bitten um Unterstützung zur Zurückweisung von Bürgern der DDR an der Glienicker Brücke und an der Autobahnauffahrt Babelsberg" ab.[41] Nachdem die Volkspolizei, die dem ständig steigenden Druck nicht standhalten konnte, insbesondere ihre gesamten Kontrollen im Vorfeld der Autobahn-Grenzübergangsstelle Drewitz eingestellt hatte, spitzte sich die Lage auch dort zu.[42] Seit etwa 21.00 Uhr konnten reisewillige DDR-Bürger mit ihren Kraftfahrzeugen ungehindert den Grenzübergang ansteuern. Stundenlang hielten die Paßkontrolleure die Reisewilligen hin, bis gegen 23.30 Uhr der Grenzübergang völlig verstopft war und der Transitverkehr zum Erliegen kam.[43] Innerhalb kurzer Zeit bildete sich auf der Autobahn zwischen der Grenzübergangsstelle Drewitz und Babelsberg ein mehrere Kilometer langer Rückstau. „Über diesen zunehmenden Druck", heißt es in einer Chronik des seitens der Grenztruppen zuständigen Grenzregimentes 44, „erfolgte laufend Meldung an das Grenzkommando Mitte."[44] Auch das Operative Leitzentrum der HA VI des MfS wurde von den Paßkontrolleuren vor Ort ständig über die zunehmend explosiver werdende Lage unterrichtet. Wie in der Bornholmer Straße erhielten die Paßkontrolleinheiten des MfS auch hier die Anweisung, Ausreisewilligen einen Paßkontrollstempel auf das Lichtbild ihres Personalausweises zu verpassen und sie auf diese Weise auszubürgern.[45] Um 0.30 Uhr trafen MfS-Oberst Ziegenhorn[46] und der Arbeitsbereich Paßkontrolle Potsdam des MfS[47] die Festlegung, mit der Abfertigung der DDR-Bürger in Drewitz[48], aber auch

---

41 Ebenda, S. 8.
42 Vgl. Behrendt u. a.: Nachbetrachtungen, S. 17.
43 Ebenda, S. 18.
44 Chronik des Grenzregiments 44 „Walter Junker", 31.10.1989 bis 31.8.1990, S. 8; BA/P, MZA, GTÜ 1991, AZN 6897.
45 Ebenda, S. 18.
46 Die Festlegung Ziegenhorns ist dokumentiert in: BV Potsdam, Rapport Nr. 313/89, Zeitraum vom 9.11.1989, 6.00 Uhr, bis 10.11.1989, 6.00 Uhr, Information Nr. 2132; BStU, ASt Potsdam, AKG 1750, Bl. 43.
47 Vgl. Behrendt u. a.: Nachbetrachtungen, S. 18. An dieser Publikation hat der ehemalige stellvertretende Leiter des Arbeitsbereiches Paßkontrolle Potsdam, Oberstleutnant Hans-Dieter Behrendt, mitgewirkt. Die Weisung wird hier allein dem Arbeitsbereich Paßkontrolle Potsdam zugeschrieben; „telefonische Konsultationen mit Berlin" seien „ergebnislos" geblieben. Diese Information muß insofern aus zweiter Hand stammen, als Behrendt sich in dieser Nacht nicht in der DDR aufhielt. Vgl. Gespräch des Verfassers mit Hans-Dieter Behrendt, 9.11.1994.
48 In der Chronik des Grenzregimentes 44 heißt es dazu: „Um 0.30 Uhr meldete der Diensthabende Offizier der Grenzübergangsstelle Drewitz (Autobahn), Oberstleutnant Schrewe, an den Diensthabenden Stellvertreter des Grenzregimentes, daß, auf der Grundlage eines an den Zugführer der Paß- und Kontrolleinheit [des MfS – H.-H. H.], Major Meike, telefonisch von dessen Vorgesetzten übermittelten Befehls, die Grenzübergangsstelle für die Passage von Bürgern der DDR nach Berlin (West) freigegeben

an den Übergängen in Staaken und Stolpe[49] auf Personalausweis zu beginnen.

Als kurz nach Mitternacht alle Übergänge nach West-Berlin für einen unkontrollierten Reiseverkehr offenstanden, rechneten weder Volkspolizei noch Staatssicherheitsdienst oder Grenztruppen damit, daß das Brandenburger Tor eine geradezu magnetische Anziehungskraft auf die Berliner ausüben würde. Seine Wirkung als Symbol für die Teilung der Stadt, die es als bevorzugten Ort für die Überwindung dieser Teilung geradezu prädestinierten, wurde ausgerechnet in dieser Nacht unterschätzt.

Ohnmächtig mußte die Volkspolizei mit ansehen, wie um 1.06 Uhr 150 Menschen die Weidendammer Brücke in der Nähe des S-Bahnhofs Friedrichstraße blockierten und die Beseitigung der Mauer forderten: „Kräfte in Mitte reichen zur Beseitigung der Störung nicht aus", hielt der Lagebericht lapidar fest.[50] Innerhalb der nächsten fünf Minuten wurden der Volkspolizei-Inspektion Mitte vom Präsidium 19 Funkstreifenwagen aus Inspektionen ohne eigenes Grenzgebiet als Sofortverstärkung zugewiesen, Einsatzalarm für die Schutzpolizei aller elf Inspektionen gegeben und volle Arbeitsbereitschaft für die Kriminalpolizei des Präsidiums hergestellt. Die Maßnahmen kamen zu spät, um 300 Personen zu stoppen, die sich um 1.10 Uhr Unter den Linden in Richtung Brandenburger Tor bewegten. Als der Gruppenführer der Sicherungskompanie für das Brandenburger Tor aus seinem Postenhäuschen an der Ecke Unter den Linden/Grotewohlstraße die Information über die herannahende Menge an die diensthabenden Offiziere in der Führungsstelle der Grenztruppen weitergab, konnten diese bereits aus dem Fenster beobachten, wie die Menschen den Sperrzaun am Pariser Platz einfach überstiegen, die Sicherungsketten der Grenzsoldaten durchbrachen und über den Platz zum Brandenburger Tor flanierten. Während zahlreiche Menschen von der Mauer in den Ostteil heruntersprangen und sich Ost und West unter dem Brandenburger Tor vereinigte, bildeten andere auf der östlichen Seite Räuberleitern, um auf die Panzermauer zu gelangen, oder nutzten einen herumliegenden Wasserschlauch als Tau, um sich auf die Mauerkrone ziehen zu lassen.

---

wurde." Vgl. Chronik des Grenzregiments 44 „Walter Junker", 31.10.1989 bis 31.8.1990, S. 8f.; BA/P, MZA, GTÜ 1991, AZN 6897.

49 Nach seinen Angaben hatte der stellvertretende Leiter der Paßkontrolleinheit der GÜST Stolpe, Major Klaus Jenner, dagegen wesentlich früher, nämlich bereits um 23.34 Uhr, auf eigene Entscheidung an diesem Übergang mit der Ausreiseabfertigung begonnen und dies dem Leitzentrum des Arbeitsbereiches Paßkontrolle der BVfS Potsdam mitgeteilt, nachdem er im Fernsehen die Öffnung der innerstädtischen Übergänge verfolgt hatte und der stundenlangen Hinhaltetaktik an seinem Übergang überdrüssig war. Der Meldung an seine Vorgesetzten habe er wörtlich hinzugefügt: „So, jetzt könnt ihr mich einsperren oder erschießen lassen!" (Mitteilung von Hans-Dieter Behrendt an den Verfasser über ein Gespräch mit Klaus Jenner, 9.1.1997).

50 PdVP-Rapport Nr. 230, lfd. Nr. 21; ARCHIV POLPRÄS BLN/DEZ VB 132.

Auf dem symbolträchtigsten Abschnitt der Berliner Mauer am Brandenburger Tor wurden Freudentänze aufgeführt. Die Regierungsapparate in
Ost und West waren gleichermaßen überrascht: Innerhalb weniger Stunden hatte das Volk die bewaffneten Organe überrumpelt und überrollt und
das ausgeklügeltste Grenzregime der Welt ausgehebelt. Die Mauer, das
Symbol der deutschen Teilung, war gefallen.

IV.

Wo aber steckte an diesem Abend die politische und militärische Führung? Schabowski war kurze Zeit nach dem Ende seiner Pressekonferenz
heim nach Wandlitz gefahren. Die gesamte Partei- und Staatsspitze aber
hatte zunächst weder die Pressekonferenz noch den schnell einsetzenden
Ansturm auf die Grenzübergänge mitbekommen, weil die Tagung des
SED-Zentralkomitees planwidrig bis 20.45 Uhr fortgesetzt wurde und dort
niemand gestört werden durfte. Die daraus resultierende Entscheidungs-
und Handlungslähmung zeigt das Beispiel der Armeeführung.

Mit sieben Generälen war das Verteidigungsministerium so stark wie
kein anderes Ministerium im Zentralkomitee vertreten. Verteidigungsmi-
nister Heinz Keßler und seine Stellvertreter, die Generäle Fritz Streletz,
Horst Brünner, Wolfgang Reinhold, Horst Stechbarth sowie der Chef der
Grenztruppen, Klaus-Dieter Baumgarten, hatten der von Krenz verlesenen
Reiseregelung zunächst keine größere Bedeutung für Armee und Grenztruppen beigemessen[51]; eine schnelle Information oder vorbereitende
Weisung an die Kommandeure der Grenzkommandos und Grenzregimenter jedenfalls unterblieb.

In der Annahme, die ZK-Tagung werde wie üblich um 18.00 Uhr beendet, hatte Keßler für 19.00 Uhr eine Kollegiumssitzung in Strausberg an-
beraumen lassen.[52] Als die ZK-Mitglieder des Kollegiums statt dessen erst
gegen 21.30/22.00 Uhr nacheinander in Strausberg eintrafen, warteten die
Nicht-ZK-Mitglieder bereits seit fast drei Stunden vor dem Tagungsraum.

51 Der siebte General der NVA im ZK war Generalmajor Manfred Volland, stellvertretender Chef der Politischen Hauptverwaltung (PHV) der NVA.
52 Die Ministerien wurden in der DDR nach dem Prinzip der Einzelleitung durch den
   Minister geführt. Die Kollegien der Ministerien waren als beratende Organe der Minister konzipiert, in denen die Grundfragen des Verantwortungsbereiches des jeweiligen
   Ministeriums erörtert wurden. Vgl. Gesetz über den Ministerrat der Deutschen Demokratischen Republik vom 16. Oktober 1972, in: GBl. d. DDR, Teil I, Nr. 16, Ausgabe-
   tag: 16.10.1972. Mitglieder des Kollegiums des MfNV waren neben dem Minister und
   seinen acht Stellvertretern der Hauptinspekteur der NVA sowie die beiden Chefs Kader
   und Finanzökonomie. Ständige Teilnehmer waren der Leiter der Zivilverteidigung, der
   Militäroberstaatsanwalt, der Leiter der Abt. Sicherheitsfragen des ZK der SED, der
   Leiter der Verwaltung 2000/HA I des MfS sowie der Vertreter des Oberkommandierenden der Vereinten Streitkräfte des Warschauer Vertrages bei der NVA.

Aus diesem Grund hatte kein Mitglied des Führungsgremiums der NVA die Pressekonferenz Schabowskis verfolgen können.

In vollkommener Unkenntnis des Geschehens in der Stadt begannen die höchsten Militärs „eine jener ermüdenden und fruchtlosen Sitzungen", so Admiral Theodor Hoffmann, damals Chef der Volksmarine und einer der Stellvertreter Keßlers, die den Führungsstil im Ministerium gekennzeichnet hätten.[53] Ohne den Reisebeschluß auch nur zu erwähnen, referierte Keßler den Ablauf der ZK-Tagung, über den sich ohnehin alle am nächsten Tag in der Zeitung hätten informieren können. Mitten in die Sitzung hinein platzte ein Anruf des Stabschefs der Grenztruppen. Er werde nicht mehr Herr der Lage, vernahm der Sekretär des Kollegiums, Oberst Werner Melzer, die aufgeregte Stimme von Generalmajor Teichmann, weshalb er dringend den Chef der Grenztruppen zu sprechen wünsche. Der Stabschef meldete Baumgarten dann, „daß ein Ansturm auf die Grenze eingesetzt habe und daß es angeblich einen Regierungsbeschluß über die Öffnung der Grenzübergänge gebe, von dem er aber nichts wisse. Er bat um Klärung der Sachlage und um Anweisungen."[54] Doch Baumgarten, über die Meldung sichtlich erschrocken, konnte selbst keinen Beitrag zur Klärung der Sachlage leisten und war zu einer anderen Weisung, als Geduld zu üben, nicht imstande. Dann meldete er die Informationen seines Stabschefs an Keßler weiter. Alle Teilnehmer der Kollegiums-Sitzung, so Hoffmann seemännisch kühl, „zeigten sich überrascht."[55] Keßler beauftragte Streletz, den Staatssicherheits-Minister anzurufen, um nähere Auskünfte einzuholen, doch Mielke war telefonisch nicht erreichbar. Währenddessen erhitzte sich die Debatte im Kollegium, allerdings nicht wegen des Reisebeschlusses und der Lage an der Grenze, sondern wegen der Ausführungen des Ministers, die Widerspruch hervorriefen.

Streletz war es zwischendurch zwar gelungen, Mielkes Stellvertreter Neiber zu sprechen, doch zu einer Klärung der Lage führte das Gespräch nicht, da auch Neiber Mielke noch nicht erreicht hatte. „Neiber teilte mir mit", berichtet Streletz im nachhinein, „daß er bestrebt sei, mit seinem Minister Verbindung aufzunehmen, da Schabowski bei der Pressekonferenz irgendwelchen Mist verzapft habe und jetzt eine Entscheidung herbeigeführt werden müsse. Von uns wußte immer noch keiner, was Schabowski bei der abendlichen Pressekonferenz veröffentlicht hatte."[56] Auch

---

53 Theodor Hoffmann: Das letzte Kommando. Ein Minister erinnert sich, Berlin, Bonn, Herford 1993, S. 26.
54 Ebenda, S. 27.
55 Ebenda.
56 Fritz Streletz in: Hans-Hermann Hertle: „Jede Konfrontation ist zu vermeiden!" Gespräch mit den Generälen Klaus-Dieter Baumgarten, Joachim Goldbach und Fritz Streletz über den Fall der Mauer aus der Sicht der NVA und der Grenztruppen der DDR, in: Deutschland Archiv 28 (1995) 9, S. 910.

eine telefonische Rücksprache mit dem Chef des Stabes des Innenministeriums, Generaloberst Wagner, brachte Streletz keine neuen Erkenntnisse.

Während sich Streletz vergeblich um exakte Informationen über die Entscheidungslage in der Führung bemühte, gingen aus dem Kommando der Grenztruppen Meldungen über das Anwachsen der Menschenmassen an den einzelnen Grenzübergängen ein. Ohne ihm eine konkrete Weisung mit auf den Weg zu geben, befahl Keßler dem Chef der Grenztruppen etwa um 23.00 Uhr, sich nach Pätz in seine Gefechtsstelle in Marsch zu setzen, persönlich die Führung der Grenztruppen zu übernehmen und ihn laufend über die Lage an der Grenze zu informieren. Als Baumgarten gegen 24.00 Uhr in seiner Führungsstelle eingetroffen war, hatte sich eine Weisung des Verteidigungsministers erübrigt. Baumgarten konnte dem Chef des Hauptstabes nur noch die Meldung nach Strausberg übermitteln, so Streletz heute, daß in der Zwischenzeit „einige Grenzübergangsstellen auf Entscheidung der vor Ort eingesetzten Kräfte bereits die Schlagbäume geöffnet hatten." Kurze Zeit danach, so Streletz weiter, habe er von Baumgarten die Information erhalten, „es gebe eine Weisung auf der Linie des MfS, die Grenzübergänge für die Bürger der DDR zu öffnen."[57]

Egon Krenz hat immer wieder behauptet, Mielke bereits zwischen 21.00 und 22.00 Uhr die Weisung gegeben zu haben, die „Grenzübergangsstellen in Berlin zu öffnen", wobei er sich bezüglich des konkreten Inhalts eines solchen Befehls stets vage ausgedrückt hat. Mal will er mit Mielke besprochen haben, „daß die Schlagbäume geöffnet werden sollten, auf einen Tag früher oder später käme es nun auch nicht mehr an"[58]; mal sollen beide entschieden haben, „die für den 10. November beschlossene Grenzöffnung um einige Stunden vorzuziehen."[59] Kein Mitarbeiter der Paßkontrolleinheit auch nur einer einzigen Berliner Grenzübergangsstelle hat jedoch bis heute den Empfang eines entsprechenden Befehls bestätigt, der zudem, wäre er denn erteilt worden, auch in den Lagefilmen der Linie VI des MfS schriftlichen Niederschlag gefunden haben müßte.

Das einzige Dokument, das eine „zentrale Weisung" des Generalsekretärs erwähnt, ist eine am frühen Morgen des 10. November von der HA VI zusammengestellte Information zur Lageentwicklung an den Berliner

57 Ebenda, S. 911.
58 Krenz: Mauern, S. 183.
59 Egon Krenz: Der 9. November 1989. Unfall oder Logik der Geschichte?, in: Siegfried Prokop (Hrsg.): Die kurze Zeit der Utopie. Die ‚zweite DDR' im vergessenen Jahr 1989/90, Berlin 1994, S. 80. Mit seiner Darlegung, Krenz habe Mielke „eindeutig gesagt, daß die Grenzübergangsstellen zu öffnen sind", stützt Wolfgang Herger als im Arbeitszimmer von Krenz anwesender Augen- und Ohrenzeuge diese Version. Er selbst, so Herger, habe den Anruf Mielkes „etwa so gegen 20.30 und 21.00 Uhr" entgegengenommen und den Hörer an Krenz weitergereicht. Skepsis ist auch hier nicht allein aufgrund der unrealistischen Zeitangabe angebracht. Die Frage ist vielmehr, was genau mit der gerade nicht „eindeutigen" Aussage, die „Grenzübergangsstellen zu öffnen", gemeint gewesen sein soll. (Vgl. Gespräch des Verfassers mit Wolfgang Herger, 5.3.1992).

Grenzübergangsstellen. Darin heißt es: „Als aufgrund der unüberschaubaren Menschenmengen vor einigen Grenzübergangsstellen und nach dem Eindringen zahlreicher Personen in die Grenzübergangsstelle Bornholmer Straße abzusehen war, daß die Situation nicht länger zu beherrschen sein werde, wurde etwa gegen 23.30 Uhr auf zentrale Weisung mit der *Abfertigung der Personen zur Grenzpassage nach Westberlin begonnen*".[60]

Die „zentrale Weisung" beinhaltete demnach nicht den Befehl, „die Grenzübergangsstellen zu öffnen", wie Krenz behauptet. Sie hing vielmehr noch der Fiktion an, mit einer geordneten, kontrollierten „Abfertigung" zu einem Zeitpunkt beginnen zu können, zu dem die Paßkontrolleure an einigen Grenzübergängen schon längst gezwungen worden waren, jegliche Kontrolle einzustellen. Worauf sich Krenz tatsächlich mit Mielke verständigt und was dieser seinem Stellvertreter Neiber als „zentrale Weisung" übermittelt haben könnte, geht aus einem Fernschreiben der HA VI hervor, das um 23.05 Uhr an die Leiter der MfS-Bezirksverwaltungen und die Leiter der Abteilungen VI in den neun Grenzbezirken der DDR versandt wurde.[61] Es enthält die Bedingungen, zu denen die Paßkontrolleure mit der „Abfertigung der Personen zur Grenzpassage nach Westberlin" beginnen sollten:

„Zur Durchsetzung dieser Maßnahmen [der Reiseregelung des Ministerrates – H.-H. H.] an den Grenzübergangsstellen zur BRD und Berlin (West) sind von den Paßkontrolleinheiten unverzüglich folgende Aufgaben zu lösen:

1. Die Personalausweise der betreffenden Bürger sind mit einem *Ausreisevermerk*/Visum der VPKÄ zu versehen. Diese berechtigen nach entsprechender Identitätskontrolle zur *ständigen Ausreise*. Neben dem Lichtbild im Personalausweis – rechts – ist ein *Paßkontrollstempelabdruck* anzubringen, *der zugleich als Entwertungsvermerk gilt*.
2. Der Personalausweis ist den Bürgern zu belassen.
3. Eine zahlenmäßige Erfassung ist zu gewährleisten und zwar differenziert nach Erwachsenen, Kindern und PKW.

Bis auf Widerruf sind die Meldungen darüber ab 10.11.89, 6.00 Uhr, im 2-Stundenrhythmus an das OLZ der HA VI abzusetzen.

Fiedler. Generalmajor."[62]

60 Information über die Entwicklung der Lage an den Grenzübergangsstellen der Hauptstadt zu Westberlin sowie an den Grenzübergangsstellen der DDR zur BRD, Berlin, 10.11.1989, S. 1; BStU, ZA, Arbeitsbereich Neiber 553, Bl. 30. – Hv. – H.-H. H.
61 Grenzbezirke der DDR waren die Bezirke Gera, Erfurt, Suhl, Magdeburg, Schwerin, Rostock, Potsdam, Karl-Marx-Stadt und Leipzig. Die Leiter bzw. Operativ-Diensthabenden der PKE der Berliner GÜST wurden über den Inhalt des Fernschreibens offenbar telefonisch in Kenntnis gesetzt. Der Rapport der PKE Friedrich-/Zimmerstraße enthält den Eintrag: „23.05 Uhr: Beginn der *Ausreise*abfertigung der DDR-Bürger nach Rücksprache mit Oberst Ziegenhorn", HA VI/PKE Fri.-Zi.-Str., Rapport für die Zeit vom 9.11.89, 07.00 Uhr, bis 10.11.89, 07.00 Uhr, S. 2; – Hv. – H.-H. H.
62 Fernschreiben der HA VI/Leiter an die Leiter der BV/Leiter der Abt. VI Gera, Erfurt,

Wie an der Grenzübergangsstelle Bornholmer Straße bereits nach 21.00 Uhr aufgrund einer telefonischen Anweisung der HA VI praktiziert, hätten sich Krenz und Mielke bzw. Mielke und Neiber demnach auch im weiteren Verlauf des Abends auf nichts anderes verständigt, als die DDR-Bürger mit Personalausweis ausreisen zu lassen, dabei ihre Personalien zu erfassen, ihnen bei der Abfertigung an den Grenzübergängen die Ausweise ungültig stempeln zu lassen und sie nicht wieder einreisen zu lassen, mit anderen Worten: sie auf diese Weise ohne ihr Wissen auszubürgern.

Diese Ausbürgerungsaktion fand im Ergebnis nur deshalb nicht statt, weil die Paßkontrolleure einerseits aufgrund des Massenandrangs vollends den Überblick und die Kontrolle an den Übergängen verloren, aber andererseits im Unterschied zu ihren Vorgesetzten soviel Realitätssinn bewahrt hatten, daß sie die Situation erfaßten und den Ausgereisten die Wiedereinreise nach Ost-Berlin nicht verwehrten.

Den meisten Mitgliedern des Kollegiums des Ministeriums für Nationale Verteidigung blieb die Tragweite der Entwicklung an der Grenze während der Sitzung verborgen. Es kam „nicht einmal zu einem Versuch, die Lage im Kollegium zu erörtern", sagt Generalleutnant Manfred Grätz[63], geschweige denn zu einer gemeinsamen Beurteilung der Lage[64]. Die Handlungslähmung der Partei hatte sich auf die militärische Spitze übertragen. So fiel die Mauer in der Nacht vom 9. auf den 10. November, und die Spitze des Verteidigungsministeriums ging – zerstritten über die Führungstätigkeit von Keßler und seine weitere Verwendung als Minister – ohne Linie auseinander.

Die Hoffnung der SED-Spitze, am nächsten oder übernächsten Tag die „Ordnung" wiederherstellen zu können, ging nicht in Erfüllung. Mit welchen Absichten auch immer wurden in den Mittagsstunden des 10. November noch Eliteeinheiten der NVA um Berlin in Erhöhte Gefechtsbereitschaft versetzt – zum Einsatz kamen sie nicht mehr. Der Menschenandrang in Berlin, am Wochenende dann auch an der Grenze zur Bundesrepublik, war so gewaltig, daß der Fall der Mauer unumkehrbar war.

Mit der Mauer aber hatte die SED gegenüber Bonn ihre letzte kreditwürdige Immobilie verloren, was Hans Modrow schnell zu spüren bekam. Seine Idee, wenigstens noch die Gewährung freier Wahlen und den Verzicht auf den Führungsanspruch seiner Partei in der DDR-Verfassung gegen Überbrückungskredite für die DDR an die Bundesregierung zu vermakeln, machte ihm das Volk zunichte. Die Massendemonstrationen gegen das Regime hielten auch in der zweiten Novemberhälfte an und er-

---

Suhl, Magdeburg, Schwerin, Rostock, Potsdam, Karl-Marx-Stadt und Leipzig, Dringlichkeit: Flugzeug, Berlin, 9.11.1989, VI/Ltr./VA/518/89, CFS-Nr. 2368; – Hv. – H.-H. H.; BStU, ZA, HA VI 1735.
63 Gespräch des Verfassers mit Manfred Grätz, 12.9.1995.
64 Joachim Goldbach in: Hertle: Konfrontation, S. 911.

zwangen diese politischen Zugeständnisse, bevor die Verkaufsverhandlungen mit Bonn abgeschlossen werden konnten. Mit offenen Grenzen, so zeigte sich bald, war die DDR nicht überlebensfähig.

V.

Die historische Rekonstruktion der dem Fall der Mauer zugrunde liegenden politischen Entscheidungen und Handlungen schließt Erklärungsvarianten aus, die dieses Ereignis als – mit welchen Absichten auch immer verbunden – geplante Aktion der Führung der SED darstellen oder auf eine absichtsvolle Überrumpelung der Partei- und Staatsspitze zurückführen, oder gar als „Opus magnum" der Staatssicherheit sehen möchten.

Der Fall der Mauer war von keiner der Entscheidungen treffenden Institutionen und keinem der beteiligten Akteure geplant oder gewollt. Keiner von denen, die auf den geschilderten Ablauf Einfluß genommen und das Ergebnis mit herbeigeführt haben, hat dieses auch nur ansatzweise im Sinn gehabt. Handlungsrahmen und Entscheidungshintergrund der vorausgehenden Ereignisse zeigen, daß im nachhinein beanspruchte Autorenschaften aus dem Kreis der SED-Führung ebenso unbegründet sind wie die per Rekonstruktion zugewiesene des MfS, auch wenn das Ministerium für Staatssicherheit und inoffizielle Mitarbeiter des Staatssicherheitsdienstes aufgrund ihrer Funktionen und der Zuständigkeiten des MfS wesentlich am Handlungsablauf beteiligt waren.

Vom kumulierenden äußeren und inneren Problemdruck zu Ad-hoc-Entscheidungen jenseits der jahrzehntelang eingespielten Routinen gezwungen, in ihrem Problemverständnis und Handlungsrepertoire gleichwohl nachhaltig von diesen geprägt, haben die beteiligten Akteure mit ihren jeweils individuellen Situationsdefinitionen, daraus resultierenden Entscheidungen und Handlungszügen einen Ablauf in Gang gesetzt, dessen Dynamik und Richtung sie so nicht gewollt und allenfalls im nachhinein durchschaut haben.

Klaus-Dietmar Henke

Menschliche Spontaneität und die Sicherheit des Staates

Zur Rolle der weltanschaulichen Exekutivorgane in beiden deutschen Diktaturen und in den Reflexionen Hannah Arendts[1]

Totalitäre Systeme können ohne Geheimpolizei nicht existieren. Sie allein sind offenbar in der Lage, in dem Ausmaße für Information, Prävention, Manipulation und Repression zu sorgen, das von Weltanschauungsregimen zur eigenen Stabilisierung für unerläßlich gehalten wird.

Hannah Arendt glaubte im „Terror" der Geheimpolizeien – bei ihr kein Mittel zum Zweck, sondern „die ständig benötigte Exekution der Gesetze natürlicher [im Nationalsozialismus] oder geschichtlicher [im Stalinismus] Prozesse", die „mit der Zerstörung des Raums der Freiheit alle Beziehungen *zwischen* den Menschen" vernichte[2] – sogar das eigentliche Wesen totalitärer Herrschaft[3] erkannt zu haben. Diese Auffassung hat sich zwar nicht durchgesetzt,[4] doch mindert das nicht den heuristischen Wert ihrer mehr intuitiv als empirisch gewonnenen Einsichten in die Funktion dieser weltanschaulichen Exekutivorgane. Im Gegenteil, nachdem schon Hans Buchheims Forschungen zum NS-Regime und seiner Geheimpolizei in manchem auf Hannah Arendt rekurrierten,[5] erweisen sich ihre Überlegungen nach Öffnung der Unterlagen des Staatssicherheitsdienstes als unverändert inspirierend. Die folgenden Bemerkungen versuchen aus der Bestimmung des Wesenskerns des Totalitarismus und der Rolle von Geheimpolizeien in totalitär verfaßten Regimen, wie sie in „Elemente und Ursprünge totaler Herrschaft" vorgenommen wird, Anregungen für eine vergleichende Analyse der realgeschichtlichen Funktion der Geheimpolizeien in beiden deutschen Diktaturen zu gewinnen.

---

1   Leicht überarbeitete Version des Vortrages am 10.5.1996.
2   Hannah Arendt: Elemente und Ursprünge totaler Herrschaft, Frankfurt/M. 1958, S. 681 und 692. Hervorhebung im Original.
3   Ebenda, S. 679.
4   Vgl. z. B. Juan J. Linz: Totalitarian and Authoritarian Regimes, in: Fred I. Greenstein und Nelson W. Polsby (Hrsg.): Macropolitical Theory, Bd. 3, Reading 1975, S. 188ff. und 217ff., oder Leonard Schapiro: Totalitarianism, London 1972, S. 20ff.
5   Vgl. Hans Buchheim: Totalitäre Herrschaft. Wesen und Merkmale, München 1962, oder dessen Studien: Die SS – das Herrschaftsinstrument; Befehl und Gehorsam, München 1967.

I.

Mit dem Ende des Staatssozialismus hat vermutlich auch die Idee ihren entscheidenden Rückschlag erhalten, menschlichem Handeln wohne Zwangsläufigkeit inne und der gesellschaftlichen Entwicklung irgendeine Gesetzmäßigkeit.

Ebendiese „historizistische" (Karl Popper) Welterklärung und die aus ihr abgeleiteten vermeintlichen Einsichten in das Entwicklungsgesetz vergangener, gegenwärtiger und künftiger Politik sind ein wesentliches Merkmal totalitär verfaßter Herrschaft. Das gilt für den universalistisch-hyperrationalen Marxismus-Leninismus genauso wie für den gesellschaftsbiologisch-irrationalen Nationalsozialismus. In beiden Regimen leitete die „Avantgarde" aus ihrem Wissensmonopol ihr Verantwortungsmonopol ab.[6] Totalitärer Politik geht es tatsächlich darum, ein neues, bis in die Metaphysik hinein fundiertes „neues gesellschaftliches Wertungssystem" durchzusetzen.[7] Logischerweise erkennt dieser voluntaristische Gestaltungs- und Verfügungsanspruch, der – nach reiner Lehre – letztlich auf eine Veränderung der Natur des Menschen zielt, keinerlei Grenzen für sich an, weder moralische noch tatsächliche. Er akzeptiert keine ihm unzugänglichen Sphären.

Die Merkmale dieses Politikansatzes sind rasch aufgezählt, und die Gegner des Totalitarismus haben das historisch Neue und politisch Bedrohliche Anfang der zwanziger Jahre auch sofort erkannt: Eroberung des Staates durch eine Weltanschauungspartei; Gleichschaltung und Umbau der Gesellschaft; Indoktrination und Umerziehung; prinzipielle Intoleranz; Erfindung und Bekämpfung sogenannter objektiver Gegner; „universale Verdächtigkeit"[8]; Umprägung von Worten und Werten. In der zugespitzten Diktion Hannah Arendts ist der Totalitarismus eine Revolte gegen die Tatsächlichkeit und den gesunden Menschenverstand, der Versuch, eine „rein fiktive Welt"[9] herzustellen. Das ideologische Denken emanzipiere sich „von der Wirklichkeit, so wie sie uns in unseren fünf Sinnen gegeben ist, und besteht ihr gegenüber auf einer ‚eigentlicheren' Realität"; gerade dies verleihe ihm viel von seiner Anziehungs- und Verführungskraft.

Der totalitäre Entwurf ist nicht bloß eine weltanschauliche Idée fixe. Ihm liegt vielmehr eine Einstellung zum Politischen überhaupt zugrunde, die dem liberalen Politikverständnis diametral widerspricht. Hier Politik

---

6   Arendt: Elemente, S. 553ff.
7   Vgl. Martin Drahts Einleitung „Totalitarismus in der Volksdemokratie" zu Ernst Richert: Macht ohne Mandat. Der Staatsapparat der sowjetischen Besatzungszone Deutschlands, Köln 1958, S. XXV.
8   Arendt: Elemente, S. 633.
9   Ebenda, S. 605. Vgl. auch ebenda, S. 524, 568 und 579. Das folgende Zitat ebenda, S. 688. Vgl. auch ebenda, S. 692.

verstanden als ein immerwährendes zwangfreies Experimentieren, dort Politik als messianistische Kunst, eine vorbestimmte Ordnung durchzusetzen und das Leben schon jetzt danach zu gestalten. Jacob L. Talmon unterscheidet zwischen der „absolutistischen" und der „empiristischen" Einstellung zur Politik.[10]

In Hannah Arendts empiristischem Verständnis besteht das Wesen des Politischen darin, daß die Menschen als Gleiche mit Gleichen in Freiheit jenseits von Gewalt und Zwang miteinander verkehren. Das Ergebnis des politischen Prozesses ist grundsätzlich offen, da das Politische in der unverwechselbaren Individualität der Person wurzelt und der Fähigkeit der Menschen entspringt, miteinander in Beziehung zu treten, von sich aus ständig „etwas Neues zu beginnen".[11] Für diesen personalen Ursprung des Politischen wählt Hannah Arendt den Begriff menschliche „Spontaneität". Diese Spontaneität und prinzipielle Unberechenbarkeit des Menschen ist in ihren Augen „das größte Hemmnis der totalen Herrschaft".[12]

Totalitäre Herrschaft ist also der Versuch, das Unverfügbare verfügbar zu machen.[13] Dieser Verfügungsanspruch wurde von den totalitären Regimen in Europa zwischen 1917 und 1989 trotz ihres beträchtlichen inneren Wandels und mannigfacher weltanschaulicher Volten nie wirklich fallengelassen. Der Griff nach dem menschlichen Kern ist das Primärphänomen des Totalitarismus. Daraus leiten sich seine Organisationsformen und Techniken ab. Das ist einer der Gründe dafür, weshalb der individualistische Ansatz Hannah Arendts, der das menschliche Element in den Mittelpunkt stellt, mehr Kraft zur Analyse des anti-individualistischen Totalitarismus und des Schicksals des einzelnen in ihm besitzt als die verschiedenen mechanistischen Systematiken anderer Vertreter der Totalitarismus-Theorie.

Hannah Arendt war sich vollkommen darüber im klaren, daß kein Modell und keine Theorie die Wirklichkeit totalitär organisierter Herrschafts- und Gesellschaftssysteme je ganz erfassen kann. In ihren Augen haben nicht einmal die Regime Hitlers und Stalins totalitäre Herrschaft im Sinne ihrer Phänomenologie – es ist ja keine „Theorie" – vollendet verwirklicht. In den „Elementen und Ursprüngen" schreibt Arendt, totale Herrschaft sei überhaupt nur unter „den Voraussetzungen der Weltherrschaft möglich". Bis dahin behielten alle Schritte in Richtung totalitärer Herrschaft immer „nur experimentalen Charakter". Es gebe noch nicht einmal einen „vollkommenen totalitären Herrschaftsapparat", betont sie an anderer Stelle.[14] Mehr noch: Das Fazit ihres Nachdenkens besteht in der Erkenntnis, daß

---

10 Jacob L. Talmon: Die Ursprünge der totalitären Demokratie, Köln 1961, S. 230.
11 Arendt: Elemente, S. 665.
12 Ebenda, S. 667.
13 Buchheim: Totalitäre Herrschaft, S. 15.
14 Zitate bei Arendt: Elemente, S. 619 und 683. Zum Folgenden ebenda, S. 698.

jedwede Form des Totalitarismus eben wegen der „Spontaneität" des Menschen den Keim seines Verderbens schon in sich trage. Realtypus und Idealtypus totalitärer Herrschaft klaffen für Hannah Arendt also weit auseinander. Das wird manchmal überlesen. Es geht ihr nicht um Sozialempirie, sondern um charakteristische Entwicklungstendenzen.[15] Sie betont aber zugleich, daß bereits der totalitäre Verfügungs*anspruch*, nicht erst dessen perfekte Umsetzung, eine verheerende Auswirkung auf das gesamte Gefüge von Staat und Gesellschaft habe.

Realgeschichtlich faßbar und vielfach beobachtet sind in solchen Gesellschaften die ebenfalls schon von ihr beschriebenen „zwei Wirklichkeiten". Rolf Henrich erläutert in seiner DDR-Analyse sehr anschaulich die Handlungsprinzipien dieses „wahren Doppellebens": einerseits die Prinzipien des Handelns in der System-Welt, andererseits die Prinzipien des Handelns in der Privat-Welt.[16] Das ist weniger poetisch, aber dasselbe wie Václav Havels „Leben in der Lüge". Der sieht in der diffusen Koexistenz von Totalitärem und Nicht-Totalitärem das „schlimmste Erbe des Totalitarismus". Diese Regime-Eigenheit habe zu einer, wie er sagt, „verdorbenen sittlichen Atmosphäre" geführt.[17]

Ebensowenig wie gegenüber der Gesellschaftsorganisation ist Hannah Arendt blind gegenüber der Binnenstruktur des totalitären Herrschaftsapparates. Nichts entspreche weniger den Realitäten als die ständig behauptete „monolithische Staatsstruktur" im Bolschewismus und im Nationalsozialismus, schreibt sie. Totalitäre Herrschaftsapparate seien vielmehr „strukturlos" und von einer „Multiplikation" der Zuständigkeiten gekennzeichnet. Die Beziehung zwischen den einzelnen Instanzen seien derart „formlos gelassen [...], daß niemand sich in ihnen zuverlässig auskennen kann".[18]

Unabhängig von der Struktur der Apparate besteht die Essenz totalitär verfaßter Herrschaft also in dem Versuch, die menschliche „Spontaneität" zu eliminieren, damit das Politische schlechthin zu zerstören und in souveräner „Verachtung für Fakten und Realitäten"[19] die Wirklichkeit in Fiktion zu verwandeln. Diese Wesensbeschreibung des Totalitarismus war zu

---

15 „Es ist nicht das Ziel des Buchs, Antworten zu geben, sondern eher, das Terrain zu sondieren", teilte Hannah Arendt Ende 1946 ihrer Verlegerin über den Charakter ihrer Totalitarismus-Studien mit. Vgl. Elisabeth Young-Bruehl: Hannah Arendt. Leben, Werk und Zeit, Frankfurt/M. 1996, S. 287.
16 Rolf Henrich: Der vormundschaftliche Staat. Vom Versagen des real existierenden Sozialismus, Hamburg 1989, S. 109.
17 Vgl. Karl Graf Ballestrem: Der Totalitarismus in Osteuropa und seine Folgen – eine theoretische Betrachtung, in: Hans Maier (Hrsg.): „Totalitarismus" und „Politische Religionen". Konzepte des Diktaturvergleichs, Paderborn 1996, S. 252.
18 Zitate bei Arendt: Elemente, S. 584, 587f. und 584.
19 So Hannah Arendt in ihrem Vorwort von 1966 zu „Elemente und Ursprünge totaler Herrschaft. Antisemitismus, Imperialismus, Totalitarismus", München 1996, S. 643.

eindringlich, sie hatte zu klar „das schlechthin Neue" (Karl Jaspers)[20] im Nationalsozialismus und Bolschewismus erkannt und beschrieben, als daß eine Mehrzahl von Historikern und Politikwissenschaftlern Hannah Arendt darin gefolgt wäre, ebendieses Totalitarismus-Konzept wieder ad acta zu legen. 1966 hatte die Autorin in einem neuen Vorwort zum Totalitarismus-Abschnitt ihres inzwischen zum Klassiker avancierten Werkes nämlich geschrieben, daß totale Herrschaft „mit dem Tod Stalins in Rußland nicht weniger ihr Ende gefunden hat als in Deutschland mit dem Tod Hitlers"[21]; ein logischer Schritt, der aus der Qualifizierung des „Terrors" nationalsozialistischer oder stalinistischer Observanz als einem wesensbestimmenden Merkmal totalitärer Herrschaft folgen mußte. Für ihre Analyse der Geheimpolizei in Weltanschauungs-Regimen gilt ähnliches wie für ihre Beschreibung der Elemente und Ursprünge totaler Herrschaft: bahnbrechend und zugleich über eine erfahrbare, ja vorstellbare Realität hinaus gedanklich zugespitzt.

II.

Der Organisationsform und ihrem Selbstverständnis nach sind Geheimpolizeien in Weltanschauungs-Diktaturen eine ordensähnliche Elite. Ihre Spitzenoffiziere sind mit hohem Prestige ausgestattet und gehören im Führerstaat ebenso wie in der Generalsekretärs-Diktatur zum innersten Kreis der Macht. Die Sicherheitspolizei ist aber nur scheinbar Teil des Staatsapparates, in Wirklichkeit ist sie diesem übergeordnet. Anders als ihre irreführende Bezeichnung nahelegt, ist sie nicht *Staats*polizei, sondern Führerexekutive oder Parteiexekutive.[22] Den weltanschaulichen Exekutivorganen fällt nach Hannah Arendts zugespitzter Definition die Aufgabe zu, „das innenpolitische Experiment der Transformation der Tatsächlichkeit in die Fiktion zu überwachen, zu sichern und durchzuführen."[23] Die Staatssicherheits-Apparate sorgen in Wahrheit also nicht für die Sicherheit des Staates, sondern sie sichern den totalitären Verfügungsanspruch des Weltanschauungsträgers ab. Außerdem sorgen sie für die Sicherheit der Staatspartei vor der menschlichen „Spontaneität" als personalem Ursprung des Politischen.

Das alles ist für die Menschen in der Diktatur nicht leicht zu erkennen,

---

20 Karl Jaspers in seinem Geleitwort von September 1955 zur deutschen Ausgabe von Arendt, Elemente, ohne Seitenzählung [S. 5].
21 Arendt: Vorwort von 1966, S. 652.
22 Wegweisend dazu die in Anm. 5 genannten Arbeiten von Hans Buchheim. Umfassend hierzu Ulrich Herbert: Best. Biographische Studien über Radikalismus, Weltanschauung und Vernunft 1903–1989, Bonn 1996.
23 Arendt: Elemente, S. 579f.

weil die Geheimpolizei – namentlich im späten Staatssozialismus – hinter einer Fassade relativer Normalität und scheinbar verläßlicher Gesetzlichkeit wirkt.[24] Faktisch ist sie aus den Bindungen der staatlichen Verwaltung herausgelöst; die Sicherheitspolizei seit 1936, die Staatssicherheit spätestens seit 1957. Historische Realität war bei Gestapo und Staatssicherheitsdienst aber trotz rechtsförmiger Einkleidung ihres politischen Handlungsrationals die Normenauflösung und die Aushöhlung des materiellen Rechts: ein streng normativ funktionierender, im Falle des MfS in ridiküler Regelungsdichte steckender Apparat zur Durchsetzung des Nicht-Normativen.[25] Vor den Gesetzmäßigkeiten der Geschichte oder dem Lebensrecht des Volkes muß die Frage nach Gesetz, Recht und Gerechtigkeit natürlich verblassen. Über die Rechtmäßigkeit des Führerwillens entscheide die Geschichte, schrieb Werner Best 1937.[26] Für einen Offiziersschüler der Staatssicherheit war die Frage nach Recht und Gesetz fünfzig Jahre später noch einfacher zu beantworten: „Da die Tätigkeit des MfS nirgends rechtlich geregelt ist, kann sie auch nicht gesetzwidrig sein."[27]

Totalitäre Geheimpolizeien vereinigen nachrichtendienstliche und exekutive Befugnisse. In der DDR war die Staatssicherheit obendrein noch Untersuchungsorgan in politischen Strafsachen. Dadurch und durch vielerlei andere offizielle und inoffizielle Einwirkungsmöglichkeiten hatte sie immer genügend Möglichkeiten zur Steuerung und Präjudizierung von Gerichtsverfahren.[28] Das MfS war in der Lage, auch noch die unschuldigste Lebensäußerung unter Straftatbestände wie zum Beispiel „Beeinträchtigung staatlicher und gesellschaftlicher Tätigkeit" (§ 214 StGB der DDR) zu subsumieren und den Bürger so zum Staatsfeind zu stempeln. Nichtigkeiten bekamen, wenn es politisch opportun erschien, im Handumdrehen eine „enorme Tatschwere".[29] Wenn es politisch nicht opportun war, wurden aus schweren Vergehen Nichtigkeiten. Erich Mielke stellte 1984 intern dazu fest, die Entscheidung über „die Einleitung oder Abstandnahme von strafrechtlichen Maßnahmen" sei „immer eine zutiefst politische Entscheidung, die jeweils in Abhängigkeit von der politischen

---

24 Vgl. meine knappe Skizze: „Staatssicherheit", in: Werner Weidenfeld und Karl-Rudolf Korte (Hrsg.): Handbuch zur deutschen Einheit. Neuausgabe 1996, Frankfurt/M. 1996, S. 646ff. Instruktiv und vertiefend – neben den bahnbrechenden Studien Karl Wilhelm Frickes – Roger Engelmann: Forschungen zum Staatssicherheitsdienst der DDR – Tendenzen und Ergebnisse, in: Wolfgang Krieger und Jürgen Weber (Hrsg.): Spionage für den Frieden? Nachrichtendienste in Deutschland während des Kalten Krieges, München 1997, S. 181ff.
25 So Hans Buchheim: Befehl und Gehorsam, S. 226, zur Qualifizierung der SS.
26 Vgl. Herbert: Best, S. 198.
27 Antwort bei einer Befragung von Offiziersschülern zum Feind- und Selbstbild im April 1989, in: Uwe Hasenbein: Zum tschekistischen Feindbild und damit verbundene Probleme bei der Herausbildung des Berufsethos bei Offiziersschülern der Hochschule des MfS; BStU, ZA, JHS 21431, Bl. 177.
28 Vgl. den Beitrag von Clemens Vollnhals in diesem Band.
29 Henrich: Vormundschaftlicher Staat, S. 186.

Gesamtlage bzw. gesamtstaatlichen Interessen" erfolge.[30] Eine gerichtliche Nachprüfung staatspolizeilichen Handelns war den Kommunisten wie den Nationalsozialisten gleichermaßen fremd. In diesen gewissermaßen konventionellen Prärogativen erschöpft sich die Macht dieser Organe freilich mitnichten.

Ist der Staat erst einmal erobert und innere Opposition, die dem Regime noch ernsthaft gefährlich werden könnte, beseitigt oder geflohen – im Nationalsozialismus in der zweiten Hälfte der dreißiger Jahre, in der DDR in der zweiten Hälfte der fünfziger Jahre –, dann kümmert sich die Sicherheitspolizei nicht mehr in erster Linie um Gegner, die sich subjektiv auch als solche verstehen. Jetzt rückt der sogenannte „objektive Gegner" in den Mittelpunkt, von dem gar keine tatsächlichen Angriffe auf das Regime ausgehen: „der Jude", „der rassisch Minderwertige", das sozialismusfremde „feindlich-negative Element". So ein Element ist neben dem objektiven Gegner jeder Bürger, der von der staatspolizeilich definierten Normalität abweicht, und sei es nur durch nonkonformistischen Habitus; eine Lieblingskunstfigur ist immer auch der unermüdlich von außen einwirkende Feind.

Die eigentliche, nämlich von dem Anfangszweck des Schutzes der Bewegung und der Durchsetzung ihrer Diktatur emanzipierte Herrschaft der Geheimpolizei beginne erst, wenn wirkliche „Opposition nicht mehr vorhanden ist", schreibt Hannah Arendt. Die Opposition werde jetzt „nur noch als Vorwand benutzt, um die eigentlichen Absichten des ständig sich erweiternden Polizeiapparates zu tarnen".[31] Das ist wiederum zugespitzt, aber es verweist auf einen Mechanismus, der in der Geheimpolizei der SED seine vollendete Gestalt angenommen hat. In den vergleichsweise stabilen sechziger und siebziger Jahren verfünffachte sich ihr Personalbestand. In dieser Dominanz der Geheimpolizei im Sicherungsbereich DDR erfährt der Antagonismus von totalitärer Herrschaft und menschlicher „Spontaneität" seine, wie ein zeitgenössischer Beobachter scharfsichtig erkannte, „historisch letzte Zuspitzung".[32]

Der Blick auf Gestapo wie Staatssicherheit lehrt freilich, daß Gegnerbekämpfung und Kontrolle der Rechtgläubigkeit – „Ideologiepolizei" ist hier ein treffender Begriff[33] – nur eine Seite ihres Wirkens ist. Tätigkeit der Sicherheitsorgane sei niemals nur „negativ", schreibt Arendt, sondern sie diene zugleich „positiv der jeweiligen totalitären Fiktion", der Errich-

---

30 Referat Erich Mielkes auf der zentralen Dienstkonferenz am 12.9.1984, S. 179; BStU, ZA, DSt 103089.
31 Arendt: Elemente, S. 618.
32 Henrich: Vormundschaftlicher Staat, S. 189.
33 Vgl. Siegfried Mampel: Das Ministerium für Staatssicherheit der ehemaligen DDR als Ideologiepolizei. Zur Bedeutung einer Heilslehre als Mittel zum Griff auf das Bewußtsein für das Totalitarismusmodell, Berlin 1996.

tung der klassenlosen Gesellschaft oder der Rassegesellschaft. Mit anderen Worten: Die Exekutivorgane haben sich um das zu kümmern, worauf es dem Weltanschauungsträger vor allem ankommt.[34] Das kann der Schmuggel von Hochtechnologie sein; das können Paß- und Reiseangelegenheiten sein – in beiden deutschen Diktaturen hochpolitische Gegenstände; das können Umsiedlungs- und Ausrottungsmaßnahmen sein. Kurz, die Sicherheitspolizei setzt den ganz speziellen Führer- oder Politbüro-Willen um. Das hat man sich freilich nicht als die Ausführung lauter Einzelweisungen vorzustellen, sondern als „Generalermächtigung",[35] als Erfüllung eines Globalauftrages. Die Weltanschauungsexekutive definiert vorausschauend, was gesund und was krank, was positiv und was negativ ist. Diese „Definitionsmacht"[36] bestimmt wesentlich den Charakter des Regimes. Ergebnis war in beiden Diktaturen eine Sortierung des Lebens nach einer „allgemeinen Freund-Feind-Formel".[37]

Trotz ihrer Machtfülle waren die Geheimpolizeien weder im Nationalsozialismus noch im deutschen Staatssozialismus allmächtig. Im Lichte der eigenen Doktrin sind die Grenzen geheimpolizeilicher Macht sogar recht eng. Tatsächlich stehen die „Organe" in totalitär verfaßten Regimen, die ja eine Gesellschaft ohne Konflikte und in Eintracht mit den historischen oder biologischen Gesetzmäßigkeiten anstreben, vor einem unlösbaren Dilemma, da im Grunde die gesamte Bevölkerung potentiell verdächtig ist. Allein „die Tatsache, daß menschliche Wesen denken können", schreibt Hannah Arendt, muß „einen Verdacht erregen, den kein noch so vorbildliches Verhalten je zerstreuen kann. Denn die Fähigkeit zu denken ist unauflöslich mit der Fähigkeit, seine Meinung zu ändern, verknüpft." Und sie folgert weiter: „Dem totalen Herrschaftsanspruch bleibt gar nichts weiter übrig, als jede Spontaneität, wie sie in der einfachen Existenz der Individualität sich jederzeit durchsetzt, zu liquidieren und sie in allen Formen privatester Lebensäußerung aufzuspüren, ganz gleich wie unpolitisch oder harmlos diese erscheinen mögen." Es liege in der Natur des totalen Verfügungsanspruchs, daß er erst dann gesichert wäre, wenn alle Menschen „in allen ihren Lebensäußerungen zuverlässig beherrscht würden".[38]

Das ist Traum und Alptraum des Sicherheitspolizisten zugleich.[39] Er

34 Buchheim: SS, S. 28 und 85.
35 Herbert: Best, S. 162.
36 Alf Lüdtke: „Willkürgewalt des Staates"? Polizeipraxis und administrative Definitionsmacht im vormärzlichen Preußen, in: Herbert Reinke (Hrsg.): „... nur für die Sicherheit da ..."? Zur Geschichte der Polizei im 19. und 20. Jahrhundert, Frankfurt/M. 1993, S. 35.
37 Henrich: Vormundschaftlicher Staat, S. 193.
38 Zitate bei Arendt: Elemente, S. 633 und 666f.
39 Übrigens auch Trauma: Bei den im „politisch-operativen Dienst" tätigen Mitarbeitern war die Häufigkeit von Neurosen jedenfalls mehr als doppelt so hoch wie im Durchschnitt der DDR-Arbeitsbevölkerung. Das fand Anfang der siebziger Jahre eine interne

erreicht niemals den Punkt, an dem er sich beruhigen dürfte, alles Denkbare getan zu haben, um auch noch „die letzte Schlüsselstellung in seine Hand zu bekommen und den letzten *potentiellen* Gegner unschädlich zu machen, um auf diese Weise alle nur denkbaren Kristallisationspunkte von Gefahren zu beseitigen".[40] Diese Charakterisierung der Philosophie des Reichssicherheitshauptamtes durch Hans Buchheim ist zugleich eine exakte Beschreibung der Psychologie in Erich Mielkes Apparat. Die Appelle des Ministers an den kämpferischen Humanismus seiner Generalität, alles und jedes unter Kontrolle zu nehmen, sind Legion. „Wir müssen alles erfahren. Es darf nichts an uns vorbeigehen", schärfte er ihnen zum Beispiel am 19. Februar 1982 auf einer internen Sitzung ein.[41] Anfang 1985 führte sein Stellvertreter Rudi Mittig in einer Dienstkonferenz zur geheimpolizeilichen Bekämpfung von Friedens-, Menschenrechts- und Umweltgruppen aus, nicht die Anzahl und Größe „antisozialistischer Gruppen und Personenkreise in der DDR" sei entscheidend, „sondern ihre Existenz als solche".[42]

Wiewohl später noch verfeinert, kommt die Geheimpolizei-Philosophie des unbeschränkten Auftrags in einer konspirativen deutsch-sowjetischen Doktorarbeit an der „Juristischen Hochschule" des MfS in Potsdam bereits 1972 unmißverständlich zum Ausdruck: „Entsprechend dem humanistischen Anliegen des Schutzes der Werktätigen vor den hinterhältigen und gefährlichen Angriffen des Feindes gegen die sozialistischen Denk- und Verhaltensweisen kann dieser Klassenauftrag von den Organen der Staatssicherheit in den sozialistischen Ländern nicht nur im Zusammenhang mit *bereits begangenen* staatsverbrecherischen Handlungen erfüllt werden, sondern er bezieht sich auf den gesamten, vom Feind *beabsichtigten* Wirkungsgrad der politisch-ideologischen Diversion."[43] Die „Gesamtaufgabe der Sicherheitspolizei" sei es, so definierte Reinhard Heydrich 1937, „*vorausschauend* alles Gegnerische zu erforschen und so zu bekämpfen, daß es erst gar nicht zerstörend und zersetzend wirken kann".[44]

Verabsolutierung des Sicherheitsprinzips; Perversion des Vorbeugeprinzips; Verallgemeinerung und Abstraktion der ideologischen Gegnervorstellung; totalitärer Verfügungsanspruch über die Menschen:[45] Das ist die Ratio von Gestapo und Staatssicherheit gleichermaßen. Nicht bloß subjektive oder objektive Gegner, die menschliche „Spontaneität" im

Untersuchung des Staatssicherheitsdienstes heraus. Zitiert nach der demnächst erscheinenden Studie von Sonja Süß über „Staatssicherheit und Psychatrie".
40 Buchheim: SS, S. 97. Hervorhebung von mir.
41 Zit. nach Frank Petzold: Überlegungen zu einer Klassifikation der geheimdienstlichen Arbeit des MfS, in: Zwie-Gespräch 4(1994)20, S. 8.
42 Referat Mittigs auf der Dienstkonferenz am 20.3.1985; BStU, ZA, DSt 103 138.
43 Zit. nach Mampel: Ideologiepolizei, S. 212f. Hervorhebung von mir.
44 Zit. nach Herbert: Best, S. 167. Hervorhebung von mir.
45 Vgl. Buchheim: SS, S. 96.

Arendtschen Sinne ist den Weltanschauungs-Diktaturen die eigentliche Bedrohung der Sicherheit des Staates.

Mit zunehmender Regimedauer verschärfen sich freilich die Probleme für die Weltanschauungs-Exekutive; gesetzmäßig gewissermaßen. Hannah Arendt schreibt dazu: Der Besitz des Staatsapparates biete für die totalitäre Bewegung „mindestens ebenso viele Gefahren wie Vorteile". Je länger sie an der Macht sei, desto schwerer werde es, die „unabdingbare Verachtung aller Tatsächlichkeit, das konsequente Festhalten an den Regeln einer fiktiven Welt aufrechtzuerhalten". Die Massen „normalisieren sich", sie fallen „– in der Sprache der Bewegung – in den alten Schlendrian zurück".[46] Zunehmend zeigen sich (das ist das Entwicklungselement im Arendtschen Ansatz) die ungeplanten, unkontrollierbar gewordenen Rückwirkungen totalitärer Herrschaft auf das Gesamtsystem. Es kommt der Augenblick, wo so viele „Quellen der Spontaneität verstopft" sind, daß „nichts mehr von selbst geschieht, sich nichts mehr von selbst regelt".[47] Die bewußt verwischten Grenzen zwischen Politischem und Gesellschaftlichem werden fließender, die Steuerungsprobleme immer größer.[48] Und immer mehr Gruppen ziehen sich den Verdacht zu, für die ganze Malaise mitverantwortlich zu sein.[49] Da der Weltanschauungsträger nun aber einmal die Gesamtkontrolle besitzt, hat er auch die Gesamtverantwortung für alles und jedes.

In dieser mißlichen Lage bekommen nun die geheimen Exekutivorgane immer größere Bedeutung. Hätte das Hitler-Regime eine längere Lebensdauer entwickelt, hätte sich dieser Trend zweifellos stetig verstärkt. Im SED-Sozialismus ist er zweifelsfrei nachweisbar. Während die Parteispitze nur an den Symptomen der Krise kurieren kann, weil sie sich mit einer grundstürzenden politischen Umorientierung selbst abschaffen würde, und weiterhin den überwiegend inhaltsleer gewordenen, nur noch von wenigen ernst genommenen Versatzstücken ihrer Ideologie huldigen muß, hat die Staatssicherheit als bewährtes Organ mit Allfunktion den Dauerauftrag, den steigenden Problemdruck zu lindern; sie soll die Kastanien gefälligst aus dem Feuer holen. Der SS blieben diese Mühen der Ebene erspart, die wohl weniger leicht durchzustehen gewesen wären als ihr Ausrottungsprogramm. Bevor der Offenbarungseid geleistet werden mußte, ging das Staatsschutzkorps mit dem Nationalsozialismus unter.

Der Staatssicherheitsdienst mußte den Weg der Vergeblichkeit bis zum

---

46 Arendt: Elemente, S. 578f.
47 Buchheim: Totalitäre Herrschaft, S. 131.
48 Vgl. Hartmut Zimmermann: Machtverteilung und Partizipationschancen. Zu einigen Aspekten des politisch-sozialen Systems in der DDR, in: Gert-Joachim Glaeßner (Hrsg.): Die DDR in der Ära Honecker. Politik-Kultur-Gesellschaft, Opladen 1988, S. 275.
49 So Herbert: Best, S. 203, für die NS-Zeit.

Ende gehen. Anders als im Dritten Reich war die Gesellschaft in Ostdeutschland nach Jahrzehnten politischer Einwirkung tatsächlich weitgehend entdifferenziert, wie Sigrid Meuschel gezeigt hat.[50] Die Gesellschaft war ihres subsystemischen Eigen-Sinns und ihrer autonomen Sphären ungleich stärker beraubt als vor 1945. In dieser „Zerstörung oder wenigstens der entschiedenen Schwächung all der Institutionen, Organisationen und Interessengruppen, die existierten, bevor eine neue Elite die Macht übernahm und ihre eigenen politischen Strukturen etablierte", sieht Juan Linz ein Hauptcharakteristikum totalitärer Systeme.[51] Meuschel fragte bereits 1993, ob sich nach gründlicher Erforschung von Herrschafts- und Gesellschaftsorganisation der DDR auf Basis der neu verfügbar gewordenen Akten eines Tages nicht eine Entwicklungskurve totalitärer Herrschaft werde zeichnen lassen, und zwar „von der offen gewaltsamen Implementation des Regimes über den gescheiterten Versuch seiner Flexibilisierung hin zur Veralltäglichung, Verfeinerung und flächendeckenden Ausdehnung der Überwachung und Repression vermeintlich oder tatsächlich abweichenden Verhaltens".[52] Ich glaube, das kann man. Es entspricht dem Aktenbefund wie den gedanklichen Extrapolationen Hannah Arendts. Diese Überlegung deckt sich außerdem mit einer Vermutung, die Linz vor zwanzig Jahren formulierte. Wie Arendt, so sah auch er die Aufgaben der Geheimpolizei mit zunehmender Konsolidierung des totalitären Regimes nicht ab-, sondern zunehmen: „Die gleichzeitige Erlahmung und Erstarrung von Ideologie und Partei-Organisation fördern die Tendenz, die herrschende Gruppe zu isolieren und die Dynamik der Gesellschaft zu schwächen. Sie fördern auch die Bildung eines gewissen Machtvakuums, das tendenziell dann zum einen mit einer Verschärfung bürokratischer Kontrolle und zum anderen damit gefüllt wird, daß man sich mehr und mehr auf seine prätorianische Polizei stützt".[53]

Im Honecker/Mielke-Sozialismus hatte sich die „prätorianische Polizei" Staatssicherheitsdienst zu einem Generalunternehmen für Machtsicherung und Unterdrückung entwickelt. Hier konnte die DDR auch eine echte Errungenschaft vorweisen, nämlich eine wissenschaftlich-operativ ertüftelte, von sozialpräventiver Vorfeldsicherung flankierte und einem Heer inoffizieller Mitarbeiter mitgestaltete Subtilisierung der Repression. Man brauchte niemanden mehr, wie früher, in krudem Terror zu beugen oder verschwinden zu lassen. Das gute Gewissen der geheimpolizeilichen Bearbeiterklasse mußte im Dienste höherer Zwecke keiner übermäßigen Bela-

---

50 Sigrid Meuschel: Legitimation und Parteiherrschaft. Zum Paradox von Stabilität und Revolution in der DDR 1945–1989, Frankfurt/M. 1992.
51 Linz: Totalitarian and Authoritarian Regimes, S. 190.
52 Sigrid Meuschel: Überlegungen zu einer Herrschafts- und Gesellschaftsgeschichte der DDR, in: Geschichte und Gesellschaft 19 (1993), S. 13.
53 Linz: Totalitarian and Authoritarian Regimes, S. 198.

stung ausgesetzt werden: Überwachung, Gängelung, Aburteilung durch die politische Justiz, Abschiebung oder die Ruinierung des Lebensweges taten es jetzt auch.

In den siebziger und achtziger Jahren war der Staatssicherheitsdienst zu einem mit allen notwendigen konspirativen, polizeilichen und staatsanwaltlichen Möglichkeiten ausgestatteten Leitorgan im prächtig funktionierenden POZW („politisch-operatives Zusammenwirken") mit den übrigen staatlichen und gesellschaftlichen Institutionen der DDR geworden. Seine Aufgabenbreite und Präsenz erreichte eine qualitativ neue Dimension. Das MfS war zur Hauptstütze der Kulissen im Lande Fassadien[54] geworden. Als informationelle, koordinierende und sogar direkte Stabilisierungshilfe mit verdecktem Steuerungs- und Manipulationspotential erbrachte die Staatssicherheit für die Staats- und Wirtschaftsorganisation der DDR fraglos eine erhebliche Stabilisierungsleistung.

Es ist unstrittig, daß das Regime die normalen Staatfunktionen ohne das MfS noch schlechter hätte aufrechterhalten können. In seinem Effekt erzeugte dieses umfassende Bemühen um Stabilisierung eines in der Anlage dysfunktionalen Systems aber gerade eine Vertiefung und Zementierung der allgemeinen Nichtrationalität dieser Herrschafts- und Gesellschaftsorganisation. Das vollkommen überzogene Ziel, auch im gesellschaftlichen Bereich alles und jedes unter Kontrolle zu bekommen, war nicht bloß unerfüllbar, schlimmer: Gerade die verdeckte, für jedermann gleichwohl fühlbare Omnipräsenz des Staatssicherheitsdienstes beschädigte nachhaltig die Grundbedingung persönlicher wie gesellschaftlicher Kreativität und Entfaltung: Eigen-Sinn, Vertrauen, „Spontaneität".

Die Geheimpolizei der SED gab sich alle Mühe, ihrem Auftrag gerecht zu werden und das Machtmonopol der Staatspartei „allseits" zu sichern. Da die Tätigkeit der Staatssicherheit in ihrer Wirkung aber auf eine zerstörerische Stabilisierung des Gemeinwesens hinauslief, war das MfS selbst einer der Faktoren, der die Weltanschauungs-Diktatur DDR schließlich ruinierte. Diese Art Dialektik und List der Geschichte haben sich gegenüber den parteioffiziellen „historischen Notwendigkeiten" durchgesetzt.

Damit ist 1989/90 ein Regime von herrschaftlichsgeschichtlich neuartiger Qualität untergegangen. Zum einen schlug es den für totalitär verfaßte Regime gleichsam normalen Weg einerseits der Zerstörung vorgefundener und andererseits der Etablierung radikal eigener Staats- und Gesellschaftsstrukturen ein. Während der Honecker-Jahre verschränkten diese sich jedoch zunehmend mit der konspirativen, geheimpolizeilichen Hintergrund-

---

54 Klaus-Dietmar Henke: Fassadien. Die Akten des Staatssicherheitsdienstes und die Erforschung des Honecker/Mielke-Sozialismus, in: Wolfgang-Uwe Friedrich (Hrsg.): Totalitäre Herrschaft – totalitäres Erbe, German Studies Review, Sonderheft 1994, S. 199ff.

struktur. Da der Staatssicherheitsdienst im Laufe der siebziger und achtziger Jahre in neuralgischen Bereichen von Staat und Gesellschaft unmittelbar funktionelle Bedeutung erlangte – unter anderem in Verwaltung, Wirtschaft, Spitzentechnologie, Justiz, Kultur oder in der Personalpolitik –, entwickelte sich seine Tätigkeit jetzt zu einem Wesensmerkmal des DDR-Sozialismus: in seiner modernen Verschränkung von ideologischem und konspirativem Verfügungsanspruch eine Art avancierter Totalitarismus.

III.

Von heute aus betrachtet ist es bemerkenswert, mit welcher Gewißheit die Gegner totalitärer Politikauffassung seit den frühen zwanziger Jahren auf die Unzerstörbarkeit der menschlichen „Spontaneität" bauten und mit welcher Überzeugungskraft sie gegen die so kraftvoll wirkenden Totalitarismen die Überlegenheit des Politischen als freier Kompromißermittlung verfochten. Es ist erstaunlich, mit welcher Zuversicht sie in ihren Schriften darauf verwiesen und auch nachvollziehbar zu belegen versuchten, daß totalitär verfaßte Regime den Keim des Unterganges bereits in sich trügen, eben weil sie mit dem Wesen des Menschen und des Politischen nicht vereinbar seien. Karl Deutsch, Gerhard Leibholz, Wilhelm Röpke und natürlich Hannah Arendt selbst sind hier neben anderen zu nennen; auch der Zeithistoriker Hans Buchheim, der im Jahr des Mauerbaus 1961 als Fazit seiner subtilen Analysen den sicheren Untergang des Staatssozialismus vorhersagte. Er setzte freilich hinzu: Diese Gewißheit sei nur ein sehr schwacher Trost für all jene, die im Bannkreis des uneingeschränkten Verfügungsanspruchs leben müßten, der „das Leben ganzer Generationen zugrunde gerichtet und seiner Menschenwürde beraubt" hat.[55]

55 Buchheim: Totalitäre Herrschaft, S. 135.

Lutz Niethammer

Die SED und „ihre" Menschen

Versuch über das Verhältnis zwischen Partei und Bevölkerung
als bestimmendem Moment innerer Staatssicherheit

Das Thema, das mir gestellt wurde, ist hyperkomplex, wenig erforscht und
soll auf knappem Raum traktiert werden. Ich kann hier nur essayhafte
Hypothesen vortragen. Eine historische Soziologie der SED gibt es meines
Wissens nicht, wenn auch in den letzten Jahren immer mehr bruchstückhafte Materialien dazu bekannt geworden sind. Wegen der Besonderheit der Überlieferung wird ihre Erforschung auch auf große Schwierigkeiten treffen. Dasselbe gilt erst recht von der Beziehung zwischen
Partei und Bevölkerung, da es in einem diktatorischen System keine
validen Indikatoren für Legitimität gibt – weder Wahlergebnisse noch
die Ruhe an der Heimatfront noch die jeweilige Größe des Repressions-
apparats können den Ausdruck der Subjektivität des Volkes ersetzen,
die freilich aus Erinnerungen nach dem Ende des Regimes wegen der
Veränderungen der kulturellen Randbedingungen des Gedächtnisses
nur noch schwer rekonstruiert werden kann. Es wird deshalb zu dem mir
gestellten Thema nur mehr oder minder informierte Erwägungen geben
können.

Partei und Volk können in der Geschichte der DDR nicht als zwei
selbständig sich gegenüberstehende Größen konzipiert werden. Einerseits
war die SED keine autonome Gesinnungsgemeinschaft, sondern auch in
ihrem inneren Charakter und in der Beziehung zu den von ihr betreuten
Massenorganisationen zu jeder Zeit diktatorisch strukturiert – insofern
ging es ihrer Mitgliedschaft ähnlich wie dem Volk. Andererseits wurde sie
gerade in ihrer poststalinistischen Phase die verhältnismäßig größte politische Organisation der deutschen Geschichte, und ihre angeschlossenen
Vorfeldorganisationen erreichten in wie immer verdünnten Formen oder
in einzelnen Lebensabschnitten oder -dimensionen fast jeden im Volk.
Auch hat es in der DDR keine dauerhaft institutionalisierten Kerne grundsätzlicher Opposition (wie zum Beispiel in Polen) gegeben; vielmehr war
die innere politische Polarisation der Gesellschaft in ihrer wirksamsten
Dimension durch die nationale Teilung externalisiert. Fast ebenso wirksam war indessen ihre Internalisierung in einem „gespaltenen Kopf" des
Volkes, allerdings an ziemlich unterschiedlichen Schnittstellen. Insofern
ist es meines Erachtens nützlicher, den Blick auf ein Kontinuum sich ab-
schwächender Erfassung zwischen Partei- und Staatsführung einerseits
und „Basis" andererseits zu richten. Aus dieser Sicht erscheint der for-

melle Repressionsapparat trotz seiner absurden Wucherung in Gestalt des MfS nicht als der Kern, sondern als die notwendige Randbedingung dieses Regimes.

1. Objektive Herrschaft

Die wichtigste Grundlage der SED-Herrschaft war die Besetzung und Teilung Deutschlands nach dem Dritten Reich und die Anwesenheit der Roten Armee in Ostdeutschland. Das ist nicht nur eine genetische Behauptung, sondern auch eine strukturelle für die ganze Dauer dieser Herrschaft. Sie heißt indessen nicht notwendig, daß die Sowjetunion Deutschland geteilt habe, sondern meines Erachtens wären bei dieser Frage die Politik der Westalliierten und das Drängen der deutschen kommunistischen Führer auf eine eigene Satrapie als gleichgewichtige Interaktionsfaktoren zu berücksichtigen, was uns hier aber nicht näher beschäftigen muß. Jedenfalls ist ohne die sowjetische Besatzung die Gründung der SED nicht vorstellbar, die ihrerseits auf der (damals allerdings noch nicht entscheidenden) Ebene der deutschen Politik ein wesentlicher Schritt zur nationalen Teilung war. Als die staatliche Teilung dann im Zuge der internationalen Blockformierung des Kalten Krieges vollzogen und die in den Massenmantel der SED eingehüllte Moskauer Führungsfraktion der KPD – die eine Größenordnung von wenig mehr als einem Zehntel der Bevölkerung repräsentierte – zur bestimmenden Kraft innerhalb des ostdeutschen Staates geworden war, blieb ihre Diktatur subjektiv wie objektiv an die Politik der sowjetischen Führung gekettet. Ihre größte Gefahr kam nicht von äußeren oder inneren Gegnern, sondern vom Zentrum des Imperiums, nämlich wie 1952/53 und schließlich 1989/90 wegen übergeordneter europapolitischer Interessen verhandelt zu werden. Solange die Sowjetunion ihr am Ende des Zweiten Weltkriegs gewonnenes Imperium mit Waffengewalt wie 1953, 56, 68 oder mit seiner Androhung wie später in Polen zusammenhielt, war der engste Anschluß an die Führungsmacht für die SED-Führung oberstes Gebot und ein innerer Systemwandel für das Volk eine Utopie. Der erste Versuch, diese Herrschaftsform ohne Rückendeckung aus Moskau zu verlängern, brach ihr das Genick.

Diese in der DDR zwischen Anhängern und Gegnern des Regimes unstrittige Voraussetzung seiner Existenz wurde indessen politisch innerhalb der Gesellschaft der DDR kaum thematisiert, sondern zu einem verdrängten Subtext ihrer konsensualen Arrangements, der, je länger er Bestand hatte, in Begriffe wie „Freunde" oder „Großwetterlage" entpolitisiert wurde. War diese stabil, so gewann die intermediäre SED-Herrschaft dadurch aber auch eine Ambivalenz, insofern sie nicht nur eine von außen gestützte Minderheit und die durch sie herbeigeführten Verhältnisse repräsentierte, sondern auch den Zugang zum eigentlichen Machthaber monopolisierte, ihn zu mäßigen oder seine Spielräume radikal auszunutzen versuchen konnte. Die SED-Führung hat beide Rollen als Vizekönig und Volkstribun mehrfach in der Öffentlichkeit auszuspielen versucht. Solange der Westen den Frieden und Jalta achtete, war an dieser Schlüsselstellung nicht zu rütteln, die erst unter den langfristigen Folgen des KSZE-Prozesses langsam ins Wanken geriet.

Die zweite Herrschaftsgrundlage der SED war ihre organisierte Ideologie, eine Art Selbstobjektivierung, die allerdings durch zahlreiche Linienwechsel in der praktischen Politik strapaziert wurde. Die SED hatte zwar kaum charismatische Führer, sie erfreute sich auch nur geringer freiwilliger Anerkennung im Volk, aber sie war auch keine bloße Gewaltherrschaft. Das Selbstbewußtsein ihrer Führung und ein Großteil der Kohäsion und Loyalität innerhalb der von ihr herbeigeführten Strukturen, bis weit über die Parteigrenzen hinaus, beruhte vielmehr auf einer politischen Religion. Deren Bedeutung lag nicht so sehr in der Wahrheit oder Falschheit ihrer einzelnen (auch wechselnden) marxistisch-leninistischen Dogmen und antifaschistischen Legenden, als vielmehr in der Objektivierung und dichotomisch-polemischen Grundstruktur ihrer Lehre und deren innerweltlichem Herrschaftsanspruch, dessen Durchsetzung vielfach an die Instrumente der Kirche, bevor sich der Staat von ihr trennte, erinnert.

Dieser Typus einer Priesterherrschaft ohne Propheten war namentlich für Faszination und Gewaltlegitimation der SED in der Ära Ulbricht wesentlich, während er in der zweiten Hälfte ihrer Herrschaft zwar keineswegs abwesend, aber formelhaft erstarrt und ritualisiert war. Er beanspruchte, einen Schlüssel zu einem objektiven Weltbild zu haben, und darin dem gemeinen Volk, das aber als erziehungsfähig eingeschätzt wurde, überlegen zu sein. Die Welt dieses Bildes war werthaft geteilt in Gut und Böse und in einer fortgeschrittenen Zeitverfassung. Die Ankunft des Heils, das virtuell schon präsent war, vollends zu bewerkstelligen, lag in den Händen der aufgeklärten Führung und an der Entscheidung des einzelnen, sich ihr und damit dem Guten anzuvertrauen und für sie aktiv zu werden, zu „kämpfen". Wer das nicht tat, konnte schnell in den Verdacht geraten, mit dem Bösen im Bunde (bzw. „feindlich-negativ") zu sein, und wenn sich dieser Verdacht mit allen möglichen Mitteln erhärten ließ und eine Bekehrung verweigert wurde, war der Ausschluß aus der Gemeinschaft der virtuell Guten fällig.

Das priesterherrschaftliche Element der Alten Genossen in der Nachkriegszeit gab ihrer Erziehungsdiktatur ein gutes Gewissen und ihrer Inquisition den Eifer; es eröffnete Neubekehrten huldvolle Aufnahme in die Gemeinschaft, stiftete hierarchische Ordnung und willige Askese und erlaubte, die vielen Verwundungen und Rückschläge wegzustecken, denn der Zweck heiligte die Mittel, wie schon Ignatius von Loyola gesagt hatte.

Im Managerhabit der zweiten Generation der Funktionäre, die im Alltag der Kombinate angekommen waren, mag es schwerfallen, noch das klerikale Element der Aufbauzeit zu entdecken. Aber in der Zwischenzeit war die ökonomische Heilserwartung enttäuscht worden, und man hatte sich in der real existierenden Welt einrichten müssen. Die Exerzitien wurden nun weniger fundamentalistisch und eher auf Qualifizierung angelegt, der Kampf (für den Frieden) wurde an den Arbeitsplatz verlegt, und den Rückzug der Sünder ins Off ihrer Datschen nahm man als Entlastung. Aber die Struktur der ideologischen Gemeinschaftsbildung blieb im Kern erhalten. Die Heiligenlegenden blieben, wenn sie auch weniger gern gelesen wurden. Die weise Führung blieb und wurde älter. Die Rituale und Festtage blieben und das Volk machte sie sich zunutze. Die lang ersehnte internationale Anerkennung führte nicht zur Öffnung, sondern das dichotomische Weltbild wurde mit verstärkter Abgrenzung zu erneuern versucht, und die Inquisition wuchs, vor allem ins Innere – kaum noch öffentliche Scheiterhaufen, dafür operative Vorgänge zur seelischen Zerrüttung der Abgefallenen und Teufelsaustreibungen in die Hölle des Kapitalismus. Der Zugriff der SED-Führung auf „ihre" Menschen blieb bis ans Ende der DDR im Bild des Hirten und seiner Herde gefangen, und der braucht eben auch einen Hund. Als Egon Krenz als Repräsentant jener pensionsreifen Berufsjugendlichen, die lebenslang vor dem politischen Vatermord zurückgeschreckt waren, endlich General(sekretär) geworden war, rief er am Ende seiner ersten Rede namentlich und einzeln alle Berufsstände der Werktätigen auf, sich um die Partei zu scharen, und als krönenden Abschluß rief er die bewaffneten Organe an.

Den dritten objektiven Faktor in den Herrschaftsbedingungen der SED sehe ich in der langen Fortdauer von Folgebedingungen des Dritten Reiches. In der DDR gingen die Uhren langsamer als im Westen. Die Wohnungen, die Brötchen und die Bahn kosteten noch immer, was die Eltern dafür bezahlt hatten, und gemessen daran erzählten die Löhne vom Fortschritt. Die antifaschistischen Gebetsmühlen, die das Volk und die kleinen Nazis von Verantwortung freisprachen, wenn sie sich der antifaschistischen Führung unterstellten, klapperten immer noch, als man in der Bundesrepublik endlich anfing, den braunen Alltag aus dem Gedächtnis auszugraben und nach den Juden auch die Linken und dann, zögerlicher, die Sinti und schließlich die Fremdarbeiter einschließlich der Ostarbeiter als Opfer anzuerkennen und über die Verantwortung ihnen gegenüber zu diskutieren. Die Wiedergutmachungsansprüche der siegenden Russen als Opfer hatte Ostdeutschland früher anerkennen müssen, und es gehört zu den bemerkenswerten Befunden der deutschen Nachkriegsgeschichte, daß viele Ostdeutsche weit über die SED hinaus das auch innerlich taten und daß es auch in der Stunde der Wiedervereinigung praktisch keinen antirussischen Affekt gab. Aber wo gab es das auch schon einmal in der

Weltgeschichte, daß die Kolonien einem Imperium nur Kasernen in der Heimat bauen mußten, damit es sich zum Rückzug seiner Truppen entschließen konnte?

Die Deutschen hatten 1945 eine Lektion in Macht gelernt, die von der vergangenen Macht geschrieben worden war und angesichts ihrer Niederlage verallgemeinert werden mußte. Das war im Westen nicht anders als im Osten, aber für die Anerkennung der neuen Machtverhältnisse im Osten waren sie besser geschult. Wieder gab es eine Staatsjugend, eine Staatsgewerkschaft, die sich statt um Tarifkonflikte und Streiks um Betriebsgemeinschaft und Sozialpolitik kümmerte, und eine Staatspartei, die allerdings viel höhere Anforderungen an die Mitgliedschaft und die Parteidisziplin stellte. Wieder gab es eine (diesmal: Menschen-)Gemeinschaft, der man sich einfügen konnte, und, wenn man sich einfügte, ungeschoren blieb. Solange man keine Fragen stellte, wurden keine Fragen gestellt, jedenfalls wenn man zu der neuen „herrschenden Klasse" der Arbeiter gehörte. Der außengeleitete, autoritäre Charakter konnte sich einfügen und mußte sich nicht verantworten. Wer das nicht wollte, hatte – zumindest wenn seine familiären Bindungen seine gesellschaftlichen Aspirationen nicht überwogen – die Option der grünen Grenze, später der Sektorengrenze Berlins und dann keine mehr als sich einzufügen. Mit einem Wort: Die SED erbte ein Volk, von dem sich gut ein Zehntel entzog, das aber im übrigen geschult war in seinen sekundären Nationaltugenden und wußte, wie man den Arm erhebt und die Hand in der Tasche ballt.

Die SED selbst aber hatte keinen Sinn für diese Ambivalenzen, und deshalb war ihr Schock am 17. Juni 1953 so unerwartet und tief. Daß sich in ihrer anpassungsbereiten Basis gleichwohl die Wut staute, war ihr verborgen geblieben. Danach wurde vieles klarer: jetzt wußte der Kaiser, daß er in seinen neuen Kleidern gerade bei seiner großbetrieblichen Basis keine Anerkennung mehr erwarten konnte, sondern mit Zuckerbrot und Peitsche regieren mußte. Die Zuckerbrote des Neuen Kurses und der Betriebsdiskussionen waren schnell verzehrt, aber die Peitsche der Betriebskampfgruppen[1] und der Wucherung des MfS blieben. Auch der Bitterfelder Weg löste die Spannung nicht, wurde seine Praxis doch weniger als Hebung der Arbeiterklasse zu den Höhen der Kultur denn als Erniedrigung der Berliner Intellektuellen in die Industrieprovinz empfunden und dann in einer

---

1 Charakteristisch an den nach dem 17. Juni 1953 gebildeten Betriebskampfgruppen scheint mir nicht nur, daß sie die Militarisierung der DDR-Gesellschaft beschleunigte und bedeutend erweiterte und daß sie den Parteigewaltigen eine Bürgerkriegsmiliz für künftige innere Krisen zur Verfügung stellte, sondern im Kern, daß sie unter denjenigen, von denen nach der Erfahrung des 17. Juni solche Krisen vor allem zu erwarten waren, einer Führungsschicht schon im Vorfeld einer Krise unter Kriegsrecht zu stellen erlaubte. Es ging also im Kern um die militärische Disziplinierung innerhalb der eigenen betrieblichen Basis und viel weniger um eine Eingreiftruppe gegen Gewaltpotentiale in oder gegen die Betriebe, die ja nie bestanden.

Art Kulturakkordlohn abgefangen. Erst nach dem Bau der Mauer war wieder Einsicht in die Notwendigkeit gefragt, und der Entfall der Alternative erbrachte in der Tat mehr Leistung. Zwar nicht genug für eine Aufholjagd mit dem Westen, aber doch mehr, als die anderen Westprovinzen des Sowjetimperiums erbrachten, und also genug, um es der Aufrichtung des braven Soldaten Schweijk 1968 nicht nachzutun.

2. Herrschaftliche Generationensymbiose

Um die Folge zu verstehen, muß man noch einmal zurückgreifen, denn auch die politische Generationenfolge der DDR hat Elemente der Ausgangssituation nach 1945 bis an ihr Ende in modifizierter Weise prolongiert. Die Gruppe, die sich in der SED in ihrer Etablierungsphase durchsetzte, kam aus jenem Teil der vorfaschistischen KPD, der die Partei stalinisiert und in der Wirtschaftskrise durch die Mobilisierung von Jugend und die Proteststimmen Arbeitsloser vor allem aus dem sozialdemokratischen Lager eine revolutionäre Scheinblüte erlebt hatte. Sie war als Hauptadressat des politischen Terrors der Nazis in der Machtergreifungsphase als politische Kraft im wesentlichen zerschlagen und die Masse ihrer Funktionäre für die ganze Dauer des NS-Regimes in Zuchthäusern und KZ's inhaftiert worden. Eine Minderheit konnte sich dem Zugriff durch Emigration entziehen, wo sie erneut aufgespalten wurde: grob gesprochen ging der jüdische Teil in westliche Exilländer und die Masse der übrigen in die Sowjetunion, wo etwa die Hälfte ihrer Führungsgruppe den stalinistischen Säuberungen verfiel. Wer durchkam, hatte eine gute Chance, 1945 nach Deutschland zurückzukehren und dort in den Führungsstäben der KPD/SED eine Funktion zu erhalten.

Wir haben es also mit einer sehr kleinen und gebeutelten, im originären Stalinismus „bewährten" Gruppe zu tun, die insgeheim nach wie vor die Schuld am Dritten Reich der Sozialdemokratie zuschob und bis zum Beweis des Gegenteils argwöhnte, daß jeder Genosse, der die NS-Zeit im Reich und besonders in seinen Lagern überlebt hatte, kollaboriert haben mußte. Den Etablierungsjahren der SED-Herrschaft geht eine innere Selektion der angestammten oder neuerworbenen Bündnispartner aus der Linken parallel, in der alles aus der Führungsgruppe oder auch aus der Partei gedrängt wurde, was im Verdacht stand, sich nicht willig in den stalinistischen Aufbau einzufügen: Sektierer (das heißt nicht-stalinistische Kommunisten), Sozialdemokraten, die sich nicht leiten lassen wollten, Westemigranten (in der Regel Juden), Führungskader aus dem KZ, deren Parteitreue man beargwöhnte und deren Charisma des Leidens und des Überlebens an der richtigen Front man beneidete, etc. Nachdem die Moskauer Altstalinisten die Führungskämpfe der Gründerzeit mit den Mitteln der Inquisition für sich entschieden hatten, hatten sie zwar die abgeleitete Macht in Händen, aber kaum noch Kader mit Führungsqualitäten zur Verfügung. Diese wollten sie – Demiurgen des „Neuen Menschen" – sich nun selbst backen und suchten das Rohmaterial für diese aufzubauende Kaderreserve außerhalb des Erfahrungsraums der Linken: nämlich einerseits und eher für untergeordnete Funktionen zum Beispiel im Gewerkschafts- oder Polizeiapparat unter den bisher Unpolitischen (später auch unter den kleinen Nazis) aus dem Arbeitermilieu und andererseits und vor allem unter dessen (besonders männlicher) Jugend, die mit dem Instinkt der Klasse und der Ungeprägtheit des frühen Lebensalters als spezifisch bildungsfähig erschien. Sie wurde nun mit Bildungs-, Anpassungs- und Bewährungschancen überhäuft, um in absehbarer Zeit die übernommenen bürgerlichen Funktionseliten in allen Bereichen der Gesellschaft ablösen und als Führungsreserve in der Partei dienen zu können. Die stoßhafte Rekrutierung dieser sogenannten FDJ-Generation Ende der vierziger und in den fünfziger Jahren, die seit den sechziger Jahren so ziemlich alle mittleren und höheren Vorgesetztenfunktionen – weniger in den Kirchen, der Medizin und technisch-naturwissenschaftlichen Bereichen – besetzte, hat die politische Grundkonstellation der DDR bis zu ihrem Ende bestimmt.

Diese Generation, die sich später wie eine Bleiplatte über die nachfolgenden Generationen legte, war nämlich, aufs Ganze gesehen, keineswegs ungeprägt, und sie wollte auch nicht wirklich führen, das heißt ihre Ziehväter ablösen. Ihre sekundäre Sozialisation war nicht von der Kultur der Arbeiterbewegung, sondern von den NS-Jugendorganisationen und von frühem Militärdienst im Zweiten Weltkrieg bestimmt worden und hatte einen exekutiven Funktionstyp vorgeprägt, der hernach um so williger sich einfügte und entfaltete und die großzügigen Aufstiegschancen wahrnahm, als die Alten Genossen ihm keine Selbstreflexion, sondern nur eine Umorientierung und rastlose Aktivität abverlangten und ihm erneut ein dichotomisch-polemisches Weltbild und den Weg zu neuen Siegen („Von der Sowjetunion lernen ...") boten. Einige haben später in gereiftem Lebensalter (überraschend zeitgleich mit ihren Geschwistern in Westdeutschland) die versäumte Selbsterforschung nachzuholen gesucht und dadurch – wie etwa Christa Wolf – kreatives oder Führungspotential in sich befreit. Die Masse der FDJ-Generation klammerte sich aber an die Richtigkeit ihrer lebensgeschichtlichen Wende und an diejenigen, die ihnen dazu verholfen hatten, waren durch die Masse und Schnelligkeit der Umstellungen, Ausbildungen und Verantwortungen überfordert und erschöpften sich auf mittlerer und höherer Ebene in rastloser Loyalität. Als sich die Repräsentanten dieser Führungsreserve nahe der Pensionsgrenze im Herbst '89 endlich aufrafften, ihre Wandlitzer Mentoren zu verabschieden, war es nicht nur fünf nach zwölf, sondern sie hatten auch weder Autorität errungen noch Perspektive erarbeitet.

3. Macht der Gewohnheit

Im Rahmen der Kontinuitätsbrüche der jüngeren deutschen Geschichte gehört die SED-Herrschaft zu den dauerhafteren Phänomenen, und ihr politisches Organisationsgeflecht zur Erfassung, Betreuung, Chancenvermittlung und Kontrolle erheblicher Teile der Bevölkerung war das relativ größte[2] und vor allem längstanhaltende der deutschen Geschichte. Beides scheint mir darauf hinzuweisen, daß sie in reinen Strukturbegriffen wie Totalitarismus, Gewaltherrschaft, Unrechtsstaat etc. historisch nicht zureichend verstanden werden kann, obwohl solche Begriffe durchaus Elemente ihrer Herrschaft zu charakterisieren vermögen. Wenn ich hier von Satrapie, von politischer Religion, Säkularkirche oder organisierter Ideologie und von der Verlängerung einer Nachkriegslage durch eine sehr spezifisch politisch herbeigeführte Generationenkonstellation gesprochen habe, so habe ich Begriffe gewählt, die mehr zur Herstellung von historischen Bezügen einladen und auf begrenzende Notwendigkeiten und den merkwürdig objektivierten, subjektentkernten Grundcharakter dieser Herrschaft hinweisen.

Von ihrem implosionsartigen Ende her gesehen muß insofern noch eine weitere historische Dimension hinzugefügt werden: die Gewöhnung oder – wie Max Weber das Grundproblem des Andauerns einer charismatisch begründeten Herrschaft nennt – die Veralltäglichung. Das ist nicht nur ein Grundelement der Ära Honecker, sondern – ich habe bereits darauf hingewiesen – auch eines der Erbschaft an Dispositionen in der Bevölkerung, das die KPD/SED unter den Überlebenden des Dritten Reiches und des Zweiten Weltkriegs angetreten hatte. Um noch einmal Max Weber zu zitieren, setzt alle Herrschaft auch Gehorsamsbereitschaft voraus, und diese war unter den Deutschen nach 1945 in überreichem Maße vorhanden, Ost wie West. Wer die Komplexität ihrer Welt und ihren Schuldkomplex reduzierte, einen Neuanfang versprach und dabei das Moralische mit dem Siegreichen und Zukunftszugewandten verknüpfte, konnte viele aus der öffentlichen Lethargie (der Ideologie des schieren Überlebens) reißen, für den durchaus selbstlosen Einsatz für Gemeinschaftsideale begeistern und dabei zumindest bei diesen auf die Verdrängung der Gewalt, bei anderen auf die Gewöhnung an sie und bei wieder anderen auf Konfliktvermeidung vertrauen.

War die Herrschaft erst einmal etabliert und deutete die Großwetterlage

---

2 Die Aussage gilt vor allem im Vergleich zu allen pluralistischen Systemen, und aufgrund eines Grobvergleichs vermute ich, daß sie sich auch im Verhältnis zum Nationalsozialismus bewähren wird. Aber da meines Wissens ein empirischer Vergleich organisatorischer politischer Erfassung und politisch induzierter sozialer Mobilität zwischen dem Dritten Reich und der DDR noch aussteht, handelt es sich insofern um eine Vermutung.

nach 1953, 56, 61, 68 auf unveränderlich und war der Idealismus des Materialistischen im Alltag seiner ökonomischen Realisierung angekommen, tat ein anderer Prozeß der Gewöhnung und Veralltäglichung seine Wirkung. Freiheit sei in Wahrheit Einsicht in die Notwendigkeit, hatte der wirkungsmächtigste der deutschen Philosophen gelehrt, als er unter den Linden angekommen war, und Friedrich Engels hatte das für die Linke bekräftigt. Nun wurde nicht mehr so heiß gegessen wie gekocht. Man hatte die Sprache des Ökonomismus gelernt und wußte, sie gegen ihre Urheber zu kehren. Man kannte die Angst der Oberen vor Unruhe an der Basis der „herrschenden Klasse" und vernichtete damit die geringen Spielräume der Politik. Auch wer die sozialistischen Rituale gehaßt hatte, als sie aufgepropft wurden, begann sie nun als Festkalender oder Alltagscodes zu benutzen. Im Verhältnis zur Massenhaftigkeit der Rückzüge in eine Privatheit, aus deren Kontrolle sich die zur Staatskirche mutierte Sekte zurückzuziehen begann, ist es bemerkenswert, daß immer nur begrenzten Gruppen, die durch irgendwelche in die Öffentlichkeit hineinwirkenden Aktivitäten (und sei es der harmlosesten Art) auffällig geworden waren, ein Spitzel in ihre Nische geschickt wurde.

Ich würde es nicht, wie Günter Grass, eine „kommode Diktatur" nennen, aber daß es in den siebziger Jahren eine Akkomodierung zwischen SED-Führung und Bevölkerung gegeben hat, scheint mir unbezweifelbar, wenn ich auch zugeben muß, daß es dazu fast völlig an Forschungen fehlt. Indessen wurde gerade in dieser Zeit der sozialpolitischen Pragmatisierung, der konsumgesellschaftlichen Erwartungen und ersten Erfüllungen der Observierungsapparat des Berichtswesens von Partei und Gewerkschaft und dann vor allem auch der Staatssicherheit vollends perfektioniert und aufgebläht. Gerade dies erscheint mir darauf hinzudeuten, daß das Wachstum solcher Apparate nicht mit realen Gefahren korreliert, sondern anderen Gesetzen gehorcht, namentlich den Projektionen einer Führung, die ihren Glauben verliert, und der „Verwissenschaftlichung" und Selbstbedienung der geheimen Stäbe in einer langen Phase der Veralltäglichung von Herrschaft.

Zur Gewöhnung gehört auch die Verdrängung. Wie Westler die Plakate der Warenwerbung an ihren Wänden nur noch selten wahrnehmen, in ihren Zeitschriften überschlagen und beim Fernsehen aufs Klo gehen, wenn der Talkmaster „after this..." gesagt hat, sahen Ostler in der Regel ihre Städte, als hingen die vielen Spruchbänder gar nicht da, als gäbe es die monströsen Komplexe des MfS in ihren Stadtzentren nicht, als prangte nicht auf allen besseren Bahnhöfen in Goldlettern der Hinweis auf die Dienststelle der Stasi. Für manche, wohl eher Parteinahe, die deshalb ja noch lange nicht Reisekader geworden sein mußten, war selbst die Mauer kaum noch wahrnehmbar, weil sie in ihrem Alltag nicht vorkam. Einem neugierigen Fremden konnte allerdings jeder – freilich wollte das nicht jeder – sagen, wo der nächste offene oder verdeckte Beobachtungsposten des MfS stand, Geschichten über Beanstandungen des ABV erzählen oder in seine Lebensgeschichte einfließen lassen, daß aus diesem oder jenem Anlaß mit ihm oder ihr „gesprochen" worden sei und daß man/frau dann eben (meistens) auf den Rat gehört habe. Immer wieder habe ich in der DDR gehört, wie die Existenz der Stasi dadurch normalisiert wurde, daß sie mit dem BND verglichen wurde, weil eben jeder Staat so etwas habe – seit der Wende wissen wir aber, daß das MfS der kleinen DDR weit über zehnmal soviel hauptamtliches Personal hatte als der BND und der Verfassungsschutz zusammen.

Veralltäglichung von Herrschaft ist ein wechselseitiger Prozeß. Anfang der achtziger Jahre entdeckte selbst Honecker wieder den „deutschen Boden", von dem nie wieder ein Krieg ausgehen sollte, und der aus dem katholischen Saarland hinzugestoßene Wessi mußte sich von seinen in Besitz genommenen neuen Landsleuten im schönsten Lutherdeutsch antworten lassen, daß dann auch hierzulande „Schwerter zu Pflugscharen" umgeschmiedet werden sollten. Im letzten Jahrzehnt der DDR kamen sich die Kirchen der DDR und die SED in ihrer Sorge um die Zersetzung der Gesellschaft, ihre Sinnentleerung, ihre Selbstmordraten, ihren Materialismus und ihre Faszination von der Warenwelt in dem ob der Großwetterlage doch so unerreichbaren Westen auf verschwiegene Weise näher. Beide hatten indessen wenig inhaltlichen Einfluß auf die Perspektiven der unter dem Arrangement der älteren Generationen entfremdeten Jugend, aber sie hatten Grundbesitz und konnten ihr Vergemeinschaftungsräume bieten. Die kargeren, aber feierlicheren, stimmigeren Räume der konventionellen Kirchen und ihre missionarische Abstinenz machten das Rennen, weil Zurückhaltung Freiheit und wirkliche Autorität signalisierte. Wenn dies die Aufmerksamkeit der bewaffneten Organe, halb unmittelbare Gefahr, halb Räuber und Gendarm, auf sich zog, konnte das nur die Aura des Widerstands erhöhen. Die SED, eingeschweißt in die Ekelpackungen ihres ungekonnten Ökonomismus und der Drohgebärden ihres bürokratisierten Terrorapparats, hatte den Kampf um die Seele der kräftigeren Teile der jüngeren Generationen verloren. Als ihre Sanduhr auslief, waren es die Aktiven dieser Generationen, die (einerseits) an den Zügen aus Prag über Dresden in die Bundesrepublik hingen und die (andererseits) zuerst das Altstadtrund Leipzigs umkreisten und vor der „Runden Ecke" haltmachten.

4. Diesseits der Stasi – Komponenten im Verhältnis von SED-Führung und Basis

Ich möchte nach diesem Überblick über historische Grundbedingungen der SED-Herrschaft und ihrer Entwicklung jetzt noch einmal die wichtigsten Aspekte im Verhältnis zwischen SED-Führung und Basis diesseits der Stasi durchdeklinieren, um einige konkretisierende Erinnerungen wachzurufen und diese um vier Problemkomplexe zu lagern. Damit werden Ambivalenzen der „Durchherrschung" der DDR-Gesellschaft, der häufigen Widerläufigkeit von politischer und sozialer Erfahrung vergegenwärtigt, die in der Systemfixierung westlicher Interpreten und in den öffentlichen (weniger in den privaten) Fixierungen vieler ostdeutscher Bürgerbewegter meistens nicht mehr vorkommen. Ich erhoffe mir davon in unserem Zusammenhang vor allem eine Annäherung an die genauere Bestimmung des Ortes von Terror und Kontrolle durch den Staatssicherheitsdienst in diesem Verhältnis. Dem werde ich mich dann im abschließenden Abschnitt zuwenden.

4.1 Mobilisierung und Perspektive

Die Gründungsphase der SED war von einem tiefgreifenden Widerspruch gekennzeichnet. Auf der einen Seite versuchte der Kern der kommunistischen Führung 1945/46 mit allen Mitteln, eine quantitativ erhebliche, weit über ihren verbliebenen Traditionsstamm hinausreichende und mit dem weit größeren und weniger ausgebluteten Potential der Sozialdemokratie vergleichbare Basis zu mobilisieren, andererseits einen Zugriff auf diese größere Basis der Sozialdemokratie zu erhalten. Dieser pragmatisch-manipulative Vorgang hat indessen so viele abgestoßen, daß er nur noch etwa die Hälfte der Stammanhängerschaft der KPD und der SPD von vor 1933 mobilisieren konnte und im übrigen traditionell unvorgeprägte, unpolitische und tendenziell vom NS enttäuschte Gruppen rekrutieren mußte. Da die Sozialdemokratie im Wettlauf vor der Vereinigung, nachdem diese unabweisbar geworden war, eine ähnliche quantitative Mobilisierung betrieben hatte, war die Mehrheit der dann gegründeten SED nicht eine Gesinnungsgemeinschaft der Linken, sondern ein Sammelsurium aus den Anpassungsbereiten in beiden Traditionsfraktionen der Arbeiterbewegung und in wachsendem Maße aus postfaschistischen Unpolitischen, Suchenden und auch Karrieristen. In dem Maße, in dem in den Folgejahren die politischen Eliten der konkurrierenden Linken von den Moskauer Exilkommunisten ausgeschaltet wurden, entstand eine Volkspartei „neuen Typs", das heißt eine streng hierarchisierte Kaderpartei fügsamer Apparatschiks. Diese verwaltete eine Basis, die nur zu einem geringen Teil Erfahrungen in der Linken hatte und die nur durch die unterschiedlichsten persönlichen

Motivationen für ihren Parteibeitritt von der Masse der Bevölkerung unterschieden war.

Dieser Parteistamm wurde im Zick-Zack-Kurs der fünfziger Jahre arg strapaziert, aber mehrheitlich in der Erwartung auf die postrevolutionäre Gesellschaft und ihren direkteren, planmäßigen Weg zum Massenwohlstand bei der Stange gehalten. Diese Perspektive, deren illusionärer Ökonomismus („Überholen ohne einzuholen") durch den Aufbau eines weitgehend entwirklichten kollektiven Gedächtnisses des Antifaschismus werthaft überhöht wurde, wurde in den sechziger Jahren enttäuscht, und die Niederschlagung des Prager Frühlings bezeichnet insofern das Ende der Hoffnungen auf einen komplexeren und evolutionsfähigen Sozialismus. An seine Stelle traten in den siebzigern die kleinen Schritte realisierter Sozialpolitik, die mit einem spürbaren Rückzug der ideologischen Kontrolle aus dem Privatleben, aber auch mit zunehmenden Problemen in der alltäglichen Versorgung gepaart waren. Im letzten Jahrzehnt war zwischen der Unerfüllbarkeit auch dieser reduzierten Erwartung und einem Alltag der Rückzüge jede politische Mobilisierbarkeit der Basis sei es für ideelle, sei es für materielle Ziele des Sozialismus erlahmt. Perspektive gab es nicht mehr in der SED. Die Beruhigung in einem bescheidenen Massenwohlstand hatte die ökonomische Regenerationskraft des Landes ausgezehrt, die angesichts der dritten industriellen Revolution im Weltmaßstab notwendiger denn je gewesen wäre.[3] Wo Reformer über Leistungsanreize und also eine Umverteilung von unten nach oben nachdachten und wo Industriekader Investitionsmittel anmahnten, stießen sie bei den Parteioberen auf taube Ohren, in denen noch die Lehren des 17. Juni nachklangen: denn solche Mittel hätten dem Sicherheitskomplex der DDR – Sozialstaat und Polizeistaat – abgezogen werden müssen.

Ähnliche Rhythmen des Zukunftsschwunds lassen sich auch für die Masse der Bevölkerung der DDR vermuten, die sich – wie gesagt – von

---

3   Es scheint mir zu wenig beachtet zu werden, daß in dieser Phase noch vor dem Zusammenbruch der Gesellschaften sowjetischen Typs auch im Westen die „gemeinwirtschaftlichen" Einrichtungen im Umfeld der Arbeiterbewegung, die gerade in Westdeutschland eine bemerkenswerte Größe hatten, an ähnlichen Problemen (Gigantomanie, unterqualifizierte Führung und Kontrolle, unflexibles Reagieren auf die Veränderung der Märkte, Verlust der kulturellen Perspektive, um nicht von Hegemonie zu sprechen u.ä.) scheiterten. Es ist, obwohl noch nicht lange her, schon fast vergessen, daß die Gewerkschaften einmal eine Großbank besaßen, daß es omnipräsente Konsumgenossenschaften gab, daß die Neue Heimat der größte Bauträger Europas war, daß es im Umfeld der Arbeiterbewegung kulturell präsente Publikationsorgane, Verlage, Buchclubs und Intellektuelle gab und daß „paritätische Mitbestimmung" in der Politik nicht nur ein Nachkriegsrelikt, sondern ein zumindest diskutables, wenn auch nicht durchsetzbares Zukunftsmodell der Unternehmensverfassung war. Der Niedergang sozialdemokratischer Ordnungsvorstellungen und die Diskussionen über das Ende der Arbeiterbewegung, des „Fordismus" und des schwedischen Modells im Westen gingen der Implosion des Kommunismus voraus. Eric Hobsbawm spricht mit Recht von einem „Erdrutsch" quer durch die Industriegesellschaften.

der Masse der SED-Mitglieder nicht so grundsätzlich unterschied, besonders in der zweiten Hälfte der DDR-Geschichte. Vielfach waren Parteibeitrittsmotive persönlichen Konstellationen (eher als besonderen Überzeugungen) und der politischen Achillesferse beruflichen Aufstiegsstrebens geschuldet, und die einfache Mitgliedschaft brachte als solche noch keineswegs größere Vorteile, vielmehr vor allem vermehrte Kontrolle und schwer abweisbare Zusatz-Anforderungen. Der Unterschied lag mehr in den ersten beiden Nachkriegsjahrzehnten, als der sogenannte Aufbau des Sozialismus mit Hilfe der „Staatsmacht", das heißt unter vielfältigem Einsatz seines Gewaltmonopols, betrieben worden war und zu einer verhängnisvollen Polarisierung der Gesellschaft, der Vergeudung, wenn nicht Repression überlieferter Qualifikationspotentiale und hohen Emigrationsraten vor allem junger qualifizierungswilliger Männer geführt hatte. Durch den Mauerbau wurde dieser Braindrain gestoppt, und danach wurden der zweiten Generation des Restbürgertums auch wieder Aufstiegschancen in die nivellierte Bildungsschicht eingeräumt. Dadurch entspannte sich die Gesellschaft in den folgenden beiden Jahrzehnten beträchtlich, verlor aber auch ihre modellhafte Zukunftspannung. Im Systemvergleich sozialpolitischer Versorgung und individualisierter Konsumerwartungen zog sie meistens den kürzeren, aber zunächst wurden eher die eigenen Fortschritte als die wachsenden Differentiale zum Westen wahrgenommen. Zwischen Entspannung und Stagnation erscheinen die siebziger Jahre als eine Übergangsphase des relativen Friedens zwischen Führung und Basis, der durch die Biermann-Ausbürgerung zunächst auch nur gegenüber den Intellektuellen und Kulturschaffenden aufgekündigt wurde. Die Kosten der Privatisierung (die Abhängigkeit von Westgeschenken und vom Westfernsehen, der grassierende Alkoholismus, die bedrückende Altersarmut, die schwindende Arbeitsdisziplin und -produktivität, die Ausplünderung alles „Volkseigenen" für den Aufbau Datschikistans, das verbreitete Desinteresse an den eigenen öffentlichen Dingen) und die Entfremdung der jungen Generation traten erst im letzten Jahrzehnt der DDR in ihrem ganzen Umfang in den Blick. Damals waren aber die Möglichkeiten bereits erschöpft, dieser Auszehrung eine politische oder wirtschaftliche Perspektive entgegenzusetzen.

Ich will damit keinesfalls sagen, daß es nicht auch vor den achtziger Jahren bemerkenswerte Gruppen in der DDR gegeben habe, die sich in einer bestimmten Phase oder überhaupt politischen Angeboten oder Zudringlichkeiten konsequent und zum Teil auch unter erheblichen Opfern entzogen hätten. Aber so, wie es zu DDR-Zeiten falsch war, der Masse des Volkes ob seiner Stille einen weitgehenden Konsens mit der Partei- und Staatsführung zu unterstellen, so wäre es auch heute falsch, diese schweigende Mehrheit dem anderen Pol eines persönlich verbürgten und im einzelnen vielfach erlittenen Widerstands zuzuschlagen.

Gleichwohl hat es Momente in der Geschichte der DDR gegeben, in denen das Maß des Hinnehmbaren in breiten Schichten des Volkes überschritten war (wie im Sommer 1953 und seit dem Sommer 1989). Am Anfang der beiden tiefsten Krisen des SED-Regimes standen bemerkenswerter Weise enttäuschte Erwartungen, die aus einer Veränderung der „Großwetterlage" (sozusagen aus einem Hoch im Osten) geboren waren, in der die SED-Führung außer Tritt mit Moskau geraten war: nur wenn sie in ihrer Handlangerrolle gegenüber dem wirklichen Machthaber unglaubwürdig wurde, wuchsen die Risiken oder Chancen populärer Widerständigkeit jenseits kleiner und entschiedener Oppositionsgruppen. In geringerem Umfang haben immer wieder vor allem Ausschließungsmaßnahmen des Regimes und seine Frustration von Hoffnungen auf Veränderung Opposition in Teilgruppen (mehrfach eher innerhalb als außerhalb der Partei) mobilisiert wie etwa nach dem XX. Parteitag der KPdSU, Mitte der sechziger Jahre, 1968, nach der Biermann-Ausweisung oder in Gestalt der autonomen Teile der Friedensbewegung während der Nachrüstungsdebatte. Zwischen den fünfziger und den achtziger Jahren kamen diese Oppositionskerne überwiegend aus der Partei selbst, aus der Enttäuschung über aufgegebene idealistische Perspektiven und Aussichten auf einen dritten Weg. Es erschiene mir falsch, die Spitzen dieser Oppositionskonjunkturen (von wechselnden Gruppen) oder gar des populären Aufbegehrens von 1953 und 1989 gleichsam durch eine Trendlinie verbinden und dadurch die Fiktion einer umfassenden Daueropposition begründen zu wollen. Dazu waren diese Antimobilisierungen zu kurzzeitig und ihre Trägerschaften und Perspektiven zu unterschiedlich, und die Aktivkerne jeweiliger Oppositionsansätze wurden immer wieder durch die Repressionsorgane ausgeschaltet oder/und über die innerdeutsche Grenze gedrängt oder verkauft. Hierin unterscheidet sich die DDR auch von anderen volksdemokratischen Ländern wie Ungarn und Polen, in denen residuale Institutionen und Milieus und nationale Kohäsion eine Kontinuität von Oppositionskernen ermöglichten und einen Rückhalt für ihre gesellschaftliche Ausstrahlung boten.

Charakteristisch für die Diskontinuierlichkeit oppositioneller Latenzen ist der tiefe Einschnitt 1961. Es scheint mir kein Zweifel, daß der Mauerbau bei der großen Mehrheit der DDR-Bevölkerung mit tiefer Empörung aufgenommen wurde und selbst in der SED-Mitgliedschaft seine Begründung als „Errichtung eines antifaschistischen Schutzwalls" als lächerlich erschien. Zu einer politischen Gegenbewegung aber konnte es nicht kommen, zumal die Reaktion des Westens die Grundlektion der Nachkriegszeit, daß an Jalta nicht gerüttelt werden könnte, erneut auf die deprimierendste Weise erteilte. Trotz Empörung und Unglaubwürdigkeit (und einer zunächst ansteigenden Verhaftungswelle) gab es aber weit über die Partei hinaus eine Rationalisierung der Notwendigkeit der Grenzschließung, weil anders die Funktionalität der DDR-Gesellschaft nicht zu stabilisieren sei, und diese Einsicht wurde, wenn auch nur für wenige Jahre, durch ökonomische Reformen und kulturelle Lockerungen belohnt. Im folgenden Jahrzehnt, in dem die DDR-Gesellschaft fast vollständig auf Binnenkommunikation beschränkt blieb, wurden die objektiven Grundsteine dessen gelegt, was jetzt im Rückblick DDR- oder Ost-Identität genannt wird. Sie bestand bei der Mehrheit der Bevölkerung weder in einer Mobilisierung für die SED-Führung noch gegen sie, sondern im Abschneiden anderer Perspektiven und im Einlassen auf die gegebenen Verhältnisse als Erfahrungs- und Aktionsraum, und das war überwiegend ein beruflicher und privater.

Ich bin allerdings nicht sicher, ob kollektive Identität ein nützlicher Begriff sein kann und nicht eher ein vieldeutiges Etikett einer Begriffsverwirrung ist. Soweit er nützlich ist, hat er etwas mit der Internalisierung von sozialen Erfahrungsräumen und dem Spannungsaustrag zwischen individuellen Antrieben und Traditionen einerseits und der Verinnerlichung objektiver sozialer Anforderungen und kollektiven Gegebenheiten andererseits zu tun. In diesem Sinne könnte man sagen, daß die gesellschaftlichen Spaltungen, die der Aufbau des DDR-Sozialismus mit den Mitteln der Staatsmacht in ihrem inneren wie im nationalen Zusammenhang hervorgerufen hatte, nun nach dem Mauerbau – und dann noch einmal beim innerparteilichen Potential des Reformkommunismus und eines Dritten Weges nach 1968 – durch den Wegfall alternativer Perspektiven ins Innere der Individuen verlegt wurden, wo auf je individuelle Weise ein Spannungsausgleich gesucht werden mußte. Das Ergebnis war insgesamt, bis mit Gorbatschow neue Alternativen auftauchten, eine Demobilisierung der Gesellschaft.

4.2 Organisierung und Kontrolle

Das wichtigste Merkmal der „political culture" der DDR war ihr extremer Organisationsgrad in monopolistisch geführten und autoritär strukturierten Verbänden und Institutionen unterschiedlicher Vergemeinschaftsdichte. Ich brauche das hier nicht im einzelnen zu beschreiben, will aber doch betonen, daß im Berufsleben stehende Bürger der DDR, die in gar keiner der von der SED betreuten oder mit ihr verbundenen Organisationen waren, je länger desto mehr eine Rarität wurden. Wer als „gesellschaftliche Aktivität" nur einen Sport- oder Schrebergartenverein („Sparte") vorzuweisen hatte, war schon fast ein beargwöhnter Held des Rückzugs. Sieht man es aus der Perspektive der Unwilligen, so war die DSF (die statutenmäßig die weitestgehende Anerkennung der Machtgrundlagen des Regimes forderte) die mindeste Kompromittierung und der FDGB mit seiner Zuständigkeit für Akkord, Renten und Reisen praktisch ein Muß. Der gewerkschaftliche Organisationsgrad lag nahe bei 100 Prozent, und die „Deutsch-sowjetische Freundschaft" wurde einem allenfalls dann erlas-

sen, wenn man selbst oder Familienangehörige in sowjetischen Sonder-
oder Kriegsgefangenenlagern gelitten hatten. Die FDJ erfaßte die Jungen,
die Volkssolidarität betreute die Alten.

Am anderen Ende des Spektrums stand die Partei, die mit einem knap-
pen Fünftel der erwachsenen Bevölkerung mehr erfaßte, als je eine Partei
oder auch das gesamte Parteienspektrum in der deutschen Geschichte gesellschaftlich organisiert hatte (und das heißt eingedenk unserer deutschen
Vereinsmeierei wohl: in der Weltgeschichte). Dazu kamen die anderen
Blockparteien als die SED fürs Bürgertum, freilich letztlich seit den sechziger Jahren weder mit großen Pflichten noch Einflußmöglichkeiten außer
bei der Postenverteilung, mit noch einmal stark vier Prozent. Zwischen
diesem engeren Vorhof der Herrschaft und ihrer virtuellen Totalerfassung
der Gesellschaft in unausweichlichen, aber immer noch durchideologisier-
ten und -ritualisierten Organisationen bestand ein Kontinuum der Organisation, Betreuung und des Engagements in tausend kleinen Posten und der
Kompromittierung und Kontrolle. Es ist deshalb kein Zufall, daß DDR-
erfahrene, aber SED-fremde Wissenschaftler wie der Religionssoziologe
Detlev Pollack von einer „Organisationsgesellschaft" sprechen.

Je länger desto mehr wurde dieses Erfassungssystem durch ein fast
ebenso dichtes System der gesellschaftlichen Anerkennung durch Prämi-
en, Orden und Preise ergänzt, von dem in der DDR (jedenfalls gegenüber
einem Außenstehenden wie mir) nur mit bescheidener Beschämung gesprochen wurde und dessen große Brocken in der Regel bei der Nomen-
klatura und den Kulturschaffenden verblieben. Aber in der betrieblichen
Praxis bewährten sich die Streicheleinheiten des Regimes doch, sonst
hätten vor allem in den sechziger und siebziger Jahren nicht ungezählte
Individuen und viele, viele Tausende von Kollektiven Jahr für Jahr in
wachsenden Zahlen an den vielen Formen des sozialistischen Wettbe-
werbs teilgenommen und sich in Wandtafeln und Betriebsversammlungen
feiern lassen. Gewiß hing da auch immer ein Stück Akkordlohn dran, aber
die Beträge waren zu bescheiden, als daß man damit einem fundamental
Oppositionellen hätte seine Gesinnung abkaufen können.

Die Organisationsdichte der DDR-Gesellschaft war das Kapillarsystem
ihrer bürokratischen Zuwendung zum einzelnen, der gerade durch diese
Zuwendung kontrolliert und zum Objekt eines umfassenden und pluralen
Berichtssystems wurde, das die Öffentlichkeit mit ihrer Dauerberieselung
von oben nach unten in ihrer anderen Funktion, auch Meinungen der Basis
nach oben kommen zu lassen, auf geheime Weise ersetzen sollte. Ich bin
immer noch skeptisch, ob dieses Berichtssystem über die Masse der Gesellschaft – oder auch das MfS-System zur Ausspähung „feindlich-
negativer Kräfte" – das leisten konnte, weil mir die durchschnittlichen
DDR-Bürger als zu geschult im Umgang mit ihrem gespaltenen Kopf zur
Äußerung ihrer privaten Meinungen und die Agenten der Berichtssysteme

als zu politisch geschult zu einer unverstellten Wahrnehmung der Wirklichkeit erscheinen. Aber vielleicht liege ich hier falsch, und es war doch alles viel einfacher. Die Stasi-Akten, die ich gelesen habe, waren ziemlich blöd, aufgeplustert bürokratisch, unglaublich paranoid und projektiv und hasteten flügelschlagend den wirklichen Ereignissen und ihrer Komplexität nach. Aber ich muß zur Kenntnis nehmen, daß ein Leser seiner Akten in der Gauck-Behörde nach dem anderen sich nun post festum in seinem widerständigen, „feindlich-negativen" Charakter richtig erkannt sieht und den Berichtssystemen der DDR seinen späten Tribut zollt. Das will ich hier nicht psychologisch interpretieren, sondern unentschieden lassen.

Ich will aber hervorheben, daß die Berichtssysteme über den Kern und die Masse der DDR-Gesellschaft nicht primär bei den Hinterlassenschaften des MfS aufzufinden sind, sondern in den Akten der Partei und der Gewerkschaft, und daß sie schwer zu lesen sind, weil die historische Quellenkritik erforderte, etwas über die Berichtsmotive und das Erkenntnisvermögen der Autoren zu wissen, worüber uns die Akten in der Regel nicht informieren.[4] Hilfreich ist hier ein anderer, freilich lückenhafterer (und weniger zugänglicher) Quellenbestand, nämlich die Kaderakten der Partei und für Konfliktfälle die Akten der Parteikontrollkommissionen. Diese Akten weisen nämlich zurück auf die deutsche Misere, angesichts derer sich die SED organisieren mußte: vor oder nach 1945 gebrochene Biografien, die uns nun die Spuren zur Wirklichkeit weisen sollen. Sie sind unsere wichtigsten Zeugnisse für die nun schon mehrfach behauptete Zwischenstellung der Mitgliedschaft und der großen Masse des Funktionskörpers der SED zwischen Führung und Volk. Wenn man sie liest, ist man überrascht, wie auch die objektiv prominentesten und subjektiv linientreuesten Kommunisten mit wenigen Ausnahmen unfähig waren, alle Wandlungen des Zick-Zack-Kurses der Partei vor und nach 1945 mitzumachen oder dadurch dem Odium potentieller oppositioneller Gefährlichkeit zu entkommen. Und die biokratische Buchhaltung der Partei verlor nur wenige Dokumente solcher irgendwann aufgetauchter Verdachtsmomente, die gerade die Gefährdetsten zu einem Übersoll an künftiger Linientreue erpreßten. Die Organisationsgesellschaft der DDR produzierte anfällige Zeugen, und die Masse ihrer Zeugnisse muß erst noch einer angemessenen historischen Quellenkritik unterzogen werden.

Das wichtigste Kontrollinstrument in dieser Organisationsgesellschaft waren die Kaderakten, das heißt ein rechtlich uneingeschränktes Kompendium von immer erneuten Selbst- und Fremdzeugnissen über das gesamte Leben, keineswegs nur über seine politische oder auch nur berufli-

---

4 Beiher sei gesagt, daß ohne eine biographie-soziologische Analyse des hauptamtlichen Personals des MfS und eine Kritik seiner Wahrnehmungsmuster auch das dortige Überlieferungsmaterial kaum professionell eingeschätzt werden kann.

che Seite, auf deren kleine Differenzen und vergangene, vielleicht vergebene, aber nicht vergessene Sünden das geschulte Auge der Allzuständigen jederzeit zurückkommen konnte. Je weiter einer aufstieg, desto schwerer wurde dieser Klotz an seinem Bein und desto mehr war er der Huld seiner immer noch Vorgesetzten verpflichtet. (Für die Mitlebenden der sogenannten „Wende" ist dieses wichtigste Kontrollinstrument allerdings bekanntlich nur noch in Ausnahmefällen erforschbar, weil die Kaderakten in der Endphase der SED-Herrschaft bereinigt wurden.) Die Kaderakten hatten noch eine zweite hochwirksame und alltagsprägende Wirkung, insofern ihre Formvorgabe, ihre Sprache und ihre Zensuren gerade bei denen, die institutionelle oder organisatorische Verantwortung trugen, verinnerlicht wurden und das lebensgeschichtliche Selbstverständnis zu strukturieren begannen. Demgegenüber blieben die nichtpräsentablen Lebenserinnerungen zwar im gespaltenen Kopf auch erhalten, aber gleichsam in einer absinkenden Latenz, denn es fehlte ihnen eine sinnhafte Ordnung, und sie mußten bis zur Wiedervereinigung warten, um durch einen neuen gesellschaftlichen Verwertungszusammenhang strukturiert und aufgefrischt zu werden.

Schließlich kann ich hier nur pauschal auf einen Bereich hinweisen, der in der bisherigen DDR-Forschung meines Erachtens eine viel zu geringe Rolle spielt, nämlich die große Bedeutung und die Zwischenstellung zwischen Erfassung und Repression, die dem militärischen und paramilitärischen Bereich in der Gesellschaft der DDR zukam.[5] Nur Arabesken in diesem Feld wie der „Dienst für Deutschland" sind bisher ausreichend

---

5   Zu dieser Präsenz des Militärischen im bewußten und unbewußten Alltag der DDR – die nach meiner Vermutung auch weiter ging als in anderen volksdemokratischen Ländern, aber das ist eine empirische Frage, die der vergleichenden Erforschung harrt – gehörten auch die „Freunde", wie ganz allgemein im Sprachgebrauch der DDR die sowjetischen Streitkräfte respektvoll und zuweilen ironisch verharmlost wurden. Wobei in diesem Fall „Präsenz" ein zu weitgehender Ausdruck ist, weil es sich im Fall der sowjetischen Streitkräfte um ein schwer zu definierendes Gemisch von alltäglichen Wahrnehmungen (einer Minderheit städtischer Garnisonen, von Militärfahrzeugen, Offiziersfamilien, gelegentlicher ritueller Begegnungen mit Repräsentanten der DSF) und einer eingefleischten und durch gelegentliche Beobachtungen und Gerüchte (über Garnisonen in den Wäldern, über ganze abgegrenzte Militärdistrikte und Übungsgelände, über Raketenstellungen, über die völlige Isolierung und drakonische Disziplinierung der Masse der einfachen Rotarmisten) genährte Vermutung einer völligen Übermacht, die ja in Wirklichkeit quantitativ und vor allem qualitativ auch bestand. Manche dieser objektiven Merkmale wären zwar auch für das Verhältnis der Westdeutschen zu den in der BRD stationierten nicht-deutschen NATO-Verbänden zutreffend, aber das Verhältnis war wesentlich offener und nicht von einem grundsätzlichen Geheimnis und dem Firnis einer umcodierten Herrschaftssprache verhüllt. Aber auch objektiv gab es mindestens zwei gravierende Unterschiede: der Warschauer Pakt unterhielt – immer im Verhältnis zum Umfang der eingeborenen Bevölkerung – sehr viel mehr Truppen auf deutschem Boden als die NATO, und es waren keine Kontingente der verschiedenen „sozialistischen Bruderländer" dieses Paktes, sondern (wie auch in mehreren von diesen Ländern) nur Truppen der imperialen Führungsmacht. Schon deshalb waren die „Freunde" nicht einfach als Verbündete zu betrachten.

erforscht. Schon daß die NVA im Verhältnis zur Bevölkerungsgröße 50 Prozent mehr Mann als die Bundeswehr regulär unter Waffen hielt, würde hierhergehören. Dazu die große Bedeutung des Instituts des Zeitsoldaten für den Schul- und Ausbildungsbereich, die 400.000 Mann der Betriebskampfgruppen (etwa jeder 10. Arbeitnehmer), die 670.000 Mitglieder der Gesellschaft für Sport und Technik (in der die Jugend kostenlos die Fahrerlaubnis machen konnte und an den spielerischen Umgang mit Kriegsgerät gewöhnt wurde), der Wehrkundeunterricht, die Zivilverteidigungsübungen, die Rentenrelevanz paramilitärischer Aktivität etc. Selbst der Staatssicherheitsdienst war im Gegensatz zu vielen anderen Geheimdiensten der Welt durch und durch militärisch organisiert, als wollte die Führung betonen, daß sie sich im latenten Bürgerkriegszustand mit dem Volk befand.

Ich will mit diesem Hinweis nicht suggerieren, daß die Militärorgane einen aggressiven Militarismus in der Gesellschaft gezüchtet hätten oder etwa daß die männliche Jugend zur Gänze mit Begeisterung zu den Fahnen geeilt wäre. Es gab in diesem Bereich viele Konflikte und für manchen einzelnen viel Qual. Aber im ganzen wurden die preußischen Traditionen in volkseigener, kollektiverer Form durchaus hochgehalten. Die (para-) militärische Disziplinierung und Uniformierung war jedenfalls im Alltag der DDR wesentlich präsenter als in den meisten westlichen Gesellschaften und spielte eine zentrale Rolle bei der Sozialisation und Integration der männlichen Bevölkerung. Wer durch sie positiv geprägt worden war – und die hohen Zahlen der freiwilligen paramilitärischen Formationen sprechen nicht gerade für eine verbreitete Militärphobie in der ‚Volksrepublik Preußen und Sachsen‘ –, bei dem erübrigte sich meist externer Terror zur Herbeiführung eines pflichtbewußten und systemkonformen Verhaltens, wenn man vom Alkoholkonsum einmal absieht. Wir wissen noch wenig darüber, aber soviel kann man schon ahnen: Im Osten wurden viele Staatsbürger in der Uniform hergestellt.

4.3 Die Ambivalenz der materiellen Interessen

Wie jede Gesellschaft wurde auch die der DDR von materiellen Interessen und ihrer Differenzierung geprägt. Das war von außen wegen der insgesamt bescheidenen Lebensführung der großen Mehrheit (und auch der meisten Parteifunktionäre), der Kleinheit der Differentiale und ihre Verlagerung von der Geldwirtschaft auf klientelistische Bevorzugungen schwerer zu erkennen. Aus der inneren Sicht der Mangelwirtschaft wurden diese klientelistischen Differentiale aber um so wichtiger.[6] Materielle Interessen

---

6 So war Westdeutschen nach der Lüftung des Geheimnisses um die Regierungssiedlung Wandlitz die populäre Entrüstung in der DDR über den Lebensstil ihrer Oberen nie recht verständlich zu machen, weil er westliche Augen an spießige Relikte bescheidener Mittelständler aus den fünfziger Jahren erinnerte. Man mußte den ständigen Kon-

hatten darüber hinaus eine kulturelle Dimension, weil sie das Zentraldogma der Zivilreligion waren und insofern einen nicht verdrängbaren Code der Verständigung zwischen Führung und Basis zur Verfügung stellten, in den viele Probleme, die der politischen Zensur unterlagen, übersetzt und dadurch tendenziell geäußert werden konnten. Zudem war die Zentralperspektive der Ideologie auf die planvolle Organisierung eines schnelleren Wirtschaftswachstums und größerer Verteilungsgerechtigkeit gerichtet, was in einem ressourcenarmen Land, dessen Gründungsphase von einem erheblichen Braindrain gekennzeichnet war, die Leistungsanforderungen an einen zentralisierten Politikapparat, auch wenn er der Interaktion materieller Interessen auf unterer Ebene größere Spielräume gelassen hätte, ins Unermeßliche steigern mußte.

In der Gründungsphase der DDR mußte insofern gegen den Geist gesündigt werden, als zum Teil erhebliche materielle Privilegierungen gegen den Braindrain über die innerdeutsche Grenze und zum Ankauf der Loyalität der Intelligenz und der Sicherheitsorgane, aber auch zur Durchsetzung der Perspektivvorhaben des sozialistischen Aufbaus auf den „Baustellen der Republik" eingesetzt und dadurch situativ soziale Besitzstände geschaffen wurden, deren Wiederabbau (wie ja in jeder modernen Gesellschaft) zu den schwierigsten politischen Vorhaben gehört hätte. Mit anderen Worten mußte gegen den egalitären Kern der Ideologie verstoßen werden, um sie durchzusetzen. Außerdem war dies eine zusätzliche schwere materielle Bürde eines Aufbaus, der ohnehin durch die Reparationen an die Sowjetunion und ein überzogenes Militarisierungsprojekt in seiner Startphase belastet war, so daß sich das gleichwohl beträchtliche Wirtschaftswachstum nicht in ein vergleichbares Konsumwachstum umsetzte. Vor diesem Hintergrund heißt „gelernter DDR-Bürger" zu sein, einerseits sich zugleich ohnmächtig und empört gegenüber jeder Verletzung der gesellschaftlichen Gleichheit zu fühlen, andererseits aber auch, diese relative Gleichheit (und das heißt zunächst einmal Bescheidenheit, Improvisation und persönliche Netzwerke) persönlich gelebt zu haben.

sumfrust über „die 1000 kleinen Dinge", die nicht oder nur unter Aufbietung aller möglichen Findigkeiten und Beziehungen zu beschaffen waren, und die anhaltende Demütigung, bei der Westverwandtschaft sich ein paar Devisen erbetteln zu müssen, enerviert haben, um über den Intershopcharakter „Volvograds" auszurasten. Der Realsozialismus ist oft mit einem proletaroiden Feudalismus verglichen worden. In einer solchen Sicht ist es bezeichnend, daß die Herrschenden in der DDR zwar polizeistaatliche Zwingburgen in die Innenstädte setzten, sich dort aber – im Gegensatz zu manchen ihrer osteuropäischen Peers – für ihre persönliche Lebensführung keine repräsentativen Schlösser errichten oder aus eigen machten, sondern in der Endbeförderungsstufe in ein Luxus-Lager in einem Fichtenwald vor den Toren der Stadt eingeliefert wurden. Soweit enthielt die Apologie des Kulturgewaltigen Kurt Hager, der sein Haus in Wandlitz mit seiner Zelle in einem französischen Internierungslager verglich, schon ein Körnchen Wahrheit, und darin war z. B. der Bezirksfürst Hans Modrow, der in seiner Drei-Raum-Neubauwohnung in der Dresdener Innenstadt auch die Kehrwoche machte und in der Regel zu Fuß zur Arbeit ging, eine bemerkenswerte Ausnahme.

Sicher nicht für alle, aber doch für viele heißt es auch, die Freiheit entdeckt zu haben, die aus der Bedürfnislosigkeit oder der Selbstbescheidung erwächst – ein Freiheitsbegriff, der im Westen weitgehend vergessen worden ist.

Als die DDR dann in den sechziger Jahren unter demographischen Zwängen zu einer systematischeren Sozialpolitik zurückkehrte, deren Einheit mit der Wirtschaftspolitik in den Siebzigern sogar Verfassungsrang erhielt und die Kombinate mit ihrer betriebszentrierten Einlösung überfrachtet wurden, rückte das Zentraldogma auch ins Zentrum der politischen Diskurse. Die Sinnfrage wurde nun tatsächlich in kleiner Münze materialisiert, aber die beginnenden materiellen Befriedigungen mußten sich bei den einen am Konsumstandard des Westens messen lassen und warfen bei anderen neue Sinndefizite auf. Außerdem wurde zunehmend deutlich, daß der Sozialstaat DDR leistungsfeindlich war. Die materiellen Anreize waren bei der Schichtarbeiterschaft (und vielleicht im Handwerk) vergleichsweise am einträglichsten, und auch die Sonderversorgungssysteme wucherten in Bereichen, die keine moderne, exportabhängige Wirtschaft voranbringen. Positionen mit Verantwortung wurden zunehmend unbeliebt, und die Spielräume für Kreativität waren eng bemessen. Es standen Schritte zu einer Umverteilung nach oben und einer Deregulierung der Apparate an, das heißt etwas zugespitzt ausgedrückt, eine Verabschiedung der ideologischen Zentralperspektive und der organisatorischen Zentralisierung der Macht. Es ist kein Wunder, daß die Gerontokraten des Politbüros nichts so sehr fürchteten wie die Umsetzung solcher Einsichten.

Eine kühle politische Soziologie der DDR hat natürlich recht, wenn sie in deren herrschender Klasse zunächst einmal die politische Klasse, also die Oberschicht der Partei- und Betriebsfunktionäre der SED und der anderen Blockparteien sieht. Aber die andere „herrschende Klasse", in die man abstürzen konnte, also die der industriellen Betriebsarbeiter, war auch eine Realität, und vor nichts – vielleicht mit Ausnahme sowjetischer Direktiven – hatte die Führungsschicht der SED so viel Respekt, um nicht Angst zu sagen, wie vor ihr. An der Werkbank herrschte die größte Freiheit in der DDR (viel mehr als z. B. bei den Intellektuellen oder Kulturschaffenden). Der Lohnstreifen der Betriebsarbeiter war das Lesezeichen im Gebetbuch des Sozialismus. Nie hätten sich die aus der Arbeiterschaft aufgestiegenen SED-Kader noch einmal wie im Juni 1953 auszutesten getraut, wie ihre Hinterbliebenen an der Werkbank auf Lohnkürzungen reagieren würden, ohne die eine Kurskorrektur in Richtung Leistungsgesellschaft und internationale Konkurrenzfähigkeit undenkbar blieb.

4.4 Entfremdung und Entlastung

Mehr als jede Gesellschaft sowjetischen Typs muß man die DDR von der Grenze her denken. Die Errichtung einer Ordnung sowjetischen Typs in Deutschland nach dem Dritten Reich hätte mit viel stärkerem und kontinuierlichem Widerstand rechnen müssen, wenn sie nicht auf einen Teilbereich beschränkt gewesen wäre, aus dem die illegale Emigration in den ersten anderthalb Jahrzehnten wesentlich leichter als aus anderen Ostblockstaaten war. Denn für diese Emigration gab es zunächst eine relativ leicht überwindbare Interzonengrenze und später, bis zum Mauerbau, die Schleuse Berlin. Vor allem führte diese Emigration nicht ins völlig Unbekannte, sondern in eine sprachgleiche, kulturell noch weitgehend ähnliche und ökonomisch expansive und integrationsstarke Schwestergesellschaft, in der viele Flüchtlinge auch bereits über menschliche Anknüpfungspunkte verfügten und in ihrer Mehrzahl politisch willkommen waren (jede einzelne eine seltene, zusammengenommen eine singuläre Emigrationsbedingung). Die „Abstimmung mit den Füßen" gegen die DDR bedeutete von außen gesehen sicher eine beständige Delegitimierung des neuen Staates und hat ihm viele Qualifikationsreserven entzogen. Dennoch war sie vor allem in der Frühzeit von innen gesehen für die Etablierung der kommunistischen Herrschaft ein Segen. Hätten die Flüchtlinge dableiben müssen, wäre diese Etablierung der DDR entweder noch viel mehr auf den riskanten Weg der offenen Gewalt oder auf echte Kompromißbildungen mit dem Bürgertum und den Sozialdemokraten verwiesen worden und angesichts der aufgezeigten quantitativen und qualitativen Schwäche des kommunistischen Potentials wohl so überhaupt nicht durchsetzbar gewesen, zumal sie für die übergeordneten Interessen der Besatzungsmacht ohnehin nur die zweitbeste Lösung war.

Dieser Exodus von Potentialen und Aktivkernen der Opposition – die Westverlagerungen am Ende des Zweiten Weltkriegs, die Massenflucht im Kalten Krieg und der spätere kleinere, aber qualitativ bedeutsame Strom von Mauerbrechern, Ausbürgerungen, Häftlingsfreikauf und legal Ausreisenden – ist insofern ein sehr ambivalenter Prozeß. Er wurde im Osten keineswegs so positiv aufgenommen wie im Westen, wo er – unbeschadet vieler anfänglicher Integrationsprobleme – eine ständige Zufuhr an Legitimation und Qualifikationen (unter gelegentlicher Beimengung solcher, die auf der Stasi-Hochschule erworben worden waren) bedeutete. Im Osten hat er ein teilweise heftig abgewehrtes Gefühl der Verlassenheit, schwindenden Rückhalts und zurückgehender Entwicklungsmöglichkeiten gerade in regimefernen Milieus hinterlassen.[7]

---

7   Charakteristisch für diese Gefühlslage (nicht etwa nur bei ehemaligen Anhängern der SED) ist es, daß die allermeisten, die nach 1990 nach Ostdeutschland zurückgekehrt sind, nicht als zurückkehrende Helden oder Opfer, sondern als „Wessis" empfangen

Er konnte auch durch den Zuzug einer ähnlichen Größenordnung von Vertriebenen aus dem Osten in seiner politischen Funktion als Widerlager der Herrschaftsetablierung nicht kompensiert werden, wenn die „Übersiedler" auch als Arbeitskraftreserve unschätzbar waren. Unter den sich in der SBZ niederlassenden Vertriebenen war der Überhang an Frauen, Alten und Kindern besonders hoch; arbeitsfähige Männer und höher Qualifizierte, aber auch aus dem Dritten Reich höher Belastete scheinen stärker dem Bedürfnis entsprochen zu haben, in den Westen weiterzuwandern oder sich aus der Kriegsgefangenschaft nicht in den sowjetischen Bereich entlassen zu lassen. Außerdem waren die entwurzelten Mittellosen der erzwungenen Wanderung in allen Zonen hilfsbedürftig und politisch zunächst kaum aktionsfähig; als sie es im Westen Anfang der fünfziger Jahre wurden, wurde im Osten die Umsiedler-Frage für beantwortet erklärt und irgendwelche Organisationsansätze oder Thematisierungen dieser real natürlich weiterwirkenden Fragen unterbunden.

Leider sind die ziemlich einseitigen deutsch-deutschen Migrationsströme seit dem Zweiten Weltkrieg noch immer ein Stiefkind der Forschung. Die einzelnen Stufen dieses Prozesses sind dabei sehr unterschiedlich einzuschätzen, was hier nicht geschehen kann. Vieles spricht dafür, daß die Abwanderung am Ende des Zweiten Weltkriegs und während der Besatzungszeit, also vor Gründung der DDR, über die wir keine zuverlässigen Zahlen haben und die häufig unterschätzt wird, unter herrschaftssoziologischem Gesichtspunkt die bedeutsamste war. Daß dabei die Westverlagerung von Produktivvermögen in der Endphase des Dritten Reiches den künftigen Westen stärkte und den Osten schwächte, ist für den Osten weniger bedeutsam als heute diskutiert: denn wäre es geblieben, hätte es in seiner Masse nur den sowjetischen Reparationszugriff erweitert. Wichtig ist hingegen die Tendenz zur prophylaktischen oder frühen Abwanderung des initiativreicheren Teils bürgerlich-liberaler und sozialdemokratischer Eliten einerseits, der schwerer belasteten Nazis andererseits. Dadurch wurde die SED von einem positiven und einem nega-

---

wurden. Hier klang nach, was einst Wolf Biermann im „preußischen Ikarus" gesungen hatte: „Er ist hinüber, enfant perdu ..." Soweit heute in Ostdeutschland von Ost-Identität gesprochen wird, wird sie nachdrücklich durch die Erfahrungsgemeinschaft der Dagebliebenen konstituiert. Für das Regime war Republikflucht Verrat am Sozialismus und an dessen Kaderplänen, für die Zurückgebliebenen war sie – außer wenn sie durch drohende Gefahr für Leib und Leben erzwungen worden war – Verrat an einer Schicksalsgemeinschaft, deren Immobilität meist in familiären Bindungen wurzelte. Wenn ich oben von einer Abwehr von Gefühlen sprach, so ist damit gemeint, daß die meisten Dagebliebenen (bis weit in die SED hinein) selbst zu irgendeinem Zeitpunkt den Gedanken der Emigration erwogen hatten. Übrigens bildete die Mehrheit der DDR-Flüchtlinge in der Bundesrepublik keineswegs den harten Kern des Antikommunismus; vielmehr unterstützten die meisten von ihnen die Neue Ostpolitik und ihre erweiterten Kontaktmöglichkeiten und wurden von Mitteldeutschen in der Bundesregierung wie Bahr und Genscher repräsentiert.

tiven Widerstandspotential entlastet, was ihren doktrinären Durchmarsch zur Macht erleichterte. Dasselbe gilt noch einmal für die massive Flucht politischer Oppositionskerne nach dem 17. Juni 1953. In der Massenflucht zwischen Staatsgründung und Mauerbau scheint dieses herrschaftsstabilisierende politische Element (außer 1953) aber nicht das ganze Ausmaß der Bevölkerungsbewegung erklären zu können; vielmehr überlagert es sich mit der Weiterwanderung von Vertriebenen und besonders mit der Abwanderung junger Qualifizierungswilliger, die im Westen bessere Entfaltungsmöglichkeiten sahen, um nur zwei quantitativ bedeutsame Gruppen zu nennen. Dabei haben sicher meistens auch politische Gesichtspunkte eine Rolle gespielt, aber sie waren nicht der Kern der Wanderungsmotive, und insofern überwog in der Massenflucht für das Regime die Furcht, die Reproduktion der gesellschaftlichen Funktionen nicht mehr gewährleisten zu können, denjenigen der Entlastung von politischen Widerlagern.

Der Mauerbau nahm den Dagebliebenen auch die latente Option des Weggangs, und sie mußten sich wohl oder übel auf die gegebenen Verhältnisse einlassen. Dieser Zwang zu einem zumindest verhaltenen Arrangement begründete zwei Jahrzehnte einer relativen Stabilisierung der DDR-Gesellschaft und jenen Typus, der sich dann als „gelernter DDR-Bürger" bezeichnen sollte. Nach einer anfänglichen Konjunktur des Aufbegehrens und der Repression schien sich auch die SED-Herrschaft ökonomisch und kulturpolitisch zu pragmatisieren, und den Dagebliebenen boten die Lücken, welche die Massenflucht der fünfziger Jahre gerissen hatte, viele Aufstiegsmöglichkeiten. Mit der Zurücknahme des kulturellen Tauwetters 1965, dem Scheitern der Neuen Ökonomischen Politik und dann vollends mit der Intervention gegen den Prager Frühling wuchsen Perspektivlosigkeit und Druck erneut und hätten, wäre der neuen Ostpolitik mehr als die Sicherung von Westbesuchen im Osten gelungen, den Drang zur Abwanderung sicher erneut verstärkt. Da der Ostblock aber der neuen Ostpolitik verstärkte Abgrenzung nach Westen entgegensetzte, aber nach innen den Zugriff lockerte, begann nun die Abwanderung nach innen, ins Private der „Nischengesellschaft".

Das „geregelte Nebeneinander" erleichterte jetzt die Regelung von Härtefällen und den Häftlingsfreikauf durch den Westen. Ohne Zweifel war er menschlich geboten, aber seine objektive Folge war auch, daß er sich auf den Oppositionsdruck wie ein Ventil auswirkte. Hinzu kamen nun erste Ausreiseanträge und die neue Entlastungspraxis des Regimes durch die Ausbürgerung von Oppositionellen. Im Vergleich zur Massenflucht der fünfziger Jahre war diese Abwanderung in den siebziger und frühen achtziger Jahren an Zahl gering und stellte keine funktionalen Probleme für das Regime. Und doch war ihre Ventilfunktion für die Herrschenden nicht nur ein Erfolg. Vor allem die Abschiebung Prominenter hatte einen öffentlichen Widerklang, der zum ersten Mal seit 1965 wieder eine kulturelle Opposition auch und gerade in den eigenen Reihen sichtbar werden ließ, die auf die Jugend modellbildend wirkte und ohne massiven Einsatz der Staatssicherheit nicht mehr zerstreut werden konnte.

Die allgemeine Perspektivlosigkeit des Regimes und der Gesellschaft der DDR in den achtziger Jahren und die Aufstiegs- und Entfaltungsblokkade durch die lange FDJ-Generation, die jetzt überall in der Gesellschaft die Weichen ins Abseits ihrer singulären Systembindung aus der Aufbauzeit stellte, mußten auf die jüngere Hälfte der Gesellschaft extrem demotivierend und frustrierend wirken. Die Kinder der DDR mußten sich über die Grenzen der Gesellschaft, in der sie aufgewachsen waren, hinaus orientieren, um einen Freiraum für die eigene Zukunft zu gewinnen. Dafür gab es im wesentlichen zwei Möglichkeiten: die Freiheit unter den Dächern der Kirche, die über die einzigen Versammlungsräume jenseits parteistaatlicher Kontrolle verfügte[8], und die Freiheit jenseits der Grenze, deren Vorstellung von wenig realistischen Medien genährt wurde, von Träumen, vom Westfernsehen und von der Westverwandschaft. Ich brauche hier nicht auf den Gegensatz zwischen den Ausreis(s)ern und den Dableibern und die Übergänge zwischen beiden hinzuweisen, die in den 80er Jahren zunehmend und besonders an ihrem Ende, als Wandlitz gegen Moskau und den Rest der Welt aufbegehrte, die Phantasie, das Gespräch und die Gesellungsformen der Initiativreicheren unter den Jüngeren in der DDR beherrschten. Eine Situation wie im Vormärz, wo die einen der anscheinend auf Dauer gestellten Unbeweglichkeit des sozialistischen Biedermeiers nur noch über die äußere Grenze entkommen wollten, während die anderen ahnten, daß nichts so wenig dauerhaft ist wie der Stillstand. Wie übrigens auch die intellektuelle Opposition in der SED überschritten sie zunehmend die innere Grenze der Denkverbote und dachten zivilgesellschaftliche, pazifistische und ökologische, seltener feministische Ansätze

---

8   Anders als in Polen ist dies in dieser Phase nicht mehr als ein kultureller Kampf zwischen Kirche und Partei um die kulturelle Hegemonie zu verstehen. Vielmehr führte die katholische Kirche als Hirte der Vertriebenen ein Sonderdasein, und die evangelische Kirche war in der protestantischen Kultur der DDR in einem intransigenten Kampf um die rituelle Begleitung der „rites de passage" in den 50er Jahren unterlegen; ihre Klientel und ihre Amtshandlungen schwanden seit damals auf ein Minimum: Sie konnte noch begraben, aber nicht mehr taufen. Erst als sie sich auf einen für beide Seiten ambivalenten historischen Kompromiß („Kirche im Sozialismus") eingelassen hatte, gewann sie die Freiräume (in ihrem eigenen weihevollen Grundbesitz) zurück, die dann Initiativgruppen vor allem der jüngeren Generationen für Selbstfindungsvorgänge zur Verfügung gestellt werden konnten. Dabei war die Praxis höchst vielfältig. Manche Pastoren waren fundamentalistisch und wollten keine Politik in der Kirche. Andere Würdenträger (manchmal waren es die gleichen) hatten Angst vor dem Staat, der dasselbe predigte, oder dienten zweierlei Herren. Demgegenüber war die „offene Jugendarbeit" derjenigen Pastoren, die nicht am Portal nach der Überzeugung fragten und vergleichbar tolerant-integrative Missionshaltungen gegenüber Menschenrechts-, Friedens- und Umweltgruppen praktizierten, gelebtes Gottvertrauen.

zur großen Reform der DDR in eine „Kulturgesellschaft" zusammen, natürlich auf dem Boden der DDR und einer irgendwie sozialistischen Wirtschaft. Das Regime versuchte die alten Mittel: „Rädelsführer" derer, die dableiben wollten, zu exilieren und diejenigen, die weg wollten, hier zu halten. Aber der lastende Stillstand ließ die Grenzüberschreitungen, die in Grundgefühlen einer ganzen Generation gründeten, eskalieren. Als das Regime in den „Bruderländern" keine getreulichen Grenzwächter mehr fand, war es selbst an seine Grenze gekommen.

5. Observierung und Terror

In der Einleitung habe ich den Staatssicherheitsdienst, der im Rückblick heute oft als der Kern des SED-Regimes erscheint, seine notwendige Randbedingung genannt. Abschließend möchte ich diese Charakterisierung anhand der Leitfrage nach dem Größenwachstum des MfS erläutern. Ich verzichte dabei auf eine historische Zusammenfassung der Tätigkeit des MfS-Apparats, seiner Struktur und seiner Wirkung auf die Gesellschaft der DDR, weil in den anderen Beiträgen des vorliegenden Bandes diese Probleme von wesentlich kundigeren Spezialisten im einzelnen untersucht werden.

Ich setze auch voraus, daß er im Kern zwei Aufgaben hatte. Einerseits die durch Zensur und Zurückhaltung entwertete Funktion einer politischen Öffentlichkeit für die Herrschaft durch geheime Ausforschung der eigentlichen Lage und Stimmung im Lande zu ersetzen („intelligence"). Andererseits die Einschüchterung und, wo nötig, durchaus auffällige, brutale Ausschaltung, später womöglich eher unauffällige innere Zersetzung aller Aktivitätspotentiale, die sich der Organisationsgesellschaft und ihrer sozialen Kontrolle nicht einfügten (Terror).[9] Je mehr von dieser rechtlich

---

9 Umgangssprachlich werden z. Z. oft alle rechtswidrigen Gewalthandlungen gesellschaftlicher oder staatlicher Machthaber als „Terror" bezeichnet, was für die Erkenntnis der Gewalt im 20. Jahrhundert hinderlich und verharmlosend ist. Die Vernichtung der europäischen Juden durch das nationalsozialistische Deutschland hinter der Front des Zweiten Weltkriegs, der sog. Kommissarbefehl der deutschen Wehrmacht zur sofortigen Erschießung kommunistischer Funktionäre unter den Kriegsgefangenen, die Erschießung der polnischen Offiziere durch die Sowjetunion in Katyn und alle die monströsen Gewalthandlungen, die man heute unter dem Begriff „ethnische Säuberung" zusammenfaßt und die auf die physische Vernichtung oder Vertreibung ganzer Ethnien oder ihrer Eliten ausgehen, sind im Kern nicht „Terror", sondern das, was die Nazis „Ausmerze" nannten. Sie kennen keine Ökonomie der Gewalt, auch wenn sie (aber keineswegs immer) die Nebenwirkung haben mögen, auch andere als die zur Vernichtung ausgewählten Gruppen in Angst und Schrecken zu versetzen. Soweit die Definition der zur Vernichtung oder Vertreibung ausgewählten Gruppen in der Öffentlichkeit bekannt ist, kann im Gegenteil dadurch bei Nicht-Betroffenen sogar das Sicherheits- und Zugehörigkeitsgefühl gestärkt werden. Dieser psychische Mechanismus gefühlsmäßiger Entsolidarisierung und Entlastung ist seit alters in die Metapher vom „Schiffbruch mit Zu-

zwar mit einem Regelwerk überzogenen, aber letztlich unbeschränkten „operativen" Unterdrückung randständiger Opposition Angst auf die Masse der Gesellschaft ausstrahlte, dort zur Verinnerlichung der herrschaftlichen Tabus und bis weit in die politischen Kader hinein zu einem zwischen „Öffentlichkeit" und „Eigentlichkeit" gespaltenen Kopf führte, desto aufwendiger, schwieriger und im Ergebnis ungewisser mußte der Versuch werden, die öffentliche Verdummung durch geheime „intelligence" zu substituieren. Es ist üblich, daß Minderheitenregime, die sich Öffentlichkeit und Toleranz nicht leisten zu können meinen, die gegensätzlichen Aufgaben von Terror und „Intelligence" einem gemeinsamen geheimpolizeilichen Apparat übertragen. Bei längerer Wirksamkeit produziert dieser jedoch immer mehr „feindlich-negative" Eigentlichkeit sozusagen als andere Seite der Überintegration und gerät deshalb immer mehr in den Sog einer negativen Dialektik.

Das MfS war zumindest in der Ära Honecker der (relativ zu den Beherrschten) größte Observations- und Terrorapparat der deutschen Geschichte und ich vermute – aber da ich kein Spezialist vergleichender Geheimdienst- und Polizeiforschung bin, mag ich mich irren – überhaupt. Er hat aber die beiden entscheidenden Krisen der SED-Herrschaft 1953 und 1989 weder realistisch vorausgesehen, noch hat er sie operativ auch nur einzudämmen vermocht. 1953 spielte er operativ überhaupt keine wirksame Rolle, und sein Vakuum mußte vollständig durch die militärische Intervention der (als solche eigentlich nicht mehr bestehenden) Besatzungsmacht gefüllt werden. 1989, als er erst im September eine große Krise witterte (aber wer tat das nicht?), hatte er zwar pflichtgemäß jede auch nur halbwegs relevante politische Gruppe außerhalb der SED unterwandert, und seine Agenten standen zuweilen sogar an deren Spitze. Aber der Effekt dieser Operationen bestand nur darin, alle autonomen politischen

schauer" gefaßt worden, in der den am sicheren Port stehenden Zuschauer die Behaglichkeit seines Überlebens überkommt und erst einen dritten, meist späteren Betrachter des Zusammenhangs zwischen Untergang und Überleben ein „Schrecken" über die menschliche Natur erfassen mag. „Terror" hingegen ist eine exemplarische Art der rechtswidrigen Gewaltanwendung, durch die nicht etwa nur die betroffenen Opfer gekränkt, ausgeschaltet oder vernichtet, sondern – uno actu – eine Mehrzahl anderer, die vom Opfer nicht eindeutig zu unterscheiden sind, in Angst und Schrecken versetzt werden sollen, daß sie dasselbe Schicksal treffen könnte und sie sich deshalb lieber der Gewaltherrschaft beugen oder unterwerfen, ja dieser demonstrativ ihre Loyalität erweisen, zumindest ihre erkennbaren Grundziele und -dogmen ausdrücklich bejahen, sich ihrer Sprache anpassen und ihre Symbole und Tabus achten. Im Erfolgsfalle führt Terror, auch und gerade wenn seine Instrumente, Institutionen und Opfer öffentlich sichtbar sind, bei den Geängstigten zu seiner „Unbewußtmachung", weil der Prozeß der Unterwerfung und Entsolidarisierung durch Angst für die Subjekte tief kränkend und für ihr Selbstbewußtsein unerträglich ist. Das Spezifische am Terror also ist die Ökonomie illegitimer Legitimitätsbeschaffung, nämlich durch die Einschüchterung und Gewalt gegen eine Minderheit, die von der Mehrheit nicht eindeutig abgegrenzt ist, die Mehrheit zumindest zu konsensualen Ausdrucksformen und womöglich zur Anerkennung der Herrschaft bei gleichzeitiger Tabuisierung der Gewaltverhältnisse zu pressen.

Kräfte der DDR so weitgehend zu kompromittieren, daß deren Volk sich ausweislich seiner ersten freien Wahlentscheidungen lieber gleich zum „Klassenfeind" bekannte, jegliche Kontinuität der DDR hinweggewischt wurde und eine „Wiedervereinigung" zustande kam, wie sie sich selbst deren westliche Planer vor Jahrzehnten im Kalten Krieg kaum reiner als Anschluß an die westdeutsche Ordnung hätten träumen lassen können. Es war, als wäre das MfS aus Pullach ferngesteuert gewesen, was es sicherlich nicht war. Wie kann ein so großer und hochprofessioneller Apparat in seinen entscheidenden Bewährungsproben so vollständig versagen?

Das Wachstum des MfS korrespondiert ziemlich exakt der zunehmenden Perspektivlosigkeit des SED-Regimes. Das scheint die Hypothese aufzudrängen, daß hier – erst rohe physische und dann psychologisch-verfeinerte – Gewalt die kommunizierende Röhre zur Ermattung ideologischer Herrschaft ist: statt Überredung Unterwanderung, statt Führung Terror. Auch wenn da was dran sein mag, stimmt doch die Beobachtung skeptisch, daß niemand sonst (und übrigens auch nicht das MfS) die wachsende Gefahr einer Volkserhebung in der DDR rechtzeitig als empirische Größe erkannt hat. Müßten die revolutionären Umtriebe des Volkes die Größe des MfS rechtfertigen, so müßte das Volk der DDR in einer über viele Jahre zunehmend konspirativen Rastlosigkeit an der Beseitigung seiner Oberen gearbeitet haben. Auch das könnte ja sein, denn es liegt im Wesen des Geheimen, daß man es nicht weiß. Erstaunlich ist nur, daß auch das Volk der DDR im nachhinein von dieser seiner konspirativen Rastlosigkeit nichts weiß, sondern daß diese sich auf relativ kleine Gruppen beschränkte, die oft ihre Tatkraft aus ihrer Selbstisolierung zogen. Auch dieses Argument könnte man wieder mit finsteren Verschwörungstheorien forcieren, aber ich möchte mich nicht von der Paranoia des MfS anstecken lassen, sondern hier abbrechen, denn der Schluß scheint mir klar. Den reißenden Löwen der Konterrevolution, der das Aufgebot seiner Häscher zu rechtfertigen geeignet wäre, hat es in der DDR nicht gegeben. Die Mehrheit der Bürger der DDR war mit der Grundentscheidung für eine sozialistische Ordnung über lange Zeit einverstanden, wenn auch nur selten für diese. In der Bilanz hat das MfS eher Opposition produziert als vermindert. Also muß die Frage nach dem krebsartigen Wachstum des MfS von den Observierten und Terrorisierten getrennt und jenseits aller funktionalen Herrschaftslogik gestellt werden. Dann richtet sie sich allerdings weniger auf das MfS selbst, das zum Objekt von Bürokratie- und Militärsoziologie und zu einem Schulbeispiel instrumenteller Rationalität in der Tradition der „Dialektik der Aufklärung" entmystifiziert wird, als vielmehr auf die unbeschränkbaren Angstprojektionen der SED-Herrschaft und ihren letztlichen Unrechtscharakter.[10]

10 Unrecht bedeutet in diesem Zusammenhang – anders als oft in der Umgangssprache –

Wenn ich vom MfS als der Randbedingung der SED-Herrschaft spreche, so soll dies alles andere als seine Existenz marginalisieren. Ich habe zwar in den vorangehenden Abschnitten eine ganze Reihe von Bereichen aufzuzeigen versucht, in denen sich die SED-Herrschaft – in meist ambivalenter Weise und unter Aufnahme historisch gewachsener, spezifisch deutscher Konstellationen – mit dem Volk der DDR in einer zum Teil engagierenden, zumindest aber hinhaltenden Weise in Beziehung zu setzen vermochte, ohne daß es zusätzlicher spezieller Terrorapparate bedurft hätte.

Aber ich habe auch darauf hingewiesen, daß man die Geschichte der DDR von ihren Grenzen her denken muß und daß es sich dabei nicht nur um die Grenzen ihres Territoriums handelt, sondern auch um die Kontinuitätsbrüche, aus denen sie hervorgegangen war, um die Grenzen des ideologischen Projekts ihrer minoritären Führung, um innere Grenzen, hinter die sich „ihre" Menschen zurückzogen und um ihr schließliches Ende. Sie war nach Osten nicht souverän und nach Westen mit konventionellen staatlichen Mitteln nicht abgrenzbar. Ihre Gesellschaft war von den Folgen des Dritten Reiches gezeichnet und ihre Ordnung von den Folgen sowjetischer Besatzung. Die hatte eine relativ kleine politische Gruppe, die nie in freien Wahlen eine Mehrheit errungen hatte, an die Macht gebracht und hatte sie an der Front des Kalten Krieges einen Halb-Staat machen lassen und ihr ein Modell vorgegeben, in dem die populären Ziele Sozialismus und Frieden als Verstaatlichung und Militarisierung der Gesellschaft buchstabiert wurden.

Als sich die Besatzungsmacht mit ihrem stalinistischen Sicherheitsap-

---

nicht Verbrechen, sondern die Abwesenheit von Recht im Sinne der in der Moderne entwickelten rechtsstaatlichen Grundsätze: Gewaltenteilung, Schutz unveräußerlicher Menschenrechte, Gesetzesbindung von Verwaltung und Rechtsprechung, Unabhängigkeit der Rechtsprechung, Rückwirkungsverbot, Gleichheit vor dem Gesetz, Verhältnismäßigkeit der Mittel etc. Die Kommunisten sahen diese Grundsätze als Ausdruck bürgerlicher Klassenjustiz und knüpften – unter Aufrechterhaltung rechtsförmiger Institutionen und Verfahren im normalen Alltag – in ihnen politisch bedeutsam erscheinenden Fällen und Bereichen an vorbürgerlicher, feudalen, kirchen- und kriegsrechtlichen Bräuchen an, in denen der Herrscher über das Gesetz erhaben oder selbst Richter war und dem Verdächtigten wie in der Inquisition um höherer Zwecke willen keine Verteidigungsrechte verblieben. Das ist ein entwirklichender Regreß, innerhalb dessen der Glaube an die Hexerei nicht erschüttert werden kann. Gesetze und Verordnungen hatten in der DDR eine subsidiäre Regelungsfunktion, die aber im Bedarfsfall durch politische Eingriffe namentlich des Partei- und des Staatssicherheitsapparats außer Kraft gesetzt werden konnte. Dieser Dualismus aus Rechts- und Maßnahmenstaat verband die DDR mit dem Dritten Reich, und doch sind beide im Ausmaß der Abweichung von der modernen Rechtskultur nicht vergleichbar. Im Dritten Reich wurde der Gleichheitsgrundsatz, auf dem alle moderne Rechtskultur gründet, nicht nur in der Praxis, sondern spätestens 1935 auch in der Gesetzgebung aufgegeben. Und der Maßnahmenstaat des Nationalsozialismus benutzte seine unbeschränkte Macht zu beispiellosen Menschheits- und Kriegsverbrechen, indem er eine Vielzahl definierter Gruppen und die Ethnien der Juden und Zigeuner ausgrenzte und „ausmerzte".Während der Stalinismus der dreißiger bis frühen fünfziger Jahre in der Sowjetunion ihm darin eher vergleichbar ist, trifft beides auf die DDR nicht zu.

parat aus der direkten Verwaltung ihrer Zone zurückzog, aber ihre militärische Reservemacht hinterließ, und als zeitgleich die innerdeutsche Demarkationslinie eine undurchlässige Staats- und Weltgrenze werden sollte, war das Legitimationsdefizit des neuen Staates offensichtlich, und es wurde ein Ersatz für die respekteinflößende Überordnung der Besatzungsmacht über die Verfassung im Alltag gebraucht. In diese Lücke der Verfassungswirklichkeit stießen der extrakonstitutionelle Führungsanspruch der SED und der in der Verfassung ebenfalls nicht vorgesehene Staatssicherheitsdienst, der nach dem Vorbild der Besatzungsmacht (und zum ersten Mal in der deutschen Geschichte) zwar alsbald zum Ministerium erhoben wurde, dessen Ziele und Zuständigkeiten aber ungeregelt blieben. Das ließ ihm Raum, sich als militärisch-polizeiliches Parteiorgan fürs Grobe und Geheime im Staat zu entwickeln. Mit seinem aus der politischen Polizei, der Partei und aus „Fachleuten" anderer Provenienz zusammengezogenen Personalstamm (er begann mit 2.000 Mann, und auch seine Verfünffachung bis 1953 erreichte nur etwa ein Zehntel seines letztlichen Ausbaustandes an Hauptamtlichen 1989) bewährte er sich zunächst an den Fronten des Klassenkampfs. An der Front der Sozialisierung, indem er Unternehmer und Großbauern der Korruption überführte, Schauprozessen zuführte und dadurch das Volkseigentum schützte und mehrte. An der Front des Kalten Krieges, indem er die Grenze zu militarisieren, zu entvölkern und abzuschließen half. An der Front des Kirchenkampfs, indem er Pastoren und Mitglieder der Jungen Gemeinde als Agenten des Imperialismus entlarvte. Und an der unsichtbaren Front, indem er gegen all jene Schatten der weltweiten Reaktion ankämpfte, die sich als Spione, Saboteure und Diversanten ausgerechnet dieses kleine und zukunftszugewandte Stückchen Erde für ihren Hexensabbat ausgesucht hatten und das Funktionieren der neuen Ordnung immer wieder so erfolgreich hintertrieben. Nur eines gelang ihm nicht, nämlich den wahren Gefahrenherd für die Sicherheit des Staates zu entdecken, die wachsende Unzufriedenheit der Arbeiterklasse, oder (in der nachmaligen Lesart der Partei) die raffinierten Netzwerke, mit denen der Imperialismus das ganze Land in Vorbereitung eines allerorten auf einen Schlag sich ausbreitenden und einen Großteil des Industrieproletariats irreleitenden faschistischen Putsches unterwandert hatten. Noch schlimmer: In der Stunde der Not war das Schwert der Partei in der Scheide geblieben und hatte sich verpißt und nicht einmal die Öffnung seiner Gefängnisse durch die faschistischen Massen verhindern können.

Nachdem die Besatzungsmacht ihren Ersatz ersetzen mußte, war die Strafe hart. Das Ministerium wurde zu einem Staatssekretariat erniedrigt und der Minister exkommuniziert; er konnte von Glück sagen, daß er nicht wie sein Moskauer Vorbild, das gerade in den Diadochenkämpfen nach Stalins Tod unterlegen war, erschossen wurde. Die SED war vorsichtiger, und nach einer kurzen Zeit eines desillusionierenden Dialogs mit der Basis wurde ihr klar, daß ihr gar nichts anderes übrigblieb, als den Versager wieder zu erheben und gewaltig auszubauen. Wie anders sollte sie sich Respekt verschaffen, wenn ihre Basis so wenig anhänglich war? Auch die zweite Ausbaustufe der Stasi ist also leicht verständlich aus der Erfahrung der inneren Grenze der Macht.

Rätselhafter ist die dritte Stufe: das krebsartige Wuchern des MfS und seiner Spitzel im sozialistischen Biedermeier der Ära Honecker, die keinen verblasenen Utopien mehr nachjagte, sondern sich um Wohnungen und Autos, Ferienplätze und Babyjahre besorgte, die Verwandtschaft aus dem Westen wieder über die Grenze ließ und das Westfernsehen zur Normalität erklärte. Vom „Dritten Weg" sprach nach '68 (Ost und West) kein etablierter Politiker mehr, falls je einer davon geredet haben sollte. Die Existenzfrage der Wiedervereinigung war ad calendas graecas vertagt. Alle Welt redete von Entspannung, und die Reformer in der Bundesrepublik nahmen auf mehreren Gebieten Maß an den Errungenschaften der vormals verspotteteten „Zone", so etwa in der Bildungspolitik, in der beruflichen Emanzipation der Frau und auch in der Anerkennung des so lange verdrängten antifaschistischen Widerstands. Die beiden großen Brüder hatten sich darauf geeinigt, die Selbständigkeit des Staates zu achten anstatt ihn zu verschachern. Die halbe Welt hatte ihn diplomatisch anerkannt, und auch dem Rest konnte man glaubhaft machen, daß das kleine Land der elftgrößte oder doch -tüchtigste Industriestaat der Welt sei. Die Westdeutschen warteten geduldig vor der Mauer und zahlten sogar Eintritt ins bröckelnde Arbeiterparadies, die Bundesregierung ließ die holprigen Transitwege auf eigene Kosten planieren, führende westdeutsche Politiker ließen sich auch durch Krisen im benachbarten Polen nicht von ihrer Pilgerschaft in das Jagdhaus des Partei- und Staatschefs abschrecken, sondern teilten dort seine Sorgen um die Stabilität des Kontinents, und schließlich vermittelte sogar der erprobteste Einpeitscher des westdeutschen Antikommunismus Hand in Hand mit einem der prominenteren Stasi-Agenten den ersten großen Kredit kapitalistischer Großbanken an den kommunistischen Staat. Warum, um Gottes willen, sollte ein so erfolgreiches Unternehmen seinen Werkschutz verdreifachen? Um die Neider abzuwehren? Oder waren die Arbeiter nur noch damit zur Arbeit zu motivieren, daß sie das Auge eines unsichtbaren Sheriffs in ihrem Nakken wußten?

Erinnern wir uns der These, daß es die Stasi nicht mit dem Kern und der Masse der Gesellschaft, die vielmehr gerade in der Ära Honecker weitgehend mit politischen und sozialen Mitteln integriert oder doch ruhiggestellt werden konnten, zu tun hatte, sondern mit ihren Rändern und Grenzen. Die waren nun vollends nach innen gerückt und überall und nirgends. Scheidelinien zwischen Mann und Frau[11], Eltern und Kindern, Schranken durch die eigene Seele. Oft waren es die Nachkommen von Staats- und Parteifunktionären, die sich weigerten, dem väterlichen Vorbild zu folgen und sich sicher genug fühlten, das abenteuerliche Räuber- und Gendarm-Spiel mit den tumben Staatsorganen zu beginnen. Oft die eigenen Partnerinnen, die den Streß und Nutzen der geschäftigen Kompromißbildungen aufsteigender Kader ironisierten und andere Lebenserfüllungen einklagten (oder gingen). Oft die Kollegen von der Werkbank, die eine reibungslose Zwischenproduktversorgung anmahnten und – ausgerechnet die! – von den fünfziger, sechziger Jahren zu schwärmen begannen, weil es damals noch vorwärts gegangen sei und man noch alles bekommen habe und weil der Ulbricht Walter unvermutet vor Ort aufgetaucht sei und den korrupten Kadern die Stuhlbeine abgesägt habe. Und oft erinnerte einen das eigene Gedächtnis daran, daß es einmal ein Projekt, ein Abenteuer und einen Sinn des Sozialismus gegeben hatte, für den man über all den anderen Scheiß hinwegsehen konnte. Der war geblieben, und alles war doch auch irgendwie besser geworden, nur das Projekt, das Abenteuer und der Sinn, die waren abhanden gekommen.

Solcherart waren die neuen inneren und in tausendfach individuellen Brechungen auftretenden Fronten, an denen die Stasi nun ihr feudales „Schild und Schwert" an der Garderobe einer dieser unsäglichen konspirativen Wohnungen aufhängen konnte und erst mal Verstärkung anfordern mußte, um in geordneter bürokratischer Schlachtreihe und unter fachpsychologischer Beratung Kreide zu fressen, die neuen „feindlich-negativen Kräfte" in einfühlsamen Gesprächen auszumachen, um sie planmäßig unschädlich zu machen. Mißtraue deinem Nächsten wie dir selbst.

Das Neue dieser inneren neuen Front in der zweiten Hälfte der DDR-Geschichte muß man von zwei Polen her verstehen: vom KSZE-Prozeß, an dem auch die DDR sich beteiligen mußte, und von einer neuen Gene-

---

11 Es soll hier nicht versäumt werden, anzumerken, daß die Stasi – unbeschadet ziemlich weniger Mitarbeiterinnen – eine durch und durch männliche Angelegenheit, das Volk der DDR aber (nächst dem Weißrußlands) das weiblichste Europas war, nicht nur ausweislich des statistischen Befunds seines „Frauenüberschusses" oder seiner einzigartigen weiblichen Erwerbsquote, sondern wegen der Kraft und Selbständigkeit seiner Frauen. In der Führungsetage des MfS hat es nie eine Frau gegeben. In der SED-Hierarchie reduzierte sich der weibliche Mitgliedschaftsanteil von ca. einem Drittel an der Basis auf dem Weg nach oben Stufe um Stufe, und im Herrschaftszentrum des SED-Politbüros hat es nie auch nur ein reguläres weibliches Mitglied gegeben (allerdings zwei Anwärterinnen, die im Status des „Kandidaten" vollends ergrauten). Ich glaube nicht, daß diese Männlichkeit der SED-Herrschaft auf antifeministischer Repression oder auf einer antisozialistischen Einstellung der Masse der Frauen gründete. Frauenförderungsprogramme gab es in der DDR viel früher als im Westen, und die Frauen der DDR haben von den sozialpolitischen Einrichtungen, die ihre Selbständigkeit ermöglichten, ausgiebig Gebrauch gemacht und sie vielfach erst herbeigeführt. Aber sie mißtrauten dem realsozialistischen Herrschaftsaufbau und fanden es nicht der Mühe wert, sich an seinen verhängnisvollen Indianerspielen zu beteiligen.

ration her, den Kindern der DDR. Die sagten manchmal nonchalant, sie täten jetzt einfach mal so, als gälten alle Gesetze der DDR, gegenüber deren begrenzter Gültigkeit sich die Generationen der Klassenkampfzeit längst abgestumpft hatten, und manche meinten es sogar nicht nur als Provokation. Aber auch das Regime stand in einem neuen internationalen Licht, in dem es von seinen europäischen Nachbarn überwiegend nicht mehr als Reich der Finsternis abgetan wurde und deshalb nicht mehr jenseits seines ruinierten Rufes ganz ungeniert herrschen konnte. Es wollte und mußte seinen Ruf verbessern, Konfliktherde eher auf unspektakuläre Weise zersetzen oder exportieren, sein eigenes Regelwerk rechtlich aufwerten und deshalb auch selbst mehr achten, jedenfalls wenn es nicht um etwas wirklich Wichtiges ging oder die Gewohnheit durchschlug. Und diese Aufgabe wurde noch in dem Maße schwieriger, als die neue Generation der Protestanten nicht nur auf ihre international verbürgten Rechte pochte, sondern auch noch die internationale Öffentlichkeit von Konfliktfällen zu informieren sich erlaubte. Man mußte also die sozialistische Gesetzlichkeit und ihre Umgehung gleichzeitig aufrüsten, und dazu reichte nicht mehr das lang verblichene gute Gewissen des Antifaschismus und eine tschekistisch gestählte Arbeiterfaust.

Diese Front war ein Arbeitsbeschaffungsprogramm. War nicht die Stasi der letzte Gott, der in die Seelen blickte? Der so viele Arbeiter im Weinberg des großen Bruders gewinnen konnte, weil sie kaputt waren, ihren kleinen Geltungsdrang sonst nicht ausleben konnten oder weil sie nach einem Abenteuer in einer verwalteten Welt suchten? Oder nach einer Wahrheit dürsteten, die nicht mehr in der Öffentlichkeit, sondern vielleicht nur noch im asketischen Orden derer, die das Geheimnis, die Unterwerfung und die Selbst-Instrumentalisierung auf sich nahmen, zu finden war oder wenigstens geahnt oder auf ihre objektive Emergenz gehofft werden konnte? Am Ende der DDR war die Stasi nicht nur eine unkontrollierte und paranoide Militärbürokratie, sondern auch ein Asyl und ein Orden, und man weiß nicht recht, wo man mehr Verzweiflung und Zynismus, mehr Hoffnung und süchtige Hingabe an einen anscheinend unendlich verständnisvollen Betreuer zuordnen soll. Daß sie auch der größte Arbeitgeber des kleinen Landes geworden war und niemand die Verwertung seiner beigetragenen Informationen kontrollieren konnte, scheint den meisten Beteiligten entgangen zu sein.

Am Ende gibt es wie immer eine gute und eine schlechte Nachricht. Die schlechte zuerst, aus der Sicht der Stasi: Es hat alles nichts genützt. Auch die zweite Bewährungsprobe ging vollständig in die Hose. Ohne den größten Geheimdienst aller Zeiten wäre das vollständige Verschwinden einer Staats- und Gesellschaftsordnung innerhalb weniger Monate nicht denkbar. Die gute: Leute wie wir werden gebraucht. Die Lust am Untergang ist unausrottbar.

Noch einmal, denn ein Observierungsinstrument hat immer zwei Seiten, diesseits und jenseits der Optik. Die gute Nachricht zuerst: Die Hydra ist besiegt, und wir haben die Gauck-Behörde – zum ersten Mal muß noch in der Lebenszeit der Mitlebenden offengelegt werden, was die Gemeinheit und Zudringlichkeit der Obrigkeit uns entrissen und aufgezeichnet hat. Die schlechte: Die Paranoia der Herrschenden der DDR war eine anstekkende Krankheit. Sie wurde im Kampf mit der Stasi übertragen.

Deshalb muß das letzte Wort dieser Erwägungen den Observierten und Terrorisierten dieser Krake gelten. Sie stellen das eigentliche Wunder der DDR dar. Denn es kann ja kein Zweifel sein, daß diejenigen, die zuerst in der Endkrise der DDR den Mut fanden, auf die Straße zu gehen und sich den Anmaßungen des Regimes mit seinen eigenen Worten und viel zusätzlichem Witz entgegenzustellen, ganz überwiegend aus jenen Gruppen kamen, die zuvor von der Stasi observiert, in psychische und soziale Krisen getrieben und manche bis an die Grenzen des Wahnsinns malträtiert worden waren. Man muß nicht so weit gehen, das internationale Szenario in Moskau, Prag, Budapest und Bonn, das den Rahmen für das Ende der DDR abgab, und die Rolle des Ausreise-Sturms ganz zu verdrängen und zu glauben, die SED-Herrschaft sei allein von der friedlichen Revolution auf dem Leipziger Ring und der sich dann ausbreitenden Protestbewegung gestürzt worden, um anzuerkennen, ja zu bewundern, daß diese Bewegung daran einen wesentlichen Anteil hatte und ein erstaunliches Ausmaß an spontaner kollektiver Handlungsfähigkeit, öffentlicher Ausdruckskraft und Selbstdisziplin an den Tag brachte, den man von den Opfern einer Geheimpolizei am wenigsten erwarten würde. Daß sie in den sich überstürzenden Ereignissen in der Folge ihrem Sonderschicksal verkettet blieben und durch ihre Stasi-Fixierung nur noch einen geringen politischen Einfluß auf das weitere Geschehen und die Masse der Ostdeutschen auszuüben vermochten, ist eigentlich leichter zu verstehen als Art und Umfang ihrer beispielgebenden politischen Initiative und Standfestigkeit 1989. Wir haben in den letzten Jahren schon viel darüber gehört, welche Rolle dabei privater Rückhalt, alternative Netzwerke, Dekonspiration, das Schutzdach der Kirche spielten. Am wichtigsten scheint mir das immer wieder erzählte Märchen von des Kaisers neuen Kleidern, von jenem zauber- und blitzhaften Widerhall, den das Übertreten öffentlicher Tabus und das Aussprechen schlichter Wahrheiten im verdrängten „Eigentlichen" vieler anderer auslösen konnte. Aber bis wir die wundersame Verwandlung von vereinzelndem Erleiden in kollektives Handeln recht verstehen werden, werden wir wohl noch viel zuhören müssen.

Anhang

Abkürzungsverzeichnis

AAU	Allgemeine Arbeiter-union Deutschlands	EPR	Elektronisches Personen-register
ADN	Allgemeiner Deutscher Nachrichtendienst	FAUD	Freie Arbeiterunion Deutschlands
AGM	Arbeitsgruppe des Ministers	FDGB	Freier Deutscher Gewerkschaftsbund
AIM	Archivierter IM-Vorgang oder IM-Vorlauf	FDJ	Freie Deutsche Jugend
		GBl.	Gesetzblatt
AKG	Auswertungs- und Kontrollgruppe	Gestapo	Geheime Staatspolizei
		GSSD	Gruppe der Sowjetischen Streitkräfte in Deutschland
AP	Allgemeine Personen-ablage		
		GÜST	Grenzübergangsstelle
BA-MA	Bundesarchiv Militär-archiv	HA KuSch	Hauptabteilung Kader und Schulung
BA/P	Bundesarchiv Potsdam	HA V	Hauptabteilung V
BDM	Bund Deutscher Mädchen	HJ	Hitlerjugend
BEL	Bezirkseinsatzleitung	HV A	Hauptverwaltung Aufklärung
BF	Bildung und Forschung		
BND	Bundesnachrichtendienst	IME	Inoffizieller Mitarbeiter im bzw. für einen besonderen Einsatz
BPKK	Bezirksparteikontroll-kommission (SED)		
BStU	Der Bundesbeauftragte für die Unterlagen des Staatssicherheitsdienstes der ehemaligen Deutschen Demokratischen Republik	IMS	Inoffizieller Mitarbeiter, der mit der Sicherung eines gesellschaftlichen Bereichs oder Objekts beauftragt ist
		ISK	Internationaler Sozialistischer Kampfbund (1926–1938)
BVfS	Bezirksverwaltung für Staatssicherheit		
BZ	Berliner Zeitung	K 5	Arbeitsbereich 5 der Kriminalpolizei
DGB	Deutscher Gewerkschaftsbund		
		KAP	Kommunistische Arbeiterpartei Deutschlands
DSt	Dokumentenstelle		
DVdI	Deutsche Verwaltung des Innern, Vorläufer des Ministeriums des Innern	KAUD	Kommunistische Arbeiterunion Deutschlands
		KEL	Kreiseinsatzleitung

KGB	Komitet gossudarstwennoi besopasnosti pri Sowjete Ministrow SSSR – Bezeichnung seit 1954	MZA	Militärisches Zwischenarchiv
		NKVD	→ NKWD
KL-SED	Kreisleitung der Sozialistischen Einheitspartei Deutschlands	NKWD	Narodny kommissariat wnutrennich del – Volkskommissariat für innere Angelegenheiten; Bezeichnung für den Geheimdienst der UdSSR 1934–1946
KOM-INFORM	Kommunistisches Informationsbüro		
KP	Kommunistische Partei		
KPČ	Kommunistische Partei der Tschechoslowakei	NS	Nationalsozialismus
		NSDAP	Nationalsozialistische Deutsche Arbeiterpartei
KPD	Kommunistische Partei Deutschlands		
		NVA	Nationale Volksarmee
KPKK	Kreisparteikontrollkommission	NVR	Nationaler Verteidigungsrat
KPO	Kommunistische Partei Deutschlands (Opposition)	o. D.	ohne Datum
		OdF	Opfer des Faschismus
		OKW	Oberkommando der Wehrmacht
KSZE	Konferenz über Sicherheit und Zusammenarbeit in Europa		
		OLZ	Operatives Leitzentrum – Diensteinheit zur Koordinierung von Dienstabläufen, zur direkten Einflußnahme auf die Durchführung von Maßnahmen sowie zur unverzüglichen Informationsaufbereitung sich vollziehender Handlungsabläufe und zur Herbeiführung von unmittelbar zu treffenden Entscheidungen (nur in einigen HA bzw. Abt. installiert)
KVP	Kasernierte Volkspolizei		
LOPM	Leitende Organe der Partei und der Massenbewegungen		
LPKK	Landesparteikontrollkommission		
MdI	Ministerium des Innern		
MfAA	Ministerium für Auswärtige Angelegenheiten		
MfNV	Ministerium für Nationale Verteidigung		
MfS	Ministerium für Staatssicherheit		
MGB	Ministerstwo gossudarstwennoi besopasnosti SSSR – Ministerium für Staatssicherheit der UdSSR, Bezeichnung von 1946–1954	PA	Personalausweis
		PB	Politbüro
		PdVP	Präsidium der Volkspolizei
		PHV	Politische Hauptverwaltung
MVD	→ MWD	PKE	Personenkontrolleinheit
MWD	Ministerstwo wnutrennich del SSSR – Ministerium für innere Angelegenheiten der UdSSR 1946–1954	PPA	Personalpolitische Abteilung
		PV	Parteivorstand
		RIAS	Rundfunk im amerikanischen Sektor (Berlin)

RSFSR	Russische Sozialistische Föderative Sowjetrepublik	SPD	Sozialdemokratische Partei Deutschlands
SAP	Sozialistische Arbeitspartei Deutschlands	SS	Schutzstaffel
		SWAG	→ SMAD
SAPMO-BA	Stiftung Archiv der Parteien und Massenorganisationen der DDR im Bundesarchiv	UdSSR	Union der Sozialistischen Sowjetrepubliken
		UfJ	Untersuchungsausschuß freiheitlicher Juristen
SBZ/DDR	Sowjetische Besatzungszone/Deutsche Demokratische Republik	VPI	Volkspolizei-Inspektion
		VPKÄ	Volkspolizeikreisämter
		ZA	Zentralarchiv
SD	Sicherheitsdienst der SS	ZAIG	Zentrale Auswertungs- und Informations- gruppe
SdM	Sekretariat des Ministers		
SED	Sozialistische Einheitspartei Deutschlands		
		zbV	zur besonderen Verwendung
SfS	Staatssekretariat für Staatssicherheit	ZK	Zentralkomitee
		ZOS	Zentraler Operativstab
SMAD	Sowjetische Militäradministration in Deutschland	ZPA	Zentrales Parteiarchiv
		ZS	Zentralsekretariat

Personenregister

345

Angaben zu den Autoren

ENGELMANN, ROGER, geb. 1956, Dr. phil., Historiker, Leiter eines Forschungssachgebiets in der Abteilung Bildung und Forschung beim BStU. Veröffentlichungen u. a.: Provinzfaschismus in Italien. Politische Gewalt und Herrschaftsbildung in der Marmorregion Carrara 1921–1924, München 1992; (mit P. Erker) Annäherung und Abgrenzung. Aspekte deutsch-deutscher Beziehungen, München 1993; Hrsg. (mit K.-D. Henke): Aktenlage. Die Bedeutung der Unterlagen des Staatssicherheitsdienstes für die Zeitgeschichtsforschung, Berlin 1995; Mithrsg.: Anatomie der Staatssicherheit. Geschichte, Struktur und Methoden. MfS-Handbuch, BStU, Berlin 1995ff.

ERLER, PETER, geb. 1961, Historiker, Mitglied des Forschungsverbundes „SED-Staat" an der FU Berlin. Veröffentlichungen u. a. zur Aufarbeitung stalinistischer Repressalien; (Mitautor) „In den Fängen des NKWD", Berlin 1991; (mit Th. Friedrich) Das sowjetische Speziallager Nr. 3 Berlin-Hohenschönhausen (Mai 1945 bis Oktober 1946), Berlin 1995.

FRICKE, KARL WILHELM, geb. 1929, Dr. h. c., Journalist und Publizist, 1974–1994 Redaktionsleiter beim Deutschlandfunk in Köln. Veröffentlichungen u. a.: Politik und Justiz in der DDR. Zur Geschichte der politischen Verfolgung 1945 bis 1968, Köln 1979; Die DDR-Staatssicherheit. Entwicklung Strukturen Aktionsfelder, Köln 1982; Opposition und Widerstand in der DDR. Ein politischer Report, Köln 1984; MfS-intern. Macht, Strukturen, Auflösung der DDR-Staatssicherheit, Köln 1991; Akten-Einsicht. Rekonstruktion einer politischen Verfolgung, Berlin 1995.

GIESEKE, JENS, geb. 1964, M. A., Historiker, wissenschaftlicher Mitarbeiter der Abteilung Bildung und Forschung beim BStU. Veröffentlichungen u. a.: Doktoren der Tschekistik. Die Promovenden der „Juristischen Hochschule" des MfS, BStU, Berlin 1994; Die hauptamtlichen Mitarbeiter des Ministeriums für Staatssicherheit (MfS-Handbuch, IV/1), BStU, Berlin 1995; (mit St. Fingerle) Partisanen des Kalten Krieges. Die Untergrundtruppe der Nationalen Volksarmee 1957 bis 1962 und ihre Übernahme durch die Staatssicherheit, BStU, Berlin 1996.

HENKE, KLAUS-DIETMAR, geb. 1947, Dr. phil., Historiker, Universitätsprofessor und Direktor des Hannah-Arendt-Institutes für Totalitarismusforschung an der Technischen Universität Dresden. Veröffentlichungen u. a.: Politische Säuberung unter französischer Besatzung, Stuttgart 1981; Hrsg. (mit H. Woller): Lehrjahre der CSU, München 1984; Hrsg. (mit M. Broszat und H. Woller): Von Stalingrad zur Währungsreform, München 1988; Hrsg. (mit H. Woller): Politische Säuberung in Europa, München 1991; Hrsg.: Wann bricht schon mal ein Staat zusammen! Die Debatte über die Stasi-Akten und die DDR-Geschichte auf dem 39. Historikertag 1992, München 1993; Die amerikanische Besetzung Deutschlands, München 1995; Hrsg. (mit R. Engelmann): Aktenlage. Die Bedeutung der Unterlagen des Staatssicherheitsdienstes für die Zeitgeschichtsforschung, Berlin 1995; von 1995–1997 Mithrsg.: Anatomie der

Staatssicherheit. Geschichte, Struktur und Methoden. MfS-Handbuch, BStU, Berlin 1995ff.; Hrsg. (mit N. Frei und H. Woller): dtv-Reihe „20 Tage im 20. Jahrhundert", 1997ff.

HERTLE, HANS-HERMANN, geb. 1955, Dr. phil., Sozialforscher und Publizist. Veröffentlichungen u. a.: Mithrsg.: FDGB – Wende zum Ende. Auf dem Weg zu unabhängigen Gewerkschaften?, Köln 1990; Vor dem Bankrott der DDR. Dokumente des Politbüros des ZK der SED aus dem Jahre 1988 zum Scheitern der „Einheit von Wirtschafts- und Sozialpolitik", Freie Universität Berlin 1991; (mit F.-O. Gilles) Überwiegend Negativ. Das Ministerium für Staatssicherheit in der Volkswirtschaft, Freie Universität Berlin 1994; Mithrsg.: Der Plan als Befehl und Fiktion. Wirtschaftsführung in der DDR, Opladen 1995; Chronik des Mauerfalls, Berlin 1996; Der Fall der Mauer. Die unbeabsichtigte Selbstauflösung des SED-Staates, Opladen 1996; (mit J. Kädtler) Sozialpartnerschaft und Industriepolitik. Strukturwandel im Organisationsbereich der IG Chemie-Papier-Keramik, Opladen 1997.

KLEIN, THOMAS, geb. 1948, Dr. rer. nat., Bürgerrechtler, wissenschaftlicher Mitarbeiter im Zentrum für Zeithistorische Forschung e.V. Veröffentlichungen u. a.: Mithrsg.: Keine Opposition. Nirgends?, Berlin 1991; (mit W. Otto und P. Grieder) Visionen. Repression und Opposition in der SED (1949–1989), Frankfurt (Oder) 1996.

NAIMARK, NORMAN M., geb. 1944, Prof. für East European Studies und Chairman of the Department of History an der Stanford University; Senior-Fellow der Hoover-Institution. Veröffentlichungen u. a.: The History of the „Proletariat". The Emergence of Marxism in the Kingdom of Poland 1870–1887, New York 1979; Terrorists and Social Democrats. The Russian Revolutionary Movement Under Alexander III, Cambridge/Mass. 1983; Mithrsg.: Operation Barbarossa. The German Attack on the Soviet Union, June 22, 1941 (Special Issue of Soviet Union/Union Sovietique, vol. 18, 1991); Mithrsg.: SWAG: Uprawlenija propagandy (informazii) i S. I. Tjulpanow 1945–1949. Sbornik dokumentow, Moskau 1994; The Russians in Germany. A History of the Soviet Zone of Occupation, 1945–1949, Cambridge/Mass. 1995; Hrsg. (mit D. Holloway): Reexamining the Soviet Experience. Essays in Honour of Alexander Dallin, Boulder/Colo. 1996; Hrsg. (mit L. Gibianskii): The Establishment of Communist Regimes in Eastern Europa, 1944–1949, Boulder/Colo. 1997.

NIETHAMMER, LUTZ, geb. 1939, Dr. phil., Prof. für Neuere und Neueste Geschichte am Historischen Institut der Friedrich-Schiller-Universität Jena. Veröffentlichungen u. a.: Entnazifizierung in Bayern. Säuberung und Rehabilitierung unter amerikanischer Besatzung, Frankfurt 1972; Hrsg.: Lebensgeschichte und Sozialkultur im Ruhrgebiet 1930 bis 1960, 3 Bde., Berlin 1983–1985; Posthistoire. Ist die Geschichte zu Ende?, Reinbek 1989; (mit A. von Plato und D. Wierling) Die volkseigene Erfahrung. Eine Archäologie des Lebens in der Industrieprovinz der DDR, Berlin 1991; Hrsg.: Der „gesäuberte" Antifaschismus. Die SED und die roten Kapos von Buchenwald, Berlin 1994.

REICH, JENS, geb. 1939, Prof. für Biomathematik, Bürgerrechtler, wissenschaftlicher Publizist, seit 1993 Professor am Max-Delbrück-Zentrum für molekulare Medizin in

Berlin-Buch. Veröffentlichungen u. a.: Rückkehr nach Europa, München und Wien 1991; Abschied von den Lebenslügen, Berlin 1992; Jens Reich im Gespräch mit Mathias Greffrath und Konrad Adam, München und Wien 1994.

SCHUMANN, SILKE, geb. 1964, M. A., Historikerin, Mitarbeiterin der Abteilung Bildung und Forschung beim BStU. Veröffentlichungen u. a.: Hrsg.: Vernichten oder Offenlegen? Zur Entstehung des Stasi-Unterlagen-Gesetzes, BStU, Berlin 1995; (mit R. Engelmann) Kurs auf die entwickelte Diktatur. Walter Ulbricht, die Entmachtung Ernst Wollwebers und die Neuausrichtung des Staatssicherheitsdienstes 1956/57, BStU, Berlin 1995.

SUCKUT, SIEGFRIED, geb. 1945, Dr. rer. pol., Politikwissenschaftler, stellvertretender Leiter der Abteilung Bildung und Forschung beim BStU. Veröffentlichungen u. a.: Die Betriebsrätebewegung in der Sowjetisch Besetzten Zone Deutschlands (1945– 1948), Frankfurt/M. 1982; Blockpolitik in der SBZ/DDR 1945–1949. Die Sitzungsprotokolle des Zentralen Einheitsfrontausschusses. Quellenedition, Köln 1986; Hrsg.: Wörterbuch der Staatssicherheit. Definitionen zur „politisch-operativen Arbeit", Berlin 1996; Mithrsg.: Anatomie der Staatssicherheit. Geschichte, Struktur und Methoden. MfS-Handbuch, BStU, Berlin 1995ff.

SÜß, WALTER, geb. 1947, Dr. phil., Politologe, Leiter eines Forschungssachgebiets in der Abteilung Bildung und Forschung beim BStU. Veröffentlichungen u. a.: Hrsg. (mit G. Erler): Stalinismus. Probleme der Sowjetgesellschaft zwischen Kollektivierung und Weltkrieg, Frankfurt/M. 1982; Die Arbeiterklasse als Maschine, Hannover 1985; Zu Wahrnehmung und Interpretation des Rechtsextremismus in der DDR durch das MfS, BStU, Berlin 1993; Entmachtung und Verfall der Staatssicherheit, BStU, Berlin 1994; Die Sowjetunion. Machtentfaltung und Niedergang, Frankfurt/M. 1997; Mithrsg.: Anatomie der Staatssicherheit. Geschichte, Struktur und Methoden. MfS-Handbuch, BStU, Berlin 1995ff.

VOLLNHALS, CLEMENS, geb. 1956, Dr. phil., Historiker, Fachbereichsleiter in der Abteilung Bildung und Forschung beim BStU. Veröffentlichungen u. a.: Evangelische Kirche und Entnazifizierung. Die Last der nationalsozialistischen Vergangenheit, München 1989; Hrsg.: Entnazifizierung. Politische Säuberung und Rehabilitierung in den vier Besatzungszonen, München 1991; Hrsg. (mit S. Bräuer): „In der DDR gibt es keine Zensur". Die Evangelische Verlagsanstalt und die Praxis der Druckgenehmigung 1954–1989, Leipzig 1995; Hrsg.: Die Kirchenpolitik von SED und Staatssicherheit. Eine Zwischenbilanz, Berlin 1996; Mithrsg.: Anatomie der Staatssicherheit. Geschichte, Struktur und Methoden. MfS-Handbuch, BStU, Berlin 1995ff.

WAGNER, ARMIN, geb. 1968, M. A., Doktorand an der Universität Potsdam, seit Ende 1994 wissenschaftlicher Mitarbeiter im Militärgeschichtlichen Forschungsamt Potsdam. Veröffentlichungen u. a.: Das Bild Sowjetrußlands in den Memoiren deutscher Diplomaten der Weimarer Republik, Münster, Hamburg 1995.

Analysen und Dokumente

Wissenschaftliche Reihe
des Bundesbeauftragten für die Unterlagen des Staatssicherheitsdienstes
der ehemaligen Deutschen Demokratischen Republik
Herausgegeben von der Abteilung Bildung und Forschung

Ch. Links Verlag, Zehdenicker Straße 1, 10119 Berlin